**高等学校法学系列教材**

**郑云瑞** 华东政法大学民商法学教授,长期从事民法、商法和社会保险法等法学领域的研究和教学工作。已经出版的著作有《民法总论》《公司法学》《合同法学》《物权法论》《民法物权论》《保险法论》《社会保险法论》《财产保险法》《再保险法》,译著有《法理学——从古希腊到后现代》(合译)、《合同法的丰富性:当代合同法理论的分析与批判》等。兼任中证中小投资者服务中心第二届持股行权专家委员会委员、无锡市中级人民法院新闻舆论咨询专家、上海市杨浦区人民检察院专家咨询委员会委员、中国石化上海石油化工股份有限公司独立董事、建信人寿保险股份有限公司独立董事。

# 民法总论

## （第九版）

郑云瑞 ⊙著

## 图书在版编目(CIP)数据

民法总论/郑云瑞著. —9版. —北京:北京大学出版社,2021.1
高等学校法学系列教材
ISBN 978-7-301-31913-0

Ⅰ.①民… Ⅱ.①郑… Ⅲ.①民法—中国—高等学校—教材 Ⅳ.①D923

中国版本图书馆CIP数据核字(2020)第252403号

| | |
|---|---|
| 书　　　名 | 民法总论(第九版)<br>MINFA ZONGLUN(DI-JIU BAN) |
| 著作责任者 | 郑云瑞　著 |
| 责 任 编 辑 | 周　菲 |
| 标 准 书 号 | ISBN 978-7-301-31913-0 |
| 出 版 发 行 | 北京大学出版社 |
| 地　　　址 | 北京市海淀区成府路205号　100871 |
| 网　　　址 | http://www.pup.cn |
| 电 子 信 箱 | law@pup.pku.edu.cn |
| 新 浪 微 博 | @北京大学出版社　@北大出版社法律图书 |
| 电　　　话 | 邮购部 010-62752015　发行部 010-62750672　编辑部 010-62752027 |
| 印 　刷 　者 | 河北滦县鑫华书刊印刷厂 |
| 经 销 者 | 新华书店 |
| | 730毫米×980毫米　16开本　27.25印张　598千字<br>2004年10月第1版　2007年1月第2版<br>2009年1月第3版　2011年7月第4版<br>2013年9月第5版　2015年10月第6版<br>2017年1月第7版　2018年3月第8版<br>2021年1月第9版　2021年1月第1次印刷 |
| 定　　　价 | 69.00元 |

未经许可,不得以任何方式复制或抄袭本书之部分或全部内容。
**版权所有,侵权必究**
举报电话:010-62752024　电子信箱:fd@pup.pku.edu.cn
图书如有印装质量问题,请与出版部联系,电话:010-62756370

# 第 九 版 序

2020年5月28日,第十三届全国人民代表大会第三次会议审议通过了《中华人民共和国民法典》。民法典共7编、1260条,各编依次为总则、物权、合同、人格权、婚姻家庭、继承、侵权责任。《民法典》总则编和合同编是《民法总论》的研究对象和范围。总则编内容与《民法总则》相比,仅有一个新增条款和数个地方文字表述的变化,意思并无变化但表述更为规范、准确,如由《民法总则》第45条的"有权要求财产代管人"变为《民法典》第45条的"有权请求财产代管人"。合同编内容与《合同法》相比,变化较大,合同编共有526条,其中新增70条,实质性修订112条,非实质性修订224条,保留120条,涉及与总则编内容重复和冲突部分的删除以及部分新增内容,如电子合同、保证合同、保理合同、物业服务合同和合伙合同等。

本次修订起始于春节,即新型冠状病毒性肺炎疫情开始之时。为应对突发疫情,积极响应国家和社会号召,作者闭门在家静心修订本教材。在通读全书的基础上,作者对教材进行了全面细致的修订,对教材修订的深度和广度是修订之初未曾预料到的。从第一版到第八版,本教材的厚度增加了一倍,每次修订不断增加内容,试图面面俱到,导致教材越来越臃肿,本次修订试图给教材"瘦身",调整、删除了一些内容,修订后的内容较为简洁清晰。

案例选择遵循了指导案例和公报案例优先的原则,其次是最高人民法院案例,再次是省高级人民法院案例,最后是中级人民法院案例。基层法院案例仅在前述各个审级案例缺失的情形下,拾遗补阙。案例的地域选择则遵循长三角和珠三角等经济发达地区法院案例优先原则,经济发达地区民商事案例数量多、类型多,法院审级和所在区域的经济发达程度反映了民商事审判的质量和水平。本次修订精简和更新了部分案例,对所有案例内容进行了一定的论述和展开,将判例规则有机融合在民法总则理论之中,以便读者能更好地理解案例和相关民法规则的内容。

2020年7月27日,最高人民法院发布了《关于统一法律适用加强类案检索的指导意见(试行)》,引入英美法系的判例制度,确立了先例的效力,即指导案例、公报案例和最高人民法院案例对全国所有法院具有约束力,上级法院案例对下级法院具有约束力,本院生效判决对本院今后的判决有约束力。类案检索制度将改变我国民法的法源构成,使判例由事实法源成为直接法源,增加了《民法典》法源的类型，由此将引发民商法教学方式的变革，案例教学将会蔚然成风。类案检索制度有利于避免裁判标准的区域性差异，统一裁判尺度，并有助于确保法律适用的统一和保障司法公信力。

郑云瑞<br>
2020 年夏·上海·苏州河畔

# 第八版序

我国今年颁布并实施的《民法总则》是未来《民法典》的总则编,属于基础性的民事法制度。《民法总则》的颁布宣告中国《民法典》的框架基本形成,为中国《民法典》的编纂奠定了坚实的基础,在《民法典》编纂中具有重大的历史意义。《民法典》在社会生活中的意义重大,事关国计民生、社会的安定、经济的发展。[①]

《民法总则》的制定是以《民法通则》为基础,通过采用提取公因式的方式,编入民事法律制度中的普遍适用性规范,涉及基本原则、权利、权利主体、权利客体、法律行为、时效制度等。《民法总则》是具有强制执行力的法律规范,而《民法总论》教科书则是《民法总则》的教科书,是对《民法总则》的法理研究。《民法总论》教科书以《民法总则》为研究对象,是对《民法总则》的诠释和发展。《民法总则》的制定体现和反映了我国《民法总论》教科书及民法理论的研究成果,也体现和反映了民商事审判实践的水平和现状。

《民法总则》基本继受了《民法通则》的规定,制度创新不多,仅增加了习惯的法源地位、公序良俗原则、除斥期间、虚拟财产、胎儿权利能力、成年人意定监护、意思表示等制度,是《民法通则》的修订版。《民法总则》的整体结构与《民法通则》基本一致,如基本规定、民事权利、民事权利主体、民事法律行为和代理、民事责任、诉讼时效和期间计算等,且沿袭了《民法通则》的表述和风格,如民法基本概念前冠以"民事"和基本原则的表述等。

《民法总则》并未完全展现民法理论研究成果和民商事审判实践的发展成就。《民法总则》中大量的宣示性条款,不具有行为规范和裁判规范的意义和功能,缺乏实益。希望《民法典》的编纂能够改变这种状况,使民法规范成为名副其实的规范,而不是空有其名。在《民法通则》颁布实施三十多年后,中国的民法理论研究已经较为成熟,加之中国特色的市场经济体制的初步建立和中国高速发展的经济,为中国《民法典》的编纂提供了丰硕的理论研究成果,形成了丰富的判例资源,并奠定了坚实的经济基础。经济总量与民商事纠纷的数量呈现正相关

---

① 例如,2014年全国法院新收案件近1440万件,新收刑事、民事、行政一审案件9489787件,其中一审民商事案件8307450件,占一审案件的87.54%。2015年全国法院新收案件近1800万件,新收刑事、民事、行政一审案件11444950件,其中民商事一审案件10097804件,占一审案件的88.23%。2016年全国法院新收案件近2000万件,新收刑事、民事、行政一审案件12088800件,其中民商事一审案件10762124件,占一审案件的89%。最近三年的司法数据表明,民商事案件新收数量和占比逐年呈稳步上升趋势。载http://gongbao.court.gov.cn/,2017年10月1日访问。

关系,经济发达地区对民法规则的需求远超过其他地区,需要民法规范妥善、公平、合理地处理不断涌现的民商事纠纷,以维护正常的交易秩序,保护交易安全,保障交易效率。《民法总则》是否立足于社会现实,满足社会发展需要,并成为法院裁判民商事纠纷的基本准则,是其生命力所在。

本次对《民法总论》的修订,是围绕我国《民法总则》的颁布和实施而展开的。在第七版的基础上完善和丰富了案例,大幅度增加了案例的数量,引用的案例涵盖了民法总论的所有问题,以典型案例全面、深入诠释民法规范和理论,充分展示了民法总论理论对民商事审判实践的指导和应用,借以说明民法总论的实践性而非空洞的理论。囿于篇幅和体例,教材未能对所有案例展开评述,仅部分案例有一定程度的展开。由于先前的版本对民法理论的研究反映了传统民法基本规则和理论及《民法总则》(草案)的内容,基本体现了《民法总则》规则,涉及规则方面可修改的内容不多,所占修改篇幅的比例不大。

《民法总论》的修订引用了大量的《最高人民法院公报》案例,公报案例阐述了我国民商事裁判观点、法律适用问题及案例中蕴含的司法价值取向和司法方法论,是民商事审判实践的重要参照和依据,构成民法的事实法源。从1985年至2016年,《最高人民法院公报》共有1368个案例,其中民商事案例663个(占48.46%)。在民商事案例中:涉及合同、无因管理、不当得利纠纷的共312个(占民商事案例的47.06%),所占的比例最大;其次是与公司、证券、保险、票据等有关的民事纠纷,共计95个(占民商事案例的14.33%);物权纠纷、人格权纠纷、侵权责任纠纷案例分别为55、52、52个(均约占民商事案例的8%);海事海商纠纷、婚姻家庭继承纠纷和适用特殊程序案件案由的案件均不足40个(占民商事案例的6%);劳动争议、人事争议案件仅13个(仅占民商事案例的2%),所占比重最小。公报的民商事案例中以合同纠纷案件居多,无论是一审、二审还是再审,热点案件多为合同纠纷案件,以借款合同纠纷、买卖合同纠纷、房屋买卖合同纠纷等类型为主。公报的民商事案例中最高人民法院(260个)和江苏省(95个)、上海市(83个)、北京市(31个)和广东省(29个)所占比重较高,地域主要分布在北京、上海、江苏、广东等经济发达地区。

民商事案例的收集颇为艰辛,幸得诸位友人的鼎力相助。在大家的关心、支持和帮助下,《民法总论》从初版一直延续至今,在此我表示真挚的感谢!

郑云瑞

2017年秋日·上海·苏州河畔

# 第七版序

在我国法学教育中,理论与实践的脱节致使法学院远离法院,一直备受司法实务部门的诟病。法学院学生难以将课堂所学的法学理论知识运用于司法实践,可能是大陆法系的法学教育传统造成的。理论脱离实践藩篱的突破是我国法学教育中的一个难题,民法总论教材以理论性著称,理论与实践的脱节尤为严重。我多年来一直尝试将民商事司法审判中的鲜活案例引入民法总论教学中,但效果不尽如人意。

在去年撰写的《公司法学》中,我首次引入《最高人民法院公报》案例和指导案例等典型案例,以解释和论证公司法的具体规则和理论。在此启发下,今年的民法总论课堂教学引入了《最高人民法院公报》案例。公报案例的引入丰富了课堂教学内容,增加了课程的实践性,打破了沉寂的课堂气氛,颠覆了学生对民法总论课程纯理论性的看法。

本次修订的《民法总论》引入了102个典型民商事案例,其中大部分是《最高人民法院公报》案例和指导案例(59个公报案例和3个指导案例)。用以典型性、真实性、公正性和权威性著称的公报案例和指导案例来解释和论证民法总则的制度和理论,改变了传统教材的纯理论性特点,增加了教材的可读性,增强了民法理论的实践性和生命力,使学生能够学以致用,较快地适应司法实务,服务于中国社会经济的发展。此外,在案例的选择方面,充分考虑到民商合一的特点,引入了大量的商事案例,特别是公司案例,以解释和论证民法总则的制度和理论,借以说明我国民商合一的立法体制。

《民法总论》试图通过引入《最高人民法院公报》案例和指导案例等典型案例,论证民法总则制度和理论的正确性、合理性,使法学院学生充分了解民商事纠纷的操作实务,缩短法学院与法院的实际距离。《民法总论》的修订借鉴了英美法系教科书的案例撰写方法,力图使民法总论理论更为密切地联系民商事司法审判实践,但这种尝试是否成功,还有待检验。

郑云瑞

2016年秋日·上海·苏州河畔

# 第六版序

民法是商品经济发展的产物,与社会经济的发展息息相关,中国民法的形成、发展与中国社会主义市场经济的形成和发展相呼应。自改革开放以来,中国社会主义市场经济取得了较大的成就,世界各国踊跃成为亚洲基础设施投资银行(Asian Infrastructure Investment Bank,AIIB)创始成员国是最好的证明。

《民法总论》自初版以来已过十载,社会经济发展日新月异,中国高速公路和高速铁路的发展已经达到全球最高水平,便利的交通促进了经济的发展。民法是调整交易关系的法律,它规范人流和物流产生的各种交易行为,维护交易秩序,保障交易安全。社会经济的发展促进了民法理论和民法制度的发展。2015年全国人大法工委启动了《民法典》的编纂工作,决定起草《民法典》总则编,这标志着民法制度的发展步入一个新的发展阶段。

民法是实践性非常强的法律学科,是对民商事审判实践的归纳和总结,民商事案件的审理是司法审判的主要工作,且民商事案件数量十年来一直呈上升态势。民法总论则对指导民商事审判实践中的疑难案件有重大的意义。民法对司法审判实践的指导体现在两个方面:一是民法理论研究成果对司法审判实践中个案审判的指导,富有生命力的民法理论对司法审判实践具有较大的指导意义;二是民法教科书对法学院的学生灌输中国本土切合实际的基础民法知识,使学生能够学以致用,避免理论与实践的脱节。

《民法总论》的修订也体现了《公司法》《保险法》和《民事诉讼法》等法律的修改。《公司法》的资本制度的变化,涉及法人制度的主要内容,民法教科书应及时反映民商法律制度的发展和变化。

郑云瑞<br>
2015年夏日于苏州河畔

# 第五版序

民法规范人们日常生活方方面面的法律关系,绝大部分与寻常百姓的民生密切相关,关系到自然人和法人的切身利益。伴随我国社会经济的快速发展,近年来民商事纠纷不断呈上升态势,法院受理民商事案件的数量大幅增加,占各类受理案件量的六成多。① 法院的民商事审判工作压力巨大,中级法院和基层法院的民商事审判庭办案数量(尤其是基层法院)大大超过其他审判庭。② 民商事审判对社会的和谐稳定以及社会经济的发展至关重要,民商事审判实践的新问题层出不穷,民法理论研究应以民商事审判实践为导向。发现和解决民商事审判的新问题、新情况,是民法学研究的使命和任务。

《民法总论》自2004年初版以来已近十年,一直作为华东政法大学本科生专业课程的教科书。在教科书使用过程中,学界同仁提出的建设性的意见,使《民法总论》不断完善和提升。民法学理论教学、科研和实践的点点滴滴感受,激励我不断完善《民法总论》。此外,在民法总论的授课过程中,我也不时地发现教科书存在的种种问题,对《民法总论》的不断完善成为我这些年来孜孜以求的目标。

《民法总论》的修订历时两年多,在做加法的同时,也适当做了些减法,删除了部分内容。修订主要体现在以下三个方面:一是体例格式和结构的调整。对体例格式和结构的调整使体例格式更趋规范、完整;部分章节增加了小标题,以使教科书的结构更为明了、清晰。二是内容的补充。对部分章节内容进行了适当补充,对问题的论述和解释更为充分、全面、清楚。三是内容的增加。对部分内容作了增加以填补教科书内容的缺漏,使教科书的内容和结构更为完整,增加的内容有法人登记制度、法人机关构造、物的扩大、代理关系等。以上对《民法总论》的修订仍然存在不足和缺漏。

卓越法律人才计划给我提供了到无锡市中级人民法院参与民商事审判实践

---

① 2008—2012年五年间,全国各级法院共审结各类案件5530.89万件,审结民商事案件3133.4万件,民商事案件在所有案件中的占比为57%。参见《最高人民法院工作报告》(2013年)。
2012年,全国法院共受理各类新收案件12517635件,审结12396632件,其中新收民商事案件7939546件,审结7824088件,民商事案件在所有案件中的占比为63%。参见佟季、马剑:《2012年全国法院审理各类案件情况》,载《人民司法》2013年第7期。

② "2012年全国法院新收刑事、民商事、行政一审案件8442657件,审结8321348件……一审新收案件中,刑事案件占11.80%,民商事案件占86.66%,行政案件占1.54%。一审案件占全部诉讼案件(一审、二审和再审)的91.66%,占全国法院全部各类案件的67.45%。"引自《二〇一二年全国法院审理各类案件情况》,载《最高人民法院公报》2013年第4期。

的机会。中级人民法院在我国法院系统中承上启下,既受理大量的上诉民商事案件,又受理相当数量的初审民商事案件;既受理商事大案要案,又受理寻常百姓琐碎的民事纠纷,为我全面了解中国的民商事制度和民商事审判实践提供了丰富的素材。无锡市中级人民法院为我全面参与民商事审判实践提供了机会和便利,根据工作分工,我在分管第三民事审判庭工作的同时,还协管第一民事审判庭和第二民事审判庭的工作,使我有机会接触到法院所有的民商事审判工作。此外,无锡市中级人民法院所辖的江阴市人民法院、宜兴市人民法院、南长区人民法院、北塘区人民法院、滨湖区人民法院、开发区人民法院、锡山区人民法院等基层法院为我了解民事审判工作提供了诸多的便利。民商事审判实践活动开阔了我的学术视野,丰富了我的民法理论,为我指明了今后的民法理论的研究方向。

郑云瑞<br>
2013 年 9 月 18 日

# 第四版序

《民法总论》是以我国《民法总则》为研究对象,以法律行为制度为核心构建的理论体系。法律行为是实现意思自治的手段、权利行使的方式。不仅民法的具体制度和规范是围绕法律行为制度构建的,而且民法的基本原则也是因法律行为制度而构建的,意思自治原则是法律行为制度的基础和保障,诚实信用原则和公序良俗原则是为限制法律行为制度而设计的。

从2004年《民法总论》初版以来,不断有新的民事基本法颁布,修订工作一方面是为反映我国立法的变化,另一方面也是试图反映我国民法理论发展的最新成果。在前两次修订的基础上,此次修订对大部分章节作了删除、增加和调整,增加了民法基本原则、权利失效制度、失踪人制度的立法例、宣告死亡申请人的申请顺位、人格权请求权、无权利能力社团、法人人格否定、消灭时效的适用等,对社团法人、财团法人等内容进行了较大幅度的增补,对民法的概念与原则、权利体系、权利主体、法律行为制度等内容也作了较大的调整。2009年《侵权责任法》的颁布标志着我国民事基本法律制度的确立,本次修订反映了这一立法成果。

在与2010级研究生讨论《民法总论》书稿的过程中,吴剑明、龚玲等同学认真细致,指出了书稿中的不少错误和纰漏。吴剑明、苏袁、金晓玲、梁聪聪和龚雯华等同学对书稿进行了校对,指出了书稿中的错误和纰漏,在此深表感谢。本次修订对文字和句式进行了细致的修改,力图做到文字清晰、简洁,表述准确、规范,论述详略得当。尽管作了上述努力,但书稿仍可能有各种疏漏和缺陷,在此深表歉意。

郑云瑞
2011年3月26日

# 第 三 版 序

民法是以权利为中心构建的,即以权利的主体、权利的行使方式、权利的种类以及权利的保护方式、权利的保护期限的限制等为调整对象的规范体系。这个规范体系是民法总论的研究对象。

《民法总论》的第二次修订,主要有两个方面的考虑:一方面是《民法总论》第二版自 2007 年出版以来,分别于 1 月、6 月和 12 月印刷三次,本着对读者负责的态度,此次对全书进行了全面的修订,力求尽可能减少错误和纰漏;另一方面是 2007 年 3 月 16 日第十届全国人民代表大会第五次会议通过了《物权法》,此外《城市房地产管理法》《企业破产法》《合伙企业法》和《民事诉讼法》等法律也进行了修订,《民法总论》也应及时反映法律的发展变化,体现我国的立法成果。

本次修订对文字、格式和内容进行了全面的检查,使文字和格式更趋规范、合理,内容更为简洁,论述更为清晰。此外,体例方面也作了较大的变动,将正文中涉及的几乎所有的法条和引文都放入了脚注中,使阅读更为流畅。

《民法总论》的修订,对我而言也是学习和提高的过程。民法总论是对物权法和债法理论的抽象和总结,本次修订是我在《民法物权论》的修订和《合同法学》的编写之后进行的,因对物权法和债法的研究增进了对民法总论理论的理解,因而再次对《民法总论》中的某些观点和内容进行了修正和完善。殷洪伟、李会平、廖日晖、李齐艳等研究生对本书进行了校对,指出了书中的错误和缺漏,在此表示感谢。尽管进行了多次认真的修改和校订,但书稿仍然不可避免地有种种缺漏,在此深表歉意。

郑云瑞<br>2008 年 11 月 8 日

# 第二版序

我国正处于社会主义市场经济体制建立的过程中,市场经济呼唤健全的法律制度来调整各种交易关系,促进并保障社会主义市场经济的健康发展。我们有幸处在这么一个发展时代,见证我国《民法典》的编纂过程,参与《民法典》起草的讨论。今年7月10日,全国人民代表大会公布的第三次审议的《中华人民共和国物权法草案》,标志着《民法典》编纂阶段性成果的完成。《民法典》的编纂是对改革开放以来民法理论研究水平的考验,而我们编纂的《民法典》在相当长的一个时期内是否能够满足我国经济发展和社会生活状况的需要,则是对民法理论研究的实践检验。即使在《民法典》颁布之后,民法理论的研究也需进一步加强。对民法理论的研究,一方面可以促进《民法典》的贯彻实施,另一方面也可以不断地丰富和完善民法典。

自去年10月出版《民法总论》后,在得到肯定的同时作者也发现其存在不少疏漏和错误,部分章节内容也较为单薄。此次修订对书中的内容进行了校正和部分修订,并对最后两章的内容进行了充实,但也保持了本书原有的风格和体例。《民法总论》的修订是在作者完成《民法物权论》之后进行的,对物权法理论的研究进一步加深了对民法理论的理解。但是,民法理论博大精深,作者对其理解还是非常肤浅的,有待于日后的进一步提升。此外,民法又是实践性非常强的部门法学,实践是民法理论的源泉和生命。实践不仅可以丰富民法理论,而且还可以加深对民法理论的理解。

郑云瑞

2005年9月30日

又:2005年10月27日通过的修正案,对《公司法》进行了全面的修订,使公司法律制度发生了实质性的变化,主要表现为一定程度上放松了公司资本管制,降低了注册资本数额,承认了一人公司制度等,从而使我国的《公司法》更加符合现代公司制度的发展趋势。《民法总论》第七章所涉及的公司法内容全部发生了变化,绝大多数条款的内容也发生了实质性的变化,只有少数条款仅为序号或表述方式上的变化。为反映这些变化,又对相关内容进行了修改。

郑云瑞

2006年7月10日

# 序

　　这本《民法总论》教科书,是作者数年教学与研究工作的总结。民法理论博大精深,民法总论的理论则更为深邃,只能管中窥豹,尽作者绵薄之力,将自己所理解的民法总论展示给读者。《民法总论》总的指导思想是以民法的整体理念为论述的重点,试图构筑一个通俗易懂、结构严谨、体系合理、内容完整的民法总论体系,以便使读者能够形成一个具有内在联系的民法总论体系观念。这是本书的出发点,也是终极目标。但是否能做到,只有请诸位读者来评判。

　　民法理论最早可以追溯到古代罗马法,中世纪的注释法学派对罗马私法的研究为近代民法理论的形成奠定了基础。近代德国全面继受了罗马法,德国法学家以严谨的思维创设了民法的基本制度和理论,形成了概念准确、体系完整、逻辑严密的民法理论。

　　我国古代社会长期实行重农抑商的政策,自给自足的自然经济占主导地位,商品经济极不发达。儒家的伦常礼教成为人们的行为规范。家族是人们生活的中心,个人并没有独立存在的价值,不具有独立的人格,不能基于自己的意思独立地享有权利、承担义务,而只能基于人们在社会中的身份享有权利、承担义务。我国古代未能形成市民社会,缺乏民法产生的社会、经济以及思想条件。因此,我国在清朝末年之前一直未能制定民法。

　　从清末民初以来,我国法律制度全面继受了西方近代法律,其中民法方面继承和发展了德国的民法制度与理论,自清朝末年起到20世纪二三十年代的民法典均受到《德国民法典》的影响。20世纪上半叶,我国学者对民法理论进行了深入的探讨和研究,特别是在中华民国时期,民法学者对民法典中涉及的一些重大问题展开了深入的研究和讨论,为当时民法典的编纂以及中国民法制度和理论的发展奠定了基础。中华人民共和国成立之后,我国的民事立法也间接受到《德国民法典》的影响。我国民法理论发展的一个分界线是《中华人民共和国民法通则》的颁布,此前,我国民法理论所使用的概念和术语均属于传统民法范畴。此后,我国民法理论在传统民法的基本理论之外创设了一些新的概念和术语。随着民法理论研究水平的提升,学者们逐步认识到这些概念和术语的缺陷和不足,这是我国民法制度和理论今后发展的一个重大问题。本书的宗旨是力图恢复传统民法理论的内容,展示传统民法的概念、术语、体系,在此基础上,结合我国民法的理论和实践,阐述民法总论的理论。

  本书对民法总论理论的梳理,吸纳了国内外民法学者的理论研究成果,在此表示真诚的感谢。由于作者才疏学浅,书中定有不少疏漏,恳请学界前辈及同仁批评指正。

郑云瑞

2004 年 6 月 26 日

# 法律、法规及司法解释缩略语

1. 《宪法》——《中华人民共和国宪法》
2. 《水法》——《中华人民共和国水法》
3. 《民法典》——《中华人民共和国民法典》
4. 《物权法》——《中华人民共和国物权法》
5. 《合同法》——《中华人民共和国合同法》
6. 《公司法》——《中华人民共和国公司法》
7. 《票据法》——《中华人民共和国票据法》
8. 《海商法》——《中华人民共和国海商法》
9. 《农业法》——《中华人民共和国农业法》
10. 《担保法》——《中华人民共和国担保法》
11. 《婚姻法》——《中华人民共和国婚姻法》
12. 《继承法》——《中华人民共和国继承法》
13. 《收养法》——《中华人民共和国收养法》
14. 《保险法》——《中华人民共和国保险法》
15. 《信托法》——《中华人民共和国信托法》
16. 《专利法》——《中华人民共和国专利法》
17. 《商标法》——《中华人民共和国商标法》
18. 《渔业法》——《中华人民共和国渔业法》
19. 《民法总则》——《中华人民共和国民法总则》
20. 《民法通则》——《中华人民共和国民法通则》
21. 《侵权责任法》——《中华人民共和国侵权责任法》
22. 《商业银行法》——《中华人民共和国商业银行法》
23. 《合伙企业法》——《中华人民共和国合伙企业法》
24. 《企业破产法》——《中华人民共和国企业破产法》
25. 《民事诉讼法》——《中华人民共和国民事诉讼法》
26. 《民用航空法》——《中华人民共和国民用航空法》
27. 《土地管理法》——《中华人民共和国土地管理法》
28. 《矿产资源法》——《中华人民共和国矿产资源法》
29. 《文物保护法》——《中华人民共和国文物保护法》

30.《义务教育法》——《中华人民共和国义务教育法》
31.《外资企业法》——《中华人民共和国外资企业法》
32.《外商投资法》——《中华人民共和国外商投资法》
33.《个人独资企业法》——《中华人民共和国个人独资企业法》
34.《反不正当竞争法》——《中华人民共和国反不正当竞争法》
35.《农村土地承包法》——《中华人民共和国农村土地承包法》
36.《城市房地产管理法》——《中华人民共和国城市房地产管理法》
37.《农民专业合作社法》——《中华人民共和国农民专业合作社法》
38.《涉外民事关系法律适用法》——《中华人民共和国涉外民事关系法律适用法》
39.《外汇管理条例》——《中华人民共和国外汇管理条例》
40.《金银管理条例》——《中华人民共和国金银管理条例》
41.《公司登记管理条例》——《中华人民共和国公司登记管理条例》
42.《继承法司法解释》——最高人民法院《关于贯彻执行〈中华人民共和国继承法〉若干问题的意见》
43.《担保法司法解释》——最高人民法院《关于适用〈中华人民共和国担保法〉若干问题的解释》
44.《民法通则司法解释》——最高人民法院《关于贯彻执行〈中华人民共和国民法通则〉若干问题的意见(修改稿)》
45.《诉讼时效司法解释》——最高人民法院《关于审理民事案件适用诉讼时效制度若干问题的规定》
46.《合同法司法解释(一)》——最高人民法院《关于适用〈中华人民共和国合同法〉若干问题的解释(一)》
47.《合同法司法解释(二)》——最高人民法院《关于适用〈中华人民共和国合同法〉若干问题的解释(二)》
48.《公司法司法解释(四)》——最高人民法院《关于适用〈中华人民共和国公司法〉若干问题的解释(四)》
49.《公司法司法解释(五)》——最高人民法院《关于适用〈中华人民共和国公司法〉若干问题的解释(五)》
50.《民事诉讼法司法解释》——最高人民法院《关于适用〈中华人民共和国民事诉讼法〉若干问题的意见》
51.《民事诉讼法解释》——最高人民法院《关于适用〈中华人民共和国民事诉讼法〉的解释》
52.《司法解释工作规定》——最高人民法院《关于司法解释工作的规定》

53.《人身损害赔偿司法解释》——最高人民法院《关于审理人身损害赔偿案件适用法律若干问题的解释》
54.《审理建设工程施工合同纠纷司法解释》——最高人民法院《关于审理建设工程施工合同纠纷案件适用法律问题的解释》

# 目　　录

## 第一章　民法的历史沿革 …………………………………………（1）
### 第一节　大陆法系国家民法的历史沿革 ……………………（1）
### 第二节　中国民法的历史沿革 ………………………………（21）

## 第二章　民法的概念与原则 ……………………………………（29）
### 第一节　民法的概念 …………………………………………（29）
### 第二节　民法的性质 …………………………………………（36）
### 第三节　民法基本原则 ………………………………………（40）
### 第四节　民法的本位 …………………………………………（61）
### 第五节　民法的效力 …………………………………………（64）
### 第六节　民法与商法的关系 …………………………………（66）

## 第三章　民法的法源与解释 ……………………………………（71）
### 第一节　民法的法源 …………………………………………（71）
### 第二节　民法的适用 …………………………………………（82）
### 第三节　民法的解释 …………………………………………（84）

## 第四章　法律关系 ………………………………………………（91）
### 第一节　法律关系的概念 ……………………………………（91）
### 第二节　法律关系的要素 ……………………………………（95）
### 第三节　法律关系的种类 ……………………………………（99）
### 第四节　法律关系的变动 ……………………………………（104）

## 第五章　权利体系 ………………………………………………（113）
### 第一节　权利的概念 …………………………………………（113）
### 第二节　权利的分类 …………………………………………（117）
### 第三节　请求权 ………………………………………………（123）
### 第四节　形成权 ………………………………………………（127）
### 第五节　抗辩权 ………………………………………………（135）
### 第六节　权利的竞合 …………………………………………（137）
### 第七节　权利的行使 …………………………………………（140）

## 第六章　权利主体——自然人 …………………………………（154）
### 第一节　权利主体的历史沿革 ………………………………（154）

第二节　自然人 …………………………………………………… (158)
　　第三节　宣告失踪与宣告死亡 …………………………………… (168)
　　第四节　监护权 …………………………………………………… (174)
　　第五节　人格权的保护 …………………………………………… (183)
　　第六节　自然人的住所 …………………………………………… (200)

第七章　权利主体——法人 ………………………………………… (203)
　　第一节　法人 ……………………………………………………… (203)
　　第二节　法人的成立 ……………………………………………… (213)
　　第三节　法人的能力 ……………………………………………… (221)
　　第四节　法人人格的否定 ………………………………………… (225)
　　第五节　法人机关与住所 ………………………………………… (230)
　　第六节　法人的变更与终止 ……………………………………… (237)

第八章　权利主体——非法人组织 ………………………………… (244)
　　第一节　非法人组织 ……………………………………………… (244)
　　第二节　合伙 ……………………………………………………… (245)
　　第三节　普通合伙 ………………………………………………… (250)
　　第四节　有限合伙 ………………………………………………… (255)
　　第五节　风险投资与私募股权投资 ……………………………… (259)

第九章　权利客体——物 …………………………………………… (265)
　　第一节　物的意义 ………………………………………………… (265)
　　第二节　物的分类 ………………………………………………… (269)

第十章　法律行为 …………………………………………………… (278)
　　第一节　法律行为的概念 ………………………………………… (278)
　　第二节　法律行为的分类 ………………………………………… (291)
　　第三节　意思表示 ………………………………………………… (300)
　　第四节　法律行为的形式 ………………………………………… (325)
　　第五节　法律行为的成立与生效 ………………………………… (329)
　　第六节　条件与期限 ……………………………………………… (334)
　　第七节　法律行为的效力 ………………………………………… (339)

第十一章　代理 ……………………………………………………… (351)
　　第一节　代理的概念 ……………………………………………… (351)
　　第二节　代理权 …………………………………………………… (360)
　　第三节　代理行为 ………………………………………………… (368)
　　第四节　无权代理 ………………………………………………… (370)

第十二章 民法上的时间 …………………………………………（378）
　　第一节 期日与期间 ……………………………………………（378）
　　第二节 取得时效 ………………………………………………（381）
　　第三节 消灭时效 ………………………………………………（383）
　　第四节 除斥期间 ………………………………………………（396）
案例索引表 ……………………………………………………………（399）

# 图 目 录

图 2-1　民法体系 …………………………………………（33）
图 4-1　法律事实 …………………………………………（110）
图 5-1　权利体系 …………………………………………（123）
图 5-2　权利救济方式 ……………………………………（152）
图 7-1　传统民法的法人分类 ……………………………（212）
图 10-1　法律行为分类 …………………………………（300）
图 10-2　法律行为构成要件 ……………………………（334）
图 11-1　大陆法系的代理权 ……………………………（354）

# 第一章  民法的历史沿革

法律是人类文明的标志,是社会发展到一定阶段的产物,社会经济发展需要相应的法律保障。私法是伴随人类社会的形成而产生的,是人类社会最早出现的法律。私法最初表现为风俗习惯,进而由风俗习惯转化为国家制定法。近代市民社会之后,民法才逐步形成。民法伴随近代商品经济的产生而产生,并随着商品经济的发展而进一步发展完善。

商品经济发展经历了古代、近代和现代三个发展阶段。民法主要是调整交易关系的法律制度,民法的形成与发展同各国商品经济发展水平相适应。民法体系、内容和立法思想的确立和变化,与各国社会政治、道德、宗教、地理环境和民族传统文化等因素密切相关。①

## 第一节  大陆法系国家民法的历史沿革

我国民事法律制度大多继受了大陆法系国家民法,英美法系国家没有民法的概念,仅有合同法、侵权法和财产法等具体部门法。追本溯源,对大陆法系民法制度的研究,有助于我国民法理论和制度的构建和完善,有助于对民法规范的正确理解和准确适用。

### 一、古代私法

民法是权利法,是调整平等主体之间人身关系和财产关系的私法,市民社会的形成是民法出现的前提和基础。古代社会不具备民法形成的条件,奴隶社会和封建社会既无形式意义上的民法,也无实质意义上的民法。近代市民社会形成之后,民法才出现。因此,"古代民法"和"中世纪民法"的提法是不妥当的。

（一）古代罗马法

大陆法系国家近代民法起源于古代罗马法(Roman Law)②,民法的大部分

---

① 参见〔法〕孟德斯鸠:《论法的精神》(上册),张雁深译,商务印书馆1961年版,第7页。
② "民法乃发源于罗马法之 Jus Civile(市民法)。"刘得宽:《民法诸问题与新展望》,台湾三民书局股份有限公司1980年版,第72页。

制度可以追溯到罗马私法①,罗马法是学习和研究大陆法系近现代民法的前提和基础。《汉穆拉比法典》《十二表法》《法经》以及《摩奴法典》为世界古代四大法典,大多重刑轻民、诸法合体、民刑不分,将民事法律规范纳入刑事法律规范之中,而罗马法则以私法发达著称于世,是前资本主义时期反映商品生产和商品交换关系最完备、最典型的法律,体现了商品经济发展的一般规律。② 与其他古代法律相比而言,罗马法私法体系完整、立法技术高超。

罗马法是罗马奴隶制国家整个历史时期的法律总称。罗马法发源于罗马城邦,产生于距今两千五百年的意大利半岛古罗马王政后期。罗马第六个国王塞维阿·塔里阿的改革,标志着真正意义上的国家开始形成,法律随之产生。以《十二表法》为标志的成文法的公开化,是罗马法发展的第一步。随着罗马帝国疆域的不断扩大,从地中海到地跨欧洲、非洲和亚洲的奴隶制帝国的建立,罗马法也由原来狭隘的城邦习惯法、市民法发展成为万民法,形成了一个世界性的法律制度。罗马法的发展可分为三个不同的阶段:

(1) 萌芽时期。这个时期的罗马法表现为与封闭的社会、简单的农村生活相适应的法律制度。这个阶段的法律主要表现为习惯法,成文法较少。法律行为表现为严格的形式主义,如要式买卖、誓约以及市民法上的要式口约等。早期罗马法对形式主义的特别追求,可能与人类社会早期法律所包含的宗教色彩密切相关。此外,人类社会早期社会财富的贫乏、财物的稀缺以及交易的不频繁,对交易安全的保护胜过交易效率,也是法律行为严格形式主义的重要因素。《十二表法》是这个阶段法律的表现,与其他古代法律汇编一样,具有诸法合体的特征,但第三表至第八表是关于民事关系的法律规范。

(2) 发展时期。这个时期的罗马法表现为与开放、文明的社会以及多元化的交易关系相适应的法律制度。早期罗马法严格的形式主义日渐衰退,法律行为的形式主义的效力极大地降低,市民法的誓约或者要式口约逐步被万民法的要式口约所取代,这是罗马法的古典时期。这个时期的罗马法获得了空前的发展,具有承前启后的意义。

(3) 完成时期。这个时期的罗马法表现为地跨亚、非、欧三大洲的世界性法律制度。法律行为的形式主义完全消失,法律行为体现了个人意思和自由。公元 212 年,罗马帝国所有臣民成为罗马公民,实现了私法上权利主体的平等。在罗马法全盛期的古典时代,罗马皇帝赐予法学家法律问题的解答权,法学家学说具有法律约束力。公元 528 年,罗马皇帝查士丁尼任命法学家特立波尼安组成

---

① "罗马法对于法律制度结构的影响是整体性的,一方面影响了法学家研究法律的方法,另一方面影响了私法规范,这种影响是决定性的,它决定了民法法系区别于普通法系的基本特征。"〔美〕艾伦·沃森:《民法法系的演变及形成》,李静冰等译,中国政法大学出版社 1992 年版,第 252 页。
② 参见周枏:《罗马法原论》(上册),商务印书馆 1994 年版,第 9 页。

一个10人的法典编纂委员会,负责《民法大全》(Corpus Juris Cilivis)的编纂工作,先后制定颁布了《查士丁尼法典》(Codex Iustinianus)、《法学阶梯》(Institutiones)①、《学说汇纂》(Digesta)②、《新律》(Novellae)。《民法大全》具有法律效力。查士丁尼所编纂的罗马法形成了一个高度发达、极为完整的法律体系。

在罗马共和国后期和帝国时期,简单的商品经济得到了充分发展,产生了较为完备的调整人身关系和财产关系的私法制度。实际上,古代罗马也是诸法合体,但是罗马法的私法部分特别发达。早在公元2世纪,罗马法学家就开始系统地整理和编纂私法。例如,在《法学阶梯》中,盖尤斯把罗马私法分为人法、物法和诉讼法三编。人法是关于权利主体的法律,即人的法律地位、各种权利的取得与丧失的条件与方式以及婚姻、家庭关系等方面的法律。物法是关于权利人对所有物最完全的支配权,即占有、使用、收益、处分和返还占有权的法律。罗马法的诉讼分为对人诉讼与对物诉讼,这种划分是与债权和物权的划分相对应的。

罗马法分为自然法(jus naturale)③、万民法(jus gentium)④和市民法(jus civile)⑤,《法学阶梯》确立了人法、物法和诉讼法的罗马法私法体系和基本法律制度的顺序,确立了人法优先于物法的地位,蕴含了人本位的法律理念。罗马法的精华在于确立了私法上的平等、人格权、个人财产所有权的不可侵犯和契约自由。

在私法发展史上,罗马法形成的权利主体、所有权和契约自由概念,是社会经济关系在法律上的要求与反映,成为近现代民法的范本和基础。罗马法根源于地中海沿岸各民族持续数百年商业繁荣的社会经济生活,汲取了古希腊理性哲学的精髓,运用亚里士多德形式逻辑的科学方法,所以,它概念精确、逻辑严谨、体系完整。但是,由于受到社会历史条件的限制,罗马法也有其自身的局限性,主要表现在如下四个方面:

---

① 《法学阶梯》又称《查士丁尼法学总论》,是查士丁尼钦定的私法教科书,具有法律效力。按照查士丁尼的要求,法学家以盖尤斯的同名著作作为蓝本,将历代罗马皇帝的敕令和著名法学家的法理融合在一起,融合了罗马法全部基本原理,是罗马法的精髓。例如,1804年的《法国民法典》就是以《法学阶梯》为蓝本制定的。

② 《学说汇纂》又称《查士丁尼学说汇纂》,是由一个法典编纂委员会对公元前1世纪到公元4世纪初期的39名罗马法学家的著作(主要是乌尔比安和保罗的著作)、学说和法律解答的汇编整理而成的,共有50篇。《学说汇纂》有不同的版本,即《古学说汇纂》《中期学说汇纂》和《新学说汇纂》三个版本。例如,1896年的《德国民法典》就是以《学说汇纂》为蓝本制定的。

③ "自然法是自然界教给一切动物的法律。这种法律不是人类所特有的,而是一切动物都具有的……"〔古罗马〕查士丁尼:《法学总论》,张企泰译,商务印书馆1989年版,第6页。

④ "每个民族专为自身治理制定的法律,是这个国家所特有的,叫作市民法,即该国本身特有的法。至于出于自然理性而为全人类制定的法,则受到所有民族的同样尊重,叫作万民法,因为一切民族都适用它。"同上书,第6—7页。

⑤ 市民法仅适用于罗马公民而不适用于外国人或者异邦人。万民法不仅在外国人之间适用,还在外国人与罗马公民之间适用。万民法的理论含义是指产生于自然理性的法律,是人类社会共同的法律。从公元212年异邦人获得罗马公民权之时起,市民法与万民法之间的区别已经没有实际意义。

（1）私法平等的有限性。私法平等的有限性主要表现在两个方面：一是罗马法私法上的平等仅限于自由人之间，奴隶是权利客体，不是权利主体，不具有法律上的人格。二是在自由民中，妇女和家属也不具有独立人格，这是私法上的一种公开的不平等。

（2）法律行为的要式性。罗马法具有严格的形式主义和宗教迷信色彩。早期罗马法的形式主义特别严重，形式决定法律行为的效力，意思表示与法律行为的效力无关。到了罗马法后期，万民法的要式口约逐渐代替了市民法的誓约，法律行为的形式主义才逐渐消退。

（3）实体法与程序法的混合性。罗马法是诸法合体，集实体法与程序法为一体。早期的《十二表法》和后来的《法学阶梯》，均将实体法与程序法合为一体。《十二表法》涉及土地占有、债务、家庭、继承以及诉讼等方面的内容，《法学阶梯》则有人法、物法和诉讼法等内容。

（4）立法技术的局限性。罗马法并未形成合同法理论或者普通合同法，只有具体的合同，如买卖、租赁、质押、合伙等，未能在这些具体合同类型的基础上归纳、概括出各种类型合同普遍适用的规则、原则。[1]

在罗马法体系中，个人主义思想贯彻私法制度的始终。个人既是罗马私法的出发点，也是罗马私法的归宿。对个人利益（特别是所有权）的保护是私法的核心，近代大陆法系民法倡导的所有权神圣不可侵犯原则即来源于此。

（二）中世纪日耳曼法

在罗马法之后出现的日耳曼法，是继罗马法之后在西欧形成的一种法律体系，是农业社会的法律规范，仅反映前资本主义社会的精神，没有成文法，只有习惯的汇编，法律内容大多属于义务约束性规范，富于团体本位的思想。[2]

日耳曼法，是指公元5世纪到9世纪之间西欧早期封建制时期各"蛮族"王国适用于日耳曼人的法律。[3] 日耳曼法是日耳曼各个部族在侵入西罗马帝国、建立"蛮族"王国的过程中，由原有的部落习惯逐渐发展而来，在性质上属于早期封建时期（即封建制形成和巩固时期）的法律，既有封建法律特征，又有原始社会习惯法的残余痕迹。[4]

公元5世纪中叶，在西罗马帝国的废墟上，日耳曼人各部落联盟建立起一批

---

[1] James Gordley, *The Philosophical Origins of Modern Contract Doctrine*, Oxford University Press, 1991, p.31.

[2] 参见李宜琛：《日耳曼法概说》，中国政法大学出版社2003年版，自序。

[3] 参见林榕年主编：《外国法律制度史》，中国人民公安大学出版社1992年版，第84页。但是李宜琛先生认为，所谓的日耳曼法时代，由初期、中期和晚期三个阶段构成。初期是从5世纪到9世纪的部落法时期，中期是从10世纪到12世纪的封建法时期，晚期是从13世纪到15世纪的都市法时代。参见李宜琛：《日耳曼法概说》，中国政法大学出版社2003年版，第2页。

[4] 参见林榕年主编：《外国法律制度史》，中国人民公安大学出版社1992年版，第85页。

封建王国。为应对社会经济生活所发生的重大变化,处理与罗马人的关系,协调原有部落联盟习惯法与教会法、罗马法的冲突等问题,以及为强化国家政权的需要,这些封建王国出现了法典化需求。从公元5世纪末到6世纪初,在基督教教士和罗马法学家的帮助下,这些日耳曼王国编纂了一批成文法法典,记载并整理了原来各部落联盟的习惯,并将有关案例成文化,有选择地采纳了一些通俗易懂的罗马法术语和原则。这类习惯汇编通称为"蛮族法典",其中以《撒利克法典》最为有名。① 这是欧洲封建社会初期日耳曼法形成的过程和标志。② 除了编纂适用于日耳曼人的正式法典之外,日耳曼王国还编纂了适用于罗马人的简易罗马法汇编,在法律适用上采取属人主义,即日耳曼人适用日耳曼法,罗马人适用罗马法。

蛮族法典的形成与基督教教士和罗马法学者长期收集和整理习惯法密切相关。古老习惯通常是口耳相传,没有文字记录,要求收集整理人既要熟悉日耳曼各个部族的方言,又要以罗马法知识为依据进行系统化。在蛮族法典的草案编纂完毕之后,为使其具有法律效力,各个王国的国王通常举行隆重的仪式,经民众大会批准后予以公布。公元9世纪之后,西欧进入封建割据时期,日耳曼法失去了独立存在的意义,但日耳曼法的原则和制度在与罗马法融合的基础上转变为分散的地方习惯。换言之,日耳曼法作为西欧封建制法律的基本构成因素保留下来,中世纪后期又同罗马法、教会法一起成为资本主义法律的三大历史渊源。

日耳曼法与罗马法存在较大的差异,日耳曼法实行团体本位制度③,个人权利的享有与义务的承担受到团体(家庭、氏族、公社)的制约。身份而不是个人意思,决定并形成人们之间的权利义务关系。④ 日耳曼法强调法律行为的形式主义,财产转让等行为均须进行固定仪式,说特定套语,并配以相应的象征性动作,行为人的真实意思表示如何,则无关紧要。⑤ 此外,日耳曼人处于经济文化发展的低级阶段,法律非常原始,还不能进行抽象概括和逻辑推理。日耳曼法并没有形成抽象化的法律规范,而只是案例式的各种解决案件的具体办法。⑥ 日耳曼

---

① 法兰克王国是最强大的蛮族国家,存续时间最长,而且在加洛林王朝时期曾经统治了西欧的大部分国家,《撒利克法典》成为当时最具广泛适用性和权威性的一部法典,是公元5世纪至9世纪"蛮族法典"的典型代表。参见由嵘主编:《外国法制史》(第3版),北京大学出版社2007年版,第101页。

② 同上书,第97页。

③ 盖日耳曼法之法律思想,系注重团体关系,认为个人乃全体之一支,个人之权利乃为全体之利益而存在。因而对于罗马之'个人主义'的法律思想言之,日耳曼之法律思想,实属'超个人主义'的,两种恰成鲜明的对比。郑玉波:《民法总则》,中国政法大学出版社2003年版,第11页。

④ 参见由嵘主编:《外国法制史》(第3版),北京大学出版社2007年版,第102页。

⑤ 同上。

⑥ 同上。

法在时间上虽晚于罗马法,但其内容反而具有前罗马法的特点。① 尽管如此,日耳曼法的一些具体制度仍然对近现代民法产生了深远的影响。②

中世纪后期,伴随欧洲大陆国家对罗马法的继受,罗马法在欧洲大陆呈扩张之势,而日耳曼法除在英国之外已消失殆尽。到了17、18世纪,罗马法的个人主义思想迎合了近代自由资本主义发展的需求,统治了欧洲大陆。但在19世纪后半期,极端个人主义和自由资本主义弊端不断涌现,日耳曼法的团体本位主义制度又迎合了垄断资本主义的需要。

英国法律的形成和发展与欧洲大陆国家极为不同,英国法律的形成与诉讼制度密切相关③,而日耳曼法正是通过诉讼制度影响英国法律制度的形成和发展的。在1066年诺曼征服英国之前,英国主要施行盎格鲁—撒克逊的习惯法和王国的制定法。④ 诺曼人入主英国之后,实行中央集权制,改革行政和法律制度。通过对全国土地进行全面的调查即所谓的"末日审判书"(Domesday Book),国王成为土地的最终所有权人。为处理由此而产生的土地所有权纠纷案件,中央设立了王室法院。王室法院派首席法官到全国各地进行巡回审判,英国通过巡回审判制度形成了自己独特的法律体系——判例法(Case Law)。⑤ 但是在19世纪之前,英国法并没有形成系统的财产法、合同法、侵权法,而只有侵害之诉(trespass)和违约损害赔偿之诉(assumpsit)之类的诉讼形式(forms of action)。⑥ 正是在这些诉讼形式的基础上,英国通过法院判例在19世纪之后逐渐发展形成了普通法。

(三) 罗马法的复兴

从古罗马以来,意大利各个港口的海上贸易一直非常发达。这些港口与意大利中部、北部的内陆城市,甚至与阿尔卑斯山以北的各个国家的商业贸易关系往来极为频繁。公元1096年开始的十字军东征,促进了意大利港口城市与东方商业贸易关系的发展,带动了内陆城市商贸的繁荣,逐步形成了以经济生活为中

---

① 参见李宜琛:《日耳曼法概说》,中国政法大学出版社2003年版,第14页。

② "然在资本主义烂熟之今日,其种种弊害,亦为吾人所痛切感触,而欲力图救济者。于是法律思潮,遂亦由个人本位而趋于团体本位,而日耳曼法之研究,遂又甚嚣尘上焉。"同上书,第15页。

③ 英国法律制度的形成源于诉讼形式(forms of action),而诉讼形式的基础是英国令状制度(writ system)。参见郑云瑞:《英国普通法的令状制度》,载《中外法学》1992年第6期。

④ 盎格鲁—撒克逊人(Anglo-Saxon)的祖先来自欧洲大陆,原属日耳曼人,早期分布于今日德国境内的下萨克森(Niedersachsen)。公元5世纪中期,大批日耳曼人包括盎格鲁人(Angles)、撒克逊人(Saxons)、朱特人(Jutes)经由北欧入侵不列颠群岛,经过长期混居,逐渐形成现今英格兰人的祖先。9世纪,丹麦人对不列颠的入侵促进了盎格鲁—撒克逊人的形成。1066年,法国诺曼人征服了大不列颠,并融合在盎格鲁—撒克逊人之中。

⑤ 参见〔英〕S. F. C. 密尔松:《普通法的历史基础》,李显东等译,中国大百科全书出版社1999年版,第17—24页。

⑥ James Gordley, *The Philosophical Origins of Modern Contract Doctrine*, Oxford University Press, 1991, pp. 1-2.

心的欧洲城市。此外,农业生产技术的进步和人口的增加,为欧洲城市的发展创造了有利条件。

中世纪后期,伴随着欧洲城市国家的兴起和商品经济的发展,在封建社会内部孕育着资本主义生产关系和新兴的市民阶级,要求有一种符合资本主义发展需要的法律来调整不断扩大的商业贸易关系。欧洲长期处于封建割据状态,国王和市民均希望能够实现中央集权制,建立统一的民族国家,反对教会的统治和封建割据。强调个人意志和自由的罗马法,成为国王反对罗马教皇和教会法强有力的武器。从脱离封建领主管辖获得自治权起,中世纪欧洲城市开始了创制符合资本主义生产和生活方式特点和需要的法律制度。

12 世纪初,欧洲开始的罗马法复兴运动(Revival of Roman Law),与文艺复兴运动(Renaissance)、宗教改革运动(Reformation)一起被称为欧洲中世纪的三大运动。罗马法复兴运动是指在公元 12 世纪至 16 世纪欧洲各国和自治城市所开展的研究罗马法典籍,并将罗马法基本原则和概念运用到法律实践中的学术运动。

罗马法研究进程大致可以分为三个历史阶段:注释法学派时期(1100—1250 年);评论法学派时期(1250—1400 年);人文主义法学派时期(1400—1600 年)。罗马法复兴显示了罗马法所具有的强大生命力,欧洲大陆各国先后掀起了研究罗马法的热潮,并在 15 世纪至 16 世纪出现了欧洲各国普遍采纳罗马法的局面,最终使罗马法成为欧洲各国制定调整商品经济关系法律制度的基础。[①] 罗马法的复兴与欧洲最早一批大学的出现密切相关,意大利的博洛尼亚大学(University of Bologna)最早开展了对《民法大全》的研究工作,吸引了欧洲各国学生到该大学研习罗马法,形成了罗马法研究的发源地和第一个研究中心。

《民法大全》中仅包含具体规则和普通法律格言,未能形成系统的理论。[②] 在研究罗马法的过程中,12 世纪西欧法学家发展了古希腊哲学以及后期罗马法具有的辩证推理性质方法[③],将希腊人的哲学智慧与罗马人的法学智慧有机地结合起来[④],即将古希腊的辩证法运用于法律领域[⑤],试图将法律规则系统化为一个有机的统一体,从法律规则中归纳、推导出一般的法律原则。古希腊辩证法的基本方法与罗马法的基本法律术语体系,在完全不同的社会环境中的结合,使

---

[①] 参见周枏:《罗马法原论》(上册),商务印书馆 1994 年版,第 74 页。
[②] James Gordley, *The Philosophical Origins of Modern Contract Doctrine*, Oxford University Press, 1991, p. 2.
[③] 参见〔美〕哈罗德·J. 伯尔曼:《法律与革命》,贺卫方等译,中国大百科全书出版社 1993 年版,第 159 页。
[④] 同上书,第 176 页。
[⑤] 同上书,第 169 页。

法学家发现了一些新的东西。① 法学家对罗马法进行了前所未有的系统的解释，准确地用亚里士多德的辩证法方法诠释罗马法文献②，为近代民法的产生奠定了理论基础。在罗马法复兴进程中，注释法学派、评论法学派以及人文主义法学派在不同发展阶段各自发挥了重要的作用，为罗马法在西欧大陆的继受奠定了基础。

（四）法国对罗马法的继受

在公元476年西罗马帝国灭亡之后，罗马法在日耳曼人的王国中并未丧失效力，仍然继续适用。特别是在西哥特人和勃艮第人的王国中，罗马法作为适用于王国之内非日耳曼民族的法律继续存在。公元506年，西哥特国王阿拉利克二世颁布的《西哥特罗马法》（又称《阿拉利克罗马法辑要》），是对盖尤斯、保罗、帕比尼安等人的学说的巧妙摘编，并附以通俗的拉丁文注释。在《民法大全》被发现之前，《西哥特罗马法》是学习罗马法的唯一教材。在法国北部，法兰克人的入侵带来了固有的且具有日耳曼法渊源的习惯法。法兰克人将习惯法成文化，制定了多个法典，其中最为重要的是《撒利克法典》。因此，法兰克人在很大程度上消除了罗马法在北部地区的影响。

法国大学对罗马法研究的蓬勃发展，对南部成文法地区形成了具有决定性作用的因素。12世纪，法国南部地区的蒙彼利埃大学和图卢兹大学对《民法大全》的研究享有很高的声誉，通过他们活跃的研究和教育活动，向政府和教会输送了大量的罗马法专家。到了16世纪末，法国从大西洋岸边的纪德龙河河口到日内瓦湖以西形成了一条界线，将在罗马法影响下形成成文法的南部地区与以日耳曼习惯法为主的北部地区明确区分开来，比例大约是二比三。实际上，成文法与习惯法之间的区分不是非常严格的。

在南部地区，一些成文法既受到罗马法的影响，又包含了日耳曼法因素。同样，在北部地区，人们对罗马法并非采取完全拒绝的态度，在习惯法没有规定的情形下，通常以罗马法来补充习惯法的不足。③ 在南方的成文法地区，罗马法作为普通法适用，但在不同省份之间存在细微的差异。最早适用的罗马法是《狄奥多西法典》，而《狄奥多西法典》在高卢脱离罗马帝国之前是当时通行的法典。直

---

① 例如，罗马法学家曾制定了各种代理规则，根据规则的规定，一个奴隶可以作为其主人的代理人，代表其主人从事某些民事活动，主人应对奴隶的行为承担责任，但是罗马法并未确立一个关于代理的一般概念，只有各种具体形态的代理而已；同样，在查士丁尼的罗马法中，缺少关于契约的一般概念，只有某些具体的契约类型，因而在法律所列举的契约类型之外的任何协议，均不构成契约。

② James Gordley, *The Philosophical Origins of Modern Contract Doctrine*, Oxford University Press, 1991, p.4.

③ 参见〔德〕K.茨威格特、H.克茨:《比较法总论》，潘汉典等译，贵州人民出版社1992年版，第146页。

到 12 世纪,法国才开始适用《民法大全》。① 在法国南部地区,罗马法所包含的法律原则被视为解决现实社会实际问题的依据。罗马法在法国仅被视为习惯法,其他习惯法优先于罗马法适用。为谋求解决现实社会问题的正当化,实务界并不受罗马法原则的约束。此外,神圣日耳曼罗马帝国认为罗马法是其固有的法律,因此,法国国王对罗马法持怀疑的态度,并不将罗马法视为自己的实在法。

早期北部的习惯法大多是口耳相传,这些习惯法规则在北部地区自发形成,并逐渐被人们所接受而获得强制力。这些习惯法大多来源于日耳曼人文化,极为繁琐复杂。习惯法具有很大的不确定性,不了解有关习惯法规则的法官在了解习惯法规则时,必须使用一种被称为"向居民进行习惯法调查"的方式,通过若干本地居民说明习惯法规则。法国三级会议曾多次要求对习惯法进行编纂,为此开展了大规模的习惯法调查运动。通过习惯法的调查,法国逐渐形成了共同习惯法,并最终实现了习惯法与成文法的融合。13 世纪的法国出现了由私人完成的且具有较高权威的习惯法调查录,其中最著名的有《诺曼底习惯法大全》。1453 年的蒙蒂雷图尔法令(l'ordonnance de Montils-les-Tours)决定开始习惯法的编纂②,1510 年的《巴黎习惯法》极大地推进了各个地区习惯法的统一进程。习惯法的编纂使人们认识到习惯法的差异性和多样性,促进了法的全国统一。③

法国真正的统一法律的运动是在 16 世纪开始的,学者研究各种不同的习惯法,对习惯法进行了精辟的注解,将习惯编纂为成文法,并拓展了法律的研究领域,致力于制定全国性的法律。④ 在法国普通民法的形成过程中⑤,让·多马(Jean Domat)和朴蒂埃(Robert Joseph Pothier)两位法学家起了重要的作用。在 1689 年的《自然秩序中的民法》中,让·多马根据当时社会的需要将罗马法规则重新编排,为民法典的编纂作出了重大贡献。让·多马把推理重新引入判例,试图在纷繁复杂规则的背后发现法律制度的目的和价值,并按照逻辑顺序构建法律制度。⑥ 基于对罗马法和习惯法透彻的了解,朴蒂埃对罗马法和习惯法的继受采取了折中的态度,在债法方面如买卖、租赁、赠与等有大量的著述。朴蒂埃的思想不及让·多马深刻,但比让·多马清晰、全面,朴蒂埃的著作直接影响了《法国民法典》的制定。⑦ 让·多马和朴蒂埃著述中所有的合同论述,为《法国

---

① 参见〔法〕雅克·盖斯旦等:《法国民法总论》,陈鹏等译,法律出版社 2004 年版,第 86 页。
② 同上书,第 87 页。
③ 同上。
④ 同上书,第 89 页。
⑤ 普通法是由不同习惯法所表达的法律观念的整体构成的。参见〔德〕K. 茨威格特、H. 克茨:《比较法总论》,潘汉典等译,贵州人民出版社 1992 年版,第 149 页。
⑥ 参见〔法〕雅克·盖斯旦等:《法国民法总论》,陈鹏等译,法律出版社 2004 年版,第 89 页。
⑦ 同上。

民法典》的起草人所借鉴和采纳。①

(五) 德国对罗马法的继受

德国对罗马法的继受始于13世纪终于16世纪末。② 德国继受了后期罗马法,主要是查士丁尼的《民法大全》。③ 中世纪以来,《民法大全》成为德国大学教学和研究的对象,且以一种适应时代要求的形式,作为《学说汇纂》的现代应用为德国法院和诸侯所采纳,并进一步对立法产生实质性影响。不同于法国,德国全面继受了罗马法。德国对罗马法的全面继受,主要有两个方面的原因:

(1) 意识形态方面的原因。在意识形态方面,日耳曼帝国认为自己是罗马帝国的继承者,日耳曼皇帝是罗马皇帝的继承人。德国继受罗马法完全是自然而然的,且是根据皇帝的设想概括性地实现的。

(2) 政治方面的原因。在政治方面,日耳曼帝国力量的日渐衰微,封建领主力量的不断强大,德国缺少强有力的中央政权和司法机构对习惯法进行系统的整理和研究,造成了德国境内的法律缺乏统一性、系统性和合理的结构,没有形成强有力的帝国司法机构、非常强大并有影响力的帝国法律职业阶层以及具有德国固有法知识的专家,来为普通德国私法的形成奠定基础。

从日耳曼发展而来的立法形式,已经不能适应社会发展的需要。罗马法恰好填补了当时德国法律的空白,这并不是因为罗马法的规定比传统德国法更好、更正确,而是因为罗马法提供了丰富的概念和思想方法。德国继受了罗马法精练的文体或者体系,使固有法与罗马法融合。对罗马法的继受,德国是采取自上而下方式进行的,当时各邦政府和法院以及教会机构和教会法院的法律专业人士,大多数是在意大利的大学学习罗马法和教会法。从事审判时,这些法律专业人士通常抛弃不熟悉的地方习惯法,直接援引罗马法的规定改变下级法院根据习惯法所作出的判决。1495年帝国最高法院的设立,进一步促进了罗马法在德国境内的继受。德国设立了帝国最高法院,却没有可以适用的帝国普通私法,适用罗马法是当时唯一的选择。此外,法学家出身的法官钟爱自己所学的罗马法,轻视地方习惯法。帝国最高法院和各邦法院均是如此,这是促成罗马法在德国境内被继受的重要原因。最初帝国最高法院半数法官为罗马法学家,后来逐渐发展成为全体法官均为罗马法学家,加速了罗马法在德国境内的继受进程。此外,根据帝国最高法院的法令,帝国最高法院应适用"帝国普通法"审理案件。在法律适用时,帝国最高法院应证明所适用的法律是有关邦的法律和习惯。对

---

① James Gordley, *The Philosophical Origins of Modern Contract Doctrine*, Oxford University Press, 1991, p. 4.

② 参见戴东雄:《中世纪意大利法学与德国的继受罗马法》,中国政法大学出版社2003年版,第167页。

③ 参见〔德〕卡尔·拉伦茨:《德国民法通论》(上册),王晓晔等译,法律出版社2003年版,第21页。

提供这些邦法和习惯的证据要求越来越严格,且一旦证明某些邦法和习惯不合理,帝国最高法院就不予接受。通过这种方法,帝国最高法院排除了各邦法律和习惯的适用,罗马法最终成为帝国普通法。

帝国最高法院没有强大和全面的审判权,判例效力不能遍及帝国全境。各邦法院并不是通过帝国最高法院的判例,而是通过模仿帝国最高法院适用的罗马法诉讼程序,来实现对罗马法的继受,特别是各邦设立的上诉法院对罗马法的继受起到了非常大的促进作用。

在实体法方面,德国对罗马法的继受表现在债法和物权法领域,债法和物权法是调整交易关系的法律,社会经济发展与调整交易关系的法律密不可分。在程序法方面,德国对罗马法的继受表现为按照罗马法的诉讼模式进行诉讼程序的改革,诉讼严格按照程序的规定分阶段进行。在整个法律领域,德国全面继受了《民法大全》的各种概念、术语等。在德意志帝国统一之前,各邦在继受罗马法后所制定的影响较大的地方性民法典有1794年的《普鲁士普通法》、1811年的《奥地利民法典》以及1863年的《萨克森民法典》;在德意志帝国统一之后,德国完成了三部民法典草案:1887年的第一草案、1895年的第二草案和1896年的第三草案。

### 二、大陆法系近代民法

伴随统一民族国家的形成,在继受罗马法的基础上,近代欧洲大陆国家形成了调整自由资本主义时期商品经济关系的私法。罗马法的复兴运动使西欧大陆国家的法律具有一些明显特征和传统,标志着大陆法系民法开始形成。13世纪到17世纪是大陆法系民法的形成阶段,而18世纪到19世纪则标志着大陆法系民法的正式确立。

(一)近代民法的形成

18世纪中后期,伴随西欧资本主义的不断发展,出现了对资本主义法制的需求,要求制定体现并调整资本主义生产关系和交换关系的法律,以保障私有财产所有权。1804年《法国民法典》以及1900年《德国民法典》是这个时期法典的代表。由于受到不同法律传统和社会经济、哲学等方面因素的影响,《法国民法典》和《德国民法典》形成了两种截然不同风格的立法。

(1)《法国民法典》。《法国民法典》的体例设计源于法国长期以来的法律传统,是立法者从法国学术和司法实践中探求法典体系的结果。法国大革命之前,作为普通法的罗马法与习惯法并存,在体系庞杂的罗马法中,《法学阶梯》是学习和研究罗马法的捷径。在罗马法的研究中,法国借鉴《法学阶梯》的体例整理法国习惯法,而且《法学阶梯》的体例是法国当时流行的教科书体例。

《法国民法典》反映了自由资本主义阶段的发展要求,巩固了资产阶级革命所取得的成果,促进了资本主义经济的发展。《法国民法典》是在自然法思想的影响下以《法学阶梯》为蓝本制定的。《法国民法典》剔除了诉讼法的内容,把诉讼法从民法典中分离出来,从而摆脱了罗马私法中实体法与程序法不分的状态,把物法分为财产法和取得财产的各种方法。《法国民法典》缺少总则和一般原则,也没有过多的抽象概念。财产权没有区分物权与债权,也没有在严格区分物权与债权基础上形成独立成编的物权法与债权法。因此,法国民法缺少严格意义上的物权法,物权法仅存在于民法理论之中。

(2)《德国民法典》。就德国而言,一方面,原本的日耳曼法不能满足社会经济发展的需要,另一方面,未能形成强大的中央集权、法院组织松散、法律职业不发达,加上神圣罗马帝国继受者意识根深蒂固,德国没有形成阻止罗马法的势力,全面继受了罗马法。以《民法大全》形式出现的罗马法内容丰富、体系庞杂,虽然《民法大全》的四个部分具有同等效力,但其中内容丰富、规则全面的《学说汇纂》成为德国民法学界的研究对象。德国法学理论借鉴自然科学和哲学研究方法,对罗马法进行了归纳和体系化,民法总则是罗马法的研究成果。18世纪末,在学说汇纂派编写的民法学教科书中出现了民法总则。

《德国民法典》是垄断资本主义时期的民法典,在肯定自由资本主义的民事法律制度和原则的同时,又有大量的新规定以适应垄断资本主义的发展要求。[①]《德国民法典》与《法国民法典》在时间上相差近一百年,在体例、风格、原则和理念等方面截然不同。

《德国民法典》是在注释罗马法的基础上发展起来的,以《学说汇纂》为蓝本制定,以概念的抽象化和对概念的严格界定而著称。概念与概念之间的逻辑关系和上下属关系十分清楚,整个法律规则也较为体系化。[②]《德国民法典》体系的基本特点是将概念分为一般概念和特别概念,将各编内容分成总则和分则,债法编又将债法分为债法总则和债法分则。

《德国民法典》分为五编,即总则、物权、债权、亲属、继承。法典首先以总则对整部法典的基本制度和原则作出了概括性的规定,然后区分了物权与债权、财产法与身份法,亲属和继承分别单列一编,从而形成了完整、明晰的五编结构体系。总则之外的其他四编,是对总则内容的扩展和具体化。法典规定了法人制度和法律行为,扩大了债的概念,对所有权进行限制和干预,在侵权行为责任中增设了无过失责任等。

---

① 19世纪后期,德国的社会结构已经发生了深刻的变化,经济活动的重心已经由农业转到商业和工业,城市人口迅速膨胀。在法律上表现为既贯彻自由资本主义时期的三大民法原则,又对这些原则作了相应的限制和修正。

② 〔德〕卡尔·拉伦茨:《德国民法通论》(上册),王晓晔等译,法律出版社2003年版,第38页。

《德国民法典》将债法置于物权法之前,表明了债法的优越地位,反映了资本主义经济的发展和债法理论的成熟。在编制方式上,法典追求结构严谨、逻辑清晰、首尾一致,并避免重复。法典特别重视规则的准确性、逻辑性和体系性,被誉为"优良的法律计算机""或许任何时候都是具有最精确、最富于法律逻辑语言的私法典"。[①] 但法典存在语言晦涩、条文繁琐冗长、条文间相互参照等不足。

（二）近代民法的三大原则

在古典自然法理论和近代自由主义哲学思潮的影响下,近代民法形成了以权利为中心的个人本位理念。这种个人本位理念主张权利至上或者私权至上。近代民法以权利为制度本位,所有民法制度的设计都是为了人们能更好地、充分地获得权利,使人们的权利得到应有的保障。民法的作用是消极的,目的是为使人们能够自由地实现自己的意志,避免政府的干涉。

个人本位理念表现为民法以充分创设和保障私权为己任,任何私权均受到法律的平等保护,人格权神圣和所有权神圣是私权的核心内容。个人本位理念体现了近代民法的基本内容。在个人本位理念的影响下,以《法国民法典》为代表的近代民法确立了三大原则,即私法自治原则、所有权绝对原则、过错责任原则。

（1）私法自治原则。私法自治原则是在18、19世纪极力推行个人主义、自由主义的历史背景下产生的,是资产阶级法治原则确立的成果之一。私法自治的核心是意思自治,而意思自治的真谛是尊重当事人自己的选择,包含积极和消极两方面的含义,从积极方面看是自主参与和自主选择,从消极方面看是自己责任和过失责任。罗马法孕育了意思自治原则的思想,但没有能够把意思自治抽象为私法原则。16世纪,法国的查理·杜摩林（Charlie Dumoulin）提出的意思自治原则顺应了当时社会经济发展的需要,是商品经济发展到一定阶段客观上的要求在民法领域的反映。在19世纪欧洲大陆成文法运动中,意思自治原则不断地发展,且被赋予更为深刻的内涵,在《法国民法典》编纂时得到了充分体现和反映,成为法国合同法的基本原则,构成自由资本主义时期私法制度的基础。

意思自治原则既体现在债法中,又体现在物权法、继承法、亲属法中,但主要还是体现在债法领域。私法自治在契约法上则表现为契约自由原则,契约自由原则的实质就是契约成立的条件是当事人意思表示一致。契约所确立的权利与义务只有在完全体现当事人意志的情况下,才具有法律上的约束力。

（2）所有权绝对原则。所有权绝对原则是指私人对财产享有绝对的、排他

---

[①] 〔德〕K.茨威格特、H.克茨:《比较法总论》,潘汉典等译,贵州人民出版社1992年版,第268页。

的自由处分权利。所有权被视为绝对权,具有对抗一切人的绝对性,在法律上受到绝对的保护。私人所有权制度是近代社会的基础,近代民法典规定了以所有权为中心的物权制度,使私人所有权制度法律化,是罗马法所有权观念和制度在近代民法上的复兴。随着资本主义生产关系的产生和发展,特别是在文艺复兴运动、宗教改革运动以及罗马法复兴运动的推动下,新兴的资产阶级法学世界观冲破了中世纪宗教神学世界观的束缚。在个人主义思潮和天赋人权学说的影响下,近代民法主张所有权是与生俱来的、上天赋予所有权人对财产的绝对支配权利。1789年颁布的法国《人权宣言》第17条规定了所有权为不可侵犯的神圣权利,1804年公布实施的《法国民法典》第544条进一步从法律上确立了所有权神圣不可侵犯原则。因此,近代的所有权同所有权人的意志联系起来,即所有权是个人绝对意志的体现。①

在内容上,所有权绝对原则表现为所有权在时间上和空间上的绝对性。所有权在时间上具有绝对性,即所有权人对所有物的处分一直可以延伸到死亡之后对其遗产所作的遗嘱处分行为;所有权在空间上具有绝对性,即土地所有权"上至天空,下至地心",任何人不得侵犯。所有权还具有添附性,即物的所有权扩展到该物由于天然或者人工产生或者添附的物。所有权实行推定原则,即地上或者地下的一切附着物,如果没有相反的证据,推定为所有权人所有;所有权人可以对所有物进行任何作为或者不作为,不仅可以进行与所有权的社会职能相一致的作为,也可以进行与所有权的社会职能不一致的作为或者不作为。

(3) 过错责任原则。过错责任原则是指个人对自己的过错行为承担法律责任。过错责任原则的实质是私法自治的延伸,同样受到自然法思想的影响。私法自治首先表现在自主参与,然后表现在自己责任——自主参与的必然的逻辑结果。民事活动的参与人应对自己有过错的加害行为承担相应的法律责任,且仅对自己有过错的加害行为承担法律责任,即"无过错即无责任"(No fault no liability)。近代私法理论强调和尊重个人意志和行为的自由,为保障个人的行为自由,保护有效的自由竞争,确立了过错责任原则。

近代过错责任原则是罗马法过错责任的复兴,《阿奎利亚法》奠定了罗马法过错责任的基础。罗马法学家的解释以及裁判官的判例补充和发展了过错责任理论,形成了较为系统、完备的主观归责体系,但罗马法的过错责任还没有抽象成为一般的原则。17世纪法国的让·多马提出的过错责任理论,对近代过错责任原则的形成产生了深远的影响。18世纪法国的朴蒂埃发展和完善的过错责任原则得到法学界的普遍承认。在让·多马和朴蒂埃过错责任理论的影响下,

---

① "人有权把他的意志体现在任何物中,因而使该物成为我的东西……这就是人对一切物据为己有的绝对权利。"〔德〕黑格尔:《法哲学原理》,范扬、张企泰译,商务印书馆1961年版,第52页。

法国民法确立了过错责任原则。《法国民法典》第1382条和第1383条的规定体现了过错责任原则。

在理性主义、自由主义以及罗马法传统理论的影响下,19世纪的德国法学家坚信过错责任原则,但《德国民法典》没有采取《法国民法典》第1382条的立法例,即确立关于过错责任原则的一般性条款,而是通过从第823条至第826条分别规定了损害赔偿义务、信用损害、诱使同居以及违反善良风俗的行为,确立了过错责任原则。《德国民法典》对过错责任原则的规定则更为严谨、系统,对现代民法产生了深远影响。

总之,私法自治原则、所有权绝对原则、过错责任原则构成近代民法的三大原则,是19世纪自由资本主义政治经济发展的内在要求在私法领域的体现,适应了近代资本主义自由竞争时期发展的需要。近代民法的三大原则满足了资本主义在不同领域的需求,契约自由原则保护了资产阶级在流通领域自由购买劳动力以及商品交易的权利,所有权绝对原则保护了资本主义在生产和流通领域的财产所有权,过错责任原则保护了资本主义在生产领域无限制地剥削劳动者的权利。近代民法的三大原则为自由资本主义的发展提供了强有力的法律保障。

(三) 近代民法的方法论

在《法国民法典》颁布之后,法学方法对民法的发展发挥了积极的作用。① 法学方法"是在私法领域将法律规范适用于需要裁判的'案件'的方法、适用法律过程中对法律进行解释的方法以及法院发展法律的方法"②。在19世纪的法学家看来,《法国民法典》是自然法的体现,以法典为中心对法的研究把概念法学推向了高峰。概念法学的产生有深刻的社会经济原因,19世纪的资本主义正处在经济稳定发展时期,需要有稳定的法律秩序和可预见性,概念法学恰好顺应了历史对法律的要求。概念法学的产生主要有两个方面的原因:

(1) 启蒙思想家分权学说。孟德斯鸠创立的三权分立理论,禁止法官创制法律,认为立法属于立法者的权利。在适用法律时,法官不得加入个人的价值判断或者利益衡量。法官的工作就是将民法典所确立的规范适用到具体案件中,将法律之外的其他因素排除在外。仅在必要时,法官才可以探求立法者的意思。

(2) 古典自然法理论。古典自然法理论认为人生而平等,对生命、自由和财产拥有天赋的权利。国家权利的分立,是为更好地保障人们充分享有这些权利。在古典自然法思想的影响下,法国开展了法典编纂运动。法典是人类理性的产

---

① 在19世纪初制定民法典之后,法国不免产生了成文法自足自满的观念,认为民法典是革命精神的表现,理性智慧的创作,视之如至宝,奉之为圭臬。但是,到了19世纪中叶,法律抽象的形式经过几十年的运用,逐渐与其实质分化,产生了对概念法学的需求。

② 〔德〕卡尔·拉伦茨:《德国民法通论》(上册),王晓晔等译,法律出版社2003年版,第95—96页。

物,包含人类社会生活的所有规范①,而强调法典理性的结果就产生了否定法官主观能动作用的倾向。法官遇到任何法律问题,均可以通过严格的逻辑演绎得以解决,于是概念法学应运而生。②

德国概念法学起源于19世纪的普通法法学理论,以《学说汇纂》为理论体系和概念术语的历史基础,强调对法律概念的分析。早年的耶林(Rudolph von Jhering)是概念法学的代表。概念法学的基本理念是试图创制出一个由法学概念构成的封闭体系。在这个封闭的体系中,下一级概念从上一级概念中推导出来,一直到最高的概念。但是,概念法学高估了一般概念的作用,高估了根据这个一般概念隶属关系所形成的逻辑体系对发现法律和理解法律的意义。然而,在民法的发展史上,概念法学的贡献是不可抹杀的,"没有'概念法学'的贡献,《德国民法典》的体系就不可能达到这么高的清晰度,有关规范的查找也会变得困难得多"③。在19世纪后期,概念法学已经成为大陆法系国家的共同现象,对英美法系国家也有一定的影响。概念法学主要包括如下三个方面的内容:

(1) 对三权分立原则的恪守。概念法学彻底否定法官的主观能动性,为确保裁判的公正性和法律的稳定性,禁止法官进行自由裁量,法官应机械地适用法律。概念法学强调民法法源的唯一性,制定法是民法的唯一法源,禁止习惯法和判例成为民法的法源。

(2) 对人类理性和法律周延性的强调。概念法学认为法律是人类理性的体现,人类理性制定出来的法律包含人类社会生活所需要的所有规则,确立了民法典万能和成文法完美无缺的观念。概念法学强调法律体系具有自足性,不承认法律本身存在漏洞和缺陷。从现行的法律体系中,通过逻辑方法可以获得解决任何社会纠纷所需要的法律规则。

(3) 对法律概念分析的强调。概念法学强调对法律概念的分析,注重形式逻辑的操作,排除了个案的利益衡量和目的评价,导致公平、正义等法律的基本价值丧失。

20世纪初期,概念法学在民法领域占据了主导地位,使民法趋于僵化和保守,丧失了创造性和灵活性,无法适应社会经济发展的需要,失去了存在的价值和基础,逐渐为利益法学所替代。

---

① "由于法典万能而至上,故一切问题均应在法典内觅其根据,法官无论碰到任何法律问题,亦均应透过严格的逻辑演绎加以解决,于是'概念法学'遂应运而生。"杨仁寿:《法学方法论》,中国政法大学出版社1999年版,第55页。

② 同上书,第53页。

③ 〔德〕卡尔·拉伦茨:《德国民法通论》(上册),王晓晔等译,法律出版社2003年版,第97页。

### 三、大陆法系现代民法

20世纪之后,各种社会矛盾空前激化、各种社会问题层出不穷,使西方国家的法律价值和法律理论深陷危机之中,传统的法律制度、法律价值和概念受到了巨大挑战,迫使人们改变传统的法学理论,探求解决问题的新方法,促成了民法制度和理论的变迁。现代民法是在近代民法的法律结构基础之上,对近代民法原理、制度的修正和发展。

(一)现代民法的形成

在民法领域,社会化立法呈现不断加强趋势,诚实信用原则、公序良俗原则和禁止滥用权利原则得以确立。在某种程度上,诚实信用原则、公序良俗原则和禁止滥用权利原则修正和发展了民法的传统理念。与19世纪英国法学家梅因提出的"从身份到契约的运动"[①]相反,现代民法发展趋势则体现了"从契约到身份的运动"[②]。近代民法所确立的三个原则,在现代民法中均不同程度地受到限制,物权法、合同法和侵权行为法均有了很大的发展。

(1)私法自治的限制。当资本主义经济由自由竞争阶段进入垄断阶段后,以凯恩斯为代表的国家干预主义学说,逐渐取代了以亚当·斯密为代表的古典自由经济学说。市场经济形态的变化和经济学说的发展,使得私法上的意思自治原则受到了越来越多的诘难与批判。意思自治原则衰微最本质的原因,是经济条件发生了巨大的变化,垄断资本主义以政府对经济的干预代替了自由资本主义的完全市场调节。这一转折的原因是出现市场"失灵"的现象,市场失灵带来的后果是信息不对称、生产过剩、失业和经济危机。国家干预主义取代了自由放任主义[③],成为西方国家的主流经济学和现实的经济政策。在这一背景下,意思自治这个体现自由经济思想、反映经济自由主义的私法原则的衰落,已经成为不可避免的事实。但这并非唯一的原因,意思自治原则赖以建立的自由经济学原理也存在某些先天性的缺陷,意思自治原则产生的一个重要经济学基础,是理

---

① "……所有进步社会的运动,到此处为止,是一个'从身份到契约的运动'。"〔英〕亨利·梅因:《古代法》,沈景一译,商务印书馆1959年版,第97页。

② 身份法出现的标志是20世纪之后,世界各国立法出现大量保护"弱势群体"身份的法律,如消费者权益保护法、劳动法等。

③ 1929年至1933年资本主义世界经济危机成为西方国家干预经济的契机,凯恩斯于1936年出版的《就业、利息和货币通论》为国家干预主义提供了充分的理论依据。凯恩斯主义的核心是就业理论和有效需求理论,认为失业或非充分就业是常态,原因是有效需求不足,而有效需求不足是源于"三大基本心理规律",即边际消费倾向递减规律、资本边际效率递减规律和灵活偏好规律。在这三大心理规律的基础上,凯恩斯解释了社会经济失调和失衡的原因,进而引申出政府干预经济的政策主张,即放弃自由放任的经济自由主义原则,实行国家对经济的干预和调节;运用财政政策和货币政策刺激消费,增加投资,以保证社会有足够的有效需求,从而实行充分就业。因此,抛弃经济自由主义、实行国家干预是凯恩斯主义的理论精髓。

性人在交换中的人格平等和意志自由。

人格平等包含法律上的平等与事实上的平等两个方面：前者是指一切权利主体在法律人格上的平等及其内在意志的自由、自愿，这是一种抽象的平等，或者是形式上的平等；后者则是指权利主体实际进行交易行为、实现自由意志的机会和能力基本接近，这是一种实质上的平等。但是，从罗马法以来，法律把从事交易的主体抽象化，不区分自然人与法人、生产者与消费者、大企业与小企业之间的真实差异，把法律上的平等等同于事实上的平等，忽视了当事人之间实际上的差异。合同法把权利主体均定位于能够完全决定自我意志的人，却无视从事具体交易的合同当事人所处的经济环境、实际的经济实力。

20世纪之后，法律关系主体之间的不平等问题越来越突出，不平等现象也越来越普遍，在进行交易时，弱势一方当事人基于客观需要的压力而被迫签订合同，合同双方当事人的给付在法律上就会失衡，优势一方当事人的意志强加给了弱势一方当事人，出现了事实上的不公平。为保护处于弱势一方当事人的利益，最大限度地实现实质意义上的平等，维护社会的和谐和稳定，法律对某些交易关系作出强制性规定，当事人不得通过自我意志加以改变，从而出现了国家通过立法规定合同的内容、限制私法自治原则适用的情形。私法自治原则的限制主要表现在强制缔约、标准合同、集体缔约取代了个人缔约以及社会公共服务功能及社会福利的扩张等四个方面。

(2) 所有权的社会化。所有权社会化的观念也是资本主义国家普遍进入垄断资本主义的必然结果，是对所有权绝对观念修正的产物。所有权的社会化主要表现为各国立法对所有权所附加的义务以及司法实践对所有权的保护更加侧重于社会公共利益。1919年德国《魏玛宪法》对所有权的限制，首次确立了所有权社会化的观念，规定了所有权所负担的社会义务，将所有权与义务观念相联系。近代民法对所有权的过度保护以及所有权的绝对化，导致财富的过度集中、贫富悬殊，出现了物不能尽其用的现象，并激化了各种社会矛盾。人们开始思考近代民法的所有权观念，认为有必要限制所有权，使所有权由绝对性的权利演变成为附条件且是可以限制的权利。所有权虽然由个人拥有，但却是为社会共同利益存在的，所有权的行使必须与社会公共利益相一致。换言之，现代社会要求所有权制度平衡个人利益与公共利益之间的关系，区分所有权的归属与所有权的行使之间的关系。所有权应当归属于个人，但是所有权的行使必须符合社会公共利益。《德国民法典》一方面肯定了私人所有权不可侵犯原则，另一方面又摒弃了《法国民法典》所使用的"神圣"不可侵犯以及"绝对"之类的用语，而对所有权的行使规定了一些限制措施。《德国民法典》第226条、第228条、第904条、第905条以及第906条等规定了所有权行使的限制。法律对所有权的限制，有积极限制和消极限制之分，权利滥用的禁止性规定和诚实信用原则等是对所有权行使的积极限制,而时效制度则是对所有权行使的消极限制。因此,所有权绝对原则在现代社会已经不复存在。

(3) 无过错责任的产生。近代民法的过错责任制度是建立在"自己责任"原则的基础上的,即一个人对因自己的过错使他人遭受的损害应承担赔偿责任。19世纪末以来,因工业灾害、汽车事故、环境污染公害、产品缺陷等各种事故造成了损害的频繁发生,且产生了严重的社会后果。在侵权领域采取过错责任原则,受害人通常因举证困难和诉讼时间的拖延而无法获得损害赔偿,结果引发了严重的社会矛盾,造成社会的动荡和不安。为此,各个国家在立法上逐渐采取特别的立法方式或者举证责任倒置的方式,减轻受害人的举证责任,使受害人能够及时获得相应的赔偿,以弥补过错责任原则的缺陷。换言之,在某些特定的侵权行为中,加害人即使在主观上没有过失,只要有损害结果的发生,也应承担赔偿责任。这种归责原则被称为无过错责任原则。

无过错责任原则是从19世纪后期开始产生,并以特别法的形式加以规定。1884年德国《工伤事故保险法》正式确立了无过错责任原则,抛弃了过错责任加重的责任模式,设立了一种全新的责任模式。雇主对工伤事故的损害赔偿责任,仍然采取过错责任的归责原则,而雇主对工伤事故的发生没有过错的,则通过采取强制保险的方式,转嫁损害赔偿的风险,受害人通过保险获得损害赔偿。1898年法国《劳工事故赔偿法》也确立了工业事故损害赔偿的无过错责任原则,经1906年的修订,扩大了该原则的适用范围,将商业企业和农场所发生的事故也包括在内。

无过错责任原则的适用通常以特别法的形式加以规定,作为过错责任原则的补充和限制,其适用领域大致有以下五个方面:一是工伤事故领域;二是交通事故领域;三是核电力事故领域;四是航空事故领域;五是产品责任事故领域。

(二) 现代民法的方法论

现代法学方法也发生了变化,由近代的概念法学演变成为利益法学。概念法学认为成文法是法律的唯一渊源,通过人类理性所制定的法典是无所不包的,人类社会生活所需要的一切法律规范,均可以在法典中找到。概念逻辑的无限扩大已经成为法学的枷锁,使法律与社会正义脱节,并使法律背离了社会正义。

20世纪之后,科学技术得到了飞速发展,社会经济生活日新月异。同时,人类社会出现了大量严重的社会问题,法典的规定已经无法解决这些新出现的问题,要求突破概念法学的陈规戒律,弹性地解释法律,承认并填补成文法存在的漏洞,由此导致概念法学的衰落、利益法学的兴起。

利益法学批判了概念法学,对民法的理论和实务产生了深远的影响。在20

世纪 30 年代,利益法学在德国私法中获得了统治地位。利益法学以晚年的耶林为代表,尤其以其《法律的目的》(1877 年)为代表性著作。赫克(Philipp Heck)是利益法学的另一位代表。赫克认为,每个法律规则都包含某种利益,法律的目的是为了促进或者协调这种利益,只有了解这些利益以及法律赋予这些利益的意义,才能正确理解这些法律。一方面,赫克承认成文法漏洞的存在,需要由法官来填补法律漏洞;另一方面,赫克却又反对通过自由发现法律的方式来填补法律漏洞,而是强调通过对现行成文法的研究,了解立法者所重视的利益后作出衡量判断。利益法学认为,法律纠纷就是利益冲突,法院对利益冲突所作出的裁决,应当符合法律所表现出来的对利益的衡量。利益法学还认为应通过对现行法律的分析和研究,探求立法者希望促成或者协调的利益,在不损害法律稳定性的前提下,由法院作出合理判决,平衡当事人之间的利益。由此利益法学对法院产生了深远影响,法院从此重视案件事实所涉及的利益冲突,进行利益衡量。

利益衡量的实质是一种裁判思考方法,在法律规定不明确或者存在制度漏洞的情形下,按照概念法学的形式逻辑推理,法院不能作出公正、妥当、合理的判决。在通过运用利益衡量方法形成一个合理妥当的结论后,法官从法律规范体系中寻找裁判依据,并运用法律解释的方法对现有法律规范作出合理解释或者填补法律漏洞,以弥补制定法的缺陷和不足,从而对案件作出妥当、合理的判决。例如,在罗荣耕、谢娟如监护权纠纷案[①]中,上海市第一中级人民法院的判决充分体现了利益衡量。针对代孕子女监护权纠纷的立法漏洞,法院根据利益衡量理论确定了未成年人利益的优先保护以及监护权归养育母亲更有利于未成年人健康成长的结论后,从现有法律制度体系寻找案件的裁判依据,运用扩大解释"有抚养关系的继父母子女关系"这种法学概念的法律解释方法,使得判决结论更具妥当性与合理性。

利益法学的价值在于超越了对法律概念的表述,进一步发掘了法律规则所包含的价值观念和评价标准。[②] 在利益法学的基础上,20 世纪 50 年代中期出现

---

[①] 在罗荣耕、谢娟如诉陈莺监护权纠纷案(〔2015〕闵少民初字第 2 号、〔2015〕沪一中少民终字第 56 号)中,法院裁判要旨认为,在现有法律条件下,代孕子女的亲子关系,生母应根据"分娩说"认定为代孕母亲,有血缘关系的父亲认领的,应认定为生父,所生子女为非婚生子女。根据《婚姻法》关于"有抚养关系的继父母子女关系"的立法目的及立法意图,其子女范围可扩大解释至包括夫妻一方婚前婚后的非婚生子女,其形成以同时具备以父母子女相待的主观意愿和抚养教育的事实行为为要件,养育母亲可基于其抚养了丈夫之非婚生子女的事实行为及以父母子女相待的主观意愿,而与代孕子女形成有抚养关系的继父母子女关系。代孕行为的违法性并不影响对代孕子女在法律上给予一体同等保护,在确定其监护权归属问题上应秉承儿童最大利益原则,尽最大可能地保护未成年子女的利益。

[②] 参见〔德〕卡尔·拉伦茨:《德国民法通论》(上册),王晓晔等译,法律出版社 2003 年版,第 97 页。

了评价法学。评价法学提出了一些重要观点,补充了利益法学的不足。① 在评价法学看来,被概念法学奉为圭臬的法学概念,本身就是根据某些价值标准形成的,而这些评价标准先于概念存在,且以法律理论或者其他基本价值为基础。例如,"法律行为"的概念是以私法自治原则为基础形成的,"契约"的概念是以私法自治原则和自我约束原则为基础形成的。评价法学并非试图构建一个由有相互隶属关系的法律概念构成的封闭体系,而是试图构建一个由指导性原则和内容尚需进一步明确的价值准则构成的开放性体系,强调这些原则、准则之间的相互配合、相互限制。② 评价法学特别强调,无论是立法者的行为,还是法官的行为,最终均具有评价的性质。

## 第二节 中国民法的历史沿革

由于长期以来一直实行重农抑商和封建等级制度,中国未能形成民法的经济基础和社会基础(市民社会),民法发展较晚,大致经历了清末到中华民国时期的第一个发展阶段和中华人民共和国成立之后的第二个发展阶段。

### 一、1949 年之前的民法

在清朝末年之前,中国既没有形式意义上的民法,也没有实质意义上的民法。中国的成文法最早可以追溯到战国时期李悝的《法经》。《法经》有盗法、贼法、囚法、杂法、捕法和具法六编,均属于刑法。商鞅改法为律,才有后来的《秦律》《汉律》《唐律》《明律》和《大清律》,形成了中华法系,与大陆法系、英美法系、印度法系、伊斯兰法系一起被称为世界五大法系。中华法系的影响扩展到日本、朝鲜和东南亚诸国,历时千年之久。随着西欧在近代的崛起,19 世纪世界范围内的殖民统治使大陆法系和英美法系的影响遍及全球。

中国传统法律的优势集中于刑法和行政法,偏重公法制度,私法制度较弱。私法规范主要体现在礼制之中,户律、婚律、户役、田宅、婚姻、钱债等涉及私法规范,但采用刑罚的制裁方式,实质上属于刑法规范。

中国漫长的封建社会长期实行重农抑商的经济政策,基本属于自给自足的自然经济,商品交易极为简单,商品生产和商品交换被限制在非常狭窄的范围内,没有形成民法所调整的商品经济关系。中国社会长期以来一直奉行宗法等

---

① 参见〔德〕卡尔·拉伦茨:《德国民法通论》(上册),王晓晔等译,法律出版社 2003 年版,第 98 页。
② 同上。

级制度①,强化道德制度,强调以等级划分为特征的君臣关系、父子关系、夫妻关系,君为臣纲、父为子纲、夫为妻纲的伦理道德制度强化了人与人之间的身份等级意识②,缺乏民法所赖以形成的平等、自由、权利等观念。在封建专制体制下,法学的基本内容是注释,主要任务就是探讨法的适用和解释,法理学的研究不可能得到国家支持。在"罢黜百家,独尊儒术"之后,以礼入法使得伦理道德与法律融合,法学成为经学的附庸。

19世纪之后,伴随世界资本主义的日益发展、扩张,中国国内的民族矛盾、阶级矛盾日益复杂化,形成了既有内忧又有外患的局面。鸦片战争之后,外国资本侵入中国,破坏了中国原有的自给自足的自然经济,客观上促进了中国资本主义经济的发展。经济关系的变化导致阶级关系的变化,而阶级关系的变化必然引起上层建筑的变化,即产生了以资本主义的法律制度代替陈旧的封建法律制度的社会要求。此外,西方法律思想和法律制度的传入,为清朝末年法制变革奠定了思想基础。

清末以来,在民法现代化进程中,中国进行了两次大规模的民情风俗、民间习惯调查:一是清朝末年(1907—1910);二是中华民国初年(1918—1921)。③ 这两次调查是中国民法现代化的重要步骤,均是为制定民法典进行的,对当时的民法典制定都起到了不可估量的作用。清朝末年的法制变革,使中国民法的发展步入了法典化的进程,奠定了中国民法的发展方向。

(1)《大清民律草案》(1907—1911)。清朝末年,在维新变法思想的影响下,清政府开始着手制定各种法典,制定民法典的目的在于废除领事裁判权及变法维新。1902年,清政府委任沈家本、伍廷芳为修订法律大臣,拟制定刑律、民律。1904年,清政府设修订法律馆,专门负责拟订各项法律和专门法典。1907年9月,清政府重新委任沈家本、俞廉三、英瑞为修订法律大臣,主持编纂民法典的工作。沈家本聘请日本东京控诉院判事松冈义正主持编纂民法典的总则、债权、物权三编,聘请章宗元、朱献文主持编纂亲属编,聘请高种、陈篆主持编纂继承编。民法典的编纂实行民商分立的形式。《大清民律草案》全稿于1911年8月完成,还没有来得及颁布,辛亥革命就爆发了,清朝政府的统治宣告灭亡,民法典于是

---

① 我国古代以宗(家)族为社会本位,宗(家)族以血缘为基础,具有很强的稳固性。宗(家)族的习惯法是解决纠纷的重要依据,实际上补充了法律的不足。

② 我国古代的社会构成是以等级特权性为特征的,贵贱之间的社会地位、权利义务关系存在巨大的差异,位列贱籍、"律比畜产"的奴婢,没有任何权利可言。即使位列良籍的普通劳动者,也对地主、雇主、官僚、贵族存在严格的人身依附关系。个人的权利来自主体的特定社会地位和身份。

③ 南京国民政府司法部将北洋政府时期的《民事习惯调查报告录》予以刊行,分为民律总则习惯、物权习惯、债权习惯与亲属继承习惯四编。《民事习惯调查报告录》的意义不仅仅在立法上,在司法上也很重要。在世界各国民商法典中,一般都有"法律所未规定者,依习惯,无习惯者,依法理"的原则规定,因而《民事习惯调查报告录》也为司法实践提供了依据。

胎死腹中。

《大清民律草案》共 5 编 1569 条,分别为总则编 323 条、债权编 654 条、物权编 339 条、亲属编 143 条和继承编 110 条。① 《大清民律草案》前三编以《日本民法典》和《德国民法典》为蓝本②,强调现代法律精神,没有能够采纳中国传统法制和习俗,后二编虽较多地采纳了中国传统的法制和习俗,但仍与中国的社会现实有较大的差距。《大清民律草案》虽然没有能够颁布,但这次立法活动在中国民法史上是开天辟地的大事,奠定了中国的成文法基础和民法传统,对今后中国民法典的编纂与民法学的研究产生了深远影响。③ 通过这一民法典草案,大陆法系特别是《德国民法典》的编纂体例和概念体系被引入中国,决定了中国近现代民法制度和民法学理论的走向。

《大清民律草案》采取了资本主义民法的形式,以资本主义民法原理和原则为指导,以形式上的平等掩盖了事实上的不平等。法典草案吸纳了各地的风俗习惯,在亲属法和继承法中体现了宗法礼治的影响。

(2)《中华民国民律草案》(1922—1925)。中华民国建立之后,民法典的编纂工作进展十分缓慢。1922 年春,中国代表在华盛顿会议上提出收回领事裁判权问题,大会决定由各国派员到中国进行实地调查。北洋政府责成司法部加速司法改革,民法典的编纂工作重新被提上议事日程。修订法律馆以《大清民律草案》为蓝本,在调查各省民、商事习惯并参考大陆法系各国最新立法的基础上,在 1925 年完成并公布了民法典第二个草案。草案总则由余启昌主持编纂,债编由梁敬淳主持编纂,物权编由黄右昌主持编纂,亲属、继承两编由高种主持编纂。这部法典草案共 5 编 1522 条,分别为总则编 223 条、债编 521 条、物权编 310 条、亲属编 243 条和继承编 225 条,但最终也未能正式颁行。1926 年北洋政府司法部通令各级法院在司法中作为法理加以引用。

(3)《中华民国民法》(1929—1931)。1928 年南京国民政府成立立法院,次年设立民法起草委员会,以傅秉常、焦易堂、史尚宽、林彬、郑毓秀(后由王用宾继任)为民法起草委员,并聘任司法院长王宠惠、考试院长戴传贤及法国人宝道

---

① 总则编分为八章:法例、人、法人、物、法律行为、期间和期日、时效、权利之行为和担保,共 323 条。债权编分为八章:通则、契约、广告、发行指示证券、发行无记名证券、管理事务、不当得利、侵权行为,共 654 条。物权编分为七章:通则、所有权、地上权、永佃权、地役权、担保物权、占有,共 339 条。亲属编分为七章,总则、家制、婚姻、亲子、监护、亲属会、扶养义务,共 143 条。继承编分为六章:总则、继承、遗嘱、特留财产、无人承认之继承、债权人或受遗人之权利,共 110 条。

② 《大清民律草案》和《日本民法典》的区别,只是"物权"和"债权"两个部分的编排顺序不同,《日本民法典》是"物权"在前,"债权"在后,这反映了在民法的编纂时期,日本社会的商品化程度尚低,比较注重财产权利的静态规则;《大清民律草案》则把"债权"放在"物权"前面,体现更为注重财产权利动态规则的思想。《大清民律草案》这个顺序与《德国民法典》是一致的。

③ 从《大清民律草案》到北洋政府的《中华民国民律草案》,再到国民政府的《中华民国民法》,"五分法"体例、立法框架和基本内容一直延续下来,没有大的变化。

(Padoux)为顾问,以何崇善为秘书,胡长清为纂修,于同年2月1日开始民法典的编纂。1929年5月23日颁布了总则编;1929年11月22日颁布了债编;1929年11月30日颁布了物权编;1930年12月26日颁布了亲属编和继承编。至此,民法典各编的编纂全部完成。民法典共5编1225条,分别为总则编152条、债编604条、物权编210条、亲属编171条以及继承编88条。

《中华民国民法》以北洋政府编纂的民法典为基础,着重参考了《德国民法典》与《瑞士民法典》,同时也吸收了《日本民法典》《法国民法典》《苏俄民法典》和《泰国民法典》的经验,继受了大陆法系国家的民法传统,建立了以平等的权利能力和行为能力为基础、以当事人意思自治为原则、以权利义务观念和过失责任为中心的民法体制。身份法实行男女平等和夫妻平等原则,提高了卑亲属和家属在家庭中的地位,排除了家长的绝对权威,限制了亲权的不当行使,具有划时代的意义。由于该民法典是当时世界各国民法典中最后制定的一部,广泛借鉴了各国的民事立法经验教训,又是一部主要由学者起草制定的法典,在学理上可谓无可挑剔,是大陆法系德国体例民法典中具有代表性的一部民法典。但是,《中华民国民法》也反映出脱离实际、超前立法的问题,当时仅在铁路沿线具有效力,并没有在中国广大的腹地适用。这种超前立法使法律脱离了中国当时的社会现实,但在某种程度上引导了社会的变迁,并因社会的变迁影响了民法理论的发展。随着民法典的颁布施行,中国民法学研究出现了前所未有的高潮。从20世纪30年代开始,涌现出了一大批著名的民法学者与优秀的民法学著作,奠定了中国民法的发展走向,这些学者的思想与他们的著作至今仍有重要的研究价值。

**二、1949年之后的民法**

在中华人民共和国成立后,民法的发展经历了曲折的发展历程。民法典经历了1954年、1962年、1979年和2001年的四次编纂[①],第一次、第二次民法典编纂未能取得实际成果,第三次民法典编纂的成果是《民法通则》等,第四次民法典编纂的成果为《民法典》。民法的发展大致可以分为中华人民共和国成立后到《民法通则》的颁布以及《民法通则》颁布之后的两个发展阶段。

**(一)民法典的编纂**

我国第一次民法典编纂始于1954年、终于1956年。民法典草案分为总则、所有权、债、继承四编,共525条。草案主要受1922年的《苏俄民法典》影响。这次立法活动标志着我国社会主义性质的民事立法活动的展开,并造成了很长一段时期内苏联民法主导中国民法学研究。1922年的《苏俄民法典》是借鉴了《德国民法典》制定的,表明了中华人民共和国的民事立法和民法学研究仍旧遵循着

---

① 参见李适时主编:《中华人民共和国民法总则释义》,法律出版社2017年版,第1页。

大陆法系、特别是德国法系的传统，从而延续了从20世纪初开始的中国民法传统。

第二次民法典编纂始于1962年、终于1964年。民法典草案受到当时国际国内政治形势的严重影响，试图既摆脱苏联民法的模式影响，又与资本主义国家的民法彻底划清界限，从而设计了一个全新的体例。民法典草案分为三编：总则、财产的所有、财产的流转。民法典草案不适当地将预算、税收、劳动工资报酬等关系纳入民法典，在草案中却没有出现权利、义务、物权、债权、自然人、法人等基本的民法概念和术语。

第三次民法典编纂始于1979年、终于1986年。1979年11月，我国组成民法起草小组。1982年5月，我国先后草拟了四部民法草案。第四部民法草案包括8编、43章、465条：第一编民法的任务和基本原则；第二编民事主体；第三编财产所有权；第四编合同；第五编智力成果权；第六编财产继承权；第七编民事责任；第八编其他规定。鉴于当时中国的经济体制改革刚刚开始，制定一部完整的民法典的条件尚不成熟，于是转而制定民事单行法。《民法通则》于1986年通过，并于次年1月1日起正式施行，分为9章，共156条。《民法通则》规定了民法的基本原则、民事主体、民事法律行为、基本的民事权利和民事责任、诉讼时效等基础性的民法问题，同时还规定了属于国际私法范畴的涉外民事法律适用问题。

第四次民法典编纂始于2001年，于2020年颁布。2002年形成《民法典》（草案），共有9编，即总则、人格权、物权、知识产权、合同、侵权行为、亲属、继承、涉外民事关系的法律适用。2017年第十二届全国人民代表大会第五次会议通过了《民法总则》。2019年12月28日，中国人大网向全社会公开征求《民法典》（草案）意见，2020年5月28日，第十三届全国人民代表大会第三次会议通过了《民法典》。

（二）民事立法

中华人民共和国成立之后，废除了国民政府的"六法全书"，根据当时的社会发展需要，逐渐建立和完善了自己的民事法律体系。以改革开放为标志，我国民事立法分为以下两个发展阶段：

（1）改革开放之前的民事立法。为破除封建婚姻家庭制度，1950年我国颁布了《婚姻法》。中国开始实行男女婚姻自由、一夫一妻、男女权利平等、保护妇女和子女合法利益的新民主主义婚姻制度。为解放农村生产力、彻底消灭封建土地所有制，实行耕者有其田，1950年我国颁布了《土地改革法》。该法颁布后，广大解放区进行了轰轰烈烈的土地改革运动。除部分少数民族地区外，1952年我国基本上完成了土地改革，消灭了封建土地所有制。

在国民经济恢复时期，为彻底清除封建主义和官僚资本主义经济关系，迅速恢复国民经济,我国颁布了大量的民事法律和法规。1951年政务院和有关部门先后通过了《企业中公股公产清理办法》《关于国营企业清理资产核定资金的决定》以及《国营企业资金核定暂行办法》等,确立了国有经济在国民经济中的领导地位,为改变企业经营管理上的供给制、在企业中推行经济核算制奠定了基础。与此同时,为鼓励私人资本的投资,保障投资人的合法权益,政务院通过了《私营企业暂行条例》(1950年)和《私营企业暂行条例施行办法》(1951年)等,使国家对私人资本主义利用、限制和改造的政策法律化,肯定了各类私营企业的法律地位,明确了私营企业的设立、解散、清算的程序和责任,保护了私营企业的合法经营活动和利益。1950年,政务院财经委员会颁布了《机关国营企业合作社签订合同契约暂行办法》,贸易部颁布了《关于认真订立与严格执行合同的决定》。这些法规确立了我国的合同制度,对合同的订立、担保、履行等内容作出了明确的规定,并在我国法律文件中首次使用了"法人"和"法人代表"的概念。

在1950年至1951年期间,北京、上海、天津等大城市先后发布了以私有房屋为主的租赁暂行条例、规则或者办法,明确了依法保护私人房产的所有权及其合法经营、允许私人房屋出租,双方当事人自由协商订立租约以及确定彼此之间的权利义务。

在社会主义改造时期,为创设一条适合中国特点的社会主义改造道路,国家颁布了大量的民事法规,促进了社会主义改造事业的发展。1956年,全国人大常委会通过《农业生产合作社示范章程》和《高级农业生产合作社示范章程》,国务院通过《关于目前私营工商业和手工业的社会主义改造中若干事项的决定》和《关于对私营工商业、手工业、私营运输业的社会主义改造中若干问题的指示》等立法文件。

为推动对资本主义工商业的社会主义改造,国家发布了一系列的法规。1954年,国务院《公私合营工业企业暂行条例》对合营企业公私双方的股份、经营管理、盈余分配、领导机构等事项作了明确规定,鼓励和指导资本主义工业变为公私合营形式的国家资本主义工业,逐步实现对资产阶级的和平赎买,完成社会主义改造。

(2) 改革开放之后的民事立法。1978年12月,我国民事立法全面复苏,初步建立起与社会主义市场经济相适应的民事法律体系,保证了改革开放政策的贯彻实施。为引进外国投资,1979年我国通过了《中外合资经营企业法》。1981年通过的《经济合同法》规定了法人之间,法人和个体经营户、农村承包经营户、农村社员之间订立经济合同的一般规则以及违反合同的责任等。根据该法的规定,国务院先后又颁发了《工矿产品购销合同条例》《农副产品购销合同条例》《建设工程勘察设计合同条例》和《加工承揽合同条例》等。为适应对外开放的需要,1985年我国通过了《涉外经济合同法》。

为加强对知识产权的保护,我国于 1982 年通过了《商标法》,1984 年通过了《专利法》,1990 年通过了《著作权法》。

在婚姻家庭方面,1980 年我国通过的《婚姻法》明确规定了夫妻以及其他成员之间的财产权利。1985 年我国通过的《继承法》确认了具有中国特色的财产继承制度。

在《民法通则》颁布后,为适应我国社会主义经济体制改革的发展,立法机关根据我国 1982 年《宪法》及其修正案,结合《民法通则》的基本精神和基本原则,制定颁布和修改了一大批民事单行法、民事特别法及民事法规、条例,包括:《外资企业法》《技术合同法》《中外合作经营企业法》《全民所有制工业企业法》《产品质量法》《消费者权益保护法》《公司法》《城市房地产管理法》《保险法》《担保法》《拍卖法》《乡镇企业法》《合伙企业法》《合同法》《个人独资企业法》《农村土地承包法》《农民专业合作社法》《物权法》《侵权责任法》《民法总则》《外商投资法》等。这些民事法律、法规与最高人民法院的司法解释,构建了以《民法总则》为核心的我国民事立法的基本框架。《民法典》的颁布,宣告我国民事法律体系构建的完成。

(三)民事立法解释与司法解释

根据《宪法》和《立法法》的规定,全国人民代表大会及其常务委员会享有解释法律的权利,对法律的解释具有与法律同等的效力,全国人民代表大会及其常务委员会在法律解释权的配置结构中居于核心地位。实际上,全国人民代表大会及其常务委员会极少运用法律解释权,大量的法律解释是由司法机关和行政机关作出的,而司法机关和行政机关在法律上却不享有法律解释权。法律解释权配置不当,法律解释领域存在解释主体泛滥之嫌。

2014 年第十二届全国人民代表大会常务委员会第十一次会议通过的《关于〈中华人民共和国民法通则〉第九十九条第一款、〈中华人民共和国婚姻法〉第二十二条的解释》是迄今为止作出的极少的立法解释。①

在中国的民商事立法活动中,司法解释具有举足轻重的地位。民商事粗线条的立法模式,使有些民商事活动缺乏相应的行为规范指引,出现各级法院面对部分民商事纠纷无法可依的局面,客观上造就了最高人民法院形式上没有立法权而实际上又不得不立法的境地。最高人民法院的司法解释在很大程度上塑造

---

① 全国人大常委会对《民法通则》第 99 条第 1 款、《婚姻法》第 22 条解释如下:"公民依法享有姓名权。公民行使姓名权,还应当尊重社会公德,不得损害社会公共利益。公民原则上应当随父姓或者母姓。有下列情形之一的,可以在父姓和母姓之外选取姓氏:(一)选取其他直系长辈血亲的姓氏;(二)因由法定扶养人以外的人扶养而选取扶养人姓氏;(三)有不违反公序良俗的其他正当理由。少数民族公民的姓氏可以从本民族的文化传统和风俗习惯。"http://www.npc.gov.cn/npc/cwhhy/12jcwh/2014-11/02/content_1884647.htm,2015 年 5 月 6 日访问。

了中国民事法律的基本理念以及发展的趋势,影响巨大,是任何其他国家的最高法院所不能比拟的。[①] 根据《司法解释工作规定》第 1 条的规定,最高人民法院司法解释权的依据是《人民法院组织法》和《全国人民代表大会常务委员会关于加强法律解释工作的决议》。

最高人民法院的司法解释有解释、规定、批复和决定四种形式,解释是四种司法解释中最为重要的形式,司法解释通常以解释的形式出现。解释有个案解释和系统解释两大类,系统解释在司法审判实践中的地位举足轻重。

---

[①] 《司法解释工作规定》(法发〔2007〕12 号)第 5 条规定:"最高人民法院发布的司法解释,具有法律效力。"

# 第二章 民法的概念与原则

民法是调整平等权利主体之间人身关系和财产关系的基本规则,是私法的基本法。民法的概念、性质、理念和基本原则是民法的基础性问题。民法概念和性质的厘清有助于正确理解和适用民法,维护权利主体的正当权益。民法的基本原则是我国民法理论和实践认识分歧较大的一个问题。诚实信用原则、意思自治原则和公序良俗原则是大陆法系民法确立的基本理念,也是我国民事立法所确立的基本原则。

## 第一节 民法的概念

民法是涉及市民社会家庭伦理生活和社会经济活动的法律规范,关乎人类自身的繁衍生息,与人们的日常生活和生产经营息息相关,属于调整私人之间一般社会关系的基本法。民法调整平等权利主体相互之间基于意思自治原则所形成的法律关系,是直接规范财产归属关系和财产流转关系的基本法。例如,在成都讯捷通讯连锁有限公司房屋买卖合同纠纷案[①]中,最高人民法院判决认为,当事人之间的房屋买卖合同关系成立并生效。涉案《购房协议书》性质虽应为预约,但买受人实际支付了定金并约定在一定条件下自动转为购房款,出让人将房屋交付给买受人。这些合同履行行为表明,双方当事人之间的房屋买卖法律关系成立,且为当事人真实意思表示,内容不违反法律、行政法规的强制性规定,所以合法有效。当事人之间存在房屋买卖法律关系,应本着诚实信用的原则履行各自义务。

### 一、民法的语源

民法(civil law)是私法的核心部分,是调整平等主体之间社会关系的基本规则。中国自古诸法合体,民刑不分,"民法"不是中国固有的法律术语。中国古

---

① 在成都讯捷通讯连锁有限公司诉四川蜀都实业有限责任公司房屋买卖合同纠纷案(〔2010〕成民初字第433号、〔2011〕川民终字第247号、〔2011〕成民初字第936号、〔2012〕川民终字第331号、〔2013〕民提字第90号)中,法院裁判摘要认为,判断当事人之间订立的合同系本约还是预约的根本标准,是当事人的意思表示,即当事人是否有意在将来订立一个新的合同,以最终明确在双方之间形成某种法律关系。对当事人之间存在预约还是本约关系,不能仅孤立地以当事人之间签订的协议为依据,而是应当综合审查相关协议内容以及当事人嗣后为达成交易进行的磋商和有关的履行行为等事实,从中探寻当事人的真实意思,并据此对当事人之间法律关系的性质作出准确界定(2015年最高人民法院公报案例)。中国古

代既没有形式意义上的民法,也没有实质意义上的民法。虽然《尚书》确实有"民法"一语①,但绝非现代法律意义上的民法。民法来源于古代罗马的市民法。②清朝末年我国编纂民法典,聘请日本专家起草民法典,从日本引进"民法"一语,但由于中国传统称"法"为"律",因而称为"民律",即 1911 年的《大清民律草案》,1925 年北洋政府制定的《中华民国民律草案》,沿用清朝"民律"的称谓而不是"民法"。1929 年南京国民政府颁布的《民法总则》是我国首次使用"民法"的称谓,1930 年我国正式颁布《中华民国民法》,宣告中国第一部民法典诞生。

现代"民法"一语来源于法国的 droit civil,而法国的 droit civil 则源于古代罗马的市民法(ius civile)。罗马法有市民法与万民法(ius gentium)之分。市民法原指一个国家固有的法律,罗马的市民法是指专门适用于罗马市民的法律。万民法是与市民法相对应的,原意是指各国共同适用的法律,而罗马的万民法是指适用于外国人与罗马市民之间以及在罗马的外国人与外国人之间的关系的法律。万民法摆脱了市民法繁琐的形式主义,适应了商品经济的发展,因而更具生命力。公元 212 年,卡拉卡拉(Caracalla)皇帝把罗马市民权授予罗马境内的普通居民,市民法和万民法之间的界线消失,使市民法得到了更大的发展。因此,市民法成为罗马法的总称。

总之,清朝末年的法典编纂引进了民法术语,开始了对罗马市民法和大陆法系民法的继受。中国的民法制度与罗马私法制度和大陆法系国家民法制度具有历史渊源关系,罗马私法制度和大陆法系民法制度影响和塑造了中国民法制度和理论。

**二、民法的概念与分类**

尽管"民法"一语是大陆法系国家通用的法律术语,但并没有形成一个统一的概念。民法起源于古代罗马私法,而罗马私法是调整个人之间的关系、为个人利益确定条件和限度、涉及个人福利的法律规范。③ 大陆法系国家继承了罗马私法传统,认为民法就是涉及私人利益的法律。在德国民法理论中,民法是适用于全体公民的法,是一个没有等级的社会法。④ 民法是私法的核心部分,而私法是调整平等主体之间基于意思自治原则所形成的法律关系的法律规范。

(一)民法的概念

民法是调整平等主体的自然人、法人以及非法人组织之间人身关系和财产

---

① 《尚书·孔传》记载:"咎单,臣名,主土地之官,作《明居民法》一篇,亡。"
② "民法的名称来自古罗马的 ius civile(即对罗马市民适用的法律)。"〔德〕迪特尔·施瓦布:《民法导论》,郑冲译,法律出版社 2006 年版,第 3 页。
③ 参见〔意〕彼德罗·彭梵得:《罗马法教科书》,黄风译,中国政法大学出版社 1992 年版,第 9 页。
④ 参见〔德〕迪特尔·梅迪库斯:《德国民法总论》,邵建东译,法律出版社 2000 年版,第 15 页。

关系私法规范的总和。民法所调整权利主体的法律地位是平等的,调整的对象仅限于人身关系和财产关系。例如,在大庆市振富房地产开发有限公司债务纠纷案[①]中,最高人民法院的判决充分体现了权利主体的平等性。最高人民法院判决指出,大庆市政府办公会议纪要明确的优惠政策原则和优惠政策方案,是大庆市政府单方制定的,未邀请振富公司参加市政府办公会议并与之平等协商,也未征得振富公司同意,是市政府作出的单方意思表示,没有振富公司的意思配合,从而表明市政府办公会议纪要等相关文件不是双方平等协商共同签订的民商事合同。尽管双方当事人之间讼争的法律关系存在诸多民商事因素,但终因双方当事人尚未形成民法所要求的平等主体关系,市政府办公会议关于优惠政策相关内容的纪要及其文件不是双方平等协商共同签订的民商事合同。因此,讼争的法律关系不属于法院受理民事案件的范围。

权利主体的平等性,是民商事案件与行政案件的区别所在。例如,在中国长城资产管理公司南京办事处借款合同纠纷案[②]中,南京市中级人民法院判决认为,在政府及其所属主管部门对企业国有资产进行行政性调整、划转过程中发生的纠纷,当事人向法院提起民事诉讼的,法院不应作为民事案件受理。

《民法通则》第2条关于民法调整对象的规定,顺序是先财产关系,后人身关系。在法律逻辑上,人法优先于物法。换言之,人法在先,物法在后。财产关系是权利的客体,是物法的调整对象;人身关系是权利的主体,是人法的调整对象。《民法通则》的顺序颠倒了主体与客体之间的关系,违反了民法的内在逻辑关系。

大陆法系国家各个时期的民法典,均确立了人法的优先地位。在古罗马《法学阶梯》中,第一编是人法、第二编是物法、第三编是诉讼法。在近代编纂的《法国民法典》中,第一编是人、第二编是财产及对于所有权的各种限制、第三编是取得财产的各种方法。在现代编纂的民法典中,《瑞士民法典》第一编是人法、第二编是亲属法、第三编是继承法、第四编是物权法、第五编是债务法;《意大利民法典》第一编是人与家庭、第二编是继承、第三编是所有权、第四编是债、第五编是

---

① 在大庆市振富房地产开发有限公司诉大庆市人民政府债务纠纷案([2004]黑民一初字第5号、[2006]民一终字第47号)中,法院裁判要旨认为,合同是双方或者多方当事人在平等、自愿基础上形成的意思表示一致的法律行为,是以设立、变更、终止法律关系为目的的协议,民法意义上的合同关系主体是平等的。政府在制定和执行优惠政策方面处于支配和主导地位,在未通知法人参加的情况下,单方制定了市政建设优惠政策并确定由法人来据此履行权利义务。政府和法人之间未形成民法意义上的平等主体之间的民事关系,不是民事合同关系,双方由此产生的纠纷,不属于法院受理民事案件的范围(2007年最高人民法院公报案例)。

② 在中国长城资产管理公司南京办事处诉江苏省建筑材料供销总公司、江苏中联建材有限公司、中国江苏国际经济技术合作公司借款合同纠纷案([2011]鼓商初字第38号、[2011]宁商终字第674号)中,法院裁判要旨认为,企业为自身生产经营的需要,虽就其国有资产变动向政府主管部门进行了申请,但能否获得批准不在于该企业,而在于政府主管部门的决定。政府主管部门根据该企业的申请,决定调整、划转国有资产的行为是行政行为,由此而发生的纠纷,当事人提起诉讼的,法院不应作为民商事纠纷案件受理。

劳动、第六编是权利的保护。

大陆法系国家民法典的编排方式充分说明了人法重于物法的民法理念,表明了民法的内在逻辑结构。《民法总则》纠正了《民法通则》的规定,恢复了民法概念的内在逻辑关系,即"人身关系和财产关系"。实际上,2009年修订的《保险法》已经充分体现和反映了民法的这种内在逻辑关系,表明我国立法理念的转变与社会经济发展息息相关。人本位理念的确立是我国民事立法理念的巨大进步。我国《民法典》将人格权编置于物权编和合同编之后,似乎又违反了人法重于物法的理念。

《民法通则》采用"公民"替代了民法上的"自然人"。① 公民和自然人在法律上是两个不同的概念。公民是指具有本国国籍的自然人,而自然人是指生物意义上的人。② 自然人既包括公民,又包括外国人和无国籍人。在现代社会中,从事民事活动的既有本国公民,又有大量外国人,因而采用"公民"显然不符合现代社会发展的要求,虽然《民法通则》第二章的章名为"公民(自然人)",但不等于这两个概念就完全相等了,在民事立法上只有自然人概念而不能有公民概念。1999年我国《合同法》顺应了现代社会的发展,纠正了这种不当做法,以"自然人"替代了"公民"。《民法总则》也以"自然人"代替了"公民",《民法典》沿袭了《民法总则》的规定。

(二) 民法的分类

民法是我国法律体系中最为重要的法律之一,有权利义务主体(自然人、法人和非法人组织)、人身关系(婚姻与家庭关系)、财产关系(物权关系和债权关系)、权利的行使方式(法律行为和代理)以及权利的行使期限(时效制度)等主要内容。根据不同的标准,可以对民法进行以下两种分类:

(1) 实质意义的民法与形式意义的民法。根据民法形式与内容的关系,民法有实质意义的民法与形式意义的民法之分。实质意义的民法,又有广义实质民法与狭义实质民法之分。广义实质民法,是指所有具有民法性质的法律、法规、判例法和习惯法的总和。换言之,凡属私法性质的成文法以及不成文法均包括在内,商法也是广义民法的一部分。狭义实质民法,是指除商法以及其他特别私法之外的私法。在通常情况下,实质意义上的民法是指广义实质民法,即包括民事特别法在内的所有私法的总和。民法教科书研究的民法以及法学院学生学

---

① 罗马法的权利主体经历了从"公民"向"自然人"发展的过程。在罗马法早期,严格区分市民法与万民法,市民法仅在罗马市民之间适用,不适用于来罗马经商的外国人。在这个时期,罗马的"市民"就相当于现代社会的"公民"。到了罗马法后期,实现了市民法与万民法之间的融合,罗马帝国境内的所有居民均取得罗马市民权,在罗马境内的外国人也适用市民法,这个时期罗马法上的"市民"相当于现代社会的"自然人"。

② 参见〔德〕卡尔·拉伦茨:《德国民法通论》(上册),王晓晔等译,法律出版社2003年版,第25页。

习的民法即是指广义的实质民法。

形式意义的民法,是指以法典方式出现的民法成文法,即按照一定的体例编纂的民法典。世界上最早的民法典是1756年《巴伐利亚民法典》,其次是1804年《法国民法典》和1900年《德国民法典》,在《法国民法典》和《德国民法典》的基础上形成了大陆法系的两大分支,即法国法系和德国法系。民法典是大陆法系国家在自然法的影响下编纂的,当时人们普遍认为法律是理性的体现,民法典是民法的唯一渊源。但是,随着社会的发展、技术的进步,新问题层出不尽,民法典的权威受到了严重的挑战,民法典之外的私法渊源逐渐得到认可,因而民法典成为形式民法。我国形式意义上的民法是指《中华人民共和国民法典》。

(2) 普通民法与特别民法。民法还有普通民法与特别民法之分。普通民法是指民法典,如《法国民法典》《德国民法典》《瑞士民法典》和《日本民法典》等,民法典是整个私法的普通法。实行民商合一国家的民事单行法以及实行民商分立国家的商法,相对于民法典而言,属于特别法。我国实行民商合一,《民法典》是普通法,而《民法典》之外的其他商事法律属于特别民法,如《公司法》《票据法》《保险法》《信托法》《海商法》《企业破产法》等。普通民法与特别民法区分的意义在于法律适用,即在适用法律时,特别法优于普通法。

民法由人身权法和财产法两个部分组成。人身权法由身份权法和人格权法组成,财产法由物权法和债权法组成。

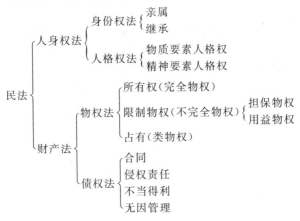

图 2-1 民法体系

### 三、民法的调整对象

在法律体系中,法律部门的划分主要以法律调整对象为标准。民法成为一个独立的部门法,就是由民法有其特定的调整对象决定的。正确认识民法的调整对象,可以充分发挥民法对社会关系的确认、调整和保障作用。此外,对民法性质和作用以及民法调整方法的正确认识,有着非常重要的现实意义。民法的调整对象是指民法所规定的买卖、租赁、雇佣、所有权、婚姻、继承等一般社会关系,即人身关系和财产关系。关于民法的调整对象,大陆法系国家民法典没有明确规定,在理论上也有不同的观点。

民法是市民法,是调整市民社会家庭伦理生活和社会经济生活的法律。从历史上看,罗马私法是调整罗马市民社会家庭生活和经济生活的法律典范。罗马私法由人法、物法和诉讼法组成。人法是关于"人"的法律规范,确立了个人和团体抽象的人格观念和人格平等原则,并对婚姻、家庭关系加以调整;物法是关于财产的支配和流转关系的法律规范,确立了权利主体可以自由地处分私有财产的权利和缔结契约自由的权利,并确立了民事责任制度和财产继承制度;诉讼法是关于各种权利保护的程序性法律规范,包括诉讼程序和法官的职权。

罗马私法、《法国民法典》和《德国民法典》是几个不同历史时期民法的典型,尽管体例上不尽相同,内容上也存在差异,但全部规范均根植于市民社会生活,以市民社会生活的两个基本方面,即家庭伦理生活(人身关系)与社会经济生活(财产关系)为调整对象。从大陆法系国家民法典的内容来看,民法的调整对象是人身关系与财产关系。

(一)人身关系

人身关系,是指人格和身份所产生的法律关系的总和,即自然人基于相互之间的人格和身份形成的权利义务关系,是大陆法系国家民法典人法的调整范围。人身关系具有人身属性,与权利主体的人身密不可分,且不直接具有财产内容。人身关系的发展与社会经济的发展密切相关。人身关系包括人格和身份两个部分内容:

(1)人格。人格是指生物学意义上的人成为法律上人的状态,即国家赋予生物学意义上的人以权利能力。人格概念最早出现在罗马市民法,人格与权利能力是两个可以相互等同的概念。人格要素有物质要素和精神要素两部分。物质要素包括生命、身体、健康;精神要素包括姓名、肖像、名誉、自由、隐私、信用、贞操等。例如,在许景敏、周兴礼、吴艾群、周某某人身损害赔偿纠纷案①中,徐州市中级人民法院判决确认了对人身关系的法律保护,认为旅行社对游客的人身和财产安全负有保障义务。在旅行过程中游客人身受到侵害的,旅行社应承担

---

① 在许景敏、周兴礼、吴艾群、周某某诉徐州市圣亚国际旅行社有限公司人身损害赔偿纠纷案(〔2010〕泉民初字第 878 号、〔2011〕徐民终字第 1523 号)中,法院裁判摘要认为,旅行合同为旅行社提供有关旅行给付于全部旅客,而由旅客支付报酬的合同。旅行中的景点安排,由旅行社接洽第三人给付,除旅客已直接与第三人发生合同关系外,该第三人即为旅行社的旅行辅助人,对游客的人身和财产安全负有保障义务。旅行辅助人如有故意或者过失侵害旅客的行为,旅行社应当承担损害赔偿责任(2012 年最高人民法院公报案例)。

损害赔偿责任。

人格权是指存在于权利人自己人格上的权利。人格权有广义与狭义之分。广义的人格权是指权利主体资格；狭义的人格权是指姓名、生命、健康、自由、婚姻自主、贞操、信用、肖像、名誉等具体的人格权。人格权不具有财产属性，是对人格的绝对支配权。人格权的性质主要表现在如下四个方面：一是非财产权，人格权与身份权相对，是人身权的重要构成部分，属于非财产权，不具有物质财富内容，在法律上的处分与财产权不同。二是支配权，人格权的作用在于权利主体对自身人格的直接支配并享有利益，具有排斥他人干涉的效力。三是绝对权，可以对抗任何人，即任何人均负有不得妨害权利主体实现人格权的义务。四是专属权，既不能转让，也不能通过继承程序转移。人格权与权利主体不分离，任何人均不得代位行使。

(2) 身份。身份是指自然人在特定的群体中所处的地位。身份可分为亲属法上的身份与亲属法外的身份。亲属法上的身份关系即亲属关系，可以分为狭义的亲属关系和广义的亲属关系。狭义的亲属关系，是指父母子女的身份关系，这种关系是固定的。广义的亲属关系，是指父母子女的身份关系和配偶身份关系。配偶的身份是契约性身份，具有相对性。

身份权，即亲属权，是指自然人基于身份所享有的权利。[1] 广义的身份权既包括亲属法上的权利，又包括继承法上的权利，身份权是以一定人格存在为前提的，虽名为权利，实际上是处于权利与权限的中间状态，是边缘形态的权利，包含义务的成分。某些身份权既是权利，也是义务，如监护权、配偶权、亲权等。

(二) 财产关系

财产关系是大陆法系国家财产法调整的对象，是以财产为媒介所产生的法律关系。在社会生产、交换、分配以及消费等经济活动过程中，财产关系是人们对财产的支配和利用所形成的社会关系在法律上的表现。财产关系是最为活跃的法律关系，关乎社会经济的发展。例如，在中国长城资产管理股份有限公司吉林省分公司侵权责任纠纷案[2]中，最高人民法院二审判决指出，民法保护权利主体合法的人身权益和财产权益。一审法院认定华星公司与中小企业担保公司构成共同侵权，要求中小企业担保公司承担连带

---

[1] 参见史尚宽：《亲属法论》，中国政法大学出版社2000年版，第34页。
[2] 在中国长城资产管理股份有限公司吉林省分公司诉吉林市中小企业信用担保集团有限公司侵权责任纠纷案（〔2015〕吉民二初字第8号、〔2017〕最高法民终181号、〔2018〕最高法民申1952号）中，法院裁判摘要认为，侵权责任法保护权利主体合法的人身权益和财产权益。生效的债权属于债权人合法的财产权益，受法律保护，任何人不得随意侵犯。当债权人的权利救济途径已经穷尽，债权债务关系之外的第三人，如知道或者应当知道该债权债务关系存在，且其行为违反以保护该债权为目的的法律、法规及其他规范性法律文件或者违背公序良俗，造成债权人合法权益受到损害的，第三人应承担相应的补充赔偿责任（2019年最高人民法院公报案例）。

责任,二审法院认为一审判决中小企业担保公司承担连带责任不当,维护了中小企业担保公司的合法权益。

民法上的财产应当同时具备四个方面的条件:一是效用性,即财产应当能够满足人们的一定需要,不能满足人们生活需要的物,不是民法上的财产。二是稀缺性,即财产不能无限量地存在。三是控制性、支配性,即能为人力所控制和支配的物,才能成为民法上的财产;不能为人力所控制和支配的物,则不能成为民法上的财产。四是合法性,即法律明文禁止的物,不能成为民法上的财产。

财产关系中的权利为财产权。财产权表面上反映的是人与物之间的关系,即人对物的支配关系,实际上也反映了人与人之间对物的利用关系,即所有人对物所具有的排他性。财产关系可以分为财产归属关系和财产流转关系:

(1) 财产归属关系。财产归属关系,是指人们在生产活动和日常生活中对财产的占有和利用所产生的社会关系。为避免人们在支配财产时发生冲突,民法必须明确界定他们支配财产的具体界线,明确支配财产的具体范围和内容。在财产归属关系中,最为重要也最为基本的是财产所有权关系。财产归属关系是一种静态的财产关系,属于物权法的调整范围。

(2) 财产流转关系。财产流转关系,是指在财产交换过程中所产生的社会关系。在商品经济条件下,各种形式的财产交易不断发生,满足了人们生产和生活的需要。在财产的交换过程中,人们应遵循民法所确立的交易规则。否则,无法建立正常的交易秩序。财产流转关系是一种动态的财产关系,属于债法的调整范围。

## 第二节 民法的性质

民法是商品经济发展到一定阶段的产物,反映了商品生产和交换的本质要求和基本规律。民法形成和发展的演变历史表明,在不同国家的不同历史阶段,虽然民法所起的作用存在差异,但都促进了社会经济的发展。因此,我国民法的性质应当与社会主义市场经济的基本特征相适应。

### 一、民法是市民社会的法

民法是市民社会的法,市民社会是民法产生的前提条件和基础。市民社会是相对于政治国家而言的,欧洲在18世纪末到19世纪初,发生了政治国家与市民社会的彻底分离,即集中了一切政治要素的国家与作为纯粹经济社会的市民社会的彻底分离。实际上,从中世纪末期以来,关于国家权力的"公"的观念逐渐开始与无关国家权力的"私"的领域相分离。18世纪末法国建立的代议制民主制度,为私人领域的独立存在和工商业活动的自由发展提供了法律上和制度上的保障,极大地促进了市民社会和国家的分离。

在吸收了前人理论成果的基础上,黑格尔提出了较为完整、系统的现代市民社会理论,基本上阐明了现代市民社会的主要特征,并明确地将政治国家和市民社会区分开来。马克思吸收了黑格尔市民社会概念的合理内核,纠正了其缺陷,进一步完善了这一概念。马克思认为,市民社会乃是"私人利益的体系"或者特殊私人利益关系的总和,包括政治国家之外社会生活的一切领域。同黑格尔的观点一样,马克思也承认个人是市民社会活动的基础,也强调从生产和交往中发展起来的社会组织即市民社会的组织的重要性。在黑格尔和马克思之前,许多理论家已经认识到国家与社会的区别,并提出了一些有价值的思想,在客观上为市民社会理论的创建奠定了思想基础。

黑格尔认为,市民社会是处在家庭与国家之间的差别阶段。[①] 市民是合理追求自己利益的经济人,以个人或者私人利益为出发点和归宿。换言之,私人的物质交往是市民社会的实质内容。人具有双重属性:既是特定社会的市民,即谋求自己利益的"私人";又是特定国家的公民,必须服从国家利益。民法要调整市民社会的物质交换关系,必须首先确立"私人"的法律人格,确认人身权益,以保障其自主、安全地参与市民生活、谋求自身利益。规范市民社会关系的法律渐次发展成为市民法,并以保护市民社会中人的权利即私权为己任。因此,民法(市民法)是关于市民社会的法律。

## 二、民法是私法

公法与私法是法学上传统的、典型的分类,虽然近代以来学者对这种分类提出很多非议[②],但现在仍然是典型的法律分类。公法与私法的划分,最早是由罗马法学家乌尔比尼安(Ulpianus)提出的。从罗马法以来,世界各国均承认公法和私法的划分。

(一)公法与私法划分的学说

在西方法律中,作为一种制度的现实安排,对公法与私法的划分是非常明确的,但关于公法与私法的区分标准,理论上存在不同的意见和观点[③],主要有三种学说:

(1)利益说。利益说是以法律所保护的利益为划分标准,即保护公共利益

---

① 参见〔德〕黑格尔:《法哲学原理》,范扬、张企泰译,商务印书馆1961年版,第197页。
② 参见郑玉波:《民法总则》,中国政法大学出版社2003年版,第3页。
③ 参见同上书,第4页。

的法律是公法,保护私人利益的法律是私法。这种学说是由罗马法学家乌尔比尼安提出的,历史最为悠久。以公共利益和私人利益为区分标准,标准的本身就难以确定,任何一种法律,均兼顾公共利益和私人利益。因此,根据利益说,难以确定刑法是公法,民法是私法。

(2) 主体说。主体说是以法律关系的主体为划分标准,即法律关系的主体一方或者双方是国家或者公共团体的是公法,法律关系的主体双方均为私人或者私人团体的是私法。主体说是由德国学者耶律芮克(G. Jellinek)提出的。主体说仍然有缺陷,国家或者其他公共团体有时也以"私人"身份与私人缔约买卖、租赁、运输等合同,而私人有时也行使国家所赋予的公权。因此,主体说不能对法律作出合理的划分。

(3) 性质说。性质说是以法律关系的性质为划分标准,性质说又可分为权力关系说、统治关系说、生活关系说三种学说。[①] 权力关系说认为,公法的基本特征是调整隶属关系,即权力服从关系;私法的基本特征是调整平等关系,即权利义务关系。统治关系说认为,规定国家或者其他公共团体的统治关系的法律是公法,而规定非统治关系的法律是私法。生活关系说认为,规定国家生活的法律是公法,而规定社会生活的法律是私法。

以上三种学说均有合理之处,但又都存在某种缺陷,难以作为划分公法和私法的唯一标准。任何一种以抽象的标准来界定公法与私法界线的尝试,可能都是徒劳无益的。

(二) 公法与私法划分的模糊化

进入 20 世纪后,西方国家从自由竞争阶段进入垄断资本主义阶段,出现了国家干预主义经济学派,主张国家权力进入社会经济领域干预经济活动。随着国家在社会、经济领域中的活动的日益扩张,产生了所谓的"公法私法化"和"私法公法化"倾向。公、私法之分的传统日趋动摇,公法与私法由明确划分走向相互渗透,私法公法化很大程度上表现在商法领域,即商事立法中越来越多地体现政府经济职权色彩和干预意志。在民法领域则表现为前述现代民法的发展变化趋势,如所有权绝对性的限制、契约自由的限制、无过错责任原则的确立等。

但是,所有这些现象仅仅表明了公、私法的相互渗透与交叉,而绝不意味着相互取代,无论是公法私法化,还是私法公法化,仅说明公、私法之间的界限不再像以前那样清晰明了,但公法与私法的划分仍然是可行的,属于基本的法律分类,公法即为公法,私法即为私法,不能过分强调二者之间的渗透与交叉而否定

---

[①] 参见郑玉波:《民法总则》,中国政法大学出版社 2003 年版,第 6 页。

二者的本质区别。

由于公法私法化与私法公法化的趋势,导致了第三法域社会法的出现,形成了三分法的观念。社会法主要表现在一些新兴的法律领域,如社会保险法。

公法与私法的划分有助于正确认识民法的私法性质。在民事领域,实行意思自治,通过法律行为构建法律关系,由当事人自行决定自己的权利义务,原则上国家不得干预,只有在当事人之间发生纠纷且不能协商解决,请求国家居中裁判时,国家才通过司法机关以裁判者的身份对当事人之间的纠纷作出裁判,如青岛南太置业有限公司国有土地使用权出让合同纠纷案。[①] 此外,人身权和财产权不可侵犯也是私法理念的重要内容。

### 三、民法是权利法

对权利主体权利的规定和保障,是民法的基本内容。民法的一切制度均以权利为中心建立,民法规定了权利、权利的主体(自然人、法人和非法人组织)、权利的客体(物、权利和利益等)、权利的行使方式(法律行为和代理)、权利的保护方式(请求权)、权利的保护期限的限制(诉讼时效和除斥期间)等内容,是一个以权利为中心的体系。民法必须以授权性规范为主体,赋予所有自然人以广泛的权利。权利本位是民法私法属性的具体表现,民法的一切制度都是以权利为核心构成的,义务仅为实现权利的手段而已。

民法是权利法,是实现人权的手段。人权是作为人应当享有的权利,只能由制定法加以体现,这样才能变成现实的权利。民法中的人身权和财产权,是人权的具体化和确实保障。

民法调整的社会关系以权利为出发点和归宿。市民社会之关系是平等主体间之关系,在市民社会中所形成的人身关系与财产关系,是为获得积极的人格利益与经济利益,这种利益的法律化表现为权利。民法通过对权利的确立与保护,达到维护市民社会关系的有序与和谐的目的。因此,民法调整的社会关系以权利为出发点和归宿。

民法为权利法,主要表现在以下三个方面:

(1) 权利本位。权利本位是指民法以创设权利和保障权利为基本内容。法律的基本任务是保护个人的权利,权利是法律的中心观念,为实现权利的内容才有义务的履行。义务本位是指古代法律以确认社会成员的义务为基本内容,义

---

[①] 在青岛南太置业有限公司诉青岛崂山土地局国有土地使用权出让合同纠纷案(〔2004〕鲁民一初字第9号、〔2004〕民一终字第106号)中,法院裁判摘要认为,解除权在实体方面属于形成权,在程序方面则表现为形成之诉。在当事人没有依法提出该诉讼请求的情况下,法院不能依职权径行裁判(2007年最高人民法院公报案例)。

务是法律的中心观念。在民法制度中,权利与义务总是相伴而生、同时存在的。换言之,没有无权利的义务,也没有无义务的权利。权利是法律的价值追求,义务仅仅是实现权利的手段和途径。

(2) 私权以人格权和所有权为核心。民法调整市民社会的两大社会关系即人身关系和财产关系,创设了性质、形态和功能各异的私权。在这些权利中,以人格利益为宗旨的人格权和以财产利益为宗旨的所有权是全部私权的基础和核心,其他权利均由此而生,人格尊严和所有权神圣是民法对人类社会文明贡献最大的两大价值观念。

自然人人格权以体现人格尊严价值的名誉权和体现自由意志价值的自由权为重,是人的社会属性的法律要求,社会越发展,文明越进步,人类对于人格权的追求就越强烈,人格权对于人的存在价值就越重要。

所有权是最基本的财产权利,对物的占有、使用和收益是人得以生存的物质基础,对物的处分是人得以与他人发生经济交往的法律前提。现代社会所有权的效力受到一定程度的限制,但对个体成员所有权的一定限制是为在全社会范围内更好地实现所有权的价值,进而最终达到每一个体成员获得并享有更广泛权利的效果。

(3) 权利不受侵犯。民法为市民社会的主体创设权利,并为这些已创设的权利提供切实有效的保护,不允许任何人以任何方式侵犯权利主体的权利,更不允许对权利的非法限制与剥夺。侵权责任制度是权利不受侵犯原则的具体化,明确禁止各种侵权行为并确立了各种法律责任。侵权责任制度的价值主要表现在以下三个方面:一是在任何权利遭受不法侵犯时,权利人都有权通过法律途径获得救济;二是法律救济以使受侵害的权利恢复到未受侵害时的状态为原则,着眼于对受害权利的补救而不是对侵害行为的惩罚;三是根据权利的不同种类,设定不同的救济措施和承担侵权责任的方式。

## 第三节 民法基本原则

民法基本原则是民法所蕴含基本价值和理念的最高程度的抽象与归纳。在我国《民法典》颁布之前,对民法基本原则的内容,学界基本上以《民法通则》的规定为标准,将《民法通则》第3条至第7条规定的民法基本原则分为平等原则、公平原则、自愿原则、诚实信用原则、禁止权利滥用原则、公序良俗原则、等价有偿原则等。①《民法通则》的规定部分揭示了民法基本原则,但不能完全按照《民法通则》的规定确立我国民法的基本原则。②《民法典》也存在《民法通则》中的前述问题,第 4 条至第 9 条的规定涉及基本原则,即平等原则、自愿原则、公平原则、诚信原则、公序良俗原则和绿色原则。③

### 一、民法基本原则的概念和作用

民法基本原则应当表现民法所特有的基本价值和基本理念。我国《民法典》所规定的平等原则和公平原则是法律的基本原则,但并非民法的基本原则。平等原则和公平原则具有高度的抽象性,体现了法律的基本价值,是法律追求的终极目标,属于法律的基本原则。民法的基本思想和理念建立在平等原则和公平原则的基础上,平等原则和公平原则是民法制度和基本原则的基础和前提④,民法基本原则是对平等原则和公平原则等法律基本原则在民法领域的诠释和具体表达。因此,民法没有必要再通过平等原则和公平原则重复宣示法律的基本价值。

(一) 民法基本原则的概念

原则的通常含义是指观察问题、处理问题的准则。法律原则是指构成法律规则基础的原理和准则。⑤ 法律原则在我国台湾地区称为法理,在日本称为条理。基本原则是我国法律特有的概念,英美法系国家的法律和法学中没有相应的概念和术语,大陆法系国家和地区民事立法和理论中也没有相应的概念和术语。中华民国时期和我国台湾地区的民法学著作、我国近年翻译出版的德国民法学著作中均无基本原则的表述。

民法基本原则是对民法所蕴含的基本价值和基本理念的高度的抽象概括,是贯穿整个民事法律制度的核心,既是指导立法机关民事立法活动的基本准则,又是权利主体的行为准则,更是司法机关裁判民商事纠纷的裁判准则。例如,在

---

① 学界多以《民法通则》的规定作为确立和探讨民法基本原则的框架,对民法基本原则的研究主要集中在对法律条文的分析和解释上。"在《民法通则》颁布后大量出版的各种民法教程、民法通则注释中虽无一不论及民法基本原则问题,但这些研究论著多致力于具体民法基本原则的分析,对于民法基本原则整体的一些根本性问题或略而未言或言之甚少。"徐国栋:《民法基本原则解释》,中国政法大学出版社 1992 年版,第 2 页。
② 参见王利明:《民法总则研究》,中国人民大学出版社 2003 年版,第 101 页。
③ 参见李适时主编:《中华人民共和国民法总则释义》,法律出版社 2017 年版,第 15—31 页。
④ 意思自治原则是以平等原则为前提,以公平原则为基础。若当事人地位不平等,则在当事人之间不可能形成意思自治。如果当事人之间的法律关系显失公平,则在当事人之间也不可能有真正的意思自治。
⑤ 《布莱克法律词典》(Black's Law Dictionary, Fifth Edition)将"原则"(principle)解释为"法律的基本性的公理或原理,为其他(法律)构成基础或者根源的全面的规则或者原理"(a fundamental truth or doctrine, as of law; a comprehensive rule or doctrine which furnish a basis or origin for others)。

吴国军民间借贷、担保合同纠纷案①中,湖州市中级人民法院判决认为,合同效力的认定应尊重当事人的意思自治原则,只要订立合同时各方意思表示真实,又没有违反法律、行政法规的强制性规定,则应当确认合同有效。

民法基本原则反映了市民社会法律的共性,体现了人类社会共同的法律理想。世界各国历史背景和社会发展历程不同,形成了不同的对待民法基本原理的态度和方式。大陆法系民法均是在继受罗马法的基础上形成的,各国民法基本原理虽存在某些差异,但共性要远大于差异,我国民法基本原则应更多地体现大陆法系民法共性的基本理念。

《民法典》缩小了与大陆法系民法基本理念的差距,抛弃了等价有偿原则,突出了意思自治原则、诚信原则和公序良俗原则,对三个基本原则的表述更为清晰、直接和准确。

(二) 民法基本原则的作用

民法基本原则作为贯穿整个民事立法、司法过程的核心原则,对权利主体的行为具有指导和规范意义。民法基本原则的作用具体表现在以下四个方面:

(1) 立法准则。民法基本原则是立法机关进行民事立法的准则。民法基本原则能够指导民事立法,民事立法必须遵循民法的基本原则。民事立法若没有民法基本原则的指导,既难以准确地把握立法的宗旨,又难以实现立法的目的。在民法基本原则确立后,所有的民事立法均应遵循基本原则的规定,具体的民法规范也要受基本原则的约束而不能与之相抵触。

(2) 行为准则。民法基本原则是权利主体的行为准则。民法基本原则虽然具有非规范性和不确定性的特点,却体现了民法的精神实质和价值取向,统帅整个民事法律制度。如果民法没有明文规定,权利主体可根据民法基本原则的精神实施自己的行为,并可以合理地预期只要自己的行为符合民法基本原则的精神,就可得到法律的确认和保护。此外,权利主体的行为既要遵循普通的民事法律规范,又要遵循民法基本原则。

(3) 裁判准则。民法基本原则是司法机关裁判案件的准则。在裁判民商事案件时,如果缺失相应的普通民事法律规范,司法机关可直接依照民法基本原则的精神对案件作出适当的处理。例如,在苏州工业园区海富投资有限公司增资

---

① 在吴国军诉陈晓富、王克祥及德清县中建房地产开发有限公司民间借贷、担保合同纠纷案(〔2009〕湖德商初字第 52 号、〔2009〕浙湖商终字第 276 号)中,法院裁判要旨认为,当事人在订立民间借贷合同时,主观上可能确实基于借贷的真实意思表示,不存在违反法律、法规的强制性规定或者以合法形式掩盖非法目的的意思。非法吸收公众存款的犯罪行为与单个民间借贷行为并不等价,民间借贷合同并不必然损害国家利益和社会公共利益。单个的借款行为并不构成非法吸收公众存款的刑事法律事实,双方当事人之间建立在真实意思基础上的民间借款合同有效,应受法律保护(2011 年最高人民法院公报案例)。

纠纷案①中,最高人民法院判决认为合同的订立应遵循意思自治原则,即迪亚公司在《增资协议书》中对海富公司的补偿承诺并不损害公司及公司债权人的利益,不违反法律法规的禁止性规定,是当事人的真实意思表示,是有效的。最高人民法院再审适用民法基本原则推翻了一审、二审法院的判决,保护了投资人的积极性,维护了正常的市场交易秩序,促进了社会经济的发展。某种特定的法律行为虽然符合民法的普通规范,但违背民法基本原则,适用普通民法规范会导致显失公正或者违反公序良俗的,司法机关可以不适用普通民法规范的规定而直接适用民法的基本原则。

(4)漏洞填补准则。民法基本原则是填补民法漏洞的准则。由于立法者存在认识上的局限,不可能穷尽一切可能出现的社会现象,或者由于社会发生变迁,导致民事法律规范不周全而不能完全适应社会发展的实际需要,权利主体可以直接依据民法基本原则实施法律行为,司法机关和仲裁机构也可直接适用民法基本原则裁判有关案件。例如,在芜湖瑞业股权投资基金(有限合伙)增资协议纠纷仲裁案②中,商事仲裁机构不仅认定投资人与目标公司大股东之间的对赌协议合法有效,还认定投资人与目标公司之间的对赌协议也合法有效,突破了苏州海富投资增资纠纷案对赌协议案的裁判规则。商事仲裁机构——中国国际经济贸易仲裁委员会,作为专门的处理商业纠纷的仲裁机构,更为强调对当事人意思自治的保护,案件的裁决充分体现了意思自治原则,保护了投资人的正当权益。民法基本原则实质上就是原则性民法规范,是普通民法规范的补充。

## 二、诚信原则

诚信原则是民法的基本原则,是占优势地位的民法基本原则,因而被称为"帝王原则"。诚信原则来源于拉丁文 Bona Fides,法语为 Bonne Foi,英语为 Good Faith,德语为 Treu und Glauben,是一个高度抽象的概念,是道德观念的

---

① 在苏州工业园区海富投资有限公司诉甘肃世恒有色资源再利用有限公司、香港迪亚有限公司、陆波增资纠纷案(〔2010〕兰法民三初字第 71 号、〔2011〕甘民二终字第 96 号、〔2012〕民提字第 11 号)中,法院裁判摘要认为,在民间融资投资活动中,融资方和投资人设置估值调整机制(即投资人与融资方根据企业将来的经营情况调整投资条件或给予投资人补偿)时要遵守《公司法》和《合同法》的规定。投资人与目标公司之间的补偿条款如果使投资人可以取得相对固定的收益,则该收益会脱离目标公司的经营业绩,直接或者间接地损害公司利益和公司债权人利益,应认定无效。但目标公司股东对投资人的补偿承诺不违反法律法规的禁止性规定,是有效的。在合同约定的补偿条件成立的情况下,根据合同当事人意思自治、诚实信用的原则,引资者应信守承诺,投资人应当得到约定的补偿(2014 年最高人民法院公报案例)。
② 在芜湖瑞业股权投资基金(有限合伙)、单娟与易步关联传媒广告(北京)有限公司、李波增资协议纠纷仲裁案(〔2014〕中国贸仲京字第 0423 号)中,中国国际经济贸易仲裁委员会裁决如下:(1)易步关联公司向芜湖瑞业基金、单娟支付现金补偿,其中向芜湖瑞业基金支付人民币 15323742 元,向单娟支付人民币 3830936 元,李波对易步关联公司的上述支付义务承担无限连带责任;(2)李波按 20%的年化投资收益率回购芜湖瑞业基金持有的易步关联公司 17.39313%股权;(3)李波按 20%的年化投资收益率回购单娟持有的易步关联公司 4.3478%股权。

法律化，其内涵和外延具有很大的伸缩性。诚信原则因具有弹性而富有极大的适应性，成为填补法律漏洞和平衡当事人权利义务的工具。

（一）诚信原则的演变

学界公认诚信原则起源于罗马法。根据罗马法的诚信契约，债务人既应按照契约条件，又应根据诚实观念完成契约规定的给付。根据裁判官法的规定，当事人因误信有发生债的原因而承认债务，但实际上债发生的原因并不存在时，可以提起"诈欺之抗辩"以拒绝履行债务。裁判官法反映了公平原则，以裁量权灵活地适应社会经济的发展要求。裁判官法使诚实信用从道德规范上升为法律规范，成为诚信原则的最初起源，但罗马法并未以成文法的形式明确承认诚信原则，仅有信用或者善意的概念而已。

近代民法是诚信原则的形成阶段，现代民法则是诚信原则的确立阶段。诚信原则从形成到确立，适用范围不断扩大，从合同关系扩展到普通权利义务关系。近代以来，诚信原则的发展经历了以下三个发展阶段：

（1）合同关系阶段。在19世纪个人主义、自由主义思潮的影响下，诚信原则仅适用于合同的履行，如1804年《法国民法典》第1134条之规定。在合同关系阶段，诚信原则的适用范围非常狭窄，这是诚信原则的形成阶段。

（2）债务关系阶段。自19世纪末以后，法律从个人本位向团体本位发展，诚信原则在民法中的适用范围逐渐扩大，从合同关系扩大到债务关系，如1900年《德国民法典》第242条之规定。债务关系阶段是诚信原则的发展阶段。

（3）权利义务关系阶段。20世纪初，诚信原则进一步扩大了适用范围，突破了《德国民法典》债权债务关系的限制，扩展到民法上的普通权利义务关系，如1907年《瑞士民法典》第2条之规定。至此，诚信原则适用于民法的所有领域，成为现代民法的最高原则，具有至高无上的地位。

（二）诚信原则的含义

对于诚信原则的含义，学界存在不同的观点，有主观判断说、利益平衡说、作用规则说和恶意排除说等多种学说。各种学说从不同的角度诠释了诚信原则，对诚信原则的内容作出了解释。

诚信原则将道德规则与法律规则合为一体，具有法律调节和道德调节的双重功能，使法律具有更大的弹性，从而获得了较强的适应性。根据诚信原则所赋予的裁量权，法官能够排除当事人的意思自治而直接调整当事人之间的权利义务关系。诚信原则的内容极为概括抽象，内涵和外延均具有不确定性，所涵盖的范围极大，超过民法的普通条款。诚信原则授予法官以自由裁量权，以应对复杂多变的社会现实。通过对诚信原则的扩张性解释，法官将诚信原则适用到一些特殊案件，以实现个案裁判结果的公平，是推动法律发展的能动性司法活动。

诚信原则体现了现代民法的基本价值理念。随着现代社会经济的快速发展,构成近代民法基础的平等性和互换性已经基本丧失,出现了严重的两极分化和对立,造成当事人之间的经济地位事实上不平等,要求现代民法抛弃近代民法的形式主义。诚信原则被予以重新解释并赋予了新的内涵,从近代民法中的合同法基本原则上升为民法基本原则,顺应了社会历史发展的需要,体现了现代民法实质正义的理念。贯彻实质正义理念的诚信原则,在客观上体现为各种利益关系的平衡,即权利主体之间的利益平衡、权利主体的个体利益与社会公共利益之间的平衡。

我国《民法典》第 7 条规定了诚信原则,但后半段"秉持诚实,恪守承诺"的规定,却限缩了诚信原则应有的含义,丧失了诚信原则应有的功能。

(三) 诚信原则的适用

诚信原则适用于民法所有领域,即合同法、侵权法、物权法、继承法和人身权法等领域,但主要适用于合同法领域。从合同的订立、履行、变更、解除以及解释的整个合同过程始终要求遵循诚信原则,全面地保护合同当事人的合法权益。例如,在吉林省东润房地产开发有限公司合资、合作开发房地产合同纠纷案[①]中,最高人民法院判决认为,双方当事人在签订合同后履行合同过程中,因情况变化又签订多份补充协议修改原合同约定的,只要补充协议是当事人的真实意思表示,应根据诚信原则确定协议的内容,协议内容符合法律规定的,应认定为有效。

(1) 合同义务的扩张。诚信原则扩张了《民法典》所调整的合同义务,形成了一系列与合同相关的义务,即先合同义务、附随义务、后合同义务。诚信原则对《民法典》中当事人义务的扩张,主要表现在以下三个方面:

第一,先合同义务。在传统的合同法理论中,在合同生效之前当事人相互之间并无任何权利义务关系,不承担任何法律责任。《民法典》第 500 条规定了当事人在订立合同阶段应遵循诚信原则,属于先合同义务。当事人一方因故意、过失违反这些义务并给对方当事人造成损害的,即应承担损害赔偿责任也即缔约过失责任。

第二,附随义务。根据《民法典》第 509 条的规定,当事人除了应履行法律规定和合同约定的义务,还应履行按照诚信原则所产生的各种附随义务,即根据合同的性质、目的和交易习惯履行通知、协助、保密等义务。诚信原则适用于合同

---

① 在吉林省东润房地产开发有限公司诉吉林佳垒房地集团有限公司合资、合作开发房地产合同纠纷案(〔2009〕吉民一初字第 1 号、〔2010〕民一终字第 109 号)中,法院裁判摘要认为,双方当事人在签订合同后、履行合同过程中,因情况变化,又签订多份补充协议修改原合同约定的,只要补充协议是当事人的真实意思表示,协议内容符合法律规定,均应认定为有效。当事人对多份补充协议的履行内容存在争议的,应根据协议之间的内在联系,以及协议中约定的权利义务分配的完整性,并结合补充协议签订和成立的时间顺序,根据民法的公平和诚信原则,确定协议的最终履行内容(2013 年最高人民法院公报案例)。

整个履行过程。在合同义务履行中适用诚信原则,主要是强调附随义务的履行。

第三,后合同义务。传统合同法理论认为,合同权利义务关系终止后当事人即解除了合同的约束。根据《民法典》第558条的规定,在债权债务终止之后,当事人应当遵循诚信等原则,根据交易习惯履行通知、协助、保密等义务。诚信原则适用于合同关系终止之后,扩张了合同义务。后合同义务的确立是为在合同关系终止之后维护相对人的人身或者财产利益。

（2）合同的变更、解除和解释。当事人在合同中所约定的权利义务是建立在合同生效时的客观社会基础上的,当合同的客观基础发生根本性变化或者不复存在时,原来合同规定的权利义务与新形成的客观社会基础不相适应,如果固守原来的合同内容,势必造成显失公平的结果。根据诚信原则的要求,当事人可以适用情事变更原则要求变更或者解除合同。情事变更原则渊源于诚信原则,是诚信原则在合同变更和解除领域的具体运用。

合同的解释同样适用诚信原则。我国《民法典》第466条明确规定,当事人对合同条款的理解有争议时,应按照诚信原则确定该条款的真实意思。例如,在广州珠江铜厂有限公司加工合同纠纷案①中,最高人民法院判决认为合同解释应当遵循诚信原则。最高人民法院再审判决强调合同的解释应当严格按照合同法的规定和当事人的约定,认定广东省高级人民法院二审判决并不符合合同解释的规则。涉案合同双方当事人仅对合同条款内容的理解产生了争议,并不属于合同没有约定或者约定不明情形。当事人对合同条款的理解有争议的,应当按照合同所使用的词句、合同的有关条款、合同的目的、交易习惯以及诚信原则,确定该条款的真实意思。

（3）合同的履行。合同的履行应当严格遵循诚信原则。在合同履行过程中,当事人应当按照诚信原则履行自己的义务,在法律和合同规定的义务不明确时,当事人应当依据诚信原则所产生的附随义务来履行自己的义务。诚信原则除了规范当事人行为,还有指导解释法律或者合同条文的功能,以弥补合同或者法律的疏漏。例如,在大庆凯明风电塔筒制造有限公司买卖合同纠纷案②中,最高人民法院判决认为合同履行应遵循诚信原则。单方终止履行合

---

① 在广州珠江铜厂有限公司诉佛山市南海区中兴五金冶炼厂、李烈芬加工合同纠纷案（〔2010〕佛中法民二重字第1号、〔2011〕粤高法民二终字第23号、〔2012〕民提字第153号）中,法院裁判摘要认为,当事人对合同条款的理解有争议的,应当按照合同所使用的词句、合同的有关条款、合同的目的、交易习惯以及诚信原则,确定该条款的真实意思。当事人基于实际交易需要而签订合同,在特定条件下会作出特定的意思表示,只要其意思表示是真实的,且不违背法律的强制性或者禁止性规定,即应当予以保护（2014年最高人民法院公报案例）。

② 在大庆凯明风电塔筒制造有限公司诉华锐风电科技（集团）股份有限公司买卖合同纠纷案（〔2012〕黑高商初字第9号、〔2013〕民一终字第181号）中,法院裁判摘要认为,合同必须严格遵守。如果合同义务有先后履行顺序,先履行一方怠于履行给后履行一方履行合同造成困难的,后履行一方因此取得先履行抗辩权,并有权要求对方履行全部合同（2015年最高人民法院公报案例）。

同的行为既不符合合同约定的解除合同的条件,也不符合法定的解除合同的条件。单方终止履行合同的行为有悖诚信原则,构成违约。

(四) 情事变更原则

情事变更原则是指法律行为生效后因不可归责于双方当事人的原因发生了不可预见的情事变更,丧失了法律行为的存在基础,继续维持法律行为原有效力有悖诚实信用原则,则允许变更法律行为的效力的原则。

《合同法》并未规定情事变更原则,而是以司法解释的方式确立了情事变更原则,即《合同法司法解释(二)》第 26 条。《民法典》第 533 条以立法的形式确立了情事变更原则。例如,在成都鹏伟实业有限公司采矿权纠纷案[①]中,最高人民法院适用《合同法司法解释(二)》第 26 条确立的情事变更原则变更了合同条款。最高人民法院推翻了原审判决,认为鹏伟公司在履行涉案《采砂权出让合同》过程中遭遇鄱阳湖 36 年未遇的罕见低水位,导致采砂船不能在采砂区域作业,采砂提前结束,未能达到《采砂权出让合同》约定的合同目的,形成巨额亏损。这种客观情况是当事人在签订合同时不可能预见到的,鹏伟公司的损失也非商业风险所致。如果仍然依照合同的约定履行,必然导致采砂办取得全部合同收益,而鹏伟公司承担全部投资损失,对鹏伟公司是不公平的,有悖于合同法的基本原则。鹏伟公司要求采砂办退还部分合同价款,实际是要求对《采砂权出让合同》的部分条款进行变更,符合合同法和相关司法解释的规定。

情事变更原则赋予法院对法律行为效力的自由裁量权,通过司法权力的介入,强行改变了法律行为的效力,以法律行为变更或者解除的方式重新分配当事人在交易中应获得的利益与承担的风险,以避免显失公平结果的发生。自由裁量权的赋予,可能造成法官对情事变更的恣意判断。为避免情事变更原则的滥用,法律对情事变更原则的适用规定了较为严格的条件。情事变更原则的适用,通常应符合以下三个方面的条件:

(1) 有情事变更的事实且超过当事人的预料。"情事"是指客观情况,即一切与合同有关的客观事实,如政治、经济、法律等客观状况。"变更"则是指情事在客观上发生异常变动,如经济上的通货膨胀和币值贬值、政治上的封锁和禁运、严重急性呼吸综合征(SARS)和新型冠状病毒感染的肺炎(COVID-19)等疫

---

① 在成都鹏伟实业有限公司诉江西省永修县人民政府、永修县鄱阳湖采砂管理工作领导小组办公室采矿权纠纷案(〔2007〕赣民二初字第 12 号、〔2008〕民二终字第 91 号、〔2011〕民再字第 2 号)中,法院裁判摘要认为,公平原则是当事人订立、履行民事合同所应遵循的基本原则。《合同法司法解释(二)》第 26 条确立了合同履行过程中的情事变更原则,由于无法预料的自然环境变化的影响导致合同目的无法实现,如果继续履行合同则必然造成一方当事人取得全部合同收益,而另一方当事人承担全部投资损失,受损方当事人请求变更合同部分条款的,法院应当予以支持(2010 年最高人民法院公报案例)。

情以及洪涝、干旱、台风、地震等自然灾害。情事是法律行为赖以成立的基础和前提,情事发生重大变更的,可能使法律行为失去存在的意义。情事变更原则的适用既要求有情事变更的事实,又要求情事变更的事实是当事人所不能预见的。如果当事人实施法律行为时能够预见到相关的情事变更,表明当事人知晓并可以承担情事变更所产生的风险,这种情形下的情事变更不得适用情事变更原则。例如,在中铁十八局集团第二工程有限公司建设工程施工合同纠纷案①中,最高人民法院判决认为,原材料上涨并不构成适用情事变更原则的理由。在建设工程施工合同纠纷案件中,经常会遇到施工方以施工期间建材价格大幅上涨为由,主张建设方进行材料差价补偿的情形。施工方主张的依据是合同履行期间的客观情事发生重大变化导致当事人的权利义务严重失衡,而法院裁判的依据是合同履行期间是否发生了当事人不可预见的基础性情事的重大变化。因此,施工期间建材价格大幅上涨,在司法实务中不属于当事人不可预见的情形,不适用情势变更原则。

（2）情事变更应发生在法律行为生效之后履行期限届满之前。如果情事变更发生在实施法律行为时（如合同订立时）,则表明当事人认识到实施法律行为的基础已经发生变化,并愿意承担情事变更所带来的风险和不利后果。如果情事变更发生在法律行为实施完毕之后,则法律行为已经消灭,没有适用情事变更原则的必要。如果在债务人迟延履行债务期限内发生情事变更,从制裁违约债务人的角度,则不应适用情事变更原则。例如,在大宗集团有限公司、宗锡晋股权转让纠纷案②中,最高人民法院判决认为,当事人迟延履行期间政策的变化并非情事变更的构成要件。

（3）情事变更事由对当事人具有不可归责性且一旦发生则显失公平。情事变更的事由是因不可抗力以及其他意外情形所引起的,不能归责于任何一方当事人。如果前述事由可以归责于任何一方当事人,则由该当事人承担风险或者违约责任而不能适用情事变更原则。此外,情事变更发生之后,如果继续维持法律行为的效力,则会对一方当事人显失公平,产生严重的不利后果,如武汉市煤

---

① 中铁十八局集团第二工程有限公司诉武汉绕城公路建设指挥部建设工程施工合同纠纷案（〔2006〕鄂民二初字第 15 号、〔2007〕民一终字第 81 号）。
② 在大宗集团有限公司、宗锡晋诉淮北圣火矿业有限公司、淮北圣火房地产开发有限责任公司、涡阳圣火房地产开发有限公司股权转让纠纷案（〔2014〕鲁商初字第 72 号、〔2015〕民二终字第 236 号）中,法院裁判摘要认为,矿业权与股权是两种不同的民事权利,如果仅转让公司股权而不导致矿业权主体的变更,则不属于矿业权转让,转让合同无须地质矿产主管部门审批,在不违反法律、行政法规强制性规定的情况下,应认定合同合法有效。迟延履行生效合同约定义务的当事人以迟延履行期间国家政策变化为由主张情势变更的,法院不予支持（2016 年最高人民法院公报案例）。

气公司煤气表装配线技术转让合同、煤气表散件购销合同纠纷案①。涉案的散件供应合同签订后,在合同履行过程中发生了当事人无法预见和防止的情事变更,即生产煤气表散件的主要原材料铝锭的价格,由签订合同时国家定价为每吨 4400 元至 4600 元,上调到每吨 16000 元,铝外壳的售价也相应由每套 23.085 元上调到 41 元,如要求重庆检测仪表厂仍按原合同约定的价格供给煤气表散件,显失公平。最高人民法院要求湖北省高级人民法院适用《经济合同法》第 27 条第 1 款第 4 项的规定,酌情予以公平合理地解决。② 湖北省高级人民法院适用情事变更原则撤销了一审判决并发回原审法院重审。武汉市中级人民法院重审以调解结案。

一旦出现情事变更的情形并符合上述三个要件,就产生了适用情事变更原则的必要,但情事变更原则的适用须由当事人提出。法院是否可以依职权适用,我国法律没有明文规定。但是,根据私法自治原则,法院不应依职权主动适用。③ 先前的相关司法解释强调法院应当事人请求适用情事变更原则,实际上否定了法院依职权适用情事变更原则,且司法政策强调情事变更原则的审慎适用原则。情事变更原则的适用产生两种不同的效力:

(1) 法律行为的变更。法律行为的变更可以使双方当事人的权利和义务达到新平衡,使法律行为的履行更为合理,履行结果更为公平,如中土工程(香港)有限公司房屋买卖纠纷案④。涉案合同是双方当事人在海南房地产市场超常发展时期签订的,签订合同后不久国家施行了宏观调控政策,使海南房地产价格大幅度下跌,出现了合同当事人不能预见的客观情事的巨大变化,继续履行合同不能实现订立合同时合同当事人追求的目标,并将会给一方当事人造成重大经济损失。在这种背景下,基冠公司的控股股东中土公司与中诚公司签订了《补充协

---

① 在武汉市煤气公司诉重庆检测仪表厂煤气表装配线技术转让合同、煤气表散件购销合同纠纷案([1992]武民商(经)初字第 00048 号)中,法院裁判摘要认为,情事变更原则是指在合同履行过程中,由于不可抗力的影响,使得合同履行的情事发生巨大变化,合同继续履行将对一方当事人显失公平时,当事人可以请求变更或解除合同。由于经济改革过程中的价格变动,使得合同履行时的价格成本远远高于合同订立时的价格成本,合同继续履行对于一方当事人显然不公平,且这种经济发展过程中的价格变动是由于不可抗力所引起的,根据《民法通则》第 4 条规定的公平和诚实信用原则及《经济合同法》第 27 条第 1 款 4 项的规定,可以适用情事变更原则,当事人可以依此请求变更或解除合同(1996 年最高人民法院公报案例)。
② 参见《最高人民法院关于武汉市煤气公司诉重庆检测仪表厂煤气表装配线技术转让合同购销气表散件合同纠纷一案适用法律问题的函》(法函[1992]27 号)。
③ 参见沈德咏主编:《最高人民法院关于合同法司法解释(二)理解与适用》,人民法院出版社 2009 年版,第 203 页。
④ 在中土工程(香港)有限公司诉中诚集团有限公司、钟华、广州鹏城房产有限公司房屋买卖纠纷案([2000]粤高法民初字第 2 号、[2000]民终字第 129 号)中,法院裁判要旨认为,在《城市房地产管理法》颁布实施前,对于 1992—1993 年在海南、广东部分地区、广西北海市等部分省市房地产超常规发展时期遗留的房地产纠纷的处理原则,是在房地产开发合同未直接违反法律、行政法规强制性规定的前提下,从宽认定合同效力,因情事变更造成的损失由履行合同的双方当事人按照公平原则分担。

议》《一揽子补充协议》，两份合同的主要内容为终止履行原协议，中诚公司向中土公司支付赔偿金并将讼争房产过户给基冠公司以此了断双方的合作关系，合同性质由商品房预售合同转化为以清理债权、债务为主要内容的还款协议。

（2）法律行为的终止。在法律行为的目的因情事变更而不能实现或者不可期待等情形，应终止或者解除法律行为。情事变更原则的适用是消除法律行为因情事变更而导致的显失公平结果，适用情事变更原则仍然应当尽可能维持法律行为的效力，变更法律行为的内容以消除显失公平的结果。如果法律行为内容的变更仍不足以消除显失公平的后果，则可以终止法律行为的效力。例如，在武汉市煤气公司煤气表装配线技术转让合同、煤气表散件购销合同纠纷案中，经武汉市中级人民法院调解，双方当事人自愿达成了解除合同、由仪表厂给予煤气公司一定补偿的调解协议，使纠纷得到公平合理的解决。

（五）禁止权利滥用原则

禁止权利滥用原则是指法律禁止超过正当界限的权利行使行为。禁止权利滥用最初是为限制所有权的行使产生的，后来逐渐演变成为民法基本原则。禁止权利滥用原则与诚信原则关系密切，是诚信原则的具体化。禁止权利滥用原则的本质要求权利人行使权利时不仅要实现个人利益，还要兼顾他人利益和社会公共利益。权利人行使权利如果违反法律赋予权利的宗旨，将受到法律的禁止。

禁止权利滥用原则的价值是将意思自治原则限制在适当范围之内，从而达到个人利益与社会利益的平衡。在现代民法中，禁止权利滥用原则是诚信原则内容的延伸和发展。例如，在山东海汇生物工程股份有限公司股权转让合同纠纷案[1]中，青岛市中级人民法院判决适用了禁止权利滥用原则，认为解除权人行使合同解除权构成了权利的滥用，解除权人不得再行使解除权。

权利的行使是否构成权利的滥用，大陆法系立法有主观主义和客观主义两种立法模式：《德国民法典》采用了主观主义，中华民国时期的民法典继受了德国民法的立法例；《瑞士民法典》采纳了客观主义，我国现行民法也采纳了客观主义的立法例。

禁止权利滥用是指禁止权利滥用行为，而不是权利本身。权利滥用是指超越权利行使的限制，而不是超越权利的界限。超越界限的权利不再是权利，是侵权行为。例如，防卫过当是权利的行使超越权利行使的界限，构成权利的滥用；

---

[1] 在山东海汇生物工程股份有限公司诉谢宜豪股权转让合同纠纷案（〔2009〕崂民二商初字第415号、〔2010〕青民二商终字第562号）中，法院裁判要旨认为，合同一方当事人因对方的延迟履行行为致使合同的目的落空，依法享有法定解除权，有权通过诉讼解除合同，主张相对方承担恢复原状的责任，如不能恢复原状则应当赔偿损失。但是合同解除权作为一种形成权，在不具有约定或法定的除斥期间，且当相对人有正当理由信赖解除权人不会再行使解除权时，则根据禁止滥用权利原则，不得再行使解除权。

假想防卫则超越了权利的界限,直接构成侵权。禁止权利滥用包含两个方面的内容:

(1) 对权利行使的合理和适当的限制。权利表现为一定的行为自由,而任何自由均不是绝对的,本身包含某种界限和限制,绝对没有限制的自由在现实生活中是不存在的。为保障他人的自由和社会大多数人的自由,必须对个人的自由加以适当的限制。同样,个人权利的行使也不是绝对自由的,而是有法定的界限和适当的限制。换言之,个人权利的行使不得妨碍、损害他人利益和以多数人利益为表现形式的社会公共利益。

(2) 协调利益冲突、平衡社会关系。利益冲突表现在个人与个人之间以及个人与社会之间两个方面。禁止权利滥用原则要求权利人行使权利时不得超越正当的界限,不得损害他人利益和社会公共利益,从而协调和平衡了个人与个人之间以及个人与社会公共利益之间的利益冲突,为和谐的社会关系、稳定的社会秩序的构建奠定了基础。

### 三、意思自治原则

意思自治原则是指在私法领域内由权利主体根据自己的意思实施法律行为,创设权利义务,形成法律关系,不受公权的非法干涉。意思自治的意义在于法律给个人提供一种法律上的手段以实现个人的意思,意思自治的工具是法律行为。① 在意思自治原则的基础上构建法律行为,对内为"意思自主",对外则为"合同自由"。② 我国《民法典》第5条规定了意思自治原则。

(一) 意思自治原则的演变

意思自治原则的演变经历了中世纪之前的萌芽、近代的形成和发展以及现代的完善三个阶段:

(1) 萌芽阶段。意思自治原则起源于罗马法,罗马法孕育了意思自治原则的思想,但并未形成意思自治原则。事实上,意思自治说产生之初的表述是"当事人意思自治说"(the theory of autonomy of the parties)。14世纪意大利学派的萨利塞(Salicet)的著作中包含了意思自治理论,16世纪法国的查理·杜摩林提出,在合同关系中应该适用当事人自主选择的习惯法。按照合同自由原则,当事人既然可以自由订立合同,当然也有权选择合同适用的法律。杜摩林的理论即为后人称为当事人意思自治原则的理论。

(2) 形成和发展阶段。18、19世纪,在近代资本主义政治、经济等因素的推

---

① 参见〔德〕迪特尔·梅迪库斯:《德国民法总论》,邵建东译,法律出版社2000年版,第142—143页。
② 参见施启扬:《民法总则》(第8版),中国法制出版社2010年版,第197页。

动下,意思自治原则最终得以确立。自由资本主义经济的发展为意思自治的形成和发展奠定了经济基础,而欧洲大陆资产阶级政权的建立为意思自治理念的形成奠定了政治基础。资产阶级思想家倡导平等、自由、人权,提出的社会契约论和天赋人权的学说为意思自治原则奠定了理论基础。意大利的曼西尼(Mancini)将意思自治原则引入 1865 年的《意大利民法典》。1804 年的《法国民法典》并未直接规定意思自治原则,但法典的一些主要规定体现了意思自治原则的理念,而《德国民法典》则直接肯定了意思自治原则。意思自治原则的确立,彻底否定了封建身份关系对个人的束缚,强调个人人格的自由、平等、独立,彻底解放了人性,极大地促进了社会经济的发展和人类文明的进步。

(3)完善阶段。20 世纪之后,意思自治原则一方面扩大了适用范围,在合同、物权、侵权、夫妻关系、继承关系等领域得到适用;另一方面,其又受到不同程度的限制。世界各国对意思自治原则的限制,主要表现在以下三个方面:一是公法对私法的干预不断加强,在商事立法中有越来越多体现政府对私法领域的干预的规定,如公司法上的商事登记制度、商业账簿制度、公司组织形式、公司章程的法定记载事项,劳动法上劳动者的最低年龄、劳动时间、最低工资和解雇等限制性规定。二是公法与私法的相互渗透,反映了公法与私法追求的利益趋同,以某种共同的利益为基础,追求兼顾公共利益性质与私人利益性质的社会利益,如对所有私人财产所有权的保护,最终体现为社会利益。三是公法对债法领域的直接干预不断加强,包括对消费者的保护和对公用事业、教育、医疗服务等行业的干预等。

私法自治理念确立的意义在于,首先在人身关系上彻底否定了封建身份关系对个人的束缚,强调人格独立,摈弃人身依附,宣扬人格平等[①],使人性第一次获得真正的解放,使人身自由、人格尊严的观念深入人心,极大地促进了人类文明的进步,为充分保护人权提供了法律上的保障。其次,在财产关系上,人们能够自由处分私有财产,自主决定参与交易活动,从而促进了贸易的发展,优化了资源的配置,并减少了公权对私人交易关系的干涉。

私法自治的实质在于民事领域内的一切法律关系,由自由、平等、独立的个人通过协商的方式确立,国家不主动进行干预,只有在当事人之间发生纠纷,并经当事人的请求时,国家才以裁判者的身份介入,裁决当事人之间的纠纷,而裁决应当以当事人真实的意思为准则,不得随意变更当事人的意思。

(二)意思自治原则的理论基础

意思自治原则的理论基础,包括法哲学基础和经济学基础两个方面。意思

---

[①] 近代平等原则观念的形成受到古希腊斯多葛学派自然法思想的影响,"他们(斯多葛学派)创立了一种以人人平等原则与自然法的普遍性为基础的世界主义的哲学"。〔美〕E.博登海默:《法理学——法哲学及其方法》,邓正来等译,华夏出版社 1987 年版,第 14 页。

自治原则的观念最早可以追溯到古希腊的斯多葛派(the Stoics)自然法学,但真正的法哲学基础则是古典自然法学。① 古典自然法学派以近代欧洲资产阶级大革命为背景,以启蒙思潮为思想基础,强调法的应然价值,倡导人的理性、自由、平等和权利,反对君主专制、反对封建等级制度。自然法学肯定人的理性、自由意志、平等和权利等理念是意思自治原则产生的思想基础。自然法学对意思自治原则的影响主要表现在自然法学的自由意志理论和自然法学的平等观两个方面。自然法学的自由意志理论是意思自治原则形成的理论基础,而自然法学的平等观是意思自治原则形成的前提条件。

意思自治原则的经济学基础是自由放任主义(*Laissez-faire*)理论。自由放任主义理论作为自由资本主义时期主导的经济理论,认为让自由市场自行其道是更适当而迅速的方法,主张政府不干预经济活动,经济的运作将更有效率。亚当·斯密是自由放任主义理论的倡导者,认为有一只看不见的手(市场)能够指引人们通过争取各自的利益以实现公共利益。在《国富论》中,亚当·斯密主张个人主义、经济自由、财产私有制和追求利润的正当性。经济制度应以保障个人的生存和发展为原则,如果每个人能够充分发展,则社会整体也能获得进步。自由经济则强调政府不随意干涉经济,每个人按照自己的意志自由地进行各种经济活动才更有效率。私有财产制度激发人们创造财富的动力,个人财富增加,社会财富随之增加。在追求利润的过程中,企业家为社会提供了就业、产品、服务和税收,促进了社会的进步和发展。

古典自然法理论是近代资本主义最为重要的法律理论,而自由放任主义则是近代资本主义最为重要的经济理论,两种理论共同构成了意思自治原则的理论基础。

(三)意思自治原则的适用

意思自治原则是指权利主体有权按照自己的意思作出自由选择,权利主体的自我意志可以成为约束法律行为的准则,权利主体应对自我意志作出的选择承担责任。意思自治原则的核心是当事人自治,当事人自治是对个人自由的保护和尊重,是自由实现的主要法律形式。权利主体实行意思自治,以法律行为为手段自主形成私法上的权利义务关系。法律行为制度充分体现了意思自治原则,是实现意思自治的工具和手段,是为实现意思自治而创设的高度抽象的概念。

意思自治原则作为私法自治的核心,体现在民法的各个领域,即债法、物权

---

① 古典自然法学的主要代表人物有荷兰的格劳秀斯和斯宾诺莎、英国的霍布斯和洛克、德国的普芬多夫和沃尔夫、法国的孟德斯鸠和卢梭等。

法、婚姻家庭继承法以及商事法等,如在郑州国华投资有限公司股权确认纠纷案[①]中,最高人民法院的判决充分体现了公司股东的意思自治。股东持有股权比例通常与股东的实际出资比例一致,但是有限责任公司股东可以约定股东出资比例与股权享有比例不一致,这是公司股东内部的权利义务约定,且《公司法》没有禁止股东出资比例和股权享有比例不一致的约定,只要该约定是各股东的真实意思表示且未损害他人的利益,不违反法律和行政法规的规定,该约定就有效。

意思自治原则主要表现在以下四个方面:

(1)债法领域。意思自治原则源于合同领域,也主要体现在合同领域。在合同领域内,意思自治原则主要表现为合同订立、合同相对人、合同内容、合同形式等方面的选择自由:一是订立合同的自由。权利主体是否订立合同以及何时订立合同,法律不得干预。二是选择合同相对人的自由。法律通常不强制权利主体与特定人订立合同,合同相对人的选择是权利主体的权利和自由。三是决定合同内容的自由。权利主体根据自己的意思决定合同的内容,即合同的权利义务关系完全由合同的当事人决定,原则上排除了法律对合同权利义务的强制性分配。四是选择合同形式的自由。权利主体合意的方式由当事人决定,可以是口头形式,也可以是书面形式;可以是现代的电子书面方式,也可以是传统的书面方式。例如,在芜湖瑞业股权投资基金(有限合伙)增资协议仲裁案中,仲裁裁决认为,当事人之间的增资协议完全体现了意思自治原则,即投资人与目标公司股东对赌条款及投资人与目标公司本身对赌条款均为当事人的真实意思表示,不违反法律的强制性规定,合法有效。

在侵权责任领域,意思自治原则表现为自己责任,即每个权利主体都应当独自承担自己行为所产生的法律后果。权利主体对自己的过错承担责任,过错责任原则符合意思自治原则。以过错作为归责基础,权利主体只要尽到合理的注意义务,就没有过错,即可免除法律责任,有利于保障权利主体的行为自由,可以有效地促进社会经济的发展。

(2)物权法领域。在物权法领域,意思自治原则表现为物权人可以依法任意处分所有物。物权人对物可以为法律上的处分,也可以为事实上的处分;可以有偿转让所有物,也可以无偿转让所有物;可以在所有物上设定用益物权,也可

---

① 在郑州国华投资有限公司诉深圳市启迪信息技术有限公司、开封市豫信企业管理咨询有限公司股权确认纠纷案(〔2007〕汴民初字第69号、〔2009〕豫法民二终字第20号、〔2011〕民提字第6号)中,法院裁判摘要认为,在公司注册资本符合法定要求的情况下,各股东的实际出资数额和持有股权比例应属于公司股东意思自治范畴。股东持有股权比例一般与其实际出资比例一致,但有限责任公司全体股东内部也可以约定不按实际出资比例持有股权,这种约定并不影响公司资本对公司债权担保等对外基本功能的实现。该约定是各方当事人真实意思表示,且未损害他人利益,不违反法律和行政法规的规定,应属有效约定,股东按照约定持有的股权应当受到法律的保护(2012年最高人民法院公报案例)。

以设定担保物权;可以自己使用所有物,也可以将所有物出租给他人使用以获得收益。

(3) 婚姻家庭继承法领域。在婚姻家庭法领域,意思自治原则主要表现为结婚自由、离婚自由。婚姻是一种身份行为,应由双方当事人基于自愿、平等的行为,当事人有权决定是否结婚和决定结婚的对象。只有在当事人意思表示一致的情况下,婚姻行为才成立并在符合法定条件时生效。同样,离婚也体现了当事人意思自治原则。夫妻财产关系也适用意思自治原则,如在唐凌法定继承纠纷案[①]中,北京市第三中级人民法院判决认为,夫妻之间的约定财产制,是夫妻双方通过书面形式,在平等、自愿、意思表示真实的前提下对婚后共有财产归属作出的明确约定。此种约定充分体现了夫妻真实意愿,是意思自治的结果,应当受到法律的尊重和保护,应纳入非依法律行为即可发生物权变动效力的范畴。

在继承法领域,意思自治原则表现为遗嘱自由。遗嘱继承制度中的遗嘱自由集中体现了意思自治原则。权利主体享有遗嘱权,即以遗嘱的方式自由处分自己的财产。遗嘱自由的主要内容包括:遗嘱人可以通过遗嘱变更法定继承人的顺位和份额,甚至取消法定继承人的资格;遗嘱人可以将财产赠与给法定继承人之外的其他自然人或者法人。与法定继承制度相比,遗嘱制度中的财产所有人对财产的处分更能体现其意志。因此,遗嘱自由制度体现了法律对私有财产的尊重和保护。

(4) 商事领域。在商事领域内的意思自治原则主要体现在公司法领域,即公司治理结构中尊重股东的自由意志,贯彻股东的意思,实现意思自治。意思自治原则在公司法上具体表现在四个方面:一是公司的设立自由。公司设立采取登记主义,公司的发起人只要符合设立要件的,一经登记即取得法人资格。二是公司的经营自由。公司经营只要不违反法律和行政法规的强制性规定的,就可以根据自身情况决定公司的生产经营活动。三是股东权利行使的自由。公司股东根据持有的股份通过行使投票表决权形成股东大会决议,行使所有者的资产受益、重大决策和选择管理者的权利。四是公司章程内容的自由。公司章程的制定较多地体现了商事主体的意思自治原则,给予公司及股东较大的自治空间,强调规范的任意性,减少强制性规范的范围。例如,在贵州捷安投资有限公司股

---

① 在唐凌诉李英爱、唐勇林法定继承纠纷案([2013]朝民初字第 30975 号、[2014]三中民终字第 09467 号)中,法院裁判摘要认为,夫妻之间达成的婚内财产分割协议是双方通过订立契约对采取何种夫妻财产制所作的约定,是双方协商一致对家庭财产进行内部分配的结果,在不涉及婚姻家庭以外第三人利益的情况下,应当尊重夫妻之间的真实意思表示,按照双方达成的婚内财产分割协议履行,优先保护事实物权人,不宜以产权登记作为确认不动产权属的唯一依据(2014 年最高人民法院公报案例)。

权确权及公司增资扩股出资份额优先认购权纠纷案①中,最高人民法院适用意思自治原则裁判公司纠纷。该判决体现了尊重股东自治和股东权利,扩张了公司自治空间,减少了司法权对公司活动的不必要干预,充分尊重股东们制定的股东协议和公司章程。只要不违反《公司法》的强制性条款、诚实信用原则、公序良俗原则,股东可以通过股东协议和公司章程自由规范公司内部关系。

(四)意思自治原则的限制

意思自治原则不是绝对、任意的,而是相对的、有条件的,意思自治有其特定的内涵。现代民法中的意思自治原则并非是没有限制的意思自治,而是法律限制之内的意思自治。意思自治原则是通过法律行为得以实现的,现代民法对意思自治原则的限制也是通过对法律行为的限制得以实现的。民法对法律行为的限制主要表现在权利主体和权利客体两个方面:

(1)权利主体。民法对权利主体的限制主要表现在两个方面:一是权利主体的适格,即权利主体必须具有相应的行为能力;二是权利主体的存续期间,即权利主体享有权利能力的始期和终期。以上两个方面的条件是法律行为生效的前提要件。

(2)权利客体。标的确定、可能、合法和妥当是法律行为客体要素的生效要件,是民法对法律行为最为全面的限制,特别是标的的合法性和妥当性。诚实信用原则和公序良俗原则主要是通过对法律行为的限制得以实现的。

意思自治原则的限制在民法领域具体表现为在合同法、物权法、婚姻家庭继承领域、商法等领域的限制。在合同法领域的限制表现为合同形式主义、对消费者权利的保护、强制性合同、合同解释规则的变化、对格式条款的限制等。在侵权责任法领域的限制表现为归责原则的变化,即由过失责任到无过错责任的变迁。在物权法领域的限制主要表现为所有权的社会化和禁止权利的滥用。在婚姻家庭继承法领域的限制主要表现为对遗嘱制度的限制,遗嘱人只有在保留法定继承人的份额中扣除特留份的情况下,才能自由处分剩余财产。法国、德国、日本等大陆法系国家对遗嘱自由限制较多。

商事领域意思自治原则的限制主要体现在法律对公司自治的限制。公司章程是公司自治原则的体现,但公司章程要受到法律的限制。例如,在宋文军股东

---

① 在贵州捷安投资有限公司诉贵阳黔峰生物制品有限责任公司、重庆大林生物技术有限公司、贵州益康制药有限公司、深圳市亿工盛达科技有限公司股权确权及公司增资扩股出资份额优先认购权纠纷案([2007]黔高民二初字第28号、[2009]民二终字第3号、[2010]民申字第1275号)中,法院裁判摘要认为,股东会决议内容应当被认为符合黔峰公司章程有关规定。公司章程是公司治理结构的总纲领,公司完全按意思自治原则决定自己应该决定的事情,该公司章程规定性质上并不违反《公司法》有关强制性规范,与《公司法》第34条有关内容并不冲突。因此,该股东会决议是有效的,各股东应按照股东会决议的内容执行。

资格确认纠纷案①中,陕西省高级人民法院再审判决强调在初始章程约定"人走股留"体现有限责任公司的自治性。案件的关键在于大华公司的公司章程中关于"人走股留"的规定,是否违反了《公司法》的禁止性规定,该章程是否有效。法院一审、二审和再审均肯定了公司章程的效力,认为有限公司章程是公司设立时全体股东一致同意并对公司及全体股东产生约束力的规则性文件,宋文军在公司章程上签名的行为,应视为对前述章程条款的认可和同意,该章程对大华公司及包括宋文军在内的全体股东均产生约束力。此外,宋文军之所以成为大华公司股东,原因在于宋文军与大华公司具有劳动合同关系,如果宋文军与大华公司没有建立劳动关系,宋文军则没有成为大华公司股东的可能性。大华公司章程将是否与公司具有劳动合同关系作为取得股东身份的依据继而作出"人走股留"的规定,符合有限责任公司封闭性和人合性的特点,体现了公司自治原则,不违反公司法的禁止性规定。

### 四、公序良俗原则

公序良俗原则是理论对立法的抽象浓缩所创制出来的概念,是由公共秩序和善良风俗两个极为抽象的概念构成的,含义极为丰富,并随时代的发展变化而有所不同。以公序良俗规制法律行为的内容,是罗马法以来的法律所公认的做法。②

在现代民法中,公序良俗原则通过对私法自治的限制,来维护社会公共利益和公共道德观念。我国《民法典》第7条规定了公序良俗原则。例如,在中国人寿保险(集团)公司商品房预售合同纠纷案③中,重庆市高级人民法院判决认为,法律行为不得违反公序良俗原则。法院判决认为房地产开发商要求购房方在房屋交付之前单独就违约金债权提起诉讼或者申请仲裁,均不符合社会公众在日常生活中所遵循的公序良俗。最高人民法院维持了原审判决。

---

① 在宋文军诉西安市大华餐饮有限公司股东资格确认纠纷案([2014]碑民初字第01339号、[2014]西中民四终字第00277号、[2014]陕民二申字第00215号)中,法院裁判摘要认为,国有企业改制为有限责任公司,初始章程对股权转让进行限制,明确约定公司回购条款,只要不违反公司法等法律强制性规定,可认定为有效。有限责任公司按照初始章程约定,支付合理对价回购股东股权,且通过转让给其他股东等方式进行合理处置的,应予支持(指导案例96号)。

② 参见史尚宽:《民法总论》,中国政法大学出版社2000年版,第40页。

③ 在中国人寿保险(集团)公司诉泛华工程有限公司西南公司商品房预售合同纠纷案([2005]渝高法民初字第13号、[2005]民一终字第85号)中,法院裁判摘要认为,根据《公司法》第13条的规定,公司可以设立分公司,分公司不具有企业法人资格,民事责任由公司承担。公司分支机构在公司法人变更过程中是否已实际经工商部门注销完毕,不影响公司基于独立法人资格行使分支机构所享有的民事权利、承担分支机构所负有的民事义务(2008年最高人民法院公报案例)。

## （一）公序良俗原则的演变

公序良俗的概念起源于罗马法。罗马法后期的《国法大全》中有许多公序良俗的规定，但并未形成一个明确的法律原则，而是散见于人法、物法及继承法的具体规定中。法律行为的标的不得违反公序良俗，否则，法律行为无效。

以《法国民法典》和《德国民法典》为代表的近代民法，确立了公序良俗原则。公序良俗原则仅作为对私法自治的限制，私法自治仅在不违反公序良俗的前提下，才能实现当事人预期的法律后果，但适用范围非常有限。大陆法系国家对公序良俗有不同的规定，法国和日本将公共秩序和善良风俗合并使用。德国仅有善良风俗概念，而无公共秩序概念。《德国民法典》第138条规定的善良风俗是指占统治地位的伦理道德，而不是普通的社会伦理道德。

在20世纪以后，公序良俗原则渐次被大陆法系国家立法和实践提升为民法领域的原则[1]，不仅对契约自由原则进行限制，而且还对权利的行使、义务的履行、自力救济的界限、法律行为的解释等进行限制[2]。

## （二）公序良俗原则的内容

大陆法系民法典大多都规定了公序良俗原则，但各个国家和地区的具体规定不一，大致有四种不同的立法例：一是规定了公共秩序和善良风俗（social morality）。《法国民法典》第6条和《日本民法典》第90条同时规定了公共秩序和善良风俗，学理上称为公序良俗。二是规定了善良风俗。《德国民法典》第138条和《瑞士债法》第20条仅规定了善良风俗而未规定公共秩序。三是规定了公共秩序。《泰国民法典》仅规定了公共秩序而未规定善良风俗。四是规定了公序良俗。《民法典》第7条直接采纳了公序良俗这一概念。

公序良俗是公共秩序和善良风俗的合称。公共秩序是指社会存在和发展所必需的社会秩序。公共秩序是公共生活的基本前提和公共利益实现的基础，还是公共政策的价值追求。公共秩序是《法国民法典》所确立的概念，属于强制性规范。自《法国民法典》颁布以来，公共秩序的范围不断扩大，伴随国家对经济活动干预的加强、契约自由的衰落，公共秩序的内容呈现多样化的倾向。

善良风俗是指社会所公认的道德规范。善良风俗所确认的道德规范是社会普遍接受的道德规范，与法律的基本精神相一致，成为法律化的概念。善良风俗所包含的伦理道德观念，是维持人类社会生活所不可或缺的伦理道德准则。与公共秩序呈现扩大倾向相反，善良风俗所包含的伦理道德准则呈现较为宽容的

---

[1] 参见郑玉波：《民法总则》，中国政法大学出版社2003年版，第472页。
[2] 参见史尚宽：《民法总论》，中国政法大学出版社2000年版，第334页。

倾向，如对同性婚姻①、离婚的态度等。善良风俗是一种对法律行为的要求，而这种对法律行为的要求来源于对法律伦理标准的具体化。一方面公序良俗体现了占统治地位的社会伦理道德，另一方面公序良俗反映的法律伦理要求已经存在于现行的法律制度之中。

《民法典》采纳了"公序良俗"的表述，将民法理论和民商事审判实践中的"公序良俗"直接转换为法律规定，是一个历史性的进步。

（三）公序良俗原则的适用

我国公序良俗原则第一案为张学英遗产继承案（四川泸州纳溪遗赠案）。在张学英遗产继承案②中，泸州市纳溪区人民法院判决认为，黄永彬的财产遗赠协议因违反公序良俗而无效。学界对遗赠行为是否适用公序良俗存在肯定和否定两种不同观点，争议的核心问题涉及如何适用公序良俗的问题。公序良俗的适用对象是法律行为，公序良俗适用于特定的法律行为应考虑两个方面的因素：

（1）客观要素（即法律行为的内容）。根据德国民法理论和司法实践，公序良俗的适用对象是法律行为，而不是当事人的其他行为。③ 法律行为的内容违反公序良俗的，则法律行为无效。即使行为主体的行为违反公序良俗，所实施的法律行为也可能是有效的；反之，即使行为主体的行为是善意的，所实施的法律行为也可能因违反公序良俗而无效。例如，被继承人（父亲）将儿子立为继承人的条件是儿子必须与儿媳离婚，原因是儿媳与他人通奸。该遗嘱即因违反公序良俗而无效。

（2）主观要素（即法律行为的意图）。判断法律行为是否违反公序良俗，关键是行为主体实施法律行为的意图是否具有不法内容。行为人实施法律行为的意图违反公序良俗的，则法律行为无效。例如，被继承人立情妇为继承人是为其将来的生活提供保障或者对其过去照顾自己生活的感谢的，则遗赠行为有效；被继承人立情妇为继承人的目的是为继续维持不正当的性关系的，则遗赠行为因违反公序良俗而无效。

四川泸州纳溪遗赠案的核心在于判断遗赠人黄永彬所立的遗赠是否具有法律效力，即遗赠行为是否违反公序良俗。遗赠人黄永彬与受遗赠人张学英的同居行为以及黄永彬将遗产遗赠给张学英的遗赠行为，是两个不同的法律行为。

---

① 2015年6月26日，美国联邦最高法院9名大法官以5∶4的结果裁决同性婚姻合法，意味着同性伴侣可在全美50个州注册结婚。在美国联邦最高法院作出裁决前，全美50个州中已有37个州允许同性伴侣注册结婚。在俄亥俄州公民詹姆斯·奥博格费尔诉俄亥俄州政府（James Obergfeld v. Ohio State Government）案的裁决中，联邦最高法院认为，根据《美国宪法》第十四修正案，婚姻是所有人享有的平等权利，同性婚姻是受宪法保护的。

② 在张学英诉蒋伦芳遗产继承案（〔2001〕纳溪民初字第561号、〔2001〕泸民一终字第621号）中，法院裁判摘要认为，由于遗赠人与受赠人之间存在婚外同居关系，遗赠行为因违反公共秩序、社会公德而无效。

③ 参见〔德〕卡尔·拉伦茨：《德国民法通论》（下册），王晓晔等译，法律出版社2003年版，第514页。

对黄永彬遗赠行为是否有效的判断,应对遗赠行为本身是否违反公序良俗以及黄永彬实施遗赠行为的动机和目的作出判断,而不能仅以当事人的同居行为作为判断的对象,并作为评判遗嘱行为是否有效的依据。一审、二审法院均未能辨识公序良俗所判断的对象,以同居行为违反公序良俗为由,否定了遗嘱行为的效力,不当地干涉了当事人的私人自治,侵害了张学英的正当权益。

在商事交易中,也存在违反公序良俗原则的情形,如在中国银行(香港)有限公司担保合同纠纷案[1]中,广东省高级人民法院判决认为,宏业公司、新业公司向国华银行的担保未经国家有关主管部门批准或者登记而违反了公序良俗原则,不具有法律效力。最高人民法院判决确认了原审判决对担保合同无效的认定。又如在林卓荣买卖合同纠纷案[2]中,汕头市海丰县人民法院判决认为,合同违约金的约定不得违反公序良俗原则。涉案合同约定按日利率10%即年利率3650%计算逾期付款违约金,违反公序良俗原则,导致当事人的利益失衡。法院应依职权予以调整,既能有效补偿守约方的损失和对违约方具有一定惩戒作用,又能防止违约金制度成为守约方牟取暴利的工具。

自然人行使姓名权应当符合法律规定,不得损害公序良俗。例如,在"北雁云依"户口行政登记案[3]中,济南市历下区人民法院判决认为,孩子父母在办理户口登记时,取名"北雁云依",既未随父姓(吕氏)或者母姓(张氏),也没有其他正当理由。公安机关拒绝对"北雁云依"进行户口登记,符合法律规定,恪守了公序良俗的要求,维护了正常社会管理秩序,应予以支持。[4]自然人选取或者创设姓氏应当符合中华传统文化和伦理观念。自然人对姓氏传承的重视和尊崇,不仅仅体现了血缘关系、亲属关系,更承载着丰富的文化传统和伦理观念,符合主流价值观念,是中华民族向心力的载体和镜像。自然人原则上随父姓或者母姓,符合中华传统文化和伦理观念,符合绝大多数自然人的意愿和实际做法。

---

[1] 在中国银行(香港)有限公司诉汕头宏业(集团)股份有限公司、汕头经济特区新业发展有限公司担保合同纠纷案(〔2000〕粤法经二初字第5号、〔2002〕民四终字第6号)中,法院裁判摘要认为,涉外合同的当事人选择解决合同争议所适用的法律,规避了我国的强制性或者禁止性法律规范,其约定不发生法律效力。对外担保合同未按规定在行政管理机关办理批准登记手续的,依法应认定无效(2005年最高人民法院公报案例)。

[2] 在林卓荣诉黎海秋买卖合同纠纷案(〔2015〕汕海法民二初字第18号)中,法院裁判要旨认为,在审理买卖合同纠纷案件中,当事人约定的逾期付款违约金是否过高,法院应当依据《合同法司法解释(二)》第29条所规定的两个标准即主要标准和次要标准进行判定。法院应最大化地遵循当事人意思自治,通常不予调整。但如果按照双方当事人约定的违约金计算标准判决将严重违反公序良俗原则、诚信原则和公平原则,并导致利益严重失衡的,法院应依职权依法进行调整。

[3] 在"北雁云依"诉济南市公安局历下区分局燕山派出所户口行政登记案(〔2010〕历行初字第4号)中,法院裁判摘要认为,自然人行使姓名权不得违反公序良俗原则,原则上应当随父姓或者母姓,"北雁云依"的父母自创姓氏的做法,不符合公序良俗对姓名的规制基本要求(指导案例89号)。

[4] 2014年11月1日,第十二届全国人民代表大会常务委员会第十一次会议通过的《关于〈中华人民共和国民法通则〉第九十九条第一款、〈中华人民共和国婚姻法〉第二十二条的解释》,对本案的法律适用作出的立法解释。

## 第四节 民法的本位

民法的本位是指民法的基本观念,即民法的基本目的。① 从民法制度的历史演变过程看,民法本位因时代的不同经历了义务本位、个人本位和社会本位三个发展阶段。古代社会的法律以确认社会成员的义务为基本内容,称为义务本位。近代以来,一些国家的法律以确认社会成员的权利为基本内容,称为权利本位。从 19 世纪末开始,西方主要资本主义社会由自由资本主义阶段进入垄断资本主义阶段,"法律社会化"成为时代的潮流。法律社会化充分反映出当时社会价值观念的重大转变,即从强调自由到限制自由、从突出个性和个人权利到限制个人权利和重视社会利益的转变。进入 20 世纪之后,世界各国又确立了以社会为本位的立法。②

### 一、义务本位

人类社会早期的法律是义务本位。在义务本位时期,人与人之间的关系均局限于家族,每个自然人有其特定的身份,在这种身份关系上,建立了整个社会秩序。法律规定不同的身份享有不同的权利,承担不同的义务。换言之,权利义务的取得是基于身份,因而义务本位实际上是身份本位、等级本位。例如,罗马的家父是罗马法的核心,罗马城邦是以家为基础建立的。家父对子女和奴隶的权利与对物的支配权完全相同。义务本位法律的实质,是法律只确认少数人享有完全的权利主体资格即人的资格,多数人不享有或者不完全享有权利主体资格,即不享有人的资格。义务本位时期的个人不具有独立的地位,从而也不可能形成个人的独立意思表达。

伴随社会经济的发展,家族渐次解体,个人自我意识和权利观念逐步形成,社会秩序则以个人与个人之间的合意所构建的关系为基础。个人成为社会生活的独立单位,个人意思形成各种社会关系,即个人意思构成社会关系的基础。义务的承担应在平等的基础上出于独立自由的意思,即基于合同关系。英国的梅因把人类社会从义务本位进入权利本位的过程概括为"从身份到契约"的运动,人类社会从义务本位到权利本位的发展史,是从身份到契约的过程,经历了从自然人人格的不平等到人格平等的历史过程。

---

① 参见王伯琦:《民法总则》(第 8 版),台湾编译馆 1979 年版,第 31 页。
② "由法律制度进化之过程观之,法律系由义务本位进入权利本位,最后再进入社会本位。"郑玉波:《民法总则》,中国政法大学出版社 2003 年版,第 77 页。

## 二、权利本位

近代以来,资本主义国家的法律是以权利为本位。权利本位经历了个人本位和社会本位两个发展阶段,个人本位的法律强调个人权利的绝对自由,而社会本位的法律则强调社会利益的重要性。在权利本位时期,自然人均具有权利主体的资格。自然人进入社会的资格平等即人格平等,自然人的人格只有通过行使权利才能实现。法律通过规定自然人权利,实现自然人人格。权利本位法律的实质是法律确认所有自然人均享有权利主体资格,而不是权利的客体。在权利本位时期,权利是法律秩序的重心,权利思想支配一切,法律规定义务仅为创设权利的基础而已。法律的基本任务由义务的履行转变为对权利的保护,为使权利的内容能够实现才有义务的履行。

(一) 个人本位

在20世纪之前,经济相对不发达,自然人之间在财富上的差距不大,工业发展对社会环境造成的破坏相对不严重,法律赋予个人较大的自由,强调人生而平等,私权神圣不可侵犯,从而民法形成了所有权绝对原则、私法自治原则、过错责任原则等法律原则,并在这些法律原则的基础上构建了民法制度体系,《法国民法典》是个人本位民法的典范。

人格独立和人格平等,是个人本位思想的两个重要组成部分。人格独立表现为:人格是与生俱来的;自我意志不受他人的约束;自我责任——对自己的行为承担责任。人格平等表现为:身份地位的平等性;权利范围的一致性;法律保护的平等性。

在个人本位时期,任何私权关系的产生、变更和消灭,均为个人意思自治和自主选择的结果,法律的作用仅为确认私权并保障私权的实现而已,应尽可能避免对个人意思自治的限制和干预。此外,法律通过对个人权利的维护以实现社会正义,对个人权利的侵害既是对特定的人造成损害,也是对社会正义的挑战;反之,对侵权行为的制止,既维护了个人尊严,也维护了社会正义。

个人本位民法有自身的缺陷和不足,这些缺陷和不足不断加剧了资本主义的内在矛盾。个人本位民法忽视了经济地位对意思自治的影响,意思自治适用的前提是权利主体的平等,而权利主体平等性的缺失导致意思自治失去了适用的基础。个人本位民法忽视了社会作为整体存在的属性,片面强调个人的权利和自由,以形式的自由平等代替了社会公正。

(二) 社会本位

在20世纪之后,世界经济的迅猛发展创造出了大量新交易形式;大企业集团纷纷涌现,自然人之间在财富上的差距不断加大;科学技术和工业的发展,对社会环境造成了严重危害。在这种情形下,19世纪的民法理念无法真正实现自然人人格平等。为真正实现自然人人格的平等，法律对19世纪民法原则进行了修正，即基于社会公共利益，加强了对个人权利和自由的限制。20世纪之交制定的《德国民法典》和《瑞士民法典》确立了权利的行使应遵循诚实信用原则、权利不得滥用原则以及公序良俗原则等，权利本位思想逐渐让位于带有社会因素的权利观念，这个演变过程被称为从个人本位到社会本位的演变。法律的基本任务不再仅限于对权利的保护。为维护社会的和谐与稳定，增进社会共同福利，法律强制规定了各种义务，限制或者剥夺了部分权利。社会本位是权利本位的调整，而不是义务本位的复活。①

个人本位和社会本位均源于自然人人格平等的观念。个人本位是以人的个体为本位，允许个人利益凌驾于社会利益之上。在个人本位时期，社会是所有个体的总和，平等地尊重各个个体的意志，即为尊重社会。个人利益最大化即构成整个社会利益的最大化，个人利益和社会利益是一致的。

在社会本位时期，个人利益与社会利益发生冲突，社会利益不等于个人利益的简单叠加，个人利益的实现并不必然导致社会利益的实现。个人本位对个人权利的限制较少，社会本位对个人权利的限制较大，但两者的限制均是对各个个体的平等限制，是在不同的经济条件下实现个体人格平等的不同方式而已。个人本位与社会本位均为权利本位，社会本位不过是权利本位的现代形式和第二阶段。② 例如，在刘自荣工伤认定案③中，最高人民法院再审认为，工伤保险认定的解释应当以职工为权利本位，突出对职工权利的保护。

在民法发展史上，从古代民法到近代民法的发展，表现为从义务本位走向权利本位，这是根本性的、革命性的转变，是一个质变的过程。从近代民法走向现代民法，则是在权利本位中所经历的从个人本位向社会本位递进的过程，也是一个量变的过程。

总之，古代社会的法律为义务本位，近现代社会的法律为权利本位。从义务本位到权利本位，是从形式不平等到形式平等，标志着"从身份到契约"的运动过

---

① "所谓社会本位之法制，亦惟权利本位法律之调整，绝非义务本位法律之复活也。法国1804年之拿破仑民法，为典型之权利本位法律，而以契约自由，权利之不可侵，及过失责任为其基本原则。凡此三大原则，迄今仍为自由世界各国法制之基础。"王伯琦：《民法总则》（第8版），台湾编译馆1979年版，第33页。

② "现代明文国家之民法，无不以确立个人之人格观念为初基……本世纪开始，正对其弊，乃有所谓社会化之法制产生。但其基本出发点，并未脱离个人及权利观念也。观民法将来之趋向。唯一在个人和社会之间，谋求和谐。"同上书，第34页。

③ 在刘自荣诉米泉市劳动人事社会保障局工伤认定案（〔2002〕米行初字第9号、〔2002〕昌中行终字第32号、〔2011〕行提字第15号）中，法院裁判要旨认为，在处理工伤保险问题中，应突出对职工权利的保护，偏重职工的权利和用人单位的义务。有关工伤保险的立法是以职工为权利本位，以用人单位为义务本位。在有关工伤保险法律规范中规定"应当认定工伤"不明确的，应当从宽适用。在对有关规定中的"工作原因"存在缩小解释与扩张解释都有一定道理时，适用扩张解释更符合我国宪法的基本精神（2013年最高人民检察院公报案例）。

程。从近代民法到现代民法,是从个人本位到社会本位的过程,法律确认权利主体之间的形式平等掩盖了他们之间实际上的不平等,标志着"从契约到身份"的运动过程。

## 第五节 民法的效力

民法的效力,是指民法的适用范围,即在什么时间、在什么地方、对什么人适用民法规范。民法的效力可以分为时间上的效力、空间上的效力以及对人的效力。对民法规范适用范围的正确理解,是准确适用民法规范的前提和基础。

### 一、民法在时间上的效力

民法在时间上的效力,是指民法在什么时间内有效,即什么时间可以适用民法。时间上的效力应当有始期和终期的规定。民法的始期是民法生效的时间,也就是民法实施的时间。民法生效的时间有两种不同的规定:

(1) 法律颁布即生效。法律从颁布之日起生效,这类法律以国务院颁布的行政法规居多。

(2) 法律颁布后一段时间生效。法律直接规定生效日期,民法规范涉及面较广,情况极为复杂,通常需要经过一段时间才生效。全国人民代表大会及其常务委员会颁布的法律均为这种生效方式,如《民法典》《公司法》《保险法》《票据法》等。

民法的终期是民法失效的时间,是民法规范终止效力或者被废止的时间。民法的失效,主要有三种表现形式:一是新法直接规定旧法的废止,如《民法典》废除了《婚姻法》《继承法》《民法通则》《收养法》《担保法》《合同法》《物权法》《侵权责任法》《民法总则》,《外商投资法》废除了《中外合资经营企业法》《外资企业法》《中外合作经营企业法》;二是旧法规定与新法相抵触的部分失效,如《民法总则》的生效导致《民法通则》的部分规定失效;三是立法机构颁布专门的决议,宣布法律失效。

在法律的时间效力上,民法必须遵循法律不溯及既往原则和新法改废旧法原则。

(1) 法律不溯及既往原则。法律不溯及既往原则是指法律原则上只适用于法律生效后发生的事项,对法律生效前发生的事项不得适用。法律不溯及既往,是罗马法以来公认的原则,许多法律有明文规定。法律是社会活动的行为规范,如果法律具有溯及既往的效力,使某种行为产生行为人所不能预期的法律效果,不仅会破坏法律的安定性,而且还会动摇对现存法律秩序的信赖保护。此外,法律溯及既往还会动摇法律行为制度的基础,法律行为将不能产生行为人所预期的法律效果。

作为法律不溯及既往原则的例外,立法机构可以规定法律具有溯及力。在法律明确规定对法律实施前发生的事项也适用时,该法律就具有溯及既往的效力,对于法律生效前发生的纠纷同样可以适用。

(2) 新法改废旧法原则。新法改废旧法原则是指在新法颁布后,有关针对同一事件的旧法虽然没有被明令废止但却当然被废止。适用新法改废旧法,应当具备以下条件:第一,新法、旧法应当是由同一立法机关颁布的。第二,新法、旧法属于同一位阶。如同为普通法,或者同为特别法。第三,新法、旧法针对同一事情。

### 二、民法在空间上的效力

民法在空间上的效力是指民法适用于什么地域内发生的法律关系。民法一般适用于一国的领土、领空、领海以及按照国际法和国际惯例视为一国领域的范围。例如,领空之外的中国飞行器和领域之外的中国船舶。民法规范颁布的机构不同,适用的地域范围也不同,全国人民代表大会及其常务委员会制定的民法规范和国务院制定的民法规范是全国性的民法规范,在中华人民共和国境内全部适用,但由于我国实行"一国两制",香港和澳门特别行政区不适用内地颁布的民法规范。地方人民代表大会和民族自治地方所颁布的民法规范,仅在颁布者所管辖的区域内适用。例如,在黄艺明、苏月弟合同纠纷案[①]中,最高人民法院的判决肯定了当事人适用香港法律的选择权。涉案的《备忘录》第17条约定:"本备忘录受香港法律管辖,并须按香港法律解释。"《买卖股权协议》第27条约定:"本协议适用香港特别行政区法律并依香港法律解释。"各方当事人对此并无异议。从合同形式、当事人订约资格、意思表示、对价、合同目的等方面考察,《备忘录》《买卖股权协议》及其四份补充协议均符合香港合同法上关于合同有效的条件,广东省高级人民法院原审认定《备忘录》《买卖股权协议》及其四份补充协议均为有效是正确的。

### 三、民法对人的效力

民法对人的效力是指民法对谁适用的问题。民法对人的效力有属人主义和

---

① 在黄艺明、苏月弟诉周大福代理人有限公司、亨满发展有限公司、宝宜发展有限公司合同纠纷案(〔2012〕粤高法民四初字第1号、〔2015〕民四终字第9号)中,法院裁判摘要认为,涉港民商事纠纷案件中,应当参照我国国际私法冲突规范的规定以及国际私法理论,针对涉及的不同问题采用分割方法确定应当适用的法律。案件涉及的定性、程序事项适用法院地法——内地法律;先决问题因涉及法定继承、夫妻财产关系,根据我国冲突规范的指引,适用内地法律;合同争议本身以及诉讼时效问题,根据我国冲突规范的规定,适用当事人选择的香港法律。当事人有义务向法院提供其选择适用的香港法律(2016年最高人民法院公报案例)。

属地主义两种。根据《涉外民事关系法律适用法》的规定,我国民法适用于中国境内的本国自然人和法人、外国自然人和法人、无国籍人。例如,在许明宏与公司有关的纠纷案①中,最高人民法院判决认为,许明宏、林树哲为中华人民共和国香港特别行政区居民,在中华人民共和国内地起诉、应诉,准据法应为中华人民共和国内地法律。

我国自然人和法人在中国境外发生的法律关系,一般适用所在地国家的法律,但法律另有规定的除外。

## 第六节 民法与商法的关系

20世纪末期,从我国民法典编纂开始以来,一个颇具争议的问题为是否建立区分民法和商法的私法体系,即是在民法典之外编纂专门调整商人或者某些商事行为的单独商法典,还是取消民法和商法的区分,编纂一部包括民法和商法在内的统一法典。前者是民商分立模式,后者是民商合一模式。

从民法与商法的历史发展来看,大陆法系国家经历了从民商分立到民商合一的发展过程。在20世纪之前,大陆法系国家的基本立法模式是在民法典之外,另行颁布商法典。20世纪之后,有些大陆法系国家放弃了民商分立,而采取了民商合一的模式,将民法典与商法典合而为一,编纂统一的法典。

### 一、民商分立

商法的历史可以追溯到约公元前300年的罗德海法,甚至更早的腓尼基和迦太基(布匿)人的航海贸易习惯。到了罗马时代,在私法高度发达的罗马法中,有关商事方面的法律已初具规模。西欧中世纪沿海的自治工商业城市,是商人法的发源地。11世纪末叶和12世纪,商人法逐渐形成。罗马法是商人法的主要渊源,但也受到日耳曼法的影响。近现代商法的起点是中世纪的商人法。

《商事条例》(1673年)和《海事条例》(1681年)是近代最早的两部商事法令。商人法从此逐渐变成国家认可和制定的国法,而商人法成为国法标志着近代商法的产生。

近代大陆法系国家采取民商分立的体例,在民法典之外另行制定商法典,在这个基础上建立了两个相对独立的法律体系,这种立法模式将传统私法一分为

---

① 在许明宏诉泉州南明置业有限公司、林树哲与公司有关的纠纷案(〔2015〕闽民初字第123号、〔2017〕最高法民终18号)中,法院裁判摘要认为,根据《公司法》《公司法司法解释(四)》《民事诉讼法》的规定审查提起确认公司决议无效之诉的当事人是否为适格原告。董事会决议是董事会根据法律或者公司章程规定的权限和表决程序,就审议事项经表决形成的反映董事商业判断和独立意志的决议文件(2019年最高人民法院公报案例)。

二,形成了民商分立。民法仅调整商事之外的私法关系,商法是民法之外的特别法典。

民商分立的真正标志是 19 世纪初制定的《法国民法典》和《法国商法典》。在法国开创民商分立体制后,德国也先后颁布了商法典和民法典,形成了民商分立体制。此外,还有意大利、日本、荷兰、比利时、西班牙、葡萄牙等国,大约有四十多个国家在民法典之外颁布了商法典。

民商分立意味着民法典与商法典并存,从中世纪末期欧洲大陆国家的情况看,商法法典化的起步一般要早于民法的法典化;民法与商法的地位和效力存在差异,民法是普通私法,是调整平等主体之间的人身关系和财产关系的基本私法,而商法属于民事特别法。民法与商法的关系,是普通法与特别法的关系。民法的原则和精神适用于商法,但在对商事关系进行调整时,商法优先于民法适用。

民商分立以民法典和商法典的分立为显著标志,近代大陆法系国家的法典化成就对民商分立具有划时代的意义。民商分立现象是近代法典化运动的产物。法典化运动是大陆法系国家近代法律制度发展史上的特有现象。在法典化运动中,民法典的诞生具有深远的历史意义。

**二、民商合一**

民商合一是指民法和商法的统一。瑞士是首先采用民商合一立法体例的现代国家,意大利紧随其后也采纳了民商合一的立法体例。此外,泰国、匈牙利、南斯拉夫、俄罗斯等国也相继采取民商合一制。民商合一是世界各国民法典编纂的潮流。

民商合一制的产生有着深厚的制度和经济根源。自罗马法以来的私法体系中,民法具有基础地位和核心作用,并形成了特有的扩张性和包容性。作为民法起源的罗马法,对中世纪以后的法律学说与法典化现象产生了普遍的、深刻的影响。罗马法逐渐变成了所有拉丁民族和日耳曼民族的共同法。在 18、19 世纪的法典化浪潮中,欧洲各国继受了罗马法。民法的基本概念和原理不断适应每一历史时期的经济关系,促进了社会经济的发展。尽管随着时代的变迁,各种具有新内容的人身关系、财产关系不断涌现,但民法的许多基本概念、基本原理具有普遍的适用性,并不断将这些新的关系纳入自己的调整范围。

随着时代的进步和经济关系的变化发展,商法典的内容日益陈旧老化,仅仅通过对商法典本身的改造和修补,已经满足不了经济关系的需要,于是出现了大量的单行商事法规。独立的商法典逐渐支离破碎,丧失了与民法典分庭抗礼的力量。在实行民商分立的国家,商法尽管在形式上仍是重要的部门法,但在私法体系中的地位以及对社会关系的调整力度已经不断衰减。"民法法系的现代趋势是朝着法典统一,包括商法典和民法典统一方向发展。"①

### 三、我国民法与商法的关系

我国商法仅在20世纪初叶昙花一现。为适应民族私营工商业发展的需要,清政府于1904年初颁布《钦定大清商律》共140条,包括"商人通例"和"公司律"两部,是为中国近代民商法和企业法的开端;后于1910年编成的《大清商律草案》未及颁行,清朝灭亡。北洋政府于1914年根据《大清商律草案》编纂成《商人通例》和《公司条例》施行。

南京国民政府成立之后,开始编订民商统一法典,于1929年至1930年先后颁布民法总则、债、物权、亲属、继承等五编,以及票据法、公司法、海商法和保险法作为民事特别法,而将有关仓库、运送、承揽运送、行纪、居间、经理人、隐名合伙和交互计算等商事内容直接纳入民法典。1929年,南京中央政府中央政治会议第183次会议决议关于"民商法划一提案审查报告书"中认为,商人在历史上被视为一个特殊阶层,而在民法之外另立商法,是不能将人民平等看待的旧习。从此,商法就不再是一个独立法律部门,而成为一种理念和课程。

1949年之后,我国全面继受了苏联立法和理论,而苏联采民商合一的立法模式。从改革开放之后的民事立法看,《民法通则》《民法总则》和《合同法》均为典型的民商合一的立法,《公司法》《票据法》《保险法》《证券法》和《海商法》等均属民事特别法。民商合一的实质是将民事生活和整个市场所适用的共同规则和共同制度集中规定在民法典之中,而将适用于局部市场或者个别市场的规则,规定在各个民事特别法之中。民商合一并非轻视商法,而是恰好反映了现代市场经济条件下民法与商法的融合,即所谓民法的商事化。民商合一的模式,并不意味着将纷繁复杂的民商法律关系都包容在一部民法典之中,也不意味着实质商法的消灭。

在世界范围的民商立法中,民法的商事化与商法的民事化已成为普遍现象,这种现象使民商法的实质内容出现了融合的趋势,民商法的实际关系并不因为理论界的"分立"或者"合一"主张而发生变化。此外,商事法律规范既可以传统商法典的形式出现,也可以在商法典之外以单行法的形式出现,说明了现代商法规范存在形式上的多样性,也表明了现代民商法的关系已步入一个新的发展阶段。对民商分立与民商合一的理解,不能绝对化。无论是分立还是合一,均不应影响商法规范的存在和发展。

民法的商事化与商法的民事化是指随着民事关系与商事关系的互相渗透或

---

① 〔美〕艾伦·沃森:《民法法系的演变及形成》,李静冰等译,中国政法大学出版社1992年版,第227页。

交融,民法规范吸收了许多商事法律规则和惯例,并将调整范围扩充到商事领域,与此相适应,由于商人特殊地位的消失,商法日益变成适用于平等主体之间的商业交易的法律,从而使得商法规范具有民法规范的特征。当代社会之所以产生民法商事化与商法民事化的现象,最根本的原因在于商事关系与民事关系的传统界限已被打破。随着生产社会化的发展和参与商业交易的主体的非特定性,商业交易的范围已扩展到工业、农业、不动产、有价证券、期货等领域,对这些领域进行调整的法律法规究竟属于商法还是属于民法已很难定论。总之,民商法的内容相互渗透与同化,已成当代私法发展的主流[1],我国也不例外。

我国民商事立法已经充分体现了民商合一的体制,商事审判和仲裁适用民事法律原则和规则进行,表明对民商合一立法体制的确认,如中国人寿保险(集团)公司商品房预售合同纠纷案、中国银行(香港)有限公司担保合同纠纷案及中土工程(香港)有限公司房屋买卖纠纷案。这些商事案例绝大部分为最高人民法院公报案例,其裁判均适用了民法基本原则和规范,充分说明了司法审判实践对民商合一立法体制的确认和执行。

我国民事立法采纳了民商合一的立法例,立法中客观存在着民法的商法化和商法的民事化现象。商事审判在价值取向与审判思路上与民事审判存在重大差异,商事审判侧重于维护交易效率和交易安全,倾向于保护商事主体的经营权利和收益,以维护商事交易秩序和规则,强调审判结果应有利于促进社会经济发展与社会财富增加。例如,在中国农业银行股份有限公司陕县支行保证合同纠纷案[2]中,最高人民法院判决认为,科技公司召开董事会形成决议,符合公司章程"董事会作出决议,须经全体董事的过半数通过"的规定。根据科技公司对外担保公告中披露的情况,担保是在充分考虑到本企业利益和担保事项可能存在的风险后作出的决定。无证据表明签署董事会决议股东受杨某胁迫,故杨某刑事犯罪并不影响涉案保证合同的效力。科技公司为热电公司提供担保出于真实意思表示,该真实意思的形成属公司内部事情,即使董事会和股东会决议被法院确认无效,也仅在科技公司内部发生效力,不影响对外形成的法律关系效力,从而判决科技公司应承担担保责任。该案的判决表明商事审判中更注重当事人行为的外观效力和公示主义,以实现对信赖利益的司法保护。

---

[1] "民法法系的现代趋势是朝着法典统一,包括商法典和民法典统一的方向发展……目前这一趋势最简单的解释是,商法和民法都有相同形式渊源,即它们各自的法典,它们之间历史上存在的鸿沟不太明显了。"〔美〕艾伦·沃森:《民法法系的演变及形成》,李静冰等译,中国政法大学出版社1992年版,第227—228页。

[2] 在中国农业银行股份有限公司陕县支行诉方大炭素新材料科技股份有限公司、三门峡惠能热电有限责任公司、辽宁方大集团实业有限公司保证合同纠纷案(〔2011〕豫法民三初字第001号、〔2012〕民二终字第35号)中,法院裁判摘要认为,根据公司章程规定形成董事会决议并出具担保函,在无其他证据证明其违反意思自治原则的情况下,应认为属于公司真实意思表示,不能因此影响担保合同的效力。

民事审判则强调公平,注重保护权利主体的个人权利和自由利益,关注当事人的意思主义,更倾向于运用利益衡量原则保护弱势群体的权益。例如,在唐凌法定继承纠纷案中,北京市第三中级人民法院判决认为,夫妻之间的约定财产制是夫妻双方通过书面形式,在平等、自愿、意思表示真实的前提下对婚后共有财产归属作出的明确约定。约定充分体现了夫妻真实意愿,是意思自治的结果,应当受到法律尊重和保护。该案判决表明民事审判注重对当事人意思的保护,在婚姻财产纠纷案件中,夫妻之间达成的婚内财产分割协议是双方通过订立契约对采取何种夫妻财产制所作的约定,是双方协商一致对家庭财产进行内部分配的结果,该约定对夫妻双方具有约束力,应当尊重夫妻之间的真实意思表示。

# 第三章 民法的法源与解释

在法院和仲裁机构裁判民事纠纷时,民法法源和民法解释是首先应解决的问题。在处理民事纠纷之前,法院和仲裁机构首先应确立适用的法律(即法源),再按照法律解释规则对所要适用的法律作出解释。

## 第一节 民法的法源

民法法源是法官裁判民事纠纷的法律依据。古代和中世纪实行神灵裁判,当事人不能预测裁判的结果,法律缺乏稳定性和预见性。近代之后,根据三权分立原则,法官裁判案件应当遵循一定的规则。在审理案件时,法官首先应当确定哪些法律规范作为裁判案件的准则,即所谓的法源问题。

### 一、民法法源的概念

法源,是指法的创制形式,也指法律规范的表现形式。① 民法法源,是指民法存在的形式。② 法律以制定法、习惯法、法理和判例等方式存在。法源在法理上的通常分类有成文法与习惯法、制定法与判例法、法理。在不同的历史时期,各种法源具有不同的地位和作用。

(一) 古代罗马法的法源

罗马私法的渊源,在不同历史时期有不同的表现形式。罗马私法法源历经了从一元制到多元制,再到一元制的循环发展过程。

(1) 一元制的法源。在王政时期,罗马私法主要实行一元制的法源。在一元制的法源中,习惯法占主导地位。

(2) 多元制的法源。在共和国时期,罗马私法实行多元制的法源,习惯法与成文法并列,《十二表法》、各种大会的立法以及长官谕令、法学家的解答成为间接的法源。

(3) 一元制的法源。在帝政时期,罗马私法主要实行一元制的法源,皇帝敕

---

① 德国学者认为,法律渊源具有两方面的含义:一是指法律原则的产生原因,二是指适用于全体人类的法本身的表现形式。这两个方面又有密切的联系,法的表现形式是通过其产生原因体现出来的。但是,"法律渊源"的用法是违反语言习惯的,"渊源"是指法律的产生原因,是立法行为。参见〔德〕卡尔·拉伦茨:《德国民法通论》(上册),王晓晔等译,法律出版社 2003 年版,第 10—11 页。

② 参见郑玉波:《民法总则》,中国政法大学出版社 2003 年版,第 19 页。

令几乎是唯一的法源。此外,五大法学家的学说被皇帝赋予了法律效力。

### (二) 近代一元制的法源

近代以来,习惯法在法源中的地位衰落,成文法成为各国法律的基本法源。在继受罗马成文法的基础上,大陆法系国家编纂了民法典,但各国民法在法源的取向上有一元制和多元制之分。一元制法源仅承认制定法即民法典,是民法的唯一法源;多元制法源则既承认制定法是民法的法源,又承认习惯、判例、法理等是民法的法源。

《法国民法典》是一元制法源的代表。《法国民法典》第5条明文规定,法官不得以创设一般规则的方式进行判决,从而排除了民法的其他渊源。这种一元制法源是严格的三权分立和理性主义的产物。三权分立原则将立法权与司法权分立,法官不得拥有立法权,而理性主义则产生了制定法万能的思想,认为立法者能够预见将来一切可能发生的事情,法律无所不包。因此,《法国民法典》作出了一元制法源的选择。

### (三) 现代的多元制法源

19世纪的法哲学为多元制法源的产生奠定了思想基础。历史法学派对自然法理论进行了批判,强调法是民族精神的体现,法学研究的首要任务是对历史上的法律渊源的发掘和阐述,法的本质之源是习惯法。在自然法学派理论逐渐被推翻的同时,历史法学派否定了制定法为法律的唯一渊源的思想,习惯法的法源地位逐渐得到承认。

分析法学派注重现实法律现象的研究,以功利主义哲学为理论基础,以实证研究为基本研究方法,在实在法的基础上进行概念分析、逻辑分析。分析法学则主张法学仅仅是研究法"是"什么,而不是"应当是"什么,即强调法律的实然而不是应然。分析法学的哲学基础是逻辑实证主义,仅注重研究"确实存在"的东西,主张法理学的方法是分析而不是批判,强调对法律概念的分析,通过逻辑推理来确定可适用的法律。分析法学派注重对法律概念和逻辑的分析,强调制定法在法源中的地位。

自然法学派是指以揭示宇宙和谐秩序的自然法为正义标准,强调正义的绝对性,认为真正体现正义的是在国家制定法之外而存在于人类内心的自然法。自然法学派特别重视法律存在的客观基础和价值目标,即人性、理性、正义、自由、平等、秩序,重视对法律的终极价值目标和客观基础的探索。自然法学派主张存在一个实质的法价值,这种法价值是独立于实定法并检验实定法是否有正当性的标准。自然法学派强调人类理性作用,法理成为民法法源。

在制定《德国民法典》和《瑞士民法典》时,严格的三权分立思想逐渐淡化,立法权与司法权之间不存在不可逾越的界限,再加上自由裁量主义的盛行,制定法的局限性得到了普遍的认同,民法渊源的多元制就成为必然。虽然《德国民法典》没有涉及法律渊源问题①,也没有正式授予法官立法权,但是司法判例在实践中历来受到重视,并被公认具有一定的约束力。在《德国民法典》之后,《瑞士民法典》正式确立了制定法、判例法、法理和习惯并存的多元制法源体制。此外,日本、奥地利、荷兰、意大利、土耳其以及泰国等都采纳了多元制的法源。

在一元制法源的国家中,民法的法源并非是一成不变的,《法国民法典》虽然禁止法官享有立法权,但上诉制度使上级法院的判例事实上为下级法院所仿效,因而法院的判例实际上具有一定的约束力。法国立法机构把习惯和法律的一般原则,也视为民法的法源,这表明传统的一元制法源已经不存在。在现代法国民法中,法律、判例、习惯法和学说是民法法源。② 在多元制的法源体制中,习惯、判例和法理等在效力上均不能与制定法相比。只有在成文法没有明文规定的情况下,习惯法才能适用,且不得与法律规定相冲突;判例和法理通常认为仅有说服力,而不能直接援引。可见,大陆法系国家民法的基本法源是以民法典为核心的制定法体系,习惯、判例和法理则是辅助性的法源,借以弥补制定法的不足。

**二、民法法源的表现形式**

我国民法继受了大陆法系民法传统,民法法源与大陆法系民法基本相同,有制定法、习惯法、法理、学说与判例等表现形式。制定法是第一顺位的法源,习惯法是第二顺位的法源,法理是第三顺位的法源,学说与判例则是第四顺位的法源。制定法和习惯法构成我国民法的直接法源,法理、判例和学说在民事活动中的实际地位和作用构成我国民法的间接法源,但《民法典》第10条仅规定了法律和习惯为民法法源。最高人民法院在《民法典》之外确定了判例的效力,从而改变了判例在法源中的地位和作用。

我国台湾地区"民法"明确规定了法源的顺位,即法源的顺位依次为法律、习惯和法理。根据台湾学者的解释,在审理民事案件时,法院首先应适用法律;法律规定不明时,应当以解释的方法确定法律的内容。其次,在法律没有规定时,法院应适用习惯审理民事案件。最后,既无法律也无习惯时,法院应适用法理审理民事案件。③

(一)制定法

在大陆法系国家中,制定法是最重要的法源。民法典是民事制定法的主要

---

① 德国通说认为法只有国家法律和习惯法两种表现形式。这两种表现形式虽然形成的方式不同,却具有相同的价值。法律是通过国家立法机构有意识的立法行为而形成的,习惯法则是通过法律成员对在法律共同体中占主导地位的法律信念的实际贯彻而形成的。参见〔德〕卡尔·拉伦茨:《德国民法通论》(上册),王晓晔等译,法律出版社2003年版,第11页。
② 参见〔法〕雅克·盖斯旦等:《法国民法总论》,陈鹏等译,法律出版社2004年版,第185—500页。
③ 参见施启扬:《民法总则》(第8版),中国法制出版社2010年版,第51页。

表现形式,但除了民法典之外,大陆法系国家通常承认其他民事制定法的形式,包括民事单行法和其他法律中的有关民事法律规范。民事单行法是指立法机构在民法典之外所颁布的涉及民事事务的系统性法律规范。大陆法系国家在民法典之外,颁布的公司法、海商法、保险法、票据法等是民事单行法。我国的情况也大致如此,作为制定法的法源有如下四种表现形式:

(1) 宪法中的民法规范。宪法是现代各国的基本法,在法律体系内具有最高法律效力。我国《宪法》规定的基本权利确保了权利主体的自由与财产免受不法侵害,基本权利体现了一种客观的价值秩序,是立法、行政和司法机构行使职权应遵循的基本规范。[①]《宪法》第13条、第37条、第38条、第39条、第40条有关民事法律的规定是重要民法法源,构成民商事纠纷案的裁判依据。但是在民商事审判实践中,法院很少直接援引宪法规范作为民商事案件的裁判依据处理民商事纠纷。

齐玉苓案是我国首例直接适用《宪法》保护受害人权利的案例,最高人民法院对山东省高级人民法院《关于齐玉苓与陈晓琪、陈克政、山东省济宁市商业学校、山东省滕州市第八中学、山东省滕州市教育委员会姓名权纠纷一案的请示》批复:"根据本案事实,陈晓琪等以侵犯姓名权的手段,侵犯了齐玉苓依据宪法规定所享有的受教育的基本权利,并造成了具体的损害后果,应承担相应的民事责任。"[②]最高人民法院以宪法名义保护公民所享有的受教育基本权利不受侵害,并直接作为裁判案件的法律依据。在齐玉苓公民受教育基本权利纠纷案[③]中,山东省高级人民法院判决陈晓琪等人以侵犯姓名权的手段,侵犯了齐玉苓依据宪法规定所享有的受教育的基本权利,应承担相应的民事责任。一审判决仅确认姓名权受到侵犯,受教育权因齐玉苓放弃而未受到侵犯。二审判决确认两种权利均受到侵犯。二审判决在确认齐玉苓受教育权受侵害时,适用了《宪法》第46条的规定作为依据。只有在普通民事法律规范不能为案件的处理提供明确的法律依据,而宪法又有高度的原则性和概括性规定时,始发生依宪法司法化的要求直接适用宪法规定的问题。

---

[①] 参见王泽鉴:《民法总则》,中国政法大学出版社2001年版,第48页。

[②] 该《批复》已自2008年12月24日起被"停止适用","宪法司法化"受到主流意见的质疑。在2009年的罗彩霞事件中,罗彩霞以姓名权、受教育权被侵害为由起诉王佳俊、王峥嵘等人,但天津法院以管辖权等问题为由不予立案。

[③] 在齐玉苓诉陈晓琪、陈克政、山东省济宁商业学校、山东省滕州市第八中学、山东省滕州市教育委员会以侵犯姓名权的手段侵犯宪法保护的公民受教育的基本权利纠纷案([1999]鲁民终字第258号)中,法院裁判要旨认为,受教育权属于公民一般人格权范畴,是公民丰富和发展自身人格的一项自由权利,并由此可产生一系列相关利益。《宪法》规定公民有受教育的权利和义务,最高人民法院司法解释认为以侵犯姓名权的手段,侵犯其他公民依据宪法规定所享有的受教育的基本权利,并造成了具体的损害后果,应承担相应的民事责任。以冒领录取通知书等手段,冒用他人姓名上学的,在侵犯他人姓名权的同时还构成了对他人受教育权的侵犯,应当承担侵权赔偿责任(2001年最高人民法院公报案例)。

在中国银行成都高新技术产业开发区支行信用卡纠纷案①中,成都高新技术产业开发区法院则依据宪法及相关法律条文,对银行信用卡滞纳金作出予以否定的判决。一方面国家以贷款政策限制民间借款形成高利,另一方面在信用卡借贷领域又形成超越民间借贷限制一倍或者几倍的高额利息②,因而商业银行信用卡的滞纳金违反了《宪法》第33条的法律平等原则。实际上,商业银行向信用卡用户收取高额滞纳金的行为也违反了公序良俗原则。

(2) 民事基本法与民事单行法。民事基本法是民法的主要法源,在大陆法系国家中民法典是民事基本法。民事法规主要来源于民法典,这是大陆法系与英美法系的主要区别。在我国《民法典》处于基本法地位,构成民法的主要法源。

相对于《民法典》来说,民事单行法属于特别法,如《公司法》《保险法》《票据法》《海商法》《企业破产法》等。

(3) 行政法、政府规章和地方性法规中的民事规范。行政法中有许多法律包含民事法律规范,体现了国家对私法关系的干预。基于维护社会公共利益的需要,公权对私权需进行必要的干预。例如,《城市房地产管理法》对土地使用权出让、房地产转让、房地产抵押、房屋出租的规定属于民事法律规范。《土地管理法》《产品质量法》《消费者权益保护法》《城市私有房屋管理条例》《反不正当竞争法》《环境保护法》和《商业银行法》等法律中均有大量的民事法律规范。

根据《宪法》第90条的授权规定,国务院各部委和地方政府有权制定规范性文件,这些机构所发布的规范性文件称为规章。在现行法律体制下,这些规章在不与法律、法规抵触的前提下,具有相当于行政法规的效力。这些政府规章也可能包含民事法律规范,但是地方政府颁布的规章仅在各自的行政区域范围内有效。

根据《宪法》第100条和第116条的规定,省、直辖市的人大及其常委会有权制定地方性法规,民族自治地方的人大有权制定自治条例和单行条例。这些地方性法规、自治条例和单行条例中含有一些民事法律规范,这些法规的效力等级高于政府规章,低于行政法规,仅在有关区域范围内有效。

(4) 司法解释、国际条约和国际惯例中的民事规范。最高人民法院对民事

---

① 在中国银行成都高新技术产业开发区支行诉沙某某信用卡纠纷案(〔2015〕高新民初字第6730号)中,法院裁判要旨认为,中国人民银行《银行卡业务管理办法》规定的信用卡收取滞纳金及逾期利息,不能任由商业银行脱离法律体系进行解读。商业银行错误将相关职能部门的规定作为自身高利、高息的依据,有违于《合同法》及《商业银行法》的规定,也有违于社会公众对正义与公平的基本理解(违反了《宪法》第33条的法律平等原则)。

② 中国银行成都高新支行在本金、利息及滞纳金的计算上是将前期本息作为本金,该本金每个月产生5%的滞纳金且每日产生万分之五的利息;进入下一个月后上个月的滞纳金、利息计入本金,该本金依然每个月产生5%的滞纳金且每日产生万分之五的利息;依此循环往复,既没有时间限制也没有违约滞纳金的上限。

法律的解释在民法法源中具有相当重要地位,最高人民法院解释和适用法律的意见,其中部分内容具有"司法立法"性质,具有积极的现实意义,弥补了法律的漏洞和不足,对各级法院处理民事案件具有约束力。最高人民法院的司法解释包括关于贯彻执行民事法律的意见、适用法律的解答、就某具体案件如何适用法律的批复等形式。

我国参加的国际条约也是民事法律法源之一。在涉案民商事纠纷案中,对我国参加的国际公约,除我国声明保留的条款外,法院应予优先适用,同时可以参照国际惯例。

《联合国国际货物销售合同公约》《2020 年国际贸易术语解释通则》和《ICC跟单信用证统一惯例》以及世界贸易组织的相关规定,均构成我国民法法源。例如,在中化国际(新加坡)有限公司国际货物买卖合同纠纷案[①]中,最高人民法院判决认为,涉案国际货物买卖合同纠纷的双方当事人营业地分别位于新加坡和德国,而营业地所在国均为《联合国国际货物销售合同公约》的缔约国,且当事人未排除该公约的适用,案件的审理应优先适用公约。对于案件涉及的公约没有规定的问题,如合同效力、所有权转移等问题,则应适用当事人选择的美国纽约州法律。根据《联合国国际货物销售合同公约》的规定,德国克虏伯公司交付的货物与合同约定不符,构成违约,但中化国际(新加坡)能够以合理价格转售货物,不构成公约规定的根本违约情形。江苏省高级人民法院认定德国克虏伯公司的行为构成根本违约并宣告《采购合同》无效,最高人民法院纠正了原审判决。

进入 20 世纪后,致力于协调国际政治和经济关系的国际组织对那些杂乱无章的商人习惯法进行了系统的整理和编纂,如 1933 年国际商会公布了《跟单信用证统一惯例》(UCP),1928~1932 年国际法协会制定了《华沙—牛津规则》,1936 年国际商会制定了《国际贸易术语解释通则》(Incoterms),这是被公认为在国际商事交易中最普遍适用的国际惯例,后历经多次补充和修订,日益完善。

### (二) 习惯法

习惯法,是指在当代社会中反复适用并经国家认可具有法律效力的行为规

---

[①] 在中化国际(新加坡)有限公司诉蒂森克虏伯冶金产品有限责任公司国际货物买卖合同纠纷案(〔2009〕苏民三初字第 0004 号、〔2013〕民四终字第 35 号)中,法院裁判摘要认为:(1)关于准据法的适用问题。涉案国际货物买卖合同纠纷的双方当事人营业地分别位于新加坡和德国,当事人在合同中约定适用美国法律。新加坡、德国、美国均为《联合国国际货物销售合同公约》缔约国,当事人未排除公约的适用,案件的审理应首先适用《联合国国际货物销售合同公约》。对于审理案件中涉及的问题公约没有规定的,如合同效力问题、所有权转移问题,应当适用当事人选择的美国法律。(2)《联合国国际货物销售合同公约》对根本性违约的认定问题。在国际货物买卖合同中,卖方交付的货物虽然存在缺陷,但只要买方能够使用货物或转售货物,甚至打些折扣,质量不符不应视为构成《联合国国际货物销售合同公约》规定的根本违约的情形(2015 年最高人民法院公报案例、指导案例 107 号)。

范。在大陆法系各国法律中,习惯法是仅次于制定法的法源。①《民法典》第10条明确了习惯法的法源地位,其效力仅次于法律。习惯与习惯法有无区别,学说不一。实际上两者之间的差异是显而易见的:习惯是事实,习惯法则是法律;习惯是在社会上通行的,习惯法则是为国家所认可的;习惯必须由当事人援用,习惯法则由法官依职权适用。

习惯是独立于国家制定法之外,在某种社会权威和社会组织中逐渐形成的,具有一定强制力的行为规范。习惯可以分为全社会习惯和特定社会阶层习惯。习惯是民法的最初形式,在制定法出现之前,人类社会长期处于习惯法时代。习惯法直接来源于社会,反映了社会现实的需要,具有客观性;制定法体现了统治阶级的立法政策,具有较大的主观性。19世纪德国历史法学派的创始人萨维尼(Friedrich Carl von Savigny)对习惯法推崇备至,认为法律是一种文化现象,只有在民族精神中才可以发现法律,法律本质上来源于习惯法。以萨维尼为代表的历史法学派强烈地反对制定法,认为制定法割断了与真正法的联系。虽然萨维尼在德国影响巨大,曾经一度阻止了《德国民法典》的编纂,但是习惯法在德国仍然不是正式的法源。在瑞士,《瑞士民法典》中第一次规定习惯法为民法的法源,具有补充制定法的效力。此后,其他国家民法典也纷纷将习惯法作为正式的民法法源。

习惯法的构成应满足客观和主观两个方面的要件:在客观方面,习惯应在社会上经过一定时期的反复适用;在主观方面,习惯应当获得法的确信,具有法律约束力,成为大家共同遵守的行为规范。仅在达到法律的确信程度时,习惯才具有法律约束力,成为具有补充效力的习惯法。

实际上,我国法律和司法实践一直有采纳习惯作为补充制定法不足的做法。20世纪80年代末,最高人民法院以司法解释的形式承认了典权。自21世纪以来,最高人民法院以判例方式明确肯定了交易习惯的地位和效力,如在曾意龙拍卖纠纷案②中,最高人民法院以拍卖师的行为违反拍卖行业惯例为由判决拍卖行为无效。涉案金马公司拍卖师在2670万元价位上落槌前,既没有向全体竞买人公开报价,也没有进行三次报价,违反了拍卖活动的法定程序和拍卖法公开、公正的基本原则,拍卖师落槌行为属于无效承诺。"三声报价法"是拍卖行业的惯例,涉案拍卖活动一开始就采取这种报价方法,并为包括曾意龙在内的全体竞买人所接受。虽然法律、拍卖规则对这种报价方式没有规定,但拍卖行业惯例在

---

① "在许多社会惯行之中,有为一般人确信其必须遵从而具有法的效力者,谓之习惯法。"王伯琦:《民法总则》(第8版),台湾编译馆1979年版,第5页。

② 在曾意龙诉江西金马拍卖有限公司拍卖纠纷案([2004]赣民一初字第4号、[2005]民一终字第43号)中,法院裁判摘要认为,根据《合同法》《拍卖法》的有关规定,拍卖是以公开竞价形式,将特定物品或者财产权利转让给最高应价者的买卖方式,拍卖活动必须遵守法律规定和行业惯例,必须符合公平、公正的原则。在拍卖活动中,拍卖师的拍卖行为违反法律规定和行业习惯做法,侵害有关竞买人合法权益的,应认定拍卖行为无效(2006年最高人民法院公报案例)。

具体的商事活动中被各方当事人所认同,即具有法律上的约束力,参与拍卖活动的当事人必须遵守。金马公司拍卖师在 2670 万元报价时未报价三次,违反了拍卖活动中的程序性规定,也侵害了其他竞买人的权利。

在《民法典》颁布之前,我国基本民事立法逐步承认和肯定了习惯法的法源地位,主要表现在《合同法》和《物权法》。《合同法》第 22 条、第 26 条、第 60 条、第 61 条、第 92 条、第 125 条、第 136 条、第 293 条以及第 368 条等九个条文中承认了交易习惯,肯定了交易习惯在合同中的地位和作用,《合同法司法解释(二)》第 7 条的规定又进一步明确了交易习惯对法律和行政法规的补充地位。

《物权法》明确肯定了习惯法的法源地位。根据《物权法》第 85 条的规定,在处理相邻关系时法律有规定的,从其规定;法律没有规定的,按照当地习惯处理。

在前述立法的基础上,《民法总则》肯定了习惯法的法源地位,《民法典》沿袭了《民法总则》的规定,涉习惯的有第 10 条、第 140 条、第 142 条、第 289 条、第 321 条、第 480 条、第 484 条、第 509 条、第 510 条、第 515 条、第 558 条、第 599 条、第 622 条、第 680 条、第 814 条、第 888 条、第 891 条、第 1015 条等 18 个条款。

(三) 法理

法理,是指从法律精神中演绎出来的一般法律原则,即法律的原理。[①] 法理与条理、自然法、通常的法律原理是一个事物的不同称谓而已。[②] "法理"在日本法中称为"条理",在奥地利法中称为"自然的法原理",在意大利法中称为"法的一般原则"。法理是一个极为抽象、又不确定的法律概念,且具有浓郁的法哲学意义。法理并未成为我国《民法典》直接规定的法源,因而法理并非我国的正式法源,但民商事审判实践却将法理作为民法法源。例如,在王军抵押合同纠纷案[③]中,北京市第三中级人民法院判决认为,审理案件以法理为基,以规范为据。案件的法律适用涉及对《物权法》第 202 条的理解,且与当事人的诉求和抗辩直接相关,从而法院提出以法理为基,以规范为据,认为在法律已设定行使期限(在主债权诉讼时效期间),而抵押权人仍长期怠于行使抵押权时,法律没有特别加以保护的必要,故抵押权消灭,抵押人请求解除抵押登记的请求应予支持。最高人民法院将以法理为民法法源的判决案件作为公报案例公布,表明了最高人民法院对法理作为民法法源的态度。

法理的作用在于弥补法律以及习惯法的不足,赋予法官立法权,使法官处于

---

[①] "法理者,为谋社会共同生活,事务不可不然之情理也。"王伯琦:《民法总则》(第 8 版),台湾编译馆 1979 年版,第 6 页。"……法理,乃多数人所承认之共同生活的原理也。例如,正义、衡平,及利益较量等自然法的根本原理是。"郑玉波:《民法总论》,中国政法大学出版社 2003 年版,第 57 页。

[②] 参见王泽鉴:《民法总则》,中国政法大学出版社 2001 年版,第 60 页。

[③] 在王军诉李睿抵押合同纠纷案(〔2015〕通民(商)初字第 23906 号、〔2016〕京 03 民终 8680 号)中,法院裁判摘要认为,抵押权人在主债权诉讼时效期间未行使抵押权的,将导致抵押权消灭,而非胜诉权的丧失。抵押权消灭后,抵押人要求解除抵押登记的,法院应当支持(2017 年最高人民法院公报案例)。

立法者的地位,寻求解决案件应适用的规则,以实现公平与正义,调和社会生活中相互对立的利益冲突,维护社会稳定,促进交易发展。法理之所以被援用是因为法律存在漏洞,即使制定法和习惯法非常完备,还是难以满足社会经济和生活发展的需要,而法院又不能以没有法律规定为由拒绝受理当事人之间的纠纷。①对当事人纠纷的裁判既是法官的权利,又是法官的义务,而这项义务不能因当事人的纠纷缺乏相应的法律规定而得以免除。因此,法官只有通过援引法理才能使当事人的权利得以救济。

法院在确定法理的内容时,首先,在具体参考方面有国外立法例、学说论著、教科书、法院判决等;其次,在抽象的衡量方面应遵循公平正义原则、公序良俗原则、诚信原则的要求,平衡当事人之间的利益关系,维护法律的稳定性和交易安全。

按照我国现行的法律,法理并没有拘束力。从这个意义上说,法理并不构成我国民法法源。但是有权解释机关在对民事法律进行解释以及法官在裁判案件时遇到法律没有明文规定的情况下,通常以法理作为解释和裁判依据,通过解释或者裁判,法理获得了法律约束力。例如,在中誉电子(上海)有限公司侵犯实用新型专利权纠纷案②中,最高人民法院提审认为,判决不得违反禁止反悔原则的法理基础。禁止反悔原则的法理基础是诚实信用原则,要求权利主体信守承诺,不得损害善意第三人对承诺的合理信赖或者正当期待,以衡平权利自由行使所可能带来的失衡。只有权利要求、说明书修改或者意见陈述等形式,才有可能产生技术方案的放弃,是适用禁止反悔原则的条件。最高人民法院再审判决认为,二审认定九鹰公司不构成对涉案专利的侵犯,是适用法律错误,从而撤销了一审和二审法院的判决。因此,有权机关的解释或者法官的裁判作为依据的法理成为我国民法的事实法源。

(四) 学说与判例

学说,是指学者对制定法的论述、对习惯法的认知以及法理的探求所表现出

---

① 《法国民法典》第 4 条规定:"审判员借口没有法律或者法律不明确、不完备而拒绝受理的,得依据拒绝审判罪追诉之。"

② 在中誉电子(上海)有限公司诉上海九鹰电子科技有限公司侵犯实用新型专利权纠纷案([2009]沪二中民五(知)初字第 167 号、[2010]沪高民三(知)终字第 53 号、[2011]民提字第 306 号)中,法院裁判摘要认为,禁止反悔原则适用于导致专利权保护范围缩小的修改或者陈述,由此所放弃的技术方案不应再被纳入专利权的保护范围,该放弃通常是专利权人通过修改或意见陈述进行的自我放弃。但是,如果独立权利要求被宣告无效而在其从属权利要求的基础上维持专利权有效,且专利权人未曾作上述自我放弃,则应充分注意专利权人未自我放弃的情形,严格把握放弃的认定条件。如果该从属权利要求中的附加技术特征未被该独立权利要求所概括,则因该附加技术特征没有原始的参照,故不能推定该附加技术特征之外的技术方案已被全部放弃(2012 年最高人民法院公报案例)。

来的系统化的理论和观点。① 学说通常体现在各种法学论著、教材和各种汇编之中,是对实体法进行的解释和系统化论述。学说的基础是权威,学说通过权威而发挥作用。虽然学说仅代表学者个人观点,不具有直接的拘束力,但是在成文法国家,学说居于领导地位,对一国民法的创建、发展和完善具有重大意义。② 关于某一法律问题,学者见解一致的,在多数情况下,将为法院裁判所采纳;学者意见不一致时,一般采纳多数意见。近年来,我国各级法院在遇到疑难民事案件时,通常会征求民法学者的意见,并作为判决依据和参考。例如,在安徽省华皖通信有限公司诉安徽宏图三胞科技发展有限公司买卖合同纠纷案(〔2013〕玄商初字第580号)中,南京市玄武区人民法院判决采纳了三位学者的观点。③ 案件判决突破成文法的局限性,援引学者观点进行说理,以增强论证说服力,展示了司法实践对法学理论的检验和评价。

学说的法源地位主要表现在三个方面:一是进行民事立法时,权威著作的观点和专家意见直接成为立法的依据;二是进行法律解释时,学说成为解释法律的依据;三是进行法律适用时,法官不自觉地将大学法学教育所接受的学说运用到民事司法审判实践中。因此,学说成为我国民法的间接法源。

在英美法系国家,法院的每一个判决均属法律的创制,上级法院判例对下级法院具有约束力,同级法院判例仅具有说服力,本院判决对以后判决具有约束力。在大陆法系国家,法官原则上仅受法律约束,法院的个案判决并无约束力。法官判决仅为个案创制法律,法官的任务本在于法律的具体化及其运用,其他法官不受约束,即使其他法院自愿接受这种法律的具体化及其运用,仍然不可能创制具有普遍约束力的法律规则。然而,"法院对法律的完善与发展,具有决定性的影响力。诚然,创设法律规范并付诸适用,并不是法院的任务,而是立法机关的任务"④。

在适用法律时,法官必须对法律进行解释。法官不仅有解释法律的权利,也有解释法律的义务。⑤ 如果法官发现法律有"漏洞",则必须填补法律漏洞。法官适用法律的过程,也就是法官发现法律的过程。虽然法院对法律的解释和补充,仅对已经作出判决的具体个案具有直接的"法律"效力,其他任何法院均没有义务在处理另一个案件时对法律作出相同的解释,但是如果其他法院认为这种解释或者补充是正确的,可能就会遵循这种解释或者补充,因为这样做有利于法

---

① "学说是法的一种渊源。"〔法〕雅克·盖斯旦等:《法国民法总论》,陈鹏等译,法律出版社2004年版,第503页。
② 同上书,第8—9页。
③ 载http://www.njxwfy.gov.cn/www/xwfy/fydt2_mb_a39141219559.htm,2016年6月10日访问。
④ 〔德〕卡尔·拉伦茨:《德国民法通论》(上册),王晓晔等译,法律出版社2003年版,第14页。
⑤ 参见〔法〕雅克·盖斯旦等:《法国民法总论》,陈鹏等译,法律出版社2004年版,第412页。

律的连续性和稳定性。通过这种方式,大陆法系国家也可能形成事实上"具有约束力"的判例,且法院事实上也遵循这些判例,尽管在法律上判例没有任何约束力。最高人民法院定期公布全国各地各级法院的典型案例,这些案例所包含的某种规则被交易实践和司法实践所接纳,且这种规则达到法的确信程度,为社会所普遍遵循。人们遵循这种规则并非担心败诉的风险,而是确信这种规则已经合乎法律的内在要求。此外,上诉制度的存在使上级法院的判例也对下级法院的判决构成一种事实上的约束力。

我国现行法律没有规定判例的效力,判例在法律上没有约束力,但由于前述原因,而且最高人民法院从1985年开始定期公布全国各地各级法院的典型案例,这些案例具有典型性、真实性、公正性和权威性,结合我国司法审判制度以及司法审判人员对案件判决结果所承担的责任,判例在我国民事审判实践中具有事实上的约束力,从而成为我国民法的事实法源。

2010年案例指导制度的建立,表明判例制度在我国司法审判实务中又有了进一步的发展。2011年最高人民法院发布了第一批指导性案例,到2020年年初最高人民法院发布了第24批指导性案例。案例指导制度旨在通过要求各级法院审判类似案件时参照指导性案例,为"抽象到具体"的法律适用过程,增加"具体到具体"的事实参照,确保法律统一适用,提高审判质量,维护司法公正。但是,案例指导制度的实际运行,并未达到制度设计的初衷[①]。增强指导性案例的内在说服力,是案例指导制度的生命力所在。赋予指导性案例必要的外在拘束力,是维系案例制度运行的必要条件。指导性案例真正具有"指导性"的并非是判决书中的具体论述,而是案例背后所蕴含的裁判方法、法律思维、司法理念及法治精神。

2020年发布的《最高人民法院关于统一法律适用加强类案检索的指导意见(试行)》实行的类案检索制度,借鉴了英美法系的判例制度,确立了先前判例的效力——最高人民法院判例、上级法院判例和本院先前判例的约束力。最高人民法院确立的类案检索范围为:最高人民法院发布的指导性案例;最高人民法院发布的典型案例及裁判生效的案件;本省(自治区、直辖市)高级人民法院发布的参考性案例及裁判生效的案件;上一级人民法院及本院裁判生效的案件。类案检索制度确立了指导案例、公报案例、上级法院案例以及本院生效案例的效力,法院应当参照类案作出裁判。类案检索制度实际上直接肯定了判例的法源地位,确认了实施多年的指导案例和公报案例的法律效力,并强调了指导案例和公

---

[①] 指导性案例在实践运行中呈现出对制度设计初衷的"背离":不仅案例较少被适用,即便适用也大多是"隐含式适用"。隐含式适用表现出法官对案例指导制度缺乏应有的制度自信,担心适用指导性案例会产生不利于己的后果。所谓隐含式适用,是指不在裁判文书中直接写明指导性案例,而在审理报告、审委会汇报等环节中适用指导性案例。

报案例的优先效力。

判例和学说两者有相同之处,也有明显的区别。判例是公权力机关(司法审判机关)对个案、特定事件所作出的认知、探求,而学说则是私人(学者)对法律、习惯的法理的整体所作出的系统的认知、探求。①

## 第二节 民法的适用

民法的适用,是指法院和仲裁机构运用民法规范处理各种纠纷的活动。大陆法系国家继受了罗马法的传统,民法具有法典化、系统化的特点。中世纪的注释法学家将经院主义方法,运用到罗马法的研究上,通过运用辩证与逻辑方法,发掘、整理了罗马法,使罗马法形成了由规范群构成的制度,各项制度有机合理地结合在一起,形成了一个完整的私法体系。

大陆法系民法继受了罗马法的逻辑性结构,通过理性思维构建出了法典化的法律体系。在这种法律体系下,法律的适用是以现成的法律规范为依据,对具体案件作出判决,因而法律适用方法体现为逻辑思维方法。这种方法为由大前提、小前提到结论的三段论的推理。大前提即为法律规范,小前提即为案件具体事实,结论即为判决意见。

法律适用的关键是寻找和援用适当的法律规范,而民法规范是一个复杂的规范体系,相互间有一个严密的结构。在适用民法上,由具体规定到一般规定,由法典的总则规定到分则的规定,仅在没有具体规定时,才适用一般原则。民法的适用应当遵循特别法优于普通法、强行法优于任意法、例外规定排除一般规定和具体条款优于一般性条款等四个基本原则。

(1)特别法优于普通法。规范一般事项的为普通法,规范特别事项的为特别法。例如,我国《民法典》是关于一般法律关系的规定,为普通法,相对于《民法典》,其他法律规则是特别法。就主体规范而言,《民法典》关于自然人、法人的规定是普通法,而其他法律如《公司法》《合伙企业法》和《个人独资企业法》等关于主体的规定即为特别法。在特别法的规定与普通法的规定不同时,应适用特别法的规定。例如,在浙江隆达不锈钢有限公司海上货物运输合同纠纷案②中,最

---

① 参见王伯琦:《民法总则》(第8版),台湾编译馆1979年版,第8页。
② 在浙江隆达不锈钢有限公司诉A.P.穆勒—马士基有限公司海上货物运输合同纠纷案([2015]甬海法商初字第534号、[2016]浙民终222号、[2017]最高法民再412号)中,法院裁判要点认为,在海上货物运输合同中,依据《合同法》第308条的规定,承运人将货物交付收货人之前,托运人享有要求变更运输合同的权利,但双方当事人仍要遵循《合同法》第5条规定的公平原则确定各方的权利和义务。托运人行使此项权利时,承运人也可相应行使一定的抗辩权。如果变更海上货物运输合同难以实现或者将严重影响承运人正常营运,承运人可以拒绝托运人改港或者退运的请求,但应当及时通知托运人不能变更的原因(指导案例108号)。

高人民法院判决指出,《合同法》与《海商法》有关调整海上运输关系、船舶关系的规定属于普通法与特别法的关系。根据《海商法》第 89 条的规定,船舶在装货港开航前,托运人可以要求解除合同。隆达公司在涉案货物海上运输途中请求承运人进行退运或者改港,因《海商法》未就航程中托运人要求变更运输合同的权利进行规定,从而适用《合同法》第 308 条关于托运人要求变更运输合同权利的规定。基于特别法优先适用于普通法的法律适用基本原则,《合同法》第 308 条规定的是一般运输合同,该条规定在适用于海上货物运输合同的情况下,应该受到海商法基本价值取向及强制性规定的限制。托运人依据《合同法》第 308 条主张变更运输合同的权利不得致使海上货物运输合同中各方当事人利益显失公平,也不得使承运人违反对其他托运人承担的安排合理航线等义务,或者剥夺承运人关于履行海上货物运输合同变更事项的相应抗辩权。

(2) 强行法优于任意法。强行法与任意法是从法律规则效力的强弱程度上来区分的。强行法是人们必须遵守、不得以个人意思排除适用的民法规范,限制了私法自治。任意法是指人们可以自由选择的规则,当事人可以自己的意思排除适用。任意法的功能在于补充当事人的意思,当事人没有排除适用的,仍然具有"强制性"而应适用。在《民法典》中,大多数规范属于任意性规范,如合同规范。但有些属于强行性规范,如身份和物权的规范。强行法实际上是对个人意思自由的限制,是为保护社会公共利益和维护社会正义、公平所作出的规定,当事人不得排除强行法的适用。因此,在民法的适用上,强行法优于任意法。

(3) 例外规定排除一般规定。法律规定有一般规定和例外规定之分。一般规定是指适用于普通情形的规则,例外规定是指适合于特殊情形的规则。对于某一事项,民法既有一般规定又有例外规定时,法律适用属于例外情形的,应当适用例外规定而不能适用一般规定。例外规定和一般规定的关系仅发生在同一法律中,即一部法律对一个问题有两种不同的规则,产生了例外规定优先适用的问题。两部法律对同一问题确立了两种不同的规则的,则属于普通法和特别法的关系。

(4) 具体条款优于一般性条款。法律条款有具体条款和一般性条款之分。具体条款明确规定某种事实状态所发生的法律效果,绝大多数法律条款属于具体条款。一般性条款(又称为弹性条款)不具体规定某种事实状态发生的法律效果,是原则性规定。例如,我国《民法典》第 3 条、第 4 条、第 5 条、第 6 条、第 7 条和第 8 条之规定。在适用民法规范时,对于某一事项法律有具体规定的,应当适用具体规定而不能直接适用一般性条款;只有在法律没有具体规定时,才可以直接适用一般性条款。

以上四个民法的适用原则,适用于不同的情形。特别法优于普通法主要是解决两部不同法律的适用问题,即选择适用其中的一部法律;强行法优于任意法主要是解决法律规则效力的强弱问题;例外规定排除一般规定和具体条款优于一般性条款主要是解决同一部法律中不同法律规范的适用问题,即在一部法律中选择适用不同的法律规范。

## 第三节 民法的解释

探求各种民法法源的真实含义,确定民法内容的工作即为民法解释。民法解释是民法适用的前提,民法解释是围绕民法适用展开的,涉及民法解释的意义和方法。

### 一、民法解释的意义

民法的解释,是指在适用民法时一旦发生疑义,必须探求法条的真实含义,以确保法律的正确适用。不成文的习惯法和判例法,当然有解释的必要,如确认习惯的内容,判断习惯是否具有法的确信程度,是习惯法的解释;从各个判决所包含的内在合理性中,推导出一般法律规则,是判例法的解释。然而,制定法的解释要比习惯法和判例法的解释更重要,且还有很大的难度。

制定法是以法条的形式出现的,语言是法条表现的手段,而语言并非尽善尽美,表面看似意思清晰明了,然而一旦适用于某种具体的事实中,就可能出现含糊不清、模棱两可的情形。如果不对法律进行适当的解释,法律就无法适用。法条以抽象的表现为常态,一定的具体事实是否包含在特定的法条之中常常会产生疑问,即使法条规定得非常严密、细致,仍然有解释法条的必要。所以,在民法的适用中,首先应明确作为大前提的法条的意义、内容,其次确认作为小前提的具体事实,最后将法条适用到具体事实之中。此外,在立法过程中,立法者可能因表述不当,使用了过宽或者过窄的概念,或者存在遗漏,导致出现了法律应当规定却没有明文规定的情形。即使在法律制定时,法律规范是非常完善、不存在缺漏的,但是随着社会经济的发展,法律的圆满状态也可能发生变化,以致出现缺漏。

无论立法者多么高明,法律条文也不可能涵盖一切行为准则,不可能覆盖一切具体案件。换言之,法律本身的天然局限性即为法律解释学的根源。反过来说,法律只有通过解释来发现、补充和修正,才能保持其社会适应性。

### 二、民法解释方法论的演变

关于法律解释目的,有主观说和客观说两种。[①] 主观说认为,法律的解释是

---

[①] 参见〔德〕卡尔·拉伦茨:《法学方法论》,陈爱娥译,商务印书馆 2003 年版,第 197 页。

为探求立法者的意思；客观说认为，法律解释是为阐释法律本身涵盖的意蕴。在20世纪之前，主观说在法律解释中占主导地位；在20世纪之后，客观说在法律解释中占主导地位。无论是主观说还是客观说，均有合理的部分，但不能全部接受。

法律解释的最终目标只能是探求法律在现行法律秩序中的规范性意义，它必须同时包含立法者的意思与法律规范本身的意义，只有这样才能正确理解法律在法秩序上的标准意义。这种意义是一个思考的过程，这个过程中所有的因素，即主观的与客观的因素均须列入思考的范围。①

（一）古代法律解释方法论

法律解释可以追溯到古代罗马法。早在公元前2世纪末，希腊哲学、辩论术就促进了罗马法解释的发展。此外，希腊的自然法理论通过万民法为罗马法学者所接受，成为法律解释的准则，罗马法的古典时期是罗马法解释的全盛时期，罗马皇帝奥古斯都赋予某些学者法律问题解答权，确立了这些学者的权威地位，对罗马法的解释产生了重大的影响。罗马法的法律解释方法受到希腊修辞学的影响。到了中世纪，在罗马法复兴时期，法律解释的发展分为以下三个阶段：

（1）注释法学派时期（1100—1250）。注释法学派是以经院哲学为理论基础，运用逻辑方法，在罗马法典籍旁边或者行间进行注释，通过对《民法大全》等典籍法条的解释，使罗马法满足了当时社会发展的需要。

（2）后期注释法学派时期（1250—1400）。后期注释法学派，又称为评论法学派，研究方法主要是辩证推理、逻辑推理、分类评注、三段论法和二难推理等，试图把法理的阐释与实际运用结合起来，从罗马法的法理中提炼出适合于当时社会需要的法律。通过后期注释法学派的努力，法律解释学成为独立的学问。

（3）人文主义法学派时期（1400—1600）。人文主义法学派力求准确地探求罗马法的原意，恢复罗马法的全貌；试图通过对真正罗马法的综合、归纳，注入人文主义的精髓，建立一个完整、系统、科学的法律体系。

（二）近代法律解释方法论

到了17、18世纪，自然法学派取代了人文主义法学派，为近代民法典的编纂提供了理论基础，但是民法典的颁布却宣告了自然法学派历史使命的完成，并培育了实证主义法学。实证主义法学认为，以法典为表现形式的法律规范是自然法的体现，法典之外不再有法源，法典是法律的唯一法源。法官在适用法律时应排除法律之外的任何其他因素，必要时可以探求立法者的立法意图，由此形成了近代的注释法学派。

19世纪后期占主导地位的注释学派信奉法典万能主义，强调注释必须严格

---

① 参见〔德〕卡尔·拉伦茨：《法学方法论》，陈爱娥译，商务印书馆2003年版，第199页。

忠实于法典条文。德国的萨维尼宣称，法律解释学的任务无非是合乎逻辑的"概念计算"。由于深受自然法和日耳曼普通法的影响，德国在民法典颁布之后开始盛行概念法学，认为法律的适用是将社会生活现象归纳到法律概念中，并使法律概念完全确定。由个别法律概念形成了整体法律概念，进而形成了私法体系。概念法学根据三权分立原则，认为法官的职责是宣告立法者的意思，"法官仅为法律宣言之自动机器"[①]。

(三) 现代法律解释学方法论

概念法学的代表人物耶林的理论从主观说向客观说的转变，反映了法律解释学方法论的发展。在早期《罗马法的精神》（1858年）一文中，耶林对正统的德国法学"概念计算"技术推崇备至。1870年之后，耶林开始公然对概念法学提出挑战，主张克服形式主义解释的弊端，根据功利的要求自由地进行社会利益的衡量和调整。在耶林理论的影响下，19世纪和20世纪之交的欧洲，出现了自由法学运动，要求打破概念法学的禁锢，弹性地解释法律，承认成文法存在漏洞，发挥法官的能动性。自由法学运动在欧洲各国表现为不同的思想流派，这些思想流派的共同点在于允许法院不仅仅适用法律条文，而且可以根据社会上的各种利益要求和国家的实质性判断，从现实中归纳和创造出法律规范，承认判例作为法源的地位和作用。

在司法审判和法律解释的过程中，会不可避免地出现主观的价值判断。当代社会日新月异、复杂多变，普适性法律的领域日渐缩小，而随机应变判断的需要却日渐增强，法律不可能具有完全的可预测性，因而很少还有人坚持法官要机械地适用法律。但是，法律之所以为法律就在于它能一视同仁地给社会提供合理预期，具有稳定性和可预见性。在万变之中确立不变的规范根据、防止具体判断的主观性流于恣意。基于这个前提，某种相对的可预测性或者实质上的客观性就会继续成为人们追求的制度化目标。

在承认法律决定具有主观性之后，实用法学展现出了两种不同的发展方向。一种方向是在客观性和科学性的统一的理论前提下，通过经验科学的素材、方法来保障和加强审判的客观性（法律解释学的内部视角）以及通过先例、现象的分析来预测判决结果（法律解释学的外部视角）的尝试。另一种方向是在承认主观价值判断和保持演绎思维结构的同时，通过对于各种价值判断的先后、轻重、优劣进行科学的理由论证和交换计算，来实现法律决定的客观性、妥当性的尝试，试图从外部为法律解释提供具有确定性的根据。

---

[①] 史尚宽:《民法总论》，中国政法大学出版社2000年版，第47页。在孟德斯鸠看来，法官是"无生命的存在物"，在不增减法律的内涵和力度的条件下机械地复述法言法语。

### 三、民法解释的方法

民法解释通常为广义的民法解释,包括狭义的民法解释、价值补充以及漏洞补充三方面的含义。狭义的民法解释是指探求民法法条的含义。民法解释的方式多种多样,立法机构、司法机构、学者、当事人等均可对民法规范作出解释。价值补充是介于狭义民法解释与漏洞补充之间,对不确定的法律概念以及概括条款的一种解释方法。民法上有些概念赋予法官自由裁量权,如显失公平之类的概念属于不确定的法律概念,而诚实信用、禁止权利滥用等则属于概括条款。漏洞补充是指法律应当规定的事项,由于立法者的疏忽、未预见或者情况的变更而没有规定,从而产生了法律漏洞,应当由法官予以补充。因此,法律规定不明确,应属于法律解释问题,而法律存在漏洞,则属于补充问题。

在法律适用中,法律解释是为探求法律的准确含义以正确地适用法律。不能放任解释者对法律任意解释,而必须按照一定的规则或者方法对法律作出准确的解释。为此,在法学和司法实践中,法律解释逐步形成了一些公认的方法。

（一）文义解释

文义解释,是指应当按照一般语言习惯或者立法者的用语习惯,来探求一个法律条文用语的文义。任何一种法律解释,均始于文义解释。作为社会生活规范的法律是为全体社会成员制定的,需以一般语言习惯来解释。如果法律上的意义不同于一般用语,则必须依据立法者的用语习惯作出解释。但是,仅以文义解释通常难以确定法律条文的真实意义,且文义解释容易拘泥于法律条文所使用的文字,导致误解或者曲解法律的真实含义,需要考虑与相关法律条文之间的关系、立法精神、社会状况等因素来确定法律条文的含义,这就产生了论理解释的问题。

（二）论理解释

论理解释,是指按照立法精神,根据各个具体案件,从逻辑上对民法进行解释,即不拘于民法规范的字面含义,也不拘于立法动机,从现时社会关系发展的需要出发,以合理的目的对民法进行的解释。所有的法律条文相互关联、共同构成一个统一体。从整体上把握,可以明确各个条文的真实含义。考察某一法律条文与其他条文之间的关系、在法律体系中的位置、立法的目的等,方能得出法条的真实含义。

论理解释并非从文义的角度对法律条文作出解释,主要适用于法律条文含糊不清、条款之间有冲突、法律没有明文规定或者法律规定不符合社会现实的需要等情况,论理解释分为以下四种具体的解释方法:

（1）扩张解释。扩张解释是指法律规定的文义过窄,不足以表达法律的真意,应当扩张法律文义的意义,力求正确阐释法律文义的内容,以期正确适用法律。

(2) 缩小解释。缩小解释是指法律规定的文义过宽,不符合立法的真意,故缩小范围加以解释,以期正确阐释法律文义的内容。

(3) 反对解释。反对解释是指对于法律所规定的事项作出相反的解释,即按照法律条文所定的结果,来推论反面的结果。反对解释是依照法律规定的命题,推断反方面命题的一种法律解释方法。

(4) 类推解释。类推解释是指对法律没有直接规定的事项,可以选择与其类似事项的规定。由于立法者预见能力的有限和社会的发展变化等因素,导致法律漏洞的不断出现。在民事案件中,法官不得以法律没有规定为由拒绝裁判,可根据法律原则作相应的解释以填补法律漏洞,类推解释便是填补法律漏洞的一种解释方法。

(三) 历史解释

历史解释,是指通过研究有关立法的历史资料或者从新旧法律的对比中了解法律的含义。历史解释的目的在于探求特定的法律概念、术语是如何进入法律条文,特定的法律条文、法律制度是如何进入法律体系中的,立法者的价值基础是什么。在 20 世纪之前,即在主观说盛行时期,历史解释方法在法律解释中曾扮演了重要角色。

(四) 目的解释

目的解释,是指从立法的目的解释法律文义的内容。目的是指原先制定法律时的立法目的,也指该法律在当前社会经济条件下的实际需要;可以指整个法律的目的,还可以指特定法律条文、特定制度的目的。根据目的解释方法,法律解释首先应探求立法者在制定法律时所要达到的目的,在立法目的的指导下,阐释法律文义的内容,以期实现法律的目的。如果因社会关系发生了变化,使原先的立法目的不适应社会发展的需要,应按照自由解释方式,使法律满足社会发展的需要。

## 四、我国民法解释存在的问题

在我国的传统制度中,关于法律解释的技术和学说一直得不到重视和充分的发展。从云梦秦简记载的"法律问答"、汉代的"引经注律"和私家"章句"、魏晋的"集解"一直到唐律的"疏议"、宋代的"书判"、明律的"笺释"以及清代的律例辑注,律令诠释的基本原则是"审名分、忍小理"。所谓"审名分、忍小理",在具体的审判过程中则体现为法官"量事之大小、推情之轻重"的自由裁量权。在中国的历史中,关于法律解释的主流学说的出发点基本上是主观主义,而不是法律决定论。司法的前提条件是对主观性的承认,严格的法律解释技术难以发达。

我国现行的法律解释体制应当是以全国人民代表大会常务委员会为主体,

《宪法》第 67 条赋予了全国人大常委会对法律的解释权,但是全国人大常委会却很少行使法律解释权。从法律解释的数量看,司法解释最多,但《宪法》却未规定司法解释权问题。① 我国的司法解释在制度上高度集权,只有最高人民法院《人身损害赔偿司法解释》和最高人民检察院可以行使司法解释权。民法司法解释主要是由最高人民法院作出的。为规范和完善司法解释工作,最高人民法院制定了司法解释的规则。依据《司法解释工作规定》②,最高人民法院司法解释的依据是《人民法院组织法》和《全国人民代表大会常务委员会关于加强法律解释工作的决议》,司法解释具有法律效力。

司法解释受制于政治制度以及社会环境,长期以来一直只不过是一种政策解释而已。由于以政策性解释为主,最高人民法院在行使司法解释权时通常还采取与没有司法解释权的行政机构联署的方式,结果造成了司法解释权的扩散和法律解释主体的进一步多元化。此外,在司法解释的书面文件中,就个别性问题所作的答复、批示远远多于就普遍性问题所作的通知、意见。这样的法律解释体制使得审判规范的构成十分零碎复杂,内部难免存在许多矛盾和冲突。随着经济的发展和国际化,财产关系日益复杂化,新的法律问题也层出不穷,因而法律解释的内在矛盾更加明显地凸显出来了。最高人民法院解决矛盾,主要有以下两种做法:

(1) 定期废止以前的司法解释。对现有的司法解释进行清理,发现互相抵触的内容则予以修改、补充或者废止。截止到 2020 年 3 月,最高人民法院从 1994 年开始先后颁布了 13 个批次的废止司法解释的决定,以保证法律统一的正确适用。

(2) 新司法解释修改旧司法解释。在进行新的司法解释时附加抵触处理条款,明确规定新解释否定旧解释。最高人民法院将立法技术应用于司法解释之中,通过新解释来修改或者废除旧解释。司法解释实际上是细则化的立法。

在我国改革开放初期,法律法规不健全,立法机关的立法任务繁重,立法不可能非常细致。立法贯彻宜粗不宜细的原则,是可行和必要的。这为司法解释的发展提供了发展空间,司法解释也为我国的法制建设发展和社会经济的发展

---

① 1981 年第五届全国人民代表大会常务委员会第十九次会议通过的《关于加强法律解释工作的决议》第 2 条规定:"凡属于法院审判工作中具体应用法律、法令的问题,由最高人民法院进行解释。凡属于检察院检察工作中具体应用法律、法令的问题,由最高人民检察院进行解释。最高人民法院和最高人民检察院的解释如果有原则性的分歧,报请全国人民代表大会常务委员会解释或决定。"

② 全国人民代表大会常务委员会《关于加强法律解释工作的决议》是在《宪法》之前制定的,而《宪法》并未确认最高人民法院的法律解释权,仅确认全国人大常委会对宪法和法律的解释权,所以以上述决议作为最高人民法院司法解释权的依据是不足的。

发挥了重要的作用。我国社会主义市场经济的法律体系初步建立。我国立法机关应当转换立法理念,彻底抛弃以往宜粗不宜细的原则。从我国民事立法的现状看,立法水平已经有了很大的进步。[①] 司法机关不应在法律颁布之后立即制定司法解释,否则就有越位之嫌。当然,在法律实施之后的一段时间后,最高人民法院根据法律实施中出现的一些问题,出台司法解释也是必要和可行的。因此,最高人民法院也应转换司法解释的理念和方式。

---

[①] "如果立法者的首要目的是维护法律的稳定性和裁判的可预见性,那么,他就会选择抽象概括方法;而也只有在法律科学以其高度发达的抽象能力,有能力向立法者提供必要的一般概念样和表达方式时,立法者才能够选择这种方法。《德国民法典》的制定者既具有这样的目的,又掌握了这样的法律科学。"〔德〕卡尔·拉伦茨:《德国民法通论》(上册),王晓晔等译,法律出版社2003年版,第33页。

# 第四章 法律关系

法律关系是以权利义务为内容的社会关系,由法律关系主体、法律关系客体和法律关系内容三个要素构成,三者缺一不可。法律关系既是民法特有的概念,又是民法的核心概念。法律关系是构建民法制度体系的基础,在权利成为民法核心概念之前,权利依附于法律关系。

## 第一节 法律关系的概念

法律关系是由私法构建的权利义务关系。法律关系概念是民法的一个核心概念[1],也是整个民法逻辑体系构建和展开的基础。[2] 法律关系并非所有法律部门通用的概念和术语,而是私法领域所特有的。我国民事立法创设了民事法律关系的概念,但司法审判实践并未完全采纳这个概念,而是混用法律关系和民事法律关系两个概念[3],一定程度上表明了民事法律关系概念的内在缺陷。

### 一、法律关系的概念

法律关系是法律所确认和调整的社会关系,是权利主体之间基于一定的法律事实所形成的法律上的权利义务关系。私法规范为权利主体设定了不同的权利义务,而这种权利义务关系是由国家强制力保障的。在民商事审判实践中,法律关系的确定是解决民事、商事纠纷的前提和基础,如在洪秀凤房屋买卖合同纠纷案[4]中,最高人民法院判决表明法律关系性质的确认是法院裁判的基础。最高人民法院判决认为,法律关系是民事规范调整社会关系过程中形成的权利主

---

[1] 参见〔德〕卡尔·拉伦茨:《德国民法通论》(上册),王晓晔等译,法律出版社2003年版,第255页。
[2] 参见王利明:《民法总则研究》,中国人民大学出版社2003年版,第174页。
[3] 在成都讯捷通讯连锁有限公司房屋买卖合同纠纷案、郑州国华投资有限公司股权确认纠纷案、苏州工业园区海富投资有限公司增资纠纷案、杨伟鹏商品房买卖合同纠纷案和朱俊芳商品房买卖合同纠纷案中,最高人民法院判决书仅使用"法律关系"的概念。但是,在洪秀凤房屋买卖合同纠纷案和大庆市振富房地产开发有限公司债务纠纷案中,最高人民法院判决书却反复不断地混用"法律关系"和"民事法律关系"。
[4] 在洪秀凤诉昆明安钡佳房地产开发有限公司房屋买卖合同纠纷案(〔2014〕云高民一初字第9号、〔2015〕民一终字第78号)中,法院裁判摘要认为,通过解释确定争议法律关系的性质,应当秉持使争议法律关系项下之权利义务更加清楚,而不是更加模糊的基本价值取向。在没有充分证据佐证当事人之间存在隐藏法律关系且该隐藏法律关系真实并终局地对当事人产生约束力的场合,不宜简单否定既存外化法律关系对当事人真实意思的体现和反映,避免当事人一方不当摆脱既定权利义务约束的结果出现(2016年最高人民法院公报案例)。

体之间的权利义务关系。除基于法律特别规定外,法律关系的产生、变更、消灭,需要通过法律关系参与主体的意思表示一致才能形成。判断权利主体根据法律规范建立一定法律关系时所形成的一致意思表示,目的在于明晰当事人权利义务的边界、内容。合同在性质上属于原始证据、直接证据,应作为确定当事人法律关系性质的逻辑起点和基本依据。此外,通过解释确定争议法律关系的性质,应当秉持使争议法律关系项下之权利义务更加清楚、而不是更加模糊的基本价值取向。在没有充分证据佐证当事人之间存在隐藏法律关系且该隐藏法律关系真实并终局地对当事人产生约束力的场合,不宜简单否定既存外化法律关系对当事人真实意思的体现和反映,避免当事人一方不当摆脱既定权利义务约束的结果出现。如果要否定书面证据所体现的法律关系,并确定当事人之间存在缺乏以书面证据为载体的其他法律关系,必须在证据审核方面给予更为审慎的分析研判。最高人民法院二审认为,云南省高级人民法院一审认定双方当事人一系列行为明显不符合房屋买卖的"交易习惯",当事人之间名为房屋买卖实为借贷法律关系,没有充分的事实及法律依据,也不符合司法解释的规定精神,应予以纠正。

社会关系是由人与自然之间的关系和人与人之间的关系构成的关系体系。人与自然之间的关系是指在认识和改造自然的过程中所形成的人类与自然界的各种关系。人与自然之间的关系,实质上也是人与人之间的关系。人与人之间的关系是指个人、团体和国家相互间形成的各种联系,如经济关系、政治关系、文化关系以及其他关系等。在复杂多样的社会关系中,法律确认和调整的仅为社会关系中的小部分,而其他绝大部分社会关系则由道德、宗教、习俗等社会规范调整。

法律关系仅指由法律调整的社会关系,即具有法律上的权利义务的关系。例如,在杨伟鹏商品房买卖合同纠纷案[①]中,最高人民法院判决以协议内容确定法律关系性质,认为当事人之间是借贷关系而不是房屋买卖关系,只要确认双方当事人就借贷问题达成了合意,且出借方已经实际将款项交付给借款方,即可认定债权债务关系成立[②]。

---

① 在杨伟鹏诉广西嘉美房地产开发有限责任公司商品房买卖合同纠纷案(〔2010〕来民一初字第6号、〔2011〕桂民一终字第18号、〔2013〕民提字第135号)中,法院裁判要旨认为,在当事人一方主张系房屋买卖关系、另一方主张系借贷关系,且双方证据均有缺陷的情况下,应结合双方当事人提交的证据,探究合同签订时双方当事人的真实意思,判断法律关系的性质。在借贷关系成立的前提下,签订房屋买卖合同并办理备案登记的行为,是以房屋所有权转移为手段实现借贷债权担保的目的,符合让与担保这种权利移转型担保的要件,构成让与担保,债权人请求直接取得房屋所有权的主张,违反禁止流质原则,不应支持。

② 朱俊芳商品房买卖合同纠纷案和杨伟鹏商品房买卖合同纠纷案,两个案件的案情和法律关系基本相同,最高人民法院却作出了不同判决。在朱俊芳商品房买卖合同纠纷案中,当事人通过"以房抵债"协议的特殊约定,规避物权法对"流押"的禁止,最高人民法院认可了房屋买卖协议的效力,肯定了商品房买卖和借贷两个法律关系的存在。在杨伟鹏商品房买卖合同纠纷案中,最高人民法院却否认了"以房抵债"协议的效力,仅确认了借贷法律关系的存在。

法律关系确定的依据是当事人的真实意思表示,如在成都讯捷通讯连锁有限公司房屋买卖合同纠纷案中,最高人民法院判决指出:"不能仅凭一份孤立的协议就简单地加以认定,而是应当综合审查相关协议的内容以及当事人嗣后为达成交易进行的磋商甚至具体的履行行为等事实,从中探寻当事人的真实意思,并据此对当事人之间法律关系的性质作出准确界定。"涉案当事人之间订立的合同是本约还是预约的判断标准应当是当事人的意思表示,即当事人是否有意在将来订立一个新的合同,以最终明确在双方之间形成某种法律关系的具体内容。如果当事人存在明确的将来订立本约的意思,即使预约的内容与本约已经十分接近,从预约中可以推导出本约的全部内容,也应当尊重当事人的意思表示,排除这种客观解释的可能性,所以涉案《购房协议书》的性质为预约合同。最高人民法院再审判决指出,一审、二审判决认定该《购房协议书》的性质为本约是错误的。

法律对社会关系的确认和调整,不仅在范围上是有限的,而且在程度上也有差异。这种差异取决于社会关系的性质,有些社会关系可能完全存在于法律调整的范围之外,不受法律制约,如友谊关系;有些社会关系可能主要由道德、宗教等规范支配,部分受到法律制约,如夫妻关系、父母子女关系;有些社会关系则基本上由法律调整,如债权关系、物权关系等。

法律关系的概念最早是由德国私法之父萨维尼提出的。萨维尼认为,各种法律关系是由法律规定的人与人之间的关系。通过对法律关系的分析,萨维尼归纳和概括了民法规范所追求的各种法律效果,认为作为最基本单元的每一个民法规范,均为追求一个最基本的法律效果,即创设或者变更一个最基本的法律关系。萨维尼将法律关系的概念限定在私法领域内[①],是民法体系中的核心概念[②]。

法律关系理论通过对各种类型和层次法律关系的归纳,划分出民法上的效果体系,从而达到从制度和理论上解读民法的目的。法律关系的确认是处理民商事纠纷的基础和前提。在汤龙、刘新龙、马忠太、王洪刚商品房买卖合同纠纷案[③]中,最高人民法院判决认为,涉案法律关系是商品房买卖关系而不是担保关

---

① 在传统的民法理论中,法律关系与法律行为均限于私法领域,有其特定的内涵。在我国的民事立法和民法理论中,却创设了与上述两个术语相关的术语,如民事法律关系、民事法律行为、民事行为等。在我国法律理论中,法律关系与法律行为两个术语已经被泛化了,成为超越部门法的术语。

② 拉伦茨指出,权利主体是私法的第一个基本概念,而法律关系是私法的第二个基本概念。参见〔德〕卡尔·拉伦茨:《德国民法通论》(上册),王晓晔等译,法律出版社2003年版,第255页。

③ 在汤龙、刘新龙、马忠太、王洪刚诉新疆鄂尔多斯彦海房地产开发有限公司商品房买卖合同纠纷案(〔2015〕新民一初字第2号、〔2015〕民一终字第180号)中,法院裁判要点认为,借款合同双方当事人经协商一致,终止借款合同关系,建立商品房买卖合同关系,将借款本金及利息转化为已付购房款并经对账清算的,不属于《物权法》第186条规定禁止的情形,该商品房买卖合同的订立目的,也不属于《民间借贷案件解释》第24条规定的"作为民间借贷合同的担保"(指导案例72号)。

系。涉案商品房买卖合同签订前,当事人之间确实存在借款合同关系,且为履行借款合同,双方签订了相应的商品房预售合同,并办理了预购商品房预告登记。但涉案商品房买卖合同是在借款人未偿还借款本息的情况下,经重新协商并对账,将借款合同关系转变为商品房买卖合同关系,将借款本息转为已付购房款,并对房屋交付、尾款支付、违约责任等权利义务作出了约定。民商事交易活动中,当事人意思表示发生变化并不少见,该意思表示的变化,除为法律特别规定所禁止外,均应予以准许。双方当事人经协商一致终止借款合同关系,建立商品房买卖合同关系,并非为双方之间的借款合同履行提供担保,而是借款合同到期借款人难以清偿债务时,双方协商以将商品房出售给债权人的方式,实现双方权利义务平衡的一种交易安排。

根据萨维尼的理论,法律关系是法律规定的人与人之间的关系。后世的德国学者对法律关系性质的认识发生了分歧,多数学者认为法律关系是"由法律调整的生活关系"①。这种观点遭到拉伦茨的反对,他指出法律关系不是生活关系,而是法律上的规范关系。②"法律关系总是法律规定的人与人之间的关系。"③法律关系有两大类:

(1) 相对法律关系。这种法律关系发生在特定当事人之间,通常是双方当事人之间。这种法律关系表现为债权债务关系,在债权债务关系中,一方当事人的权利是另一方当事人的义务,且双方当事人通常是互为权利义务关系,法律关系之外的第三人则没有关系,既不享有权利,也不承担义务。

(2) 绝对法律关系。这种法律关系的权利主体是特定的,而义务主体则是不特定的多数。在所有权关系和人格权关系中,法律赋予了所有权和人格权的主体一定的自由空间。在这个自由范围内,权利主体可以排除任何其他人的干涉,其他人负有尊重这种权利、不侵害这种权利的义务。

法律关系可能是单一的权利义务关系,即一个权利以及与之相对应的一个义务;也可能是多个权利义务关系,即多个权利以及与之相对应的多个义务。大多数法律关系并非由某种单一的权利义务关系组成,而是由多个权利义务关系构成的综合体。可见,法律关系是一个整体,是一种结构,由权利、义务、权能等要素构成。债权债务关系,既包含给付义务以及与此相关的债权,又包含保证债权履行的辅助义务以及权能、形成权、请求权等。例如,在租赁合同中,一方面承租人既有履行支付租金的义务,又有保护租赁物的义务,并应在租赁关系结束之际,将租赁物完好地归还出租人。另一方面,承租人享有占有、使用租赁物的权

---

① 〔德〕迪特尔·梅迪库斯:《德国民法总论》,邵建东译,法律出版社2000年版,第50页。
② 参见〔德〕卡尔·拉伦茨:《德国民法通论》(上册),王晓晔等译,法律出版社2003年版,第258—259页。
③ 同上书,第257页。

利,还有权要求出租人对租赁物进行修缮。这种权利和义务之间存在相互依赖关系,如果出租人交付的租赁物不符合租赁合同的约定,承租人有权拒付租金,并有权立即解除租赁合同;如果承租人不按时履行支付租金的义务,出租人有权根据租赁合同约定或者法律规定解除合同。

**二、法律关系的特征**

民法以人为本位,人是权利义务的主体。传统民法以权利为民法的核心概念,这是权利本位的思考方法。从法律关系中,我们能够更好地理解权利的意义和功能。法律关系是法律调整的并以权利义务为内容的社会关系,主要有如下四个方面的特征:

(1)法律关系是法律调整的社会关系。法律关系是法律所调整的社会关系,有些社会关系既可是法律关系,也可是道德关系。例如,基于婚姻关系产生的性关系,属于法律关系;婚姻之外的非交易的性关系,则属于道德关系;婚姻之外的交易的性关系,则为违法行为,属于刑法调整的范畴。如果某种社会关系是由道德或者习惯调整的,这种关系就不是法律关系。

(2)法律关系是人与人之间的关系。有观点认为,所有权不是一种人与人之间的法律关系,而是人与物之间的法律关系。其实,物权法将特定物的所有权分配给所有权人,就排除了其他人对该物的任何干涉,由此形成了人与人之间的关系。尽管所有权包含了人对物的关系,但仍然是人与人的法律关系。债权债务关系是特定债权人与特定债务人之间所形成的法律关系。

(3)法律关系是由当事人自愿设立。有的法律关系是基于法律规定产生的,如亲属关系、侵权关系等;但是绝大多数法律关系,如合同关系、婚姻关系、继承关系等,是基于当事人意志产生的。当事人是否设立法律关系以及设立什么法律关系,均体现了当事人的意志,是意思自治原则的体现。

(4)法律关系是以权利义务为内容。法律关系有人身权关系、债权关系、物权关系、婚姻家庭关系以及继承关系等,这些法律关系均是以权利义务为内容。民法的调整对象主要是交易关系,大多数法律关系主体之间的权利义务是对等的、相互的。

## 第二节 法律关系的要素

法律关系的要素是法律关系成立所不可或缺的因素,任何法律关系均由一定的要素构成。法律关系是由主体、客体和内容三个要素构成的一个有机体,三个要素缺一不可,其中一个要素发生变动,法律关系就发生变更。"主体为权利义务之所属，客体为权利义务之所附"①，内容是权利义务的具体化。整个民法由法律关系的主体、客体以及权利义务的变动构成，民法典各编的构成也是如此。例如，合同编是由合同的主体、客体、成立变更消灭等问题构成；物权编是由物权的主体、客体、发生变更消灭等问题构成。

### 一、法律关系的主体

法律关系的主体，是指在法律关系中享有权利、承担义务的自然人、法人或者非法人组织。法律关系的主体既是法律关系产生的出发点，又是该法律关系的最终归宿。法律关系中权利义务的分配或者约定，既是法律关系的主体所为，也是为法律关系的主体所为。同时，法律关系的主体也是法律关系所有要素中最活跃的。在民法上，具有法律关系主体资格的主要是自然人、法人和非法人组织。此外，在一定范围内，国家也是法律关系的主体。法律关系是人与人之间的关系，每个法律关系均为一定主体之间的关系；没有主体就不能构成法律关系。因此，主体是法律关系的首要要素。

在法律关系中，享有权利的一方当事人称为权利主体，也称为权利人；承担义务的一方当事人称为义务主体，也称为义务人。在一些法律关系中，一方当事人仅享有权利，不承担义务，另一方当事人仅承担义务，而不享有权利，如赠与合同关系。在大多数法律关系中，双方当事人均既享有权利，也承担义务；双方当事人既是权利主体，又是义务主体。

法律关系可以是双方的，双方法律关系是典型的法律关系，如买卖合同关系。法律关系也可以是多方的，多方法律关系是非典型的法律关系，如合伙关系、投资关系。法律关系的一方当事人可以是一人，也可以是数人。例如，在汤龙、刘新龙、马忠太、王洪刚商品房买卖合同纠纷案中，法律关系的主体一方汤龙、刘新龙、马忠太、王洪刚为数人，另一方新疆鄂尔多斯彦海房地产开发有限公司，则为一个法人。

权利主体的资格是法律赋予的，而不是自然生成的。法律赋予特定主体以权利主体资格，是其独立享有权利、承担义务的前提。在现代社会中，凡是自然人均为权利主体，享有权利，承担义务。权利的主体是"人"，成为权利主体的资格，称为"人格"。具有法律上的"人格"，才是法律上的"人"。

### 二、法律关系的客体

法律关系的客体，是指法律关系主体享有的权利和承担的义务所指向的事物。换言之，法律关系的客体是使权利和义务发生的事物，没有法律关系的客

---

① 郑玉波：《民法总则》，中国政法大学出版社2003年版，第94页。

体,权利和义务就没有依附。

法律关系的客体主要有物、行为、智力成果和人身利益等四类。权利也可以成为法律关系的客体,如建设用地使用权、土地承包经营权、地役权、居住权等。不同类型的法律关系有不同的客体,物、行为、智力成果和人身利益分别是物权关系、债权关系、知识产权关系和人身权关系的客体。每一类型的法律关系,又有各自不同的客体。例如,同为债权关系,房屋租赁合同的客体是租赁的房屋,买卖合同的客体是双方当事人所交易的货物。法律关系的客体,有以下三个方面的特征:

(1) 客观性。法律关系的客体首先是一种客观存在的现象与事实,任何人的意志都不能改变法律关系客体的客观存在属性。法律关系的客体以物、行为、智力成果和人身利益等方式存在。

(2) 效用性。法律关系的客体能够满足权利主体的需求并为权利主体所利用,即效用性表现为满足权利主体需求和为权利主体所利用两个方面:一是作为法律关系客体的物质存在、行为存在和精神存在,必须以满足主体需求为前提。二是作为法律关系客体的物质存在,还必须是能被人们所利用的,如风能、光能、潮汐能、水能等自然力,能够为人类所控制和利用而具有了实用价值,即为法律关系的客体。

(3) 法律性。一种客观存在能否成为法律关系的客体,最关键的因素是是否受法律调整,凡受法律调整的客观存在——物、行为、非物质财富,均为法律关系的客体或可以成为法律关系的客体;反之,凡不受法律调整的客观存在均不能成为法律关系的客体。

法律关系的客体是法律关系的三要素之一。在法律关系中,法律关系的客体具有如下两方面意义:

(1) 法律关系主体活动的具体化和实在化。在法律关系中,主体是最活跃、最具有动态特征的要素,但主体的任何活动均有一定的目的性,权利的享有和义务的承担是法律关系主体行为的目的,然而观念中的权利和义务只有作用于一定具体的对象时才能实在化,才具有现实的意义,才能实现法律关系主体的直接目的。法律关系的客体是实现主体法律活动意义的直接对象和承受者,只有具备了法律关系的客体,法律主体的活动才能具体化、实在化。

(2) 法律关系内容的物质化、具体化。权利和义务作为法律规范的内容具有浓厚的观念属性,而作为法律关系的内容,虽具有法律调整和运行的客观化特征,但在调整和运行中并不改变观念化的属性。这种观念化的权利和义务只有表现为物、行为或非物质财富等法律关系客体时,才能使观念的法律关系的内容——权利义务实在化、物质化和具体化,才能使书面的权利义务转化成为法律关系主体所实际享有的权利义务。

### 三、法律关系的内容

法律关系的内容,是指法律关系主体所享有的权利和承担的义务。法律关系的内容是法律关系的实体要素。法律关系的存在及其性质直接取决于当事人之间的权利义务,因而法律关系的内容是整个法律关系的核心。例如,在朱俊芳商品房买卖合同纠纷案[①]中,最高人民法院确认当事人之间存在的商品房买卖和借贷两种法律关系,构成案件裁判的核心要素。涉案的 14 份《商品房买卖合同》和《借款协议》均为依法成立并已生效的合同。双方当事人实际上就同一笔款项先后设立商品房买卖和民间借贷两个法律关系,并以《商品房买卖合同》为《借款协议》提供担保。《借款协议》为案涉《商品房买卖合同》的履行附设了解除条件,即借款到期,借款人还清借款的,案涉《商品房买卖合同》不再履行;借款到期,借款人不能偿还借款的,则履行案涉《商品房买卖合同》。最高人民法院提审认为,山西省高级人民法院再审认定双方是民间借贷合同关系而非商品房买卖合同关系不当,应予纠正。

民法是以维护私人利益为中心的,法律关系的设立并非以约束为中心,而是以设立权利为中心,这也与民法的权利本位理念相一致。法律关系的本质内容是权利主体的权利,有权利则必然产生相应的义务,因而法律关系的内容就表现为权利与义务关系。"法律关系中最重要的要素是权利,以及与此相应的,另一方(或者所有其他人)的必要义务、限制或者法律约束。"[②]法律关系的整体法律后果,表明了某种法律关系的主体所享有的权利、预期取得的权利,这些与负担性义务和权限等共同构成了该主体在这种法律关系中的法律地位。

法律关系的内容多种多样,但不外乎权利与义务。例如,在所有权关系中,所有人为权利主体,所有人享有的权利是对客体即所有物的占有、使用、收益和处分的权利。所有人以外的任何人均为义务主体,所负有的义务为不得妨碍所有人对所有物的占有、使用、收益和处分的不作为的义务。所有人对所有物的占有、使用、收益和处分的权利,与义务人不得妨碍的义务,就构成了所有权关系的内容。

整个民法制度是由法律关系的主体、客体和内容构成,《民法典》各编也是由法律关系的主体、客体和内容(权利变动)构成。例如,合同编是由合同的主

---

① 在朱俊芳诉山西嘉和泰房地产开发有限公司商品房买卖合同纠纷案(〔2007〕小民初字第 1083 号、〔2007〕并民终字第 1179 号、〔2010〕晋民再终字第 103 号、〔2011〕民提字第 344 号)中,法院裁判摘要认为,双方当事人基于同一笔款项先后签订《商品房买卖合同》和《借款协议》,并约定如果借款到期,偿还借款的,《商品房买卖合同》不再履行;如果借款到期,不能偿还借款的,则履行《商品房买卖合同》。在合同、协议均依法成立并已生效的情况下,应当认定当事人之间同时成立了商品房买卖和民间借贷两种法律关系(2014 年最高人民法院公报案例)。

② 〔德〕卡尔·拉伦茨:《德国民法通论》(上册),王晓晔等译,法律出版社 2003 年版,第 263 页。

体、合同的客体以及合同的成立、变更和消灭等构成;物权编是由物权的主体、物权的客体以及物权的发生、变更和消灭等构成。不过,我国《民法典》各编对法律关系各种要素偏重不一,总则编侧重于权利主体(自然人、法人和非法人组织)、权利客体(物和权利)以及权利变动(法律行为);合同编侧重于权利客体(合同标的)和权利义务的变动(合同的成立、变更和消灭);物权编侧重于权利客体的物以及相关权利义务的变动。不仅民法制度如此,商法制度也存在相同情形。例如,公司法是侧重于权利主体(法人),而票据法则是侧重于权利义务的变动(票据行为)。

## 第三节 法律关系的种类

法律关系具有多样性的特点,正确理解和把握法律关系的性质和特点是解决各种民商事纠纷的前提和基础。根据不同的标准,可以对法律关系进行不同的分类,这些分类有助于法律关系的理解和把握,以妥善处理各种民商事法律纠纷。

### 一、法律关系的种类

按照法律关系的内容、法律关系的形成、权利主体的范围和权利行使的特点等不同,法律关系可以分为财产法律关系与人身法律关系、绝对法律关系与相对法律关系、单一法律关系与复合法律关系、权利性法律关系与保护性法律关系等。

(一)财产法律关系与人身法律关系

根据法律关系的内容是否直接具有财产利益,法律关系可以分为财产法律关系与人身法律关系。

财产法律关系是指直接与财产有关的、具有财产内容的法律关系。财产法律关系是民法调整的财产关系的法律形式,是关于财产归属和流转所形成的法律关系。物权关系、债权关系、继承关系等,均属于财产法律关系。例如,在朱俊芳商品房买卖合同纠纷案中,《商品房买卖合同》和《借款协议》属于债权关系;在王军抵押合同纠纷案中,《借款合同》为债权关系,因《房产抵押合同》设立的抵押权则为物权关系。

人身法律关系是指与主体的人身不可分离的、不直接具有财产内容的法律关系。人身法律关系是民法调整人身关系的法律形式,是基于人身利益形成的法律关系。姓名权关系、名誉权关系、隐私权关系、亲权关系等,均属于人身法律关系。

财产法律关系与人身法律关系两种法律关系区分的意义,主要表现在以下两个方面：

（1）是否具有可转让性不同。财产法律关系的内容一般具有可让与性，主体可以转让自己的权利义务；人身法律关系的内容则一般不具有可让与性，主体享有的权利在人身存续期间与人身是不可分离、不能转让的。

（2）救济的方法不同。财产法律关系受到破坏时，适用财产救济方法，用财产责任加以保障；人身法律关系受到破坏时，主要适用非财产救济方法，以非财产责任加以保障。例如，在陈某某侵犯健康权、名誉权纠纷案[①]中，北海市中级人民法院判决，莫宝兰、莫兴明、邹丽丽应以书面形式向陈某某赔礼道歉，并将道歉声明张贴于侵权行为发生地门口，张贴时间为七天。

### （二）绝对法律关系与相对法律关系

根据权利主体范围和权利行使的特点，法律关系可以分为绝对法律关系与相对法律关系。

任何法律关系的权利主体都是特定的，但是义务主体既可以是特定的，也可以是不特定的——权利主体以外的一切人。义务主体不特定的法律关系是绝对法律关系，如物权关系、人身权关系、知识产权关系等。义务主体特定的法律关系则是相对法律关系，如债权关系。例如，在王军抵押合同纠纷案中，既有绝对法律关系——物权关系，又有相对法律关系——债权关系。

在绝对法律关系中，义务主体是不特定的，权利人以外的所有其他人均负有消极的不作为义务，权利人实现权利不需要义务人的积极协助。在相对法律关系中，义务人是特定的，权利人只能向特定的义务人主张权利，需借助义务人的积极协助才能实现权利。

绝对法律关系与相对法律关系的区分，不仅有利于确定法律关系的义务主体及其承担的义务，而且还有利于确定权利主体所享有的权利以及权利的行使与实现方式，从而准确地适用法律规范。

### （三）单一法律关系与复合法律关系

根据法律关系内容的复杂程度，法律关系可以分为单一法律关系与复合法律关系。

法律关系的内容为权利义务，权利与义务是相对应的。有的法律关系仅有一组相对应的权利义务。例如，在房屋所有权关系中，只有所有权人的权利与非所有权人的义务这一组相对应的权利义务。有的法律关系并非只有一组对应的

---

① 在陈某某诉莫宝兰、莫兴明、邹丽丽侵犯健康权、名誉权纠纷案（〔2013〕北民一终字第 14 号）中，法院裁判摘要认为，公民享有名誉权，公民的人格尊严受法律保护，禁止用侮辱、诽谤等方式损害公民的名誉。国家保障未成年人的人身、财产和其他合法权益不受侵犯。行为人以未成年人违法为由对其作出侮辱行为，该行为对未成年人名誉造成一定影响的，属于名誉侵权行为，应依法承担相应责任（2015 年最高人民法院公报案例）。

权利义务,而是有两组或者两组以上相对应的权利义务。例如,在房屋买卖关系中,既有出卖人交付标的物的义务与买受人接受标的物的权利这一组对应的权利义务,又有出卖人收取价金的权利与买受人支付价金的义务这一组对应的权利义务。可见,仅有一组对应的权利义务为内容的法律关系为单一法律关系,有两组或者两组以上对应的权利义务为内容的法律关系为复合法律关系。复合法律关系是典型的法律关系。

单一法律关系与复合法律关系的区分,有利于确定当事人的权利义务。在单一法律关系中,双方的权利义务比较简单,一方仅享有权利,另一方仅承担义务;在复合法律关系中,双方均享有权利并承担义务,双方的权利义务比较复杂。

(四)权利性法律关系与保护性法律关系

根据法律关系的形成和实现的特点,法律关系可以分为权利性法律关系与保护性法律关系。

权利性法律关系是指权利主体依民事法律规范的要求建立和实现的法律关系,这种法律关系的形成和实现均符合法律规定,是基于当事人的意愿进行的。权利性法律关系是实现主体权利、自由的正常形式。权利性法律关系是典型的法律关系,如朱俊芳商品房买卖合同纠纷案和王军抵押合同纠纷案所涉及的法律关系。

保护性法律关系是指因不法行为发生的法律关系。保护性法律关系不是基于当事人自愿形成的,而是法律为保护权利、维护社会利益在当事人之间确立的。在大陆法系国家民法中,保护性法律关系表现为请求权法律关系,是非典型法律关系,如许景敏、周兴礼、吴艾群、周某某人身损害赔偿纠纷案所涉及的法律关系。

权利性法律关系与保护性法律关系的区分,有利于认识法律关系的作用。权利性法律关系是设定权利的,是当事人自愿形成的,是法律鼓励和保护的;保护性法律关系是法律为了保护一方当事人的合法权利而确立的,不是根据当事人的意愿形成的。

**二、法律关系的适用**

法律关系是指由法律调整的社会关系,而绝大部分社会关系是由道德、习惯、宗教等规范调整的。民商事纠纷解决的前提,是对法律关系性质的分析和把握。通过对法律事实的分析,将各种不同的法律关系区分开来,以具体的法律关系确定权利主体各自的权利和义务。此处以代驾为例,分析代驾的法律事实所产生的各种不同法律关系以及各个法律关系主体之间的权利义务关系。代驾是中国当下城市中非常普遍的一种社会现象,各种法律纠纷频发。代驾有无偿代驾与有偿代驾之分,有偿代驾又有个人代驾、公司代驾和酒店代驾之分。

在代驾过程中发生交通事故,由代驾人承担责任还是车辆所有人承担责任,存在不同的观点。在审理机动车交通事故责任纠纷中,我国司法审判通常以运行支配和运行利益的二元实践标准来确定责任主体。运行支配是指在事实上可以支配管领机动车运行的地位,而运行利益则是指因机动车运行所产生的利益,即以该主体与机动车之间是否有运行支配和运行利益的关联性来确定机动车交通事故损害赔偿的主体。

(一) 无偿代驾

无偿代驾通常发生在亲朋好友之间,代驾人和车辆所有人形成义务帮工关系。在通常情况下,代驾交通事故应由车辆所有人承担赔偿责任。即使在代驾人有故意或者重大过失时,车辆所有人也应承担责任,但代驾人承担连带责任。例如,在肖忠好机动车交通事故责任纠纷案①中,福建省连江县人民法院一审判决认为,车辆所有人对车辆享有运行支配和运行利益,应对代驾人的义务帮工行为所产生的损害承担赔偿责任。福州市中级人民法院二审判决在肯定车辆所有人的运行支配和运行利益的同时,也肯定了代驾人的运行支配和运行利益,代驾人因存在重大过失而承担连带责任。

(二) 个人代驾

个人代驾是指车辆所有人临时雇佣他人代为驾驶。在代驾过程中,代驾人享有运行支配,但是否享有运行利益存在争议。实际上,代驾人和车辆所有人在代驾过程中均享有一定的运行利益,一定的报酬是代驾人的代驾利益,而将车辆和人送达目的地为车辆所有人的代驾利益。对于机动车交通事故损害赔偿的主体,审判实践中有以下两种观点:

(1) 车辆所有人为责任主体。车辆所有人承担责任的依据是雇佣关系。车辆所有人雇佣代驾人,代驾人与车辆所有人之间形成劳务关系。根据《民法典》第1192条的规定,个人之间形成劳务关系,提供劳务一方因劳务造成他人损害的,由接受劳务一方承担侵权责任。在代驾过程中发生交通事故时,除按照车辆所有人投保的险种由保险人承担保险责任外,超出的部分一般由车辆所有人承担。但是,因故意或者重大过失致人损害的,代驾人应当承担连带赔偿责任。

---

① 在肖忠好诉林乃旺、黄存勇等机动车交通事故责任纠纷案〔2014〕连民初字第2347号、〔2015〕榕民终字第826号)中,法院裁判摘要认为,车辆所有人和代驾人是朋友关系,代驾人不计取报酬代驾的行为符合《人身损害赔偿司法解释》第13条规定的义务帮工的性质,从事代驾帮工活动中保险赔偿不足部分,应由车辆所有人承担赔偿责任。但是,代驾人在代驾时未确保安全行驶,对交通事故的发生存在重大过失,应承担连带责任。

例如，在常淑清、刘建新机动车交通事故责任纠纷案[①]中，吉林省高级人民法院判决认为，车辆所有人与代驾人之间形成雇佣法律关系，代驾人对第三人造成的损害应由车辆所有人承担赔偿责任，而驾驶人在事故中负有全部责任，有重大过失，应承担连带责任。

（2）代驾人为责任主体。在代驾过程中，代驾人对机动车具有直接的、绝对的支配力，是机动车危险源的开启者，也是最能够有效地避免交通事故的控制者，车辆所有人对机动车的开启、运行无任何控制力。代驾人既享有运行支配，也享有运行利益，从而代驾人应当直接承担责任。例如，在李安平机动车交通事故责任纠纷案[②]中，重庆市渝北区人民法院判决认为，代驾人对交通事故所造成的损害承担赔偿责任。

以上两种判决均有合理性，也各有利弊。由代驾人承担交通事故的责任，更加符合我国法律对于交通事故责任纠纷中责任主体的认定原则，也更加符合代驾业兴起的缘由并有利于促进代驾业的健康发展。但是，代驾人在经济上处于弱势，很可能无力承担重大责任交通事故的赔偿责任，而车辆所有人在经济上处于强势，更有利于交通事故中受害人的损害赔偿，从而确立由代驾人承担责任、车辆所有人承担补充赔偿责任的制度，可能更为合理，也有利于受害人的赔偿的执行。此外，代驾人的责任保险制度也是解决交通事故责任负担问题的措施。

（三）公司代驾

公司代驾是指车辆所有人通过代驾公司选择代驾司机完成代驾服务。车辆所有人事先和代驾公司签订代驾服务书面合同，双方是委托合同关系。如果发生交通事故，首先由保险人承担保险责任，保险不足以赔偿的，赔偿责任由代驾

---

[①] 在常淑清、刘建新诉王德强、蔡恒力、吉林市正欣货物运输有限公司、中国人民财产保险股份有限公司吉林市分公司机动车交通事故责任纠纷案（〔2015〕昌民一初字第1316号、〔2015〕吉02民终788号、〔2016〕吉民申2044号）中，法院裁判摘要认为，车辆所有人与代驾人之间形成雇佣关系，应适用《人身损害赔偿司法解释》第9条的规定，即："雇员在从事雇佣活动中致人损害的，雇主应当承担赔偿责任；雇员因故意或者重大过失致人损害的，应当与雇主承担连带赔偿责任。雇主承担连带赔偿责任的，可以向雇员追偿。"车辆所有人王德强与代驾人蔡恒力之间形成雇佣法律关系，对第三人造成的损害应由雇主王德强承担赔偿责任，而驾驶人蔡恒力在此次事故中负有全部责任，存在重大过失，应与王德强承担连带责任。

[②] 在李安平诉王星辰、重庆鑫诚汽车驾驶技术服务有限公司、重庆中法供水有限公司、安诚财产保险股份有限公司重庆分公司机动车交通事故责任纠纷案（〔2013〕渝北法民初字第16407号）中，法院裁判摘要认为，代驾人在代驾过程中发生交通事故造成他人伤害的，应当由保险公司在交强险和商业三者险范围内予以赔偿，不足部分由代驾人予以赔偿。车辆所有人存在过错的，按照其过错承担赔偿责任。

公司承担。例如,在陶新国机动车交通事故责任纠纷案[①]中,上海市浦东新区人民法院判决认为,代驾人的驾驶行为属于职务行为,代驾公司应承担损害赔偿责任。

如果代驾公司约定代驾员在代驾过程中造成车主车辆损失,代驾驾驶员应履行一定的赔偿责任的,根据意思自治原则,雇主和雇员之间赔偿责任分配的内部约定有效,但不能对抗第三人。在对外承担赔偿责任后,代驾公司可向有过错的代驾员追偿。

(四)酒店代驾

酒店代驾是指某些酒店会专门为喝酒顾客免费提供代驾服务。酒店代驾属于餐饮消费的延伸服务,是消费行为的延续,是消费者与酒店之间的消费服务合同的组成部分。如果酒店提供的代驾发生交通事故,表明酒店没有尽到将顾客安全送达目的地的义务,违反了服务合同的约定。如果事故车辆没有保险或者保险不足,应当由酒店承担赔偿责任。

## 第四节 法律关系的变动

法律关系的变动,涉及法律关系的产生、变更和消灭,是法律关系理论的重要问题。法律关系的变动主要有两方面的内容:一是法律关系变动的内容,二是法律关系变动的原因。

### 一、法律关系的变动

任何社会关系总是在不断发展变化的,法律关系也不例外。法律关系的变动包括法律关系的产生、变更和消灭三种情形。

(一)法律关系的产生

法律关系的产生,是指一定法律事实的出现使权利主体之间形成一定的权利义务关系。法律关系的产生,有绝对产生与相对产生之分。

(1)法律关系的绝对产生。法律关系的绝对产生是指法律关系的原始发生,即法律关系的主体基于最初原因所形成的权利义务关系。例如,法律关系的主体通过生产劳动所形成的所有权关系。此外,因无主物的占有、添附、拾

---

[①] 在陶新国诉赵鹏、鲁能集团有限公司上海分公司、中国平安财产保险股份有限公司上海分公司机动车交通事故责任纠纷案([2014]浦民一民(初)字第37776号、[2015]沪一中民一(民)终字第1373号)中,法院裁判要旨认为,代驾业务是被代驾人与代驾公司之间形成委托合同或者服务合同关系。被代驾人委托代驾公司指派驾驶员驾驶车辆,其对机动车不再具有运行支配和运行利益,在发生交通事故时应排除被代驾人的损害赔偿责任。代驾驾驶员与代驾(软件)公司之间形成雇佣关系。代驾驾驶员在执行职务过程中发生交通事故造成他人损害的,应由代驾(软件)公司承担雇主侵权责任。代驾公司在承担连带责任之后可视情况向代驾员追偿。

得遗失物、发现埋藏物、天然孳息等取得物权的情形,均属于法律关系的绝对产生。

(2) 法律关系的相对产生。法律关系的相对产生是指法律关系的传来发生,即法律关系的主体通过实施一定的法律行为,继受其他主体的权利义务所形成的新的法律关系。例如,法律关系的主体通过缔结买卖合同或者赠与合同而形成债权债务关系。

(二) 法律关系的变更

法律关系的变更,是指一定的法律事实的出现使法律关系的构成要素发生变化。换言之,一定的法律事实出现,引起法律关系的主体、客体或者内容的变化。法律关系的变更是原有法律关系通过构成要素的变化而形成新的法律关系,是旧法律关系的相对消灭,新法律关系的相对产生。例如,在广西桂冠电力股份有限公司房屋买卖合同纠纷案[1]中,广西壮族自治区高级人民法院一审判决确认了双方当事人对法律关系的变更。一审法院认为当事人所签订的《定向开发协议》《补充协议》是双方当事人真实意思表示,没有违反法律和行政法规的禁止性规定,合法有效。《补充协议》对办公楼开发的面积、价款、付款方式、合同工期、担保义务、双方其他权利义务以及违约责任等合同的条款方面进行了重新约定。双方对《定向开发协议》进行了实质性的合同变更,并履行了变更后的《补充协议》,不再履行《定向开发协议》。最高人民法院二审确认了《补充协议》变更《定向开发协议》的事实。法律关系的变更包括主体变更、客体变更和内容变更三个方面:

(1) 主体变更。主体变更是指主体的权利义务发生变化,即主体之间的权利或者义务全部或者部分转移给另一个主体,形成新的法律关系,从而导致原先的法律关系发生变化。主体变更有主体变化和主体数量变化两种情形:一是法律关系主体的变化,即从一个主体变成另一个主体,如债权的转让或者债务的转移,法人的合并或者分立,均可引起法律关系主体的变更,例如在辽宁金利房屋实业公司等国有土地使用权转让合同纠纷案[2]中,最高人民法院判决确认了债权主体的变更。涉案的金利公司和澳金利公司对《催收欠款通知书》的内容及送

---

[1] 在广西桂冠电力股份有限公司诉广西泳臣房地产开发有限公司房屋买卖合同纠纷案([2007]桂民一初字第2号、[2009]民一终字第23号)中,法院裁判要旨认为,当事人所签订的《基地定向开发建设协议书》以及对该协议书变更的《补充协议》,是双方当事人真实意思表示,没有违反法律和行政法规的禁止性规定,属合法有效合同(2010年最高人民法院公报案例)。

[2] 在辽宁金利房屋实业公司、辽宁澳金利房地产开发有限公司诉大连远东房屋开发有限公司国有土地使用权转让合同纠纷案([2004]辽民一房初字第9号、[2005]民一终字第95号)中,法院裁判摘要认为,根据《合同法》第79条、第80条的规定,债权人可以将合同权利全部或者部分转让给第三人,转让仅需通知债务人即可而无须征得债务人的同意。转让行为一经完成,原债权人即不再是合同权利主体,即丧失以自己名义作为债权人向债务人主张合同权利的资格(2006年最高人民法院公报案例)。

达过程进行了公证,以证明该转让行为是当事人的真实意思表示,且转让内容不违反法律规定。远东公司收到《催收欠款通知书》后未持异议,应视为当事人对《联合开发协议》中的权利主体变更的认可,表明权利转让已经完成,权利主体已由金利公司变更为澳金利公司,从而金利公司丧失了以自己名义作为债权人向远东公司主张还本付息的主体资格。二是法律关系主体数量的变化,如财产共有关系中,一个共有人放弃权利,共有人数量减少,其他共有人对共有财产享有的份额增加。

法律关系主体的变更,从原有主体方面看,是丧失权利或者免除义务;从新的主体方面看,则是取得权利或者承担义务。因此,法律关系主体的变更,是原法律关系的相对消灭,新法律关系的相对发生。

(2) 客体变更。客体变更是指法律关系的客体性质或者范围发生了变化,即法律关系所依存的对象——物、行为、智力成果等在数量、范围、性质等方面发生了变化。例如,财产的部分灭失,导致所有权客体的变化。法律关系的客体变更与法律关系的内容变更,是密切相关的。法律关系客体变更的,内容也相应地发生变更。例如,在许尚龙、吴娟玲股权转让纠纷案[1]中,最高人民法院认定当事人之间的法律关系名为股权置换,实为股权转让。在签订《股权置换协议》后,当事人之间又签订了《借款协议》《委托处置股份协议》,导致当事人对法律关系性质产生争议,法院通过审查股份的交付、款项的支付、债务的抵销等相关事实,结合双方当事人的实际履行情况,认定当事人之间真实的法律关系性质。双方当事人通过签订系列协议的方式,对双方之间的股权转让达成了一致的意思表示。

(3) 内容变更。内容变更是指权利义务的性质或者范围发生了变化。债的部分清偿,导致权利义务范围的变化;合同的不履行或者履约行为不符合合同的约定,导致违约损害赔偿责任的产生,从而引起权利义务性质的变化。例如,在北京长富投资基金(有限合伙)委托贷款合同纠纷案[2]中,最高人民法院认为,中森华房地产公司未按约定办理 K2 地块、K3 地块和 K4 地块及在建工程的抵押

---

[1] 在许尚龙、吴娟玲诉何健、张康黎、张桂平股权转让纠纷案([2012]苏商初字第 0011 号、[2013]民二终字第 52 号)中,法院裁判摘要认为,当事人之间在签订《股权置换协议》后,又签订《借款协议》《委托处置股份协议》,导致当事人对法律关系性质产生争议的,应当通过审查股份的交付、款项的支付、债务的抵销等相关事实,结合双方当事人的实际履行情况,认定当事人之间真实的法律关系性质。

[2] 在北京长富投资基金(有限合伙)诉武汉中森华世纪房地产开发有限公司、中森华投资集团有限公司、郑巨云、陈少夏委托贷款合同纠纷案([2014]鄂民二初字第 00035 号、[2016]最高法民终 124 号)中,法院裁判摘要认为,委托人、受托银行与借款人三方签订委托贷款合同,由委托人提供资金,受托银行根据委托人确定的借款人、用途、金额、币种、期限、利率等代为发放、协助监督使用并收回贷款,受托银行收取代理委托贷款手续费,并不承担信用风险,其实质是委托人与借款人之间的民间借贷。委托贷款合同的效力、委托人与借款人之间的利息、逾期利息、违约金等权利义务应受有关民间借贷的法律、法规和司法解释的规制(2016 年最高人民法院公报案例)。

登记,属于合同约定的"未履行或者未完全履行借款人与委托人签订的其他合同项下义务";中森华房地产公司支付2014年第一季度利息后,自2014年3月22日起,未按合同约定按季度支付利息,属于合同约定的"明确表示或者以行为表明不愿清偿其已到期或未到期债务";中森华房地产公司构成根本违约,长富基金请求终止合同履行、提前收回贷款符合《投资协议》《委托贷款合同》中"借款人或保证人违约,借款人或者保证人还款能力可能发生重大不利变化,抵押物、质押物可能遭受重大损害或者价值减损等,可以停止发放借款,提前收回已发放借款"的约定。

(三) 法律关系的消灭

法律关系的消灭,是指一定的法律事实的出现导致法律关系主体之间原有的权利义务关系终止。法律关系的消灭,有绝对消灭与相对消灭之分。

(1) 法律关系的绝对消灭。法律关系的绝对消灭是指法律关系主体之间的权利义务关系已经不复存在,物的全部灭失导致所有权关系的消灭,物的抛弃导致所有权人对抛弃物的所有权关系的消灭,债的全部履行导致债权人与债务人之间的债权债务关系的消灭。

(2) 法律关系的相对消灭。法律关系的相对灭失是指法律关系的主体、客体或者内容的变更。例如,在买卖法律关系中,出让人(卖方)丧失标的物的所有权,而受让人(买方)获得标的物的所有权。出让人对标的物的所有权法律关系消灭,而受让人对标的物的所有权法律关系产生,属于法律关系的相对消灭。

## 二、法律事实

法律事实,是指能够引起法律关系发生、变更和消灭的客观现象。[①] 法律事实是由民法规定的,客观现象能否作为法律事实以及能够引起什么法律后果,取决于国家对社会关系进行法律调整的需要和可能。并非所有的客观现象均为法律事实,均能够引起法律关系的变动。例如,属于自然现象的日出、日落、刮风、下雨,属于人的活动的散步、读报、起床、睡觉等,通常不能引起法律关系的发生、变更、消灭,因而这些自然现象和人的活动不能成为法律事实。时间的经过、重大自然灾害、疫情、战争和封锁禁运以及人的出生与死亡、成年、失踪、精神失常等,均能引起一定的法律关系的发生、变更和消灭。因此,这些自然现象和人的活动属于法律事实。

---

[①] "1986年4月颁布的《民法通则》将法律行为改称民事法律行为,我国民法学者遂将'法律事实'改称'民事法律事实'。"魏振瀛主编:《民法》,北京大学出版社、高等教育出版社2000年版,第35页。

法律事实与法律规范、法律关系之间的关系非常密切,法律规范是认定法律事实的依据,法律事实是引起法律关系产生、变更和消灭的原因,法律关系则是法律规范的规定和实际发生的法律事实的共同结果。法律事实所引起的法律后果,即为法律关系的发生、变更和消灭。

法律事实将特定的法律关系主体与其他社会成员置于同一关系之中,无论法律后果是有利还是不利,是设权行为还是负担行为,均不得损害任何其他人的利益,这仅仅表示根据一定的立法准则和立法所代表的法律意志作出的一种判断而已。立法者希望将法律事实所规定的条件作为产生法律关系的内在理由,而这种事实条件本身就构成了权利的取得或者丧失条件,即使权利主体并没有意思表示,甚至在不知晓的情况下也是如此。但是,在通常情况下,法律关系的变动除了具备客观条件之外,还需要权利主体的意思表示。法律事实的种类繁多,以是否包含人的意志为标准,可以分为自然事实和人的行为两类:

(一) 自然事实

自然事实,是指人的行为之外的,能够引起法律关系产生、变更或者消灭的一切客观情况。自然事实是指不直接含有人意志的法律事实,一旦发生,则在有关权利主体之间产生、变更或者消灭一定的权利义务关系。自然事实又可以进一步区分为状态与事件:

(1) 状态。状态(即抽象的自然状态)是指某种客观情况的持续,如时间的经过、人的下落不明、精神失常、成年以及对物的持续占有、权利的不行使等。

(2) 事件。事件(即具体的自然事实)是指某种客观情况的发生,如人的出生或死亡、天然孳息的分离、自然灾害的发生、战争的发生、发生动乱或者罢工等。

(二) 人的行为

人的行为,是指受人意志支配的,能够引起法律关系发生、变更和消灭的活动。人在熟睡或者昏迷状态中的行为,属于无意识的活动。人类无意识的活动,均不属于行为。在人的行为中,由民法规定的行为,是民法上的行为;由行政法、诉讼法等其他法律规定的行为,则属于其他法上的行为。但是,其他法上的行为也可能引起法律关系的产生、变更或者消灭,同样也可以成为民法上的法律事实。

法律事实中的行为主要是指民法上的行为。民法上的行为有违法行为与合法行为之分。违法行为是指违反法律规定,侵犯他人合法权益,依法应当承担民事责任的行为,如侵权行为、违约行为。合法行为是指符合法律规定,能够引起法律关系发生、变更或者消灭的行为。合法行为又有表示行为和非表示行为之分:

(1) 表示行为。表示行为是以意思表示为要素,旨在产生、变更或者消灭法律关系的行为,也称为意思行为。表示行为的特征是权利主体有意识地产生、变更或者消灭一定的法律关系,并通过一定的表现方式,将内在的意思表达出来。法律行为和准法律行为属于表示行为。

法律行为是指以意思表示为要素,因意思表示产生、变更、终止法律关系的行为,如合同、遗嘱、婚姻等。意思表示是法律行为的核心,因意思表示所产生的法律后果是权利主体所追求的,与所要达到的目的相一致,如在北京博创英诺威科技有限公司合同纠纷案①中,北京市第一中级人民法院判决认为《合作协议》是当事人真实意思表示的体现,对双方当事人均具有约束力。北京市高级人民法院二审则认为一审对《合作协议》效力的认定于法无据。最高人民法院再审认为,二审法院认定《合作协议》无效,没有事实和法律依据。《合作协议》是典型的外贸代理合同,规定了出口贸易中的当事人权利义务以及利益分配,是双方当事人的真实意思表示,内容并不违反我国法律、行政法规的强制性规定,应当认定合法有效。

准法律行为是指当事人的意思表示并不能直接引起法律关系的产生、变更和消灭的法律效果,当事人的意思表示之所以产生一定的法律效果是基于法律的直接规定。准法律行为又可分为意思通知、观念通知和情感表示。

(2) 非表示行为。非表示行为是指权利主体主观上并没有产生、变更或者消灭法律关系的意思,而是依照法律规定引起法律关系后果的行为。事实行为属于非表示行为,事实行为之所以能够产生法律关系,完全是基于法律的直接规定。例如,先占、加工、拾得遗失物、发现埋藏物等为事实行为。在通辽市科尔沁区国有资产经营管理公司资产转让合同纠纷案②中,最高人民法院判决指出事实上的占有状态是不能改变买卖合同关系的事实行为,事实行为属于非表示行为。

---

① 在北京博创英诺威科技有限公司诉保利民爆科技集团股份有限公司合同纠纷案(〔2010〕二中民初字第1940号、〔2011〕高民终字第854号、〔2013〕民提字第73号)中,法院裁判摘要认为,案件并不存在没有真实货物出口而假冒出口的情形,出口方有权获得出口退税款。涉案外贸代理合同约定了出口退税款由外贸代理人支付给委托人的条款,该条款是当事人关于出口退税款再分配的约定,是当事人基于真实意思的有权处分,不应被认定为骗取国家出口退税款的非法目的而签订的合同,不应被认定无效(2015年最高人民法院公报案例)。

② 在通辽市科尔沁区国有资产经营管理公司诉李希东、严新昌资产转让合同纠纷案(〔2006〕内民一初字第6号、〔2007〕民二终字第95号)中,法院裁判摘要认为,棉纺织厂在出售之前是由李希东担任法定代表人的东山公司租赁经营,严新昌竞买取得该厂资产购买权后,出卖方国资公司未按合同约定向严新昌交付资产,导致东山公司长期占有棉纺织厂资产,因严新昌并没有放弃其合同权利,东山公司占有棉纺织厂资产的事实状态不构成改变国资公司与严新昌资产买卖合同关系的事实行为,李希东据此主张其为资产买卖合同当事人的上诉理由,缺乏法律依据,不予支持。

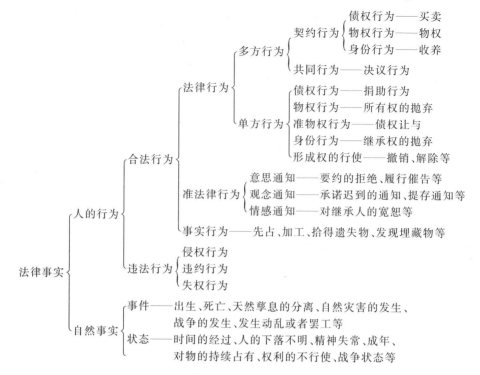

图 4-1　法律事实

**附：典型案例解读**

在朱俊芳商品房买卖合同纠纷案（〔2011〕民提字第 344 号）和杨伟鹏商品房买卖合同纠纷案（〔2013〕民提字第 135 号）中，法律事实和法律关系相同，但最高人民法院再审却作出了截然不同的两个判决。

在杨伟鹏商品房买卖合同纠纷案中，来宾市中级人民法院一审判决认为当事人之间存在房屋买卖关系，广西壮族自治区高级人民法院二审维持一审判决。二审争议焦点为当事人之间的法律关系是商品房买卖关系还是民间借贷关系。最高人民法院再审确认的事实为，当事人签订《商品房买卖合同》的目的是以新债还旧债方式保住涉案商铺，即借款人的真实意思是向出借人借款 340 万元而不是以 340 万元的总价出售涉案商铺。发票是交易真实发生的证明，也是办理不动产权属登记的依据。出借人始终未能取得借款人开具的发票原件，且近两年的时间内，并未要求借款人办理权属登记，显然不符合交易习惯。《商品房买卖合同》仅规定了 340 万元的总价和总面积，却未规定商铺的单价，也与一般的交易习惯不符。出借人未能说明从借款人处收到的 61.1 万元款项的性质。基于前述事实，最高人民法院认为，只要确认双方当事人对借贷问题达成了合意且出借方已经实际将款项交付给借款人，即可认定借贷债权债务关系成立。出借人向借款人支付340万元并收取利息的行为，足以认定双方之间成立了债权债务关系。借款人从出借人处取得340万元的真实意思是融资还债，与出借人签订《商品房买卖合同》的目的，则是为担保债务的履行。双方办理商品房备案登记的行为应认定为非典型的担保方式。在借款人不能按时归还340万元的情况下，出借人可以通过拍卖或者变卖涉案房屋的方式确保债权的实现。借款人对交易风险的控制体现在没有将《销售不动产统一发票》原件交付给出借人，而缺少发票，出借人是无法实际取得商铺并办理产权登记手续的。出借人请求直接取得涉案商铺所有权的主张违反《物权法》关于禁止流质的规定，不予支持。

在朱俊芳商品房买卖合同纠纷案中，一审、二审法院判决均认为《借款合同》约定将到期不还的借款作为给付房款，是《商品房买卖合同》附加的解除条件，意思表示真实，应当受到法律保护，支持《商品房买卖合同》有效的诉请。山西省高级人民法院再审认为，双方形成的是民间借贷法律关系，商品房买卖合同是借款合同的抵押担保内容，合同中"到期不能还款用抵押物抵顶借款，双方之间互不再支付对方任何款项"的约定违反法律强制性规定而归于无效。最高人民法院再审认为，当事人实际上是先后设立商品房买卖和民间借贷两个法律关系，两份合同既独立又有联系，即以签订商品房买卖合同的方式为其后签订的借款合同所借款项提供担保。借款合同为商品房买卖合同的履行设定了解除条件，即借款到期借款人按期偿还借款的，双方不再履行商品房买卖合同。但是，两份合同并未约定，借款到期不能偿还，朱俊芳直接通过前述约定取得"抵押物"所有权，而必须通过履行商品房买卖合同实现，从而并非法律上的禁止流押条款。当事人通过签订商品房买卖合同的方式提供担保并为商品房买卖合同设定解除条件，并不违反法律、法规的强制性规定。涉案《商品房买卖合同》和《借款合同》均成立并生效。《借款合同》约定的商品房买卖合同的解除条件未成就，从而应当继续履行涉案《商品房买卖合同》。

最高人民法院作出的朱俊芳商品房买卖合同纠纷案和杨伟鹏商品房买卖合同纠纷案的判决是有本质区别的，而非相互矛盾。在朱俊芳商品房买卖合同纠纷案中，双方当事人签订有《借款合同》《商品房买卖合同》，且两份合同均附有条件：借款人按期偿还借款，双方确认不再履行《商品房买卖合同》，这是《商品房买卖合同》的解除条件；借款人未按期偿还借款的，双方同意履行《商品房买卖合同》。在杨伟鹏商品房买卖合同纠纷案中，出借人主张商品房买卖关系，却未能提供销售不动产的统一发票原件，虽否认收到的借款人汇入的61.1万元是借款利息，但经法院释明后仍拒不说明款项性质。借款人主张借贷关系，却缺少借款合同。涉案法律关系的性质难以认定，主要源于双方当事人证据的欠缺和意思与表示的不一致。最高人民法院审理认为，在签订商品房买卖合同时，借款人不具有出售商铺的内心意思，与出借人并未就商品房买卖达成合意。在与借款人签订商品房买卖合同时，出借人应知晓借款人之前向严欣等5人借款340万元并以签订商品房买卖合同、办理商品房备案登记方式进行担保的事实，即应知借款人的真实意思并非向其出售商铺。发票是交易真实发生的证明，也是办理不动产权属登记的凭证。在交纳了全部购房款后，出借人始终未取得购房发票原件，在明知发票原件被缴销情况下仍未提出异议，并在近两年时间内始终未要求借款人交付房屋、办理权属登记。出借人的行为显然违反交易惯例和理性买受人及时行使权利和保护自身利益的通常做法。此外，如果法律关系认定为商品房买卖关系，将导致出借人和借款人之间利益的严重失衡。涉案商品房买卖合同中以总价340万元的方式交易1496.97平方米的53间商铺，与一般房地产交易习惯不符，且售价明显低于同期同地段的商铺价格，从而法律关系的性质界定，不应受制于当事人之间签订合同的名称，而应由当事人的真实意思和合同实质内容来决定。

在朱俊芳商品房买卖合同纠纷案中，商品房买卖合同和借款合同均为双方当事人的真实意思表示，在双方当事人之间形成两种法律关系，即商品房买卖关系和借贷关系，且通过买卖合同中的附解除条件将买卖合同和借款合同联系在一起，在借款合同到期不能履行时，履行买卖合同的规定。在杨伟鹏商品房买卖合同纠纷案中，虽然当事人之间也存在房屋买卖关系和借款关系两种法律关系，但房屋买卖关系仅为借款关系的担保，房屋买卖关系并非当事人的真实意思表示，而借款合同是当事人的真实意思表示。因此，最高人民法院的判决是合理的、恰当的。

# 第五章 权利体系

在权利成为私法核心概念之前,法律关系是大陆法系私法的核心概念。大陆法系传统民法在法律关系中论述权利的概念,权利依附于法律关系,是法律关系的附属品。20世纪之后,权利成为大陆法系私法的核心概念。权利成为构建民法制度的基础,民法制度是围绕权利展开的。因此,民法又被称为权利法。

## 第一节 权利的概念

民法是以权利为基础构建的,是建立在权利之上的制度体系,即由权利、权利主体、权利客体、权利行使方式、权利行使的限制等构建而成的制度体系。

### 一、权利的概念

权利是私法的核心概念[①],是对各种各样法律现象的抽象化。鉴于权利在民法中的地位,理论上形成了关于权利的种种学说,有资格说、主张说、法力说、规范说、自由说、选择说、可能说、利益说、优势说等。[②] 但通说认为,"权利为主观的法律",而"法律为客观的权利"。民法是权利法,权利是民法的核心概念和制度基础。权利的功能在于保障人权和个人自由的范围,使人们能够自主地决定、组织、安排各自的社会经济生活,实现私法自治。

权利一词虽然在我国古代的典籍中早已出现[③],但作为民法上的概念,却是清朝末年从欧洲语言中直接翻译而来。权利一词的拉丁语为 jus,法语为 droit,英语为 right,德语为 Recht,均蕴涵正义的意蕴。[④] 实际上,jus,droit,Recht 均具有法律和权利的双重含义,在客观上使用这些术语时,表现为法律;在主观上

---

[①] 在1910年德国的安德列亚斯·冯·图尔(Andreas von Tuhr)提出权利是私法的核心概念之前,法律关系居于私法的核心位置,而且萨维尼也认为权利不是私法中的核心概念,仅在法律关系的基本范畴中讨论权利。

[②] 参见张恒山:《法理要论》,北京大学出版社2002年版,第359—360页。

[③] "稽考典籍,权与利二字连用,殊罕其例,惟于桓宽铁盐论篇:'或尚仁义,或务权利',荀悦论游行:'连党类,立虚鉴,以为权利者,谓之游行',偶一见之,而其含义鄙陋,大率为士大夫所不取。我固有之法律思想,素以义务为本位,未闻有所谓权利其物者。"梅仲协:《民法要义》,中国政法大学出版社1998年版,第32页。

[④] 参见郑玉波:《民法总则》,中国政法大学出版社2003年版,第62页。

使用这些术语时,则表现为权利。例如,Recht 一词具有客观意义和主观意义。在客观上,Recht 的意义是法律;在主观上,Recht 的意义是权利。① 权利不仅是法律制度创造的产物,而且权利的内容总是由法律制度确定的。

## 二、权利的本质

从 19 世纪以来,德国法学界一直致力于对权利本质的探索,并对权利本质的认识形成了意思说、利益说和法力说三个流派:

(1) 意思说。意思说(又称为意思力或者意思支配)是 19 世纪德国法学界最初关于权利本质的定义,以萨维尼、普赫塔(Puchta)和温赛德(Bernhard Windscheid)为代表,主张权利的本质是意思的自由,或者意思的支配。换言之,权利是个人意思自由活动或者个人意思所能支配的范围,意思是权利的基础,没有意思就没有权利。意思说解释了权利的本质是个人意思。权利作为法律赋予权利主体享有的行为自由,充分体现了权利主体的自由意志。

意思说以意思自由为基础,属于形式上的定义,但并未说明权利的本质。意思说的缺陷在于仅说明了权利的动态,而不能说明权利的静态。意思说不能涵盖权利的取得、变更和消灭的所有情形。没有意思能力的无民事行为能力人,虽然没有意思能力但仍然能够取得权利。例如,胎儿和婴儿取得父亲遗产的继承权,不是基于权利享有人的意思。这些均说明意思说的缺陷和不足。因此,意思说不足采信,为学界所抛弃。

(2) 利益说。利益说以耶林为代表,主张权利的本质是法律所保护的利益。换言之,权利的授予是为满足特定利益的需要。利益说解释了权利的本质是利益,权利主体对权利的主张是为获得某种个人利益,权利是利益的外在表现形式。

利益说将意思说的权利观念加以限制,使权利的内容或者权利的行使具有了正当的目的。利益说比意思说较前发展了一步,《德国民法典》第 905 条采纳了利益说。利益说的缺陷在于将权利的目的当作权利本质,使权利本质受到权利目的的限制,而且法律所保护的公共利益未必表现为权利,如违章建筑的拆除导致附近土地和房屋的升值,仅仅是一种反射利益而不是权利。② 因此,利益说也不足采信。

(3) 法力说。法力说以梅克尔为代表,在调和意思说和利益说两种观点的

---

① 参见〔德〕迪特尔·梅迪库斯:《德国民法总论》,邵建东译,法律出版社 2000 年版,第 58 页。
② 反射利益是指权利主体因公法的规定获得了事实上的利益,但是法律并未当然赋予权利主体请求享有利益的"权利"。参见施启扬:《民法总则》(第 8 版),中国法制出版社 2010 年版,第 26 页。

基础上,萨维尼和耶林之后的德国学者认为,意思支配力(或者法律权力)是为满足人们利益的需要。[①] 在此基础上,德国的梅克尔(Adolf Merkel)提出法力说,强调权利的本质是权利主体享有的特定利益在法律上的力而已。[②]

法力说解释了权利本质是法律上的力,即由特定的利益和法律上的力两种因素构成。特定的利益是权利内容,而法律上的力则是权利的外在表现形式,内容与形式的结合构成权利本质解释的一种较为完整的学说。法力是权利本质而不是目的,权利和法律均为在满足个人的合法利益的同时,确保个人与社会的和谐关系,以促进社会的稳定和安宁。法力说充分说明了权利的本质,为理论、立法和司法实践所采纳。我国《民法典》第114条规定的物权概念采纳了法力说。

根据法力说,权利是为满足特定人享受的合理利益,由法律赋予特定权利人的一种法律手段。权利人按照自己的意思行使权利,最后可通过法律的力量以诉讼方式实现权利的内容。权利的内容包括两个方面:一是权利是满足权利人的合理利益,即法律所承认的利益,通常称之为法益。二是权利人的合理利益未能实现时可以借助国家权力强制实现,即法力。例如,以债权为例,债权人可以请求债务人为一定的给付,因给付内容的实现而满足特定的利益;债务人不为给付时,债权人可以通过诉讼方式保障债权的实现。以物权为例,权利人对标的物享有占有、使用、收益和处分的权利,一旦权利受到不法侵害或者有受到侵害的可能时,权利人可以通过诉讼的方式保障物权的实现。

实际上,意思说和利益说并非完全对立,只是各自强调的重点不一:意思说强调权利概念所蕴含的内容要素,揭示权利的内容是意思自由;利益说则强调权利概念所蕴含的目的要素,揭示权利的内容是实现利益。法力说调和了意思说与利益说,提出权利是法律上的力与特定利益的结合。因此,法力说反映了权利的本质属性。

### 三、权利的意义

关于权利的本质,通说采取法力说,认为权利由法律上的力和特定的利益两种要素构成。这两种要素是从各种权利的具体内容中抽象出来的,法律上的力因权利的不同而不同,特定的利益也因权利的不同而不同。法律对要保护的特定利益赋予法律上的力,确保权利主体能够享受特定利益,这种可享受的特定利益和法律上的力共同构成权利。因此,权利的意义包含以下两个方面的内容:

(1) 权利表现为一种法律上的"力"。这种法律上的"力"不同于其他的

---

[①] 参见〔德〕迪特尔·梅迪库斯:《德国民法总论》,邵建东译,法律出版社2000年版,第63页。
[②] 参见郑玉波:《民法总则》,中国政法大学出版社2003年版,第62页。

"力",不是一种普通的"力",而是一种国家强制力。法律上的"力"是以国家权力为后盾,国家权力支持并保证这种法律上的"力"的实现。这种法律上的"力",既可以支配标的物,也可以支配人。

(2) 权利表现为特定的利益。除了法律上的"力"之外,权利还应表现为特定利益。这种利益是社会生活上的利益,而社会生活上的利益非常广泛,但只有其中的部分利益受到法律保护,受到法律保护的利益称为法律利益(简称法益)。

法益表现为财产利益与非财产利益两个方面:财产利益是指具有交换价值或者使用价值的、可以用货币计算价值并依法可以转让的利益,如在中国进出口银行借款担保合同纠纷案[①]中,最高人民法院判决认为,符合公司章程,经过公司股东会、董事会批准,以公司名义进行的关联担保,修订前公司法并未明确加以禁止。公司法的立法目的是限制大股东、控股股东操纵公司与自己进行关联交易,损害中小股东的利益,以维护资本确定原则和保护中小股东权益。对经公司股东会、董事会同意以公司资产为小股东进行担保当不属禁止和限制之列。从价值取向的角度考量,在衡平公司债权人与公司股东利益冲突时,应优先保护公司债权人的利益。

非财产利益则是指与权利主体不可分离的人身利益,如生命、健康、身体、自由、名誉、隐私等,如在杨本波、侯章素铁路运输人身损害责任纠纷案[②]中,南京铁路运输法院判决认为,在铁路运营企业已经采取安全措施并尽到警示义务情况下,受害人未经许可进入高度危险活动区域受到损害,属自身原因造成铁路交通运输事故。受害人的亲属要求铁路运营企业承担侵权责任的诉讼请求,没有事实和法律依据。

民事立法和理论充分说明了权利是由法律上的力和特定的利益两个要素构成的。例如,债权是请求特定的人(债务人)为特定行为(作为、不作为)的权利,其中"特定的人为特定的行为"是所谓的"特定利益",而"请求"是所谓的"法律上

---

[①] 在中国进出口银行诉光彩事业投资集团有限公司、四通集团公司借款担保合同纠纷案([2005]高民初字第1182号、[2006]民二终字第49号)中,法院裁判摘要认为,修订前的《公司法》第60条规定的立法本意是为防止大股东、控股股东操纵公司与自己进行关联交易,损害中小股东的利益,并非一概禁止公司为股东担保。当公司债权人与公司股东的利益发生冲突时,应当优先保护公司债权人的利益,对于符合公司章程,经公司股东会、董事会批准,以公司资产为本公司股东或其他个人债务提供担保的,可以认定有效(2006年最高人民法院公报案例)。

[②] 在杨本波、侯章素诉中国铁路上海局集团有限公司、中国铁路上海局集团有限公司南京站铁路运输人身损害责任纠纷案([2017]苏8602民初349号)中,法院裁判摘要认为,在车站设有上下车安全通道,且铁路运输企业已经采取必要的安全措施并尽到警示义务的情况下,受害人未经许可、违反众所周知的安全规则,进入正有列车驶入的车站内轨道、横穿线路,导致生命健康受到损害的,属于《中华人民共和国铁路法》第58条规定的因受害人自身原因造成人身伤亡的情形,铁路运输企业不承担赔偿责任(2019年最高人民法院公报案例)。

的力"。其他的权利,也是如此,均包含"特定利益"和"法律上的力"两种要素。人们可以从权利所包含的要素的不同,发现各种权利的特征和区别,正确地行使权利,保护自己的权利,实现民法的目的。

## 第二节 权利的分类

权利分类是权利研究的对象之一,是民法总论的重要组成部分。权利的分类具有重大理论意义,有助于深入理解权利的构成、权利的体系结构以及整体功能,还有助于我国权利体系的构建和完善。

权利体系的分类是个极富争议的问题,不存在一个标准的分类方式。根据不同的标准,同一权利可能归属于数类权利之中,如所有权属于财产权、绝对权、支配权、既得权。权利是一个发展性的概念,当某种利益达到需要加以保护的程度时,通过立法或者判例与学说赋予法律之力,即成为权利,也即法律的保护对象。根据不同的标准,权利可以进行不同的分类。

把权利确切地加以分类而构建一个权利体系,既难以罗列无遗,也难以对各种权利进行准确的定性。根据不同的标准,权利有以下六种常见分类方式:

**一、财产权与非财产权**

以权利的标的为标准,权利可以分为财产权与非财产权(人身权)。

(一) 财产权

财产权,是通过对有体物和权利的直接支配,或者通过请求他人为一定行为(作为或者不作为)所享有的有关财产利益的权利,包括物权和债权。在权利体系中,物权和债权是最基本的权利,也是最重要的权利。

(1) 物权。物权是指权利人依法对特定的物享有直接支配和排他的权利。物权具有优先效力与物权请求权的效力。物权是绝对权,物权的取得与变更应有一定的公示方式,以维护交易安全,物权法定原则、一物一权原则、公示公信原则是物权的基本原则。物权包括所有权与限制物权,限制物权又分为用益物权与担保物权。用益物权包括土地承包经营权、建设用地使用权、宅基地使用权、居住权、地役权,均存在于土地(不动产)之上;担保物权包括抵押权、质权、留置权,存在于不动产、动产与某些权利之上。

(2) 债权。债权是债权人受领债务人给付的权利。债权可以划分为合同之债权、侵权行为之债权、不当得利之债权、无因管理之债权四类。债权具有平等性,即债权不论发生先后,均居于同等地位。债权具有相对性,义务人是特定的,债权的实现须借助义务人的一定行为。债权以意思自治为原则,而物权则以法定主义为原则。

(二) 非财产权

非财产权,也即人身权,是指与权利主体的人格、身份不可分离的权利。非财产权包括人格权和身份权两类:

(1) 人格权。人格权是以权利主体的人格利益为客体的权利,通常分为物质要素人格权和精神要素人格权两大类。物质要素人格权是直接以权利人的人身为客体的,包括生命权、身体权、健康权;精神要素人格权是以权利人的其他人格利益(精神上、心理上、作为独立人格者而存在的利益)为客体的,包括姓名权、自由权、名誉权、肖像权、隐私权、信用权、贞操权等。①

(2) 身份权。身份权是存在于一定身份关系上的权利,主要是存在于亲属身份关系上的权利,因而又称为亲属权,有配偶权、亲属权、亲权等。

**二、支配权、请求权、抗辩权以及形成权**

以权利的作用为标准,权利可以分为支配权、请求权、抗辩权和形成权。②

支配权,是指权利人可以直接控制权利客体而具有的排他性权利。权利人通过对权利客体的直接支配,满足了自己利益上的需要。支配权具有排他性,且支配权的行使无须他人介入。

一些权利的首要功能在于支配特定的客体,支配权包括物权、人身权和知识产权。物权是典型的支配权,并以支配作为主要的功能,如所有权赋予所有权人对所有物的支配权,限制物权人对物的支配权优先于物的所有权人;专利权、商标权、著作权等知识产权也是支配权;人格权是对人格利益的支配权;身份权是对身份利益的支配权,而不是对他人人身的支配权,现代民法已经不存在以他人人身为内容的权利。支配权具有如下三个方面的特点:

(1) 权利主体的特定性。支配权的权利主体是特定的,而义务主体是不特定的。支配权义务主体的不特定性导致支配权的权利主体之外的任何人均成为义务主体,均有义务不妨碍权利主体行使支配权。支配权与请求权不同,请求权的权利主体和义务主体均是特定的。

---

① 荣誉权是《民法通则》《民法总则》和《侵权责任法》确立的人格权之一,《民法典》沿袭了先前的立法规定。荣誉权在本质上不具有人格利益的属性,在实践中荣誉的获取非常不规范。实际上,如果某人的荣誉受到损害,可以利用有名名誉权的规定寻求司法救济。

② 郑玉波先生以作用为标准将权利划分为支配权、请求权和变动权。变动权是指根据自己的行为使法律关系发生变动的权利。变动权又分为形成权、抗辩权和可能权。可能权则是指根据自己的行为使他人法律关系发生变更的权利。参见郑玉波:《民法总则》,中国政法大学出版社2003年版,第69页。

（2）权利客体的特定性。支配权的客体是特定的,是一定的财产利益与人身利益。支配权所支配的财产利益必须特定化。否则,支配权的权利主体无法行使支配权。为满足自己的某种需要,权利主体既可以直接支配权利客体,也有权禁止他人妨碍其行使对权利客体的支配权。

（3）义务的消极性。支配权义务主体的义务是消极的不作为,而不是积极的作为。支配权的实现无须义务主体的积极作为,支配权的行使无须义务主体的介入。但是,义务主体不得实施妨碍支配权实现的行为。义务主体消极的不作为,是支配权与请求权的区别所在。请求权的行使需借助于义务主体的积极作为。

债权不是支配权,债权人既不能支配债务人的人身,也不能对债务人的给付行为和债务人的给付标的物进行直接的支配。债权人可以通过起诉或者申请强制执行,借助司法机关获得债务人的给付,但这不等于债权人有权直接对债务申请人施加影响。仅在债务人不按照法律规定或者合同约定履行自己的义务时,法律才可以实施强制措施。例如,在大连渤海建筑工程总公司建设工程施工合同纠纷案[①]中,最高人民法院判决强调债权的相对性。涉案的法律关系是施工合同纠纷,而施工合同当事人为宝玉集团、宝玉公司（发包人）与渤海公司（承包人）。施工合同仅对合同当事人产生约束力,即对宝玉集团、宝玉公司和渤海公司发生法律效力,对合同当事人以外的人不发生法律效力。债权属于相对权,相对性是债权的基础。债是特定当事人之间的法律关系,债权人和债务人都是特定的。债权人只能向特定的债务人请求给付,债务人只对特定的债权人负有给付义务。债权人要求债务人履行义务的基础是合同约定或法律规定。

**三、绝对权与相对权**

以权利的效力范围为标准,权利可以分为绝对权与相对权。

绝对权,是指在不违反法律以及侵害第三人权利的情形下,权利人可以要求任何其他人均尊重的权利。绝对权无须通过义务人实施一定行为即可实现并能对抗不特定人,即可以对抗权利人之外的任何第三人。

绝对权的对抗性源于绝对权的公示方式,能为权利人之外的第三人所知晓,

---

① 在大连渤海建筑工程总公司诉大连金世纪房屋开发有限公司、大连宝玉房地产开发有限公司、大连宝玉集团有限公司建设工程施工合同纠纷案（〔2006〕辽民一初字第3号、〔2007〕民一终字第39号）中,法院裁判摘要认为,债权属于相对权,相对性是债权的基础,因而债权在法律性质上属于对人权。债是特定当事人之间的法律关系,债权人和债务人都是特定的。债权人只能向特定的债务人请求给付,债务人也只对特定的债权人负有给付义务。即使因合同当事人以外的第三人的行为致使债权不能实现,债权人也不能依据债权的效力向第三人请求排除妨害,也不能在没有法律依据的情况下突破合同相对性原则要求第三人对债务承担连带责任（2008年最高人民法院公报案例）。

且权利的内容和界限清晰。绝对权原则上对权利人之外的所有人存在,主要有物权、人身权和知识产权。例如,在上海普鑫投资管理咨询有限公司财产损害赔偿纠纷案①中,上海市第一中级人民法院判决指出所有权、人格权是绝对权,认为侵权法旨在实现被害人保护、维持社会一般行为自由以及威慑违法行为的有机统一。行为人对社会上所有他人的权利承担一般性的注意义务,不以行为人与该他人间有某种法律关系为前提,该他人受法律保护的权利原则上应为绝对权(如所有权、人格权)。

绝对权具有两个方面的特征:一是权利人可以直接实现权利,无须通过义务人积极的作为;二是义务主体是不特定的,因而被称为对世权。物权是典型的绝对权,支配权也是绝对权。

相对权,是指权利人只能向特定的义务人请求给付的权利,权利的效力也仅限于特定人,又称为对人权。例如,在大连渤海建筑工程总公司建设工程施工合同纠纷案中,最高人民法院判决指出,债权属于相对权,相对性是债权的基础。债是特定当事人之间的法律关系,债权人和债务人都是特定的。相对权应通过义务人实施一定的行为才能实现,仅能对抗相对人,不具有绝对权的公示性和对抗性,通常难以为第三人所知晓。相对权存在于特定人与特定人的相互关系之中,在特定人之间形成某种法律关系。

请求权和形成权是相对权的主要类型。相对权也有两个方面的特征:一是权利人实现权利必须借助义务人的积极的作为;二是义务人是特定的,权利人只能请求特定的义务人为一定的行为,因而称为对人权。

债权是典型的相对权。在传统民法中,基于债的相对性,第三人对债权实施侵害行为的,债权人不得直接对抗第三人的侵权行为,不能直接排除侵害。在现代民法中,债的相对性发生了积极的变化。在债权受到侵害时,债权人可以直接请求实施侵权行为的第三人承担赔偿责任。

绝对权与相对权区分的意义是两种权利的保护方法不同,两者之间的区别主要表现在以下三个方面②:

(1) 义务主体不同。在绝对权关系中,绝对权的权利主体是确定的,而义务主体是不特定的,权利主体之外的任何人均为义务主体,均负有不得妨碍权利主

---

① 在上海普鑫投资管理咨询有限公司诉中银国际证券有限责任公司财产损害赔偿纠纷案([2013]沪一中民六(商)再终字第1号)中,法院裁判摘要认为,有义务协助法院采取保全措施的第三人,恶意侵害保全申请人的债权,拒不协助保全,或者采取其他措施妨害保全,导致最终裁判文书无法执行,申请人债权无法实现而受到损害,该第三人应当对申请人承担侵权行为损害赔偿责任(2014年最高人民法院公报案例)。

② 参见王利明:《民法总论研究》,中国人民大学出版社2003年版,第228—229页。

体行使权利以及侵害其权利的义务。在相对权关系中,相对权的权利主体和义务主体均是确定的,相对权的义务主体仅限于特定人,且未经权利主体的同意,义务主体不得随意变更。

(2) 权利义务关系不同。在绝对权关系中,权利主体享有权利但不承担相应的义务,而义务主体承担义务却不享有相应的权利。在相对权关系中,权利主体和义务主体享有权利的同时也承担相应的义务,一方的权利是另一方的义务,反之亦然。此外,在绝对权关系中,义务主体承担的义务是消极的不作为义务;在相对权关系中,义务主体承担的义务通常是积极的作为义务。

(3) 权利效力不同。绝对权是对世权,具有排他性,可以对抗任何第三人。绝对权一旦受到侵害,可以对实施侵害的任何第三人提出权利主张和赔偿请求。相对权是对人权,不具有排他性,仅对特定人具有法律约束力。

**四、既得权与期待权**

以权利的成立条件是否已经具备,权利可以分为既得权与期待权。

既得权,是指权利人已经取得和实现的权利。换言之,权利已经完全具备成立要件,并为权利人所实际享有,即为既得权。既得权是权利的一般形态,民法中的大多数权利属于既得权。期待权,是指权利主体将来可能取得或者实现的权利。期待权是否能够实现还有待一定的法律事实的发生。例如,在罗某离婚后财产纠纷案①中,浙江省高级人民法院判决指出,预购人对于预售商品房享有的权利的真正实现,需要在商品房建成以后由开发商交付给预购人并办理相关的房屋权属登记手续,此时预购人的期待权才从债权转变为物权,期待权也就变成了既得权。

期待权是从学术理论中发展起来的,形成于19世纪德国的普通法。期待权是对将来获得完整权利的一种合理预期,因期待权已经具备权利的部分构成要件,从而受到法律的保护,具有权利的法律属性。例如,在河南省正龙食品有限公司外观设计专利权无效行政纠纷案②中,北京市高级人民法院认为,商标申请

---

① 在罗某诉朱某离婚后财产纠纷案(〔2005〕浙民一终字第393号)中,法院裁判要旨认为,商品房合同预售登记并非就是房屋权属登记。对离婚案件中的按揭房屋分婚前还款与婚后按揭还款两部分,前者归婚前个人财产,后者作为夫妻共同财产平均分割;对增值部分则先按婚前婚后的还贷比例扣除婚前相应比例的增值部分归婚前个人财产,余额作为夫妻共同财产平均分割。

② 在河南省正龙食品有限公司诉国家知识产权局专利复审委员会外观设计专利权无效行政纠纷案(〔2010〕一中知行初字第1242号、〔2011〕高行终字第1733号、〔2014〕知行字第4号)中,法院裁判要点认为,商标申请权是指基于商标注册申请人的商标注册申请行为所产生,并因该注册申请行为最终获得商标注册主管机关核准,从而受到保护的一种民事权利。对于最终获准注册的商标而言,商标申请权可以作为《专利法》第23条中的在先权利予以保护(2016年最高人民法院公报案例)。

最终的目标是商标申请权的实现即商标获得注册,从而商标申请权是一种期待权,是对未来取得注册商标专用权的一种期待,从商标申请之日起存在,至商标被核准注册之日最终实现。商标申请权本身是现实存在的合法权益,是对注册商标专用权的一种期待权,应当受到法律的保护。

在大陆法系民法典和制定法中并无期待权的概念,期待权是理论对法律中某种类型权利的归纳和总结,主要有以下四种类型:一是附期限或者附条件的权利,这是最为典型的期待权,如附期限或者附条件的法律行为所创设的权利;二是由现存的债权关系所产生的将来债权,如清偿期尚未届满的利息、租金等请求权;三是法定继承人在继承开始之前对被继承人财产的权利;四是占有人在取得时效完成之前对占有物的权利。

### 五、主权利与从权利

以权利的依附关系为标准,权利可以分为主权利与从权利。

主权利是指在两个或者两个以上相互关联的权利中,能够独立存在的权利。从权利是指不能独立存在而依附于主权利的权利。主权利与从权利是相互依存、相互对应的,没有从权利,就没有主权利,反之亦然。例如,在王军抵押合同纠纷案中,北京市第三中级人民法院认为,在债权与为担保债的履行的抵押权并存时,债权是主权利,抵押权为从权利。

主权利与从权利区分的意义,主要有以下两个方面:一是主权利与从权利的划分是相对的。二是主权利是从权利存在的基础和前提,从权利依附于主权利。主权利生效,从权利也生效;主权利消灭,从权利也随之消灭。

### 六、原权利与救济权

以权利相互之间的关系为标准,权利可以分为原权利与救济权。

原权利是指原来已经存在、不以他人侵害行为为发生条件的权利,如物权、债权、人身权等。救济权是指因权利受到侵害所产生的恢复原状请求权及损害赔偿请求权,如物权请求权、债权请求权、人身请求权等。

救济权与原权利的性质不同。原权利是基础权利,救济权则是由基础权利派生出来的权利,是对基础权利的保护。换言之,救济权是基于他人违反义务或者侵害权利而产生的权利,实质是权利人请求相对人承担责任。救济权通常属于请求权的范畴。

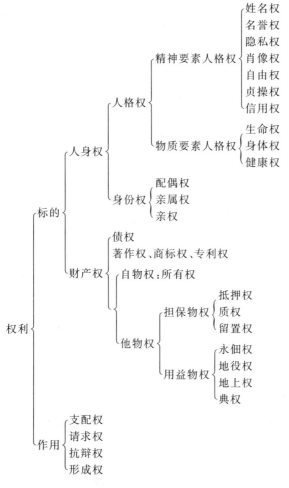

图 5-1　权利体系

## 第三节　请　求　权

罗马法没有请求权概念,《法国民法典》也没有请求权概念。请求权是近代德国民法理论发展的产物。在罗马法和德国普通法的"诉"(Actio)的基础上,德国法学家温赛德创设了请求权概念,是法学上的一大贡献。温赛德认为,在诉权(公权)之外,还必须有实体法上的请求权(私权)。① 《德国民法典》采纳了温赛

---

① 温赛德认为:"……私法权利是第一位的,而通过诉讼程序予以实现的可能是第二位的,诉讼程序的任务在于,当诉讼前就已具有的实体法权利受到侵害或引起争议时,通过诉讼程序确认这个权利,并使它得以实现。"〔德〕卡尔·拉伦茨:《德国民法通论》(上册),王晓晔等译,法律出版社 2003 年版,第 323 页。

德的请求权理论,首次在民法典中创设了请求权。

## 一、请求权的概念

请求权,是指要求特定人为特定行为(作为或者不作为)的权利。在权利体系中,请求权居于核心地位。请求权因债权债务关系、物权关系、亲属关系或者继承关系产生,债权、物权、人格权、亲属权和继承权等权利的行使均离不开请求权,必须借助请求权才能发挥其应有的功能,帮助权利人实现权利。

请求权因基础权利产生,是基础权利的一种表现,但与基础权利本身并非一回事。以债权为例,债权与请求权存在本质的区别:债权是债权请求权的基础权利,债权请求权仅为债权的一项权能,是实现债权的法律手段,是债权的一种表现而已。

请求权是因基础权利受到侵害而产生的,先有基础权利,后有请求权。[①] 如果基础权利没有受到侵害,则不会产生请求权。例如,合同当事人按照合同约定履行合同义务,不会产生债权请求权。同样,物权人的权利没有受到第三人的侵害的,不会产生物权请求权。

德国立法和理论不承认请求权与债权之间的差异。德国通说认为,"在请求权和债权之间不存在实质上的区别"[②]。《德国民法典》第194条第1款规定:"要求他人作为或者不作为的权利(请求权),因时效而消灭。"第241条规定:"(债的关系和给付义务)债权人基于债的关系,有权向债务人要求给付。给付也可以是不作为。"可见《德国民法典》关于请求权与债权的表述非常相似,从而德国有学者得出这样的结论:"从上述两条法律规定所下定义的字面意思中,我们无法得出请求权与债权的区别。我们只能根据二者在法律中所处的不同地位去寻求这种区别。请求权的定义在总则中,而债权的定义在债法编中,因此请求权比债权更具一般性。"[③]

## 二、请求权的分类

(一)债权请求权、物权请求权、人格权请求权与身份权请求权

以请求权产生的基础权利为标准,请求权可分为债权请求权、物权请求权、人格权请求权以及身份权请求权。

(1)债权请求权。债权请求权,是指基于债权产生的请求权。债权请求权

---

① "请求权系由基础权利(如物权、债权等)而发生,必先有基础权利之存在,而后始有请求权之可言。"郑玉波:《民法总则》,中国政法大学出版社2003年版,第67页。
② 〔德〕迪特尔·梅迪库斯:《德国民法总论》,邵建东译,法律出版社2000年版,第69页。
③ 同上书,第68页。

种类繁多,是最为重要的请求权。债权请求权有缔约过失损害赔偿请求权、合同履行请求权、违约损害赔偿请求权、无因管理请求权、不当得利返还请求权、侵权损害赔偿请求权等。例如,在连成贤排除妨害纠纷案①中,上海市第一中级人民法院判决认为,连成贤根据与案外人谢伟忠之间合同关系所享有的债权请求权,应当向合同相对人谢伟忠行使。

(2) 物权请求权。物权请求权,是指基于物权产生的请求权,即物权在遭受不法侵害或者有不法侵害之可能的情形下产生的请求权。物权请求权有返还请求权、排除妨害请求权和预防妨害请求权等。例如,在连成贤排除妨害纠纷案中,上海市浦东新区法院判决认为,臧树林对涉诉房屋享有物权请求权。

(3) 人格权请求权。人格权请求权,是指基于人格权产生的请求权,即人格权在遭受不法侵害或者有不法侵害之可能的情形下产生的请求权。人格权请求权有停止侵害请求权、排除妨碍请求权等。

(4) 身份权请求权。身份权请求权,是指基于身份权产生的请求权。身份权请求权有抚养请求权、赡养请求权等。

债权请求权、物权请求权、人格权请求权以及身份权请求权的分类是以请求权的对象和范围为基础所进行的分类,债权请求权是最为典型的请求权。

(二) 原权利请求权与救济权请求权

以请求权的产生是基于原权利还是救济权为标准,请求权可分为原权利请求权与救济权请求权。

(1) 原权利请求权。原权利请求权是基于原权利产生的请求权,是权利本身所包含的保护请求权,是具有请求权性质的权利,如债权和其他包含请求权内容的权利。原权利请求权是裁判所依据的请求权产生的基础,而不是裁判所依据的对象。债权请求权是典型的原权利请求权,物权请求权并非原权利请求权。债权请求权是原权利请求权,是与债权的相对性密切相关的。一旦债务人不履行到期债务,债权人即基于债权对债务人产生请求权。债权的行使需获得债务人(相对人)的积极协助,而物权等绝对权的行使无须义务人(相对人)协助,原权利请求权则无存在的价值和必要。

(2) 救济权请求权。救济权请求权是基于救济权产生的请求权,是对权利

---

① 在连成贤诉臧树林排除妨害纠纷案(〔2013〕浦民一(民)初字第36805号、〔2014〕沪一中民二(民)终字第433号)中,法院裁判摘要认为,签订房屋买卖合同后出卖方应向买受人履行权利与实物的双重交付,在买受方已取得房屋产权而未实际占有的情况下,其仅仅基于物权请求权要求有权占有人迁出,法院应作慎重审查。若占有人对房屋的占有具有合法性、正当性,买受方应以合同相对方为被告提起债权给付之诉,要求对方履行交付房屋的义务或在房屋客观上无法交付的情况下承担相应的违约责任(2015年最高人民法院公报案例)。

保护进行保护的请求权。救济权请求权是原权利和原权利请求权受到侵害所产生的一种权利,可以分为债权的救济权请求权与物权和人格权等的救济权请求权两类。债权的救济权请求权是基于违反债的责任产生的救济权请求权;物权和人格权等绝对权的救济权请求权是基于侵权责任产生的救济权请求权。债权既有原权利请求权,又有救济权请求权;物权请求权只有救济权请求权,没有原权利请求权。

债权的原权利请求权与救济权请求权的区别是:原权利请求权是债权人直接要求债务人履行到期债务的请求权,而救济权请求权是债权人在债务人拒绝履行债务或者不适当履行债务的情况下,请求司法机构强制债务人履行债务的请求权。

### 三、请求权的行使

请求权的行使前提是请求权已经存在,而请求权并非与基础权利相伴而生,通常晚于基础权利。因基础权利的不同,请求权产生的时间和行使的方式存在差异。在债权债务关系中,债权到期而债务人未清偿债务时或者履行债务不当时,债权请求权产生。在物权关系中,在物权遭到不法侵害时,物权请求权产生。只有在基础权利未实现或者受到不法侵害时,相应的请求权才产生,请求权人才可能行使因基础权利受到侵害所产生的请求权。但是,请求权的行使受到消灭时效制度的影响,如果请求权人没有在法律规定的期间内行使请求权,则请求权归于消灭。请求权形成,则标志着消灭时效期间开始计算。债权请求权应适用消灭时效制度,而物权请求权是否适用消灭时效制度,大陆法系国家和地区则存在差异,有否定说和肯定说两种:

(1) 否定说。以瑞士和日本为代表的否定说认为,物权请求权不应适用消灭时效。《瑞士民法典》第130条规定,只有债权请求权才能适用消灭时效,物权请求权不能适用消灭时效。物权是一种支配权,物权请求权应与物权一样不适用消灭时效。此外,消灭时效适用积极的请求权,以督促权利人及时行使权利,而物权请求权属于消极的请求权。在《民法总则》颁布之前,我国司法审判实践否定物权请求权适用消灭时效,如在田捷不当得利纠纷案[①]中,桂林市中级人民法院判决认为,物权请求权不适用消灭时效,但不当得利返还请求权适用消灭

---

① 在田捷诉陈莹、唐育云不当得利纠纷案([2014]秀民初字第1202号、[2015]桂市民一终字第528号)中,法院裁判要旨认为,返还财产是指合同当事人在合同被确认无效或者被撤销以后,对已交付给对方的财产享有返还请求权,返还财产请求权是否适用诉讼时效的规定,应取决于该请求权究竟是不当得利请求权还是物权请求权。请求返还股权转让价款属于不当得利请求权。当返还财产请求权为不当得利请求权时,应适用诉讼时效的规定。

时效。

（2）肯定说。以德国和我国台湾地区为代表的肯定说认为，物权请求权应适用消灭时效。虽然《德国民法典》第 194 条并未明确表示物权请求权也适用消灭时效制度，但学者认为，"消灭时效（Verjährung）适用于（几乎）所有的请求权"。① 请求权的行使受到时效的限制，除了个别情况之外，适用于所有的请求权。② 物权请求权也当然适用消灭时效制度，但登记的不动产物权不适用消灭时效。此外，《德国民法典》对不同的请求权规定了不同的消灭时效，普通消灭时效期间为 30 年，特别消灭时效期间为 2 年或者 4 年，消灭时效期间开始的时间原则上与请求权发生的时间是一致的。请求权时效完成之后，义务人有权拒绝履行义务。德国学者认为，消灭时效的完成并非请求权的消灭，而是义务人获得了永久抗辩权。③

我国《民法典》第 196 条明确规定，不动产物权和登记的动产物权的权利人的财产返还请求权不适用消灭时效。

请求权人可以根据基础权利要求义务人履行义务，如果义务人拒绝履行义务，请求权人只能通过法院强制义务人履行义务。在消灭时效完成之后，义务人有权拒绝履行义务。

## 第四节　形　成　权

形成权概念肇始于德国法学，是德国法学家赛可尔（Sceker）创造的。19 世纪末 20 世纪初，德国法学家发现承认权、选择权、撤销权、抵销权、解除权等权利无法通过既有的权利体系或者理论作出合理解释，遂创设了形成权。由于大陆法系国家法典并没有形成权的术语，学者对其称谓不一，如"能为权""变动权""抽象的权利""第二次的权利"等。

### 一、形成权的概念

形成权，是指权利人单方的意思表示可使法律关系产生、变更或者消灭的权利。权利人以单方的意思表示方式行使形成权，在意思表示到达相对人或者为相对人所知晓时，形成权发生法律效力。例如，在深圳富山宝实业有限公司合作

---

① 参见〔德〕迪特尔·梅迪库斯：《德国民法总论》，邵建东译，法律出版社 2000 年版，第 90 页。
② 参见〔德〕卡尔·拉伦茨：《德国民法通论》（上册），王晓晔等译，法律出版社 2003 年版，第 333 页。但人格权、支配权、参与管理权等为基础的请求权，不因时效而归于消灭。同上书，第 334 页。
③ 参见〔德〕卡尔·拉伦茨：《德国民法通论》（上册），王晓晔等译，法律出版社 2003 年版，第 345 页。

开发房地产合同纠纷案①中,最高人民法院判决指出,解除合同的通知到达合同相对人时,解除权发生法律效力,即产生合同解除的法律效果。涉案富山宝公司在收到福星公司的解除通知件后,并未在法律规定的时间内行使异议权。双方的合同已经在合同解除通知到达富山宝公司时解除。

形成权是特定的权利主体所拥有的权利,权利主体可以通过单方行为与相对人之间形成一定的法律关系,或者确定法律关系的内容,或者变更法律关系,甚至是撤销法律关系。形成权的行使所产生、变更或者消灭的法律关系有债权关系(合同的解除或者撤销)、物权关系(所有权或者他物权的抛弃)和身份关系(婚姻关系的解除、非婚生子女的承认或者收养关系的解除)等。形成权赋予权利主体某种权利,即权利主体可以按照自己单方的意思与特定人之间创设法律关系,但形成权的行使有一定期限的限制。例如,在绵阳市红日实业有限公司、蒋洋股东会决议效力及公司增资纠纷案②中,最高人民法院确认了形成权的行使及其行使的合理期限。再审判决认为,股东优先认缴公司新增资本的权利属形成权,虽然现行法律没有明确规定该项权利的行使期限,但为维护交易安全和稳定经济秩序,该权利应当在一定合理期间内行使,且由于这种权利行使属于典型的商事行为,对于合理期间的认定应当比普通民事行为更加严格。在科创公司股权变动近两年后,红日公司和蒋洋提起诉讼,争议的股权价值已经发生了较大变化,优先认缴出资的行使将破坏已趋稳定的法律关系并产生显失公平的后果,一审法院判决认定红日公司和蒋洋主张优先认缴权的合理期间已过是合理、妥当的。

形成权的功能在于权利主体以单方意思表示,可以使已经成立的法律关系的效力发生、变更或者消灭。例如,在租赁关系中,在承租人违反租赁合同并构成租赁合同解除的情况下,出租人有权自行解除租赁合同。

形成权是民法理论对某一类性质相同权利的概括,在大陆法系民法典没有这个概念,主要有承认权、选择权、撤销权、抵销权、解除权、赎回权、离婚权、继承

---

① 在深圳富山宝实业有限公司诉深圳市福星股份合作公司、深圳市宝安区福永物业发展总公司、深圳市金安城投资发展有限公司合作开发房地产合同纠纷案([2006]粤高法民一初字第18号、[2010]民一终字第45号)中,法院裁判摘要认为,合同一方当事人构成根本违约时,守约的一方当事人享有法定解除权。合同的解除在解除通知送达违约方时即发生法律效力,解除通知送达时间的拖延只能导致合同解除时间相应后延,而不能改变合同解除的法律后果。当事人没有约定合同解除异议期的,在解除通知送达之日起3个月以后才向法院起诉的,法院不予支持(2011年最高人民法院公报案例)。

② 在绵阳市红日实业有限公司、蒋洋诉绵阳高新区科创实业有限公司股东会决议效力及公司增资纠纷案([2006]绵民初字第2号、[2006]川民终字第515号、[2010]民提字第48号)中,法院裁判摘要认为,公司新增资本时,股东有权优先按照实缴的出资比例认缴出资。从权利性质上来看,股东对于新增资本的优先认缴权应属形成权。从维护交易安全和稳定经济秩序的角度出发,结合商事行为的规则和特点,法院在处理相关案件时应限定该项权利行使的合理期间,对于超出合理期间行使优先认缴权的主张不予支持(2011年最高人民法院公报案例)。

权的抛弃等。例如,在兰州滩尖子永昶商贸有限责任公司、甘肃省农垦机电总公司合作开发房地产合同纠纷案①中,最高人民法院判决适用了形成权。法院认为在双务合同中,双方均存在违约的情况下,应根据合同义务分配情况、合同履行程度以及各方违约大小等综合考虑合同当事人是否享有解除权。

形成权是司法审判实务中较为常见的一种权利,撤销权和解除权是最为典型的形成权。形成权主要有以下三个方面的含义:

(1) 以一定的法律关系存在为前提。形成权的行使是以当事人之间存在的法律关系为前提的,形成权虽然是一种独立权利,但却是因其他实体权利产生的。形成权在存在的方式上依赖于其他权利,以其他权利的存在为存在的前提条件。一旦这种权利或者法律关系消灭,形成权就随之消灭。例如,在李金华典当纠纷案②中,上海市静安区人民法院认为,回赎权在当期内是形成权,赎当仅以当户单方意思表示即可发生法律效果。赎当是当户的权利而非义务,典当行不能要求当户赎当、清偿债务。典当关系一旦断绝,附随于典当合同关系的回赎权也就随之消灭。

(2) 单方意思表示。单方意思表示即可形成、变更或者消灭法律关系。形成权是权利主体根据自己单方意思表示使法律关系产生、变更或者消灭的权利,且仅需要有权利主体的意思表示,法院不得依职权径行裁判,如在青岛南太置业有限公司国有土地使用权出让合同纠纷案中,最高人民法院判决指出,根据有关法律规定精神,解除权属于形成权,在没有当事人依法提出该诉讼请求的情况下,法院不能依职权径行裁判。

权利主体在行使形成权时,既不需要义务主体的协助,通常也不需要借助国家机关的强制力,而是直接根据自己单方意思表示即可实现权利行使的效果。在法律行为解除条件成就时,一方当事人以通知方式解除法律行为,法律行为自解除通知到达对方当事人时宣告解除。例如,在深圳富山宝实业有限公司合作开发房地产合同纠纷案中,最高人民法院指出,福星公司解除合同通知导致福星公司与富山宝公司之间的合同解除。

(3) 无须他人协助。形成权的行使不需要相对人的协助。在通常情况下,

---

① 在兰州滩尖子永昶商贸有限责任公司、甘肃省农垦机电总公司诉爱之泰房地产开发有限公司合作开发房地产合同纠纷案(〔2010〕甘民一初字第 2 号、〔2012〕民一终字第 126 号)中,法院裁判摘要认为,解除权是指合同订立后尚未履行或者尚未完全履行之前,基于法定或者约定的事由,通过当事人单方意思表示即可使合同自始不发生效力的权利。在双务合同中,双方均存在违约的情况下,应根据合同义务分配情况、合同履行程度以及各方违约大小等综合考虑合同当事人是否享有解除权(2015 年最高人民法院公报案例)。

② 在李金华诉立融典当公司典当纠纷案(〔2004〕静民一(民)初字 1061 号、〔2005〕沪二中民一(民)终字第 707 号)中,法院裁判要旨认为,回赎权是形成权,是出典人在典期届满时,通过返还典价而取回典物的权利。在典当合同生效后,典当行与当户之间形成典当关系,基于典当合同,当户在交付当物获得当金的同时,享有对当物的回赎权(2006 年最高人民法院公报案例)。

权利的享有是与义务的承担相对应的,一方享有权利意味着另一方承担义务。但形成权只有权利主体,没有义务主体。法律赋予了形成权的权利主体享有这种权利,只需单方意思表示即可产生、变更或者消灭一定的法律关系。

形成权的行使无须相对人的积极协助,相对人不妨碍权利的行使即可。法定代理人的追认权、善意相对人的撤销权、被代理人的追认权、善意相对人的撤销权等,均为形成权。法定代理人、被代理人或者善意相对人凭借单方的意思表示,即可产生、变更或者消灭当事人之间的法律关系。

**二、形成权的分类**

根据不同的标准,形成权有以下三种分类:

(一) 普通形成权与形成诉权

以形成权的行使是否需要借助国家强制力为标准,可将形成权分为普通形成权与形成诉权。普通形成权是指以单方受领意思表示的方式行使的形成权。这种形成权的行使既不需要强制执行,也不需要向法院求助。例如,法定代理人和被代理人的追认权、善意相对人的撤销权、选择之债中的选择权以及合同解除权等。

形成诉权是指在特殊情形下行使必须求助于法院,通过法院判决才能实现的形成权,如在青岛南太置业有限公司国有土地使用权出让合同纠纷案中,最高人民法院认为,解除权在实体方面属于形成权,在程序方面则表现为形成之诉,在没有当事人依法提出该诉讼请求的情况下,法院不能依职权径行裁判。涉案的《国有土地使用权出让合同》的解除或者权利义务终止及其法律责任承担问题,应当通过独立的诉讼请求予以保护。实现形成诉权的判决,称为形成判决;与给付判决不同的是,形成判决无须执行。

形成诉权主要出现在亲属法和公司法领域。在亲属法领域,离婚、父子关系的承认等,涉及自然人的地位,即是否已婚或者是否存在亲属关系;在公司法领域,形成诉权则关系到公司的正常运作和股东的利益。[1]《公司法》第22条和第182条规定的形成权,必须是以诉讼的方式来行使的。例如,在吉林荟冠投资有限公司公司解散纠纷案[2]中,最高人民法院判决认为,有限责任公司是具有自主决策和行为能力的组织体,虽然公司会因内部成员间的对抗而出现机制失灵、无

---

[1] 〔德〕迪特尔·梅迪库斯:《德国民法总论》,邵建东译,法律出版社2000年版,第77页。
[2] 在吉林荟冠投资有限公司诉长春东北亚物流有限公司解散纠纷案(〔2016〕吉民终569号、〔2017〕最高法民申2148号)中,法院裁判摘要认为,公司解散的目的是维护小股东的合法权益,实质在于公司存续对于小股东已经失去意义,表现为小股东无法参与公司决策、管理、分享利润,甚至不能自由转让股份和退出公司。在穷尽各种救济手段的情况下,解散公司是唯一的选择(2018年最高人民法院公报案例)。

法运转,公司决策和管理无法形成有效决议而陷入僵局的情况,但是基于公司永久存续性的特征,国家公权力对股东请求解散公司的主张应秉持谨慎态度。当股东之间的冲突不能通过协商达成谅解,任何一方都不愿或者无法退出公司时,为保护股东的合法权益,强制解散公司就成为唯一解决公司僵局的措施。

（二）消极形成权与积极形成权

以行使形成权是产生还是消灭法律关系为标准,可将形成权分为消极形成权与积极形成权。消极形成权是指形成权的行使是为消灭一定的法律关系。这种形成权行使的效果是消极的,大多数形成权属于消极形成权。例如,解除权、撤销权等形成权的行使均是为消灭当事人之间的法律关系,取消相对人的法律地位,如在吉林荟冠投资有限公司公司解散纠纷案中,最高人民法院判决公司解散。

积极形成权是指形成权的行使是为创设某种权利状态,在当事人之间形成一定的法律关系。例如,买回权和先买权的行使,与消极形成权一样,也是通过单方受领意思表示的方式进行的;与消极形成权不同的是,这种形成权的行使创设了某种权利,在当事人之间形成了一定的法律关系。

（三）财产法上的形成权与身份法上的形成权

以形成权产生的法律关系的不同,可将形成权分为财产法上的形成权与身份法上的形成权。

财产法上的形成权是指基于财产关系产生的形成权。这种形成权既可因法律规定产生,也可因当事人的约定产生。财产法上的形成权,有物权性的形成权和债权性的形成权两种类型：

（1）物权性的形成权。物权性的形成权是基于物权产生的形成权。物权性的形成权较债权性的形成权种类较少,仅有如所有权的抛弃、其他物权的抛弃等少数情形,并非典型的形成权。

（2）债权性的形成权。债权性的形成权是基于债权产生的形成权。债权性的形成权种类较多,有撤销权、追认权、解除权、选择权、抵销权、买回权、先买权、免除权等,是典型的形成权。

身份法上的形成权是指基于身份关系产生的形成权。这种形成权的产生通常是基于法律的直接规定。身份法上的形成权,有纯粹身份上的形成权和身份财产上的形成权两种类型：

（1）纯粹身份上的形成权。纯粹身份上的形成权是基于身份关系产生的完全没有财产内容的形成权,如离婚请求权、婚生子女否认权、子女认领权、收养撤销权、遗嘱撤回权等。

（2）身份财产上的形成权。身份财产上的形成权是基于身份关系产生的具有财产内容的形成权,如法定继承人对继承权的抛弃、受遗赠人对受遗赠权的抛弃等。

以上三种关于形成权的分类方式是相互交错的,通过从不同角度解析形成权,有助于更为清晰地理解形成权制度。一种形成权既是普通形成权,又可能是消极形成权或者积极形成权,还可能是债权性形成权或者物权性形成权,是三类形成权分类的排列组合。例如,撤销权和解除权既是普通形成权,又是消极形成权,也是债权性形成权;追认权既是普通形成权,又是积极形成权,也是债权性形成权。

### 三、形成权的行使

形成权的行使必须根据法律的规定或者当事人之间的约定。形成权的行使涉及形成权行使的条件、行使的方式、行使的限制和行使的法律效力等方面的内容。

#### (一) 形成权行使的条件

形成权赋予权利人通过单方意思表示形成法律关系的权利,意味着违反了债法上的合意原则。在没有相对人同意的情况下,形成权使相对人的法律地位发生了变化,相对人受到形成权行使的约束,因而形成权的行使必须具有合理性。形成权的行使,要么事先获得相对人的同意,要么是基于法律的规定。①

形成权行使的条件有当事人约定或者法律规定,如在成都讯捷通讯连锁有限公司房屋买卖合同纠纷案中,最高人民法院认为,双方在《购房协议书》及其他相关书面文件中均未对单方解除合同的事项作出约定,从而蜀都实业公司不享有约定解除权。根据《购房协议书》,双方的主要合同义务是就达成房屋买卖合意进行诚信磋商,讯捷公司支付1000万元定金。讯捷公司已经支付了1000万元定金,并就涉案房屋买卖一直在与蜀都实业公司进行协商,在案件诉讼过程中也明确表示有意愿、有能力履行支付全部购房款的义务,案件也不存在不可抗力致使不能实现合同目的的情形,也不具备单方解除合同的法定解除情形。蜀都实业公司主张有权单方解除合同的理由不能成立。此外,根据《合同法》第96条的规定,当事人单方解除合同的,应当通知对方。合同自通知到达对方时解除。对方有异议的,可以请求法院或者仲裁机构确认解除合同的效力。根据《合同法解释(二)》第24条的规定,对于该异议期间,当事人之间有约定的从约定,未约定的为解除合同通知到达之日起3个月。涉案当事人没有就包括合同解除异议期间在内的合同解除事项进行任何约定,而蜀都实业公司于2010年3月3日向讯捷公司发出了解除《购房协议书》的通知函,该函件于2010年3月8日到达讯

---

① "形成权的行使以法律为根据,法律规定了特定的事实为其前提条件,这个特定的事实称为'形成原因'。"〔德〕卡尔·拉伦茨:《德国民法通论》(上册),王晓晔等译,法律出版社2003年版,第291页。

捷公司，讯捷公司向一审法院提起诉讼的时间为 2010 年 5 月 12 日，从而无论蜀都实业公司是否有权单方解除《购房协议书》，因讯捷公司于收到解除函的 3 个月内通过起诉的方式提出了异议，故蜀都实业公司的解除函也不产生解除双方合同关系的效力。

在前述案例中，法院生效判决指出了解除权适用的条件，即有约定的从约定，没有约定的从法定。既无约定条件，也无法定条件的，则解除权的行使无效。

(二) 形成权行使的方式

形成权的行使应符合法律规定的方式。否则，形成权的行使不会产生相应的法律效力。根据《民法典》的规定，形成权行使的方式，有通知方式和诉讼或者仲裁方式两种：

(1) 通知方式。以通知方式行使形成权的，适用于法律行为的解除。权利人以书面通知的方式行使形成权的，形成权从书面通知到达相对人时发生法律效力。根据《民法典》第 565 条的规定，当事人一方解除合同的，应当通知对方，合同从解除通知到达对方时解除。对方有异议的，任何一方当事人均可以请求人民法院或者仲裁机构确认解除行为的效力。例如，在深圳富山宝实业有限公司合作开发房地产合同纠纷案中，涉案的富山宝公司在收到合同解除通知后，并未在规定的时间内行使异议权。法院认定福星公司与富山宝公司签订的《合作投资兴建三星花园合同书》已经在合同解除通知到达富山宝公司时解除。

(2) 诉讼或者仲裁方式。以诉讼或者仲裁方式行使形成权的，适用于法律行为的撤销，主要包括双方行为的撤销和决议行为的撤销两种情形：一是可撤销法律行为的撤销。基于重大误解、胁迫、欺诈、显示公平等情形实施的法律行为，当事人可以请求法院或者仲裁机构予以撤销，如《民法典》第 147—151 条之规定。二是决议行为的撤销。决议行为的撤销权应以诉讼方式行使，方能产生法律效力。根据《公司法》第 22 条的规定，股东会或者董事会的会议召集程序、表决方式违反法律、行政法规或者公司章程，或者决议内容违反公司章程的，股东可以请求法院撤销。例如，在绵阳市红日实业有限公司、蒋洋股东会决议效力及公司增资纠纷案中，最高人民法院审理认为，红日公司和蒋洋在科创公司 2003 年 12 月 16 日召开股东会时已经知道优先认缴权受到侵害，且作出了行使优先认缴权意思表示的请求，但并未及时采取诉讼等方式积极主张权利。

(三) 形成权行使的限制

形成权的行使并非无限制，对形成权的限制主要有两个方面：一是形成权的行使不得附条件和附期限，二是形成权的行使不得撤回。[1] 这两种限制适用于所有涉及相对人利益的形成权，这是因为相对人必须接受权利人行使形成权的

---

[1] 参见〔德〕迪特尔·梅迪库斯：《德国民法总论》，邵建东译，法律出版社 2000 年版，第 79 页。

事实,不应该使相对人的法律关系处于不确定状态。

为保护相对人的正当权益,维护正常的交易秩序,法律对形成权行使的期间有严格的限制。否则,法律关系处于不确定状态,对相对人极为不利。我国《民法典》规定了撤销权和解除权等形成权的行使期间为1年。根据《民法典》第152条、第541条的规定,撤销权自债权人知道或者应当知道撤销事由之日起1年内行使。其中,重大误解的当事人行使撤销权的期限为90日。根据《民法典》第564条的规定,法律没有规定或当事人没有约定解除权行使期限,解除权人应在知道或者应当知道解除事由之日起1年内行使解除权,或者经对方催告后在合理期限内行使。

(四) 形成权行使的法律效力

形成权的行使将产生一定的法律效力,即导致法律关系的产生、变更和消灭。形成权的行使因是否有相对人而产生不同的法律效力:

(1) 没有相对人的形成权。没有相对人的形成权的行使,不涉及任何其他人的利益,相对较为简单,如对无主物的先占和所有权的抛弃等情形,形成权的行使既没有相对人,又不涉及第三人的利益。没有相对人的形成权的行使,仅涉及法律关系的产生和消灭,而不涉及法律关系的变更。

一是法律关系的产生。权利人行使形成权形成一定的法律关系。例如,对无主物的先占,先占人取得占有物的所有权(不动产登记请求权),导致所有权法律关系的产生。

二是法律关系的消灭。权利人行使形成权消灭一定的法律关系。例如,所有权的抛弃使抛弃人丧失抛弃物的所有权,导致所有权法律关系的消灭。

(2) 有相对人的形成权。形成权的行使涉及相对人的利益,是最为重要的形成权。这种形成权的行使涉及法律关系的产生、变更和消灭三种情形:

一是法律关系的产生。形成权的行使导致法律关系的产生,即在当事人之间形成一定的法律关系。例如,《民法典》第19条规定的法定代理人的承认权,使未成年人的法律行为发生效力;《民法典》第503条规定的被代理人对无权代理人代理行为的承认,使代理行为发生效力。

二是法律关系的变更。形成权的行使导致当事人之间的法律关系发生一定的变化,即法律关系的要素发生变更。在选择之债中,债务人选择权的行使,使选择之债变成简单之债,如《民法典》第515条规定了债务人的选择权。《民法典》第588条规定了违约金或者定金的选择。

三是法律关系的消灭。形成权的行使导致法律关系的消灭,即当事人之间的权利义务关系消灭,如撤销权或者解除权的行使,导致合同终止,合同权利义务关系消灭。例如,在深圳富山宝实业有限公司合作开发房地产合同纠纷案中,一方当事人的解除合同通知解除了当事人之间的合同关系。

## 第五节 抗 辩 权

抗辩权制度最早起源于罗马法的抗辩（exceptio）制度，大陆法系私法中的抗辩权制度是在罗马法的基础上产生和形成的。抗辩权主要是对抗对方的请求权，有同时履行抗辩权、先履行抗辩权、不安抗辩权和检索抗辩权等。

### 一、抗辩权的概念

抗辩权，又称为异议权，是对抗对方的请求权或者否认对方权利主张的权利。抗辩权是与请求权相关的一种权利。抗辩权的作用在于防御而不是攻击，仅在他人行使请求权时，对抗或者延缓他人的请求权。抗辩权的效力在于阻止请求权的效力，使抗辩权人能够拒绝向相对人履行义务，而不是否定相对人的请求权。

抗辩权主要是针对请求权的，但又不是以请求权为限。抗辩权人既可对抵销权进行对抗[①]，也可对抗辩权进行对抗。抗辩权人对抵销权的对抗，称为准抗辩；抗辩权人对抗辩权的对抗，则称为再抗辩。准抗辩与再抗辩合称为反对权。例如，在中国东方资产管理公司大连办事处借款担保纠纷案[②]中，最高人民法院判决认为，中国银行辽宁省分行向畜产公司发出催收贷款通知书时贷款到期已经超过2年，畜产公司的债务已超过诉讼时效，债务人依法取得时效届满的抗辩权。但畜产公司在银行催收通知书上加盖印章的行为应视为对原债务的重新确认，从而该债权仍受法律保护。依据相关司法解释的规定，借款人畜产公司在催收通知书上盖章行为的性质属于对原债权已过诉讼时效期间带来的抗辩权的放弃，故畜产公司对原债权承担偿还责任。

### 二、抗辩权的分类

根据不同的标准，抗辩权有以下两种分类：

（一）程序法上的抗辩权与实体法上的抗辩权

以抗辩权产生的法律依据为标准，抗辩权可分为程序法上的抗辩权与实体

---

[①] 抵销权是指债权人与债务人双方互相负有基于不同的法律关系而产生的债务时，各自以债权充抵债务，以使双方的债务在等额的范围内消灭的法律制度。

[②] 在中国东方资产管理公司大连办事处诉辽宁华曦集团公司等借款担保纠纷案（〔2002〕辽民三初字第70号、〔2003〕民二终字第93号）中，法院裁判摘要认为，主债权已经超过诉讼时效，根据《担保法》第20条的规定，保证人依法取得了主债务人享有的主债权诉讼时效届满产生的抗辩权。虽然嗣后主债务人又在催款通知书上签字确认债权，放弃了原债权诉讼时效届满的抗辩权，但依据《担保法》第21条的规定，对于主债务人放弃的抗辩权，担保人仍然可以行使，主债务人放弃时效届满抗辩权的行为，对担保人不发生法律效力（2003年最高人民法院公报案例）。

法上的抗辩权。

程序法上的抗辩权,是指一方当事人对另一方当事人的诉讼请求从程序上提出异议。该抗辩权又可进一步分为事实上的抗辩与程序上的抗辩两种:事实上的抗辩是指诉讼当事人根据诉讼法的规定,主张对方所主张事实缺乏真实性、没有事实根据或者根本不存在。程序上的抗辩是指诉讼当事人根据诉讼法的规定,主张诉讼程序缺乏法律依据。

实体法上的抗辩权,是指当事人根据实体法的规定所享有的抗辩权。实体法上的抗辩权有同时履行抗辩权、先履行抗辩权、不安抗辩权、检索抗辩权[①]等,前三种抗辩权是合同法上的抗辩权,而最后一种抗辩权是担保法上的抗辩权。因此,实体法上的抗辩权属于民法范畴。

程序法上的抗辩权与实体法上的抗辩权分类的意义在于,法院可依职权审查程序法上的抗辩权,但不得依职权主动适用实体法上的抗辩权。

(二) 永久性抗辩权与延期性抗辩权

以抗辩权产生的作用为标准,抗辩权可分为永久性抗辩权与延期性抗辩权。

永久性抗辩权,是指权利人有永久地阻止或者排除他人行使请求权的权利。消灭时效届满之后,债务人取得的抗辩权属于永久性抗辩权,债权人的债权由法定之债变成自然债务。虽然债权人的债权仍然存在,但债务人能够永久反复地行使抗辩权,从而使债权的效力永久地被遏制了,如在中国东方资产管理公司大连办事处借款担保纠纷案中,债权已经超过消灭时效,债务人对债权人依法取得的时效届满的抗辩权属于永久性抗辩权。

延期性抗辩权,是指权利人使请求权效力延期或者使对方请求权在一定期限内不能行使的权利。延期性抗辩权仅使对方的请求权一时不能行使,并不能使对方的请求权归于消灭,因而又称为一时性抗辩权。同时履行抗辩权、先履行抗辩权、不安抗辩权、检索抗辩权等,均属于延期性抗辩权。同时履行抗辩权、先履行抗辩权、不安抗辩权是法律实务中常见的抗辩权,如在俞财新商品房买卖(预约)合同纠纷案[②]中,福建省高级人民法院一审认为俞财新有权行使不安抗辩权。最高人民法院二审则否认了俞财新的不安抗辩权,认为俞财新以案外人违约为由在涉案的合同履行中行使不安抗辩权,不符合合同相对性原则。

---

① 检索抗辩权,又称保证人的先诉抗辩权,是指在债权人未向债务人提起诉讼或申请仲裁并强制执行债务人财产之前,如果债权人请求保证人履行保证责任的,保证人有权拒绝履行保证责任。这种抗辩权只能为一般保证的保证人所享有。

② 在俞财新诉福建华辰房地产有限公司、魏传瑞商品房买卖(预约)合同纠纷案(〔2009〕闽民初字第 8 号、〔2010〕民一终字第 13 号)中,法院裁判摘要认为,根据合同相对性原则,涉案合同一方当事人以案外人违约为由,主张在涉案合同履行中行使不安抗辩权的,法院不予支持(2011 年最高人民法院公报案例)。

### 三、抗辩权的行使

抗辩权是对请求权的反对权，抗辩权行使的目的在于阻止请求权的行使。抗辩权行使的目的是永久地或者暂时地阻止请求权的行使，或者导致请求权的减弱。抗辩权人提出一个永久性的抗辩权来对抗请求权，可以永久性地阻止请求权的行使，但是请求权本身仍然存在，并不会因抗辩权的行使而归于消灭。如果抗辩权人不及时地行使抗辩权，借以反对请求权人的请求权，请求权人可以通过法院强制权利的执行。在诉讼之前或者诉讼过程中，抗辩权人应当及时行使抗辩权。否则，抗辩权消灭，原来抗辩权所对抗的请求权就可以不受限制地行使。例如，在中国信达资产管理公司贵阳办事处借款合同纠纷案[①]中，最高人民法院判决指出，区分连带责任保证和一般保证的重要标志就是保证人是否享有先诉抗辩权，即债权人是否必须先行对主债务人主张权利并经强制执行仍不能得到清偿。涉案的借款合同规定只要贷款到约定期限仍未归还，担保方即与借款方一并承担责任，并未区分保证人应否在主债务人客观偿还不能，即先向主债务人主张权利不能后，方承担保证责任。因此，担保人不能行使先诉抗辩权。

## 第六节　权利的竞合

权利的竞合，是指基于同一事实产生两个或者两个以上的权利，而这些权利的行使均可产生相同的结果。各种权利均有可能发生权利竞合，而最为常见的是请求权的竞合。

### 一、请求权竞合的概念

请求权竞合，是指权利人对同一义务人就同一事实产生两个或者两个以上的请求权的情形。在同一事实构成数个不同请求权产生的规范要件时，该事实可能适用两种或者两种以上法律规范，则产生了数个请求权，而产生数个请求权的原因是多种多样的，如我国《民法典》第186条之规定。在中国平安财产保险

---

① 在中国信达资产管理公司贵阳办事处诉贵阳开磷有限责任公司借款合同纠纷案（〔2007〕黔高民二初字第35号、〔2008〕民二终字第106号）中，法院裁判摘要认为，连带责任保证和一般保证相区别的重要标志在于：一般保证的保证人享有先诉抗辩权，即债权人必须先行对主债务人主张权利，在经强制执行仍不能得到清偿的情况下，方能要求保证人承担保证责任；而连带责任保证的保证人不享有先诉抗辩权（2009年最高人民法院公报案例）。

股份有限公司北京分公司、南京金水环境技术有限公司保险人代位求偿权纠纷案①中,江苏省高级人民法院判决认为,狭义请求权竞合指债权人对同一法益而享有的对同一个债务人的数个请求权的并存,债权人仅可选择行使一个请求权。中影公司对际华公司享有的违约赔偿债权与侵权赔偿债权产生狭义请求权竞合,中影公司对金水公司的侵权赔偿债权与对际华公司的违约赔偿债权产生不真正连带之债。平安财险北京分公司向中影公司支付保险赔偿金后,代位取得中影公司的求偿权。平安保险北京分公司在行使侵权损害赔偿请求权之后,不得再行使违约损害赔偿请求权。

数个请求权的产生,主要有以下四种情形②:

(1) 法条竞合。基于同一事实产生符合两个或者两个以上法律规范所规定的请求权要件,但是其中一种请求权规范完全排除其他的请求权规范,从而只能适用第一种请求权规范,实际上并不发生数个请求权。

这种竞合属于规范排斥竞合,即一种请求权规范排斥另一种请求权规范的适用。换言之,如果第一种请求权规范相对于第二种请求权规范属于特别法的规范,根据特别法优于普通法的原则,应适用第一种请求权规范。普通法规范所建立的请求权仅适用于一般的情形,而特别法规范适用于特殊情形,且适用范围小于普通法规范。例如,在浙江隆达不锈钢有限公司海上货物运输合同纠纷案中,最高人民法院判决认为,《合同法》与《海商法》有关调整海上运输关系、船舶关系的规定属于普通法与特别法的关系。基于特别法优先适用于普通法的法律适用基本原则,托运人依据《合同法》第 308 条主张变更运输合同的权利不得致使海上货物运输合同中各方当事人利益显失公平,也不得使承运人违反对其他托运人承担的安排合理航线等义务,或者剥夺承运人关于履行海上货物运输合同变更事项的相应抗辩权。基于《海商法》产生的请求权排除了《合同法》产生的请求权的适用。

(2) 请求权聚集。在同一事实上根据不同的法律规定产生两个或者两个以上的请求权而这些请求权的内容互不相同的,每个请求权可以并存,则构成请求权聚集。③ 我国《民法典》第 996 条规定了请求权聚集。在请求权聚集的情形

---

① 在中国平安财产保险股份有限公司北京分公司、南京金水环境技术有限公司诉南京际华三五二一特种装备有限公司保险人代位求偿权纠纷案([2015]宁商终字第 928 号、[2016]苏民申 2070 号)中,法院裁判摘要认为,请求权竞合包括狭义请求权竞合与广义请求权竞合。狭义请求权竞合指债权人对同一法益而享有的对同一个债务人的数个请求权的并存。广义请求权竞合指债权人对同一个法益而享有的对于数个不同债务人的数个请求权的并存,即不真正连带之债。基于民法损害赔偿的填平原则,债权人对同一个法益,只能受偿一次。无论债权人如何选择,均不得重复受偿。

② 参见〔德〕卡尔·拉伦茨:《德国民法通论》(上册),王晓晔等译,法律出版社 2003 年版,第 348—356 页。

③ 参见王泽鉴:《民法总则》,中国政法大学出版社 2001 年版,第 93 页。

下，各个请求权的内容各不相同，各自独立存在，其中任何一个请求权的行使并不影响其他请求权的效力。换言之，一个请求权的行使并不导致另一个请求权的消灭。例如，由于过错行为对他人人身造成损害的，加害人不仅要对受害人承担财产损害赔偿责任，还可能要对受害人承担精神损害赔偿责任。

（3）请求权竞合。在同一事实上根据法律规定产生两个或者两个以上请求权，这些请求权的内容相同时，则发生请求权竞合，权利人可以选择行使请求权。这是真正产生请求权竞合的情形，前二种情形并非请求权竞合。我国《民法典》第186条规定了请求权竞合。例如，在北京馨春鸣玥食品有限公司销售一店买卖合同纠纷案[①]中，河北省高级人民法院判决认为，根据《合同法》第122条的规定，因当事人一方的违约行为，侵害对方人身、财产权益的，受损害方有权选择依照《合同法》要求承担违约责任或者依照其他法律要求承担侵权责任。涉案申请人已选择在北京市怀柔区人民法院起诉要求被申请人承担产品质量责任，且该案已审结，申请人再就同一事实提起违约之诉，不符合法律规定。

请求权聚集与请求权竞合的区别在于，请求权竞合中的所有请求权是针对同一给付，且针对这个给付的请求权只能行使一次，如果其中一个请求权得到履行，其他请求权则随之消灭。

### 二、请求权竞合的类型

请求权竞合主要有以下三种情形[②]：

（1）物权请求权与债权请求权的并存。基于同一事实同时产生一个物权请求权和一个债权请求权，导致物权请求权与债权请求权的竞合。物权请求权与债权请求权的内容和目的相同，如在租赁关系终止之后，承租人不返还租赁物的，则出租人基于对租赁物的所有权享有返还请求权和基于租赁关系对租赁物享有返还请求权，前者是基于物权享有的物权请求权，后者是基于债权享有的债权请求权。无论是物权请求权还是债权请求权，均为对物的返还请求权，目的也相同。虽然出租人既可以行使物权请求权，也可以行使债权请求权，但是只能选择其中的一个请求权，而且其中任何一个请求权行使的，另一个请求权则归于消灭。

（2）数个物权请求权的并存。基于同一事实同时产生两个或者两个以上物权请求权，出现的数个物权请求权的竞合。两个物权请求权的内容和目的相同，如所有权的占有权受到侵害时，则形成了基于占有权的占有物的返还请求权和

---

[①] 在北京馨春鸣玥食品有限公司销售一店诉廊坊市八度麦城食品有限公司买卖合同纠纷案（〔2018〕冀10民终4205号、〔2018〕冀民申8930号）中，法院裁判摘要认为，根据《合同法》第122条的规定，当事人对违约损害赔偿之诉和侵权损害赔偿之诉，只能选择其中之一，不能同时行使。

[②] 参见郑玉波：《民法总则》，中国政法大学出版社2003年版，第72—73页。

基于所有权的返还请求权,均为物权请求权。基于占有权的占有物的返还请求权和基于所有权的返还请求权,请求权的内容和目的相同。权利人无论行使哪个请求权,另一个请求权均归于消灭。

(3) 数个债权请求权的并存。基于同一事实同时产生两个或者两个以上债权请求权,出现的数个债权请求权的竞合。我国《民法典》第 186 条规定了数个债权请求权的竞合。两个债权请求权的内容和目的相同,如商店向顾客提供变质的食品,顾客食用之后造成身体伤害,产生了违约损害赔偿请求权和身体伤害赔偿请求权。两个债权请求权均为损害赔偿请求权,请求权的内容和目的相同。前者是因合同之债产生的请求权,后者则是因侵权之债产生的请求权。例如,在东京海上日动火灾保险(中国)有限公司上海分公司保险人代位求偿权纠纷案①中,上海市第二中级人民法院认为,对于同一损害,当事人双方既存在合同关系又存在侵权法律关系的,不能完全割裂两者的联系,既要保护一方在请求权上的选择权,也要保护另一方依法享有的抗辩权。在责任竞合的情况下,如果允许一方选择侵权赔偿,并基于该选择禁止另一方依据合同有关约定进行抗辩,则不仅会导致双方合同关系形同虚设,有违诚实信用原则,也会导致市场主体无法通过合同制度合理防范、处理正常的商业经营风险。无论一方以何种请求权向对方主张责任,均不能禁止其依据合同的有关约定进行抗辩。涉案保险人行使保险代位权的,其权利义务应当与托运人对承运人的权利义务一致。托运人与承运人之间的权利义务,既受双方运输合同约束,也受《侵权责任法》的调整。承运人依据涉案运输合同对托运人享有的合同抗辩权,同样适用于保险人。

关于请求权竞合问题,《合同法》第 122 条已经有明确的规定,《合同法司法解释(一)》第 30 条有进一步的规定。在请求权竞合时,因权利性质以及消灭时效的差异,各种权利的行使各有利弊,权利人可选择最为有利的权利行使。由于物权的优先效力,物权请求权通常优于债权请求权,如果物权请求权与债权请求权竞合,权利人应选择行使物权请求权。

## 第七节　权利的行使

在不同历史时期,权利行使遵循不同的原则。在现代社会中,权利行使应遵

---

① 在东京海上日动火灾保险(中国)有限公司上海分公司诉新杰物流集团股份有限公司保险人代位求偿权纠纷案([2016]沪 0114 民初 5194 号、[2017]沪 02 民终 6914 号)中,法院裁判摘要认为,货物运输合同履行过程中托运人财产遭受损失,在承运人存在侵权与合同责任竞合的情形下,允许托运人或其保险人依据《合同法》第 122 条选择侵权诉讼或合同诉讼。但是,托运人要求承运人承担侵权责任的,承运人仍然可以依据货物运输合同的有关约定进行抗辩。法院依据诚实信用原则,综合考虑合同条款效力、合同目的等因素确定赔偿范围(2019 年最高人民法院公报案例)。

循诚实信用原则和禁止权利滥用原则。

**一、权利行使的意义**

权利的行使,是指权利主体实现权利内容的正当行为。一切权利的行使均属于行为,但因行使的权利种类的不同,导致行使权利的行为方式的差异,有法律行为、准法律行为和事实行为之分。属于法律行为的权利行使,如撤销权的行使;属于准法律行为的权利行使,如催告权的行使;属于事实行为的权利行使,如所有权人任意损毁所有物。① 从行使权利的行为作用方面,有请求权的行使,如债权人请求债务人履行债务;有支配权的行使,如所有权人处分所有物;有形成权的行使,如权利人行使解除权解除合同。例如,在绵阳市红日实业有限公司、蒋洋股东会决议效力及公司增资纠纷中,最高人民法院判决认为,股东优先认缴公司新增资本的权利属形成权,权利应当在一定合理期间内行使,且由于该权利的行使属于典型的商事行为,对于合理期间的认定应当比普通民事行为更加严格。

权利并非没有限制,权利本身存在界限。在现代社会中,法律由权利本位进入社会本位之后,法律既要保护个人的权利,又要维护正常的社会秩序,保护公共利益。个人权利的行使应受到法律的限制,不得违反社会公共利益。近代民法采所有权绝对原则,即所有权人行使权利没有任何限制,无须顾及他人的利益,即使对他人的利益造成损害的,也不承担任何责任。在社会化思潮的影响下,现代民法的权利观念发生了变化,权利的相对化是现代民法的发展趋势。任何权利均不是绝对的,权利的行使均有一定的范围限制②,这已经成为世界各国民法的基本原则。例如,《德国民法典》第 226 条规定,权利的行使不得以损害他人为目的。我国立法也遵循这个基本原则,《民法典》第 7 条、第 8 条和第 132 条等明确规定了对权利行使的限制。

基于公共利益保护的需要,法律对权利的行使规定了种种限制,但在权利受到不法侵害时,法律则对受害人给予救济,以恢复权利。法律对权利的保护方法非常多,但所有的保护方法均可归纳为公力救济和私力救济两大类。公力救济是指权利受到侵害时,权利人可以请求国家以公力排除侵害,恢复权利。私力救济是指权利受到侵害时,权利人依靠自身的力量排除侵害,自行恢复权利。这两种方法产生的时间顺序是,私力救济在前,公力救济在后。

---

① 参见郑玉波:《民法总则》,中国政法大学出版社 2003 年版,第 545 页。
② 所有权是一种最不受限制的权利,但现代各国的民法和其他有关法律对所有权规定了法律保留和第三人的权利。善意取得制度也是对所有权的一种限制,为保护交易安全,维护善意第三人的利益,原所有权人的所有权被合法地剥夺了。航空技术的发展,导致各国的航空法剥夺了土地所有权人对空间的所有权。矿业法则剥夺了土地所有权人对矿藏资源的所有权。

在人类社会早期,国家组织机构不健全、不发达,对权利的保护依赖于私力救济方法,因而私权的自救权成为私权的附属权,由个人任意行使。然而,随着社会的进步,国家组织机构的不断健全和完善,私力救济逐渐为公力救济所取代。社会文明程度越高,私力救济适用的范围就越小。近代以来,世界各国均以公力救济为原则,私力救济为例外,私力救济仅限于非常狭小的范围内。现代民法基本禁止私力救济,只有在公力救济无法及时保护权利的情况下,法律才允许权利人进行私力救济,以及时制止不法行为,防止损害的进一步扩大。例如,在余明华不履行法定职责案[①]中,南通市中级人民法院判决禁止私力救济,否定了私力救济的合法性。涉案车辆为余明华的合法财产,余明华及其子余飞对该车辆的占有、使用是合法权利,该权利不应受到非法侵害。张某、李某等人以其与余明华之间存在民事纷争为由,强行进入车辆并拖走车辆的行为,不具有合法性。张某、李某等人与余明华之间存在民事争议应当通过诉讼、申请诉讼保全等合法途径解决。未经权利人余明华同意,无权擅自强行扣留、占有余明华的财产。自然人以私力强占方式来实现的自我救济行为,为法律所禁止。民事纷争并不构成当事人可以实施违法行为的正当理由。

## 二、权利行使的原则

权利不是没有限制的,权利本身即蕴含界限。权利行使应遵循一定的法律原则。在现代民法中,权利的行使应遵循诚实信用原则和禁止权利滥用原则。

### (一)诚实信用原则

现代民法以诚实信用原则为行使权利的基本原则。诚实信用是在商品交易活动中所形成的道德准则。从罗马法开始,法律引入了道德规范。作为法律规范的诚实信用原则,最早起源于罗马法。从罗马法以来,法律确认了权利行使的自由。

从资本主义发达以后,社会种种矛盾日渐增多,诚实信用逐渐成为民法的基本原则,用以修正资本主义所产生的种种社会弊端。《法国民法典》第1134条和《德国民法典》第242条仅规定了债务人履行义务应遵循诚信原则。诚实信用原则作为限制权利行使的民法基本原则是由《瑞士民法典》第2条确立的。诚实信用原则不再局限于债法范围内适用,不仅规范义务人履行义务的行为,还规范权

---

① 在余明华诉如皋市公安局不履行法定职责案(〔2015〕东行初字第00150号、〔2016〕苏06行终90号)中,法院裁判要旨认为,保护自然人的人身和财产不受非法侵犯,预防、制止违法犯罪活动,及时查处治安违法行为,维护社会治安秩序,是公安机关的法定职责。公安机关应当按照上述规定,依法履行自身的职责,公安机关不依法履行上述法定职责的,则构成行政不作为。自然人以私力强占方式来实现的自我救济行为,为我国法律所禁止。民事纷争并不构成当事人可以实施违法行为的正当理由。公安机关依法制止、查处非法侵犯财产的行为,是维护正常社会治安秩序的职责要求,并不属于违法介入民事争议的处理。

利人行使权利的行为。这就使诚实信用原则真正成为民法的最高原则。《瑞士民法典》将诚实信用原则扩大到权利行使的规定,是德国和法国民法学说及判例之成果。

在欧洲民法典和学说的影响下,《日本民法典》第1条也将诚实信用原则适用于权利的行使。我国国民政府时期的民法典,折中了《德国民法典》和《瑞士民法典》的规定,将诚实信用原则规定在债编之中,作为行使债权、履行债务的基本原则。《民法典》第7条确立了诚实信用原则为民法的基本原则。

20世纪后半叶,诚实信用原则的适用范围不断扩大,既适用于合同行为,也适用于所有的权利行使和义务履行行为,成为各国或地区现代民法的基本原则,确立了在现代民法中至高无上的地位。诚实信用原则的性质发生了本质变化,从补充当事人意思不足的任意性规范发展成为当事人不能通过约定排除适用的强制性规范,法院依职权可以直接适用。诚实信用原则兼法律规范与道德规范于一体,具有法律与道德的双重功能,富有极大的弹性,赋予法官一定的自由裁量权,直接调整当事人之间的权利义务,从而使法律适应了现代社会快速发展和变化的需要。

诚实信用原则具有补充、调整、限制等方面的功能。诚实信用原则对于法律行为和法律条文具有解释或者补充功能。在当事人意思表示模糊或者法律条文规定不明确的情况下,应当根据诚实信用原则解释当事人的真实意思表示或补充当事人意思表示的不足,或者解释法律文义或补充法律文义的不足。即使当事人的意思表示清楚明了或者法律规定明确,但由于情事变更或者社会变迁,适用当事人的意思表示或者法律规定将导致一方当事人利益的失衡的,法院应根据诚实信用原则对当事人的意思或者法律条文的文义作出适当的调整,以平衡当事人之间的利益关系。最后,诚实信用作为权利的内在界限,是限制权利行使的准则。例如,在吉林省东润房地产开发有限公司合资、合作开发房地产合同纠纷案和广州珠江铜厂有限公司加工合同纠纷案中,均涉及当事人对合同条款的理解的争议,最高人民法院均以诚实信用原则,确定争议条款的真实意思。

(二) 禁止权利滥用原则

权利的滥用在外表上是权利的行使,而实际上却违反了权利的社会性,不能被认为是正当行使权利的行为。权利的本质不仅在于保护个人,还在于兼顾社会利益,权利的行使应符合法律赋予权利的目的。权利的行使一旦超越权利的目的,即构成了权利的滥用。权利滥用是违反诚实信用原则的具体表现,禁止权利滥用则是诚实信用原则的实际运用。例如,在广东雪莱特光电科技股份有限公司股东滥用股东权利赔偿案①中,佛山市中级人民法院判决认为,股东诉讼缺乏正当的目的,违反诚实信用原则,构成权利滥用。在李正辉向雪莱特公司提交辞职报告请求辞去董事和副总经理职务后,雪莱特公司形成的董事会决议,同意李正辉辞去董事和副总经理职务。董事会决议的内容与李正辉的辞职请求一致,但嗣后李正辉却又以雪莱特公司董事会会议召开程序及决议违法为由,向法院提起撤销董事会决议之诉。李正辉提起撤销之诉的目的并不在于实现撤销之诉正当的目的,从而应认定滥用了《公司法》第22条的规定的相关诉权。

在权利绝对主义观念的影响下,《法国民法典》对权利的行使并无特别的限制。在19世纪末的权利社会化和权利相对化观念的影响下,《德国民法典》规定了禁止权利的滥用。伴随社会经济的发展,对权利滥用的民法立法理念也发生了变迁,权利滥用的认定标准从宽松到严格,即从主观主义向客观主义发展。《德国民法典》对权利滥用的构成采纳主观主义,即以行为人是否具有主观恶意为标准,而《瑞士民法典》对权力滥用的构成则采纳客观主义,即以行为人的结果是否对他人构成侵害为标准,不问是否具有主观恶意。从主观主义向客观主义的演变表明了对禁止权力滥用立法的进一步加强。

权利的滥用有积极与消极之分。德国、瑞士等国立法例规定的情形属于对积极的权利滥用的禁止,而权利失效是法律规定的消极的权利滥用的情形。权利失效是指权利人长期不主张或者不行使自己的权利,如请求权、形成权等,特别是权利人对有关财产的安排或者对其他本来可用以保护自己的措施置之不理时,使相对人合理地信赖权利人不再行使权利,从而导致权利人丧失权利。时间的经过和权利人的不作为,是权利失效的两个重要因素,而权利人的不作为是其中最为重要的因素,即权利人消极的不作为或者积极的作为引起相对人对权利人行为的合理信赖,从而使相对人有充分理由相信权利人不再会行使权利。

权利滥用的法律后果,有一般后果和特殊后果之分。权利滥用的一般后果,因权利行使方式的不同而有所不同,权利行使行为是法律行为的,则该法律行为无效;权利行使行为是事实行为的,则权利人应对受害人承担赔偿责任。例如,在宋修林海上养殖损害责任纠纷案②中,青岛海事法院判决认为,滥用权利人应对受害人承担损害赔偿责任。加害人滥用权利的行为侵害了受害人合法财产

---

① 在广东雪莱特光电科技股份有限公司诉李正辉股东滥用股东权利赔偿案(〔2008〕南民二初第738号、〔2008〕佛中法民二终字第960号)中,法院裁判要旨认为,判断股东会、董事会决议是否违反了相关规定,是否应予撤销的裁量权在法院。公司决议撤销之诉的目的在于保护中小股东,但股东应本着诚实信用原则提起撤销之诉。否则,股东诉讼将构成诉权的滥用。

② 在宋修林诉王珂海上养殖损害责任纠纷案(〔2001〕青海法海事初字第23号)中,法院裁判要旨认为,权利人行使权利超过正当界限,有损他人利益或社会公共利益的,即构成权利的滥用,而滥用权利不受法律的保护。行为人虽无权在海上进行养殖,但该海域合法使用者在行使自己的权利时应注意自己行使权利的方式,不能以毁坏他人合法财产的方式行使自己的权利。

（虽然受害人没有权利在有关海域从事养殖，但受害人对在该海域设置的有关养殖筏架所用物资本身的财产权，法律应该予以尊重和保护），已构成对受害人的侵权行为，应当承担侵权损害责任。尽管受害人侵害加害人的权利在先，但加害人仍应对滥用权利造成的受害人损失承担全部的损害赔偿责任。

### 三、权利失效制度

权利失效制度发源于德国的民法理论和司法实践，为日本和我国台湾地区的民法理论和司法实践所借鉴和采纳。权利失效制度的理论基础是对信赖利益的保护，是诚实信用原则在权利行使方面的具体应用。我国民法理论并未形成较为全面、完整的权利失效制度的论述，但司法实践中出现了不少直接肯定权利失效的案例，其中以知识产权领域的案例居多，且涉案数量逐年呈上升趋势。

#### （一）权利失效的概念及构成

权利失效，是指权利人在一定的期间内不行使权利的行为，使相对人确信其不再行使权利并据此调整自己的行为，权利人再行使权利行为违反诚实信用原则并严重损害相对人的利益，从而宣告权利人丧失权利的制度。权利失效在德国民法上称为 Verwirkung，也有译为失权[1]，起源于德国的民法理论和司法实践，是《德国民法典》第242条诚实信用原则的发展和应用，思想基础是信赖利益保护。[2] 德国的权利失效理论认为，如果权利人长期不主张或者行使自己的权利（如请求权、形成权、抗辩权等），特别是权利人对有关财产安排或者对自己的保护措施置之不理，使相对人有充分的理由相信权利人不再行使这种权利，这种权利就可能失效。特别是权利人通过自己的积极作为或者意思表示强化了相对人对权利人不行使权利的信赖，由此形成的权利失效属于权利人"前后行为自相矛盾"的结果。但是，在特定情形下权利人完全的不作为也可能导致权利失效，如权利人的完全不作为使相对人确信权利人不再行使权利，则相对人无须再考虑权利人的权利请求问题。[3]

权利失效除了自相矛盾的行为之外，还应具备两个因素：一是时间因素。在一段特定的时间内，权利人能够主张权利却不主张权利。二是情事因素。另一方当事人基于权利人的行为已经调整自己的行为。[4] 但是，使权利失效起决定性作用的既不是时间的经过，也不是权利人的不作为，而是权利人的不作为或者

---

[1] 参见〔德〕迪特尔·梅迪库斯：《德国民法总论》，邵建东译，法律出版社2000年版，第115页；〔德〕卡尔·拉伦茨：《德国民法通论》（上册），王晓晔等译，法律出版社2003年版，第59页。
[2] 参见〔德〕迪特尔·施瓦布：《民法导论》，郑冲译，法律出版社2006年版，第182页。
[3] 参见〔德〕卡尔·拉伦茨：《德国民法通论》（上册），王晓晔等译，法律出版社2003年版，第309—310页。
[4] 参见〔德〕迪特尔·施瓦布：《民法导论》，郑冲译，法律出版社2006年版，第182页。

积极的行为所引起的相对人对权利人不行使权利行为的信赖。①

日本民法理论和司法实践也确立了权利失效。② 我国台湾地区根据诚实信用原则创设了权利失效理论,成为消灭时效和除斥期间之外的一种限制权利行使的制度。③ 我国民事立法未涉及权利失效制度,司法审判实践从间接肯定到直接肯定权利失效制度,确认了这种法律现象的存在,如在山东海汇生物工程股份有限公司股权转让纠纷案中,山东省青岛市中级人民法院判决指出,当相对人有正当理由信赖解除权人不会再行使解除权时,解除权人则不得再行使解除权,即解除权人的解除权失效。法院判决虽然确认了权利失效现象,但并未直接出现权利失效的概念,从而该案判决仅间接肯定了权利失效制度,是早期的权利失效判例。

(二) 权利失效的适用及效力

民法理论对权利失效制度适用的范围有两种观点:一是权利失效仅适用于形成权;二是权利失效适用于形成权、请求权和抗辩权。虽然德国民法理论强调权利失效适用于形成权、请求权和抗辩权,但也认为权利失效对形成权的行使至关重要。④

民法制度对权利行使的限制有消灭时效和除斥期间,请求权适用消灭时效而形成权适用除斥期间。消灭时效适用于所有的债权请求权,权利失效制度不存在对消灭时效拾遗补阙的作用。形成权的情形则不同,权利失效制度适用于形成权有助于填补除斥期间的漏洞。基于形成权的多样性和成文法的局限性,仅有部分形成权规定了除斥期间。大部分形成权的行使,法律并未有明确的时间限制,这些形成权的行使应由诚实信用原则发展而来的权利失效制度规范。因此,权利失效制度主要适用于形成权。

对于权利失效的法律后果,德国民法理论形成了抗辩说和权利本体消灭说两种观点:抗辩说认为相对人的抗辩权产生,即权利失效使相对人对权利人不法行使权利行为产生了抗辩权,但权利人的权利本体仍然存在。权利本体消灭说认为权利本体归于消灭,而不仅仅是权利的限制。

抗辩权说适用于请求权,消灭时效制度确立的法律后果是相对人产生抗辩权,权利人的本体权利仍然存在。权利本体消灭说适用于形成权。同除斥期间的效力一样,产生权利本体消灭的法律效果。除斥期间对形成权是一种单纯时间上的规制,形成权在除斥期间届满时消灭。立法并未对所有的形成权进行除斥期间的规制,而形成权的单方性又仅限于除斥期间的规制,从而要求以权利失

---

① 参见〔德〕卡尔·拉伦茨:《德国民法通论》(上册),王晓晔等译,法律出版社2003年版,第310页。
② 参见〔日〕我妻荣:《新订民法总则》,于敏译,中国法制出版社2008年版,第34、408条。
③ 参见王泽鉴:《民法总则》,中国政法大学出版社2001年版,第560页。
④ 〔德〕迪特尔·施瓦布:《民法导论》,郑冲译,法律出版社2006年版,第183页。

效制度补充除斥期间的不足,所补充的法律效果应与适用除斥期间一致。因此,权利本体消灭说较好地说明了权利失效制度的本质和内涵。

(三) 权利失效的功能

权利失效制度有助于填补消灭时效制度和除斥期间制度的漏洞,主要适用于形成权。我国的消灭时效期限较短,对请求权没有适用权利失效制度的必要。我国民法没有引入权利失效制度,我国的民事立法和司法解释并未规定权利失效制度。我国的权利失效制度是通过各级司法审判实践,自下而上逐步得以确立的,我国四个审级的法院均有适用权利失效的判例。例如,在南京天睿影视文化传播有限公司著作权许可使用合同纠纷案①中,广东省高级人民法院认定解除权人(迅雷公司)丧失合同解除权,直接肯定了权利失效制度。对于当事人行使解除权的期限,《合同法》第95条及相关司法解释中均未作出规定,双方当事人在涉案的《影视合作协议书》中也未对此作出约定。深圳市中级人民法院一审认为,迅雷公司行使解除权的期限,仍然应当受到"权利失效"该项原则的限制。权利失效来源于诚实信用原则,权利人在行使权利时应当遵循诚实信用原则,即应当在解除权产生后的合理期限内及时行使权利。迅雷公司在案涉协议约定的解除合同条件成就之后,有权在继续履行合同和解除合同二者间作出选择。迅雷公司选择继续使用案涉影视作品的行为,表明已经以默示的方式放弃了行使合同解除权。即使迅雷公司没有放弃合同解除权,但持续正常使用案涉作品长达一年多的期间内并未向许可人主张行使合同解除权,足以使许可人产生合同仍在继续正常履行的合理信赖。在许可人提起要求迅雷公司支付许可使用费的诉讼后,迅雷公司才主张行使合同解除权。迅雷公司行使合同解除权,明显超出了正常合理期限,违反了《合同法》规定的诚实信用原则。二审法院判决维持了一审法院的判决。迅雷公司行使解除权的行为违反诚实信用原则,构成权利失效。

### 四、权利的救济方式

对权利的救济有私力救济和公力救济两种方式。私力救济是人类社会早期的权利救济方式。在现代社会中,以公力救济为主,私力救济为辅。实际上,审判实践基本否定了私力救济的空间,如在长三角商品交易所有限公司返还原物

---

① 在南京天睿影视文化传播有限公司诉深圳市迅雷网络技术有限公司、深圳天天看看信息技术有限公司著作权许可使用合同纠纷案(〔2017〕粤03民初61号、〔2018〕粤民终665号)中,法院裁判摘要认为,权利失效是指解除权发生后,如果在相当长的期间内未经行使,使得对方对于解除权之不被行使产生合理信赖,则解除权人不得再行使其解除权。权利失效是诚实信用原则的衍生品。

纠纷案①中，无锡市崇安区人民法院一审肯定了雇员的私力救济，但无锡市中级人民法院二审则否定了雇员的私力救济，认为《劳动法》及《劳动合同法》已经对雇员的合法权利设置了倾斜性保护条款，雇员完全可以通过法定的正当途径保护自己的劳动债权，如再使用私力救济方式保护劳动债权，不仅影响劳动生产和管理秩序，还将造成债权债务保护的不公平性。公力救济是现代社会的主要救济方式，私力救济仅限在某些特定情形下适用。

（一）私力救济

人类社会早期实行同态复仇、私力救济。进入近代之后，法律限制对他人使用暴力，即使在权利受到侵害或者受到侵害威胁时，权利人也不得通过自己的强力实现自己的权利，而应向司法机关寻求帮助。但是，在某些情形下，如果权利人不能及时获得司法机关的救济，法律规定权利人可以采取必要措施抵御侵权行为，即允许私力救济。私力救济是指权利受到侵害时，权利人依靠自身的力量排除侵害，自行恢复权利的行为。私力救济有自卫行为和自助行为两种形态。自卫行为，是指自己或者他人的权利正在受到不法侵害或者危险的情况下，行为人所采取的防卫或者避险的行为。自卫行为既是民法制度，也是刑法制度。在刑法上，自卫行为不构成犯罪，是违法阻却事由，构成刑事免责的理由；在民法上，自卫行为不构成侵权，是民事免责的理由。世界各国均规定自卫行为成为刑事和民事的免责理由，但对自卫行为成为免责理由的原因，则存在主观说与客观说两种不同的学说。②自卫行为有正当防卫和紧急避险两种形式：

（1）正当防卫。正当防卫，是指为避免自己或者他人正在受到的不法侵害，行为人在必要的程度内实施防卫的必要行为。我国《民法典》第181条规定了正当防卫，《德国民法典》第227条和《日本民法典》第720条也规定了正当防卫。正当防卫只能适用于某些防卫性措施，仅仅是为抵御侵害行为，而不能攻击性地实现自己的权利，还不能对侵权人实施报复行为。防卫措施不仅是受害人本人可以采取，任何第三人也可以为帮助受害人而采取防卫措施。正当防卫的构成必须符合以下三个条件：

一是必须有加害行为。加害行为是正当防卫的前提，加害行为必须是正在发生且为违法行为。加害行为必须是现时的，即已经开始或者正在实施还未完毕。加害行为已经结束或者还没有开始的，均不构成正当防卫。如果加害行为

---

① 在长三角商品交易所有限公司诉卢海云返还原物纠纷案（〔2014〕崇民初字第0562号、〔2014〕锡民终字第1724号）中，法院裁判摘要认为，留置权是平等主体之间实现债权的担保方式；除企业之间留置的以外，债权人留置的动产，应与债权属于同一法律关系。劳动关系主体双方在履行劳动合同过程中处于管理与被管理的不平等关系。雇员以用人单位拖欠劳动报酬为由，主张对用人单位供其使用的工具、物品等动产行使留置权，由于这些动产不是劳动合同关系的标的物，与劳动债权不属于同一法律关系，法院不予支持该主张（2017年最高人民法院公报案例）。

② 参见郑玉波：《民法总则》，中国政法大学出版社2003年版，第554页。

是合法的，则行为人不得实施正当防卫。

二是必须为本人或者第三人的利益实施防卫行为。防卫的目的在于保护本人或者第三人的利益，至于实施防卫的权利种类，法律没有限制。既可为自己的权利或者利益实施正当防卫，也可为第三人的权利或者利益实施正当防卫。

三是正当防卫必须在一定的范围之内。正当防卫必须是对加害人给予反击，但反击行为不得超过必要限度。正当防卫的必要性应以客观标准来判断，不能以受害人的主观标准来臆断。超过必要限度的防卫，行为人应承担相应的赔偿责任。

符合前述三个条件的防卫行为，则构成正当防卫。正当防卫属于违法阻却事由，行为人即使对不法加害人造成损害的，也不构成侵权行为，无须承担赔偿责任。但是，超过必要限度的防卫行为是违法的，行为人必须承担相应的责任。假想防卫和防卫过当均为超过必要限度的正当防卫。防卫过当必须承担损害赔偿责任，而假想防卫是否要承担赔偿责任，则应当根据侵权行为法的一般原则来确定，即以行为人是否有过失来判断。

（2）紧急避险。紧急避险，是指为避免自己或者他人的生命、身体、自由或者财产上的急迫危险所实施的避免危险的行为。我国《民法典》第182条规定了紧急避险，《德国民法典》第228条和《日本民法典》第720条也规定了紧急避险。紧急避险有防御性紧急避险与攻击性紧急避险之分。前者是指行为人损坏或者损毁属于他人的而且将要产生危险的财产。例如，打伤或者打死一条咬人的狗。后者是指行为人为消除某种急迫的危险，侵害了其他人的财产所有权，而该危险的产生与该财产及其所有权人没有关系。例如，在火灾中，为避免火灾的蔓延，将与着火房屋相邻的建筑物拆除。紧急避险的构成应满足以下三个方面的条件：

一是必须有危险存在。危险的存在是紧急避险的前提，但仅仅有危险的存在是不够的，这种危险的程度必须是急迫的，而不管发生的原因如何。这种急迫的危险直接威胁生命、身体、自由、财产，与正当防卫不同，紧急避险仅限于以上四种情形。凡是生命、身体、自由、财产遭受急迫危险，则无论是属于自己的，还是属于他人的，均可构成紧急避险的条件。

二是必须为避免自己或者他人生命、身体、自由或者财产上的急迫危险而实施避险行为。行为人对第三人实施的加害行为，必须是为躲避急迫的危险。例如，行人为躲避肇事汽车而撞毁了路边摊贩的商品。

三是避险行为必须在一定范围之内。紧急行为必须是为避免危险所必要，即没有超过避免危险的程度。例如，如果为避免自己生命的危险而伤害他人的生命，或为避免自己财产的危险而伤害他人的生命，则不属于紧急避险，也不能为避免自己财产的小危险而对他人的财产造成更大的损害。

符合前述三个条件的避险行为,即构成紧急避险。行为人对他人造成损害的,不承担损害赔偿责任。但因避险过当而对他人造成损害的,则应承担赔偿责任。

正当防卫和紧急避险仅仅为使抵御某种现时侵害或者避免某种急迫危险的行为合法化。在一般情况下,如果人们可以采取自助行为,就会丧失正常的社会公共秩序。在现代社会中,社会为自然人提供了必要的法律保护,自然人利用自身的力量来实现请求权,只能是一种例外。

自助行为是指为保护自己的权利,限制加害人的人身自由或者扣押、损毁其财产的行为。有些权利的行使无须其他人的协助,如支配权;有些权利的行使却需要相对人的协助,否则,权利人无法实现权利,如请求权。在权利人行使请求权时,如果义务人不给予协助,权利人只能通过司法机关强制义务人履行义务。但是,在某些情况下,权利人不可能立即获得司法机关的保护,如果不采取相应的措施,权利将受到损害而无法获得救济。例如,在宋修林海上养殖损害责任纠纷案中,青岛海事法院对加害人的行为是侵权行为还是自助行使权利行为作出了判断。加害人在一定期限内对湖岛湾 4 号海区拥有合法的承包经营权,而受害人对该海域没有任何合法的使用权利,受害人在该海域设置养殖筏架的行为已经妨害了加害人对该海域行使承包经营权,受害人的行为已构成对加害人的合法权利的侵害。但该案仍然不符合采取自助行为的条件,即使加害人向受害人发出了限期拆除的通知而受害人拒不拆除,加害人也无权采取这样的所谓自我保护方法,应该通过法定程序向国家请求保护,而不是自行采取措施割除受害人的养殖筏架。

自助行为的构成应满足以下三个方面的条件:

(1) 必须自己的权利受到不法侵害。采取自助行为救济的权利,必须是属于行为人自己的权利,他人的权利受到侵害的,不能适用自助行为。自助行为的范围小于自卫行为,自卫行为不限于保护自己的权利,保护他人的权利也包括在内。从自助行为适用的权利类型看,仅限于请求权,包括债权请求权与物权请求权,但根据请求权性质不能强制执行的除外。

(2) 必须无法及时获得公力救济。这是实施自助行为的前提,即时间急迫,如果不实施自助行为,权利人的权利就无法实现或者难以实现。例如,债务人在国内没有任何财产,为逃避债务要逃往国外,即将登机。如果不将债务人扣押,事后权利人的请求权将无法实行。

(3) 必须按照法定的方式。自助行为必须符合法定的方式。限制他人的人身自由,或扣押、损毁他人的财产,均不得超过一定限度。例如,不得伤害人的身体;可以扣押财产的,则不得损毁财产;能够扣押财产的,则不得限制人身自由。

符合前述三个条件的行为构成自助行为。行为人对他人造成损害的,不构成侵权,不承担赔偿责任。行为人实施自助行为之后,应立即请求司法机关依法处理。例如,在陈帮容、陈国荣、陈曦生命权纠纷案①中,重庆市第一中级人民法院判决认为,自然人债权可以通过公力救济和自力救济两种途径实现,涉案陈静的债权经过法院判决和执行均未得到实际清偿。陈静无意间遇到了债务人陈某后一面及时拨打报警电话和执行法官电话寻求公力救济,一面拉住陈某胳膊要求其偿还,拉住胳膊要求还款的行为没有超过合理限度,不属于侵权行为。陈某在法院判决后并没有主动履行债务的意愿和行为,遇到陈静时甚至否认其债务,且法院和公安部门在当时无法即时解决债务纠纷,在此情况下,吴建平、李跃国跟随陈某到卫生间外的楼道等候以保证天亮到法院解决债务纠纷,该行为并未超过自力救济的合理限度,不属于侵权行为。

(二) 公力救济

公力救济是指由司法机关采取救济措施保护权利人的权利。公力救济的主要方法是权利人以提起民事诉讼的方式,请求司法机关保护权利。公力救济属于程序法,即民事诉讼法,并非民法的调整对象。权利人对受到侵害权利的救济,主要有以下四种方式:

(1) 停止侵害之诉。停止侵害之诉是指对正在受到侵害的权利的一种诉讼保护方法,既包括请求停止对权利的现实侵害,也包括请求除去侵害权利的危险,还包括请求排除对行使权利造成的妨碍。

(2) 确认之诉。确认之诉是指权利人请求司法机关确认某项权利的存在或者归属问题的一种诉讼保护方法。例如,某项财产归谁所有、某人是否为某件作品的合著人等。

(3) 给付之诉。给付之诉是指权利人请求司法机关责令相对人履行义务。"给付"不以金钱、物品为限,应当做广义的解释,包括返还原物,恢复财产原状,对不合格的产品进行修理、重作、更换,赔偿损失,支付违约金,消除影响,恢复名誉,赔礼道歉以及实际履行等。

(4) 形成之诉。形成之诉是指权利人请求司法机关变动现有的权利义务关系,如变更或者解除合同。例如,在深圳富山宝实业有限公司合作开发房地产合同纠纷案中,最高人民法院判决确认了当事人之间的合同关系的解除,双方当事人之间的合同权利义务关系消灭。

---

① 在陈帮容、陈国荣、陈曦诉陈静、吴建平、李跃国、周富勇生命权纠纷案(〔2017〕渝0112民初22376号、〔2018〕渝01民终2518号)中,法院裁判摘要认为,债权人采取合理限度的自助行为以防止债务人再次隐匿逃债,并与债务人商定一同前往人民法院解决债务纠纷,在此期间,债务人在自身安全未受到现实威胁的情况下,为继续逃避法定债务,自行翻窗逃跑逃致死的,债权人不承担法律责任(2019年最高人民法院公报案例)。

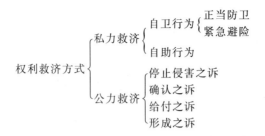

图 5-2 权利救济方式

**附：典型案例解读**

在上海建设路桥机械设备公司侵害商标纠纷及不正当竞争纠纷案①中，上海市浦东新区人民法院一审审理认为，山宝公司自 2004 年开始使用现企业名称，上海建设路桥公司此前从未对山宝公司使用含"山宝"字号的企业名称提出异议。山宝公司使用"山宝"为字号有历史渊源，不违背诚实信用原则和公认的商业道德，不构成不正当竞争。上海建设路桥公司的"山宝""SHANBAO"商标具有较高知名度，山宝公司突出使用"江苏山宝集团""山宝集团"等标识，易使相关公众产生混淆，侵害了上海建设路桥公司的注册商标专用权，山宝公司应当规范使用企业名称。

上海知识产权法院二审审理认为，法律并不排斥依法成立的企业合法使用自己的企业名称，但企业在生产的商品上以及广告宣传、展览等商业活动中使用企业名称应当规范，不得损害他人的合法权利。企业将他人注册商标作为企业名称中的字号使用，误导公众，是否构成不正当竞争行为，需要从保护合法权益、诚实信用、公平竞争等原则，并综合考虑历史因素，对被控侵权人的行为进行考量。从 2004 年开始，山宝公司使用"山宝"作为企业字号后仍为建设路桥公司产品经销商，建设路桥公司的涉案商标已具有较高知名度，建设路桥公司应当预见到客观上山宝公司使用"山宝"字号可能会使相关公众造成混淆，但建设路桥公司在其后十余年的时间里并未对此提出异议，且长期与山宝公司保持频繁的业务往来。此外，山宝公司除经销建设路桥公司的产品外，还有其他经营行为，通过自身的长期经营，企业名称已经承载了公司的商誉。因此，二审法院认定山宝公司的行为不构成侵权。

在本案中，山宝公司在长期的经营活动中已积累了相应的商誉，该企业名称

---

① 在上海建设路桥机械设备公司诉江苏山宝集团公司侵害商标纠纷及不正当竞争纠纷案（〔2015〕浦民三（知）初字第 192 号、〔2015〕沪知民终字第 754 号）中，法院裁判要旨认为，在后使用的企业名称与在先注册的商标发生权利冲突时，应考虑在先注册商标知名度、经营者使用该企业名称的历史渊源、企业名称的使用方式、使用人的主观恶意等因素。如果在后使用企业名称的经营者不存在违反诚实信用的情形，可以允许其继续使用企业名称，但应规范使用企业名称。

承载了山宝公司的商誉。上海建设路桥公司未能及时制止江苏山宝公司的商标侵权行为，致使江苏山宝公司认为上海建设路桥公司已经放弃了权利，而上海建设路桥公司基于双方当事人之间的合作关系已经放弃权利的行为，已经构成了权利失效。因江苏山宝公司基于上海建设路桥公司弃权的合理信赖所构建的利益体系，上海建设路桥公司再行使权利的行为，违反诚实信用原则，构成权利的滥用，将严重损害江苏山宝公司的利益。因此，山宝公司注册、使用"江苏山宝集团有限公司"这一企业名称，不违背诚实信用原则和公认的商业道德，不构成不正当竞争。

# 第六章 权利主体——自然人

权利主体是《民法典》总则编的基本问题之一，权利主体有自然人、法人和非法人组织之分。自然人是产生最早、也是最为基本的权利主体，权利能力是自然人成为权利主体的前提条件，而自然人的行为能力是实施法律行为的前提条件。自然人的权利能力始于出生、终于死亡，而自然人的行为能力则与年龄（智力发育程度）和精神状态密切相关。

## 第一节 权利主体的历史沿革

权利主体是指在法律关系中享有权利、承担义务的当事人。权利主体即为权利义务主体，有权利主体与义务主体之分。民法是权利法，权利在民法中具有至高无上的地位，从而权利义务的主体通常称为权利主体。

### 一、古代权利主体观念

权利主体的发展经历了一个漫长的历史过程，即从团体本位发展到个人本位、再到社会本位的历程。在古代社会中，家族成员之间具有很强的相互依附性，家族是法律的基本单位，个人被所属的家族所吸收。法律是以原始共同体为中心展开的，且包含了各种神秘的原始观念，如宗教、宗亲、血亲、家长观念等。早期罗马社会的家庭是单纯由权利联合在一起的人的团体，尽管家庭结构及其功能因历史的发展而退化、改变，但仍然体现了家庭是为社会秩序与防卫目的而产生的。家庭成员称为"他权人"，即处于他人权利之下的人，一部分是"家子"，另一部分则是奴隶，但是只有家子才被视为家庭的真正成员。①

早期人类社会的物质极为贫乏，人们以原始共同体的方式生存，不可能出现以个人为中心的生活方式。古代社会的法律主要表现为身份法或者团体法，不可能体现个体精神。法律的权利主体结构表现为团体本位状态，早期罗马法是人类古代社会法律的典型。在罗马社会早期，法来源于家庭内部，在家庭关系中产生。早期罗马具有浓厚而神秘的原始家族观念，在罗马城邦建成后的立法思维中得到了充分的体现。在这种原始家族观念的影响下，早期罗马法的法律主体结构，推行维持家族主体秩序，以家族这种原始宗法共同体为主体性目标，从

---

① 参见〔意〕彼德罗·彭梵得：《罗马法教科书》，黄风译，中国政法大学出版社1992年版，第114页。

而创造了一个以家族共同体为轴心的法律秩序。

在罗马法上，人作为权利主体有一定渐进的发展过程，在概念上表现为罗马法有三个关于人的概念：霍谟（Homo）、卡布特（Caput）以及泊尔梭那（Persona）。① 霍谟是指生物学意义上的人，但并不一定具有权利主体资格。例如，奴隶是霍谟，但并非权利主体，而是权利客体。卡布特，原来的含义是指头颅或者书籍的一章。在罗马早期，户籍登记时，每个家长在户籍登记册中占一章，家属的名字则在家长之后，只有家长才有权利能力，因而卡布特转借指权利主体，表示法律上的人格。泊尔梭那原来的含义是指演员扮演的角色所戴的假面具，后来用以表示某种身份。

在早期罗马法的权利主体结构中，霍谟并不当然具有权利主体资格，只有代表家族的家父才是权利主体，而家子和奴隶却无法律主体资格。在古代家族主体结构中，包括妇女、卑亲属、奴隶在内的家子对外没有法律人格。早期罗马法规定，家父对家子的行为包括侵权行为均负担直接后果②，"有些法学家认为这种情况最好用'家父'与'家子'之间存在着一种'人格统一'的假设来加以说明"③。家父身份的取得，完全是依原始传统或者宗法。权利主体资格的取得，必须同时具备自由权、市民权和家族权三个条件。④ 家父权既是终身的、范围广泛的，也是一种漫无边际的家族内主权，甚至包括卖子权（jus vendendi）和生杀权（jus vitae ac necis）等父权（patria potestas）。⑤

经历了一个漫长的时期之后，在罗马法中，家族作用日渐衰退，个人作用逐渐增加。在古罗马的中后期，简单的商品经济得到了充分发展，个人的地位和存在日益凸显；与此同时，希腊斯多葛派自然法哲学对罗马的权利主体制度也产生了一定影响⑥，希腊哲学主要是通过万民法对罗马法产生影响，使罗马人的思想产生了个人主义的最初萌芽，逐渐形成关于个人意识的自然法观念。罗马万民法既促进了合同法的发展，也促进了在法律整体中对个人主体性的重视，促进了法律主体结构的根本性变化，使家族的地位不断被削弱，家子和奴隶的主体性逐渐发展。

到共和国末年和帝政初年，男性家属开始成为普遍享有公权和财产权的权利主体，妇女、拉丁人、外国人也开始享有部分私权利。公元212年，罗马皇帝卡拉卡拉（Caracalla）颁布的《安托尼努斯敕令》（Constitution Antoniniana）准予居

---

① 参见周枏：《罗马法原论》（上册），商务印书馆1994年版，第97页。
② 参见〔英〕亨利·梅因：《古代法》，沈景一译，商务印书馆1959年版，第83页。
③ 同上。
④ 参见周枏：《罗马法原论》（上册），商务印书馆1994年版，第98页。
⑤ 参见〔意〕朱塞佩·格罗索：《罗马法史》，黄风译，中国政法大学出版社1994年版，第110页。
⑥ 罗马的政治家和法学家西塞罗接受了希腊自然法思想，罗马法通过西塞罗受到了希腊哲学的影响，但其影响非常有限。

住在罗马境内的居民取得市民地位。因此,外国人、拉丁人与罗马市民有了相同的主体地位。

个人主体性的进程,也与奴隶解放及其主体性的部分承认有关。早期罗马法上,奴隶是法律关系的客体,而并非法律关系的主体。奴隶的产生主要有三种方式:一是奴隶所生育的子女;二是以万民法方式产生的,如战俘;三是以市民法方式产生的,如不能清偿到期债务的债务人。① 随着社会的发展,罗马法逐渐确认一些有关奴隶解放的制度,有自愿解放和法定解放两种方式。获得解放的奴隶成为自由人,法律逐渐赋予其部分主体法律地位。对于没有解放的奴隶,罗马法中后期也逐渐赋予其部分主体法律地位。

在罗马法的发展过程中,个人主体性的发展是一个渐进的过程。虽然个人的主体性逐渐获得广泛承认,但是私团体人格是从帝国时代开始渐次发展起来的。法律确立团体的权利主体地位的功能,主要是指经济、交易方面的功能,也不能忽略政治的、社会的功能因素。在开矿、采盐、承包公共捐税过程中所组建的商业团体的发展,逐渐增进了人们对团体的认识。随着基督教在罗马的确立而发展起来一些新宗教组织,如教会和修道院等,罗马法也开始承认这些组织的主体性。此外,后来出现的"基金会"(如医院、养老院等)也被赋予了主体资格。当然,罗马法对于团体人格的承认是逐步的,法律上赋予各团体类别的主体化程度也各自不同。查士丁尼的《学说汇纂》将原古典用法上仅指自治集合体的 *universitas* 一语,作为一般术语加以使用,概称具有主体资格的团体。团体人格化的后果是个人与团体具有各自独立的人格,即使团体只剩下一个成员,该人格身份也不会与成员的个人人格身份相混淆。团体独立的权利主体地位的确立,确保了团体存续和发展。

**二、近代权利主体观念**

在中世纪西欧封建制下,农民依附于封建主,成为土地的附属物,服从领主的权利,并非权利主体。在中世纪末期,随着交易活动的发展,依附于家长权的家属、奴隶、农民等逐渐成为交易的主体,并在一定范围内享有权利能力。随着城市的兴起、近代资本主义工商业的发达以及各种商事活动的频繁,渐次形成了具有浓厚个人主义色彩的商法。社会经济关系的变迁是个人权利主体出现的根本性原因,而个人主义思潮的影响也不可低估。17、18世纪,伴随西欧资本主义的蓬勃发展,在古典自然法理论的影响下,个人主义思想成为近代资本主义社会的理论核心。1804年《法国民法典》集近代民法立法之大成,成为近代欧洲个人主义法律的典范。《法国民法典》第8条规定:"一切法国人均享有民事权利。"这

---

① 参见〔意〕彼德罗·彭梵得:《罗马法教科书》,黄风译,中国政法大学出版社1992年版,第33页。

个"法国人"是抽象的人,不区分个人群体或者社会阶层,而是从人人平等的近代个人主义精神出发,以具有法国国籍为条件,凡有法国国籍的个人,一律平等具有主体资格,从而《法国民法典》确立了个人在法律上的主体资格。此外,《法国民法典》时期的个人主义,宣示的是平等意义上个人主义。

《法国民法典》的权利主体制度是建立在绝对个人主义思想基础上的,团体的存在可能危及个人的意思自治,从而对团体采取敌视态度的《法国民法典》没有规定社团或者财团的权利主体资格。但是在当时的法国社会现实中,团体并没有因此而消失,随着资本主义的进一步发展,商业活动的活跃,1807年制定的《法国商法典》正式确立了商业组织的权利主体资格。嗣后,《法国民法典》也修正承认经登记的各种形态的商业组织具有权利主体资格。虽然法国在立法上接受了团体主体制度,但是在法国法最深度的法律结构中,立法思维所承认的法律人格,只有个人或者自然人;团体或者法人不是法律价值观念中的权利主体,只是商法所承认的作为商业经营技术意义上的主体,而这种团体主体的价值基础仍然是个人的主体性。

### 三、现代权利主体观念

《德国民法典》的编纂具有深厚的法学理论背景,以学说汇纂为基础,强调结构体系的严密性和逻辑性,在主体资格问题上,首次确立了权利能力的概念,"权利能力是指一个人作为法律关系主体的能力,也即是作为权利的享有者和法律义务的承担者的能力"[①]。《德国民法典》编纂的社会经济基础与思想基础不同于《法国民法典》:《法国民法典》处于自由资本主义时期,受到自由主义思潮的影响;《德国民法典》处于垄断资本主义时期,是政治和社会关系相对稳定时期的法律思想的产物,"与其说是20世纪的序曲,毋宁说是19世纪的尾声"[②]。这个时期的德国立法者在坚持个人主义和自由主义的前提下,也看到团体在社会经济生活中的作用和力量。因此,《德国民法典》并没有完全固守于个人主义观念,经济共同体思想以及社会连带观念对民法典的编纂产生了重要影响。

《德国民法典》确认了自然人和法人的权利主体资格,出现了权利主体的二元化,即表现为自然人和法人两类不同主体;《法国民法典》仅规定公民具有权利主体资格,个人成为权利主体不存在任何障碍。《德国民法典》以权利能力作为确定权利主体的标准,这是民法立法技术的巨大进步,且以自然人概念替代了《法国民法典》的公民概念,扩大了个人的权利主体的范围,将外国人和无国籍人

---

[①] 〔德〕卡尔·拉伦茨:《德国民法通论》(上册),王晓晔等译,法律出版社2003年版,第119—120页。

[②] 〔德〕K.茨威格特、H.克茨:《比较法总论》,潘汉典等译,贵州人民出版社1992年版,第266页。

均囊括在内。每一个自然人均抽象地具有平等的权利能力。德国民法承认法人具有权利主体资格,而法人却是一个有限的团体概括的概念。法人来自团体,如果法律不承认社团或者财团的权利主体资格,就不会出现法人概念;但并非所有的团体均可成为法人,只有法律所承认的具有权利能力的那一部分团体才是法人,可成为权利主体。

《德国民法典》的权利主体制度采取了自然人和法人的二元结构,似乎与传统个人主义权利主体观所建立的自然人一元主体结构,存在巨大的差异,但同时也说明了团体观念在现代社会的巨大影响力。但是,一些德国学者反对将德国法上的法人的主体性与个人的主体性相提并论,认为团体是由个人构成的,目的不是团体本身,而是为增进个人福利和改善个人环境,团体思想的基础仍然是个人主义。在现代社会中,自然人和法人的二元制主体结构只是形式上的,实质是一元制主体结构,只有个人才是真正的权利主体,法人是法律的拟制,仅具有一个技术意义的而不是基本价值性的形式主体。尽管如此,二元制结构的权利主体制度从《德国民法典》开始,纷纷为其后的各国立法所效仿。在现代社会中,二元制结构的权利主体制度已经完全确立。

## 第二节 自 然 人

自然人是指具有权利主体资格的生物意义上的人。[①] 自然人和生物意义上的人存在一定的差异。[②] 自然人原来是一个生物学概念,即生物意义上的人或者自然状态中的人,生物学意义上的人不具有任何社会属性,因法律的承认而成为法律上的权利主体,享有权利、承担义务。生物意义上的人获得法律上的权利主体资格,体现了西方古典自然法理论的影响。[③] 自然人是一个抽象概念,这个概念蕴涵了平等原则,即每个自然人在法律上均享有平等的主体资格。

### 一、权利能力

权利能力,是权利主体的地位或者资格,即享有权利和承担义务的资格。换言之,一个人作为法律关系主体的能力。罗马法上称为"人格",法国和日本民法上称为"私权的享有",德国和瑞士民法上称为"权利能力",我国民法上则称为"民事权利能力"。

---

[①] "自然人,指有生理的肉体生活之人类。""自然人皆有权利能力。"史尚宽:《民法总论》,中国政法大学出版社 2000 年版,第 86—87 页。
[②] 在罗马法中,"Homo"表示生物学意义上的人,而"Persona"则表示权利主体。
[③] "语言和行为被认为发自其本身的个人就是自然人,被认为代表他人的语言与行为时就是拟人或虚拟人。"〔英〕霍布斯:《利维坦》,黎思复、黎廷弼译,商务印书馆 1985 年版,第 122 页。

在现代社会中,权利主体在享有权利的同时,也承担相应的义务,因而权利能力实际上应当与义务能力合并称为权利义务能力(权义能力)。由于现代民法以权利为本位,因而称为权利能力。自然人本质上是一个伦理意义上的人,每个自然人均具有权利能力,自然人权利能力的取得完全是基于法律规定。在罗马法中,奴隶虽然也是自然人,但没有权利能力;在西欧中世纪,农民依附于庄园主,成为土地的附属物,服从领主的权利,也没有权利能力。在现代社会中,所有的权利主体均处于一种法律上的基础关系之中,即每个权利主体有权要求其他权利主体尊重其人格,同样他也必须尊重其他权利主体的人格。

权利能力平等是现代各国民法所确立的原则。根据我国《民法典》的规定,自然人的权利能力一律平等,法国、德国、瑞士等国家的民法典均规定了权利能力的平等。权利能力不受限制和剥夺,也是现代各国民法所确立的原则。

(一)权利能力的取得(始期)

根据我国《民法典》第13条和第14条的规定,自然人均具有平等的权利能力,权利能力始于出生[①],终于死亡。世界各国和地区的立法例均为如此,如《德国民法典》第1条、《法国民法典》第8条、《瑞士民法典》第11条和第31条、《日本民法典》第1条。

出生是权利能力的始期,意义重大,涉及权利主体的切身利益。在法律上,出生属于法律事实中的自然事件。出生应具备"出"与"生"两个条件:"出"是指胎儿与母体的分离,至于是自然分娩还是人工分娩,在所不问。"生"是指胎儿与母体分离之后仍然是个活体,至于存活时间的长短,则不影响权利能力。"出"与"生"两者缺一不可。

出生的完成意味着自然人当然取得了权利能力,而不需要履行任何法律手续。我国户籍制度规定自然人出生之后应及时办理户籍登记,但这种登记仅属于户籍管理方面的要求,并非自然人权利能力取得的条件。但是,对出生时间的认定则存在不同观点,学理上形成了四种主要学说:

(1)露出说。露出说以胎儿从母体露出为出生时间。露出说有部分露出说与全部露出说之分。露出说的缺陷在于仅说明了"出",但并没有说明"生"。因此,露出说不能说明出生的全部含义。

(2)初声说。初声说以胎儿第一声啼哭的时间为出生时间。大多数胎儿从母体分离后会啼哭,但并非所有的胎儿均会啼哭,且天生的哑巴根本就不会啼哭。因此,初声说具有明显的缺陷,未能说明出生的含义。

---

[①] 自然法理论认为,人的权利能力始于受胎,因为一个新的生命产生于受胎之际。胎儿的权利能力并不取决于其后是否能够活着出生,由于人的胎体意味着人即将形成,形成中的人如同哺乳期的婴儿一样成为一个成长中的人。参见〔德〕卡尔·拉伦茨:《德国民法通论》(上册),王晓晔等译,法律出版社2003年版,第124页。

(3) 断脐说。断脐说以胎儿脐带剪断的时间为出生时间。实际上,脐带的剪断具有很大的随意性,且时间较晚。因此,断脐说不能准确地说明胎儿的出生时间。

(4) 独立呼吸说。独立呼吸说以胎儿能够独立呼吸的时间为出生时间。在与母体分离之后,胎儿才开始以自己的肺独立呼吸。以独立呼吸作为出生时间的判断标准,既说明了"出",又说明了"生"。独立呼吸标志着权利能力的开始。因此,独立呼吸说为大多数学者所采纳。①

独立呼吸说的合理性在于以独立呼吸作为判断出生时间的标准,胎儿在与母体完全分离的情况下,开始自己的独立呼吸,这才表明了一个真正独立生命体的存在。以独立呼吸为标准,法律赋予新生命体以权利能力,既合理又准确,且在法医学上也较为容易证明。② 在大陆法系国家立法中,权利能力的取得基本采纳了这种学说。

在与母体分离时,胎儿是活体的,则存活时间的长短不影响胎儿权利能力的取得,即使仅存活几秒钟也能导致法律关系的重大变化。例如,父亲在子女出生前死亡的,该子女即享有继承父亲遗产的权利。该子女经短暂的存活后死亡的,已经继承的父亲的遗产则由其继承人即母亲继承。因此,"活"的子女改变了财产的分配。

权利能力有一般权利能力与特殊权利能力之分。一般权利能力是所有自然人均享有的,始于出生,与自然人的年龄、性别、种族、民族、信仰、文化和财产等没有任何关系,充分体现了法律的平等原则。特殊权利能力却与自然人的年龄有密切关系,并非始于出生,而是在达到法定年龄之后才能享有。例如,自然人结婚的权利能力、劳动的权利能力等应达到法定的年龄才能享有。但是,也有学者认为法律关于结婚年龄的规定,属于自然人的行为能力。③

关于自然人的出生证明,我国《民法典》第15条规定,自然人的出生时间,以出生证明记载的时间为准;没有出生证明的,以户籍登记或者其他有效身份登记记载的时间为准。有其他证据足以推翻以上记载时间的,以该证据证明的时间为准。

---

① 人出生的时间在法律上具有重大的意义。人出生时间的确定,与民法上的继承问题有极为密切的关系。大多数国家的法律规定了胎儿的遗产继承权,如果胎儿的父亲在胎儿出生之前已经死亡的,可能出现以下几种情形:(1) 胎儿死亡。胎儿是死胎,不享有继承权,遗产的保留份,仍然属于父亲的遗产,应由其他继承人继承。(2) 胎儿出生后死亡。胎儿存活片刻之后死亡的,胎儿继承了父亲遗产的保留份,该财产成为胎儿的遗产,应由其法定继承人(母亲)继承。(3) 胎儿出生。胎儿存活的,胎儿继承父亲的保留份。

② 死亡胎儿解剖后,将胎儿的肺部全部浸入水中,如果有气泡冒出,则通常认为曾经有过呼吸,是活产之后死亡的。

③ 参见郑玉波:《民法总则》,中国政法大学出版社2003年版,第123页。

## （二）权利能力的消灭（终期）

自然人的权利能力终于死亡。自然人的死亡是权利能力消灭的唯一原因，自然人死亡之后，权利能力消灭，享有权利或者承担义务的主体资格也宣告终止。自然人的死亡涉及权利主体资格是否存在、原有的权利义务关系发生变更或者消灭以及继承关系产生等问题，正确认定自然人的死亡时间在民法上具有重大意义。自然人死亡将产生一系列相关的法律后果，主要有以下两个方面：

（1）财产关系。财产关系表现在三个方面：一是继承关系。在无遗嘱的情况下，自然人死亡后法定继承开始。自然人的财产变为遗产，按照继承法有关规定转移给继承人，继承人同时也继承了该自然人的债务。二是遗嘱和遗赠。自然人死亡后，遗嘱和遗赠发生效力。按照遗嘱和遗赠的约定，处理自然人的遗产。三是保险关系。自然人死亡是人身保险的保险事故，受益人对保险金的请求权产生。

（2）人身关系。人身关系表现在两个方面：一是婚姻关系。自然人死亡的，婚姻关系消灭。二是亲权关系。自然人死亡的，对未成年子女的亲权消灭。

民法上的死亡分为生理死亡和宣告死亡两种。生理死亡（又称为自然死亡）是自然人生命的结束。但在认定死亡的时间上，历来有以下四种学说：

（1）脉搏停止说。脉搏停止说以自然人脉搏的停止作为自然人死亡的判断标准，认为自然人的脉搏停止的，自然人死亡；在自然人的脉搏停止之前，自然人不得被认定为死亡。

（2）心脏搏动停止说。心脏搏动停止说以自然人的心脏搏动停止作为自然人死亡的判断标准，认为自然人的心脏搏动停止的，自然人死亡；在自然人的心脏搏动停止之前，自然人不得被认定为死亡。

（3）呼吸停止说。呼吸停止说以自然人的呼吸停止作为自然人死亡的判断标准，认为自然人的呼吸停止的，自然人死亡；在自然人的呼吸停止之前，自然人不得被认定为死亡。

（4）脑死亡说。[①] 脑死亡说以自然人的脑电波消失作为自然人死亡的判断标准，认为自然人的脑电波消失的，自然人死亡；在脑电波消失之前，自然人不得被认定为死亡。我国立法、司法解释和判例没有死亡时间的认定标准，但在实践

---

[①] 脑死亡作为死亡标准的社会意义，主要有以下三个方面：(1) 器官移植。已确诊为脑死亡而借助人工呼吸器在一定时间内维持着血液循环的患者，无疑是提供移植器官的良好来源。奥地利、瑞士、波兰等国法律规定，病人一经诊断为脑死亡，即可取其器官供移植用。(2) 病人救治。对某些心搏骤停的病人，如果脑尚未死亡，就应积极复苏，全力抢救。对已经判断为脑死亡者中止抢救，无论从伦理上、科学上都是合理的。(3) 法律后果。医生们根据脑死亡能够精确地判定死亡发生的时间，对财产继承和保险赔偿等具有重大意义。

中已经出现了脑死亡的案例。

自然人死亡时间的确定,经历了从心脏搏动停止说到脑死亡说的过程。心脏搏动停止说曾经是实践中的通说,即以呼吸停止及瞳孔放大作为确定死亡的时间。近年来世界各国逐渐放弃了心脏搏动停止说,认为应以脑干完全丧失功能作为死亡的时间,从20世纪80年代起世界上有80多个国家和地区先后采纳了脑死亡说。①

我国立法并未采纳脑死亡说,仍然采纳心脏搏动停止说。2007年实施的《人体器官移植条例》并未确立死亡的判断标准,以脑死亡作为判断死亡的标准可使尸体的器官仍然没有丧失原有的机能,为器官移植手术提供可移植的人体器官。我国人体器官移植近年来比较发达,医学实践主要采纳脑死亡说作为判断标准,充分说明了我国立法落后于实践。脑死亡说必将为我国立法所采纳。

自然人的死亡涉及婚姻关系的终止、遗产继承的开始、遗嘱或者遗赠发生效力、委任合同的终止和人寿保险的保险金领取权、抚恤金及年金请求权的产生以及债务的清偿等问题。自然人的死亡不仅引起一定法律关系的产生,而且引起一定法律关系的消灭。自然人生理死亡具体时间的正确认定,在法律上有着重大的意义。特别是相互有继承关系的人在同一事故中死亡,而又无法确定死亡时间的,推定死亡先后顺序的不同标准将完全改变遗产的分配,对继承人的利益有重大的影响。对于共同死亡,世界各国和地区立法例有两种:

(1) 推定同时死亡。德国、瑞士采取了这种立法例。德国《失踪法》第11条规定推定同时死亡,彼此之间不发生继承关系,以使法律关系简单明确。

(2) 推定长辈先于晚辈死亡。法国采取了这种立法例。《法国民法典》第720条至第722条规定了同一事故中死亡时间的推定,以年龄和性别为标准,确立了以长辈先于晚辈死亡为原则。

在《民法典》之前的立法中,仅有《保险法》规定了同一事故中死亡情形的处理规则。② 1995年实施的《保险法》并未有相关条款,相关条款是在2009年修订时增补的。例如,在余燕宾、顾云福、朱日凤、翟步芳保险合同纠纷案③中,南京市中级人民法院判决指出,存在继承关系的受益人与被保险人在同一事件中死

---

① 中国以往临床判断死亡的标准是心脏停止跳动、自主呼吸消失、血压为零。随着医学科技的发展,病人的心跳、呼吸、血压等生命体征都可以通过一系列药物和先进设备加以逆转或者长期维持。但是如果脑干发生结构性损伤破坏,无论采取何种医疗手段最终将发展为心脏死亡。因此,与心脏死亡相比,脑死亡显得更为科学,标准更可靠。

② 《保险法》第42条第2款规定:"受益人与被保险人在同一事件中死亡,且不能确定死亡先后顺序的,推定受益人死亡在先。"

③ 在余燕宾、顾云福、朱日凤、翟步芳诉中国人寿保险股份有限公司江苏省分公司保险合同纠纷案(〔2012〕鼓商初字第497号、〔2013〕宁商终字第167号)中,法院裁判摘要认为,相互有继承关系的几个人在同一事件中死亡的,其中有两个人还存在被保险人与受益人这种特殊法律关系的情形下,应当适用《保险法》推定受益人先死亡的规定。

亡的，根据《保险法》的规定推定受益人死亡在先。[①]

我国《民法典》第 1121 条系统地规定了同一事故死亡的处理规则，主要分为以下三种情形：

（1）推定没有继承人的先死亡。相互有继承关系的几个人在同一事件中死亡，如果不能确定死亡先后时间的，推定没有继承人的先死亡。没有继承人的推定死亡在先，遗产就可以由被推定死亡在后的该事故中死亡的其他人继承，由于这些死亡人有生存的继承人，因而就不会出现遗产无人继承的情形。

（2）推定长辈先死亡。死亡人各自有继承人的，如几个死亡人辈分不同，推定长辈先死亡。继承制度的目的在于抚养未成年人，故此应当推定长辈先于晚辈死亡。例如，在史万民、史万超所有权确认纠纷案[②]中，乌鲁木齐市中级人民法院判决指出，父母与子女在同一车祸中死亡的，推定父母先死亡，子女与父母的父母同为第一顺序继承人。

（3）推定同时死亡。几个辈分相同的人死亡的，推定同时死亡，彼此不发生继承，遗产由各自的继承人分别继承。我国《民法典》规定的第一顺位同辈法定继承人中仅有配偶，配偶在同一事故中死亡的，推定同时死亡，避免彼此之间的相互继承，遗产由各自的父母和子女继承。

在继承法上，是否同时死亡将产生截然不同的法律后果。例如，王某丧偶，有一儿一女，儿子已婚。假设王某与儿子同时遇难，推定同时死亡，父子之间不发生继承关系。王某的财产全部由女儿继承，儿子的财产则由儿媳继承。如果有证据证明王某先于儿子死亡，则王某的财产由儿子和女儿共同继承，儿子的财产再由儿媳继承，从而改变了遗产的分配方式和数量。

对于自然人死亡之后是否存在一定的权利能力问题，学界存在肯定说和否定说两种不同的观点：

（1）肯定说。肯定说认为，在自然人的权利能力终于死亡这个法律的一般性规定之外，还存在例外的规定，即已故自然人的人格权等还存在，但这种例外

---

① 在许建枫诉中国人寿保险公司太仓支公司苏州分公司保险合同纠纷案（〔2003〕太民二初字第 104 号、〔2003〕苏中民二终字第 202 号）中，苏州市中级人民法院二审判决认为，受益人和被保险人同时死亡的，应推定受益人先死亡，保险金由被保险人的继承人继承。太仓法院一审认为，受益权是一种期待权，仅在保险事故发生时方成为一种现实的财产权。如果受益人先于被保险人死亡，受益权即告丧失，保险金的请求权仍归被保险人。人寿保险合同通常被认为是投保人为自己利益而订立的，当发生受益人和被保险人同时死亡的情形，推定受益人先于被保险人死亡更符合投保人为自己利益投保的目的。该案发生在 2009 年《保险法》修订之前，但案例的判决反映了按照国际惯例受益人取得保险金的权利是以受益人在被保险人死亡时仍生存为条件的，即受益人和被保险人同时死亡的，应推定受益人先死亡。

② 在史万民、史万超诉沈永刚、史兰英所有权确认纠纷案（〔2011〕新民三初字第 144 号、〔2011〕乌中民四终字第 655 号、〔2012〕乌中民再字第 144 号）中，法院裁判要旨认为，相互有继承关系的几个人在同一事件中死亡，如果不能确定死亡先后时间的，推定没有继承人的人先死亡。死亡人各自有继承人的，如果几个人辈分不同，推定长辈先死亡；几个死亡人辈分相同的，推定同时死亡，彼此不发生继承，由各自的继承人分别继承。

以法律规定为限。肯定说与我国现行的法律规定相矛盾,为理论和实践所抛弃。

(2) 否定说。否定说认为,自然人的权利能力终于死亡,不存在任何例外情形,死者不存在人格权。然而,死者生前某些与人身有关的权利,如自然人的姓名、名誉等在死后仍然需要法律的保护,以维护死者亲属的利益和社会利益。否定说符合我国现行的法律规定。实际上,最高人民法院的司法解释对死者名誉的保护,并非基于死者的权利主体地位,而是基于死者亲属的利益和社会利益的保护。否定说符合我国民事立法和司法实践,为理论所肯定。

我国《民法典》第185条和第994条规定了死者人格利益的保护问题,其中第185条规定侵害英雄烈士等的姓名、肖像、名誉、荣誉,损害公共利益的,应当承担民事责任,如葛长生名誉权、荣誉权纠纷案。① 第994条保护的范围要大于第185条,涉及死者的姓名、肖像、名誉、荣誉、隐私和遗体等人格利益的保护。

(三) 胎儿的权利能力

自然人的权利能力始于出生,是世界各国和地区民法的通则。未出生的胎儿,原则上没有权利能力,不具有权利主体资格。但如果完全否定胎儿的权利能力,胎儿利益就得不到应有的保护,故世界各国为保护胎儿利益,对胎儿权利能力均有例外规定。在罗马法中,"关于胎儿的利益,视为已出生"②。根据这个规定,如果胎儿在出生时符合罗马法规定的出生条件,胎儿享有权利能力的时间可以追溯到受孕之时。世界各国对胎儿的权利能力,主要有如下三种立法例:

(1) 列举主义。列举主义的立法例采取了列举的方法,规定对特定的事项胎儿具有权利能力,并列举胎儿具有权利能力的具体情形,如损害赔偿请求权、继承权以及接受遗赠权等。《德国民法典》第844条、第1923条和《日本民法典》第721条、第886条采用列举主义的立法例,我国《民法典》第16条也采纳了列举主义的立法例。

(2) 概括主义。概括主义的立法例采取概括的方法,规定胎儿为权利主体,依法具有权利能力。《瑞士民法典》第31条采取这种立法例。

(3) 绝对主义。绝对主义的立法例完全否定胎儿的权利主体资格,认为自然人的权利能力绝对始于出生,在出生之前没有任何权利能力,不具有权利主体资格。我国《民法通则》属于绝对主义的立法例。

《民法典》采取列举主义的立法例,规定了胎儿的权利能力,即"涉及遗产继

---

① 在葛长生诉洪振快名誉权、荣誉权纠纷案([2015]西民初字第27841号、[2016]京02民终6272号)中,法院裁判要点认为,英雄烈士事迹和精神是中华民族的共同历史记忆和社会主义核心价值观的重要体现,英雄烈士的名誉、荣誉等受法律保护。人民法院审理侵害英雄烈士名誉、荣誉等案件,不仅要依法保护相关个人权益,还应发挥司法彰显公共价值功能,维护社会公共利益。任何组织和个人以细节考据、观点争鸣等名义对英雄烈士的事迹和精神进行污蔑和贬损,属于歪曲、丑化、亵渎、否定英雄烈士事迹和精神的行为,应当依法承担法律责任(指导案例99号)。

② 周枏:《罗马法原论》(上册),商务印书馆1994年版,第117页。

承、接受赠与等胎儿利益保护的,胎儿视为具有民事权利能力"。"涉及遗产继承、接受赠与等胎儿利益"表明我国《民法典》对胎儿利益的保护持开放性的态度,司法审判可以根据胎儿利益保护的实际需要对该条款作扩大解释,以在更大范围内保护胎儿利益。胎儿权利能力的保护,主要有以下三个方面的内容:

(1) 胎儿的继承权。胎儿父亲在胎儿出生前死亡的,遗产中应为胎儿保留应该继承的份额。胎儿出生之后,可继承父亲遗产。

(2) 胎儿的抚养费请求权。① 胎儿父亲被害身亡的,胎儿对父亲享有的抚养费请求权因加害人的侵权行为而被剥夺,加害人应对胎儿承担其父亲的抚养义务,因而胎儿对加害人享有抚养费请求权,如在王德钦道路交通事故损害赔偿纠纷案②中,泸州市江阳区人民法院认为,王德钦与王先强存在父子关系,是王先强应当抚养的人。王德钦出生后,向加害王先强的人主张赔偿,符合《民法通则》的规定。由于杨德胜的加害行为,致使王德钦出生前王先强死亡,使王德钦不能接受父亲王先强的抚养。本应由王先强负担的王德钦生活费、教育费等必要费用的二分之一,理应由杨德胜赔偿。

(3) 胎儿的损害赔偿请求权。胎儿的损害赔偿请求权有别于胎儿的抚养费请求权,胎儿的损害赔偿请求权的直接侵权对象可能是胎儿,即胎儿是受害人;胎儿的抚养费请求权的直接侵权对象是胎儿的父亲,即胎儿的父亲是受害人。③ 在胎儿的损害赔偿侵权中,加害人通常是通过母体对胎儿实施侵权的。

## 二、行为能力

行为能力,是指自然人依法可独立实施法律行为的资格。④ 换言之,行为能力是法律所认可的自然人实施法律行为的能力,而法律仅承认具备一定程度判断力的自然人具备行为能力。行为能力有广义行为能力与狭义行为能力之分。广义的行为能力,不仅包括权利主体实施合法行为的能力,即取得权利和承担义务的能力,还包括权利主体因实施违法行为所承担损害赔偿责任的能力。狭义的行为能力,仅指权利主体通过实施合法行为所享有权利和承担义务的能力。世界各国民法大多数使用广义上的行为能力概念。

---

① 父亲在意外事故中罹难的,胎儿在出生之后对加害人享有抚养费请求权。
② 在王德钦诉杨德胜、泸州市汽车二队道路交通事故损害赔偿纠纷案([2003]江阳民初字第356号)中,法院裁判摘要认为,《民法通则》第119条规定的"死者生前抚养的人",既包括死者生前实际抚养的人,也包括应当由死者抚养、但因为死亡事故发生、死者尚未抚养的子女(2006年最高人民法院公报案例)。
③ 母亲在怀孕期间因注射受污染的血液而导致胎儿患病的,胎儿享有损害赔偿请求权。参见〔德〕迪特尔·梅迪库斯:《德国民法总论》,邵建东译,法律出版社2000年版,第786页。
④ 罗马法虽然没有行为能力这个术语,但已有这个概念和内容。参见周枏:《罗马法原论》(上册),商务印书馆1994年版,第120页。

## (一) 行为能力的判断标准

权利主体的行为能力以权利能力为基础,以意思能力为前提。权利能力是权利主体的资格,自然人均平等地享有权利能力。自然人权利的享有和义务的承担是基于法律的规定,在法律规定的条件成就时才发生效力。换言之,行为能力是权利主体以自己的意思表示使行为发生法律后果的资格。

意思能力是指权利主体对行为及其法律后果的认识能力,包括合理的认识能力和预测能力。意思能力是决定行为有效与无效的标准,权利主体有意思能力的,则行为有效;权利主体没有意思能力的,则行为无效。有意思能力的权利主体,则具有行为能力;没有意思能力的权利主体,则无民事行为能力。可见,意思能力是行为能力的前提,意思能力决定行为能力。

判断自然人意思能力的有无,应当对每个具体的行为进行审查,这才符合实际情况。但是,如果逐一对自然人意思能力进行判断,不仅妨碍正常的交易行为,而且增加了交易成本,降低了交易效率。法律规定以年龄为一般的抽象标准,将自然人的行为能力标准化,一方面是为保护无民事行为能力人,另一方面则是为保护交易安全。根据自然人意思能力的不同,法律将自然人的行为能力分成不同的种类。年龄为意思能力的判断提供了一个容易确定和稳妥的标准,自然人的意思能力与自然人的年龄密切相关,即自然人的智力发育程度决定了意思能力。此外,自然人的精神状态也影响意思能力。

从世界各国的立法例看,自然人的行为能力原则上以自然人的年龄为标准,以自然人的精神状态为例外。以自然人的年龄为标准,主要有两级和三级两种分类方式:

(1) 两级制。两级制的立法例将自然人分为成年人和未成年人两级,成年人为完全民事行为能力人,未成年人则是限制民事行为能力人,如《法国民法典》和《日本民法典》之规定。

(2) 三级制。三级制的立法例将自然人分为无民事行为能力人、限制民事行为能力人和完全民事行为能力人三级,如《德国民法典》之规定。我国从《民法通则》《民法总则》到《民法典》均采取了三级制。

## (二) 行为能力的种类

我国《民法典》对自然人的行为能力采取三级制的立法例,以自然人的年龄和智力状况为标准,将自然人的行为能力分为完全民事行为能力、限制民事行为能力和无民事行为能力三种情形。

(1) 完全民事行为能力。完全民事行为能力,是指自然人能够独立实施法律行为的资格。换言之,法律赋予达到一定年龄以及智力状态正常的自然人,基于自己的意思表示而实施法律行为,从而享有权利并承担义务的资格。由于地理环境和生理发育上的差异,世界各国对自然人成年年龄的规定不同。

根据我国《民法典》的规定,18周岁以上的自然人是成年人,具有完全民事行为能力,可以独立进行民事活动,实施法律行为。我国确定年满18周岁的成年人为完全民事行为能力人,主要着眼于自然人的智力发展状况而不是经济状况。年满18周岁的自然人即使没有任何经济收入,如在校大学生、研究生,仍然是完全民事行为能力人。16周岁以上不满18周岁的自然人,以自己的劳动收入为生活来源的,也视为完全民事行为能力人。此外,年满18周岁的自然人致人损害的,先由本人承担损害赔偿责任;没有经济收入的,则由其抚养人垫付。

外国人是否具有完全民事行为能力,应根据外国人的本国法来确定。如果根据本国法为限制民事行为能力或者无民事行为能力,而根据我国法律具有完全民事行为能力的,在我国境内应被视为具有完全民事行为能力。

(2)限制民事行为能力。限制民事行为能力(又称不完全民事行为能力或者部分民事行为能力),是指在一定范围内具有行为能力,超出该范围就不具有行为能力,是介于完全民事行为能力和无民事行为能力之间的一种行为能力。

根据我国《民法典》的规定,限制民事行为能力人有以下两种:一是8周岁以上的未成年人。8周岁以上的未成年人可以从事与生活相关程度较高、其智力能够理解的行为。二是有智力障碍的成年人。不能完全辨认自己行为的精神病人可以进行与其精神健康状态相适应的民事活动。

限制民事行为能力人实施以上范围之外的行为,应由限制民事行为能力人的法定代理人代理,或者获得法定代理人的同意。

根据我国《民法典》的规定,法定代理人的同意,既可以是事先的,也可以是事后的。但是,限制民事行为能力人接受奖励、赠与等对其有利而又无须承担义务的行为,应被认定有效,这是世界各国立法的通例,如《德国民法典》第107条之规定。

(3)无民事行为能力。无民事行为能力,是指不具有行使权利、承担义务的资格。因年龄或者严重智力障碍,自然人不具有实施法律行为的能力。我国《民法典》规定,不满8周岁的未成年人和不能辨认自己行为的成年人是无民事行为能力人。

在通常情形下,不满8周岁的自然人,处在生长发育阶段,认知和判断能力尚不成熟。虽然也有智力超群的,但如果对这种自然差异逐一进行判断,以确保交易人的交易安全,将极大地增加交易成本。法律规定以8周岁为标准,8周岁以下的未成年人为无民事行为能力人,这种无民事行为能力属于法定的没有行为能力,而不是事实上的没有行为能力。

无民事行为能力人不得以任何方式实施法律行为,其意思表示无效。与限制民事行为能力人不同,无民事行为能力人不能经法定代理人的同意,有效地实施法律行为。法律规定无民事行为能力人所作出的或者对其所作出的意思表示一律无效,是为避免其行为产生对己不利的法律后果。法律的理念是对无民事行为能力人的保护优先于对交易安全的保护。①

（三）禁治产制度

禁治产制度，是指自然人因被宣告而成为无民事行为能力人的法律制度。大陆法系国家和中华民国时期民法典均有禁治产制度。大陆法系国家的禁治产制度，主要有两种立法例：

（1）准禁治产制度与禁治产制度。法律为成年人设立准禁治产制度与禁治产制度两种制度，如《法国民法典》和《日本民法典》。

（2）禁治产制度。法律仅为成年人设立禁治产制度，而没有准禁治产制度，如德国、瑞士以及中华民国时期的民法典。

禁治产人是指因精神障碍而不能处理自己事务，经利害关系人向法院申请，被宣告为禁治产而成为无民事行为能力的自然人。禁治产制度的设立一方面是为保护禁治产人的利益，另一方面是为保护交易安全。禁治产是为禁止行为人管理和处分自己的财产。禁治产制度是为财产问题设立的制度，不能适用于身份问题。宣告禁治产必须满足一定的条件，包括实质条件和形式条件。实质条件是禁治产人心智丧失、不能处理自己的事务。从国外的立法例看，多数立法例将心智丧失的人宣告为禁治产人，而将精神耗弱以及聋、哑、盲、浪费人等宣告为准禁治产人。形式条件是禁治产人的宣告必须由利害关系人申请，经法院审查后方可宣告。

自然人一旦被宣告为禁治产人，则成为无民事行为能力人，不得自行实施任何法律行为。不管是否有意思能力，禁治产人的行为均不发生效力。禁治产人的行为应由监护人代理。宣告禁治产的原因消灭之后，经利害关系人申请，法院审查后撤销禁治产宣告的，该自然人的行为能力恢复。

禁治产制度虽然保护了被宣告人的财产利益和交易安全，但由于该制度剥夺了禁治产人的行为能力，与现代民法的基本理念不符，所以遭到了激烈的批判。在20世纪60年代，法国废除了禁治产和准禁治产宣告制度。20世纪90年代，德国《关于修正监护法和保佐法的法律》废除了《德国民法典》的禁治产制度。

## 第三节　宣告失踪与宣告死亡

宣告失踪与宣告死亡是指根据法律规定的条件和程序，确认自然人下落不明的事实状态或者推定自然人死亡的法律制度。这两种法律制度的目的在于消除因自然人下落不明所引起的与他人的人身关系和财产关系的不确定状态，从

---

① 参见〔德〕卡尔·拉伦茨：《德国民法通论》（上册），王晓晔等译，法律出版社2003年版，第142页。

而维护正常的社会经济秩序和社会生活的稳定。

宣告失踪和宣告死亡制度的立法宗旨不同,宣告失踪制度是为保护被宣告失踪人的利益,而宣告死亡制度是为保护被宣告死亡人的利害关系人的利益。

**一、失踪人制度的立法例**

为保护失踪人本人及其利害关系人的利益,大陆法系国家和地区规定了失踪人制度。受制于不同的历史、文化,各国和地区确立了不同的宣告失踪制度或者宣告死亡制度。大陆法系国家和地区的宣告失踪和宣告死亡制度,大致有以下四种不同的立法例:

(1)单一宣告失踪制度。法国式的失踪人制度以《法国民法典》为代表。《法国民法典》第112条至第143条规定的单一宣告失踪制度,分为失踪人的推定、宣告失踪和失踪人的确定三个阶段。《日本民法典》和《瑞士民法典》采纳了这种立法例。

(2)单一宣告死亡制度。德国式的失踪人制度以《德国民法典》为代表。在《普鲁士失踪法》的影响下,《德国民法典》第13条至第20条规定了单一的宣告死亡制度,后来经过一系列的立法将单一的宣告死亡制度修改为法国式的单一宣告失踪制度。1951年的《失踪法》代替了《德国民法典》第13条至第20条。虽然《德国民法典》的宣告死亡制度被废除,但宣告死亡制度对其他国家和地区的立法影响巨大。

(3)宣告失踪与宣告死亡制度并存。苏俄式的失踪人制度以《苏俄民法典》为代表。《苏俄民法典》第18条至第22条规定了宣告失踪和宣告死亡两种制度,但未规定失踪人财产的管理。1994年通过的《俄罗斯联邦民法典》、我国民法采纳了宣告失踪和宣告死亡制度并存的立法例。

(4)宣告失踪和宣告死亡制度与失踪人的保佐制度。意大利式的失踪人制度以《意大利民法典》为代表。《意大利民法典》第48条至第73条除了规定宣告失踪和宣告死亡制度之外,还规定了失踪人的保佐制度。意大利的失踪人保佐制度相当于法国式的失踪人财产管理制度,保佐人的地位相当于财产管理人。

我国《民法通则》《民法总则》以及《民法典》则确立了宣告失踪和宣告死亡制度的并存。

对同一自然人,有的利害关系人申请宣告死亡,有的利害关系人申请宣告失踪,符合我国《民法典》规定的宣告死亡条件的,法院应当宣告死亡。

**二、宣告失踪制度**

宣告失踪,是指在自然人下落不明满一定期限时,经利害关系人申请,由法院根据法律规定的条件和程序宣告该自然人为失踪人的制度。

## (一) 宣告失踪的条件与程序

宣告失踪是对一种自然事实状态的法律确认，目的在于结束失踪人财产关系的不确定状态，保护失踪人与利害关系人的利益。利害关系人是指与失踪人生死不明状态有法律上利益关系的人，如配偶、父母、子女、债权人等。在现实生活中，经常发生自然人离开住所长期下落不明的事件，并造成了以失踪人为当事人的社会关系的不确定状态。根据《民法典》的规定，宣告失踪应当满足如下条件和程序：

(1) 下落不明处于持续状态且满一定期限。下落不明是指自然人最后的确切行踪消失后没有音讯，处于生死不明的状态。对于仍可确定自然人生存，只是无法正常通讯联系的，或者已经确切知道自然人死亡的，则不能适用宣告失踪。根据《民法典》第40条的规定，自然人下落不明的期限必须满2年。下落不明的起算时间，应当从自然人音讯消失的次日起计算；战争期间下落不明的，应当从战争结束之日或者有关机关确定的下落不明之日起计算。

(2) 利害关系人向法院申请。有权提出申请的利害关系人，通常包括被申请宣告失踪人的配偶、父母、子女、兄弟姐妹、祖父母、外祖父母、孙子女、外孙子女以及其他与被申请人有民事权利义务关系的人。有权申请自然人为失踪人的利害关系人没有先后顺序，只要有利害关系人提出，其他没有提出申请的利害关系人提出反对意见的，也不影响法院受理宣告失踪案。法院遵循"不告不理"的原则，不能主动宣告某失踪的自然人为失踪人。

(3) 法院受理与宣告。宣告失踪只能由法院作出判决，任何其他机关和个人无权作出宣告失踪判决。利害关系人应当到失踪人居住地或者最后居住地的基层法院提出失踪宣告的申请。法院依法受理宣告失踪人申请案后，首先发出寻找失踪人的公告。公告期为3个月，公告期满后，受理的法院应当根据宣告失踪的事实是否得到确认，作出宣告失踪的判决或者驳回申请的判决。

## (二) 宣告失踪的效力

自然人被宣告失踪的效力是对被宣告失踪人财产的管理和财产义务的履行。宣告失踪的效力，主要体现在以下两个方面：

(1) 失踪人的财产管理。宣告失踪的目的之一是为失踪人的财产设置管理制度。失踪人的配偶、父母、成年子女或者关系密切的其他亲属、朋友为失踪人的财产代管人。失踪人的上述财产代管人没有顺序的限制，也不存在谁申请谁享有财产代管权的问题，而是遵循谁管理财产对失踪人有利的原则。

财产代管人应当妥善管理失踪人的财产。在保管、维护、收益时，代管人应当与管理自己财产尽同一注意义务；在进行必要的经营时，代管人应当尽善良管理人的注意义务，不得擅自利用和处分失踪人的财产。如果代管人不履行代管职责而造成失踪人的财产损失，或者侵害失踪人的财产利益的，失踪人的利害关系人可以向法院请求财产代管人承担赔偿责任并变更财产代管人。

（2）失踪人的义务履行。自然人被宣告失踪后并不丧失权利主体资格，原来所享有的权利仍然有效，所承担的义务也应当履行。失踪人的义务包括支付失踪人失踪前所欠的税款、债务及失踪期间应当支付的赡养费、扶养费以及因代管财产所产生的管理费等其他费用。如果失踪人的财产代管人拒绝支付失踪人所欠的税款、债务和其他费用，债权人提起诉讼的，法院应当将代管人列为被告。失踪人的财产代管人向失踪人的债务人要求偿还债务的，可以作为原告提起诉讼。

（三）宣告失踪的撤销

自然人被宣告失踪的事实一旦消除，法律上继续认定该自然人失踪就丧失了事实依据，应当撤销对该自然人的失踪宣告。根据《民法典》第45条的规定，失踪人重新出现，经本人或者利害关系人申请，人民法院应当撤销失踪宣告。这一规定表明了撤销失踪宣告的条件和程序。

在以下两种情况下，本人或者利害关系人可以申请撤销失踪宣告：第一，被宣告失踪人重新出现。即被宣告失踪人已经返回原来的居住地、住所或者工作单位。第二，他人确实知道失踪人的下落。失踪人的亲属、朋友、同事等通过各种渠道，得知失踪人的确切下落。

撤销失踪宣告的程序，首先由失踪人或者利害关系人向法院提出撤销失踪宣告的申请，如张某某申请撤销宣告失踪案。① 利害关系人包括失踪人的配偶、父母、子女、祖父母、外祖父母、兄弟姐妹以及与被宣告失踪人有权利义务关系的自然人和法人。其次由法院根据事实作出撤销失踪宣告的判决。

### 三、宣告死亡制度

宣告死亡，是指在自然人下落不明满一定期限时经利害关系人申请，由法院根据法律规定的条件和程序宣告该自然人死亡的制度。宣告死亡是生理死亡的对称，生理死亡是自然现实，宣告死亡是一种推定。法律的推定可能与自然现实不一致，被宣告死亡的自然人有可能仍然存活。

自然人的权利能力终于死亡，但如果自然人失踪或者离开住所生死不明，则有关的权利义务，如财产的管理或者继承、配偶的婚姻等法律关系，将一直处于不确定状态。如果这种状态长期继续下去，对利害关系人和社会均不利。宣告死亡制度，旨在结束失踪人的法律关系长期处于的不确定状态，维护社会公益。

（一）宣告死亡的条件与程序

宣告死亡与宣告失踪不同，宣告死亡的目的在于终止因特定自然人失踪而

---

① 在张某某申请撤销宣告失踪案（〔2008〕浦民一特字第63号）中，上海市浦东新区人民法院判决认为，申请人张某某被宣告失踪后重新出现，依法撤销本院宣告张某某失踪的（2003）浦民一特字第X号民事判决。

导致相关法律关系一直处于的不确定状态。一旦宣告死亡,被宣告死亡人的财产将成为遗产,产生继承法律关系;被宣告死亡人的配偶将可能形成新的婚姻关系。换言之,宣告死亡将对被宣告死亡人产生自然死亡的法律效果,对其利益产生重大影响。宣告死亡的条件比宣告失踪的条件更为严格,应符合以下三个条件:

(1) 自然人失踪的事实。申请宣告死亡应有自然人失踪的事实。在通常情况下失踪的,自然人下落不明的期间应满4年;在意外事件中失踪的,自然人下落不明的期间应满2年。因意外事件下落不明,经有关机关证明该自然人不可能生存的,申请宣告死亡不受2年时间的限制,如《民法典》第46条之规定。

(2) 利害关系人的申请。利害关系人的申请是宣告死亡的基本条件之一,又是宣告死亡的程序要求。在《民法典》之前,《民法通则司法解释》第25条规定了申请宣告死亡利害关系人的顺序。前一顺位的利害关系人未申请宣告死亡的,后一顺位的利害关系人不得提出申请,从而使得与失踪人相关的法律关系长期处于不确定状态,极大地损害了利害关系人的利益,有悖于宣告死亡制度设立的初衷。《民法典》第46条和第47条以保护利害关系人利益为宗旨,废除了先前的利害关系人申请宣告死亡顺位的规定。

(3) 法院的受理与宣告。在书面申请受理后,法院应当立即发出寻找失踪人的公告,宣告死亡的公告期为1年,因意外事故下落不明,经有关机关证明自然人不可能生存的,宣告死亡的公告期为3个月,公告期满后,仍然不能确定下落不明人尚生存的,法院作出宣告死亡判决。宣告死亡判决应当确定被宣告死亡人的死亡日期,判决中没有确定日期的,以判决宣告之日为被宣告死亡人的死亡日期。

《民法典》第47条规定,宣告失踪不是宣告死亡的必经程序。如果被申请人符合宣告死亡条件的,可以直接申请宣告死亡,而没有必要先宣告失踪,然后再宣告死亡。宣告死亡必须由法院依照《民事诉讼法》规定的特别程序进行,如九江市粮油贸易公司劳动争议案①。

(二) 宣告死亡的效力

自然人一旦被依法宣告死亡,即产生如同自然人自然死亡的法律效力。例

---

① 在九江市粮油贸易公司诉胡妮娜劳动争议案(〔2004〕浔民一初字第521号、〔2004〕九中民一终字第230号)中,法院裁判要旨认为,自然死亡或者意外事故死亡的,公安机关出示的证明具有法律效力,而宣告死亡必须由利害关系人按《民事诉讼法》特别程序向下落不明人住所地基层法院提出申请,法院发出寻找下落不明人的公告,在公告届满后仍找不到下落不明人的,则由法院依法宣告其死亡,宣告死亡的时间为法院作出判决的时间。

如,在徐赤卫、冯学礼人寿保险合同纠纷案[①]中,西安市中级人民法院判决认为,宣告死亡产生与自然死亡相同的法律效力。案件的争议焦点是被保险人冯志刚被宣告死亡是否属于保险合同约定的"意外事故死亡",这是确定平安人寿保险陕西分公司是否应当承担赔偿责任的关键。投保人徐赤卫与保险人平安人寿保险陕西分公司对格式保险条款中"意外事故死亡"的理解发生争议,依《合同法》关于格式合同的解释原则,应作出有利于徐赤卫、冯学礼的解释。法院依法确认被保险人冯志刚被宣告死亡属于争讼的保险合同约定的保险事故范围,平安人寿保险陕西分公司依约应向被保险人冯志刚的法定继承人徐赤卫、冯学礼支付赔偿金5万元。

关于宣告死亡制度的认定死亡方式,大陆法系国家有两种不同的立法例:

(1) 拟制主义的立法例。拟制主义的立法例,即将失踪人视为死亡,不能以反证推翻宣告死亡的效力,仅能以撤销宣告死亡的方式解除其效力,如《日本民法典》的规定。

(2) 推定主义的立法例。推定主义的立法例,即将失踪人推定为死亡,允许提出反证,证明失踪人实际并未死亡。只要有失踪人并未死亡的证明,无须撤销死亡宣告,即可推翻死亡宣告的推定,如《德国民法典》的规定。

我国《民法典》第50条采纳了拟制主义的立法例,失踪人的死亡宣告必须经法院判决才能撤销。自然人被宣告死亡发生与自然死亡相同的效力,及于被宣告死亡人私法上的所有法律关系,导致其丧失权利主体资格。自然人被宣告死亡后,如果其事实上也已经死亡的,权利能力归于消灭;如果实际上还生存的,则其权利能力仍然存在。宣告死亡的效力,仅在使被宣告死亡人的以住所为中心的法律关系归于消灭。自然人一旦被宣告死亡,将产生三个方面的法律效力:

(1) 财产关系。被宣告死亡人的债权债务要进行清理,继承关系开始。法院判决中确定的被宣告死亡人的死亡日期,为继承开始的时间。继承人按照法律的规定或者遗嘱的规定继承财产。被宣告死亡人的财产权属发生变化,财产所有权归于消灭。

(2) 婚姻关系。被宣告死亡人与配偶的婚姻关系,从宣告死亡之日起消灭。被宣告死亡人的配偶恢复单身身份,可以另行结婚。

(3) 子女收养关系。被宣告死亡人被宣告死亡的,其与子女之间的父母子女关系依法解除,子女可依法被他人收养。被收养的子女对被宣告死亡人不再

---

① 在徐赤卫、冯学礼诉中国平安人寿保险股份有限公司陕西分公司人寿保险合同纠纷案([2007]雁民二初字第712号、[2008]西民四终字第029号)中,法院裁判要旨认为,被宣告死亡与自然死亡产生相同的法律后果。保险条款规定的不负保险责任的情形中不包括宣告死亡,保险人应承担理赔责任。对保险合同条款有争议的,法院应作出有利于被保险人和受益人的解释。对格式条款的理解发生争议的,应当按照通常理解予以解释,对格式条款有两种以上解释的,应当作出不利于提供格式条款一方的解释。

享有抚养请求权和财产继承权。

### (三) 宣告死亡的撤销

被宣告死亡的人重新出现的,即证明宣告死亡这种推定不能成立,经本人或者利害关系人的申请,法院应当撤销对他的死亡宣告。根据《民法典》的规定,宣告死亡的撤销,将产生三个方面的效力:

(1) 婚姻关系。被撤销宣告死亡人的婚姻关系有以下三种情形:配偶再婚的,应当保护现行的婚姻关系;配偶再婚后离婚的,婚姻关系不能自行恢复;配偶一直未婚的,婚姻关系从撤销死亡宣告之日起自行恢复,但配偶向婚姻登记机关书面声明不愿恢复婚姻关系的除外。

(2) 子女收养关系。在被宣告死亡期间,被撤销宣告死亡人的子女被人依法收养的,撤销死亡宣告之后,收养关系仍然有效。收养关系不得因宣告死亡的撤销而解除,这是为了维护收养关系的稳定性。

(3) 财产关系。被撤销宣告死亡人有权要求返还财产。依照《民法典》的规定,取得财产的自然人或者组织,应当返还原物,原物不存在的,应当给予适当补偿。

## 第四节 监 护 权

监护制度是亲权制度的延伸,本质在于弥补自然人行为能力的不足。亲权是大陆法系国家和地区普遍采用的法律制度,是父母亲对未成年人子女进行教养、保护等权利义务的总和。亲权既是未成年人父母亲的权利,也是其义务。监护制度适用的前提是未成年人的父母亲死亡或者丧失行为能力。

我国《民法典》中的监护制度与《未成年人保护法》《妇女权益保障法》以及《老年人权益保障法》等对监护的规定共同构成我国的监护制度体系,构建了以家庭监护为基础、以社会监护为补充、以国家监护为兜底的监护制度。

### 一、监护制度的起源

在古代罗马早期,监护和保佐制度设立的目的是为保护家族的财产利益。到了罗马共和国晚期,伴随经济的发展,家族制度崩溃,财产共有观念消灭,家长以遗嘱方式为子女指定监护人和保佐人,已经不再是为家族利益而是为子女自身利益,从而监护和保佐制度从保护家族利益转变为保护被监护人和被保佐人的利益。[①]

---

① 参见周枏:《罗马法原论》(上册),商务印书馆1994年版,第241页。

监护和保佐的对象均为自权人，他权人处于家长权或者夫权之下，受家长权或者夫权的保护，而且在罗马早期他权人没有财产，没有设立监护和保佐的必要。法律规定对不在家长权之下的未适婚人和自权妇女设立监护人，监护是一项经常性的职务；根据《十二表法》的规定，对精神病人和浪费人则设立保佐人，由于精神病人仅在发病期间需要保佐人，浪费人一旦改正不良习惯也不再需要保佐人，所以保佐一般是临时性的职务。最初，监护的作用在于补充被监护人的能力，保佐则在于代理被保佐人管理财产[①]，到了罗马帝政后期，监护与保佐之间的差异逐渐消失。

罗马法规定，男未满14岁，女未满12岁，如果家长死亡，或者家长有丧失自由权、市民权或者家长权等情形的，应设立监护人。罗马的监护有法定监护、遗嘱监护、官选监护和信托监护四种形式。监护是市民法制度，外国人和妇女不得作为监护人。在早期被解放的奴隶才有资格作为监护人，但到了后期即使没有被解放的奴隶也有资格作为监护人，一旦指定奴隶作为监护人的，意味着默示该奴隶的解放。到了共和国晚期，监护制度的目的是为保护被监护人的利益，因而要求监护人必须具有行为能力，凡是没有管理财产能力或者行为可能不利于管理被监护人财产的人，均不具有担任监护人的资格。

监护人的职责是管理被监护人的财产，而被监护人的身体、教育、抚养等其他事务，则由家长通过遗嘱或者由长官选定生母或者其他亲属负责，所需费用由监护人从被监护人的财产中支付。[②] 监护人管理被监护人的财产，有能力补充和事务管理两种方式。起初，罗马法对监护人的职权没有限制，被监护人的财产即移归监护人，监护人对被监护人的财产享有所有权。后来，为保护被监护人的利益，保证在监护终止时能够返还被监护人的财产，法律对监护人的权力逐渐予以限制。

近代大陆法系民法继受了罗马法的监护制度，法国和德国等国家在民法典中规定了监护制度，如《德国民法典》第四编第三章规定了监护制度，有监护的设立、监护的职责、监护的免除与终止等内容。现代西方国家相继对成年监护制度从价值理念到制度架构进行根本性的改革，废除禁治产宣告制度，建立以维护成年障碍者人格尊严和正常社会参与为宗旨的成年照顾制度。现代监护制度注重对被监护人意思的尊重，强调被监护人利益最大化原则。

---

[①] "监护针对的是人，保佐针对的是物。"〔意〕彼德罗·彭梵得：《罗马法教科书》，黄风译，中国政法大学出版社1992年版，第170页。

[②] 关于对被监护人人身的保护和财产管理分开的原因主要有以下两个方面：一是罗马监护制度起源于保护被监护人的财产，而不包括教育、照顾被监护人的内容；二是监护人与被监护人之间是有利益冲突的，因为监护人就是被监护人的继承人，监护人为及早取得被监护人的财产，常有危及被监护人的生命的行为。因此，将被监护人的身体交给他的生母或者其他可靠的亲属照顾。参见周枬：《罗马法原论》（上册），商务印书馆1994年版，第250页。

## 二、监护权的意义

两大法系对亲权制度和监护制度有不同的规定。英美法系国家的亲权制度与监护制度不作区分,以监护制度保护未成年人的权益,父母亲健在时父母亲即为监护人。[①] 大陆法系国家民法基本上对亲权制度和监护制度进行了区分,如《德国民法典》《日本民法典》《瑞士民法典》和中华民国时期的民法典均设立了亲权制度和监护制度。《法国民法典》虽然分别设立亲权制度和监护制度,但实际上是亲权和监护并存。我国监护制度吸收了大陆法系的亲权制度,《民法典》中的监护制度是以亲权制度为基础的制度体系。

### (一) 大陆法系的亲权与监护权

亲权,是父母亲基于身份关系对未成年子女以教养和保护为目的的权利义务。[②] 亲权是典型的亲属法上的权利,属于身份权,是由身份关系所产生的权利,而最基本的身份是父母、配偶、亲属。[③] 亲权和监护是两种不同性质的制度,内容也有极大的差异。亲权为亲属法中的身份权,被限定在一定范围内的亲属之间;监护则突破了身份权的限制,监护人的范围超出了亲属,监护人对被监护人的监督、保护超越了身份权,而未成年人的监护人应当是父母之外的其他人,与此相应,被监护人应当是失去亲权保护的未成年人。

在大陆法系民法中,亲权是父母亲对未成年子女的亲属权,是父母亲基于法律规定对子女所产生的以教养和保护为目的的权利义务。父母亲双方同为未成年子女的亲权人。亲权的主体是父母亲,对象是未成年子女。父母亲既不得抛弃亲权,也不得滥用亲权。

监护,是指为照顾不在亲权之下的未成年人或者具有精神障碍的成年人的身体和管理其财产的需要所设立的私法制度。[④] 监护权,是监护人对不在亲权之下的未成年人和具有精神障碍的成年人的人身利益和财产利益的监督和保护的权利义务。这是大陆法系国家通行的关于监护和监护权的定义,处于亲权保护之下的未成年人,利益已经得到了充分的保护,无须在亲权制度之外,另行设立监护制度。

我国在《民法总则》的起草过程中,是否将亲权与监护权相分离存在争议。有观点建议采纳传统大陆法系民法的监护制度,即亲权是基于亲子之间的血缘关系自然产生并受到法律保护,监护权则是亲权制度不能发挥作用时的补充和

---

[①] 参见史尚宽:《亲属法论》,中国政法大学出版社2000年版,第657页。
[②] 同上书,第658页。
[③] 同上书,第34页。
[④] 同上书,第693页。

延伸。亲权和监护权的内容并不完全相同,立法应采纳狭义的监护权概念,明确将亲权和监护权分离。但是,前述观点并未被立法所采纳,而是以《民法通则》中的监护制度已经深入社会管理和司法实践,影响到经济社会生活的方方面面,已为社会所广泛接受为由,继续采纳了先前的监护权制度。

《民法典》在一定程度上肯定了亲权制度,但没有明确亲权的概念,如《民法典》第 26 条规定父母对未成年子女负有抚养、教育和保护的义务,实际上是肯定了亲权的存在。

(二) 我国的监护权

我国民法上的监护制度不同于大陆法系国家的监护制度。我国的监护制度是以亲权制度为基础,监护制度包含了亲权制度,亲权为监护权所吸收。《民法典》第 27—39 条规定了监护制度,这些制度是为了照顾未成年人和具有精神障碍的成年人的生活和财产。因此,监护权是监护人对未成年人和具有精神障碍的成年人的人身利益和财产利益的监督和保护的身份权。

从《民法典》第 27 条的内容来看,亲权似乎已经为监护权所吸收。但是该条第 1 款强调了作为父母亲的监护人对未成年子女的特殊地位,而不是与第 2 款中的"……(一) 外祖父母、祖父母;(二) 兄、姐……"并列,父母亲监护人地位的突出,说明了父母亲作为监护人隐含其他权利(即亲权)。《民法典》第 28 条规定的无民事行为能力或者限制民事行为能力的成年人的监护人中,监护人的顺位是配偶、父母、子女、其他近亲属,父母在配偶之后,说明父母对成年子女已经丧失亲权。从前述条款的反面作出解释,可以认为《民法典》承认父母亲对未成年子女的亲权,因而《民法典》第 27 条第 1 款尽管称父母亲是未成年人的监护人,但仅仅在借用意义上使用该词而已,实际上还是说明父母亲根据亲权作为第一顺位的监护人管理和保护未成年人的利益。例如,在夏英监护权纠纷案①中,无锡市中级人民法院判决认为,监护权是未成年子女父母所固有。祖父母受未成年人父母一方委托对未成年人行使监护权而与另一方法定的监护权产生冲突时,监护权应由未成年人父母另一方行使。涉案未成年子女父亲在部队服役,委托祖父母行使监护之权利无法超越母亲的监护权。

监护人不履行职责的,可以撤销监护人的资格。在《民法总则》颁布前的数年里,司法审判实践中才出现了数例撤销父母亲监护权的案例。例如,在徐州市

---

① 在夏英诉包伯民、陈正华监护权纠纷案(〔2006〕宜少民一初字第 0044 号、〔2006〕锡民一终字第 0859 号)中,法院裁判摘要认为,监护权是基于特定的身份关系而产生的权利,为未成年子女的父母所固有。他人受夫妻一方委托对未成年人行使监护权而与夫妻一方固有的监护权产生冲突时,监护权应由夫妻另一方行使。夫妻一方没有条件履行日常的监护职责时,监护权可由夫妻另一方直接行使。

铜山区民政局申请撤销未成年人父母监护权资格案①中，徐州市铜山区人民法院判决撤销了未成年人父母亲的法定监护权。作为全国首例由民政部门申请撤销监护人资格的案件，该案执行了《民法通则》第 16 条第 4 款关于民政部门在监护制度中地位的规定，激活了《民法通则》关于撤销监护权的法律条款，保护了未成年人的合法权益。法院判决充分体现了民政部门监督监护人履行监护责任以及代表国家对未成年人承担监护的兜底责任。在未成年人父母不能履行监护责任或者侵害未成年人合法权益，其他近亲属无力监护或者不宜监护或者不愿监护时，民政部门可作为未成年人的监护人。

徐州市铜山区民政局申请撤销未成年人父母监护权资格案、张琴撤销监护人资格纠纷案等对我国监护制度的完善，起到了积极的作用，使其更具可操作性。

### 三、监护人的设立与终止

根据世界各国立法的规定，监护人有法定监护人、指定监护人和遗嘱监护人三种。法定监护人是指由法律直接规定无民事行为能力人或者限制民事行为能力人的监护人；指定监护人是指在没有法定监护人或者遗嘱监护人时，由法院或者其他有权指定监护人的机构为无民事行为能力人或者限制民事行为能力人指定监护人。遗嘱监护人是指父母亲通过遗嘱方式为未成年子女指定监护人。我国《民法典》根据未成年人和精神病人的不同情况，对监护人分别作出了相应的规定。

（一）未成年人

未成年人是指 18 周岁以下的自然人。我国《民法典》规定了未成年人的监护制度，有法定监护、指定监护、协议监护和遗嘱监护四种方式：

（1）法定监护。法律规定了特定的关系人依一定的顺位担任监护人，在符合法定监护条件时，监护人自动产生。《民法典》第 27 条明确规定了担任法定监护人的顺位和范围，法定监护人的顺位是以监护人与被监护人之间的血缘关系的远近为基础的。第一顺位的监护人是未成年人的父母亲。在第一顺位的监护人死亡或者丧失行为能力时，由第二顺位的监护人担任。在第二顺位中，首先由

---

① 在徐州市铜山区民政局申请撤销未成年人父母监护权资格案（〔2015〕铜民特字第 0001 号）中，法院裁判摘要认为，监护制度事关未成年人的健康成长。当父母作为法定监护人不履行监护职责或者侵害未成年人合法权益时，民政部门作为社会保障机构，有权向法院申请撤销父母的监护人资格，使受到家庭成员伤害的未成年人能够及时得到司法救济。在未成年人其他近亲属无力监护、不愿监护或不宜监护，又没有其他合适人员和单位担任监护人的情形下，法院应当指定民政部门作为未成年人的监护人。民政部门根据实际情况可以将未成年人交由当地儿童福利机构收留抚养，也可以通过家庭寄养、自愿助养等方式，委托临时照料人继续照料未成年人的生活，并由民政部门承担相应的监护保障义务和救助责任。

未成年人的祖父母和外祖父母担任监护人；其次是由未成年人的已成年的兄姐担任监护人；最后是由其他愿意担任监护人的个人或者组织担任监护人，但必须经未成年人住所地的居民委员会、村民委员会或者民政部门的同意。《民法典》作此规定，旨在防止具有监护资格的监护人推卸责任，导致监护人缺位情况的出现。

（2）协议监护。协议监护是指具有监护资格的人通过协商方式确定未成年人的监护人。在未成年人父母亲双亡或者丧失行为能力时，根据《民法典》第27条规定的顺位应当担任监护人的人，认为自己不适合担任监护人或者认为其他具有监护资格的人更适合担任监护人的，可以根据《民法典》第30条的规定进行协商。具有监护资格的人可以根据各自与被监护人在生活上的联系状况、经济状况、提供教育条件和生活照顾便利等因素，在尊重被监护人真实意愿的基础上，协商确立合适的监护人。以协议方式确定监护人对被监护人的利益影响重大，应当充分尊重被监护人的真实意愿，即结合多种情况对被监护人的意愿进行综合考量判断，探求被监护人的内在真实意愿，而不是简单地征求被监护人的意见。

协议监护的主体仅限于依法具有监护资格的人，即祖父母、外祖父母、成年兄姐、其他愿意担任监护人的个人或者组织。

（3）指定监护。在未成年人的父母亲死亡或者丧失行为能力的情况下，具有监护资格的人通过协商方式无法确定监护人，从而产生指定监护问题。指定监护，主要发生在以下两种情况：一是两个以上具有监护资格的人都愿意承担监护责任，二是具有监护资格的人均不愿意承担监护责任。

对监护人的确定发生争议的，应根据《民法典》第31条规定的监护争议解决程序处理，由居委会、村委会、民政部门或者人民法院按照最有利于未成年人的原则在依法具有监护资格的人中指定监护人。关于监护人的指定方式有两种：

一是由有关组织指定，即由未成年人住所地的居民委员会、村民委员会或者民政部门指定；对指定不服的，可以向人民法院申请指定监护人。例如，在张琴撤销监护人资格纠纷案[①]中，监护人张琴对村委会的监护指定不服，提起监护权撤销之诉。镇江经济开发区法院判决认为，被监护人张子鑫的父亲张阿林是视力一级残疾人，无固定工作和生活收入来源，不具有担任张子鑫监护人的能力；

---

[①] 在张琴诉镇江市姚桥镇迎北村村民委员会撤销监护人资格纠纷案（〔2014〕镇经民特字第0002号）中，法院裁判摘要认为，认定监护人的监护能力，应当根据监护人的身体健康状况、经济条件，以及与被监护人在生活上的联系状况等综合因素确定。未成年人的近亲属没有监护能力，也无关系密切的其他亲属、朋友愿意承担监护责任的，法院可以根据对被监护人有利的原则，直接指定具有承担社会救助和福利职能的民政部门担任未成年人的监护人，履行监护职责（2015年最高人民法院公报案例）。

张子鑫的母亲徐芳是智力二级残疾人,不能完全辨认自身的行为,也不具备担任张子鑫监护人的能力。张子鑫的祖母张秀芳和外祖父母李云洪、徐庆娥,是法律规定的应当担任张子鑫的监护人的"近亲属",但也均因身体和经济原因,不具有担任张子鑫监护人的能力。申请人张琴作为张子鑫的姑姑,是张子鑫关系较密切的亲属,但张琴自身是视力一级残疾,丈夫虽然并无残疾,但两人现有一个三岁的儿子需要抚养,同时两人还需照顾母亲张秀芳及哥哥张阿林,再担任张子鑫的监护人抚养照顾张子鑫,极不妥当,也不利于张子鑫的健康成长。张琴担任张子鑫的监护人,应以自愿为前提,因而张琴申请撤销监护人的指定符合法律规定。

二是由人民法院指定,即当事人可以直接向人民法院申请指定监护人。根据《民法典》第31条第1款的规定,有关组织的指定并非人民法院指定监护人的前置程序,有关当事人可以直接向人民法院申请指定监护人。在指定监护中,居民委员会、村民委员会、民政部门或者人民法院应当尊重被监护人的真实意愿,按照最有利于被监护人的原则在依法具有监护资格的人中指定监护人。例如,在罗荣耕、谢娟如监护权纠纷案中,人民法院在指定监护人时贯彻了最有利于被监护人的原则。上海市第一中级人民法院二审判决认为,无论是从涉诉双方当事人的年龄及监护能力,还是从孩子对生活环境及情感的需求,以及家庭结构完整性对孩子的影响等各方面考虑,将监护权判归陈莺更符合未成年人最大利益原则。但上海市闵行区人民法院一审判决选择保护禁止代孕的法秩序,认为陈莺与代孕子女既无血缘关系,也未形成拟制血亲关系,从而排除了陈莺对代孕子女的监护权,反而确认了与代孕子女有血缘关系却没有监护能力的祖父母为监护人。祖父母曾在一审的庭审中多次提出年事已高、行动不便,一审判决完全置被监护人的利益而不顾,违背了最有利于被监护人的原则,从而被二审法院改判。

(4)遗嘱监护。遗嘱监护是指未成年人的父母亲以遗嘱的方式确立未成年人的监护人。遗嘱监护是我国《民法典》确立的监护确立方式,也是国外通行的监护确立方式,如《德国民法典》第1776条、《法国民法典》第403条、《日本民法典》第839条等。以遗嘱方式确定监护人的主体仅限于未成年人的父母亲。遗嘱监护优先于法定监护,且指定的监护人可以不受我国《民法典》第27条规定的具有监护资格人的限制。

遗嘱监护制度有助于满足父母亲生前为未成年人子女作出监护安排的需要,体现了对父母亲意愿的尊重,符合意思自治原则,也有利于保护被监护人的利益。

(二)无民事行为能力或者限制民事行为能力的成年人

《民法典》规定了法定监护、指定监护、协议监护三种形式。

(1) 法定监护。根据《民法典》第 28 条的规定,可以担任无民事行为能力或者限制民事行为能力的成年人的法定监护人有以下三种情形:第一,有监护能力的配偶、父母、子女。成年男女经婚姻登记程序,缔结婚姻关系而成为夫妻,产生法定权利义务关系。父母子女之间既有天然的血缘关系,又有法定的抚养、赡养关系。第二,其他近亲属,即有监护能力的祖父母、外祖父母、兄弟姐妹,主要是基于天然的血缘关系、生活联系以及情感方面等因素。第三,其他愿意担任监护人的个人或者组织,组织是指居民委员会、村民委员会、学校、医疗机构、妇女联合会、残疾人联合会、依法设立的老年人组织、民政部门等。

(2) 指定监护。无民事行为能力或者限制民事行为能力的成年人的监护人主要限于被监护人的近亲属,顺位依次为配偶、父母、子女、其他近亲属(兄弟姐妹、祖父母、外祖父母、孙子女、外孙子女)。在现实生活中,经常出现上述近亲属相互推诿、不愿承担监护责任的情形。对监护人的确定有争议的,由被监护人住所地的居民委员会、村民委员会或者民政部门指定,有关当事人对指定不服的,可以向法院申请指定监护人;有关当事人也可以直接向法院申请指定监护人。

(3) 协议监护。协议监护是指当事人通过协议方式确定监护人。协议监护相对于法定监护,主要有两种情形:一是具有监护资格的人通过协商方式确定监护人;二是被监护人事前以书面形式确定自己的监护人。第一种情形与未成年人的情形完全相同,第二种情形则是《民法典》为保护老年人利益而确立的监护人确定方式,是应对我国人口老龄化的制度安排。

协议监护是意思自治原则在监护领域的运用,是具有完全民事行为能力的成年人对自己未来的监护人,按照自己的意愿事先所作出的合理安排。协议监护优先于法定监护适用,仅在协议监护协议无效或者无法执行的情形下,再适用法定监护。

监护的终止是指监护人与被监护人之间的权利义务关系消灭。监护终止,有自然终止和诉讼终止两种情形:

(1) 自然终止。自然终止是指设立监护的客观情况已经自动消灭,使监护失去存在的必要,监护随之消灭。自然终止主要有被监护人取得或者恢复完全民事行为能力、监护人丧失监护能力、被监护人或者监护人死亡以及人民法院认定监护关系终止的其他情形。

(2) 诉讼终止。监护人不履行职责或者侵害了被监护人利益的,经利害关系人的申请可以撤销监护人的监护资格,如徐州市铜山区民政局申请撤销未成年人父母监护资格案。

我国《民法典》第 36 条规定了监护权撤销的具体情形。

### 四、监护人的职责与责任

监护人的职责是代理被监护人实施法律行为,保护被监护人的人身权利、财产权利及其他合法权益。《民法典》第 34 条明确规定了监护人的前述职责。监护人应当最大限度地尊重被监护人的真实意愿,保障并协助被监护人实施与其智力、精神健康状况相适应的法律行为。对被监护人有能力独立处理的事务,监护人不得干涉。监护人的职责有两个方面的内容:一是保护被监护人的身体健康,照顾被监护人的生活,并对被监护人进行管理和教育。二是管理和保护被监护人的财产,代理被监护人进行民事活动和诉讼活动。在实践中,经常出现必须将监护的职责部分或者全部委托给他人的情形。

关于监护人责任的归责原则,大陆法系国家有三种不同的立法例:

(1) 过错责任原则。《奥地利民法典》采纳过错责任原则,只有受害人证明监护人有过错的情况下,监护人才承担侵权责任。[1]

(2) 过错推定责任原则。《德国民法典》第 832 条、《日本民法典》第 712 条采纳过错推定责任原则,监护人的责任以过错为前提,但通过举证责任倒置的方式由监护人承担证明责任。

(3) 混合归责原则。《荷兰民法典》采纳了混合归责原则,根据被监护人年龄的不同,区分监护人的责任。监护人对 14 周岁以下被监护人的侵权行为承担严格责任,对 14 周岁至 16 周岁的被监护人侵权行为承担推定的过错责任,对 16 周岁以上的被监护人侵权行为承担过错责任。[2]

我国监护人责任的归责原则并未采纳大陆法系上述三种立法例,而是采纳了无过错责任原则。《民法典》第 1188 条第 1 款规定:"无民事行为能力人、限制民事行为能力人造成他人损害的,由监护人承担侵权责任。监护人尽到监护责任的,可以减轻其侵权责任。"《民法典》中有关监护人的责任归责原则与大陆法系国家立法例的不同,主要表现在以下两个方面:

(1) 监护人责任的成立要件不同。大陆法系国家以监护人未尽到监护责任为监护人承担责任的成立要件,以监护人尽到监护责任为减轻责任要件,即以过错责任为归责原则。《民法典》则以被监护人对他人造成损害为监护人承担责任的成立要件,监护人尽到监护责任不构成免责或者减轻责任的理由,即以无过错责任为归责原则。

(2) 侵权责任承担的主体不同。大陆法系国家通常由被监护人承担侵权责

---

[1] 参见〔德〕克雷斯蒂安·冯·巴尔:《欧洲比较侵权行为法》(上卷),张新宝、焦美华译,法律出版社 2004 年版,第 189 页。

[2] 同上书,第 182 页。

任,被监护人与监护人有各自独立的财产,监护人仅在有过错的情况下承担赔偿责任。《民法典》则以被监护人为侵权责任的行为主体,而以监护人为侵权责任的承担主体,这是因为,由于被监护人与监护人之间的亲权关系,被监护人没有可以承担侵权责任的财产。此外,监护人责任的加重有利于减少侵权的发生。

我国监护人承担责任的归责原则不同于大陆法系国家的原因在于监护制度的不同。我国监护制度包含了亲权制度,监护人与被监护人之间关系密切,通常为父母子女关系,在财产关系上是一体的,被监护人没有独立的财产,监护人对被监护人的侵权行为承担较重的责任有其内在的合理性。大陆法系国家的监护制度是在亲权制度之外,监护人是被监护人父母亲之外的其他人。在财产关系上,监护人与被监护人通常是相互独立的,即被监护人通常可能有独立的财产。因此,大陆法系国家民法典规定了较轻的监护人责任。

## 第五节 人格权的保护

人格权,是指基于权利主体人格上的利益所产生的权利。人格权是人身权的重要组成部分,而人身权与财产权共同构成民法的两类基本权利。人格权在民法中具有十分重要的地位,近年来人格权越来越受到世界各国立法的重视,而且其保护范围不断扩大。人格权的保护不仅是民法的任务,也受到其他法律领域的重视。宪法确立了公民的基本权利,刑法规定了侵犯人格权的犯罪,如侵害生命权、人身权、健康权、名誉权、人身自由、人格尊严的犯罪等。现代社会已经形成了以民法为基础的人格权保护的法律体系。

20世纪之前,在大陆法系国家的民法中,物权和债权已经形成了较为完备的体系,而人格权的规定却非常零散、不成体系。当时的法律思潮是将个人意思自由和个人尊严的价值表现为对财产权的支配,而忽视了人格权的价值。这种法律思潮在民法典中则表现为强调对财产权的保护,忽视了人格权的价值和对人格权的保护。《法国民法典》没有规定人格权,《德国民法典》仅规定了具体的人格权。20世纪中叶之后,随着世界经济的发展、社会思想文化的变化,各国加强了对人格权的保护,人格权才作为一种独立的制度出现。《瑞士民法典》规定了一般人格权。

### 一、人格权的历史沿革

人格权有物质要素人格权和精神要素人格权之分,从人格权的历史发展看,物质要素人格权的发展早于精神要素人格权,在近代之前,世界各国对物质要素人格权的保护已有了较为完备的法律制度,而较为完备的精神要素人格权的保护却是在现代社会中逐步形成的。

(一) 物质要素人格权

对于物质要素人格权的法律保护,世界各国立法经历了同态复仇、自由赔偿、强制赔偿和双重赔偿四个时期。

(1) 同态复仇时期。在远古社会,法律最早保护的人格权是身体权、健康权和生命权。对这些权利的法律保护,是通过受害人及其血亲对加害人进行同态复仇的方式进行的。同态复仇主要有两种方式:一是对外的血族复仇,即基于"血族连带责任"观念产生的保护方法;二是对内的复仇,通常采取宗教方式,剥夺加害人的一切权利,使加害人丧失权利主体的资格,人人得而诛之。这种残酷野蛮的法律保护方法,与当时社会的文明程度相适应。

(2) 自由赔偿时期。随着社会的发展和文明的进步,对人的物质要素人格权的法律保护方法发生了一些积极的变化,逐渐地产生了一种用金钱赔偿方法替代同态复仇的变通方法。受害人及其血亲有权进行选择,或者放弃复仇的权利而接受赔偿,或者拒绝接受赔偿而坚持实行复仇。这既反映了社会的发展和人类文明的进步,也体现了人类价值观念的变化,为科学的物质要素人格权法律保护制度的建立奠定了基础。

(3) 强制赔偿时期。最初对身体权和健康权的轻微伤害,禁止进行同态复仇,强制以赔偿代替;对于杀人、重伤还可以选择赔偿或者同态复仇。到了罗马最高裁判官法时期,最终确立对生命权、身体权、健康权的侵害一律实行强制性的金钱赔偿方式,表明真正意义上的对物质要素人格权的损害赔偿的法律保护制度得以初步确立。在人格权的发展历史上,具有划时代的意义。

(4) 双重赔偿时期。对于物质要素人格权的法律保护,不仅要赔偿财产上的损失,而且要赔偿因物质要素人格权受侵害所造成的精神损害。这种制度始于罗马法,法国在19世纪中叶以判例方式确认,瑞士旧债务法确认该制度,《德国民法典》第847条则最终完善了这个制度。在双重赔偿时期,《德国民法典》不仅是物质要素人格权法律保护现代化的标志,而且在立法上正式确立了生命权、身体权、健康权的概念,使物质要素人格权制度正式形成了权利体系和保护体系的有机构成。

从《民法通则》到《侵权责任法》,我国对物质要素人格权的保护仅限于生命权、健康权,缺少身体权,从而对物质要素人格权的保护是不完整的。《民法典》正式确立了完整的物质要素人格权的保护,即生命权、身体权、健康权。

(二) 精神要素人格权

对精神要素人格权的保护,比对物质要素人格权的保护过程要复杂。在早期的古代成文法中,最重要的精神要素人格权是名誉权。① 古代成文法后期,罗马法的人格权制度有了重大的发展,出现了人格的概念。人格的取得应当具备三个条件:一是人的生存;二是自由的身份;三是市民的身份。人格的内容包括自由权、市民权和家族权。如果其中有一项权利丧失或者变化,即为人格减等。在罗马法中,最重要的人格权是自由权。自由权是自然人获得法律人格的最基本条件。享有自由权的主体,无论是具有完全的法律人格还是有限制的人格,都被称为人。丧失自由权的,即丧失做人的资格,沦为他人财产的一部分。罗马法的另一个重要的人格权是名誉权。

在罗马法复兴运动的影响下,近代西方国家开展了规模宏大的人权运动。英国的《人身保护法》(1679年)、法国的《人权宣言》(1789年)、美国的《独立宣言》(1776年)相继出现。这些法律主要规定人权问题,对于自由权等具体人格权,虽然也有明文规定,但并不是其主要内容,且自由权主要强调政治权利。

西方近代国家人格权制度的发展,经历了一个从具体人格权向一般人格权的演变过程。一般人格权相对于具体人格权而言,是基本权利。一般人格权虽然对具体的人格权有概括作用,但也是一个独立的权利,是人身权中的基本权利。一方面,一般人格权决定并派生出各种具体的人格权;另一方面,一般人格权更为抽象和更具概括性,成为人身权中最具抽象意义和典型性的基本人格权。因此,否认一般人格权,实际上就否认了个人的基本权利。

虽然《法国民法典》没有人格权的规定,但是法国法院通过对《法国民法典》第1382条规定的扩张解释,明确不是以侵害法律规定的权利为损害赔偿的要件,而是以对他人利益的侵害为损害赔偿的条件。法国以判例方式确立了对各种具体人格的保护,涉及生命、身体、健康、贞操、姓名、肖像、信用和私生活的秘密等几乎所有的权利。19世纪德国各邦也是通过法院判例承认了对上述具体人格权的保护。

《德国民法典》正式确立了人格权的概念,规定了具体人格权的类型及其保护方式,包括生命权、身体权、健康权、姓名权、自由权、信用权和贞操权。两次世界大战期间,人格权遭到了极大的破坏。战后的德国立法和理论均强调加强对人格权的保护,法院通过判例确立了对一般人格权的保护②,扩大了人格权的保护范围。一般人格权是指受到尊重的权利、直接言论不受侵犯的权利以及不容

---

① 《汉穆拉比法典》第2条规定:"对无证据控告,当神证明为错告时,除对控告者处死外,被诬告之人取得控告者的房屋。"以控告者的房屋这种财产对被诬告之人进行名誉损害的补偿,可能是历史上最早的慰抚金制度。

② "一般人格权是法律科学和司法判例发展形成的新制度。"〔德〕迪特尔·梅迪库斯:《德国民法总论》,邵建东译,法律出版社2000年版,第38页。

他人干涉私生活和隐私的权利。① 一般人格权是具体人格权的基础,而具体人格权是一般人格权的组成部分。一般人格权制度是通过法院判例方式确立的,德国联邦最高法院通过雅尔玛·沙赫特名誉侵权案和骑士装肖像侵权案确立了一般人格权制度。

(1) 雅尔玛·沙赫特名誉侵权案。一般人格权是德国联邦最高法院在1954年通过一个案例确立的。在该案中,出版社在出版物上刊登的一篇批判性文章中披露前帝国银行行长和经济部长雅尔玛·沙赫特最近从事的一些活动。雅尔玛·沙赫特要求出版社更正发表的文章,但遭到了出版社的拒绝。在"读者来信"的栏目下,出版社断章取义地发表了雅尔玛·沙赫特来信的部分内容。雅尔玛·沙赫特将出版社告到汉堡州高等法院,而法院却以出版社未对雅尔玛·沙赫特的名誉造成损害为由,驳回了雅尔玛·沙赫特的诉讼请求。德国联邦最高法院援引《基本法》第1条和第2条的规定,认为人格权是宪法所保证的基本权利,判决出版社的行为构成了对雅尔玛·沙赫特权利的侵害。② 该案判决突破了《德国民法典》局限于具体人格权的类型,创设了一般人格权制度。

(2) 骑士装肖像侵权案。1958年的骑士装肖像侵权案进一步巩固了一般人格权制度。在骑士装肖像侵权案中,Okasa壮阳药的生产商在广告中擅自使用了啤酒酿造商骑士装束的照片,事实上即使壮阳药生产商向极为富有的啤酒酿造商支付高额的费用,他也不可能为壮阳药做广告。起初,联邦最高法院以壮阳药生产商违反《德国民法典》第253条规定为由,认为可以对非财产损害适用金钱赔偿。后来,德国联邦最高法院类推适用《德国民法典》第847条第1款"妨碍自由"的规定,判决壮阳药生产商对啤酒酿造商的精神损害进行金钱赔偿。通过这些判例,德国宪法法院认可了联邦最高法院所创制的一般人格权制度。

《瑞士民法典》第28条首次直接规定了一般人格权,在人格权的保护上较为完备。此外,1948年通过的《世界人权宣言》和1953年生效的《人权和基本自由欧洲公约》对世界各国的人格权的保护影响深远。③ 尽管从德国和瑞士颁布民法典以来,各国民法逐渐认识到人格权保护的重要性,但在立法上均未明确一般人格权的概念及其内涵。因此,一般人格权的概念及内涵是通过司法判例和解释不断丰富和发展的。

---

① 参见〔德〕卡尔·拉伦茨:《德国民法通论》(上册),王晓晔等译,法律出版社2003年版,第171页。
② 参见〔德〕迪特尔·梅迪库斯:《德国民法总论》,邵建东译,法律出版社2000年版,第805—806页。
③ "从逻辑上,人格权与人权这两个概念具有密切联系,人格权属于人身权,人身权又属于民事权利,而民事权利则属于人权,因此,人格权是人权内容的部分。"张俊浩主编:《民法学原理》(第3版)(上册),中国政法大学出版社2000年版,第142页。

《民法典》第 990 条第 2 款规定:"除前款规定的人格权外,自然人享有基于人身自由、人格尊严产生的其他人格权益。"前述规定高于一般人格权的保护。例如,在周某某一般人格权纠纷案①中,上海市第二中级人民法院判决充分说明了我国司法审判实践对一般人格权的保护,认为自然人因人格尊严权遭受非法侵害的,可以向法院起诉请求侵权人承担侵权责任。发信人发送的短信的内容带有侮辱性,对收信人的人格尊严造成了损害,该短信的发送人应当承担侵权责任。

**二、具体人格权**

人格权分为一般人格权和具体人格权,而具体人格权又分为物质要素人格权和精神要素人格权。物质要素人格权包括生命权、身体权和健康权,精神要素人格权则包括姓名权、肖像权、名誉权、自由权、隐私权、信用权、贞操权等。

在《民法通则》规定的基础上,我国《侵权责任法》第 2 条归纳、列举了具体的人格权即生命权、健康权、姓名权、名誉权、荣誉权、肖像权、隐私权、婚姻自主权,但遗漏了我国社会现实生活中经常出现的一些具体的人格权,如身体权、信用权和贞操权等。《民法总则》第 110 条规定了生命权、身体权和健康权,填补了物质要素人格权的法律漏洞。《民法典》沿袭了《民法总则》的规定。

**(一)物质要素人格权**

物质要素人格权,是指自然人对于其之所以作为人的事实资格的物质性要素的支配权。人格的物质性要素包括生命、身体、健康,物质要素的人格权则有生命权、身体权和健康权,如在赵宝华生命权、健康权、身体权纠纷案②中,上海市闸北区人民法院判决认为,从事住宿、餐饮、娱乐等经营活动或者其他社会活动的自然人、法人或者其他组织,应在合理限度内确保入住酒店的消费者的人身安全,避免因管理、服务瑕疵而引发人身伤害。法院判决确立了对物质要素人格权的保护。

在总结司法审判实践的基础上,《民法典》完善了物质要素人格权的内容,构建了完整的物质要素人格权。《民法典》第 110 条规定了生命权、身体权和健康权。

---

① 在周某某诉陆某某一般人格权纠纷案(〔2009〕虹民一初字第 1717 号、〔2009〕沪二中民一终字第 4468 号)中,法院裁判摘要认为,自然人的人格尊严受法律保护,在人格尊严受到非法侵害时,可以向法院起诉要求侵权人承担侵权责任。被告陆某某向原告周某某发送带有侮辱性内容的手机短信,对原告周某某的人格尊严造成了损害,应承担侵权责任。

② 在赵宝华诉上海也宁阁酒店有限公司、上海市静升实业有限公司生命权、健康权、身体权纠纷案(〔2010〕闸民一初字第 4399 号)中,法院裁判摘要认为,作为提供住宿服务的酒店经营者,对入住酒店的消费者应履行合理限度的安全保障义务。酒店经营者因管理、服务瑕疵等安全隐患而致消费者产生人身伤害的,应承担民事赔偿责任。酒店经营场所的出租方对于事发场所管理不善的,也应承担相应的责任。受害人对于损害的发生也有过错,根据过失相抵原则,减轻侵害人的民事责任(2014 年最高人民法院公报案例)。

（1）生命权。生命权是指以自然人生命安全利益为内容的人格权。生命权的客体是自然人的生命，生命是生物体所具有的活动能力，是自然人维持生存的基本物质活动能力，集中体现了自然人的物质要素。法律意义上的生命仅指自然人的生命，是其他所有人格权的基础和前提。生命具有不可替代性和不可逆转性，是自然人存在的体现，是自然人享有权利和承担义务的前提和基础，体现了自然人的最高人格利益。

生命权是自然人根本的人格权。生命权在维护自然人生命安全的同时，也成为自然人享有其他人格权的前提和基础。自然人的其他人格权是以自然人的生存为前提的，自然人因生命权遭到侵害而丧失生命的，其他人格权也不复存在。

生命权的内容是生命安全利益，生命的延续是生命权的表现。法律保护自然人生命的延续是保护自然人的生命不会受到外来侵害而丧失，实质是禁止非法剥夺自然人的生命，使自然人的生命按照自然界的客观规律延续。《民法典》第1002条规定了侵害生命权的救济，如在蒋海燕、曾英生命权纠纷案[1]中，佛山市中级人民法院作出维持一审驳回诉讼请求的判决。涉案受害人是因咬食芭蕉过多、吞咽过急等偶发因素导致窒息死亡，应属于意外事件，覃维邱、苏燕弟不存在故意或者过失侵害受害人的行为，对受害人的死亡没有过错，无须承担侵权损害赔偿责任。涉案事实涉及邻里朋友之间善意的食物（芭蕉）分享行为。这种分享食物的行为本身不会造成死亡的结果，其与死亡的损害后果之间仅存在事实的联系，并不存在法律上的因果关系。民法应是鼓励邻里之间积极地展开社会交往，如果将小孩之间分享无明显安全隐患食物的行为定性为过失，无疑将限制人之行为自由，阻断人们之间的社会交往，与过错责任原则的立法宗旨不符。

（2）身体权。身体权是指自然人维护其身体组织的完整安全并支配其身体或者身体组成部分的人格权。自然人的身体是自然人的生理组织的整体，是生命的物质载体。没有身体，自然人的生命将不复存在。身体具有完整性和完全性，一旦身体的完整性和完全性遭受破坏，就破坏了身体的有机构成，因而身体具有不可转让性。但是，随着现代科学技术的发展，法律允许自然人将自己的血液、皮肤、肾脏等人体器官转让给他人，这种转让行为体现了自然人对自己身体组成部分的器官和组织的支配权。

关于尸体的法律属性以及法律保护问题争议较大。关于尸体的性质，主要

---

[1] 在蒋海燕、曾英诉覃维邱、苏燕弟生命权纠纷案（〔2015〕佛南法丹民一初字第33号、〔2015〕佛中法民一终字第1211号）中，法院裁判摘要认为，民法鼓励民事主体积极开展合法、正当的社会交往。行为人在正常社会交往活动中实施的行为本身不具有危害性，因意外因素造成他人的权益受到损害的，如果行为人无过错，且行为与损害结果之间无任何因果关系，行为人依法不承担赔偿责任（2016年最高人民法院公报案例）。

有身体所有权说、尸体所有权说、尸体管理权说和非身体权说四种学说,各种学说仅从某方面说明了尸体的属性,但都欠缺完整性。自然人的权利能力终于死亡,自然人一旦死亡,人格权便不复存在。身体权消灭,人的躯体不再是身体权的客体。尸体是物,但并非普通意义上的物。对尸体的处理应当符合特定民族传统习俗,既不伤害亲属的感情,也不伤害法律共同体中其他成员感情。关于尸体所涉及的并非死者的权利,而主要是考虑死者亲属的感情所赋予的某些义务。[1]

对尸体及相关器官的处理,应尊重死者生前处理决定;死者生前未作出处理的,死者亲属无权对尸体及其相关的器官作出其他形式的处理。死者亲属对尸体的处理,仅限于入土为安。尸体不能按照普通物随意处理,应以符合特定民族传统习惯的态度对待之。我国《民法典》第1006条规定遗体捐献遵从自愿原则,并应当采用书面形式。

一旦发生对尸体的侵害,死者亲属有权要求加害人承担侵权责任。对尸体的侵害有非法损害尸体、非法利用尸体以及其他非法侵害尸体的行为。

(3) 健康权。健康权是指自然人以其器官以及整个机体的生理机能的正常运作为内容的人格权。健康权主要表现为自然人享有保持生理机能正常及其健康状况不受侵害的权利,法律规定了对健康权侵害的救济。

健康权是自然人所享有的一项最基本的人格权,是享有一切权利的基础之一,如果健康权得不到保障,自然人的其他权利就无法实现或者很难实现。健康权是以保护人体的生理机能正常运作和功能的正常发挥为具体内容,不仅包括生理机能的完全,还包括心理状况的良好。对健康权的侵害,不仅侵害了自然人的生理健康,还可能侵害了自然人的心理健康。例如,在高子玉健康权纠纷案[2]中,南京市玄武区人民法院判决认为,健康权受法律保护。宾馆、商场、银行、车站、娱乐场所等公共场所的管理人未尽到安全保障义务,造成他人健康权损害的,应当承担侵权责任。

健康权与身体权关系密切,身体权所保护的客体是自然人的躯体、器官以及其他组织的外部完整性;而健康权所保护的客体是人体器官以及整个身体内部机能的健全。健康权以人体的生理机能正常运作和功能的正常发挥为内容而不

---

[1] 参见〔德〕迪特尔·施瓦布:《民法导论》,郑冲译,法律出版社2006年版,第95页。
[2] 在高子玉诉南京地铁集团有限公司健康权纠纷案(〔2012〕玄民初字第1817号)中,法院裁判摘要认为,安全保障义务是公共场所或公共设施管理人的一种法定义务,安全保障义务人既要保障其管理的场所或者设施的安全性,也要对在场所内活动或使用设施的人进行必要的警告、指示说明、通知及提供必要的帮助,以预防侵害的发生。地铁公司主要以自动检票闸机控制乘客的进出站,如果地铁公司未对免票乘客及其随行人员如何安全通过闸机进行合理的安排和管理,因此导致乘客在无法得知安全通行方式的情况下受伤,则应认定地铁公司作为公共场所的管理者未尽到安全保障义务,应当对乘客的损失承担相应的侵权责任(2015年最高人民法院公报案例)。

是以人体的整体构造为内容。健康权和身体权客体的区分,在于健康是生理机能而身体是肉体构造。健康是通过身体构造的完整性得以实现的,但是对健康的损害不是对自然人身体完整性的破坏,而是对自然人身体生理机能运作完善性的破坏。在自然人人体的肉体构造遭到损害进而损害健康时,自然人的生理机能的正常运作和功能的完善发挥受到侵害,应认定为侵害健康权而不是侵害身体权。

健康权与生命权密切相关,但却是两个不同概念。健康权是以维持自然人的人体正常生命活动为根本利益,而不是以自然人的生命安全和生命价值为内容。生命和健康存在于自然人身体这种物质形态中,但健康是维持人体正常生命活动的基础。在健康受到损害时,受害人可以经过医治得以康复,保持人体的生命活动。在生命权受到损害时,生命的丧失却具有不可逆转性,无法得到恢复。健康损害的可康复性和生命损害的不可逆转性,是生命权和健康权的重要区别。此外,生命权侵害的判断标准是结果,造成自然人死亡的,构成侵害生命权;侵权并未造成自然人死亡的,则不构成侵害生命权,而是侵害健康权(或者身体权)。即使行为实施的目的是侵害健康权,但是最终造成了自然人死亡的,也构成侵害生命权。

(二)精神要素人格权

精神要素人格权,是指自然人对心理性人格要素的不能转让的支配权的总称。人类除了维持基本的生命延续之外,还有精神生活的追求。在现代社会中,精神要素人格权越来越重要,重要性超过了以往的任何一个社会。在网络时代,有关精神要素人格权的侵权不断发生,而且对精神要素人格权的侵害超过了以往任何时期。近年来发生了人肉搜索对个人隐私权的侵害、"艳照门"对隐私权和肖像权的侵害等。精神要素人格权包括姓名权、肖像权、名誉权、自由权、隐私权、信用权、贞操权等。《民法典》仅规定了姓名权、肖像权、名誉权、隐私权等精神要素的具体人格权,却未明确规定自由权、信用权、贞操权等人格权。

(1)姓名权。姓名权是指自然人对姓名的决定、变更和使用的人格权,即自然人依法所享有的决定、变更和使用自己姓名并排除他人非法干涉和使用的权利。《民法典》第1012条规定了自然人的姓名权。在北京庆丰包子铺有限公司侵害商标权与不正当竞争纠纷案[①]中,最高人民法院再审认为,山东庆丰餐饮公

---

① 在北京庆丰包子铺有限公司诉山东庆丰餐饮管理有限公司侵害商标权与不正当竞争纠纷案([2014]鲁民三终字第43号、[2016]最高法民再238号)中,法院裁判摘要认为,商标法鼓励生产、经营者通过诚实经营保证商品和服务质量,建立与自身商业信誉相符的知名度,不断提升商标的品牌价值,同时保障消费者和生产、经营者的利益。自然人享有合法的姓名权,可以合理使用自己姓名,但是不得违反诚实信用原则。明知他人注册商标或字号具有较高的知名度和影响力,仍然注册与他人字号相同的企业字号,明显具有攀附他人注册商标或字号知名度的恶意,该行为不属于对姓名的合理使用,构成侵害他人注册商标专用权和不正当竞争(2018年最高人民法院公报案例)。

司的法定代表人为徐庆丰,姓名中含有"庆丰"二字,徐庆丰享有合法的姓名权,当然可以合理使用自己的姓名。但是,徐庆丰将姓名作为商标或企业字号进行商业使用时,不得违反诚实信用原则,不得侵害他人的在先权利。

姓名权有三个方面的内容,即姓名决定权、姓名变更权和姓名使用权:

一是姓名决定权,指自然人决定自己姓与名的权利,其他人不得干预。子女既可跟父姓,也可随母姓。但是,自然人决定自己的姓名是以具有意思能力为前提的,在未成年期间,自然人的姓名实际上由父母亲或者监护人行使。姓名的选择不得违背公序良俗原则,如"北雁云依"的户口行政登记案。

二是姓名变更权,指自然人依法改变自己姓名的权利。姓名变更权是姓名决定权的延伸,年满18周岁的自然人有权变更自己的姓名。

三是姓名使用权,指自然人使用自己姓名的权利。姓名使用权有积极权能与消极权能两个方面。例如,作者在发表作品时,既可署名,也可不署名。对姓名权的侵害行为主要有擅自使用他人的姓名、假冒他人的姓名以及采取违法的方式或者违反公序良俗的方式使用他人的姓名等。例如,在王春生侵权纠纷案[①]中,南京市江宁区人民法院判决认为,盗用他人身份证申办信用卡的行为构成侵犯他人姓名权。姓名权与其他人格权相比,具有基础权利的特征。姓名权被侵犯,可能会随之导致其他权利,如名誉权、信用权等受到损害。但在湖南王跃文侵犯著作权、不正当竞争纠纷案[②]中,长沙市中级人民法院判决认为将姓名修改为著名作家的名字后署名出版发行小说,不构成出售假冒他人署名的作品,而构成不正当竞争。知名作家在作品上的署名,已经成为图书的一种商品标识,发挥着指引消费者作出消费决定的重要作用。知名作家的署名一旦被借鉴、仿冒、攀附或者淡化,就可能引导消费者作出错误的消费决定,从而影响到署名人的正当权益,从而这些行为属于不正当竞争。

(2) 肖像权。肖像权是指自然人对肖像的制作和使用及由此而产生的以利益为内容的人格权。法律上的肖像是自然人人格的组成部分,肖像所体现

---

① 在王春生诉张开峰、江苏省南京工程高等职业学校、招商银行股份有限公司南京分行、招商银行股份有限公司信用卡中心侵权纠纷案(〔2008〕江宁民一初字第 252 号)中,法院裁判摘要认为,未经他人同意,盗用他人身份证、以他人姓名申办信用卡的行为,即属于盗用、假冒他人姓名,侵犯他人姓名权的民事侵权行为。以上述方式办理信用卡后透支消费,导致他人姓名被银行列入不良信用记录,给他人造成名誉损失的,属于侵犯他人姓名权行为造成的损害后果,不属于侵犯他人名誉权的行为(2008 年最高人民法院公报案例)。

② 在湖南王跃文诉河北王跃文、北京中元瑞太国际文化传播有限公司侵犯著作权、不正当竞争纠纷案(〔2004〕长中民三初字第 221 号)中,法院裁判摘要认为,作家通过出售作品的出版发行权,从文化市场中获得自己的经济利益,是对自己的作品进行经营。根据《反不正当竞争法》第 2 条第 3 款的规定,作家属于文化市场中的商品经营者。知名作家在自己作品上的署名,具有商品标识作用。为推销自己作品,采取借鉴、仿冒、攀附或淡化等手段,利用知名作家署名所具有的商品标识作用来误导消费者,属于《反不正当竞争法》第 2 条第 2 款规定的不正当竞争行为(2005 年最高人民法院公报案例)。

的精神特征可以转化或者派生出自然人的物质利益。肖像是自然人的真实形象，可以是照片、画像，也可以是以其他形式再现的个人形象，如录像、摄影、雕塑等。在迈克尔·杰弗里·乔丹商标争议行政纠纷案①中，最高人民法院认为，肖像权所保护的"肖像"是对特定自然人体貌特征的视觉反映，社会公众通过"肖像"识别、指代其所对应的自然人，并能够据此将该自然人与他人相区分。

肖像权所体现出来的主要是精神利益，自然人具有维护形象完全的权利，有权禁止他人非法损毁、恶意玷污自己的形象。肖像权的内容主要包括肖像的制作和使用。肖像的制作原则上应经肖像权人的同意；肖像的使用必须经肖像权人的同意。否则，使用人的行为构成侵权。② 例如，在周星驰肖像权、姓名权纠纷案③中，上海市第一中级人民法院判决认为，肖像权是自然人对自己的肖像依法享有利益并排斥他人侵害的权利，是自然人人格权的重要组成部分。中建荣真建材公司未能举证证明获得周星驰肖像权或姓名权的使用许可，以营利为目的，在公司网站、杂志的宣传广告上使用周星驰的肖像和姓名，且突出显示，构成对周星驰肖像权和姓名权的侵犯。

未经肖像权人同意，以营利为目的使用他人肖像的行为是侵犯肖像权的行为，如将肖像用于广告、商标、挂历、刊物封面或者商品的包装等行为。但是，为社会公共利益使用自然人的肖像时，即使未经肖像权人同意，也不构成肖像权侵权，如为新闻报道使用他人肖像、为追捕逃犯在通缉令上使用犯罪嫌疑人的肖像等。例如，在李海峰、高平、刘磊、孙俊、陈光贵、张力保侵犯名誉权、肖像权纠纷案④中，合肥市包河区人民法院判决认为，公安机关应当对侦查行为和新闻媒体

---

① 在迈克尔·杰弗里·乔丹诉国家工商行政管理总局商标评审委员会商标争议行政纠纷案（〔2015〕知行字第 332 号）中，法院裁判摘要认为，肖像权所保护的"肖像"应当具有可识别性，应当包含足以使社会公众识别其所对应的权利主体即特定自然人的个人特征，从而能够明确指代其所对应的权利主体。如果请求肖像权保护的标识不具有可识别性，不能明确指代特定自然人，则难以在该标识上形成依法应予保护且归属于特定自然人的人格尊严或人格利益（2018 年最高人民法院公报案例）。

② 根据最高人民法院的规定，擅自使用他人的肖像的，不论是否具有营利性质，均可认定侵害了他人的肖像权。参见张俊浩主编：《民法学原理》（第 3 版）（上册），中国政法大学出版社 2000 年版，第 150 页。

③ 在周星驰诉中建荣真无锡建材科技有限公司肖像权、姓名权纠纷案（〔2017〕沪 01 民初 1211 号）中，法院裁判摘要认为，当姓名权和肖像权具有商业化使用权能时，当事人仅以侵权责任法为依据进行主张，该人格权的精神利益和财产价值可一并予以保护，包括属于合理开支的律师费在内均应纳入人格权的损害赔偿范围。在酌定赔偿数额时，法院应结合权利类型、侵权方式，从侵权程度、被侵权人和侵权人的身份地位、经济情况、获利情况、过错类型、其他情形等方面予以综合考量（2020 年最高人民法院公报案例）。

④ 在李海峰、高平、刘磊、孙俊、陈光贵、张力保诉叶集公安分局、安徽电视台、叶集改革发展试验区叶集实验学校侵犯名誉权、肖像权纠纷案（〔2005〕包民一初字 495 号）中，法院裁判摘要认为公安机关在向新闻媒体提供侦破案件的相关资料，供新闻媒体用于新闻报道时，应尽谨慎注意义务以保护他人合法权益。未尽此义务导致他人名誉权受到侵犯的，应承担相应的民事责任。公安机关侦查行为的合法性、配合新闻媒体进行法制宣传的正当性以及新闻媒体自身在新闻报道中的过失，均不构成免除公安机关承担民事责任的法定事由（2007 年最高人民法院公报案例）。

自身在新闻报道中的过失承担侵权责任。公安机关向新闻媒体提供新闻资料，不是依法行使侦查权的行为，不能因行使侦查权本身的正当性，免除在向新闻媒体提供资料时未尽谨慎注意义务所应承担的法律责任。

（3）名誉权。名誉权是指自然人对名誉所享有的不受他人侵害的人格权。名誉是指社会对自然人的品德、才能以及其他素质的综合性评价。实际上，名誉权是自然人对自己在名誉上的利益所享有的权利，如在陈某某侵犯健康权、名誉权纠纷案中，北海市合浦县人民法院一审判决认为，自然人享有名誉权，自然人的人格尊严受法律保护，禁止用侮辱、诽谤等方式损害自然人的名誉。北海市中级人民法院维持了一审判决。

网络名誉权案与报刊、电视等传统媒体引发的名誉权案有很大的不同，网络服务提供商的责任认定是一个新问题。在网络名誉侵权案中，应尽量明确网络服务平台提供商在网络名誉侵权中的过错责任，而不应使其承担过重的责任，以保护和促进网络产业的健康发展，但也应对网络服务提供商行为作出约束，以促使网络服务提供商进行自我约束和自我保护，如殷虹名誉权纠纷案①。

在微博和网购中，也可能有各种侵害名誉权的行为。因公共议题所引发的微博互骂是否构成名誉侵权，应当综合考虑微博的发布背景和内容、事实陈述与意见表达区分等因素，确定当事人的行为是否构成侵害名誉权，如在方是民名誉权纠纷案②中，北京市第一中级人民法院认为，崔永元和方是民连续发表针对对方的、具有人身攻击性质的系列微博言论，均构成对对方名誉权的侵害。崔永元、方是民均为公众人物，本应注意在微博这样的公开场合发言礼貌、节制，避免因使用粗鄙的言语而污染网络环境、产生不良影响，但微博中却均有一定数量的言论偏离争论的主题而转向人格攻击，恶意贬低对方人格尊严，这部分言论已超出了公众人物容忍义务的范围，应认定为侵权。在网络购物中，买家基于购物体验对卖家给予差评，只要不是出于恶意诋毁商誉目的，即不应认定为侮辱诽谤等

---

① 在殷虹诉北京百度网讯科技有限公司名誉权纠纷案（〔2009〕静民一初字第1780号、〔2010〕沪二中民一终字第1593号）中，法院裁判要旨认为，在网络侵权案件中，网络搜索引擎服务提供商对其已经掌握或广为社会知晓的明显侵权内容，负有采取必要措施的义务；对于并非明显侵权的内容，网络服务商只有在收到权利人发来的有效通知后，才负有按照通知要求采取必要措施的义务。搜索引擎服务提供商采取的必要措施包括删除侵权内容、断开链接、关键字过滤等可直接阻断侵权后果发生的技术手段。百度公司明知用户利用其服务侵害他人合法民事权益，却未在合理时间内采取必要措施，构成侵权。

② 在方是民诉崔永元名誉权纠纷案（〔2014〕海民初字第07504号、〔2015〕一中民终字第07485号）中，法院裁判要旨认为，在处理因公共议题引发的网络互骂案件时，应综合考虑相关微博发布的背景和内容、微博言论的特点、事实陈述与意见表达的区分、当事人主观上侵权的恶意、公众人物人格权保护的适当克减和发言时较高的注意义务标准、言论给当事人造成损害的程度等因素，合理确定微博领域行为人正当行使言论自由与侵犯他人名誉权之间的界限。

侵权行为,如在申翠华网络侵权责任纠纷案①中,上海市第二中级人民法院认为,淘宝网设置买家评论功能的目的是出于网络购物的虚拟性特征,希望通过买家网购后的真实体验评论在买卖双方之间构建一个信息对称的平台。涉案买家有权在收到货品后,凭借自己购物后的体验感受在淘宝网店评论栏中选择是否给予差评,而买家在淘宝网上给出何种评级和评论,通常是基于货品本身是否与网店描述相符、卖家服务态度等综合因素进行考量,且买家作出的相应评级和评论具有一定的主观性,但只要这种评级和评论不是基于主观恶意的目的,卖家就不能过分苛求每一个买家必须给予好评。

名誉权的内容有名誉保有权、名誉维护权和名誉利益支配权。对死者名誉的保护,我国学界有权利保护说、近亲属利益说和延伸保护说三种学说。死者名誉纠纷案件,从荷花女案、海灯法师案、李四光案、彭家珍案到谢晋案纠纷不断,司法审判实务则从权利保护说发展到近亲属利益说。

在荷花女案(陈秀琴侵害名誉权纠纷案)②和海灯法师案中,法院采纳了权利保护说。1989年,最高人民法院《关于死亡人的名誉权应受法律保护的函》(民他字第52号函)规定:"吉文贞(艺名荷花女)死亡后,其名誉权应依法保护。其母亲陈秀琴亦有权向人民法院提起诉讼。"1990年,最高人民法院《关于范应莲诉敬永祥等侵害海灯法师名誉权一案有关诉讼程序问题的复函》(民他字第30号函)规定:"海灯死亡后,其名誉权应依法保护,作为海灯的养子,范应莲有权向人民法院提起诉讼。"

从李四光案(李林侵害名誉权纠纷案)③开始,法院采纳了近亲属利益保护说。1993年最高人民法院发布的《关于审理名誉权案件若干问题的解答》第5条规定:"死者名誉受到损害的,其近亲属有权向人民法院起诉。近亲属包括:配偶、父母、子女、兄弟姐妹、祖父母、外祖父母、孙子女、外孙子女。"

---

① 在申翠华诉王铮韵网络侵权责任纠纷案(〔2015〕黄浦民一初字第2228号、〔2015〕沪二中民一终字第1854号)中,法院裁判摘要认为,网络交易中买家基于货品本身与网店描述是否相符、卖家服务态度等综合因素对商家进行的评级、评论,虽具有一定的主观性,但只要不是出于恶意诋毁商业信誉的目的,买家给"差评"不属于侮辱诽谤行为(2016年最高人民法院公报案例)。

② 在陈秀琴诉魏锡林、《今晚报》社侵害名誉权纠纷案中,法院裁判要旨认为,《民法通则》规定公民享有名誉权,公民死后名誉仍应受法律保护。陈秀琴系已故吉文贞之母,在女儿及本人名誉权受到损害的情形下,有权提起诉讼,请求法律保护。魏锡林所著《荷花女》体裁虽为小说,但使用了陈秀琴和吉文贞的真实姓名,且虚构了一些损害二人名誉的情节,其行为损害了二人的名誉权,应承担民事责任(1990年最高人民法院公报案例)。

③ 在李林诉《新生界》杂志社、何建明侵害名誉权纠纷案中,法院裁判要旨认为,公民的名誉即使在死后也不应受到侵害。如果公民的名誉在死后受到侵害,其近亲属有权提起诉讼。在报告文学中叙述我国当代科学史上的重大事件时,何建明理应尊重事实;在对著名历史人物的经历和人品进行评价时,应当持客观、慎重的态度。但在何建明撰写的文章中,许多情节缺乏客观事实根据,客观上影响了公众对李四光的公正评价,已损害了李四光的名誉,给李四光之女李林造成了一定的精神痛苦,何建明应当依法承担侵权责任。《新生界》杂志社未尽审查职责,发表明显带有侵权内容的作品,也应承担相应的责任(1998年最高人民法院公报案例)。

从最高人民法院的司法解释看,在前两个司法解释(民他字第 52 号函和民他字第 30 号函)中使用了"名誉权",在后一个司法解释(《关于审理名誉权案件若干问题的解答》)中则使用了"死者名誉"。从死者"名誉权"到"名誉"的一字之差,反映了我国司法解释的进步和民法理论水平的提升。死者享有名誉权是与权利主体制度的基本原则相矛盾的。自然人的权利能力始于出生,终于死亡。自然人死亡之后,不再具有权利主体资格,不可能再继续享有权利。既然死者不是权利主体,也就不可能继续享有名誉权。

对死者名誉的保护并非一定要确认死者享有名誉权,死者名誉体现为一种利益,而这种利益是社会利益和个人利益的结合。死者名誉对死者近亲属的利益和社会利益可能产生一定影响,从社会角度,这种利益仍然需要法律的保护。《民法典》第 185 条和第 994 条直接确认了对死者名誉的法律保护。例如,在葛长生名誉权、荣誉权纠纷案中,北京市第二中级人民法院判决认为,洪振快的行为侵害了葛长生之父葛振林的名誉,应当承担相应的侵权责任。狼牙山五壮士英勇抗敌和舍生取义的基本事实,已经被大量的历史事实证明。狼牙山五壮士的事迹所凝聚的民族感情和历史记忆以及所展现的民族精神,是一个民族国家所不可或缺的精神内核。对狼牙山五壮士名誉的损害,既损害了葛长生之父葛振林的名誉及荣誉,也伤害了葛长生的个人情感,同时也是对中华民族精神价值的损害。

(4)自由权。自由权是指自然人有权在法律规定的范围内按照自己的意志进行活动而不受外来约束、限制的权利。自由权包括行为自由权和意志自由权。自由权不得自行抛弃,也不得进行不合理的限制,对自由的限制以不违反公序良俗为限。在社会生活中,每个自然人的自由均须以社会利益和他人自由为前提,以不妨碍他人自由和利益为条件。在自然人的思维和行动不受外来约束、限制或者妨碍的状态遭到破坏时,法律给予相应的救济。例如,在周茂政、袁国凤生命权纠纷案[①]中,宜昌市中级人民法院判决认为,侵权行为给受害人施加心理压力致使其不能按照自己的意志和利益进行思维和行动状态的改变,构成对受害人行为自由权的侵害。

大陆法系各国民法典均将自由权作为人格权的基本组成部分。在罗马法中,自由权是市民基本的权利。《法国民法典》没有直接规定自由权,但第 8 条规定包含了自由权。《德国民法典》第 823 条明确规定了自由权,此外,《瑞士民法

---

① 在周茂政、袁国凤诉周茂全、周山山等生命权纠纷案([2012]鄂枝江民初字第 03085 号、[2013]鄂宜昌中民一终字第 00646 号)中,法院裁判要旨认为,人身自由权保护的范围除身体的自由权外,还包括精神的自由权。精神自由权是公民按照自由的意志和利益,在法律规定的范围内自主思维的权利。侵犯精神自由权在客观上表现为公民按照自己的意志和利益进行思维和行动状态的改变,侵权行为作用于受害人,使受害人的行为、思维的自由状态受到了侵害。

典》第27条、《日本民法典》第710条也有关于自由权的规定。

我国《宪法》第37条和第49条分别规定了公民的人身自由权和婚姻自由权，《民法典》第109条规定了人身自由权，第110条规定了婚姻自主权。例如，在张群人身自由权纠纷案①中，佛山市中级人民法院判决认为，超市员工检查消费者携带物品构成了人身自由权的侵害。因此，自由权也是我国法律规定的权利之一。

(5) 隐私权。隐私权是指自然人对自己的个人秘密和私生活控制的人格权。隐私权的客体是自然人的隐私，包括私人活动、个人信息和个人领域。隐私权的制度价值在于保护私生活的自由与安宁，使个人生活免受外界的干扰。

隐私权的内容主要包括个人生活安宁权、个人信息和生活情报保密权、个人通讯秘密权以及对隐私的公开权，如在杨季康侵害著作权及隐私权纠纷案②中，北京市第二中级人民法院裁判李国庆和中贸圣佳公司的行为侵犯了隐私权。涉案钱钟书、杨季康、钱瑗相关书信均为写给李国强的私人书信，内容包含学术讨论、生活事务、观点见解等，均为与公共利益无关的个人信息、私人活动，属于隐私范畴，应受我国法律保护。对死者隐私的披露必然给死者近亲属的精神带来刺激和伤痛，死者近亲属具有与死者隐私相关的人格利益，而该利益应当受到法律的保护。北京市高级人民法院维持了原审判决。

我国《民法典》第110条明确规定了隐私权，标志着我国对隐私权的法律保护。例如，在张贤隐私权纠纷案③中，上海市第一中级人民法院判决认为，被告安装监控摄像头的行为超过了合理范围，构成对原告隐私权的侵害。

(6) 信用权。信用权是对自然人所具有的经济能力，及因此在社会上获得的相应信赖与评价所享有的利用、保有和维护的权利。

信用权的客体是信用，信用的基本内容是对自然人经济能力的社会评价，直接与财产利益相联系。信用是一种重要的资信利益，是权利主体享有的一种重

---

① 在张群诉佛山市新一佳百货超市有限公司人身自由权纠纷案（〔2004〕佛中法民一终字第307号）中，法院裁判要旨认为，在商品买卖合同关系已解除的情况下，超市员工怀疑消费者盗窃商品，将准备离开的消费者截回，并检查其享有完整物权的所携带物品，明显违背了消费者的真实意愿，属于搜查及限制公民人身自由的违法行为，构成侵害人身自由权。

② 在杨季康诉中贸圣佳国际拍卖有限公司、李国强侵害著作权及隐私权纠纷案（〔2013〕二中民初字第10113号、〔2014〕高民终字第1152号）中，法院裁判摘要认为，收信人负有保护写信人通信秘密和隐私的义务。私人书信作为著作权法保护的文字作品，著作权由发信人即作者享有，但物权归收信人所有。任何人包括收信人及其他合法取得书信的人，在对书信行使物权进行处分时，不得侵害著作权人的著作权和隐私权。

③ 在张贤诉潘剑雄、潘剑瑛隐私权纠纷案（〔2010〕徐民一初字第6327号、〔2011〕沪一中民一终字第288号）中，法院裁判摘要认为，涉案摄像头的监控范围包括原告的南阳台外侧、原被告双方公用的北阳台及走廊，所涉区域均与原告日常生活密切相关。根据《民法通则》第7条规定的精神，民事活动应当尊重社会公德，不得侵害他人的正当权益。被告安装摄像头的行为已超出合理限度，构成对原告隐私权的侵害，应承担相应侵权责任。

要的无形财产,并伴随市场经济的发展和权利观念的进化,与一般人格权逐渐相分离,成为一种独立受法律保护的具体人格权。资信利益涉及信用权主体的特殊经济利益,对信用权侵害的后果是影响他人对受害人的信赖程度与有关其经济能力的社会评价,从而造成信用权主体的不利益。

信用权形成于近代大陆法系民法,德国、奥地利、希腊、西班牙、意大利等国均规定了信用权。我国《民法典》第1029条和第1030条涉及个人信用的评价和个人信用的保护。信用权对现代社会经济生活有广泛、深刻的影响,如自然人的个人信用记录一旦存在问题,将影响到购房、购车、申请贷款、办理信用卡等与个人生活紧密相关的活动。例如,在王春生侵权纠纷案中,南京市江宁区人民法院认为,张开峰在拣到王春生遗失的身份证后,擅自使用王春生身份证及姓名申请办理信用卡,导致王春生的姓名被列入中国人民银行征信系统的不良信用记录,而该不良信用记录在王春生与其他商业银行发生信贷活动时,其他商业银行均可查阅,必然造成王春生的信用污点,增大王春生从事商业交易活动和社会活动的成本,影响社会对王春生作出公正的评价。

信用权包括信用保有权、信用维护权和信用支配权。信用保有权是信用权的基本内容,是维持信用评价完整性的权利。信用保有权主要有两个方面的内容:一是维持权利主体原有的信用不降低、不丧失;二是不断提高权利主体的信用等级以增加社会经济评价和社会信赖度。

信用维护权是权利主体维护自己的信用不受外事侵害的权利。信用维护权主要有两个方面的内容:一是权利主体有权维护自己的资信利益,使社会公众对其偿付债务能力作出客观、公正的评价,并对其信用给予应有的尊重且不得侵害;二是对侵害信用的侵权行为,权利主体有权请求司法机关予以排除。

信用支配权是权利主体对信用使用和收益的权利。权利主体对社会评价形成的经济能力进行利用或者支配,不仅可以扩大自己的经济交往,为自己获得更好的社会经济利益;还可以使用自己的信用为他人谋利益,如为他人提供担保。

(7)贞操权。贞操权是指自然人基于保持性纯洁的良好品行所产生的人格利益而享有的一种人格权。贞操权的客体是贞操,贞操是指男女性纯洁的良好品行。贞操权以自然人的性所体现的利益为具体内容,性的利益不仅仅限于性交,还包括实体上的利益和精神上的利益。实体上的利益表现为保持自己性器官不被他人非法接触,保持自己不为违背自己意志的性交行为。精神上的利益则表现为自然人以自己的性纯洁为内容的精神满足感,以及社会和他人对权利人性纯洁的评价。例如,在王某某人格权纠纷案[①]中,东莞市中级人民法院判决张某某的行为构成侵害王某某的贞操权。贞操权是男女均享有的以性行为为特

---

① 王某某诉张某某人格权纠纷案([2006]东法民一初字第10746号)。

定内容的一项独立人格权,在已有配偶且生有孩子的情况下,张某某向王某某谎称未婚,故意以违背善良风俗的方法,以允诺结婚骗取王某某的信任而发生性关系,并致使怀孕及终止妊娠,造成了其身体和心理的损害,确已构成对王某某贞操权的侵害。

贞操权包括贞操保持权、反抗权、承诺权。贞操保持权是权利主体享有保持自己性纯洁的权利,权利主体有权拒绝他人与自己进行性行为和性器官的接触。

贞操反抗权是指权利主体在贞操权受到侵害时具有反抗的权利,即有权制止不法性侵害行为的发生。贞操承诺权是权利主体享有按照自己的意志承诺与他人发生性行为的权利。权利主体对自己的性行为有自主支配的权利,自愿承诺与他人进行性行为的,则不构成贞操权的侵权。

荣誉权是否构成人格权,我国理论和实践一直争议不断。从《民法通则》到《民法典》均规定了荣誉权,审判实务中荣誉权纠纷不多,且法院判决对荣誉权纠纷采取否定态度。例如,在明哲荣誉权纠纷案[①]中,深圳市中级人民法院判决认为荣誉的获得在于有关组织的授予,而有关组织授予荣誉是行政行为、组织行为或者有关单位的内部管理问题,不属民事诉讼审查范围。

### 三、人格权请求权

人格权有物质要素人格权即生命权、健康权和身体权以及精神要素人格权即姓名权、肖像权、名誉权、自由权、隐私权、信用权、贞操权等。我国《民法典》第990条列举了生命权、身体权、健康权、姓名权、名称权、肖像权、名誉权、荣誉权、隐私权等具体的人格权,并规定自然人享有基于人身自由、人格尊严产生的其他人格权益。所以,《民法典》有关人格权的规定采取的是具体列举与一般概括相结合的方式,以使法律具有较大的包容性,也赋予了司法审判机关一定的灵活性。因此,人格权受到侵害时,受害人享有排除妨碍请求权和损害赔偿请求权。

(一)排除妨碍请求权

人格权属于绝对权、对世权,具有不可侵犯性。《民法典》明确规定,侵害生命权、身体权、健康权、姓名权、名称权、肖像权、名誉权、荣誉权、隐私权等权利的,一旦有人格权侵权的可能或者事实,受害人即享有请求权,有权要求加害人依法承担侵权责任。

人格权的侵害还未发生但有侵害的可能时,权利人可以要求加害人或者通

---

[①] 明哲诉深圳市公安交通管理局龙岗大队荣誉权纠纷案(〔2002〕龙法民初字第2855号、〔2002〕深中法民终字第3753号)中,法院裁判摘要认为,荣誉是指特定的公民、法人从特定组织依法获得的积极评价,是由社会、国家通过特定的机关或组织给予公民、法人的一种特殊的美名或称号。荣誉权不是民事主体的固有权利,也不是每一个民事主体都可以取得的必然权利。

过法院要求加害人为或者不为一定的行为以防止侵害的发生。当权利人要求加害人排除妨碍时,加害人应积极采取相应的预防措施,有效地防止侵害的发生。当人格权受到不法侵害时,受害人有权要求加害人停止侵权以恢复权利人人格权的圆满状态,如果加害人拒绝停止侵权行为,则受害人可以请求法院强制执行。

一旦侵害人格权的事实发生,则不问加害人在主观上是否有过失,受害人均可以直接要求加害人除去侵害,也可以请求法院要求加害人停止侵害、消除影响、恢复名誉、赔礼道歉等。

(二) 损害赔偿请求权

人格权受到侵害时损害赔偿请求权产生,损害赔偿请求权包含财产损害赔偿请求权和精神损害赔偿请求权。物质性人格权受到侵害,即权利主体的生命权、健康权和身体权受到侵害,造成伤残甚至死亡的,权利人可以要求加害人以财产赔偿的方法进行救济。对人身损害的赔偿范围,《民法典》第1179条规定了三种情形:

(1) 普通伤害。对健康权和身体权造成一般伤害的,加害人应承担受害人治疗伤害的合理费用和收入减少的损失,即医疗费、护理费、交通费等为治疗和康复支出的合理费用以及因误工减少的收入。①

(2) 残疾。对健康权和身体权造成严重伤害,致使受害人残疾的,除了普通伤害赔偿之外,还应赔偿残疾生活辅助具费和残疾赔偿金。② 此外,司法解释还规定了被抚养人的生活费。

(3) 死亡。侵权行为造成受害人死亡的,还应当赔偿丧葬费③和死亡赔偿金。④ 丧葬费和死亡赔偿金,是因人身伤害造成死亡的特殊赔偿费用。此外,死亡赔偿通常应当还包括抢救费、医疗费、护理费、交通费、住宿费等相关的必要费用。

对精神要素人格权的侵害,即对姓名权、肖像权、名誉权、自由权、隐私权、信用权、贞操权的侵害,可能构成精神损害赔偿。精神损害赔偿是权利主体因人身权益受到不法侵害,导致人格利益和身份利益受到损害或者遭受精神痛苦,要求

---

① 受害人有固定收入的,误工费按照实际减少的收入计算。受害人无固定收入的,按照其最近3年的平均收入计算;受害人不能举证证明其最近3年的平均收入状况的,可以参照受诉法院所在地相同或者相近行业上一年度职工的平均工资计算。

② 残疾赔偿金根据受害人丧失劳动能力程度或者伤残等级,按照受诉法院所在地上一年度城镇居民人均可支配收入或者农村居民人均纯收入标准,自定残之日起按20年计算。但60周岁以上的,年龄每增加1岁减少1年;75周岁以上的,按5年计算。

③ 丧葬费按照受诉法院所在地上一年度职工月平均工资标准,以6个月总额计算。

④ 死亡赔偿金按照受诉法院所在地上一年度城镇居民人均可支配收入或者农村居民人均纯收入标准,按20年计算。但60周岁以上的,年龄每增加1岁减少1年;75周岁以上的,按5年计算。

加害人以财产赔偿方式进行救济的法律制度。在法律上，精神损害赔偿具有补偿、抚慰、惩罚三重功能，《民法典》第1183条明确规定了精神损害赔偿制度。人身权益受到不法侵害，造成严重精神损害的，受害人可以请求精神损害赔偿。例如，在李海峰、高平、刘磊、孙俊、陈光贵、张力保侵犯名誉权、肖像权纠纷案中，合肥市中级人民法院认为，公安机关在侦查活动终结后，在向新闻媒体提供侦查活动中形成的资料时，应当尽到谨慎的注意义务，避免因此导致对他人合法权利的侵犯。因未尽谨慎注意义务，侵犯了公民、法人或其他组织的合法权益的，也应当承担相应的法律责任。安徽电视台与叶集公安分局共同向李海峰、高平、刘磊、孙俊、陈光贵、张力保各支付精神抚慰金人民币6000元，合计3.6万元。

但是，司法审判实践对精神损害赔偿是有严格限制的，即必须对受害人造成严重的精神损害，如在周星驰肖像权、姓名权纠纷案中，上海市第一中级人民法院判决认为，因侵权致人精神损害，但未造成严重后果，受害人请求赔偿精神损害的，一般不予支持。涉案的中建荣真建材公司侵害周星驰肖像权、姓名权的行为造成人格权受损，但并未达到严重精神损害的程度，故法院对周星驰要求精神损害赔偿1元的诉讼请求不予支持。

## 第六节　自然人的住所

住所是自然人全部生活空间的中心点。[①] 住所是权利主体发生法律关系的中心地域。住所在法律上具有重要意义，住所决定监护，决定宣告失踪、宣告死亡地，决定债务履行地，决定诉讼管辖地，等等。

从罗马法以来，世界各国或地区民法以意思主义和客观主义两种标准确立住所。大陆法系国家或地区在确定住所时，比较强调客观因素，即以长期居住地为住所，如《德国民法典》第7条和《瑞士民法典》第23条之规定；英美法系国家或地区强调主观因素，即以具有长期居住意思的地方为住所。我国民法对住所的确定采纳了客观主义，根据《民法典》《涉外民事法律关系法律适用法》的规定，户籍所在地或者其他有效身份登记记载的居所是自然人的住所地，经常居住地与住所不一致的，经常居住地为住所。经常居住地是指连续居住一年以上的居住地。根据成立的依据不同，住所有法定住所与意定住所之分：

（1）法定住所。法定住所是指由法律规定的住所，有广义与狭义之分。狭义法定住所是指不能通过自然人意思设定，而只能由法律规定的住所，如《民法

---

[①] 参见史尚宽：《民法总论》，中国政法大学出版社2000年版，第131页。

典》第 25 条规定的住所是法定住所。未成年人通常以父母的住所为住所，如《德国民法典》第 11 条的规定。但是，我国法律缺乏相应的规定。广义法定住所，包括狭义法定住所和拟制住所。拟制住所是指因住所不明或者虽有住所，但由于情况特殊，法律上所拟制的住所。居所是拟制住所，通常指自然人为特定的目的暂时居住的处所。在我国的司法实践中，以下属于拟制住所：一是自然人经常居住地与住所不一致的，经常居住地视为住所；二是自然人由户籍所在地迁出之后到迁入另一个地方之前，没有经常居住地的，仍然以户籍所在地为住所；三是自然人的住所不明或者不能确定的，以经常居住地为住所。

（2）意定住所。意定住所是指由当事人意思所设立的住所。意定住所的设定，应具备主观和客观两个方面的条件：一是根据一定事实可以认定自然人有长久居住的意思。自然人有长久居住的意思是设定住所的主观要件，也是住所设定的第一要件。住所的设定行为无须表示，但应有一定的客观事实加以确定，而并非可以由自然人任意主张。二是自然人必须有居住的事实。居住的事实是设定住所的客观要件，即自然人事实上居住在该地域，是设定住所的第二个要件。[①]

在实践中，我国出现大量的人户分离现象（即自然人的经常居住地和常住户口登记地不一致的状况）。人户分离现象是经济社会发展、城镇化步伐加快、户籍登记制度的缺陷、配套措施不够完善的产物。农民进城购房不迁移户口、工作调动不迁移户口、大中专毕业生因工作没落实、农民新村建设和旧城改造、"候鸟式"的人户分离、新建住宅区户籍管理未配套等原因造成了大量的人户分离现象。因此，在实践中通常以经常居住地作为自然人的住所。

住所在法律上具有重要意义，主要表现在以下几个方面：

（1）自然人的权利能力和行为能力。我国《涉外民事关系法律适用法》第 11 条和第 12 条规定，自然人的权利能力和行为能力的确定适用经常居所地的法律。

（2）宣告失踪和宣告死亡。我国《涉外民事关系法律适用法》第 13 条规定，宣告失踪或者宣告死亡，适用自然人经常居所地法律。

（3）婚姻家庭关系。我国《涉外民事关系法律适用法》第 21 条、第 22 条、第 23 条、第 24 条、第 25 条和第 30 条规定，结婚条件、结婚手续、夫妻人身关系、夫妻财产关系、父母子女关系、监护等的确认，适用当事人经常居所地法律。

（4）继承关系。我国《涉外民事关系法律适用法》第 31 条、第 32 条和第 33 条规定，法定继承、遗嘱方式和效力，适用被继承人死亡时经常居所地或者遗嘱

---

[①] 参见郑玉波：《民法总则》，中国政法大学出版社 2003 年版，第 150—151 页。

人立遗嘱或死亡时经常居所地法律。

（5）债权债务关系。我国《涉外民事关系法律适用法》第41条、第42条、第44条和第47条规定,合同关系可以适用一方当事人经常居所地的法律;消费合同可以适用消费者经常居所地的法律;侵权责任可以适用当事人共同经常居所地法律;不当得利和无因管理,适用当事人共同经常居所地法律。

# 第七章 权利主体——法人

法人是继自然人之后出现的权利主体,是中世纪的注释派在总结概括罗马法的基础上,相对于自然人的概念而提出的。在现代民法中,法人已经与自然人并列成为权利主体,并在社会经济生活中扮演越来越重要的角色。社团法人和财团法人是法人的主要形态,无权利能力社团是法人的一种例外情形。

## 第一节 法 人

法人是具有权利能力和行为能力,并依法独立享有权利承担义务的社团。法人起源于古代罗马法,形成于近代欧洲民商法,英美法系法人制度的确立早于大陆法系。英国《1855年有限责任法》(Limited Liability Act 1855)中有限责任制度的建立标志着英美法系法人制度的确立,而大陆法系的法人制度则是《德国民法典》首次确立的。法人制度影响着现代社会的各个方面。

### 一、法人的历史沿革

法人制度最早起源于罗马法①,但是罗马法上并没有形成法人的概念。早期罗马法上只有 universitas 一词具有团体的含义,可指宗教团体、士兵团体、丧葬团体,但都不具有人格,不是权利主体。共和国晚期,罗马法开始承认国家、地方政府、教堂、寺院和慈善团体为权利主体。②

罗马法的团体权利主体分为社团(universitatis personarum)和财团(universitatis rerum)两大类:社团是以自然人集合为基础的权利主体,有国家、地方政府和一般社团;财团是指以财产集合为基础的权利主体,有寺院、慈善团体和待继承的遗产。罗马法学家阿尔费努斯·瓦鲁斯(Alfenus Varnus)对团体人格与成员人格之间的不同作了区分。

在罗马法复兴时期,意大利注释法学派创造了"法人"术语,当时仅用以说明

---

① "在一个团体中,其成员的变更并不影响团体的存在,因为团体的债务并不是各个成员的债务,团体的权利也不是各个成员的权利。他们虽未提出'法人'这一术语,在当时的历史条件下,也不可能对法人制度作出全面的论述,但从客观需要出发,提出抽象人格的理论,扩大了人格的概念,把权利直接赋予法律拟制的人,从而简化了自然人的法律关系,适应了社会经济发展的需要,这是罗马法的一大创造,尽管罗马的法人制度很不完善,但其基本内容和理论则为近代法人制度的发展奠定了基础。"周枬:《罗马法原论》(上册),商务印书馆1994年版,第269页。
② 参见同上书,第268页。

团体的法律地位,法人仅仅是以团体名义的多数人的集合而已,还没有在团体成员之外承认团体为抽象权利主体。在罗马法基础上,教会法发展了法人制度。12、13 世纪的教会法已经建立了体系较为完整的社团法。罗马法仅有公共社团(国库、城市、教会等)以及经当局认可的社团才享有社团的特权和自由,而根据教会法规定任何具有存在必要的机构,如救济院、医院、学生组织等均可以构成一个社团,无须一个权威机构的特别许可①,而且"罗马的社团法律规则通过教会而引进到西欧的日耳曼人的各个社会共同体之中"②。在教会法的影响下,评论法学派认为"法人"是独立于组成成员之外的抽象的权利主体,法人成员的变更并不影响法人的存在。

伴随农业经济的发展,剩余产品不断流入城市,为城市发展提供了基本物质保障。地中海沿岸城市贸易的发展,促进了沿海城市的工商业和航海业的成长,带动了欧洲其他城市的经济繁荣。欧洲中世纪末期商品经济的发展,为法人制度的形成奠定了经济基础。商人为分散风险通过契约形式组成各种合伙组织,法人则以合伙方式出现。先是以康曼达(commenda)为代表的有限合伙出现③,一部分不参与合伙事务的管理合伙人仅以出资为限对合伙债务承担有限责任,另一部分合伙人参与经营并对合伙债务承担无限连带责任。其后出现的股份有限公司具有明显的资合性,以全部财产对外承担全部责任,而股东仅以出资额为限承担有限责任。

17 世纪后期,英国开始对特许公司股东责任进行限定,即公司股东以持有股份面额为限对外承担责任,但特许公司股东的有限责任仅为例外情形,特许公司股东原则上仍承担无限责任。在《泡沫法案》(English Bubble Act)的影响下,18 世纪后期英国开始大量出现股东承担有限责任的特许公司。英国《1855 年有限责任法》确立了公司股东对公司债务承担有限责任的制度。1830 年,美国马萨诸塞州废除了股东的无限责任;1848 年,纽约州通过立法准许股东对公司债务承担有限责任;1860 年,有限责任原则已经在美国各州得到普遍适用。英美法系通过股东有限责任的建立,确立了公司的独立法人人格制度。

大陆法系法人制度的确立晚于英美法系。虽然在近代欧洲各国制定民法典之前法人已经存在,但是在个人主义思潮的影响下,人们普遍担心法人制度可能危及个人权利与自由。《法国民法典》并未规定法人制度,直到《德国民法典》才正式确立了抽象的权利主体概念,通过权利能力来表达权利主体。权利能力不仅为自然人完全平等、独立和自由的思想提供了合理的理论基础,而且还为法人

---

① 参见[美]哈罗德·J.伯尔曼:《法律与革命》,贺卫方等译,中国大百科全书出版社 1993 年版,第 264 页。
② 同上书,第 261 页。
③ 参见郑云瑞:《公司法学》(第二版),北京大学出版社 2019 年版,第 5 页。

制度在民法上的确立和完善奠定了基础。《德国民法典》将法人分为社团法人与财团法人,建立了完备的法人制度,第一次真正形成了现代民法的法人主体制度。这种主体制度随后得到了世界其他国家的认同,日本、瑞士、民国时期的民法典等均采纳了法人主体制度。

**二、法人的本质**

法人作为权利义务的主体,享有权利、承担义务。在法人的形成过程中,对法人取得权利主体资格的基础即法人的本质问题存在较大的争议。从15世纪开始,法人本质问题就成为法学争论的焦点,到了19世纪则成为法学上最大的争论之一,但是自20世纪以来,法人本质问题已经不再引起西方学者的关注。[①]在法人本质的争论中,形成了拟制说、否认说和实在说三种颇具影响的学说。

(一)拟制说

拟制说以德国学者萨维尼为代表,源于欧洲中世纪的罗马注释法学派。拟制说认为权利义务的主体仅限于自然人,在自然人之外没有其他权利主体,法人之所以取得权利主体的资格,是法律将法人拟制为自然人。拟制说的理论基础是意思理论,认为权利主体仅以具有意思能力的自然人为限,法人是国家以人为方式赋予的权利主体资格,使其成为财产权的主体。法人本身既无意思能力,也无侵权能力。

在罗马法思想的影响下,拟制说以罗马法的法人观念为基础。在12—13世纪,注释法学派将法人解释为以团体名义存在的多数人的集合体,法人是独立存在的抽象人。为处理教会财产与牧师个人财产之间的关系,14世纪教皇提出了法人为拟制人的观点[②],表明教会法也存在拟制说观念。近代之后,拟制说为历史法学派所发扬光大。萨维尼强调,只有具备意思能力的自然人才具有法律上的人格。只有自然人才能成为权利义务主体,然而社团本来是抽象的概念而不是实体的存在,是通过法律之力将社团拟制为自然人。

拟制说符合近代个人主义思潮反对团体立法的思想。个人主义思潮要求法律在承认个人权利主体之外,原则上不得承认任何团体具有权利主体资格,仅在法律特许的情况下有条件地承认某些团体具有权利主体资格。

拟制说第一次提出了法人是权利主体,将法人财产与法人成员财产分离开来,法人成员对法人的债务承担有限责任,这是一个历史性的进步。但拟制说在现代社会已经过时,法人的本质不是拟制的。法人是一个独立的组织,与自然人

---

① 参见〔德〕卡尔·拉伦茨:《德国民法通论》(上册),王晓晔等译,法律出版社2003年版,第180页。
② 在解释教会团体的性质时,罗马教皇英诺森四世(Innocent Ⅳ)指出:"法人之人格基于法之拟制,法人纯为观念的存在。"李宜琛:《日耳曼法概说》,中国政法大学出版社2003年版,第41页。

一样是独立的权利主体。

(二) 否认说

否认说不承认法人具有独立人格,认为法人是假设的主体,排斥法人观念。否认说主张非自然人不得成为权利主体。如果法人有人格存在,也应当归属于一定的自然人或者无主财产。否认说与拟制说具有共同的出发点,致力于对法人实体本质的分析。否认说可分为以下三种观点:

(1) 无主财产说。德国学者布林兹(Brinz)提出无主财产说,认为法人仅为一定目的而组成的无主财产。法人本身并不具有独立人格,仅是为一定目的而存在的财产。

(2) 受益者主体说。德国学者耶林提出受益者主体说,认为拟制的团体是不存在的,法人只不过是形式上的权利义务的归属者,而权利义务归属的实质主体是享有该社团财产利益的自然人。立法者所要保护的既不是存在于社团中的集体意思,也不是团体的独立人格,而是团体各成员所要追求的利益目标。

(3) 管理者主体说。德国学者霍达(Holder)、宾德(Binder)等提出管理者主体说,认为法人的财产归属于管理财产的自然人,并不归属于法人本身,实际管理财产的自然人才是法人的主体。

以上三种学说否认法人制度存在的理由,要么以法人利益的归属作为法人本体,要么以现实存在的财产或者以现实活动的管理人作为法人主体。与拟制说相比,否认说是一个进步,认为组织体的基础是个人,强调个人的存在价值,为社团和财团的区分奠定了理论基础。此外,否认说解释了法人的技术性本质,认为法人是合理处理法律关系的一种抽象的社会技术。但是,否认说不符合社会经济发展的现实,现已为世界各国的立法所抛弃。

(三) 实在说

实在说认为,法人不是法律拟制而是一种客观独立存在的权利主体。实在说是在19世纪的学术思潮影响下产生的,19世纪晚期的德国在思想上强调国家和共同体的价值,民法理论则从法人实体性的角度说明法人本质。实在说分为有机体说和组织体说两种学说:

(1) 有机体说。保·柏斯拉(Beseler)首先提出有机体说,奥托·基尔克(Otto Gierke)在柏斯拉理论的基础上进一步完善了有机体说。基尔克推崇日耳曼法团体本位主义,认为团体是社会性的有机体,就像自然人是自然性的有机体一样,有固有的生命和意思。不过,自然人并不是因为自然有机体而成为权利主体,法人虽为社会有机体,也不能当然地成为权利主体,是法律赋予其社会有机体人格,使之为权利义务主体。有机体说试图通过形象性的理论来说明法人实体的客观存在,但是该说并没有从经济上和法律上解释法人成为权利主体的根据。

(2) 组织体说。法国学者米休(Michoud)、撒莱叶(Salleilles)和意大利学者费尔拉拉(Ferara)提出了组织体说,认为法人是一种区别于其成员个体意志和利益的组织体,是权利主体在法律上的组织体。法人具有自身利益与组织,并非由国家权力创设或者拟制,而是基于社会经济发展需要产生的具有法律人格的社会实体。这个组织体要依据个人的意志,但又绝对不同于单个个人意志;法人意志是由法人机关来实现的。组织体说试图从经济上和法律上寻求法人作为权利主体的依据,比有机体说有较大的进步。组织体说已经为大多数学者所接受,并且为20世纪以来的民商事立法所采纳。我国《民法典》第57条也是以组织体说为基础,认为法人是具有权利能力和行为能力并依法能够独立承担法律责任的组织。

**三、传统民法的法人分类**

正确的法人分类有助于认识法人性质,对完善我国法人制度有重大意义。大陆法系民法的法人分类反映了市场经济的内在要求,体现了市场交易主体的特点。传统民法的法人分类,是在大陆法系国家市场经济历史发展中逐渐形成的,反映了市场经济的内在特征,充分体现了民法的私法属性。传统民法的法人分类,主要有公法人与私法人,社团法人与财团法人,公益法人、营利法人与中间法人,普通法人与特殊法人,本国法人和外国法人等五种方式。

*(一)公法人与私法人*

以法人设立所依据的法律为标准,法人可分为公法人与私法人。

凡是根据公法设立的法人,即为公法人;根据私法设立的法人,即为私法人。民商法是私法,根据民商法设立的法人为私法人。私法上的团体成员是基于私法上的意思行为(设立或者加入团体的意思表示)而获得成员资格的;公法上的团体成员则是根据法定的事由而获得成员资格,在大多数情况下并非取决于当事人的意思。公法人并非民法的研究对象,私法人才是民法的研究对象。大陆法系民法的法人分类是以私法人为基础展开的。公法人与私法人的区分,主要有三个方面的意义:

(1) 法人的性质不同。法人的性质不同是公法人与私法人的本质区别。由于法人设立的目的不同,公法人具有强制权,以公共利益为目的;私法人则没有强制权,以追求私利为目的。

(2) 适用的法律程序不同。公法人行使权利所产生的纠纷应适用行政诉讼程序,私法人行使权利所产生的纠纷则适用民事诉讼程序。

(3) 承担的责任不同。私法人应当对法定代表人或者雇员的侵权行为承担损害赔偿责任,公法人应当对所属公务员因行使公权力所实施的侵害行为根据国家赔偿法进行赔偿。

### (二) 社团法人与财团法人

以法人成立的基础为标准,私法人可以进一步划分为社团法人与财团法人。社团法人与财团法人是大陆法系国家法人的主要划分方法,是以法人内部结构的不同为标准而作出的分类。

(1) 社团法人。社团法人是指以成员的组合为成立基础所设立的法人。社团法人是人的集合体,成立基础是人,因而称为人合,如各种公司、合作社、协会、学会等。社团法人的设立应有数个发起人、法人章程、设立的目的和组织机构等。

社团法人的成立以登记机构的登记为依据,即登记是社团法人取得权利能力的依据。社团法人应有必要的机关,即社员大会(股东会)和董事会。社员大会是社团法人的权力机关,主要作用是在社团法人内部通过一定程序形成社团意思,而这个意思对社团法人事务享有最终决定权。社员大会还拥有董事会的董事选任权和解任权。社团法人的每个社员均享有表决权,社团大会适用资本多数决原则对社团法人的重大事项作出决议。社员大会通常由董事会召集和主持,社团法人的社员可以是自然人,也可以是法人。社员通过社员大会参与社团法人意思的形成并监督法人执行机构的行为。社团法人的财产和负债,均归属于社团法人本身,社员除了承担出资责任之外,对社团法人的债务不承担清偿责任。在社团法人解散后,社员对社团法人的剩余财产享有分配权。

社团法人可分为公益法人和营利法人,如中国证券登记结算有限责任公司、国家开发银行、中国农业发展银行等为公益社团法人。公益社团法人仅为社团法人中的少部分(数量极少),绝大多数社团法人为营利法人,如中国投资有限责任公司、中央汇金投资有限责任公司、中国建银投资有限责任公司等。

虽然立法并未确认社团法人的概念,但我国民商事审判实践早已通过判决予以确认,如在上海申花足球俱乐部侵害名称权纠纷案[①]中,上海市静安区人民法院判决认为申花足球俱乐部为社团法人。

(2) 财团法人。财团法人是指为实现特定目的的财产集合所设立的法人。财团法人是财产的集合体,成立的基础是财产,因而称为资合。财团法人不是人的联合体,而是为实现特定目的并为此提供一定财产所设立的永久性的组织体。财团法人的目的,即财团法人的设立人为财团法人设定的永久性任务,可以是学术性的、慈善性的、社会性的或者其他有益于社会公众的,财团法人为实现这些目的而存在。财团法人的目的不能违反法律的强制性规定或者公序良俗。

---

① 在上海申花足球俱乐部诉特雷通贸易有限公司侵害名称权纠纷案([1999]静民初字第1668号、[2000]沪二中民终字第2162号)中,法院裁判要旨认为,在未经原告同意的情况下,被告将具有一定知名度的专属于原告所有的"申花"名称使用在商业广告中,造成原告无法控制这一无形财产并从中受益。这种行为对原告名称权已构成损害,应承担侵权的民事责任(2001年最高人民法院公报案例)。

除了财团法人之外，还有非独立的财团，即自然人或者法人为实现特定目的而接受一定的财产的赠与，且受赠的财产与受赠人的其他财产相分离进行管理和使用。例如，美国的哈佛大学、耶鲁大学、普林斯顿大学和日本的早稻田大学等通常以法人名义接受捐款，按照规定从接受的捐款中为课题研究或者科研机构提供资助，或者提供奖学金等。① 但是，如果捐助人不想将资金捐助给现有的法人，可以设立具有独立权利能力的财团法人。

财团法人的设立可以是捐助行为，也可以是遗赠行为，但必须经有关主管部门批准后方能设立。如果以遗赠行为设立财团法人的，应按死因处分行为的方式进行。在捐赠人死亡之后，(由继承人或者遗嘱执行人)向有关机构提出设立财团法人的申请，财团法人一旦被批准设立，即被视为是由捐赠人生前的捐赠行为设立的。

捐助行为或者遗赠行为是以设立财团法人为目的、转移财产权的法律行为。除捐助行为或者遗赠行为外，捐助人或者遗赠人还应当在财团法人的章程中明确规定财团法人的目的、组织机构和运作方法等。财团法人成立后，捐助人或者遗嘱执行人应当将捐助或者遗赠财产转移给财团法人。财团法人按照章程规定独立运作，不受捐助人或者遗嘱执行人的干涉。财团法人既没有成员，也没有成员大会，对财团法人机关的控制是由国家的监督来完成的。财团法人设立的最初目的是为避免缴纳遗产税。各种基金会、私立学校、医院、图书馆、博物馆、科学研究机构、宗教教堂、寺庙以及孤儿院、救济院等机构为财团法人。

美国财团法人数量之多根源于美国的法律制度，即遗产税和基金会的支出制度。一是遗产税。巨额遗产税是设立财团法人的动因，通过财团法人的设立可以规避巨额遗产税，且财团法人由设立人的继承人控制。二是基金会的支出制度。美国《国内税收法典》(Internal Revenue Code)§501.(c)(3)规定了慈善基金会的免税地位，基金会每年仅需要支出相当于该基金会资产市值5%的数额，用于慈善事业。

社团法人和财团法人的成立程序和目的存在差异，社团法人与财团法人的区分主要有四个方面：

(1) 发起人的地位不同。社团法人的发起人因社团法人的设立，取得社员的资格；财团法人以捐助人所捐助的财产为财团法人的成立基础，捐助行为决定了财团法人的目的及其组织，但财团法人设立之后，设立人并非法人的成员。

(2) 设立行为性质的不同。社团法人的设立通常是两个或者两个以上的人的共同行为，且为生前行为。财团法人则可以由一个人单独捐助设立，也可以由数人捐助设立；可以是生前捐助，也可以是死因行为即遗嘱捐助。

---

① 参见〔德〕卡尔·拉伦茨：《德国民法通论》(上册)，王晓晔等译，法律出版社2003年版，第249页。

(3) 组织结构不同。社团法人与财团法人在组织结构上的区别,是社团法人通过设置的权力机关保持对社团法人的控制,包括修改社团的章程、解散团体等措施。社团法人设有意思机构和执行机构,社员大会(股东大会)是社团法人的意思机构,社员大会可以变更组织章程或者解散社团法人;财团法人没有意思机构只有执行机构的,财团法人章程、组织形式、管理方法的变更以及财团法人的解散均应由法院决定。

(4) 设立的方式不同。社团法人除了以公益为目的外,在登记之前原则上无须主管机关许可,但法律特别规定的除外,如银行业、保险业、证券、典当、拍卖等法人的设立应事先获得主管机关的许可,否则不得设立;而财团法人在登记前应获得主管机关的设立许可,各级民政部门是审批机关。

我国立法没有采用社团法人、财团法人的分类和称谓,学说上将属于企业法人的各种公司以及属于社会团体法人的各种协会、学会解释为相当于传统分类中的社团法人。我国民法上的社会团体法人与大陆法系传统民法的社团法人,是两个性质截然不同的法律概念。《社会团体登记管理条例》将各种基金会归入到社会团体法人,而基金会的基础是财产,是财产的集合体而不是人的集合体,因而应属于财团法人。

社团法人和财团法人是法人的主要分类。除了社团法人和财团法人之外,还有一种无权利能力社团。无权利能力社团是现代法人登记制度的产物。在法律实务中,存在有实际设立行为却未办理登记或者未获准设立的所谓无权利能力社团。无权利能力社团在内部关系上类推适用社团法人的规定,在外部关系上则适用合伙的规定,由全体成员承担连带责任。[①]

德国的立法和实践均承认无权利能力社团。《德国民法典》第54条规定了无权利能力社团,明确规定无权利能力社团原则上适用合伙的规定。无权利能力社团成员的变更,对无权利能力社团的结构和地位没有任何影响。[②] 在德国的司法实践中,无权利能力社团与社团法人的法律地位越来越接近。[③] 无权利能力社团既不能成为权利主体,也不能承担债务而成为债务人。[④] 无权利能力社团不能成为财产权的主体,财产权应归属于社团的全体成员,实际上是一种共有。[⑤] 《德国民事诉讼法》第50条规定了无权利能力社团的应诉主体资格,但其不具备起诉主体资格,只能以社员的名义起诉。

由于公司登记制度的存在,我国实践中存在无权利能力社团,未能登记的社

---

① 参见施启扬:《民法总则》(第8版),中国法制出版社2010年版,第125页。
② 参见〔德〕卡尔·拉伦茨:《德国民法通论》(上册),王晓晔等译,法律出版社2003年版,第236页。
③ 同上书,第237页。
④ 同上书,第241页。
⑤ 同上书,第238页。

团即为无权利能力社团,这表明我国的司法实践仅缺少相应的称谓而已。《民法典》没有直接规定无权利能力社团,但实践中认为其性质上属于合伙,可以适用非法人组织的规定。

(三) 公益法人、营利法人与中间法人

以法人的目的为标准,私法人还可以划分为公益法人、营利法人与中间法人。

公益法人是以社会上不特定多数人的利益为目的的法人。公益是指社会公共利益且通常为非经济利益,主要包括文化、学术、宗教和慈善等。以公益为目的是指法人的最终目的。法人经营事业获得相关收益,但未将收益分配给有关人员的,则不妨碍公益目的,如医院收取医疗费用、学校收取学费等。各种学会、协会、学校、医院、博物馆、图书馆、教堂、寺庙、救济院等,均属于公益法人。但是,我国内地的民办学校、民办医院等则属营利法人,而非公益法人。

营利法人是以社员享有财产利益为目的的法人。营利是指以追求赢利为目标并将所得利益分配给投资者。各种公司是典型的营利法人。法律对各种营利法人限制组织形态,以确保社员(股东)和债权人的利益。营利法人必然是社团法人,而财团法人必然是公益法人。但社团法人未必均为营利法人,而公益法人未必均为财团法人,如前文所述,社团法人也可以是公益法人。

中间法人是指既不是以公益又不是以营利为目的的法人,即那些既不宜归入到营利法人,也不宜归入到公益法人的社团法人。中间法人不完全以不特定多数人的利益为目的,又不以营利为目的。商会、工会等属于中间法人。

区分营利法人、公益法人与中间法人的意义是设立所依据的法律、程序以及国家对法人所进行的管理方式不同。

(四) 普通法人与特殊法人

以设立法人的法律为依据,法人可分为普通法人和特殊法人。根据普通法设立的法人为普通法人,根据特别法设立的法人为特殊法人。在民商合一的国家,根据民法典设立的法人为普通法人,根据其他特别法设立的法人为特殊法人。在民商分立的国家,根据民法典和商法典所设立的法人为普通法人,根据其他法设立的法人,则是特殊法人。

(五) 本国法人与外国法人

以法人国籍为依据,法人可分为本国法人和外国法人。凡是具有本国国籍的法人为本国法人,本国法人以外的法人为外国法人。法人国籍是以登记地为区分依据,在中国登记的法人属于中国法人,在中国之外的其他国家登记的法人则属于外国法人。设立法人成员的国籍不是区分本国法人和外国法人的依据。

在以上五种法人分类中,社团法人和财团法人是现代各国社会经济交往中的主要法人形式。社团法人是现代社会各种交易主体的主要形态,以追求自身的经济利益最大化为原则,而财团法人是社团法人的有益补充,以实现一定的社会利益为目的而存在。在我国法律体系中,缺少社团法人和财团法人的分类,但这种法人分类方式在实践中已经深入社会经济生活中。

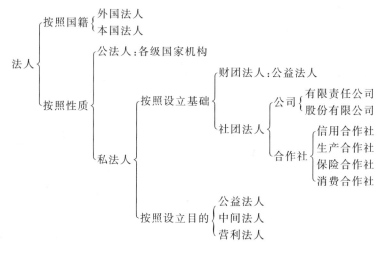

图 7-1 传统民法的法人分类

### 四、我国《民法典》的法人分类

我国《民法通则》将法人分为企业法人与非企业法人,这种法人分类体现的行政管理思维,导致法人类型的制度供给严重不足,难以涵盖实务中的所有法人类型。《民法总则》延续了《民法通则》中企业法人与非企业法人的基本分类,忽视法人制度的实践,按照法人设立目的和功能的不同,将法人分为营利法人与非营利法人,并规定了特别法人和非法人组织。《民法典》的法人分类沿袭了《民法总则》的规定。

在《民法总则》起草过程中,对法人分类有两种不同的观点:

(1) 营利性法人与非营利性法人。这种观点以《民法通则》中企业法人和非企业法人分类为基础,突出法人的营利性,将企业法人改称为营利性法人[①],将非企业法人改称为非营利性法人。

(2) 社团法人与财团法人。这种观点是以大陆法系传统民法理论的法人分类为基础,将法人分为社团法人和财团法人,社团法人可以再分为营利性社团法人和非营利性社团法人,而财团法人则仅为非营利性法人。

---

[①] 立法将企业法人等同于营利性法人,实际上是行不通的。企业法人的实质是通过企业的方式运营与组织,并非强调其营利性,如中国证券登记结算有限责任公司、中国证券投资者保护基金有限责任公司是企业法人,但属于非营利法人。因此,《民法典》的法人分类无法解决我国的现实问题。

社团法人和财团法人的分类为《民法总则》的学者建议稿所采纳,立法机构的内部审议稿也曾采纳了社团法人和财团法人的分类,但《民法总则》最终还是摒弃了这种法人分类方式,代之以营利性法人和非营利性法人。

法人制度的构建是通过法人的成立基础展开的,而非法人成立的目的。如大陆法系民法大多先将法人分为社团法人和财团法人,再将社团法人分为营利法人和非营利法人。《德国民法典》第一编第一章第二节"法人"共三小节,即第一小节"社团"、第二小节"财团"和第三小节"公法上的法人"①,在第一小节社团法人中区分为营利法人和非营利法人;《瑞士民法典》第一编第二章法人共三节,即第一节一般规定、第二节社团法人和第三节财团法人;《日本民法典》则是在社团法人和财团法人的基础上,将社团法人分为营利性法人和非营利性法人;《意大利民法典》第一编第二章法人共三节,即第一节一般规定、第二节社团与财团和第三节非法人社团和委员会;《澳门民法典》第二编第二章法人共两节,即第一节社团及财团和第二节合营组织。《法国民法典》则由于制定时期还未形成法人制度,从而缺乏法人分类。因此,社团法人与财团法人是大陆法系法人通行的分类方式。

特别法人,包括机关法人、农村集体经济组织法人、城镇农村的合作经济组织法人、基层群众性自治组织法人,特别是机关法人并非民法的调整对象。民法是私法,调整的对象是私法人。机关法人则属于公法人,是宪法和行政法的调整对象。公法人的设立、变更和消灭则应适用公法的规定而非私法。

## 第二节 法人的成立

法人成立是法人人格取得的标志,是法人设立行为的结果,而法人成立的前提是法人的设立行为。

### 一、法人的成立

法人的成立是指法人取得权利能力和行为能力的法律事实,相当于自然人的出生。法人的权利能力和行为能力始于法人成立,终于法人终止。法人的成立需要经过法定程序,即必须经过法人的设立和法人资格的取得两个阶段。

(一)法人的设立

法人的设立,是指创办法人组织并使其具有权利主体资格而按照法律规定的条件和程序进行准备的行为。法人的设立与法人的成立,是两个相互联系又

---

① 《德国民法典》第89条规定:"(1)对国库以及公法上的团体、财团和机构,准用第31条的规定(2)对允许破产的公法上的团体、财团和机构,准用第42条第2款的规定。"

相互区别的概念。① 法人的设立是法人成立的前置阶段,没有法人的设立就不可能有法人的成立,法人的设立是法人成立的前提,法人的成立是法人设立行为完成的结果。法人的设立与法人的成立,是法人产生过程中的两个阶段,两者主要有以下三个方面的区别②:

(1) 性质不同。法人的设立是一种准备行为。准备行为既有法律性质上的,也有非法律性质上的;法人的成立则属于法人的形成阶段,行为性质均属于法律意义上的行为。

(2) 要件不同。法人的设立应当有合法设立人,具备设立条件和基础以及设立行为的合法性等要件;法人的成立应当依法登记,有必要的财产、名称、章程、组织机构和经营场所等要件。

(3) 效力不同。设立阶段的法人不具有权利主体资格,其行为是非法人组织行为,所产生的债务应由设立后的法人承担;法人不成立的,则由设立人承担。法人一旦成立则具有权利主体资格,其行为是法人行为,所发生的债权债务由法人享有和承担。

(二) 法人设立的一般原则

法人设立制度的产生、发展受到法人制度的影响。在法人的设立问题上,不同国家、不同时期、不同的法人类型,有不同的设立原则。在《法国民法典》时期,民法典没有确认法人应有的权利主体地位,缺乏相应的法人设立制度和程序。在《德国民法典》时期,民法典明确规定了法人的权利主体地位,有明确的法人设立制度和程序。法人的设立均遵循一定的原则,世界各国对法人设立的态度因时代而有所不同。法人的设立原则主要有自由主义原则、特许主义原则、许可主义原则、登记主义原则和强制主义原则:

(1) 自由主义原则。自由主义原则(又称为放任主义原则)是指法人设立任凭当事人的自由,国家不加以任何干涉和限制。按照自由设立主义原则,法人的设立不要求具备任何形式。

在欧洲中世纪早期,地中海沿岸自由贸易非常繁荣,商业公司大量涌现,法人的设立曾一度盛行采取自由主义原则。自由设立主义原则虽然有利于公司的设立,促进了各种商业公司的迅速发展,但不利于管理和保护交易相对人,影响了交易安全。除了瑞士对非营利法人采取自由主义原则之外,现代民法已经不再采用该原则。

(2) 特许主义原则。特许主义原则是指法人的设立必须经特别立法或者国

---

① 郑玉波先生认为:"设立系就设立人方面观察,成立则就法人本身方面观察,故二者在观念上应有客观与主观之分。"郑玉波:《民法总则》,中国政法大学出版社2003年版,第177页。

② 参见魏振瀛主编:《民法》(第6版),北京大学出版社、高等教育出版社2016年版,第82页。

家元首的许可。特许主义原则起源于13—15世纪,盛行于17—18世纪。英国最早采纳特许主义原则,东印度公司、英国广播公司等均是以颁布特许状的方式设立的。根据特许主义原则设立法人,通常被认为是国家权利的延伸。

这种设立原则对法人的设立采取禁止、遏制态度,随着资本主义的发展,该设立原则严重阻碍了自由竞争,影响了统一市场的形成,逐渐被登记主义所替代。

(3)许可主义原则。许可主义原则(又称核准主义原则)是指法人的设立除了应符合法律规定的条件之外,还应获得行政主管机关的批准。行政主管机关按照规定进行审查,作出批准或者不批准的决定。从17世纪末开始,法国创立了公司设立的许可主义原则;18世纪的德国也采取许可主义原则。

许可主义原则对公司设立的审查过于苛刻,不利于公司的设立,妨碍了自由资本主义经济的发展。到了19世纪,对营利社团法人的设立基本上以登记主义原则代替了许可主义原则。但是,现在仍然有些国家对某些类型的法人设立采取许可主义原则,如《德国民法典》第80条对财团法人的设立,《日本民法典》第34条对公益法人的设立。

(4)登记主义原则。登记主义原则(又称为准则主义原则)是指法律规定法人设立的条件,符合法定条件的无须经行政机关许可,设立人可以直接向行政主管机关申请登记。

登记主义原则设立法人极为简便,符合现代社会经济发展特点,已经为现代各国民法所采纳。例如,《德国民法典》和《日本民法典》对社团法人的设立采取登记主义。

(5)强制主义原则。强制主义原则是指国家对法人的设立采取强制措施,通过法律规定某种行业或者在某种情况下必须设立法人。自20世纪以来,资本主义国家为干预经济,对某些特殊行业法人的设立采取强制主义原则。

以上各种法人设立原则是世界各国立法所确立的法人设立原则,有的已经完全被弃用,有的仍然还在适用,只是适用范围存在差异。在现代社会中,营利性社团法人的设立通常采取登记主义原则,公益性社团法人的设立则大多采取许可主义或者登记主义原则。关于财团法人的设立,大陆法系国家通常采取许可主义或者登记主义原则,而英美法系国家则采取登记主义。

(三)我国法人的设立原则

各国法律对不同的法人采取不同的设立原则,我国法律也是如此。我国法律对不同类型法人的设立,规定了不同的设立原则,确立了登记主义、许可主义和特许主义三种原则。登记主义是法人设立的一般规则,许可主义是法人设立的例外规则,特许主义是法人设立的特别规则。

(1)登记主义原则。登记主义原则是适用最广泛的法人设立原则,适用于绝大多数营利性法人的设立。根据我国《公司法》的规定，除法律、法规规定必须经有关部门审批外，有限责任公司和股份有限公司的设立仅需向公司登记机关申请设立登记，即采取登记主义原则。

（2）许可主义原则。许可主义原则适用于公益法人和营利法人：一是公益法人。依法需要办理登记的事业单位法人和社会团体法人，如各种协会、学会、行业团体、基金会等应当经过行政主管部门审查同意，向登记机关申请登记。二是营利法人。部分营利法人适用许可主义原则设立的，仅限于法律、法规的直接规定。金融业、保险业、证券业、信托业、拍卖业、典当业、交通运输业、医疗医药卫生业、电信业、广播电影电视业、新闻出版业等领域内的营利法人的设立，适用许可主义的设立原则。这些行业的营利法人的设立应获得相关行政主管部门的批准。

（3）特许主义原则。特许主义原则适用于公法人和部分公益法人。公法人即机关法人、事业单位法人和社会团体法人。机关法人又包括权力机关、行政机关、军事机关、司法机关等。机关法人的设立依据是宪法和国家机关组织法的规定，相当于特许设立主义，属于宪法和行政法的调整范围，不是民法总论的研究范畴。

部分公益法人即依法不需要办理法人登记的部分事业单位法人和社会团体法人，如中国科学院、中国社会科学院、中华全国总工会等。根据特许主义原则设立的公益法人数量非常有限，并不具有普遍意义。

（四）我国法人的设立方式

我国法人的设立方式有命令设立、发起设立、募集设立和捐助设立等。命令设立方式主要适用于机关法人和公益法人，发起设立和募集设立两种方式主要适用于营利性社团法人。捐助设立方式仅适用于财团法人。我国各种法人具体的设立方式如下：

（1）命令设立。政府以命令的方式设立法人，这种设立方式主要适用于公法人（即机关法人）、公益法人（即事业单位法人和社会团体法人）以及国有独资公司。在以上四种法人中，仅有社会团体法人和国有独资公司属于民法的范畴，以命令方式设立的机关法人和公益法人中的事业单位法人并非民法的调整对象。

（2）发起设立。由法人的设立人认购法人应发行的全部股份而设立法人的，属于发起设立。以发起设立方式成立法人是现代社会设立法人最常见的方式，主要适用于社团法人。根据我国《公司法》的规定，有限责任公司和部分股份有限公司可采取发起设立的方式。

（3）募集设立。由发起人认购法人应发行股份的一部分，其余部分向社会公开募集设立法人的，属于募集设立。以募集方式设立的法人仅限于部分股份有限公司,《公司法》规定了以募集方式设立的股份有限公司。募集设立有定向募集和社会募集两种方式;发起人认购法人部分发行的股份,其余股份向特定的人募集的为定向募集;而向不特定的社会公众募集的则为社会募集。

(4) 捐助设立。由自然人或者法人捐助设立法人所需的全部财产设立法人的,为捐助设立。自然人以捐助方式设立法人可以是生前行为,也可以是死后行为。自然人以遗嘱方式实施捐助的情况下,由遗嘱执行人实施法人的设立行为。捐助设立仅适用于财团法人。

以上四种法人设立方式中,发起设立是法人设立的主要方式,社团法人主要采取发起设立方式设立。此外,捐助设立也是一种重要的法人设立方式,财团法人采取捐助设立方式设立。募集设立方式仅限于社团法人中的少数股份有限公司,不是一种经常使用的法人设立方式。

**二、法人成立的条件**

法人主要有社团法人和财团法人两类。社团法人是由数个自然人或者法人投入一定的资本或者财产设立的,财团法人则是由捐助的财产设立的。社团法人的设立人是社团法人成员,这些成员管理社团法人并享有经营成果。财团法人则由捐助的财产构成,这些财产是为财团法人的设立捐助的;财团法人一经成立,就获得这些财产的所有权。财团法人没有成员,成立的基础是捐助的财产或者资金,捐助人通过章程规定了财团法人设立的目的与宗旨,设立了执行机构。由于这种团体没有成员,是以财产为成立的基础,因而称为财团。[①] 我国《民法典》第 79 条、第 91 条和第 93 条分别规定了设立营利法人、社会团体法人和捐助法人应依法制定法人章程,但在第 58 条关于法人成立要件的规定中缺少法人章程。《公司法》第 23 条和第 76 条规定了章程是法人设立的必要条件。

(一) 社团法人与财团法人成立的共同条件

一些法人设立条件是社团法人和财团法人成立均必须具备的,如章程、财产、组织机构、依法设立和登记等,这些条件是社团法人和财团法人成立的共同条件,主要有如下四个方面:

(1) 法人章程。章程是指团体设立人对团体的设立、运行和终止等事项所达成的共同规则,是法人的组织法。一个团体性组织的设立,首先必须制订一个章程,章程是在法律规定的范围内对成员有约束力的内部规范,规定了法人内部形成决议和对外以法人名义进行活动的规范。根据《民法总则》的规定,法人应当依法制定法人章程。《公司法》第 25 条规定了章程的必备内容,主要有公司股

---

[①] "财团不是人的联合体,而是为实现一定目的,利用为此提供的一定财产而设立的永久性的组织体。"〔德〕卡尔·拉伦茨:《德国民法通论》(上册),王晓晔等译,法律出版社 2003 年版,第 248 页。

东成员的权利与责任、公司的组织规则、公司的权力与行为规则三个方面。① 章程是一种规范性文件,对法人的设立人和加入法人的成员均有效。② 章程是法人成立的必备条件之一,《公司法》第 23 条和第 76 条规定公司的设立必须有章程。章程是法人设立的前提条件之一,但是《民法典》关于法人成立要件的规定中却缺乏章程的规定,存在制度漏洞。

(2) 必要的财产。财产是法人从事章程所设立目的事业的物质基础和保障,是法人成立和存续的前提。法人所拥有的财产必须与目的事业规模相当。我国先前的法律规定了社团法人和财团法人的初始财产数额。1993 年施行的《公司法》实行严格的法定资本制③,第 23 条规定了一次足额认缴注册资本,并规定了较高的注册资本。2005 年修订的《公司法》在维持法定资本制的前提下实行资本实缴制,降低了注册资本数额,实行分期交纳认购资本,放宽了出资期限。现行《公司法》实行较为宽松的法定资本制,将资本实缴制改为资本认缴制,放宽注册资本登记条件,废除了注册资本的验资制度。④

法律对财团法人的初始财产数额有两种不同的规定:一是普通财团法人。全国性的社会团体应有 10 万元以上活动资金,地方性的社会团体和跨行政区域的社会团体应有 3 万元以上活动资金。二是基金会财团法人。全国性公募基金会的注册资本不低于 8000 万元人民币,省级地方性公募基金会的注册资本不低于 800 万元人民币,县级地方性公募基金会的注册资本不低于 200 万元人民币。

法律对特定行业的社团法人最低注册资本有特别的规定,如设立全国性商业银行的注册资本最低限额为 10 亿元人民币、城市商业银行为 1 亿元人民币、农村商业银行为 5 千万元人民币,设立保险公司的注册资本的最低限额为 2 亿元人民币,设立证券公司的注册资本最低限额为 5 千万元人民币等。

(3) 独立的组织和机关。无论是社团法人还是财团法人均必须是独立的组织。社团法人的主体资格与成员的主体资格彼此独立,不依附于其他组织的存在,某个或者某些成员的死亡或者退出法人组织,并不影响法人组织的存续。法人应具有必要的机关,机关是法人的职能机构,只有通过机关法人才能作为法律上的联合体,形成统一的意思。任何社团法人均有两个必要的机关,即社员大会、董事会;财团法人既没有社员,又没有社员大会,但有董事会。法人通过法人机关参与各种活动,实现法人的事业目的。社团法人以社员大会为意思机关,通

---

① 参见郑云瑞:《公司法学》(第二版),北京大学出版社 2019 年版,第 260—262 页。
② 参见〔德〕卡尔·拉伦茨:《德国民法通论》(上册),王晓晔等译,法律出版社 2003 年版,第 201 页。
③ 参见郑云瑞:《公司法学》(第二版),北京大学出版社 2019 年版,第 1204—205 页。
④ 同上书,第 154—156 页。

过社员大会在集中社员意思的基础上形成社团法人的意思。法人通过意思机关表达自己的意思，享有权利承担义务。

(4) 依法设立并办理登记。法人的设立必须符合有关法律的规定。社团法人的设立应当根据《公司法》的规定办理，除了符合《公司法》规定的条件之外，部分社团法人的设立还必须符合特别法的要求并经有关行政主管机关批准。例如，关于商业银行的设立，除了符合《商业银行法》第12条和第13条规定的设立的具体条件和要求之外，还须经国务院银行保险监督管理机构审查批准。

依法设立是法人成立的前提条件，法人的成立必须办理登记手续，只有到行政主管机关办理法人登记手续，才能取得权利主体资格。法人的登记是法人设立的最后阶段，也是法人成立的标志。《公司法》第29条和第92条以及《社会团体登记管理条例》第12条等法律、法规规定了法人的登记制度。

(二) 社团法人成立的特别条件

社团法人成立的特别条件是必须有社员，社员是社团的组成人员，社团法人以社员为成立的必要条件。有限责任公司股东为50人以下，股份有限公司股东则为2人以上200人以下。此外，对某些特殊的社团法人的股东，法律有特别限制性规定，如根据《保险公司股权管理办法》的规定，股东仅为符合条件的法人或者有限合伙企业，自然人不得成为保险公司的股东。根据《证券公司股权管理规定》的规定，自然人也不得成为证券公司的股东。

(三) 财团法人成立的特别条件

财团是以财产为成立的必要条件，捐助财产是财团法人成立的特别条件，财团法人的设立人应交付以设立财团法人为目的的捐助财产，财产的交付是没有任何对价的，且设立是以慈善、学术、社会等公益事业为目的的。[①] 捐助行为可以是生前行为，也可以是死因行为。[②] 从国外的立法看，捐助人确定财团法人的章程，规定财团法人的目的、组织，特别是董事会的组成方式。财团法人可以从事营利活动，但营利所得应用于设立财团法人的目的。

## 三、法人的登记

法人登记，即商事登记，是指法人设立人或者负责人为设立、变更或者终止

---

[①] 财团法人最初设立的目的在于避免缴纳巨额的遗产税。通过设立财团法人，设立人将财产转移给永久存续的财团法人，这些财产就可以世代相传而又无须一次又一次地缴纳巨额的遗产税。在现代社会，有的捐助人不想把财产捐助给现有的法人或者自然人，可能担心他们不能按照其意愿使用资金，也可能认为现有的组织不适宜实现捐助人的愿望。因此，通过设立一个财团法人来实现捐助人的目的，完成捐助人的愿望。

[②] 美国一些庞大的基金会创始人，如早年的钢铁大王卡内基、石油大王洛克菲勒、汽车大王福特以及现代的扎克伯格、盖茨和巴菲特等均在生前设立基金会。我国民营企业家也在生前纷纷设立基金会，如福耀玻璃的曹德旺、蒙牛乳业的牛根生、新华都的陈发树、金海马的翟美卿等。

法人主体资格而依法将法定登记事项向登记主管机构提出并经审查核准在登记簿登记并公布的行为。

(一) 法人登记的意义

法人登记属于商事登记的范畴,最早可以追溯到古罗马时期,中世纪的商人组织行会在会员簿上登记注册始取得商人资格。早期的法人登记制度以商人习惯法为渊源,德国开启了近代法人登记制度的立法,开创了法人登记制度立法之先河,后为世界各国所效仿。法人登记制度是商品经济发展到一定阶段的产物,并随商品经济的发展而不断完善。我国的法人登记制度是以国家管理和行政权力的强化为核心理念,具有以下两个方面的特点:

(1) 登记制度、程序立法的多样性。我国的法人登记制度是伴随市场经济发展进程而不断建立的,形成了不同法律、规章等构成的多层次的法人登记制度,造成了不同类型、不同规模的法人登记制度、登记程序的不统一,登记机构也存在差异。

(2) 登记制度理念的基本价值的偏差。法人登记制度属于私法范畴,同时又具有一定的公法属性,是私法公法化最为集中的体现。我国法人登记制度则强化了登记制度的公法价值,将管理法、强行法视为法人登记制度的本质属性。前置性行政审批是我国法人登记的必要构成部分,法人变更登记和注销登记也需主管机构和审批机构的同意和批准,法人的经营自由权、市场所追求的效率和社会公众所期望的交易安全并未构成法人登记制度的价值。

法人登记,既是国家对权利主体的营利活动实施管理的基础,又是私法对社会经济活动进行调整的必要环节。法人登记既具有明显的私法意义上的功能,又具有强烈的公法意义上的功能。法人登记是登记主管机关代表国家意志,以公权力对商事私法行为及其营业状态、权利主体地位在法律上的确认,具有明显的组织法和程序法的特性,以及明显的公法性色彩,也是私法公法化趋势的具体表现。在商事登记过程中,对营业种类、经营范畴、投资方式、营业期限等登记事项,登记申请人可以按照自身的意愿选择。法人登记活动属于私法范畴,私法性质是基本性质,应赋予法人在登记事项上更多自主的选择权利。法人登记制度旨在维护交易安全、保障社会公共利益,通过将权利主体的营业状况登记在主管机构的登记簿上并公布于众,使公众周知法人的经营内容、状况。

(二) 法人登记的效力

法人登记涉及法人的成立、变更和消灭,法人的成立是以登记为前提,法人的消灭则以注销登记为依据。法人的成立和消灭与各种社会交易密切相关,必须有适当的公示方法为社会公众所知晓,登记制度就是法人公示的方法和手段。

法人登记的内容有:法人名称、法人住所、法定代表人、法人章程、经营范围、经营方式、注册资金、经营期限、分支机构等。法人登记的种类有设立登记、变更登记、注销登记三种类型。法人登记主管机构有市场监督管理部门和民政部门两种。社团法人的登记主管机构是各级国家市场监督管理部门,国家市场监督管理总局负责经国务院或者国务院授权部门批准的全国性公司、企业集团、经营进出口业务的公司等社团法人的登记;省级市场监督管理局负责经省级人民政府或授权部门批准设立的企业、企业集团、经营进出口业务的公司等社团法人的登记;市、县(区)市场监督管理局负责所在地社团法人的登记。财团法人的登记主管机构是各级民政部门,民政部负责全国性的财团法人的登记,省级民政部门负责省级财团法人的登记,市县(区)级民政部门负责所在地财团法人的登记。

关于法人登记的效力有两种不同的主张[①]:

(1) 登记对抗主义。登记对抗主义是以登记为对抗第三人的要件,法人应登记而未登记的事项,不能对抗第三人,但在法人内部仍然有效。我国法人变更事项采纳了登记对抗主义,应登记而未登记事项,不得对抗第三人。

(2) 登记生效主义。登记生效主义以登记为法人的成立或者注销要件。登记具有创设法人的效力,法人因登记取得法人资格,未登记的法人则不能取得法人资格。我国对法人的设立和注销采取了登记生效主义。法人的设立或者注销非经登记的,不产生设立或者注销的法律效力。

## 第三节 法人的能力

法人的能力包括权利能力、行为能力和侵权行为能力。法人的权利能力和行为能力不同于自然人的权利能力和行为能力。

**一、法人的权利能力**

法人的权利能力,是指法人依法享有权利承担义务的资格。根据我国《民法典》第 59 条的规定,法人的权利能力始于成立,终于清算完毕之时。法人的成立应以法人执照或者法人登记证为标准,机关法人和事业单位法人的成立则以行政主管机关批准设立日为准。

关于法人权利能力范围的立法,世界各国大致有两种立法例:一是日本式,即规定法人仅在目的范围内享有权利能力;二是瑞士式,即规定法人的权利能力与自然人相同,但是法人不享有自然人所专有的权利能力。我国《民法典》采纳

---

① 参见郑云瑞:《公司法学》(第二版),北京大学出版社 2019 年版,第 269—299 页。

了第二种立法例。法人的权利能力主要受到以下三个方面的限制:

(1) 性质上的限制。以自然人属性为前提的权利,法人不能享有,如生命权、身体权和健康权等与自然人属性密切相关的人格权,法人不能享有;以自然人的身份利益为内容的亲权、亲属权、配偶权以及以身份关系为前提的继承权,法人亦不能享有。

(2) 法律上的限制。法人的权利能力受到法律、行政法规的限制。例如,《商业银行法》第43条规定商业银行在境内不得从事信托投资和证券经营业务,不得投资于非自用不动产,不得向非银行金融机构和企业投资。《保险法》第92条规定财产保险公司不得经营人寿保险业务,人寿保险公司不得经营财产保险业务。此外,国外立法普遍禁止有限责任法人成为其他无限责任公司的股东或者合伙企业的合伙人。

(3) 目的上的限制。法人的目的决定了法人权利能力的范围,法人的权利能力由法人的经营范围决定。在现代社会中,早期的越权规则已经失去了原有的意义①,法人超越法人目的和权力范围导致法人行为无效已经成为历史。多元目的条款的使用、修改章程达到扩张目的的方法和法律对法人目的和权力的扩张等三个方面的因素导致了越权规则的衰落。

法人与自然人是两种不同的权利主体,法人是社会组织而自然人是生命体。两种权利主体的权利能力有差异,主要表现在如下三个方面:

(1) 权利能力享有的时间不同。自然人的权利能力始于出生终于死亡,自然人的出生与死亡是自然现象,属于法律事实;法人的成立与终止并非自然现象,是行为的结果,属于法律行为。法人的登记行为是法人成立的关键,如果没有登记行为,那么法人则不能成立。法人的终止同样也是人为的,如撤销、解散、宣告破产等使法人终止。

(2) 权利能力享有的范围不同。自然人是生命体,依法享有权利能力的范围很广泛,包括财产权和人身权。法人是组织体,不享有生命权、身体权、健康权、肖像权、婚姻权、生存权、扶养和赡养请求权等人身权的内容。

(3) 法人权利能力的差异性。自然人的权利能力一律平等,不因自然人的性别、年龄、智力、健康状况等不同而有所区别。法人的权利能力具有差异性的特点,不同法人的权利能力的范围不同,法人的权利能力以核准的范围为准。

## 二、法人的行为能力

法人的行为能力,是指法人通过自己的行为取得权利和承担义务的资格。

---

① 越权行为是指公司超越其权限范围的行为,既包括公司超越其目的范围的行为,又包括公司超越其权力范围的行为。

关于法人是否能够以自己独立的意思表示进行有效法律行为，存在代理人说与机关说两种学说。[①] 现代世界各国均承认法人具有行为能力，我国《民法总则》第 57 条也确认了法人的行为能力。法人的行为能力的范围与权利能力的范围相同，法人的行为能力同样也受到法人设立的宗旨、章程、经营范围以及法律、行政法规的限制，《民法通则》第 42 条和第 49 条规定企业法人应在依法核准登记的经营范围内经营。《合同法》第 50 条的规定突破了《民法通则》的规定，体现了鼓励交易的原则，反映了现代民法的精神。《民法总则》删除了《民法通则》的相关条款，体现了现代民法的精髓。《民法典》沿袭了《民法总则》的规定。

法人权利的取得与义务的承担，是由法人机关按照章程规定的权限来进行的。在代理权范围内，法人机关实施法律行为使法人本身享有权利或者承担义务。法人机关在权限范围内的行为对第三人造成损害，根据法律规定应当承担损害赔偿责任的，应由法人承担损害赔偿责任。法人机关在权限范围内所实施的任何法律行为，在法律上均为法人本身的行为。

法人的行为能力与自然人的行为能力的区别，主要表现在如下三方面：

（1）行为能力享有的时间不同。法人的行为能力享有的时间与权利能力享有的时间完全一致，没有任何差异；自然人的行为能力与权利能力享有的时间不完全相同，权利能力与生俱来，而行为能力则视年龄和智力发育状况而定。

（2）行为能力享有的范围不同。法人的行为能力范围与权利能力范围完全一致；自然人的行为能力范围与权利能力范围因年龄和智力的不同而存在差异。

（3）行为能力实现的方式不同。法人的行为能力由法人机关的代表人实现。法人机关或者代表人以自己的意思表示代表法人的意志，根据法律、章程所实施的法律行为应当被认为是法人的行为，法律后果由法人承担。自然人的行为能力既可通过本人实现，也可由法定代理人或者代理人实现。

**三、法人的侵权行为能力**

对法人是否具有侵权行为能力，学界认识不一，存在争议。[②] 关于法人的侵权行为能力理论上形成了肯定说与否定说两种学说[③]，世界各国立法采纳了肯定说，确认了法人的损害赔偿责任，如《德国民法典》第 31 条、《瑞士民法典》第 55 条以及《日本民法典》第 44 条的规定。

我国立法采纳了肯定说，规定了法人的侵权行为能力。《民法通则》第 43 条明确规定了企业法人的侵权责任，第 121 条规定了国家机关的侵权责任。《民法

---

① 参见黄立：《民法总则》，中国政法大学出版社 2002 年版，第 126 页。
② 参见郑玉波：《民法总则》，中国政法大学出版社 2003 年版，第 186 页。
③ 同上书，第 256 页。

通则司法解释》第 55 条和第 56 条在《民法通则》的基础上又进一步明确了法定代理人或者工作人员以法人名义所实施的行为即为法人行为。《人身损害赔偿司法解释》第 8 条也肯定了法人的侵权责任。《侵权责任法》第 34 条以统一由用人单位承担侵权责任的立法模式取代了先前对法人侵权责任的分散规范的模式，简单、明了，适用范围广泛。用人单位的概念虽然通俗易懂，但并非法律概念，应当以"法人"的概念代替。《民法典》第 61 条和第 62 条规定了法人的侵权责任。法人侵权行为满足以下三个条件的，应承担损害赔偿责任：

（1）行为主体。法人机关或者其他有权代表法人的人是实施侵权行为的主体。法定代表人在法人章程规定范围内对外实施的行为即法人行为，法定代表人行使职权过程中的侵权行为，即构成法人侵权行为。经法人机关授权所实施的侵权行为，以及法人雇员在执行职务过程中所实施的侵权行为，也应由法人承担侵权责任。

（2）职务行为。加害人的行为必须是职务行为。职务行为是指法人工作人员行使职务的行为。职务行为有两种情形：一是狭义的职务上的行为，即职权范围内的行为；二是与职务相关联的行为。与职务没有关系的侵权行为，不构成法人侵权。

（3）构成侵权。法人行为构成侵权行为应有违法行为、损害事实和违法行为与损害事实之间的因果关系三个要件。首先，法人行为的违法性。无论法人实施行为是故意还是过失，法人行为必须具有违法性。行为的违法性包括形式违法侵害和实质违法侵害，主要表现为对权利的侵害、违反法律规定和违反公序良俗。[①] 其次，法人行为必须对受害人造成相应的损害。民事责任制度的目的在于填补受害人的损害，即使有加害行为，但未产生损害后果的，不构成侵权。法人行为对受害人造成损害的，既有直接损失和间接损失，又有财产损失和精神损失。最后，法人的加害行为与受害人的损害之间必须具有因果关系。法人的加害行为与损害之间有前因后果的牵连关系，即受害人的损害是由法人的加害行为引起的。例如，在中华环保联合会环境污染责任纠纷案[②]中，德州市中级人民法院判决认为，生产经营者超过污染物排放标准或者重点污染物排放总量控制指标排放污染物的行为，应视为是具有损害社会公共利益重大风险的行为。

---

① 参见史尚宽：《债法总论》，中国政法大学出版社 2000 年版，第 124—131 页。
② 在中华环保联合会诉德州晶华集团振华有限公司环境污染责任纠纷案（〔2015〕德中环公民初字第 1 号）中，法院裁判要点认为，法人多次超过污染物排放标准或者重点污染物排放总量控制指标排放污染物，环境保护行政管理部门作出行政处罚后仍未改正，原告依据《最高人民法院关于审理环境民事公益诉讼案件适用法律若干问题的解释》第 1 条规定的"具有损害社会公共利益重大风险的污染环境、破坏生态的行为"对其提起环境民事公益诉讼的，法院应予受理（指导案例 131 号）。

涉案振华公司超量排放的二氧化硫、氮氧化物、烟粉尘会影响大气的服务价值功能,其中二氧化硫、氮氧化物是酸雨的前导物,超量排放可至酸雨造成财产及人身损害,烟粉尘的超量排放将影响大气能见度及清洁度,也会造成财产及人身损害。法院判决振华公司赔偿因超标排放污染物造成的损失 2198.36 万元。

我国《民法典》规定法人侵权责任适用无过错责任原则,即无论法人是否存在过错,均要承担侵权责任。尽管侵权行为实施的直接主体是自然人,但侵权行为的法律后果由法人承担,承担侵权责任的主体是法人而不是自然人。对法人侵权适用无过错责任原则,有利于减少或者避免法人侵权行为的发生;有利于保护受害人的合法权益,使受到损害的权利可以及时得到救济;有利于提高法人生产技术和经营管理水平,促进社会生产力的发展。

## 第四节　法人人格的否定

人格理论始于罗马法,但罗马法中的人与人格是相互分离的,近代以来的民法将自然人与人格完全同一,每个自然人从出生到死亡均具有完全平等的人格,人格是自然人与生俱来的,不允许被剥夺与限制。法人人格则没有人性的内涵,仅是为了使某些社会组织能够成为私法上权利义务的载体。

法人人格,是指法人团体在法律上被视为能够享有权利和承担义务的权利主体。法人团体人格与作为法人成员的个人人格相互独立,使法人成员仅以出资额为限对法人的债务承担有限责任。法人则以全部资产对外承担清偿债务的责任,即使在资产不足以清偿全部债务时,债权人仍不得请求法人成员承担超出资义务范围的责任。

为保护债权和交易安全,公司法确立了公司资本的三项基本原则,即资本确定原则、资本维持原则和资本不变原则。公司资本三原则是确保公司资本充足和稳定的基本原则,能最大限度地保护公司债权人利益和保障交易安全。随着法人制度的广泛运用,原有的传统特征发生了一些变化,特别是在观念和制度上将法人人格独立绝对化后,使得法人人格得以确立与运行的法律支点发生位移,法人作为独立人格的内在因素受到损毁,损害了债权人和社会公共利益。

法人制度是以法人成员与债权人之间分配市场经济条件下的投资利益与风险为标准,为实现法人成员与债权人之间的利益平衡所构建的一种基本的社会经济秩序。法人独立人格制度和有限责任制度,是在既考虑法人经济上的价值目标又遵循公平正义的社会伦理价值目标基础上,确立的法人成员与债权人之间的利益平衡。

**一、法人人格否定的概念**

法人人格否定,是指为防止股东有限责任原则和公司独立法人人格制度被滥用所产生的弊端,司法审判人员基于法律关系中的特定事实,在诉讼个案中否认公司独立法人人格以及股东有限责任,要求公司股东对公司债权人直接承担责任,以保护公司债权人利益和社会公共利益。例如,在邵萍民间借贷纠纷案[①]中,最高人民法院判决否认了公司法人人格,认为兴通达公司的设立目的是为通过兴通达公司恢复昆通公司的生产经营,昆通公司通过岳贤、罗海东等人持股方式成为兴通达公司股东,两公司在财务人员、工作人员、经营场所、生产经营等方面存在高度混同现象。昆通公司通过这种方式设立兴通达公司并利用了兴通达公司的法人独立地位和股东有限责任,损害了邵萍作为债权人的利益。根据《公司法》第 20 条第 3 款的规定,昆通公司应当对以兴通达公司名义向邵萍的借款债务承担连带责任。

法人人格否认来源于判例法,最早源于 1905 年美国法院的判例(US v. Milwaukee Refrigerator Transit Co.),但英美法"刺破法人面纱"(Piering the Corporation's Veil)或者"揭开公司面纱"(Lifting the Veil of the Corporation)的概念却是出现在 1912 年的一篇论文中。[②] 公司法人人格否认制度作为美国法院在审理公司纠纷案件中创设的一个判例法原则,为英、法、德、日等国家司法实践所接受。德国的法人人格否认制度赋予债权人"直索权",法国的法人人格否认则称为"独立财产性的滥用或者法人人格的滥用"。我国《公司法》第 20 条、第 21 条的规定体现了公司法人人格的否定。《民法典》第 83 条规定了法人人格否定——否定了出资人的有限责任。

公司法人人格否认是指在公司独立人格和股东有限责任被公司股东滥用时,将公司与股东视为一体并追究共同连带责任,即直索公司背后股东的个人财产,以保护债权人合法债权的实现。公司法人人格否认不是对公司人格全面和永久的否认,效力范围仅限于特定的法律关系。

公司人格独立是公司法结构的一般规则,而公司法人人格否认是例外情形。法人人格否认制度不是对法人制度的否认,而是必要补充,维护了法人制度的公

---

[①] 在邵萍诉云南通海昆通工贸有限公司、通海兴通达工贸有限公司民间借贷纠纷案([2011]云高民一初字第 4 号、[2015]民一终字第 260 号)中,法院裁判摘要认为,依据《公司法》第 20 条第 3 款的规定,认定公司滥用法人人格和有限责任的法律责任,应综合多种因素作出判断。在实践中,公司设立的背景、公司的股东、控制人以及主要财务人员的情况,该公司的主要经营业务以及公司与其他公司之间的交易目的,公司的纳税情况以及具体债权人与公司签订合同时的背景情况和履行情况等因素,均应纳入考察范围(2017 年最高人民法院公报案例)。

[②] Maurice Wormser, Piercing the Veil of Corporate Entity, 12 Colum. L. Rev. 496(1912).

平性、合理性与正义性,弥补了法人人格制度的固有缺陷,保护了社会公共利益和债权人的利益,丰富了法人制度理论,完善了法人制度。公司法人人格否认法理的适用,应符合以下三个方面的要件:

(1) 主体要件。公司法人人格否认适用的主体,有公司法人人格的滥用者和公司法人人格被滥用的受害人。一方面,有滥用公司法人制度的控制股东,即滥用公司法人人格和有限责任的控制股东。控制股东并非一定以持有公司法人多数股份为要件,而是以对公司法人的实际控制为标准。另一方面,有因公司法人人格被滥用受到侵害的相对人,即公司债权人或者其他相关利益群体。公司法人的中小股东因控制股东的滥用行为而受到损害的,不得提起公司法人人格否定之诉。

(2) 行为要件。控制股东在客观上有滥用公司法人人格的行为,即对公司具有实际支配力的股东利用公司法人人格作为逃避债务、规避法律责任或者从事非法活动的工具,并对公司债权人或者社会公共利益造成了实际损害。换言之,控制股东实施了过度利用法人有限责任、妨碍社会公平正义的行为,构成适用法人人格否定的客观要件。例如,在海南海联工贸有限公司合作开发房地产合同纠纷案①中,最高人民法院判决认为,公司是否已经形骸化,公司与股东之间是否构成人格混同,应严格按照法律关于公司法人终止,股东是否滥用权利,是否在财产、业务、人员等多方面出现混同等因素进行判定。一审与二审法院认定海联公司存在形骸化和公司与股东人格混同的情形,但最高人民法院再审则否定了海南省高级人民法院二审的认定,认为该案的判决突破了《公司法》的基本规则,将公司设立协议凌驾于《公司法》规则之上。涉案的天阙公司并非由海联公司与天河公司按照《合作项目合同书》约定共同设立的合作开发项目公司,仅为双方当事人为合作开发"天阙广场"所借用的一个项目公司。从涉案的事实看,海联公司并不存在形骸化和公司与股东人格混同的情形,再审判决撤销了一审和二审判决。

(3) 程序要件。公司法人人格否认的主体仅限司法审判机关,只有法院才能根据滥用公司法人人格行为受害人的申请,通过诉讼程序作出法人人格否认的判决,体现了适用公司法人人格否认制度的严肃性和审慎态度,以维护公司法人人格制度。

---

① 在海南海联工贸有限公司诉海南天河旅业投资有限公司、三亚天阙置业有限公司合作开发房地产合同纠纷案(〔2010〕三亚民一初字第26号、〔2012〕琼民一终字第51号、〔2015〕民提字第64号),法院裁判摘要认为,合作开发房地产关系中,当事人约定一方出地、一方出资并以成立房地产项目公司的方式进行合作开发。项目公司仅为合作关系各方履行房地产合作开发协议的载体和平台。合作各方当事人在项目公司中是否享有股权不影响在合作开发合同中所应享有的权益:合作各方当事人在合作项目中的权利义务应当按照合作开发房地产协议约定的内容予以确定(2016年最高人民法院公报案例)。

## 二、法人人格否定的法理基础

法院处理法人人格否定案件的主要依据是公平正义原则、诚实信用原则和禁止权利滥用原则等。法人人格否定是在承认法人人格的前提下，否定特定的法律关系中法人人格独立和有限责任，直接追索公司背后控制股东的法律责任，以防止公司人格独立和有限责任的滥用行为。

（1）公平正义原则。公平正义是法律追求的终极价值目标，法人人格否定是对实践中被扭曲的公平正义的矫正。法人制度基础的有限责任，是一种法人成员与债权人之间分配风险的机制，分散和减轻了法人成员的投资风险，将投资风险转嫁给了债权人。控制股东滥用法人独立人格的，将使债权人承担巨大的风险，从而危及交易安全和交易秩序。因此，法人人格否定是公平正义原则在法人制度中的具体运用。

（2）诚实信用原则和禁止权利滥用原则。公司享有独立财产权和自主经营权。我国《公司法》规定股东的资产收益权、参与重大决策权和管理者选择权等权利的行使应遵循诚实信用原则，不能侵害公司利益。股东权利的滥用导致公司人格的混同，使公司丧失独立性，并使公司背后的股东不正当地占有或者非法处分公司利益，并利用有限责任制度损害债权人的利益，以谋求法外利益，违背了诚实信用和禁止权利滥用的基本原则。公司人格否认制度确立的直接后果必然是要揭开公司的法人面纱，否定股东的有限责任，使公司背后的股东对公司的债务承担责任。

## 三、司法实践适用法人人格否定的情形

在我国的司法审判中，公司法人人格否认的适用主要有如下几种典型的情形：

（1）公司资本显著不足。公司资本显著不足是指公司在设立时股东未缴纳足够的出资甚至虚假出资，或者公司在经营过程中股东抽逃出资造成公司资本显著不足，而不是指公司在设立时有足够的资本，后来由于经营不善等合法原因导致公司资本减少。公司资本是公司赖以经营的物质基础，也是对外承担债务责任的担保。公司资本不足是将公司的经营风险转移给了公司的债权人，公司已成为股东逃避债务责任的"空壳"，从而应否认公司法人人格，让公司股东直接承担偿债责任。但是，并非所有的公司资本不足均构成公司法人人格的否定，如

在 DAC 中国特别机遇(巴巴多斯)有限公司债权纠纷案①中,最高人民法院判决表明出资不实未达到一定程度不构成人格否认。案件存在的出资不实和不当减资等情形不足以否定蛟龙公司的独立法人资格,也不足以构成股东"滥用"股东权利,福建省高级人民法院适用公司法相关规定判决腾龙公司和远洋公司对蛟龙公司债务承担连带责任是错误的。

(2) 公司人格混同。公司具有独立的法人人格是严格贯彻分离原则,即公司的财产和责任与股东独立。当公司与股东或与关联公司出现混同时,就丧失了法人的独立性,应否认法人人格,让背后股东直接承担公司债务。公司与股东、母子公司之间、其他关联公司之间的财产混同,表现为拥有同一资产、资产任意转移或者收益不加区分等,使公司无法贯彻资本确定原则、资本维持原则和资本不变原则,影响到公司对外承担债务责任的物质基础。公司人格混同主要有财产混同、业务混同和人事混同等主要情形。例如,在徐工集团工程机械股份有限公司买卖合同纠纷案②中,江苏省高级人民法院判决确立了关联公司之间的人格混同而导致公司人格的否认。涉案交工贸公司与川交机械公司、瑞路公司人格混同,主要表现为三个公司人员混同、三个公司业务混同、三个公司财务混同。三个公司之间表征人格的因素(人员、业务、财务等)高度混同,导致各自财产无法区分,已丧失独立人格,构成人格混同。

(3) 股东对公司的幕后操控。如果公司被控股股东完全控制,控股股东任意干预公司的经营,公司完全失去自己的独立意志,则实际上成为控股股东的"替身"。法人人格否认让控制股东直接承担公司的债务和其他法律责任。这种情形在母子公司之间以及集团公司内部之间表现得最为突出,即母公司或集团公司从整个集团的利益出发,为了规避经营风险或法律责任,幕后操控子公司,不惜牺牲子公司的利益,进而损害子公司债权人的利益。

(4) 逃避债务、规避法律义务。利用公司法人人格逃避债务、规避法律义务有以下几个情形:一是利用公司法人人格以规避税法、公司法等法律规定的法定义务,如公司董事、经理为规避我国《公司法》规定的竞业禁止义务,而作为支配股东设立另一家新公司从事竞业禁止活动。二是利用公司法人人格逃避合同义务,如负有巨额债务的公司为了不继续履行合同,而转移公司资产,另行成立新公司,故意让原公司破产以达到脱壳经营的目的,使公司债权人得不到清偿。三

---

① DAC 中国特别机遇(巴巴多斯)有限公司诉江西远洋运输公司、福建宁化腾龙水泥有限公司、福建省宁化蛟龙水泥有限公司债权纠纷案(〔2009〕榕民初字第 135 号、〔2010〕闽民终字第 256 号、〔2012〕民提字第 25 号)。

② 在徐工集团工程机械股份有限公司诉成都川交工贸有限责任公司等买卖合同纠纷案(〔2009〕徐民二初字第 0065 号、〔2011〕苏商终字第 0107 号)中,法院裁判要旨认为,关联公司人员、业务、财务等方面交叉或混同,导致各自财产无法区分,丧失独立人格的,构成人格混同。关联公司人格混同严重损害债权人利益的,关联公司相互之间对外部债务承担连带责任(指导案例 15 号)。

是利用公司法人人格回避侵权行为之债、不当得利之债、无因管理之债等民法上的其他债务。例如，经营具有高度危险性、承担侵权责任概率较高的业务的公司的控股股东为分散经营风险和责任财产将公司分割成若干性质相同的小公司，如运输公司为分散经营风险，以每一部车为单位设立若干家运输公司，一旦发生交通事故等侵权行为后，即可以法人人格进行抗辩，最大限度地规避侵权责任。

在我国司法审判实践中，根据《公司法》规定的公司法人人格否定制度，司法审判机关可以在审理个案中否定公司法人人格，由实施滥用公司法人人格行为的股东对公司债务承担责任。但是，公司法人人格否定在司法审判实践中应当审慎适用，否则有悖于《公司法》的现代法人制度。在现代法人制度中，公司法人人格否定并非一般原则而仅为例外情形。

法人人格否定制度是法人制度的发展和完善，有效地防范了控制股东利用法人人格制度和有限责任制度逃避债务，维护了债权人的合法权益，保护了交易安全，净化了交易环境。

## 第五节 法人机关与住所

法人机关是法人组织体的核心组成部分，承担形成法人意思和代表法人活动的职能。

### 一、法人机关的性质

自然人的本体是人类，人类有固有的意思机关。法人的本体则是社会组织，也具有法律规定的机关。自然人的机关是自然存在的，不必由法律加以规定。法人的机关并非自然存在，必须通过法律规定和章程的约定来规范组织和权限。[①] 社团法人和财团法人均应设立的机关是董事会。此外，社团法人还应设立社员大会和监事会。法人的机关大致可以分为意思机关、执行机关和监督机关。法人与法人机关之间的关系，有代理说与机关说两种学说：

（1）代理说。代理说认为法人机关是法人的法定代理人，法人机关与法人之间是代理人与被代理人之间的关系。代理说是以法人拟制说为理论基础的，法人拟制说认为法人本身缺乏意思能力和行为能力，需要有代理人代理法人参与各种活动。因此，法人机关填补了法人行为能力的欠缺。

（2）机关说。机关说认为法人机关并非法人的代理人，法人机关的行为即为法人的行为。机关说是以法人实在说为理论基础，法人实在说认为法人并非纯粹观念上的，而是一种客观存在的权利主体。法人与法人机关是一体的，是整

---

① 参见史尚宽：《民法总论》，中国政法大学出版社 2000 年版，第 171 页。

体与部分的关系。法人机关是法人意思的载体,法人通过机关形成法人整体意思,对外进行交往,享有权利承担义务。

现代世界各国法人制度的立法和司法实践大多以法人实在说为基础,法人机关的性质大多采取机关说。在法人机关与法人的关系上,我国立法肯定了机关说。无论是法人机关职权范围内的法律行为,还是法人机关的侵权行为,均视为法人本身的行为,不存在代理人与被代理人之间的关系。

法人机关由意思机关、执行机关和监督机关三部分构成,现将三个机构分述如下:

(1) 意思机关。意思机关是法人自身意思的形成机关,有权决定法人的经营或者业务管理的重大事项。社员大会是法人的意思机关,在我国《公司法》中称为股东会或者股东大会。意思机关是社团法人所特有的,财团法人的意思是由捐助人形成的,并以捐助章程的方式固定下来,从而财团法人无从设立意思机关。

社员大会不仅是社团法人的意思机关,而且是社团法人的最高权力机关。法人自身不能活动,必须依赖机关的活动才能实现设立法人的目的。所有社员均有权参与社团法人事务的决策,社员大会以与会社员的多数票作出有关决议,社员按照投资比例行使表决权(如《公司法》第 42 条)。社员大会通常由董事会召集(如《公司法》第 40 条和第 46 条),主要职责是决定社团法人内部事务,设置和监督其他社团机关,特别是董事会。

在法人中,社员大会具有特殊法律地位,《公司法》规定股东会可以行使三方面的权利:一是公司章程的修改。公司章程是公司的组织法,涉及法人的重大事宜。公司章程修改的决定应当由代表 2/3 以上表决权的社员通过(如《公司法》第 43 条和第 103 条)。二是听取、审议董事会和监事会关于公司重大经营管理事项的报告。例如,审议批准董事会的报告,审议批准监事会或者监事的报告,审议批准公司的年度财务预算方案、决算方案,审议批准公司的利润分配方案和亏损弥补方案。三是对公司经营方式和运作的重大事项作出决议。例如,决定公司的经营方针和投资计划,选举和更换董事与监事,对公司增加或者减少注册资本作出决议,对发行公司债券作出决议,对公司合并、分立、变更形式、解散和清算等事项作出决议。

(2) 执行机关。董事会是法人的执行机关,有权召集权力机关会议,决定法人的经营计划和投资方案以及法人内部管理机构的设置,执行法人章程所规定事项,并执行法人意思机关所决定的事项。无论是社团法人还是财团法人均需设立执行机关,否则法人的目的事业将无法实现。从法人事务的执行方面看,董事会是执行机关;从法人的对外行为方面看,即从民法的角度看,董事会是代表机关。① 代表机关是法人意思表示机关,对外代表法人从事各种活动。根据我国《民法典》第 81 条的规定,执行机关为董事会的,董事长、执行董事或者经理为法定代表人。例如,在北京公达房地产有限责任公司房地产开发合同纠纷案②中,最高人民法院认为,在与公达公司签订项目转让协议时,刘玉章仍为该公司工商登记上的法定代表人。刘玉章以法定代表人身份与公达公司签订协议符合企业法人对外进行商事活动的形式要件,且该协议也加盖了三峡公司的公章,双方签订的项目转让协议应当依法成立并生效。刘玉章在签订协议时虽已被上级单位决定停止职务,但该决定属三峡公司内部工作调整,刘玉章代表三峡公司对外进行民事活动的身份仍应以工商登记的公示内容为依据。不能以公司内部工作人员职务变更为由,否认刘玉章对外代表行为的效力。

法定代表人应当符合以下条件:第一,具有完全民事行为能力;第二,具备一定的管理能力和业务知识;第三,不存在禁止担任法定代表人的情形。

(3) 监督机关。监督机关是指对法人执行机关的行为实施监督检查的机关。监督机关依法行使检查法人财务、监督执行机关成员和高级管理人员执行法人职务的行为的权利。监督机关设立的目的是为维护社团法人社员的利益,具体的表现形式有监事会或者监事。经营规模较小的法人可设立 1 至 2 名监事;经营规模较大的法人应设立监事会,成员不得少于 3 人。

## 二、法人机关的构造

在通常情形下,法人机关由意思机关、执行机关和监督机关构成,社员大会是意思机关,董事会是执行机关,监事会是监督机关。实际上,以上三个法人机关并非所有的法人均应具备,社员大会是社团法人所独有的,财团法人不设社员大会。董事会和监事会是社团法人和财团法人必须具备的法人机关组织,是法人内部治理结构的重要手段。在我国现行法律框架下,董事会行使战略决策权,任命管理层并对进行监督;监事会则是专门的监督机构,对董事会和管理层进行监督。

### (一) 董事会

董事会是由全体股东选举的董事组成的、对内掌管公司事务、对外代表公司的经营决策机构。董事会是依照有关法律、行政法规和政策规定,按法人章程设

---

① 公司法与民法的着眼点不同,公司法研究的重点是执行机关,而民法研究的重点是代表机关。
② 在北京公达房地产有限责任公司诉北京市祥和三峡房地产开发公司房地产开发合同纠纷案([1996]一中民初字第 733 号、[1997]高民终字第 114 号、[2009]民提字第 76 号)中,法院裁判摘要认为,公司法定代表人依法代表公司对外进行民事活动。法定代表人发生变更的,应当在工商管理部门办理变更登记。公司法定代表人在对外签订合同时已经被上级单位决定停止职务,但未办理变更登记,公司以此主张合同无效的,法院不予支持(2010 年最高人民法院公报案例)。

立并由全体董事组成的业务执行机关。在董事任期届满前,股东大会可以解除董事职务。如我国《公司法》第 37 条仅规定公司股东大会有权任免董事职务,但没有规定免除董事职务的前提性条件。《公司法司法解释(五)》第 3 条进一步明确了公司与董事的关系,规定公司可以随时解除董事职务,即股东大会可以无因免除董事职务。

(1)董事会。董事会的成员可按章程规定任免,但董事会本身既不能撤销,也不能停止活动。董事会是法人最重要的决策和管理机构,法人事务和业务均在董事会的领导下,由董事会选出的董事长执行。董事会对股东大会负责,享有三个方面的权利:一是经营决策权。董事会对重大事项进行决策,如决定公司生产经营计划和投资方案、制订公司年度财务预算方案及决算方案等。二是人事任免权。董事会有权决定对高级管理人员的任免,如决定聘任或解聘法人的高级管理人员及其报酬事项等。例如,在李建军公司决议撤销纠纷案[①]中,上海市第二中级人民法院判决认为,聘任和解聘总经理是公司董事会的法定职权。在董事会决议的内容和程序不违反公司法和公司章程规定的情形下,对解聘事由是否属实,法院不予审查和认定。三是监督权。董事会有权监督法人的日常经营管理活动。

法人的治理结构经历了股东大会中心主义向董事会中心主义转变的过程。19 世纪末以前,股东大会是公司最高权力机构,而董事会仅是社团法人内设的代理机构。到了 20 世纪初之后,董事会和股东大会的权利开始划分,公司管理权归董事会,而股东大会不能干扰他们的合法行为。除法律和章程规定应由股东大会行使的权力之外,其他事项均可由董事会决定。公司董事会是公司的经营决策机构,董事会向股东大会负责。

在社团法人中,传统的公司法按照委任理论来处理股东大会与董事会之间的关系。董事会是股东大会的代理人,由股东大会选举产生,并受股东大会的委托管理公司事务。各国公司法均规定,股东大会有权选任和解任董事,并对公司的经营管理享有广泛的决定权,董事会则居于股东大会之下,受股东大会支配,对股东大会负责。

20 世纪以来,有机体理论代替了传统的委任理论,董事会与股东大会之间的关系发生了变化,董事会成为主导力量。有机体理论认为公司是一个有机整体,公司组织机构的权力是由法律赋予的,而不是来自股东大会的委托。现代西

---

① 在李建军诉上海佳动力环保科技有限公司公司决议撤销纠纷案([2009]黄民二(商)初字第 4569 号、[2010]沪二中民四(商)终字第 436 号)中,法院裁判要点认为,法院在审理公司决议撤销案件中应当审查会议召集程序、表决方式是否违反法律、行政法规或者公司章程以及决议内容是否违反公司章程。在未违反上述规定的前提下,解聘总经理职务的决议所依据的事实是否属实,理由是否成立,不属于司法审查范围(指导案例 10 号)。

方国家公司法出现了削弱股东大会权力、而董事会权力则呈现不断强化的趋势，公司的经营管理权以不同的方式划归董事会行使。

在财团法人中，财团法人是通过捐助方式设立的，没有实际所有人，不存在社员大会。捐赠人与财团法人建立的委托关系，形成了董事会的权利中心地位。

(2) 董事长与董事。董事长是董事会的领导、公司的法人代表和重大事项的主要决策人。董事长的职权分为对外的代表权和对内的执行权两个方面：一是对外的代表权。根据我国《公司法》的规定，董事长享有代表法人为实现法人宗旨而进行活动的各种权利，主要有对外交易代表权、诉讼代表权以及代表法人签章的权力等（如在公司股票、债券上签章等）。二是对内执行权。根据我国《公司法》的规定，董事长是股东大会主持人、董事会会议的召集人和主持人。股东大会和董事会会议应由董事长主持，董事会会议也应由董事长召集。

董事是董事会的成员。董事会设董事长1名，由董事会全体董事过半数选举产生。董事长的权利不是由股东大会授予的，而是由公司法直接规定的。董事通常分为执行董事（常务董事）和非执行董事。执行董事是那些全职管理公司的人，而非执行董事是从外部引入的有丰富经验的专家，可以使公司的决策更为客观。

董事的任职资格有三个方面的条件：一是具有完全民事行为能力；二是近年没有受过任何法定的刑事处罚；三是未担任破产法人或者被依法吊销执照法人的负责人。在现代法人所有权与经营权分离的法人制度下，董事比股东更为直接控制法人，董事应承担注意义务与忠实义务。现将董事的注意义务和忠实义务分述如下：

一是注意义务。注意义务是指董事在经营管理活动中应谨慎、勤勉、尽责地管理法人事务。注意义务是一种管理义务，董事应积极参与法人的事务管理活动并在管理事务过程中遵循谨慎、勤勉的原则。如果董事没有尽到合理的注意义务而造成损失的，应对法人承担损害赔偿责任。我国《民法典》第70条规定的董事清算义务是董事注意义务的重要内容。董事的注意义务通常采取客观主义标准，但各国对注意的程度则通过司法判例来确立。例如，在四川省安泰建设有限责任公司损害公司利益责任纠纷案[①]中，绵阳市中级人民法院判决公司董事违反了公司高管的忠实、注意义务，应当承担损害赔偿责任。涉案王天雄在担任安泰公司法定代表人期间违法转包工程，导致公司对外承担债务，最终的归责是以认定公司董事长违反了勤勉义务为依据。

---

① 在四川省安泰建设有限责任公司诉王天雄、刘光琼损害公司利益责任纠纷案（〔2013〕盐民初字第1042号、〔2014〕绵终字第371号）中，法院裁判摘要认为，王天雄在任安泰公司董事长及法定代表人期间，违反公司章程规定，在未经公司董事会集体讨论决定的情况下，将安泰公司承建工程违法转包给没有建筑资质的个人，导致公司利益受到损害，违反了公司高管的忠实、勤勉义务，应当承担赔偿责任。

二是忠实义务。忠实义务是指董事应忠诚为法人服务并诚实履职。忠实义务是一种信赖义务,来源于董事的受托人地位,要求董事不得背信弃义和自我交易。董事的行为应符合法人的整体利益,在董事个人利益与法人利益发生冲突时,董事个人利益应服从于法人利益。忠实义务主要包含竞业禁止义务与禁止自我交易义务,如在中冶全泰(北京)工程科技有限公司损害公司利益纠纷案①中,北京市第一中级人民法院认为,丛爱民作为全泰公司的高级管理人员,违背了对公司的忠实义务,侵犯了全泰公司的商业机会,使得全泰公司投入大量资源取得的商业机会成为京泰公司的盈利业务,理应就此赔偿全泰公司的预期收益损失。

(二) 监事会

监事会是法人的常设机构,是对法人的日常经营活动、董事和高级管理人员行使监督权的内部组织。为避免代表所有者的董事会因追求自身利益而损害公司、股东、债权人、员工的权益,必须通过一定的制度安排对董事会进行制约和监督。监事会设计为法人的专门监督机构,形成了股东大会、股东、监事会对董事会及董事权力的多重监督。监事会制度设计的理论基础主要有私法自治理论、分权制衡理论,这些理论所承载的任务都是为监事会制度的设立提供理论基础。对法人提供一个监督机构,无论是监事会还是独立董事制度,均体现了权利义务相统一、对权力进行制衡的基本法律思想。

在大陆法系国家和地区中,监事会的法律地位有较大的差异,主要有两种不同的模式:

(1) 德国式的监事会制度。监事会由股东大会、雇员委员会各自推选一半代表组成。监事会凌驾于董事会之上,对公司重大事项进行决策,选举董事会成员,对公司经营、公司财务等进行检查监督。欧盟、法国、奥地利也采用这种模式。

(2) 日本式的监事会制度。作为与董事会地位平行的监事会,负责对公司事务以及董事会执行业务的监督工作,向股东大会负责并汇报工作。

大陆法系的监事制度起源于 1870 年的德国《公司法》。1884 年的《德意志商法》修正案赋予了监事会对董事会的监督权、参与公司业务的管理权及对公司

---

① 在中冶全泰(北京)工程科技有限公司诉丛爱民、张学艺、中冶京泰(北京)工程技术有限公司公司高级管理人员损害公司利益赔偿案(〔2009〕海民初字第 3189 号、〔2010〕一中民终字第 10249 号)中,法院裁判要旨认为,《公司法》第 148 条规定,董事、监事、高级管理人员应当遵守法律、行政法规和公司章程,对公司负有忠实义务和勤勉义务。第 149 条规定,董事、高级管理人员不得未经股东会或者股东大会同意,利用职务便利为自己或者他人谋取属于公司的商业机会,自营或者为他人经营与所任职公司同类的业务。公司总经理违背忠实义务侵犯公司的商业机会的,由于其属于公司高级管理人员,其行为违反了法定义务,应当赔偿公司损失。

特定业务的批准权。德国《公司法》经多次修订，形成了监事会下的董事会制度。①

我国《公司法》采取监事会与董事会平行的法人治理结构，但实际上我国监事会制度形同虚设，没有实质性权利，缺少必要的制度保障。在上市公司的监督制度上，我国在监事会制度之外，又引入了英美法系的独立董事制度。② 但我国引入的独立董事制度也是空有其形而未有其实，我国独立董事仅占董事会成员的 1/3，未能形成董事会的多数，难以对公司董事会进行有效的控制和监督。英美法系国家的独立董事为董事会的多数，有利于形成对公司执行董事的有效控制和监督，从而使监督制度落到实处。

关于监事会的职权范围，各国立法和实践有着很大的差异，监事会的职权主要包括财务监督、业务监督和管理者监督等三个方面。

（1）财务监督。监事会有权随时调阅检查公司财务，调查法人业务和财产状况，并将调查结果向股东大会汇报。监事会对董事会拟提交股东大会的财务报告、营业报告和利润分配方案等财务资料，应进行核查，发现疑问的，可以法人名义委托会计师、审计师等专业人员帮助复审。

（2）业务监督。监事会应当监督公司的业务执行和财务状况。监事会可以要求董事或者管理人员提出法人营业报告，以随时了解业务执行和财务状况，实施有效的监督。

（3）管理者监督。对管理者的监督是监事会的主要职权，监督权限主要有以下三个方面：一是监督董事会、董事、高级管理人员履行职务的情况。二是纠正或者停止董事和高级管理人员违反法律、公司章程的行为。三是代表公司与董事交涉或者对董事起诉或者应诉。

监事会由全体监事组成，监事的任职资格与董事大致相同。

### 三、法人住所

如同自然人一样，法人需要有一定的住所来确定法律关系。根据我国《民法典》第 63 条和《公司法》第 10 条的规定，法人以其主要办事机构所在地为住所，且将主要办事机构所在地登记为住所。我国法律规定与其他国家的立法基本相同。

---

① 参见郑云瑞：《公司法学》（第二版），北京大学出版社 2019 年版，第 482 页。
② 我国通过《公司法》第 122 条、《国有大中型企业建立现代企业制度和加强管理的基本规范（试行）》（国办发〔2000〕64 号）、《关于在上市公司建立独立董事制度的指导意见》（证监发〔2001〕102 号）、《关于完善基金管理公司董事人选制度的通知》（证监基金字〔2001〕1 号）、《股份制商业银行独立董事和外部监事制度指引》和《股份制商业银行公司治理指引》（中国人民银行公告〔2002〕第 15 号）、《保险公司独立董事管理办法》（银保监发〔2018〕35 号）等法律、法规和其他规范性文件，构建了具有中国特色的独立董事制度。

法人住所的效力与自然人住所的效力相同。

## 第六节 法人的变更与终止

法人的变更是指法人在存续期间所发生的组织机构、活动宗旨以及业务范围等方面的变化,而法人的终止是指法人丧失权利主体资格,不再具有权利能力与行为能力的一种状态。

### 一、法人的变更

法人的变更,是指法人存续期间在组织上的分立、合并以及在设立目的、业务范围、注册资本等发生的变化。法人的变更是为应对复杂、多变的市场形势,满足自身利益最大化的需要。法人组织形式的变更,是法人自由的主要内容。法人在履行有关法律手续的前提下,可以变更法人的组织形式或者进行合并、分立,改变经营范围,增加或者减少注册资本。

(一)法人的合并

法人的合并是指两个或者两个以上法人合并成为一个法人。《公司法》第172条规定法人合并有吸收合并与新设合并之分。

(1)吸收合并。吸收合并是指一个法人归并到一个现存的法人中去。参与合并的两个法人,一个法人消灭,另一个法人继续存在并吸收已消灭的法人。例如,中国南车和中国北车采取中国南车吸收中国北车的方式进行合并,合并后成为中国中车股份有限公司。法人吸收合并后,被兼并法人的债务应当由兼并方承担。

(2)新设合并。新设合并是指两个以上法人合并为一个新法人,原来的法人消灭,新的法人产生。例如,优酷和土豆合并后,成立优酷土豆股份有限公司。德国奔驰汽车公司与美国克莱斯勒汽车公司合并之后,成立戴姆勒—克莱斯勒汽车公司。法人新设合并后,被兼并法人的债务由新设合并后的法人承担。

法人合并应遵循一定的程序。我国《公司法》规定法人合并应遵循如下程序:第一,在合并之前,应由法人的意思机关作出与其他法人合并的决议;第二,与目标法人签订合并合同;第三,通知债权人或者进行公告;第四,法人在合并之后,应办理变更登记手续。因合并而消灭的法人,权利义务由合并之后新设立的法人或者存续的法人概括承受。

(二)法人的分立

法人的分立,是指一个法人分成两个或者两个以上的法人。法人分立有新设分立和派生分立两种形式。新设分立是指原法人解散后分立成为两个或者两个以上新法人。例如,中国铁路机车车辆工业总公司分立为中国北车、中国南车。派生分立是指原法人存续但从中分立出新的法人。

法人分立的程序与法人合并的程序基本相同。原法人因分立而消灭的,权利义务由分立之后成立的法人概括承受。在派生分立中,原法人的权利义务关系,则按照分立合同的规定来处理。关于法人分立之后的债务承担,法人分立时有约定,且该约定经债权人同意的,则按照约定处理;如果没有约定或者约定不明的,则由分立后的法人承担连带责任。

(三) 法人组织形式的变更

法人组织形式的变更,也就是法律实务所说的"改制"。例如,有限责任公司改为股份有限公司;国有独资公司改为有限责任公司;非公司企业法人改为公司企业法人;有限责任公司变为一人公司。公司在上市之前,通常要进行改制,即从有限责任公司变更为股份有限公司。法人组织形式的变更,依法应当经审批的,须经审批后方可变更,并应依法办理变更登记手续。

(四) 法人其他事项的变更

法人其他事项的变更是指法人名称、住所、经营场所、法定代表人、经营范围、经营方式、注册资金、经营期限的改变以及增设或者撤销分支机构等,必须办理变更登记手续。

法人的合并、分立、组织形式的变更以及其他事项的变更,应及时到市场监督管理部门办理变更手续。否则,法人的变更不会产生相应的法律效力。

## 二、法人的终止

法人的终止,是指法人丧失权利主体资格,权利能力和行为能力的终止,又称为法人的消灭。法人的终止,如同自然人的死亡,权利主体资格消灭,权利能力丧失。自然人的死亡产生继承问题,而法人的终止产生债权债务的清理问题。为清理法人的债权债务,法人的终止必须经过解散和清算两种程序。

(一) 法人的解散

法人的解散,是法人权利主体资格消灭的程序,是开始清算的前提,如在仕丰科技有限公司公司解散纠纷案①中,江苏省高级人民法院判决认为,涉案的公司经营管理发生严重困难,继续存续会使股东利益受到重大损失,通过其他途径

---

① 在仕丰科技有限公司诉富钧新型复合材料(太仓)有限公司公司解散纠纷案([2007]苏民三初字第3号、[2011]民四终字第29号)中,法院裁判摘要认为:(1)《公司法》第182条既是公司解散诉讼的立案受理条件,同时也是判决公司解散的实质审查条件,公司能否解散取决于公司是否存在僵局且符合《公司法》第182条规定的实质条件,而不取决于公司僵局产生的原因和责任。即使一方股东对公司僵局的产生具有过错,仍然有权提起公司解散之诉,过错方起诉不应等同于恶意诉讼。(2)公司僵局并不必然导致公司解散,司法应审慎介入公司事务,凡有其他途径能够维持公司存续的,不应轻易解散公司。当公司陷入持续性僵局,穷尽其他途径仍无法化解,且公司不具备继续经营条件,继续存续将使股东利益受到重大损失时,法院可以依据《公司法》第182条的规定判决解散公司(2014年最高人民法院公报案例)。

不能解决,作为持有60%股份的股东提出解散公司的请求,符合法律规定。法人的解散导致法人人格的消灭,但是对于法人人格是否立即消灭,却存在如下三种学说[①]:

(1) 清算法人说。该说认为,法人的解散行为导致法人人格的消灭,但是为清理法人的债权债务,在清算时存在一个独立的清算法人。法人原来所享有的权利义务因解散而归于消灭,不会发生转移。

(2) 同一法人说。该说认为,法人虽已被解散,但人格并未消灭。在清算完毕之前,法人仍然具有人格。在解散之后,法人不能从事与清算无关的事务,但在清算目的范围之内,仍然属于同一法人。

(3) 拟制存续说。该说认为,法人一旦被解散,人格随之消灭。但为便于清算,根据法律规定,在清算完毕之前,在清算目的范围内拟制法人人格继续存在。

以上三种学说中,同一法人说是通说,我国《民法典》第72条规定采用同一法人说。

法人的解散应有一定的事由。社团法人和财团法人的解散既有共同的解散事由,也是各自特殊的事由,如在林方清公司解散纠纷案[②]中,江苏省高级人民法院判决撤销了一审法院的判决,认为凯莱公司已符合公司法及《公司法解释(二)》所规定的股东提起解散公司之诉的条件。判断公司经营管理是否发生严重困难,应从公司组织机构的运行状态进行综合分析。公司虽处于盈利状态,但股东会机制长期失灵,内部管理有严重障碍,已陷入僵局状态,可以认定为公司经营管理发生严重困难。该案判决表明,股东请求法院解散公司,除了要满足公司经营管理发生严重困难的要求外,还应同时符合以下条件:一是公司僵局状态的继续存续会使股东利益遭受重大损失;二是公司僵局状态无法通过其他途径解决;三是申请解散公司的股东持有股权比例达到法定要求。该指导案例对于依法妥善处理公司僵局的有关问题、充分保护股东合法权益、规范公司治理结构有重大的指导意义。

(1) 社团法人与财团法人解散的共同事由。社团法人与财团法人的解散,主要有以下四种共同的事由:

第一,社团法人的章程和财团法人的捐助章程规定的解散事由的出现。在法人章程和捐助章程中规定了法人的解散事由,一旦出现了这些解散事由,法人立即解散。例如,根据我国《公司法》第81条和第180条的规定,股份有限公司章程应当载明公司的解散事由,公司因公司章程规定的营业期限届满或者公司

---

① 参见郑玉波:《民法总则》,中国政法大学出版社2003年版,第199页。
② 林方清诉常熟市凯莱实业有限公司、戴小明公司解散纠纷案([2006]苏中民二初字第0277号、[2010]苏商终字第0043号)。

章程规定的其他解散事由的出现而解散。

第二，许可或者登记的撤销。当法人违反设立许可条件时，行政主管机关可以撤销许可或者登记。《商业银行法》第70条和《保险法》第149条的规定属于行政主管机构撤销法人许可的情形，而《公司法》第198条的规定属于撤销登记或者吊销营业执照的情形。

第三，法人的破产。法人的财产不足以清偿债务时，法人的法定代表人、债权人或者主管部门可以向法院申请破产。法院受理破产申请并宣告法人破产的，该破产法人终止。我国《民法典》第88条明确规定，法人因破产而终止。

第四，自行解散。法人的目的事业已经实现或者无法实现的，经法人机关决议而宣告自行解散。法人设立的目的是为了实现一定的社会目的，该目的实现或者无法实现，法人就丧失了存在的意义。因此，世界各国的立法大多规定了该事由是法人终止的原因之一。

（2）社团法人解散的特有事由。社团法人解散的特有事由，主要有以下两种：

第一，社团法人因意思机关的决议而解散。社团法人既然是根据社员的共同意思而设立的，也可根据社员的共同意思而解散。

第二，社团法人因不足法定人数而解散。社团法人是人合组织体，各国的立法对社团法人均有最低人数的限制，一旦社员人数低于法定人数时，就出现了社团法人解散的法定事由。我国《公司法》规定股份有限公司的股东为2人以上200人以下，当股份有限公司的股东为1人时，就构成了宣告公司解散的事由。

#### （二）法人的清算

法人的清算，是指法人终止时对法人各项事务和财产进行清理，并按照有关清偿程序清偿法人的债务。法人清算有自行清算与强制清算之分。自行清算是在法人解散法定事由出现时法人按照法定程序、方式等自行组织清算。强制清算是指法人因违法行为被主管机关依法责令关闭或者因不能清偿到期债务被法院宣告破产所实施的清算。例如，在雷远城财产权属纠纷案[①]中，最高人民法院判决认为，法人被吊销营业执照的，应当实施强制清算。

法人在解散时，法人的人格并不立即消灭，必须完成清算程序并办理法人注销登记后才归于消灭，但依法无须办理法人登记的，清算程序结束时，法人人格

---

① 在雷远城诉厦门王将房地产发展有限公司、远东房地产发展有限公司财产权属纠纷案（〔2005〕闽民初字第1号、〔2006〕民一终字第29号）中，法院裁判摘要认为，法人被吊销营业执照后应当依法进行清算，清算组负责清理债权、债务。法人被吊销营业执照后未依法进行清算的，债权人可以申请法院指定有关人员组成清算组进行清算。法人被吊销营业执照后没有依法进行清算，债权人也没有申请法院指定有关人员组成清算组进行清算，而是在诉讼过程中通过法人自认或者法人与债权人达成调解协议，在清算之前对其债权债务关系作出处理、对法人资产进行处分，损害其他债权人利益的，不符合公平原则，法院对此不予支持（2007年最高人民法院公报案例）。

消灭。法人不管是因何种事由导致解散,均须经过清算程序。清算是对被解散法人已有的法律关系进行彻底的清理,只能处理已解散法人的善后事宜。因此,清算程序仅限于清偿债务、收取债权、了结现存的法律关系。

清算人是指负责进行清算的组织或者个人。《民法通则》第47条规定不称"清算人"而称为"清算组织",《民法典》第三章、《公司法》第十章和《农民专业合作社法》第六章则称为"清算组",《企业破产法》第23条和第24条又称为"管理人"。可见,我国法律对清算人的表述前后不一。清算人的组成,有以下两种情形:

(1) 自行设立。在法人自行解散时,清算人应由法人自行设立。清算人的组成由法人的意思机关决定,如果法人章程规定了清算人的组成的,则按章程规定办理。如果法人不能选任出清算人,或者所确定的清算人不合适,利害关系人可以向法院提出申请,请求法院确定清算人。

(2) 法院选任。在法人宣告破产时,则由法院选任清算人。根据《公司法》第183条、《企业破产法》第13条和第22条的规定,法人依法被宣告破产时,由法院选任破产清算人。

《民法典》仅规定清算人的职责适用《公司法》的规定,《公司法》第184条和《企业破产法》第25条规定了清算人的职责,法律规定的清算人职责主要有如下三个方面:

(1) 被清算法人资产的接管和清理。接管和清理被清算法人的资产是清算人的首要职责。法人的净资产、负债资产、有形资产、无形资产均属于清算人清理的资产范围。法人的所有资产及全部财务账册、印章等均由清算人负责管理。清算人清理法人资产,应清查法人全部资产,确定各种资产的数量及其价值。清算人在查清法人资产的基础上,分别编制法人资产负债表和财产清单。资产负债表和财产清单的编制应当符合财务会计准则的要求,由清算人签字。在法人财产清理完毕后,清算人应当将所编制的资产负债表、财产清单和清算方案送交股东大会或者法院确认。

(2) 被清算法人对外进行与清算有关活动的代理。清算人作为被清算法人清算事务的执行人,代表被清算法人对外进行各种活动。清算人对外代表被清算法人的行为应与清算事务相关,主要有以下几个方面:

一是现务的了结。清算人首先应了结法人在解散前已经着手而未完成的各项事务,但不得进行新的经营活动。在清算过程中,被清算法人的主体资格并未消灭,不能因法人的解散而擅自单方解除没有履行的合同,否则,将构成违约。对法人被清算前已生效但未履行的合同,清算人应按照合同的约定履行合同义务。

二是债权的收取与债务的清偿。清算人应当及时告知被清算法人的债权人和债务人,并向债务人行使债权、向债权人清偿债务。对于已经到期的债权,清算人应予以收取;对于未到期的债权,可以转让给他人,或者以折价方式收取。被清算法人对他人的债务,清算人应予以清偿,如果没有到期的,应抛弃期限利益,提前清偿债务;如果债权人不能受领,则由清算人将债务提存。

三是税款的清缴。清算人应清缴被清算法人在清算前所欠税款以及清算过程中产生的税款,包括法人因所欠税款而应缴纳的各项罚款。

四是诉讼活动的参与。在法人清算过程中,对债权债务关系发生争议需要通过诉讼或者仲裁程序解决的,清算人可依法代表法人参与诉讼或者仲裁活动以维护正当权益。

(3) 剩余财产的移交。在清理财产、了结现务、清偿债权债务以及缴纳所欠税款后,清算人应将剩余的法人资产依法向股东进行分配。清算人应当按照法人章程的规定或者权力机关有关决议所确定的原则,制作法人财产的分配方案,经股东大会表决通过后,按批准的方案向股东进行分配。在债务被清偿之后,如果被清算的法人还有剩余财产的,清算人应移交给财产所有权人(社员)。

清算人完成清算工作应制作清算报告,报社员大会或者有关主管机关确认,并报送法人登记机关,申请注销登记,注销登记后法人的人格消灭。

在"清算组"之外,我国《民法典》第70条规定了"清算义务人"。清算义务人是指法人解散后依法承担启动清算程序,即根据法律规定及时启动清算程序以终止法人资格的义务人。清算人则是承担具体清算事务的主体,即按照法定程序进行具体的清算事宜的人。清算义务人直接担任清算人进行清算时,清算义务人与清算人发生竞合。

法人的清算义务人应当及时履行启动清算程序,即组成清算组的义务。董事、理事是法人的清算义务人[①],董事、理事未及时履行清算义务而造成损害的,应承担损害赔偿责任。董事、理事可能是法人的执行机构的成员(执行董事),也可能是决策机构的成员(非执行董事)。董事、理事作为执行机构或者决策机构的成员,不仅负有注意义务和忠实义务,而且熟悉和了解法人的具体运作情况,所以在法人解散事由出现时,董事、理事负有依法启动清算程序的义务。

我国《公司法》的规定不同于《民法典》。根据《公司法》第183条的规定,有限责任公司的股东、股份有限公司的董事和控股股东为清算义务人。《公司法司法解释(二)》第18条规范了清算义务人的法律责任,规定了清算义务人应承担损害赔偿责任的情形有:

(1) 财产价值贬损责任。清算义务人怠于履行义务行为导致公司财产贬

---

[①] 在我国法律体系中,董事、理事的称谓较为混乱,但社团法人中的执行机构成员通常称为董事,财团法人中的决策机构则通常称为理事。

值、流失、毁损或者灭失，债权人主张其在造成损失范围内对公司债务承担赔偿责任的。

（2）财产、资料灭失责任。清算义务人怠于履行义务行为导致公司主要财产、账册、重要文件等灭失，无法进行清算，债权人主张其对公司债务承担连带清偿责任的。

根据特别法优于普通法的法律适用原则，涉及公司法人清算的，应适用《公司法》第183条的规定，公司法人清算人为有限责任公司股东、股份有限公司董事和控股股东。

# 第八章　权利主体——非法人组织

在《民法总则》之前，我国立法仅承认自然人和法人二元制的权利主体，《民法总则》将非法人组织确定为自然人和法人之外的第三权利主体，确认了长期以来司法审判实践认可的权利主体。非法人组织是介于自然人和法人之间的一种社会组织，是为实现某种合法目的或者以一定财产为基础联合为一体且非按法人组织设立的社会组织。《民法典》沿袭了《民法总则》的规定。

## 第一节　非法人组织

非法人组织，是指不具有法人资格但可以以自己名义进行民商事活动的组织，包括个人独资企业、合伙企业、外商投资企业、业主委员会、不具有法人资格的专业服务机构等。由于世界各国的社会政治、经济情况不尽相同，非法人组织的类型和称谓也不尽相同。德国称为无权利能力社团，日本称为非法人社团或者财团，英美称为非法人社团或者非法人团体。

我国《民法典》第102条在列举了个人独资企业、合伙企业、不具有法人资格的专业服务机构后，以"等"字结尾作为一个兜底性规定，将其他虽不具有法人资格但依法应当具有权利主体资格的组织纳入"非法人组织"的范畴中来，表明非法人组织的概念是开放性的，随着社会经济的发展，不断会有新的主体加入。

非法人组织的设立应当按照法律规定进行登记，非法人组织具有独立的财产权和组织机构，其财产不足以清偿对外债务的，由出资人或者设立人承担无限责任。非法人组织的特征如下：

（1）设立的合法性。依法设立是非法人组织成立的前提条件。非法人组织是法律允许设立的，并履行了法定的登记手续，如我国《合伙企业法》第9条规定了合伙企业的登记，《个人独资企业法》第9条规定了个人独资企业的登记。非法人组织一旦依法设立，即具有权利能力和行为能力。

（2）组织的独立性。非法人组织的独立性表现为组织机构的独立性和财产的独立性。非法人组织有符合法律规定的名称、生产经营活动的场所、组织管理机构等，并依法以自己名义对外从事各种经营管理活动。非法人组织的财产独立于出资人或者设立人，这些财产是非法人组织参与民商事活动的物质基础和财产保证。非法人组织以自己名义对外从事民商事活动，应有与其经营活动和经营规模相适应的财产。

（3）责任的无限性。有别于法人的出资人或者设立人仅以出资额为限承担有限责任，非法人组织不具有法人资格，在非法人组织的财产不能清偿自身债务时，出资人或者设立人对外承担无限责任。

在非法人组织中，合伙是最为重要的组织形式，合伙有普通合伙和有限合伙之分。在普通合伙和有限合伙之外，个人独资企业、个体工商户和农村承包经营户是常见的非法人组织形式。

个人独资企业是指由一个自然人投资，财产为投资人个人所有，投资人以个人财产对企业债务承担无限责任的经营实体。个人独资企业的设立应当具备的条件有：投资人为一个自然人，有合法的企业名称，有投资人申报的出资，有固定的生产经营场所和必要的生产经营条件，有必要的从业人员，依法办理设立登记。

个体工商户是指在法律允许的范围内，依法经核准登记，从事工商业经营的家庭或者自然人。个体工商户可以起字号，并以字号进行各种经营活动。个体工商户的财产与家庭财产或者自然人的个人财产不加区分，家庭或者自然人对个体工商户的债务承担无限责任。农村承包经营户是指在法律允许的范围内，按照农村承包合同规定从事商品经营的农村集体组织的成员或者家庭。我国立法将个体工商户和农村承包经营户视为自然人的一种特殊情形，实际上，个体工商户和农村承包经营户在绝大多数情形下是以家庭为单位的，特别是农村承包经营户，从而定位于非法人组织可能更为恰当，也更为合理。

商业银行、保险公司等法人的分支机构也属于非法人组织，这些分支机构的设立须办理工商登记，有自己的名称、经营场所和管理机构，具有一定承担责任的能力和诉讼主体资格，超过自身责任能力范围的债务则由分支机构的设立人承担。

非法人组织对外承担责任的方式不同于法人，在非法人组织不能清偿债务时，出资人或者设立人应承担无限责任。责任的承担方式不同，是法人与非法人组织的本质区别所在。

## 第二节 合　　伙

合伙是以人合为基础构建的古老的组织形式，是最为重要的非法人组织。合伙制度是法人制度的渊源，法人制度最先源于合伙制度。在现代经济生活中，合伙具有非常重要的意义，是重要的企业组织形式。如今非常活跃的风险投资基金和私募股权投资基金采取合伙形式，而风险投资促进了高新技术成果的商品化和产业化。① 我国《民法典》第 102 条确立了合伙的权利主体地位。

合伙这种古老的企业组织形式,在现代社会仍具有旺盛的生命力。在市场经济环境下,合伙是一种非正式的企业组织形式,合伙的设立无须办理任何登记手续。根据我国《合伙企业法》的规定,合伙是一种正式的企业组织形式,合伙设立是以订立书面合伙协议为前提,符合法律规定的条件,并应办理设立登记手续。

### 一、合伙的概念

合伙有广义与狭义之分。广义合伙包括营利性合伙、非营利性合伙以及临时合伙。狭义的合伙专指营利性合伙,即由两个以上权利主体根据共同协议所组成的营利性非法人组织。民法上的合伙就是狭义上的合伙。合伙由合伙合同和合伙企业两个不可分割的部分构成。合伙合同是对合伙人有约束力的内部关系体现,合伙企业是全体合伙人作为整体与第三人发生法律关系的外部形式。

合伙是与商品经济同步发展起来的法律制度。在法人制度形成之前,合伙是自然人在商品经济关系中唯一的联合形式,古罗马时期的法律已经确认了合伙这种成熟的个人联合体。合伙制度具有强大生命力的根本原因,是顺应了商品生产者由独资经营走向联合经营的必然趋势。现代法人制度虽然得到了充分的发展,但是合伙也没有走向衰落,仍然是一种相当普遍的经营方式,现代世界各国法律大多有关于合伙的规定,如《德国民法典》第 1832 条和《法国民法典》第 705 条的规定。

关于合伙的法律地位,起初大多数观点认为,合伙是一种契约关系而不能成为法律上的独立主体,主体是每个合伙人而不是合伙组织本身。但是,近年来大陆法系和英美法系对合伙的法律地位有新的规定,赋予了合伙组织以法人资格。合伙组织的权利主体地位,即合伙作为第三权利主体的存在已逐渐为我国理论和司法审判实践所认可,并最终为法律所确认,关于合伙制度也日渐形成了较为完整的学理体系。《民法典》肯定了合伙的权利主体法律地位,合伙有如下四个方面的特征:

(1) 合伙是按照协议成立的。合伙是合伙人在自愿订立合伙协议基础上成立的。合伙协议即合伙合同,一般应当包括合伙的目的、合伙人的出资、合伙的盈余分配、合伙的亏损分担、合伙事务的执行、入伙与退伙、合伙的终止等事项。

---

① 例如,2016 年设立的中国保险投资基金采取有限合伙制,基金总规模约为 3000 亿元,首期 1000 亿元,有一名普通合伙人(中保投资有限责任公司)和若干有限合伙人,主要向保险机构募集,保险机构出资不低于基金总规模的 80%,以股权、债权方式开展直接投资或者作为母基金投入国内外各类投资基金。基金募集采用认缴制,认缴资金根据实际投资进度实缴到位。参见 http://www.ci-inv.cn/about/company,2017 年 9 月 10 日访问。

合伙合同是合伙成立的必要条件。根据我国《合伙企业法》第4条的规定，合伙合同是要式合同，即合伙合同应当采用书面形式。但是，在司法审判中又承认非要式合同。当事人之间没有书面合伙协议，又未经工商行政管理部门核准登记，但具备合伙的其他条件，且有两个以上无利害关系人证明有口头合伙协议的，可以认定为合伙关系。

（2）合伙人共同出资、共同经营。合伙既是人的联合，也是财产的联合。合伙必须有两个以上的合伙人，只有一个合伙人的不能构成合伙。合伙必须有一定的财产，这些财产是合伙人的共同出资。合伙人的出资数额、出资方式由合伙人共同约定。合伙人的出资可以是货币、实物、知识产权以及其他权利，也可以是劳务。

（3）合伙是独立从事经营活动的联合体。合伙是合伙人为共同的经济目的而成立的联合体，不同于个人营业。合伙人之间虽然是一种合同关系，但在这种关系中当事人有共同的经济目的。合伙经营所得的收益由合伙人共同享有；合伙经营所产生的风险，也由合伙人共同承担。合伙可有自己的名称，依法核准登记后领取营业执照，可在核准登记的范围内独立从事经营活动。

（4）合伙人对合伙债务承担无限连带责任。对于合伙债务，合伙人内部承担按份责任，但对外承担连带责任。债权人有权要求任何一个合伙人偿还全部债务，该合伙人不得拒绝。该合伙人在清偿合伙债务之后，有权要求其他合伙人承担相应的份额。例如，在南通双盈贸易有限公司买卖合同纠纷案[①]中，江苏省高级人民法院判决认为，合伙人对合伙债务承担无限连带责任。合伙企业债务的承担分为两个层次：第一顺序的债务承担人是合伙企业，第二顺序的债务承担人是全体合伙人。由于债权人的交易对象是合伙企业而非合伙人，合伙企业作为与债权人有直接法律关系的主体，应先以全部财产进行清偿。因合伙企业不具备法人资格，普通合伙人不享受有限责任的保护，合伙企业的财产不足以清偿债务的，全体普通合伙人应对合伙企业未能清偿的债务部分承担无限连带清偿责任。

**二、合伙的分类**

按照不同的标准，合伙有不同的分类方式，较为常见的合伙分类主要有以下四种方式：

---

[①] 在南通双盈贸易有限公司诉镇江市丹徒区联达机械厂、魏恒聂、蒋振伟、卞跃、祝永兵、尹宏祥、洪彬六人买卖合同纠纷案（〔2007〕通中民二初字第0062号、〔2009〕苏民二终字第0130号）中，法院裁判摘要认为，合伙人故意不将企业的个人独资企业性质据实变更为合伙企业的行为，不应成为各合伙人不承担法律责任的理由，否则交易安全得不到保护，相关法律规制合伙企业及合伙人的目的将会落空。合伙企业债务的承担分为两个层次：第一顺序的债务承担人是合伙企业，第二顺序的债务承担人是全体合伙人；《合伙企业法》第39条所谓的"连带"责任，是指合伙人在第二顺序的责任承担中相互之间所负的连带责任，而非合伙人与合伙企业之间的连带责任（2011年最高人民法院公报案例）。

## (一)民事合伙与商事合伙

在民商分立的国家,合伙分为民事合伙与商事合伙。民事合伙是根据民法典的规定成立的合伙。商事合伙则是根据商法典的规定成立的合伙,商事合伙的合伙人为商人。我国实行民商合一,合伙不存在民事合伙与商事合伙之分。在现代社会中,这种合伙分类方式已经没有什么实际意义。

## (二)普通合伙与有限合伙

这是以合伙人对合伙债务的承担责任为标准所作的区分。普通合伙是指合伙人均对合伙债务承担无限责任,又称为无限公司。有限合伙是指既有对合伙债务承担无限责任的合伙人,又有对合伙债务承担有限责任的合伙人。在有限合伙中,至少有一名普通合伙人和一名有限合伙人,有限合伙企业由 2 名以上 50 名以下合伙人设立。有限合伙人向有限合伙出资并分享利润,但不参与有限合伙的经营,且仅以出资为限对有限合伙债务承担清偿责任。

## (三)显名合伙与隐名合伙

这是以合伙中是否显示所有合伙人身份为标准所作的划分。显名合伙是指所有合伙人均需公开合伙人身份并参与合伙经营管理活动的合伙。隐名合伙是指当事人一方向另一方出资,不参与合伙业务的决策和执行,但参与合伙经营的收益并以出资为限承担合伙经营损失的合伙。① 在隐名合伙中,仅出资的一方称为隐名合伙人,经营合伙业务的一方称为出名合伙人。我国《合伙企业法》未规定隐名合伙,但是隐名合伙在我国现实社会生活中确已存在,司法实践中也有不少此类案件。

## (四)个人合伙与法人合伙

这是以合伙人性质为标准所确立的划分。个人合伙是指两个以上自然人之间的合伙。法人合伙是指两个或者两个以上法人之间的合伙。对于法人能否成为合伙人,不同国家和地区有不同的规定,有禁止主义和许可主义两种立法例。采禁止主义的国家和地区,法律明确禁止法人成为合伙人,如瑞士、日本等。采许可主义的国家和地区,法律允许法人成为合伙人,如美国、法国、德国、苏联等。

1997 年颁布的《合伙企业法》第 9 条和第 10 条仅规定了个人合伙,并未规定法人合伙。2006 年修订的《合伙企业法》第 2 条明确规定了个人合伙和法人合伙,但是《合伙企业法》第 3 条禁止作为法人的国有独资公司、国有企业、上市公司以及公益性的事业单位、社会团体成为普通合伙人。

---

① 隐名合伙与两合公司的不同在于:(1)隐名合伙为契约,两合公司则为法人;(2)隐名合伙的财产为出名营业人个人所有,两合公司的财产则为该公司所有;(3)隐名合伙的出名营业人可不出资,两合公司的无限责任股东必须出资。

## 三、合伙与公司

公司制度是由合伙制度逐渐演变而来，而合伙制度又来源于个人独资企业——人类社会最初的商事组织形式。个人独资企业的财产所有人与财产所有权相结合的商事组织形式，适应了古代社会简单商品经济的发展需要。个人独资企业是建立在古代家长制家长个人权威基础上的，家长是家庭和家族的代表，家长之外的其他家庭成员不是个人独资企业的所有权人，家长是个人独资企业的唯一所有权人。在实行长子继承制时期，个人独资企业一直独自发展而未遭到破坏，并在商品经济发展初期发挥了应有的社会经济作用。家庭财产继承制度的变化，是合伙企业产生的最初直接原因。在长子继承制遭到破坏之后，个人独资企业家长的子女、亲属得以平等身份共同继承个人独资企业。为避免个人独资企业创造的财产（特别是商誉）在分家析产中消失，个人独资企业以价值化的产权形式分配给所有继承人，所有继承人共同成为个人独资企业的所有权人，从而使个人独资企业得以合伙企业的方式继续存在。因此，家庭合伙企业是在传统家庭财产继承制度的变革中出现的。

家庭合伙企业毕竟不能成为一种普遍社会现象。随着商品经济发展和社会分工程度的提高，不同生产者和经营者之间协作的深入发展，各自分散独立的生产者和经营者主动结合在一起，形成了以单个主体之间协商为基础的各种合伙企业。

在古罗马时期，合伙制度已经有了一定程度的发展，罗马法上出现的索塞特（societates，指"团体组织"）仅为个人团体。到了中世纪，意大利和地中海沿岸城市出现的家族经营团体，是合伙企业发展的一种形式，也是无限责任公司和有限责任公司的前身。

中世纪初期，地中海沿岸是欧洲与近东之间的贸易和航海中心，海上贸易兴旺发达。海上贸易可以获得较高的利润，但当时海上交通不发达，从事海上贸易具有极大的风险。伴随地中海沿岸城市贸易和海运的持续发展，出现了一种与海运关系密切的经济组织形式——康孟达。

康孟达起源于11世纪意大利北部的威尼斯和热那亚，后来逐渐成为英国和欧洲其他国家从事海上贸易和其他高风险项目的一种广泛使用的商事组织形式。为规避中世纪教会禁止高利贷的规定而产生的康孟达，原本是一种商事合同，是资本所有人与船舶所有人或者经营者合作的合伙形式。[①] 这种产生于欧

---

① 根据康孟达合同，一方合伙人提供资金或者货物，交由另一方合伙人（船舶所有人或者商人）负责海上贸易经营，即通过海上运输将货物运送到目的地，并承担经营失败风险和无限责任。提供资金或者货物的合伙人通常获得3/4的利润，且仅以投资额为限承担责任；从事航行的船舶所有人或者商人则以双方投入的全部财产独立从事航海交易，可获得1/4的利润，并对外承担无限责任。合伙合同通常是为特定航行设定的，该航行完成即告终止。

洲中世纪地中海沿岸各个城市的贸易方式,最初盛行于海上贸易,由资本所有人提供贸易所需资金,而由航海人负责向海外运销货物。一旦发生经营亏损,航海人承担无限责任,而出资人仅在出资范围内承担有限责任。这种合伙形式后来逐渐发展到陆上贸易,最终演变成为隐名合伙和两合公司。

索塞特是一种比康孟达更为稳定的合伙形式。在索塞特中,合伙各方共同经营,经营风险由所有合伙人共同承担,并以合伙人全部财产对债务承担无限责任。每个合伙人均为其他合伙人的代理人,并以合伙人个人的全部私人财产对合伙组织的债务承担清偿责任。合伙企业存续期限由合伙合同规定,合伙人在合伙期限内不得任意抽回资本。合伙合同期限届满的,合伙企业自行解散,全体合伙人取回各自本金和盈利。

索塞特与康孟达既是欧洲中世纪最为盛行的两种商业模式,也是最早的企业组织形态。这两种企业组织形态以普通合伙与有限合伙的形式保留至今。

## 第三节 普 通 合 伙

普通合伙是最古老、最普通的合伙形式,是合伙的基本形式。普通合伙具有广泛的适用性,律师、会计师、税务师、股票经纪、专利代理、不动产代理、保险代理、建筑设计等特殊行业普遍采用了普通合伙企业的组织形式。

**一、普通合伙的概念**

普通合伙,是指合伙人按照合伙协议的规定,共同投资、共同经营、共担风险、共享收益而组成的营利性非法人组织。通常所称的合伙是普通合伙。普通合伙由普通合伙人组成,合伙人对合伙债务承担无限连带责任。普通合伙具有两个特点:一是全体合伙人全部出名,即全体合伙人及其合伙关系对外公布;二是全体合伙人共同对外承担无限连带责任。

(一) 一般普通合伙

普通合伙有一般普通合伙和特殊普通合伙之分。普通合伙通常是指一般普通合伙。普通合伙的设立应有两个以上普通合伙人,普通合伙人对合伙企业的债务承担无限连带责任。普通合伙注重合伙人之间的相互信赖关系,普通合伙人通常不会太多。法律仅对普通合伙人规定了普通合伙人数的下限,未对普通合伙人数的上限作出规定。普通合伙的设立采取书面方式,合伙协议应经全体合伙人一致同意,并经全体合伙人签名、盖章。普通合伙应在名称中标明"普通合伙"字样。法律对普通合伙人的限制有两个方面:

(1) 普通合伙人仅限于自然人。自然人可能成为普通合伙的普通合伙人,法人不得成为普通合伙的普通合伙人。但是,根据我国《公司法》第15条的规定,法人在法律明文规定的情形下,可以成为合伙企业的普通合伙人。普通合伙人应是具有完全民事行为能力的自然人。

（2）禁止成为普通合伙人的法人。一方面法律允许法人在有明文规定的情形下成为合伙企业的普通合伙人；另一方面由于普通合伙人对合伙企业的债务承担无限连带责任,所以法律禁止国有独资公司、国有企业、上市公司以及公益性的事业单位、社会团体等法人成为普通合伙人。

（二）特殊普通合伙

特殊普通合伙是以专业知识和专门技能为客户提供有偿服务的专业服务机构,如律师事务所、会计师事务所、医师事务所、设计师事务所等。特殊普通合伙应在企业名称中标明"特殊普通合伙"字样,用以区别于一般普通合伙。

特殊普通合伙与一般普通合伙的不同在于承担责任的原则不同,一般普通合伙的合伙人对合伙企业的债务承担无限连带责任,而特殊普通合伙的合伙人对合伙企业的债务承担有限责任和无限连带责任两种。特殊普通合伙的合伙人承担债务有两种方式：

（1）有限责任或者无限连带责任。在执业活动中因故意或者重大过失造成合伙企业债务的合伙人,应当承担无限责任或者无限连带责任,而其他合伙人以其在合伙企业中的财产份额为限承担责任。

（2）无限连带责任。在执业活动中非因合伙人的故意或者重大过失造成的合伙企业债务以及合伙企业的其他债务,由全体合伙人承担无限连带责任。

为降低执业风险,加强对当事人利益的保护,法律强制规定特殊普通合伙企业的合伙人应建立执业风险基金并办理职业保险。执业风险基金的建立可以化解不断加大的职业风险。

**二、普通合伙的内部关系**

普通合伙的内部关系是指合伙企业与各个合伙人之间以及各个合伙人相互之间的权利义务关系,是合伙企业人合性的内部体现。普通合伙的内部关系主要表现为合伙人的出资、合伙财产,合伙事务的决策、执行和监督以及收益的分配和亏损的分担等三个方面。

（一）普通合伙人的出资和合伙财产

合伙人有按照协议出资的义务。合伙人应当按照合伙协议中约定的出资方式、数额和交付期限出资,合伙人对合伙的出资以实际交付的数额为准。合伙人没有按照协议约定出资的,应当对已经出资的合伙人承担违约责任。合伙人不得任意抽回出资。此外,合伙存续期间,合伙人对财产份额不得任意转让。如果合伙人将财产份额转让给合伙人以外的第三人时,应当经其他合伙人一致同意,其他合伙人在同等条件下享有优先购买权。合伙人之间转让合伙企业中的部分或者全部财产份额时,应当通知其他合伙人。

我国《合伙企业法》第 20 条对合伙财产的构成和性质等作了明确的规定,合伙财产由两部分构成:一是合伙成立时由各合伙人按照合伙协议确定的出资数额投入的资金、实物等;二是合伙经营过程中积累起来的财产。在性质上,这两部分财产均为全体合伙人的共有财产,合伙人有共同使用和管理的权利。在合伙清算前,合伙人不得请求分割合伙财产,不得私自转移或者处分合伙财产。

在合伙财产关系和合伙债务等方面,我国《合伙企业法》在《民法通则》的基础上作了更为详尽的规定,如合伙财产分割请求权、财产份额转让权的限制,合伙人对合伙企业到期不能清偿的债务承担无限连带责任。

(二) 普通合伙事务的决策、执行和监督

合伙人对执行合伙企业事务享有同等的权利,既可以由全体合伙人共同执行合伙企业事务,也可以由合伙协议约定或者全体合伙人决定,委托一名或者数名合伙人执行合伙企业事务。执行合伙企业事务的合伙人,对外代表合伙企业。

合伙人对合伙事务有监督权。合伙人有权查阅合伙企业的账簿等会计资料,以了解合伙经营状况和财务状况。不参加执行合伙事务的合伙人有权监督执行合伙事务的合伙人,检查执行合伙事务的情况。

(三) 普通合伙收益的分配和亏损的分担

合伙人有权分享合伙收益,也有义务分担合伙亏损。合伙损益分配日期可以由合伙协议约定;合伙协议没有规定的,各国有两种处理办法:一是规定按照出资比例分配,二是规定平均分配。我国《合伙企业法》第 33 条规定了三种处理办法:首先,由合伙人协商决定;其次,协商不成的,按照实缴的出资比例分配或者分担;最后,无法确定出资比例的,由合伙人平均分配或者分担。

### 三、普通合伙的外部关系

普通合伙的外部关系是指合伙企业与第三人之间的关系,主要表现为对外代表权与债务的承担两个方面。

(一) 普通合伙的对外代表权

合伙人可以在合伙协议中约定委托一个或者数个合伙人对外代表合伙企业。合伙人均有执行合伙事务的权利,每个合伙人对外都可以代表合伙,以合伙的名义从事经营活动。合伙企业对合伙人执行合伙事务以及对外代表合伙企业权利的限制,仅能约束合伙人而不能对抗善意第三人。凡是合伙人从事的合伙经营活动,由全体合伙人承担民事责任。

在民事诉讼中,起字号的个人合伙应当以依法核准登记的字号为诉讼当事人,并由合伙负责人为诉讼代表人。合伙负责人的诉讼行为,对全体合伙人发生法律效力。在民事诉讼中,未起字号的个人合伙的合伙人为共同诉讼人。合伙人人数众多的,可以推举诉讼代表人参加诉讼,诉讼代表人的诉讼行为对全体合伙人发生法律效力。推举诉讼代表人,应当办理书面委托手续。

(二) 普通合伙债务的承担

合伙债务是指在合伙存续期间因合伙经营活动所发生的债务。合伙债务既可以是因合伙的合法经营活动发生的债务,也可以是因侵权发生的损害赔偿。

合伙人的出资形式具多样性,且法律对合伙人的出资并没有最低限制,法律也不要求合伙人在分配收益之前必须提取各种公积金。合伙财产难以承担经营风险,如果合伙人不承担无限责任,就会损害债权人的利益,不利于市场经济秩序的稳定和交易安全,所以合伙人对合伙债务承担无限责任。

合伙债务应先以合伙财产清偿,如果合伙财产不足以清偿,则以合伙人的个人财产来清偿。例如,在南通双盈贸易有限公司买卖合同纠纷案中,江苏省高级人民法院判决确认了合伙债务的承担顺序。合伙人对合伙债务承担连带责任,但清偿合伙债务数额超过应当承担数额的合伙人,有权向其他合伙人追偿。

**四、普通合伙的入伙与退伙**

普通合伙的入伙与退伙,涉及合伙的人合性以及合伙债务的承担问题,《合伙企业法》对入伙确立了一致同意规则,对退伙时的债务确立了分担规则。

(一) 普通合伙的入伙

入伙是指在合伙存续期间第三人加入合伙成为合伙人。如果合伙协议对入伙有约定的,入伙应当按照协议的约定办理。如果合伙协议对入伙没有明确规定,入伙必须经全体合伙人一致同意。否则,入伙无效。合伙是建立在合伙人的相互信任的基础上的,合伙人对合伙债务承担无限连带责任。只要有合伙人对加入合伙的第三人不信任,反对第三人加入合伙,第三人就不能入伙。

理论界对入伙协议性质的认识存在两种观点:一是入伙协议是原合伙协议解散而成立的新合伙协议。二是入伙是原合伙协议的变更,但是合伙仍然保持同一性。第二种观点为通说,且符合我国立法与司法实践实际情况,即新入伙的合伙人对合伙企业原有债务也承担无限连带责任。否则,新合伙人可能在入伙协议中篡改入伙时间,从而逃避责任、损害第三人的利益。

(二) 普通合伙的退伙

退伙是指合伙人退出合伙,丧失合伙人资格。即在合伙关系存续期间,合伙人因一定的法律事实的出现与其他合伙人脱离合伙关系导致合伙人资格的丧失。根据我国《合伙企业法》的相关规定,退伙有自愿退伙、当然退伙和除名退伙三种情形:

(1) 自愿退伙。自愿退伙又分为有约定经营期限和未约定经营期限两种情形。前者适用的情形包括:合伙协议约定的退伙事由出现;经全体合伙人同意退伙;发生合伙人难以继续参加合伙企业的事由;其他合伙人严重违反合伙协议约定的义务。后者是在不对合伙企业事务执行造成不利影响的情况下,合伙人可以退伙。合伙人退伙应提前 30 日通知其他合伙人,合伙人擅自退伙的应当赔偿由此给其他合伙人造成的损失。

(2) 当然退伙。当然退伙主要适用于以下情形:合伙人自然死亡或者被依法宣告死亡;合伙人被依法宣告为无民事行为能力人;合伙人丧失偿债能力;合伙人被法院强制执行在合伙企业中的全部财产份额。当然退伙以实际发生之日为退伙生效日。在当然退伙中,合伙人死亡或者被依法宣告死亡的,对该合伙人在合伙企业中的财产份额享有合法继承权的继承人,依照合伙协议的约定或者经全体合伙人同意,从继承开始之日起即取得该合伙企业的合伙人资格。如合法继承人不愿意成为该合伙企业的合伙人的,合伙企业应退还其依法继承的财产份额。如合法继承人为未成年人的,经其他合伙人一致同意,可以由监护人代行权利。

(3) 除名退伙。除名退伙主要适用的情形有:合伙人未履行出资义务;合伙人因故意或者重大过失给合伙企业造成损失;合伙人执行合伙企业事务时有不正当行为;合伙协议约定的其他事由。除名决议应当书面通知被除名人。除名决议自被除名人接到除名通知之日起生效,被除名人退伙。如被除名人对除名决议有异议的,可以在接到除名通知之日起 30 日内,向法院起诉。

合伙人退伙的,其他合伙人应当与退伙人按照退伙时合伙企业的财产状况进行结算,退还退伙人的财产份额。如果退伙人对合伙企业造成的损失应承担损害赔偿责任的,应当从财产份额中扣减赔偿的数额。如果合伙企业财产少于合伙企业债务,退伙人应按照《合伙企业法》第 33 条的规定分担亏损。

**五、普通合伙的解散与清算**

普通合伙可能因合伙人原因、法定原因或者司法部门的强制而进入合伙的解散和清算程序。根据我国《合伙企业法》的规定,普通合伙解散应当按照相应的内外部程序,履行清理债权债务、通知债权人、注销等程序。

(一) 普通合伙的解散

普通合伙的解散是指因法定原因的出现或者全体合伙人约定解除事由的出现使合伙关系消灭。合伙解散意味着合伙主体资格的消灭。解散是合伙主体资格消灭的前提,是清算的起点,也是清算的前置程序。我国《合伙企业法》规定的合伙企业解散事由包括:一是合伙协议约定的经营期限届满,合伙人不愿继续经营的;二是合伙协议约定的解散事由出现,或者全体合伙人决定解散,或者合伙人已不具备法定人数的;三是合伙协议约定的合伙目的已经实现或者无法实现的;四是被依法吊销营业执照的。

## （二）普通合伙的清算

合伙企业解散后，合伙人应当对合伙企业进行清算，对合伙企业的清算一般由全体合伙人担任清算人。如果不是由全体合伙人担任清算人的，经全体合伙人过半数同意，可以指定一名或者数名合伙人或者委托第三人担任清算人。

清算人在清算期间执行的事务有：一是清理合伙企业财产，分别编制资产负债表和财产清单；二是处理与清算有关的合伙企业未了结的事务；三是清缴所欠税款，清理债权、债务，处理合伙企业清偿债务后的剩余财产；四是代表合伙企业参与民事诉讼活动。

在支付清算费用后，合伙企业财产应当按下列顺序清偿：一是合伙企业所欠职工工资和劳动保险费用；二是合伙企业所欠税款；三是合伙企业的债务；四是返还合伙人的出资。合伙企业财产按照上述顺序清偿后仍然有剩余的，则由合伙人按约定的比例分配或者平均分配。如果合伙企业财产不足清偿合伙债务的，由合伙人依法承担连带无限责任，以保护合伙企业债权人的合法权益。然后，合伙人内部再按照约定的比例或者平均分担债务。如果合伙人清偿数额超过应当承担的数额的，有权向其他合伙人追偿。

清算结束，清算人应当编制清算报告。清算报告经全体合伙人签名、盖章后，由清算人在15日内向企业登记机关报送，并办理合伙企业注销登记。合伙企业解散后，原普通合伙人对合伙企业存续期间的债务仍应承担无限连带责任。

## 第四节 有限合伙

有限合伙的出现是我国合伙制度的重大发展，也是2006年《合伙企业法》修订的重大成果。有限合伙主要适用于风险投资和私募股权投资领域，是风险投资基金和私募股权基金的主要组织形式。风险投资基金和私募股权基金在法律结构上均采取有限合伙的形式，风险投资公司和私募股权投资公司则作为普通合伙人管理该基金的投资运作并获得相应报酬。从20世纪60年代迅速兴起的风险投资，使有限合伙作为企业组织形式得以迅猛发展。

有限合伙具有广泛的适用性，许多国际专业机构，如普华永道、德勤、安永、毕马威等均采用有限合伙形式。

### 一、有限合伙的概念

有限合伙是指在合伙中既有普通合伙人又有有限合伙人，普通合伙人对合伙企业的债务承担无限责任，而有限合伙人以认缴的出资额为限对合伙企业的债务承担有限责任。在有限合伙企业中,合伙人应在 2 人以上 50 人以下,且至少应有 1 名普通合伙人。有限合伙企业应在名称中标明"有限合伙"的字样。

(一) 有限合伙与隐名合同和两合公司

有限合伙与隐名合同和两合公司既有相同之处,也有区别之处。隐名合伙是大陆法系的制度,两合公司是英美法系的制度。大陆法系把隐名合伙视为隐名合伙人和商业企业之间的一种合同,隐名合伙人按照隐名合同向企业提供一定数额的资金,并按一定比例参与企业的盈利分配,分担企业的亏损且无须登记。英美法系的两合公司是由无限责任股东和有限责任股东在一个共同商号下组成。无限责任股东执行公司业务,对外代表公司;有限责任股东不具有公司的经营管理权,仅以出资额为限对公司债务承担责任。两合公司与有限合伙有诸多相似之处,但二者最大的差异表现为两合公司具有法人资格而有限合伙不具有法人资格。两合公司无法享受有限合伙税收上的优惠,无法避免双重纳税,这也是有限合伙最大的优势。此外,两合公司的设立程序相对繁琐,治理结构也相对复杂,还必须进行充分的信息披露;有限合伙设立简单、形式灵活,信息披露的义务大大减少,有利于商业秘密的保护。

(二) 有限合伙人的有限责任

有限合伙人对合伙企业的债务承担有限责任。有限合伙人的有限责任是指在有限合伙企业中的有限合伙人以认缴的出资额为限对合伙企业债务承担责任。有限合伙企业的"有限"二字,是指有限合伙人的有限责任而不是指合伙企业本身承担有限责任。有限合伙企业对外仍然承担无限责任,应当以企业的全部财产清偿债务。有限合伙人以认缴的出资额为限对合伙企业债务承担责任,只要有限合伙人履行了出资义务,即便合伙企业的全部财产不足以清偿企业的到期债务,合伙企业的债权人也不得要求有限合伙人承担责任。有限合伙人与有限责任公司的股东相同,均是以出资额为限承担投资风险。即使合伙企业经营失败,有限合伙人或者股东的损失也仅限于投资额,不会涉及有限合伙人的其他财产。因此,有限合伙人的其他经营活动和家庭生活不会因合伙企业的经营失败受到影响。

(三) 有限合伙的优势

有限合伙具有普通合伙和公司的优点。一方面,普通合伙人直接从事合伙的经营管理,简化了合伙的组织结构,节省了管理费用和运营成本;普通合伙人对合伙承担无限责任,从而促使其对合伙的管理尽职尽责。对有限合伙企业不征企业所得税,仅直接对合伙人征收所得税,从而避免了公司的双重税负。另一方面,有限合伙允许投资者以承担有限责任的方式参加合伙企业成为有限合伙人,投资者不承担无限责任,从而有利于吸收投资。有限合伙企业的上述特点,为资本与智力的结合提供了一种便利的组织形式,即拥有资本者作为有限合伙人,拥有专业知识和技能者作为普通合伙人,二者共同组成以有限合伙为组织形式的风险投资。例如,在苏州周原九鼎投资中心(有限合伙)其他合同纠纷案①中,湖北省高级人民法院认为,涉案诉讼属于股权投资过程中投资方与融资方以签订协议方式进行溢价增资,当投资方预期投资利益无法达到时,触发投资方行使退出权利条款所引发的案件。在这类投资纠纷中,股权投资方与被投资方出于对未来不确定因素的考量,通常根据协议设定的预期目的(如被投资方的财务绩效、利润指标和公司上市等)的实现与否来约定由投资方或者融资方实现一定的权利或者义务。这些条款本身因商事交易的利益平衡产生,以当事人的意思自治为前提,具有合理性,合法有效。

(四) 公司高管持股平台

有限合伙是公司高管持股平台的主要方式。作为股权激励的公司高管持股,既可采用自然人直接持股方式,也可采用设立持股平台方式。自然人直接持股,操作简单,税负小(20%的税率);持股平台方式能加强公司对激励对象的控制,以保证激励控制对象的稳定性。持股平台主要有公司制和有限合伙制两种形式。公司制持股平台的税负高(综合税率40%),而有限合伙持股平台具有税收优势,安排灵活方便。

公司控制人可以通过有限合伙规定高管持股条件、原则和调整机制,通过有限合伙调整高管在有限合伙中的利益,从而避免公司股权变动对公司的影响。此外,由于公司控制人担任有限合伙的管理人(普通合伙人),有限合伙持有公司股权所对应的表决权,实际为公司控制人所掌握。公司控制人主导了高管激励机制,不会因其让渡部分股权而削弱对公司的控制权。

## 二、有限合伙的特征

有限合伙是合伙的一种形式,既有合伙的一般特征,又不同于普通合伙。有限合伙具有以下三个方面的特征:

(1) 既有有限合伙又有普通合伙。在有限合伙中,至少有一名普通合伙人和一名有限合伙人,二者缺一不可。有限合伙企业仅剩有限合伙人时,应当解散有限合伙;有限合伙企业仅剩普通合伙人时,应转为普通合伙企业。

(2) 既有有限责任又有无限连带责任。有限合伙由有限合伙人与普通合伙人共同组成,有限合伙人仅以出资为限对合伙债务承担责任,而普通合伙人则对合伙债务承担无限责任,同时普通合伙人之间承担连带责任。有限合伙企业既

---

① 在苏州周原九鼎投资中心(有限合伙)诉蓝泽桥、宜都天峡特种渔业有限公司、湖北天峡鲟业有限公司其他合同纠纷案(〔2013〕鄂民二初字第00012号、〔2014〕民二终字第111号)中,法院裁判摘要认为,以资金注入方式对目标公司进行增资,并约定一定条件下被投资方股东回购股份的承诺等内容,是缔约过程中当事人对投资合作商业风险的安排,不违反法律、行政法规的禁止性规定,一般应认定有效。

有有限责任,又有无限连带责任,从而是人合与资合的结合。有限合伙以普通合伙人的个人信用及普通合伙人相互间的人身信任作为对外信用的基础,同时又以有限合伙人出资所形成的合伙资本作为立信于社会的基础。

(3) 有限合伙人不得参与合伙企业的经营活动。作为有限合伙人对合伙债务承担有限责任的对价,有限合伙人不具有管理合伙事务的权利。有限合伙事务的管理权应由普通合伙人行使,而且也只有普通合伙人有权代表全体合伙人约束合伙组织。有限合伙人只有对合伙事务的检查监督权。当有限合伙人参与合伙事务的经营管理时,就应对合伙债务承担无限责任。

### 三、有限合伙企业中的权利义务

有限合伙企业中的权利义务包括普通合伙人的权利义务和有限合伙人的权利义务两个方面。

(一) 普通合伙人的权利义务

普通合伙人是在有限合伙中负责合伙事业的经营管理并对合伙债务承担无限连带责任的合伙人。普通合伙人在有限合伙中享有两个方面的权利:

(1) 经营管理权。普通合伙人对内执行合伙事务,对外代表有限合伙。普通合伙人对有限合伙享有经营管理权,有限合伙人不得干预。

(2) 报酬请求权。普通合伙人参与合伙企业的经营管理,对有限合伙企业投入一定的时间、精力,因而享有报酬权。

普通合伙人在有限合伙企业中承担两个方面的义务:

(1) 无限清偿责任。普通合伙人对有限合伙债务负以自己的全部财产清偿的义务。

(2) 忠实义务。普通合伙人不能从事竞业禁止活动,不能进行与有限合伙利益冲突的交易,不得以牺牲有限合伙人的利益为代价,谋取个人利益。

(二) 有限合伙人的权利义务

有限合伙人是指向有限合伙出资并分享利润,但不参与有限合伙的经营且仅以出资为限对有限合伙债务承担清偿责任的人。有限合伙人享有三个方面的权利:

(1) 知情权。有限合伙人有权自行或者委托代理人查阅会议记录、财务会计报表以及其他经营管理资料,从而了解和监督有限合伙的经营状况。

(2) 建议权。有限合伙人可以对合伙企业的经营管理提出建议和措施。

(3) 诉讼权。有限合伙人在合伙企业中权益受到损害的,可以向有责任的合伙人提出权利主张或者提起诉讼,如在世欣荣和投资管理股份有限公司信托合同纠纷案①中,陕西省高级人民法院一审确认了世欣荣和公司的起诉权,认为根据《合伙企业法》第68条之规定,执行事务合伙人怠于行使权利时,有限合伙人可以督促执行事务合伙人行使权利或者为企业的利益以自己名义提起诉讼。

有限合伙人在有限合伙企业中承担两个方面的义务:

(1) 出资义务。有限合伙人应按照有限合伙协议规定的出资额,履行出资义务。出资义务是有限合伙人的主要义务。

(2) 禁止参与合伙企业的经营管理。有限合伙人不得参与对有限合伙的经营管理。如果有限合伙人参与了对有限合伙的经营管理,应视为放弃了有限责任,对有限合伙债务承担无限责任。

### 四、有限合伙人与普通合伙人的转换

在有限合伙中,有限合伙人与普通合伙人可以相互转换。根据我国《合伙企业法》第82条的规定,经全体合伙人一致同意,普通合伙人可以转变为有限合伙人,有限合伙人可以转变为普通合伙人,但合伙协议禁止转换的除外。合伙人发生转换之后,无论是有限合伙人还是普通合伙人,对此前的债务均应承担无限连带责任。有限合伙人转变为普通合伙人的,对其作为有限合伙人期间有限合伙企业发生的债务承担无限连带责任。普通合伙人转变为有限合伙人的,对其作为普通合伙人期间合伙企业发生的债务承担无限连带责任。

## 第五节 风险投资与私募股权投资

风险投资和私募股权投资是合伙制度在实务中的具体应用。普通合伙和有限合伙广泛运用于风险投资公司和私募股权投资公司。有限合伙的形成与发展是技术创新和金融创新相互作用过程中逐步形成的一种创新制度安排,适应了高新技术产业发展的特点,高新技术产业的发展也促进了风险投资业的发展。

### 一、风险投资基金

风险投资基金,又称为创业基金,广义的概念是指所有具有高风险、高潜在

---

① 在世欣荣和投资管理股份有限公司诉长安国际信托股份有限公司、天津鼎晖股权投资一期基金(有限合伙)、天津鼎晖元博股权投资基金(有限合伙)、天津鼎晖股权投资管理中心(有限合伙)信托合同纠纷案(〔2015〕陕民二初字第00012号、〔2016〕最高法民终19号)中,法院裁判摘要认为:(1) 有限合伙企业中,如果执行事务合伙人怠于行使诉讼权利时,不执行合伙事务的有限合伙人可以为了合伙企业的利益以自己的名义提起诉讼。(2) 资金信托设立时,受托人因承诺信托而从委托人处取得的资金是信托财产;资金信托设立后,受托人管理运用、处分该资金而取得的财产也属于信托财产(2016年最高人民法院公报案例)。

收益的投资；狭义的概念则是指对以高新技术为基础的密集型产品的投资。

(一) 美国的风险投资基金

风险投资基金发源于美国，早期的美国风险投资基金采取了公司制，包括美国研究与发展公司（American Research and Development Corporation，ARD）、小企业投资公司和大企业附属的风险投资公司。美国风险投资基金组织形式经历了从公司制到有限合伙制的发展过程：

(1) 公司制的风险投资基金。20世纪70年代以前，美国风险投资基金采纳公司制的组织形式，主要有美国研究与发展公司和小企业投资公司。1946年，哈佛大学商学院教授、风险资本之父乔治·奥特（Georges F. Doriot）与时任波士顿联储主席拉弗·弗朗得斯（Ralph Flanders）和MIT前校长卡尔·考普顿（Karl Compton）创立美国研究与发展公司，这是全球最早出现的专业性风险投资机构，是第一家具有现代意义的风险投资公司，通过私营机构的形式来吸引投资人的资金，以解决新兴企业和中小企业的资金短缺问题，为新创企业提供长期资本服务。1957年，ARD以7万美元投资由4名MIT毕业生创办的美国数字设备公司（Digital Equipment Corporation，DEC），拥有77%的股份，到1971年ARD持有的DEC股权市值为3.55亿美元，增值了5000多倍。但由于ARD的组织形式无法满足风险资本流动性的要求，对预期机构投资人缺乏足够的吸引力，最终因组织形式的缺陷为风险投资人所抛弃。

1958年，小企业投资公司在《小企业投资法》颁布之后得到迅速发展，到20世纪60年代中期达到顶峰，到20世纪70年代末进入衰退期。小企业投资公司存在一些致命的弊端，如并非为所有的目标公司提供权益性的融资，而是倾向于向有现金流的目标公司提供债务融资。过度追求资产保全，而违背了向高科技企业提供资金支持的初衷。

(2) 有限合伙制的风险投资基金。20世纪70年代末，风险投资人逐渐认识到有限合伙能够解决风险资本的回报、风险投资人的报酬等问题，并能突破之前投资限制的优势，于是有限合伙得以迅速发展，成为风险投资主流的组织形式。到了80年代末期，美国有限合伙制的风险投资基金占比超过80%。

有限合伙制通过构建一套有效的激励机制和约束机制，保护风险投资人（有限合伙人）的合法利益和对风险资本管理人（普通合伙人）进行激励。通过合理的报酬机制，把有限合伙人与普通合伙人的利益有机结合在一起，通过对创业利润的分享（即在15%~30%之间）激励风险资本管理人，而风险资本管理人的业绩则是风险投资人投资的取舍标准。

(二) 中国的风险投资基金

我国的风险投资基金起步较晚，但发展非常迅猛。风险投资基金的发展大致经历了两个阶段：

（1）政府主导阶段。1986年我国第一家风险投资公司即中国新技术创业投资公司成立。该公司由国家科委、财政部等中央财政出资，为典型的官办风险资本，主要通过投资、贷款、租赁、财务担保、业务咨询等为科技成果产业化和创新型高新技术企业提供风险资本，但后来公司偏离了风险投资方向，大量投资于股票、房产等投机领域并从事信贷业务，最终破产清算。1989年，国家科委、国防科工委、招商局集团有限公司所属的四家公司共同设立了中国科招高技术有限公司，对国内外高新技术企业进行投资，以支持高新技术成果、发明、专利等的转化，促进我国高新技术产业的发展。1993年，财政部和国家经贸委设立中国经济技术投资担保公司（现为中国投融资担保股份有限公司），以促进技术进步为宗旨，对高新技术成果或者企业技术进步进行投资、融资或者担保。进入90年代，全国各地设立了大量的国家级和省级高新技术开发区，省市地方政府纷纷设立风险投资公司。这个阶段的风险投资基金是以公司制为组织形式，并未采取有限合伙制。

（2）市场化阶段。进入世纪之交，风险投资在中国进入快速发展时期。2006年修订的《合伙企业法》正式确立有限合伙制度，开启了有限合伙制的风险投资基金发展历程，各种社会资本进入风险投资基金，使风险投资步入一个前所未有的发展阶段，极大地促进了新兴企业和高科技企业的发展。例如，IDG（国际数据集团）技术创业投资基金在中国投资超过450家公司，包括腾讯、百度、搜狐、搜房、宜信、小米、携程、金蝶软件、传奇影业、暴风科技、如家酒店集团、汉庭酒店集团、网龙科技、当当网、印象创新、美图等公司，已有超过100家所投公司通过公开上市或者并购方式退出。

有限合伙制的风险投资基金是世界各国通行的组织形式，由一个普通合伙人和若干有限合伙人组成，具有如下三个方面的特征：

（1）风险投资基金具有高风险性。风险投资基金的投资对象具有高成长性，目的是获得潜在的高收益，着眼于企业未来发展潜力，而非资产负债状况。在技术研发、技术转化、扩大生产等各环节均潜藏着风险的传统中小企业开发新项目，商业金融机构基于安全性考虑不会对其提供贷款融资。

（2）风险投资基金属于权益资本。投资人与企业是风险利益共同体，有积极参与企业经营管理的内在驱动力，为企业引进先进生产设备和现代化的经营管理理念。投资人严格规范企业运行机制，对企业进行财务监督，遵守各种法律法规政策的规定。

（3）风险投资基金的资金流动性差。风险投资基金的资金是长期投资，资金流供给稳定。风险投资通常投向处于早期发展阶段的中小企业，可以满足其在技术创新、产品研发、组织营销等各环节以及不同发展阶段对资金的需求。

## 二、私募股权基金

私募股权基金源于风险投资,在发展早期主要以中小企业的创业和扩张融资为主,从而风险投资在较长一段时间内成为私募股权基金的同义词,但经过几十年的发展,私募股权基金已经成为一种有规模的、成熟的融资手段。私募股权基金产生于 20 世纪中期,1976 年成立的科尔伯格·克拉维斯公司(Kohlberg Kravis Roberts & Co. L. P.,KKR)是最早的私募股权基金。美国是全球最大的私募股权投资市场,私募股权投资基金促进了美国经济的发展。[①] 美国私募股权投资基金的投资者主要是那些具备承受高风险能力的机构和个人,如养老基金、大学捐赠基金、保险公司和高净值人群。

私募股权基金是伴随并购潮出现而形成其特定内涵的。从 20 世纪 80 年代开始,大型的并购基金的出现,赋予了私募股权基金新的含义。

2004 年美国新桥资本(New Bridge Capital)以 12.53 亿元人民币收购了深圳市政府对深圳发展银行 17.89% 的股权。此后,中国工商银行、中国农业银行、中国银行、中国建设银行等国有银行也引入了国外的私募股权基金。例如,在世欣荣和投资管理股份有限公司信托合同纠纷案中,陕西省高级人民法院审理查明世欣荣和投资管理股份有限公司与天津东方高圣股权投资管理有限公司等 9 名合伙人组建了天津东方高圣诚成股权投资合伙企业。合伙人一致同意将合伙企业资金以定向增发方式获得浙江恒逸集团有限公司的股权,参与对光华科技股份有限公司的重组,通过恒逸石化股份有限公司借壳上市。

私募股权基金与风险投资基金的区别主要表现在如下三个方面:

(1) 投资阶段不同。私募股权基金的投资对象主要为拟上市公司,并通过上市、并购或者管理层收购等方式出售持股获利。风险投资基金的投资阶段相对较早,一般限于以高新技术为主的中小公司的初创期和扩张期融资,即所谓的天使投资,但是也并不排除中后期的投资。

(2) 投资规模不同。私募股权基金对单个项目投资规模较大,风险投资基金的投资规模则取决于项目需求和投资机构。但由于初创企业规模不大,风险投资基金的投资规模一般来说相对偏小,投资风险却偏大。

(3) 投资理念不同。风险投资基金强调高风险高收益,既可长期进行股权投资并协助管理,也可短期投资寻找机会将股权进行出售。私募股权基金一般是协助投资对象完成上市然后套现退出。

---

[①] 美国私募股权基金有两类:一是独立的私募股权基金。美国有超过 600 家独立的专业私募股权基金,管理着超过 4000 亿美元的投资基金,占据了全球私募股权资本市场 40% 的份额,其中黑石、新桥资本、华平投资集团、贝恩、阿波罗均为独立的专业私募股权基金。二是附属的私募股权基金。主要是国际投资银行和商业银行所设立的私募股权基金,如摩根士丹利、高盛、汇丰银行旗下的私募股权基金等。

在中国资本市场上,很多传统的风险投资基金机构现在也介入私募股权基金业务,而许多传统上被认为专做私募股权基金业务的机构也参与风险投资基金项目。私募股权基金与风险投资基金仅为概念上的区分,在实际业务中两者的界限越来越模糊。

### 三、有限合伙制的税收优势

风险投资基金和私募股权基金采纳有限合伙的组织形式,除了前述各种优势之外,还有税收方面的优势,即有限合伙制比公司制更具税收优势。公司制风险投资基金和私募股权基金由于投资收益在公司层面需要缴纳所得税,在投资收益分配给投资人的时候还需缴纳个人所得税,所以存在双重征税的问题。有限合伙制不是法人,在企业层面无须缴纳所得税,仅需在投资收益分配给投资人时缴纳所得税,从而避免了双重征税。

我国合伙企业个人所得税税收政策的发展以 2006 年《合伙企业法》的修订为分界线。在此之前,从 2000 年 1 月 1 日起,我国对合伙企业投资人的生产经营所得,比照个体工商户的生产、经营所得征收个人所得税,停止对合伙企业征收企业所得税。① 这是以文件形式明确合伙企业不征所得税的原则,为合伙企业的征税奠定了总体基调。② 在 2006 年《合伙企业法》修订之后,有限合伙制度的确立为有限合伙股权投资基金的发展奠定了法理基础,以风险投资为主营范围的有限合伙企业大量涌现,相关的税收制度也顺势而出。针对有限合伙中出现的自然人合伙人和机构合伙人的差异③,我国确定了合伙企业所得税"先分后税"的原则。2011 年根据个人所得税起征点的调整,我国明确规定合伙企业自

---

① 国务院《关于个人独资企业和合伙企业征收所得税问题的通知》(国发〔2000〕16 号)。

② 财政部、国家税务总局《关于〈关于个人独资企业和合伙企业投资者征收个人所得税的规定〉的通知》(财税〔2000〕91 号)第 4 条规定:"个人独资企业和合伙企业(以下简称企业)每一纳税年度的收入总额减除成本、费用以下损失后的余额,作为投资者个人的生产经营所得,比照个人所得税法的'个体工商户的生产经营所得'应税项目,适用 5%—35%的五级超额累进税率,计算征收个人所得税。前款所称收入总额,是指企业从事生产经营以及与生产经营有关的活动所取得的各项收入,包括商品(产品)销售收入、营运收入、劳务服务收入、工程价款收入、财产出租或转让收入、利息收入、其他业务收入和营业外收入。"
国家税务总局《关于〈个人独资企业和合伙企业投资者征收个人所得税的规定〉执行口径的通知》(国税函〔2001〕84 号)第 2 条关于个人独资企业和合伙企业对外投资分回利息、股息、红利的征税问题规定如下:"……个人独资企业和合伙企业对外投资分回的利息或者股息、红利,不并入企业的收入,而应单独作为投资者个人取得的利息、股息、红利所得,按'利息、股息、红利所得'应税项目计算缴纳个人所得税。以合伙企业名义对外投资分回利息或者股息、红利的,应按《通知》所附规定的第五条精神确定各个投资者的利息、股息、红利所得,分别按'利息、股息、红利所得'应税项目计算缴纳个人所得税。"

③ 财政部、国家税务总局《关于合伙企业合伙人所得税问题的通知》(财税〔2008〕159 号)第 2 条规定:"合伙企业以每一个合伙人为纳税义务人。合伙企业合伙人是自然人的,缴纳个人所得税;合伙人是法人和其他组织的,缴纳企业所得税。"

然人投资者本人的费用扣除标准统一确定为42000元/年。①

自然人有限合伙人的个人所得税,各地均按照"股息、红利所得"以20%税率征税。对自然人普通合伙人的股息、红利征收个人所得税的规定存在较大差异。上海、深圳、杭州等地按照5%~35%的税率征收;而北京则是不分普通合伙人和有限合伙人,统一按照20%的税率征收;天津则要求按照合伙人不同收入的性质区分,分别适用不同的税务处理方法。

在实务中,许多私募股权基金的普通合伙人通常为有限公司而非自然人,投资所得的股息、分红列入公司投资收益,按照企业所得税的有关规定纳税。

---

① 财政部、国家税务总局《关于调整个体工商户业主、个人独资企业和合伙企业自然人投资个人所得税费用扣除标准的通知》(财税〔2011〕62号)。

# 第九章 权利客体——物

权利客体是权利的依附对象。权利主体与权利客体是法律关系的两个基本要素,有权利主体必有权利客体,权利客体应权利主体而生,是权利主体的必然结果。

## 第一节 物的意义

物是权利客体,是法律关系的三要素之一。除了物之外,权利客体还有权利、利益、作为和不作为等。

### 一、权利客体

权利客体,是指受权利主体支配的各种权利的对象或者内容,包括物、各种权利、利益以及作为和不作为。[①] 权利、权利主体和权利客体,均为私法上的基本概念,私法体系的构建是围绕这些基本概念展开的。权利主体处于支配地位,有自然人、法人和非法人组织;权利客体处于被支配地位,种类繁多,因权利种类的不同而存在不同客体。例如,债权的客体为债务人行为(作为或者不作为),物权的客体为物,准物权的客体为权利。权利客体的范围远远超过"物"的范围,但"物"是最为主要的权利客体。

权利客体有第一顺位的权利客体和第二顺位的权利客体之分。第一顺位的权利客体是指支配权或者利用权的标的,即狭义上的权利客体——物;第二顺位的权利客体是指权利主体可以通过法律行为处分的标的——权利和法律关系。[②] 权利主体所拥有的某个具体物是第一顺位的权利客体,而存在于这个物上的所有权(即作为处分权的对象)是第二顺位的权利客体。

人作为权利主体,是一切权利客体的对立面,当然也是物的对立面。人的身体不能成为权利客体,支配权客体既不能是权利主体自己的身体,也不可能是他人的身体。人身权的实质是一种受尊重的权利,一种身体不受任何侵犯的权利。债权是一种要求债务人履行债务的权利,而不是一种对债务人的人身或者行为

---

[①] 参见施启扬:《民法总则》(第8版),中国法制出版社2010年版,第176页。
[②] 参见[德]卡尔·拉伦茨:《德国民法通论》(上册),王晓晔等译,法律出版社2003年版,第377—378页。

进行支配的权利。活人的身体不能成为权利客体,并非法律意义上的物。① 人的身体不仅包括人自然生长的肌体,还包括后来植入人体之内的各种人工器官,如心脏起搏器等,但可以自由取出的义齿除外。② 至于尸体是否为法律上的物,学界存在较大的争议。如果法律承认尸体是法律上的物,尸体便成为继承人的财产,或者说继承人对尸体享有处分权。但大多数人认为,物的一般规则不适用于尸体。死者的近亲属不享有尸体所有权,而仅享有一种不同于所有权的、对尸体进行照管的权利与义务,对尸体的处分仅以死者入土为安为限。③ 对尸体和死者器官的处分,应尊重死者生前的意愿,贯彻意思自治原则。除了藏族有天葬和水葬的习俗之外,我国绝大多数民族均以入土为安为风俗。我国《民法典》第1006条遵从自愿原则,规定遗体的捐献应采取书面形式,也可以订立遗嘱。

随着医学的发展,输血和器官移植的普及,本着救死扶伤的人道主义目的,法律已经无法固守陈规。人体器官在一定范围内可以成为权利客体,而且器官所有权的转移适用动产转移规则。④ 一旦这些器官被移植到他人的身体内,就丧失了物的性质,不再是权利客体。⑤ 此外,在世界各国民法中,精子、卵子、子宫已经成为权利客体。例如,在罗荣耕、谢娟如监护权纠纷案中,二审法院判决确认了卵子买卖和代孕法律关系的存在。⑥ 一审法院判决直接认定卵子买卖的违法性,二审法院判决则间接肯定了卵子买卖和代孕两种法律关系。因此,现代民法的权利客体范围已经突破了传统民法的陈规戒律,呈不断发展扩大的趋势。

### 二、物的意义

虽然权利客体并非全都是物,但是物在权利客体中具有绝对优势地位。法律关系有两类,即人身关系和财产关系。民法主要的调整对象是交易关系,交易关系又体现为财产关系,而财产关系由物权关系和债权关系构成,物权关系的客体直接为物,债权关系的客体虽然为行为,但仍然与物有密切的关系。例如,债权关系涉及物的交付。因此,物在权利客体中具有举足轻重的地位。

物是指在人的身体之外能够满足人们某种需要且能为人们所实际控制和支

---

① 〔德〕卡尔·拉伦茨:《德国民法通论》(上册),王晓晔等译,法律出版社2003年版,第380页。
② 参见〔德〕迪特尔·梅迪库斯:《德国民法总论》,邵建东译,法律出版社2000年版,第876页。
③ 同上。
④ 同上书,第876—877页。
⑤ 同上书,第877页。
⑥ 罗新是罗荣耕、谢娟如之子。罗新与陈莺双方均系再婚,再婚前罗新已育有一子一女,陈莺未曾生育。婚后因陈莺不孕不育而未生育,陈莺与罗新采用购买卵子、由罗新提供精子、委托其他女性代孕的方式生育子女。2011年2月13日一对异卵双胞胎出生,2014年2月7日罗新因病去世。罗新的父母亲与妻子对代孕子女的法律地位之认定及其监护权归属产生纠纷。一审法院以卵子买卖和代孕行为违法为由,否定了陈莺的监护权。二审法院则从儿童利益最大化原则出发,回避了卵子买卖和代孕问题,肯定了陈莺的监护权。

配的对象,是权利的客体。① 物主要是指动产和不动产,权利在某些情形下也是物。物具有以下三个方面的特征:

(1) 物必须能够成为权利客体。权利客体不以物为限,但物是权利客体中最为重要的。物有广义与狭义之分。广义之物是指物理上的物,包括人在内的世间的万事万物;狭义之物是指法律上的物。两者之间的区别在于能否成为权利客体,即法律上的物仅以能够成为权利客体的物为限,而物理上的物则不限于能够成为权利客体的物。

(2) 物不以有体为限。我国《物权法》规定物以有体物为原则,以无体物为例外。法律上的物通常是有体物,如《德国民法典》第 90 条和《日本民法典》第 85 条之规定。在罗马法中,物有有体物与无体物之分,土地、奴隶、金钱、衣服等属于有体物,而债权、用益权、地役权等属于无体物。但罗马法的有体物概念与所有权相同,而无体物是指所有权之外的财产权,与近代以来无体物的概念不同。② 近代以来,有体物是指占据一定空间、有一定形状、凭借人类的感官能够感觉到的物。固体、气体和液体均为有体物。③ 无体物是指人类感官不能感觉到的物,如请求权、债权等权利是无体物。

(3) 物是能够为人力所控制和支配的。物必须能够为作为权利主体的人所控制并支配。权利主体是以一定的物质客体确立、变更或者消灭一定的法律关系,如果权利主体之间所设立的权利义务的客体不能为人力所控制和支配,则权利主体之间的权利义务无法实现,因而权利主体之间法律关系的确立、变更和消灭就失去了意义。即使是有体物如日月星辰,如果不能为人力所控制和支配,也不是法律上的物,不能成为权利的客体。

### 三、物的扩大

物是权利客体的主要内容。伴随社会经济的发展、科学技术特别是医学和生殖技术的进步,物的范围不断扩大以适应社会发展的需要。物是一个发展的概念,从有一定物理形态、看得见摸得着的有体物,发展到光、电、热、声、气等能为人类所支配和控制的自然力以及人类感官无法感觉到的权利等无体物。进入

---

① "在古代罗马,人们所称的物,是指除自由人外而存在于自然界的一切东西,不管是对人有用的,无用的,甚至是有害的,均属于广义的物……后来,法律和法学思想不断发展,罗马法逐渐把物限定为一切人力可以支配、对人有用,并能构成人们财产组成部分的事物,在优帝《学说汇编》中,它包括有体物、权利和诉权,又称'财物'(bona),这是狭义的物。"周枏:《罗马法原论》(上册),商务印书馆 1994 年版,第 276 页。
② 参见史尚宽:《民法总论》,中国政法大学出版社 2000 年版,第 249 页。
③ "近年来,学理上对有体物逐渐采扩大解释,认为有体物不必具有一定的形状或者固定的体积,不论固体、液体或气体,均为有体物。至于各种能源,诸如热、光、电气、电子、放射性、核能、频道、航线等,在技术上已能加以控制,工商业及日常生活中已经普遍采用,为民法上的物。"魏振瀛主编:《民法》(第 6 版),北京大学出版社、高等教育出版社 2016 年版,第 124 页。

20世纪之后,物的概念受到了人类社会经济、科技发展的较大冲击,物的范围不断扩大,主要体现在四个方面:

(1) 人体器官。20世纪以来,由于器官移植技术、移植免疫基础研究以及各种免疫抑制剂的进展,器官移植已成为临床治疗器官功能衰竭的有效治疗手段。随着输血和器官移植行为越来越普遍,脱离人体的器官及组织、死胎、尸体、人体医疗废物和胎盘等,在不违背公序良俗的情形下在一定的范围内可以成为物权客体。此外,精子、卵子的捐赠使精子和卵子成为权利客体,代孕现象的出现使子宫成为权利客体,突破了传统的物权理论。例如,在沈新南、邵玉妹监管权和处置权纠纷案[①]中,无锡市中级人民法院判决从情感、伦理和特殊利益保护等因素确认了当事人对冷冻胚胎的监管权和处置权。"失独"是我国特定时期的社会现象,尽管法院判决维护了当事人的正当权益,但是法院判决并未对冷冻胚胎的法律属性作出明确的判断。实际上,法院判决仍然扩大了物的范围。我国《民法典》第1006条肯定了人体细胞、人体组织和人体器官的捐献,实际上确认了其作为法律关系客体的属性,即物的属性。

(2) 虚拟财产。[②]人类进入网络时代后产生了大量的虚拟财产,网络虚拟财产可分为虚拟网络本身和网络上的虚拟财产。《民法典》第127条规定网络虚拟财产为权利客体。虚拟网络本身是一种重要的虚拟财产。网络上的虚拟财产又可分为三种形式:第一种为网络游戏中的网络虚拟财产,包括账号及积累的"货币""装备""宠物"等。第二种为虚拟社区中的网络虚拟财产,包括账号、货币、积分、用户级别等。第三种为其他存于网络的虚拟财产,包括QQ号码、电子信箱及其他网络虚拟财产等。

(3) 无线电频谱资源。从1894年意大利工程师马可尼完成电磁波的发送和接收实验,到1901年第一次实现了横跨大西洋的无线电发报,以及1902年美国人巴纳特·史特波斐德进行第一次无线电广播,标志着人类社会进入了无线电通信和广播时代。1963年第一颗地球同步卫星发射入轨,实现了人类使用卫星传送信息的目标。20世纪80年代欧洲推出了GSM数字移动通信系统,现代通讯业正在数字化通讯领域高速发展。无线电频谱资源遂成为一种财产。世界

---

① 在沈新南、邵玉妹诉刘金法、胡杏仙监管权和处置权纠纷案([2013]宜民初字第2729号、[2014]锡民终字第1235号)中,法院裁判摘要认为,卫生部颁布的部门规章中关于胚胎不能买卖、赠送和禁止实施代孕的规定,是针对从事人工生殖辅助技术的医疗机构和人员,并未对一般公民尤其是失独公民就其或者其子女遗留下来的胚胎行使监管、处置权作出禁止、限制性规定。医疗机构不得基于部门规章的行政管理规定对抗当事人基于私法所享有的正当权利。在现行法律对人体冷冻胚胎的法律属性没有明确规定的情况下,考虑到司法救济的终局属性,法院不能拒绝裁判,应当承担特定的司法责任。在人体冷冻胚胎监管权、处置权归属的问题上,应充分考虑胚胎处置权利的特殊性,结合伦理、情感、特殊利益保护等情理交融因素,在不违背禁止性规定的前提下作出契合法理精神的判决。

② 虚拟财产是否能够成为法律意义上的财产——物,一度成为刑事领域内的难点和热点问题。如果虚拟财产不是民法意义上的物,盗窃虚拟财产就不能构成盗窃罪。

各国均通过立法规制无线电的利用和资源的分配。《民法典》第252条确认了无线电频谱资源归国家所有。

（4）空间。随着社会经济的发展和科技的进步，高层建筑、高架铁路、地下铁路、地下停车场、地下商场等纷纷出现，人类对土地的利用从平面向空间发展，空间权也随之出现，从而突破了近代物权法所确立的土地所有权绝对原则，空间也成为法律调整的对象——物。我国《民法典》第345条规定建设用地使用权可以在土地的地表、地上或者地下分别设立。空间权包括地上空间权和地下空间权、空间所有权和空间使用权。

## 第二节 物的分类

按照不同的标准，可以对物进行不同的分类。物的分类种类繁多，既有立法上的分类，又有学理上的分类。动产与不动产、主物与从物以及原物与孳息属于立法上的分类，是物的重要分类，具有重大的实践意义，其他物的分类则属于学理上的分类。对这些分类的了解，有助于我们更清晰地把握法律上物的内涵。

### 一、动产与不动产

以物能否移动且移动是否会造成其价值贬损及性质改变为标准，物可以分为动产与不动产。动产与不动产是从罗马法以来，世界各国和地区对物的最基本的一种分类方式，是构建物权法规范体系的基础，所有物权法规则都是围绕动产与不动产展开的。我国《民法典》第115条将物区分为动产与不动产。

动产，是指能够移动且移动不损害其价值或者用途的物。大多数物属于动产，在法律上可以控制支配的各种自然力也属于动产，如《瑞士民法典》第713条之规定。不动产之外的物为动产，动产的公示方式是占有，交付为动产所有权转移的标志。但是，船舶、航空器和机动车等高价值动产所有权的取得与变更应当办理设立和变更登记手续。这些动产物权的设立、变更、转让和消灭，未经登记，不得对抗善意第三人。

不动产，是指不能移动或者移动会造成其价值减损或者性质变化的物。不动产主要是指土地以及土地上的定着物。不动产主要有以下三种：

（1）土地。土地是指一定范围的地球表面以及该表面的上空和地下，是最常见的一种不动产。土地由地上、地表和地下三部分构成，根据近代民法的所有权绝对原则，土地所有权人对土地上空或者地下也具有绝对权利，任何人不得以任何方式进行侵害。但是伴随科技的发展，现代世界各国和地区对空中和地下的利用越来越广泛，对土地所有权人的地上和地下权利造成了一定的限制。我国实行土地公有制,土地所有权不得交易,且地下矿藏资源,如煤炭、石油、天然气等各种矿藏均归国家所有。我国土地的地上、地表和地下的所有权均归国家所有。

(2) 定着物。定着物是指依附于土地且具有独立使用价值的物。房屋与其他建筑物是最主要的定着物。建筑物与土地之间的附着关系有临时性与长期性之分,临时性的附着关系有野营所搭建的帐篷、为演出所搭建的演出戏台、为展览所搭建的展览台、为建筑工人所搭建的临时工棚等。这些建筑物虽依附于土地,但具有临时性质,并不属于定着物,如《德国民法典》第95条之规定。根据一般的社会经济观念,定着物已经成为土地的一部分,并持续地依附于土地,且具有独立的价值。

关于定着物是否为独立的不动产,世界各国和地区有两种立法例:一种立法例认为定着物是土地的组成部分,并非独立的不动产,如《德国民法典》第94条之规定。另一种立法例认为定着物并非土地的组成部分,而是独立的不动产。我国立法兼采以上两种方式,定着物在登记上视为独立物,而在处分上则视为非独立物。一方面,我国法律规定建筑物是独立的不动产,与其所使用的地基(土地)分别为两个不同的所有权,即建筑物的所有权与土地所有权(或者使用权),实行土地使用权与建筑物所有权分别登记的制度。另一方面,法律又规定房屋所有权与土地使用权必须同时处分。

(3) 出产物。关于不动产出产物(如庄稼、树木等)在与不动产分离之前的性质,世界各国和地区有两种不同的立法例:一是非独立物。出产物是不动产的组成部分,在土地上种植的树木、花草、水稻、大麦等农作物,在与土地分离之前是土地的组成部分而并非独立的不动产。二是独立物。出产物为独立的不动产,可以成为独立的权利客体。

动产与不动产是法律对物进行的最为重要的分类,鉴于动产与不动产在性质、价值以及使用方式上的差异,法律确立了不同的调整原则和规则,这是区分动产与不动产的法律意义所在。动产与不动产的区分,主要有以下三个方面的意义:

(1) 动产与不动产物权变动的方式和要件不同。动产物权变动可以采用口头约定的方式,也可以采用书面合同的方式。动产通常以交付为所有权发生变动的要件,但当事人也可以约定在合同生效时动产所有权发生变动。不动产物权变动应采取书面方式,且以登记为所有权发生变动的要件。当事人约定的其他不动产物权变动方式,不会产生不动产物权变动的效果。

(2) 设立他物权的类型不同。不动产上既可设定用益物权,又可设定担保物权;动产上仅能设定担保物权。不动产设立的他物权有典权、地上权、地役权、土地承包权、抵押权等;动产设定的他物权仅限于留置权和质权。

(3) 诉讼管辖不同。不动产的纠纷属于专属管辖范畴,由不动产所在地法院管辖,如《民事诉讼法》第 34 条之规定;动产的诉讼管辖较为灵活,法律没有特别规定。

## 二、主物与从物

主物与从物的划分源于罗马法和日耳曼法,现代民法仍然沿用这种分类。主物与从物是按照物在相互关系中所起的作用进行的分类,在某种法律关系中相互关联而同属于一人的两个独立的物,其中一个起主导作用的是主物,另一个则是起辅助主物效用的从物。例如,汽车是主物,备用胎是从物。

我国《民法典》第 320 条和第 631 条规定了主物与从物,但未规定主物和从物的概念。主物与从物在物理上是相互独立的两个物,在使用上又相互联系、密切相关,只有主物与从物的结合才能发挥物的最大效用。从物的构成应具备以下四个方面的条件:

(1) 主物与从物必须同属一人。以主物与从物同属一人为必要条件是为保护从物所有权人的利益。例如,眼镜与眼镜盒,是主物与从物的关系。但是,如果眼镜所有权人借他人眼镜盒使用,则该眼镜盒不是该眼镜的从物。

(2) 主物与从物应具有从属关系。从物是以主物为目的的,依附于主物。有以保护主物为目的的,如剑鞘、鸟笼、眼镜盒、笔帽等;有为主物使用所附属的物,如船的桨、马的鞍、壶的盖等;还有为发挥主物效用的物,如钥匙。

(3) 主物与从物均为独立的物。如果一个物是另一物的构成部分,这两个物并不是主从关系而是一个整体。例如,树上的果实是树的一部分,房屋的门窗是房屋的组成部分,办公桌的抽屉是办公桌的构成部分,汽车轮胎是汽车的组成部分,电话机的听筒是电话机的组成部分。

(4) 主物与从物之间的关系是长期的、永久的。主物的经济效用因使用从物产生,从物效用的发挥需配属于主物。如果为主物的经济目的而暂时使用的物,不构成从物,如《德国民法典》第 97 条之规定。

主物与从物的区分,主要有以下两个方面的意义:

(1) 从物从主物的处分。在法律没有相反规定,或者当事人没有相反约定的情况下,对主物的处分效力及于从物,即主物所有权转移的,从物的所有权也发生转移。

(2) 主物抵押从物随之。主物抵押权设立的效力及于从物。换言之,在主物上设定抵押权,主物成为抵押权的标的物的,从物也成为标的物的组成部分。

### 三、原物与孳息

以物在相互关系中是否具有派生关系为标准,物可以分为原物与孳息。原物是指按照物的自然属性或者法律规定能够产生收益或者产生新物的物。孳息是指从原物中所产生的收益。原物与孳息关系密切,原物与孳息之间的关系,在表面上是物与物之间的关系,实际上反映的是以物为媒介的人与人之间的法律关系,即孳息所有权的归属关系。

孳息有天然孳息和法定孳息之分①。天然孳息是指按照物的自然属性产生的收益物。例如,各种果树所结的果子,母牛生的牛犊,奶牛产的牛奶。法定孳息是指根据法律规定、因一定的法律关系产生的收益,如利息、租金、股利等。产生法定孳息的原物必须是由他人使用,如果是由自己使用所产生的收益,如利润,并非法定孳息。此外,劳动力所获得的报酬并非从原物所得,因而也不是法定孳息。例如,在世欣荣和投资管理股份有限公司信托合同纠纷案中,最高人民法院判决认为,信托法律关系中信托财产的确定是要求信托财产从委托人自有财产中隔离和指定出来,且应当在数量和边界上明确,以便受托人为实现信托目的对其进行管理运用、处分。涉案股票在约定收益期间所实际取得的股息及红利、红股、配售、新股认股权证等为孳息。

区分原物与孳息的意义是孳息与原物分离之后应属于有权收取孳息的人所有,而有权收取孳息的人并不一定是所有权人,主要有以下两种情形:

(1) 天然孳息的归属。天然孳息是在其从原物分离为独立物之时起才成为天然孳息。在与原物分离之前,天然孳息是原物的一部分,不产生独立的天然孳息所有权问题。② 在与原物分离后,天然孳息成为独立的权利客体,才产生天然孳息所有权的归属问题。

关于天然孳息的所有权归属,大陆法系民法有两种不同的立法例:第一种是原物主义。罗马法、法国、德国、瑞士、日本等国采取这种立法例,认为原物的所有权人或者其他权利人享有孳息的所有权。第二种是生产主义。日耳曼法的立法例认为,孳息由产生孳息的加工者收取。根据我国《民法典》第 321 条的规定,天然孳息由所有权人、用益物权人取得。所有权人对天然孳息的取得体现了原物主义规则,所有权人取得天然孳息的所有权既是原物直接支配权的体现,也是所有权收益权能的体现。而通过对用益物的人力和物力的投入,用益物权人取

---

① 孳息在罗马法上有多种分类:天然孳息、加工孳息、法定孳息、未分离孳息、已分离孳息、实收孳息、应收孳息、现存孳息以及已消费孳息。参见周枏:《罗马法原论》(上册),商务印书馆 1994 年版,第 292—293 页。

② 参见史尚宽:《民法总论》,中国政法大学出版社 2000 年版,第 276 页;郑玉波:《民法总则》,中国政法大学出版社 2003 年版,第 287 页。

得天然孳息。用益物权人对天然孳息的取得体现了生产主义规则。

（2）法定孳息的归属。我国《民法典》第 321 条规定，法定孳息，当事人有约定的，按照约定取得；没有约定或者约定不明确的，按照交易习惯取得。法定孳息通常归债权人所有，如收取利息的债权人、收取租金的出租人。在权利存续期间内，权利人按日收取孳息的收益。例如，在福建佳盛投资发展有限公司借款纠纷案[①]中，最高人民法院判决认为，银行利息是主债权的收益，属法定孳息，除法律有特别规定或者当事人有特别约定外，取得孳息的权利随着主物所有权的转移而同时转移。

**四、单一物、结合物与集合物**

以物的存在或者组成方式为标准，物可以分为单一物、结合物与集合物。这种分类起源于罗马法，罗马法的这种物的分类是希腊哲学影响的结果。

单一物是指在形态上独立存在的物。单一物是自然形成的还是人为的则无关紧要，即使物的构成部分已经失去个性的也是单一物。例如，一匹马、一头牛、一块宝石、一块布等。

结合物是指两个或者两个以上物的结合形成的物。结合物的构成部分，虽然没有失去个性但在形态上已经成为一个单一物。结合物属于广义的单一物，在法律上视为单一物处理。例如，房屋、船舶、汽车、飞机、手表、钻戒等。房屋在建成之后，砖、木、钉等仍然存在，并没有变成其他东西，但它们与水泥、沙等建筑材料结合在一起，已经成为一个整体。

集合物是指两个或者两个以上的单一物或者结合物的集合，而各个单一物或者结合物仍然保持各自的独立性。例如，牛群、羊群、图书馆的所有图书、商店的全部商品等。集合物因内容的不同，又可以分为事实上的集合物与法律上的集合物。事实上的集合物是指由多数有体物组成的集合物；法律上的集合物是指由有体物和无体物组成，在法律上被视为一物的集合物，如遗产。

单一物、结合物与集合物的区分主要有以下两个方面的意义：

（1）权利义务及于单一物和结合物的全部。单一物和结合物的一部分不能成为权利客体，只有单一物或者结合物的整体可以成为权利客体。集合物既可

---

[①] 在福建佳盛投资发展有限公司诉福州商贸大厦筹备处借款纠纷案（〔2004〕闽民初字第 67 号、〔2005〕民二终字第 147 号）中，法院裁判要旨认为，孳息是指由原物所产生的收益，分为天然孳息和法定孳息，其中法定孳息指因法律关系所获得的收益。银行利息作为主债权的收益，属于法定孳息。孳息具有依附于主物的特性，如主物权利转移的，孳息也随之转移；主物权利不发生转移的，则孳息权利也不转移。所以主债权已移转的，取得法定孳息的权利也随之转移。法定孳息权利的取得，根据《物权法》第 116 条的规定，如果当事人没有特别约定，且法律也没有特别规定，那么按照交易习惯取得（2006 年最高人民法院公报案例）。

以其全部作为权利客体①,也可以其组成部分作为权利客体。

（2）物权请求权行使的方式不同。如果结合物的组成部分本为第三人所有时,第三人不得要求结合物的所有权人返还原物,只能请求损害赔偿。例如,在建房时,房屋的所有权人将第三人的砖误以为自己的砖砌到自己的墙上。但是,如果集合物的组成部分属于第三人的,第三人可以要求返还原物,集合物的所有权人不得拒绝。

根据物的性质,就单一个体而言,某些单一物不具有经济上的价值,如一粒米、一滴油、一滴水等,只有达到一定数量的上述各种单一物才能成为权利客体。

### 五、流通物、限制流通物与禁止流通物

以物是否具有流通性为标准,物分为流通物、限制流通物与禁止流通物（又可称为融通物、限制融通物与禁止融通物）。流通物是指可以交易的物。一般的物均属流通物,包括动产和不动产,是民法主要的调整对象。

限制流通物是指不能按照一般的交易程序进行交易的物。限制流通物主要有以下几种:第一,黄金、白银只能由法律规定的专营单位经营,自然人、普通法人不得买卖黄金和白银。第二,个人或者单位收藏的文物不得自行出售给外国人,而且法律规定了文物的交易特别规则。第三,外币只能在特定的机构进行买卖。第四,麻醉药品、运动枪支及其弹药,只能由法律规定的机构经营。例如,在汪秉诚等返还祖宅的埋藏文物纠纷案②中,淮安市中级人民法院判决认为,涉案文物属于限制流通物。

禁止流通物是指不能进行交易的物。禁止流通物有国家专有财产、淫秽书画和音像制品、毒品等。属于国家专有财产的有土地、矿藏、水流、森林、山岭、草原、荒地、滩涂等自然资源。

区分流通物、限制流通物和禁止流通物的意义是禁止流通物不能成为权利客体,而限制流通物在一定范围内可以成为权利客体,流通物是最为普通的权利客体。

### 六、消耗物与非消耗物

以同一物能否重复使用为标准,物可以分为消耗物与非消耗物,又称为消费物与非消费物。消耗物是指经一次使用就归于消灭或者改变原有形态和性质的

---

① 例如,财团抵押是以集合物的整体作为抵押权的标的。
② 在汪秉诚、汪秉正、汪秉仁、汪卫东、汪秉惠、汪卫国诉淮安市博物馆返还祖宅的埋藏文物纠纷案（〔2010〕河民初字第 840 号、〔2011〕淮中民终字第 1287 号）中,法院裁判摘要认为,《民法通则》第 79 条规定:所有人不明的埋藏物,归国家所有;《文物保护法》第 5 条也将我国境内地下遗存的文物一般推定为"属于国家所有"。但埋藏或隐藏于公民祖宅且能够基本证明属于其祖产的埋藏物,在无法律明文规定禁止其拥有的情况下,应判定属于公民私人财产（2013 年最高人民法院公报案例）。

物。例如，柴、米、油、盐、酱、醋、茶等日常生活用品均为消耗物。有的物在使用之后事实上并未消灭，但是对使用者来说使用之后该物转移给其他人，已失去对该物的所有权，这种物称为法定消耗，如货币；而普通消耗物称为自然消耗物。

非消耗物是指可以多次反复使用且不会改变形态和性质的物。例如，房屋、衣柜、书籍等均为非消耗物，这些物品是通过逐渐消耗而实现经济价值的。

区分消耗物与非消耗物的意义是消耗物可以成为消费借贷、买卖等以转移所有权为目的的合同的标的物；非消耗物不仅可以成为转移所有权的合同标的物，而且还可以成为使用借贷、租赁等以转移使用权为目的的合同标的物。

**七、特定物与种类物**

以物在交易中是否已被指定为标准，物可以分为特定物与种类物。特定物是指具有独特性的物或者在交易中被指定的物。特定物包括世界上独一无二的物以及从种类物中指定而特定化的物，前者如张大千的一幅画，后者如从一批某品牌汽车中选出来的1辆或者数辆汽车。特定物因具有独有的特征或者被指定而具体化，不能以其他物来代替，因而又称为"不可替代物"。

种类物是指仅以种类、品质、规格、数量加以确定的物。种类物可以相同数量的同种物来替代，因而又称为"可替代物"。特定物与种类物之间的区分不是绝对的而是相对的。例如，到商店去购买一台某种型号的电冰箱，在电冰箱送到顾客家之前，电冰箱属于种类物；在电冰箱送到顾客家里之后，电冰箱由种类物变成特定物。

特定物与种类物之间的区分主要有以下三个方面的意义：

（1）特定物与种类物分别属于不同法律关系的客体。特定物是租赁关系的客体，种类物是借贷关系的客体。

（2）特定物与种类物的灭失责任不同。特定物在交付之前灭失的，由于其所具有的不可替代性，可以免除义务人交付原物的义务，而只能请求义务人进行损害赔偿；种类物在交付之前灭失的，由于其具有可替代性而不能免除义务人的交付义务，义务人仍然应当交付同种类的物。

（3）特定物与种类物的所有权转移的时间不同。特定物的转让可以特定物的交付为所有权转移的标志，也可以按照法律规定或者权利主体的约定，确定所有权转移的时间；种类物的转让通常以种类物的交付为所有权转移的时间。

**八、可分物与不可分物**

以物的性质和价值是否因分割而变化为标准，物可以分为可分物与不可分物。可分物是指其性质和价值不会因分割而发生变化的物，如柴、米、油、盐、酱、醋、茶等。不可分物是指不可分割或者分割后其性质和价值发生彻底变化的物，如一头牛、一辆汽车等。

可分物与不可分物的区分主要有以下两个方面的意义：

（1）有利于确定多数人之债的债权债务关系。在多数人之债中，如果标的物是可分物，则为按份之债，债权人享有按份债权，债务人承担按份债务；如果标的物是不可分物，则为连带之债，债权人享有连带债权，债务人承担连带债务。

（2）有利于正确分割共有财产。在两个或者两个以上的人共有一物时，如果物是可分物，则可对实物进行分割，共有人各自获得应有的份额；如果是不可分物，则不能对实物进行分割，只能采取变价分割或者作价补偿方法。

### 九、无主物与有主物

以物是否有归属为标准，物可以分为无主物与有主物。有主物是指归属于某个权利主体的物，如某人的住房、汽车等。无主物是指不归属于任何权利主体的物，如抛弃物、无人继承的物。例如，在汪秉诚等返还祖宅的埋藏文物纠纷案中，淮安市中级人民法院判决认为，祖宅内埋藏的文物属于有主物。

无主物与有主物的区分主要有以下两个方面的意义：

（1）所有权的取得方式不同。当事人可以凭单方意思取得无主物的所有权，而取得有主物的所有权通常要基于双方当事人的合意。例如，对于抛弃物，拾得人可以自己取得该物的所有权。但对于有主物，拾得人不能凭其单方意思取得该物的所有权。

（2）无主物的归属不同。世界各国的立法对于无主物的归属有两种不同的立法例：一是区分原则，即对动产和不动产采取不同的规则。动产归先占人所有，不动产归国家所有。例如，《日本民法典》第239条和第240条规定，除了法律特别规定之外，无主动产归先占者所有，无主不动产归国家所有。二是单一原则，即动产与不动产采取相同的规则。动产和不动产均归国家所有。《法国民法典》第713条规定，一切无主财产归国家所有。我国《民法典》第318条采纳了第二种立法例，规定无主财产归国家所有。

### 十、混合物与附合物

以不同所有权人的物成为一体时的状态为标准，物可以分为混合物与附合物。混合物是指分别属于不同所有权人的物相互混合、难以分开而形成的物。附合物是指分别属于不同所有权人的物相互附合成为一体，一旦分离就会彻底损毁的物。我国《民法典》第322条规定了混合物、附合物的归属和补偿规则。

混合物与附合物的区分主要有如下两个方面的意义：

(1)分割的规则不同。混合物可分割的,由原所有权人分割,不能分割的则采取折价分割的方法。附合物的所有权归主物所有权人所有,未能取得物的一方权利人有权要求另一方给予补偿。

(2)对物的要求不同。动产可以发生混合和附合两种情况,而不动产不能发生混合,动产可以成为不动产的附合物。动产与不动产附合的,附合物归不动产所有权人,动产所有权人有权要求不动产所有权人给予适当的补偿。

# 第十章 法律行为

法律行为是我国《民法典》总则编调整的主要对象,是民法总论的核心概念,是权利主体形成法律关系的手段以及实现意思自治的工具。法律行为旨在使权利主体之间通过意思表示产生一定的权利义务关系。法律行为之所以能获得产生一定权利义务关系的法律效果,不仅是因为法律规定了这种效果,更为重要的是当事人希望达到这种效果。[①]

## 第一节 法律行为的概念

法律行为是大陆法系民法特有的概念和术语,是以合同行为、婚姻行为和遗嘱行为为基础对民商事领域内各种具体行为的高度抽象和概括。法律行为是意思自治实现的手段,民法是以法律行为制度为核心构建的制度体系。

在法律行为之外,《民法通则》创设了"民事法律行为"和"民事行为"等概念和术语。《民法总则》(学者建议稿)曾以"法律行为"替代"民事法律行为",回归了大陆法系传统民法概念。但令人遗憾的是,《民法总则》与《民法典》仍然保留了《民法通则》的表述。实际上,在司法审判实践中,特别是最高人民法院公报案例中经常使用法律行为概念。

### 一、法律行为的语源

法律行为的概念起源于近代德国民法。罗马法没有形成抽象的法律行为概念,只有买卖、租赁、委任和合伙等各种具体的行为。

1748年,德国的奈特尔布拉德(Daniel Nettelbladt)借用拉丁文"actus iuridus"(可译为法律行为)和"delarato voluntatis"(自愿表示),提出表示自愿追求法律效果的行为概念,并将"actus iuridus"定义为"设定权利和义务的行为"。[②] 1805年,德国的胡果(Gustav Hugo)最早提出了法律行为(Rechtsgeschäft)概念,使用法律行为来解释罗马法的"适法行为",并泛指一切具有法律意义的合法行为。[③]

---

[①] 参见〔德〕卡尔·拉伦茨:《德国民法通论》(下册),王晓晔等译,法律出版社2003年版,第426页。
[②] 龙卫球:《民法总论》(第2版),中国法制出版社2002年版,第422页。
[③] 参见胡长清:《中国民法总论》,中国政法大学出版社1997年版,第184页。

但德国学者大多认为,海瑟(Georg Arnold Heise)是现代民法意义上的法律行为概念的真正首创者。1807年,海瑟赋予了法律行为以设权意思表示行为的含义,强调法律行为的"意思表示"的属性,即追求私法效果的意思表示。海瑟还进一步论述了法律行为的一般意义、法律行为的类型以及法律行为的构成要件等,构建了较为完整的法律行为理论。[①] 继海瑟之后,萨维尼进一步系统地论述了法律行为概念和理论,丰富了法律行为概念,完善了法律行为理论。[②] 在《德国民法典》编纂时期,德国学者对法律行为的内涵还存在争议,多数学者认为法律行为的实质是意思表示,这种观点在19世纪占主导地位。另一种观点则认为,法律行为除了意思表示之外,还有其他事实要素。[③]

1794年《普鲁士邦法》和1811年《奥地利民法典》吸收了德国法律行为理论的研究成果,尽管没有直接采纳德国的法律行为概念,但详细规定了意思表示规则。1865年《萨克森民法典》率先采纳了法律行为概念,对法律行为作了相应的规定。此后,《德国普通法》在总则中以专门的章节概括规定了法律行为的有关规则。

在总结以往立法经验的基础上,1900年《德国民法典》全面采纳了法律行为的理论研究成果,法典总则编第三章设专章规定了法律行为,分为行为能力、意思表示、合同、条件与期限、代理与代理权、同意与追认等六节,共有81条。《德国民法典》规定了法律行为、意思表示、行为能力、法律行为有效条件以及法律行为的解释规则,还肯定了法律行为理论中形成的要式行为与不要式行为、有因行为与无因行为、独立行为与附属行为、处分行为与负担行为、财产行为与身份行为、债权行为与物权行为等分类。此外,《德国民法典》还直接采纳了意思表示的理论研究成果,如意思要素与表示要素、内在缺陷与外在缺陷、行为意思、表示意思等。但是,《德国民法典》并未对法律行为概念进行界定。[④] 尽管如此,德国的法律行为理论和制度,对其他国家产生了深远影响。日本、希腊、巴西、泰国、苏俄以及我国民国时期的民法典,均在总则编中设专章规定了法律行为制度。

《法国民法典》虽然没有规定法律行为,但学者认为法典使用了"意思表示"的概念,确认了"意思自治原则",还规定了法律行为的一般规则,因而可以认为法国民法承认法律行为制度。[⑤] 从《法国民法典》的内容看,具体的法律行为制度已经相当地完备,明确规定了表意行为"有效成立的必要条件",确立了行为能

---

[①] 参见张俊浩主编:《民法学原理》(第3版)(上册),中国政法大学出版社2000年版,第225页。
[②] 参见董安生:《民事法律行为》,中国人民大学出版社1994年版,第30—31页。
[③] 同上书,第31页。
[④] "《德国民法典》所称的'法律行为',是指一个人或多个人从事的一项行为或若干具有内在联系的行为,其目的是为了引起某种私法上的法律后果,亦即使个人与个人之间的法律关系发生变更。"〔德〕卡尔·拉伦茨:《德国民法通论》(下册),王晓晔等译,法律出版社2003年版,第426页。
[⑤] 参见董安生:《民事法律行为》,中国人民大学出版社1994年版,第24页。

力原则、标的确定原则、内容合法原则、自愿真实原则、公平善意原则等,详细规定了"意思表示解释"规则以及附条件和附期限行为规则。① 在现代法国民法理论中,法律行为已经成为一个被广泛运用的基本法律概念。②

瑞士和奥地利等国家民法典虽然没有直接采纳法律行为概念,但立法和司法实践已经接受了法律行为制度。《大清民律草案》直接采纳了《德国民法典》中的法律行为概念,总则编设立专章规定法律行为制度。北洋政府时期和民国时期的民法典也沿袭了这种立法体例。③ 中华人民共和国成立之后,尽管我国长期没有制定民法典,法律行为没有为法律所确认,但在《民法通则》颁布之前的教科书中,均采用法律行为概念并有较为详尽的论述。这是由于《苏俄民法典》继受了《德国民法典》的法律行为制度,《苏联民法典》又进一步扩展了法律行为的内容。这些苏联民事立法对我国法律行为制度产生了重要影响。

### 二、法律行为的概念

法律行为是指权利主体旨在通过意思表示产生私法效果的法律事实。换言之,权利主体通过意思表示设立、变更或者消灭一定法律关系的法律事实。法律行为制度是从合同制度和遗嘱制度抽象发展而来的。现代民法是以法律行为制度为中心构建的理论体系,法律行为是实现私法自治的手段,民法通过法律行为实现私法自治。法律行为是《德国民法典》中的核心概念和基础,其总则编从第104条至第185条均为法律行为的规定,分则编也有大量的条款涉及法律行为,如第305条涉及债务合同的订立,第389条及以下条款涉及债权的让与,第873条、第925条和第929条及以下条款涉及物的所有权的转移,第1297条及以下条款涉及婚约的订立以及第2229条涉及遗嘱的订立等。④ 法律行为主要包含以下三个方面的内容:

(1) 法律行为是法律事实。法律行为是一种法律事实。法律事实是指能够引起法律关系发生、变更和消灭的客观事实。法律事实是由法律规定的,一种客观事实是否能够成为法律事实以及产生何种法律后果,完全取决于国家对社会关系进行法律调整的需要和可能。⑤ 并不是所有的客观事实都能够成为法律事实,引起法律关系的产生、变更或者消灭。

---

① 参见董安生:《民事法律行为》,中国人民大学出版社1994年版,第24—25页。
② 参见尹田:《法国现代合同法》,法律出版社1995年版,第1页。
③ 据史料记载,梅谦次郎在主持《日本民法典》编纂时将"Rechtsgeschäfte"翻译成"法律行为",最早在日本引入《德国民法典》的法律行为概念。在清朝末年编纂民法典时,我国引进了《日本民法典》中"法律行为"的表述。
④ 参见〔德〕迪特尔·梅迪库斯:《德国民法总论》,邵建东译,法律出版社2000年版,第27页。
⑤ "法律制度承认法律行为的法律后果是一项必不可少的条件。"〔德〕卡尔·拉伦茨:《德国民法通论》(下册),王晓晔等译,法律出版社2003年版,第426页。

(2) 法律行为以意思表示为要素。关于法律行为与意思表示之间的关系，存在以下三种不同的观点：一是法律行为与意思表示完全相同；二是法律行为与意思表示虽然观念上不同，但实际上两者的范围是一致的；三是法律行为与意思表示并不完全相同，法律行为仅以意思表示为要素而已。① 在大多数情况下，单凭一个意思表示还不能产生法律后果，必须有两个相同的意思表示才能产生法律后果。例如，在缔结合同的情况下，这种法律行为并非单个意思表示本身，必须有两个意思表示的结合，即要约人与承诺人的意思表示一致的行为，才能产生相应的法律后果。此外，在某些情况下，根据法律规定权利主体想要产生法律后果，除了意思表示之外还必须实施一定的行为。例如，在要物行为中，法律行为的成立，除了意思表示之外还必须交付标的物。因此，第三种观点较为合理。

法律行为以意思表示为基础，意思表示是法律行为构成的基本要素，也是最为重要的要素。根据我国《民法典》第 134 条的规定，有因一个意思表示成立的法律行为，如遗嘱、所有权的抛弃、形成权的行使等；有因两个方向相反的意思表示成立的法律行为，如买卖合同、借款合同、租赁合同等，这是最为典型的法律行为；有因两个以上方向相同的意思表示成立的法律行为，如合伙协议、投资协议、股东会决议、董事会决议等。法律行为的成立，应有一个或者数个意思表示。

(3) 法律行为在权利主体之间产生、变更或者消灭一定的法律关系。民法是私法规范，法律行为属于权利主体的私人行为，法律行为所产生的效果也是私法上的效果。权利主体通过意思表示产生、变更或者消灭一定的法律关系。例如，买卖双方订立买卖合同，买方希望获得标的物的所有权，而卖方则希望获得标的物的价金。法律行为的效力是法律赋予的，即在权利主体希望意思表示产生一定效力时，法律承认这种表现在外意思的效力。② 法律行为所产生的法律效力源于权利主体的意思表示，但在权利主体的意思没有以某种方式表现出来之前，法律不承认这种意思具有任何法律效力。然而，权利主体即使没有实施某种法律行为的内在意思，但实施了这种法律行为的，为保护交易安全，法律也会使这种行为发生相当于意思表示的法律效力。总之，权利主体的意思一旦以某种外在方式表现出来，就会产生、变更或者消灭一定法律关系的效力。

我国《民法典》第 133 条规定的民事法律行为概念，强调了民事法律行为是以意思表示为要素，权利主体通过意思表示设立、变更、终止法律关系。《民法典》规定的民事法律行为概念的内涵已经符合传统法律行为，只是称谓不同

---

① 参见胡长清：《中国民法总论》，中国政法大学出版社 1997 年版，第 185 页。
② "法律行为之所以产生法律后果，不仅是因为法律制度为法律行为规定了这样的法律后果，首要的原因还在于从事法律行为的人正是想通过这种法律行为而引起这种法律后果。"〔德〕卡尔·拉伦茨：《德国民法通论》(下册)，王晓晔等译，法律出版社 2003 年版，第 426 页。

而已。

### 三、民事法律行为

我国《民法通则》(草案初稿)中首先采用了"民事法律行为"这一表述,并对此作了专章规定。1986年施行的《民法通则》采用了这个表述,从而使"民事法律行为"这一概念正式进入我国民事立法。此后,我国民法教科书便改"法律行为"为"民事法律行为"。《民法总则》和《民法典》继受了民事法律行为的概念。

(一)民事法律行为的概念

民事法律行为,是公民(自然人)或者法人设立、变更、终止民事权利和民事义务的合法行为,如《民法通则》第54条之规定。民事法律行为是《民法通则》创设的我国民法特有的概念。《民法通则》第四章第一节专门规定了"民事法律行为",共有9个条文。除了"民事法律行为"之外,《民法通则》还规定了"民事行为"。在《民法通则》颁布之后,我国学界对民事法律行为概念形成了肯定说、认同说和否定说三种观点。

从逻辑上,"民事法律行为"的命题是不能成立的。在一个专门调整民事法律关系的民法中,不应该重复大前提或者最上位概念。[①]《民法通则》这个上位概念已经包容了下位概念的外延,而下位概念则不应该具有包容上位概念外延的表达成分。例如,《民法通则》并没有出现诸如"民事物权""民事债权""民事继承权"或者"民事婚姻权"等概念和术语,显然,这样的规定违背了上述思维逻辑。民法中所规定的继承权、债权和物权,所指向的范畴必然是民事领域的问题,无须再以"民事"加以限定。同样,"民事法律行为"这一表达所指向的思考对象,必然也是一个属于民法范畴的问题。因此,用"民事"加以限定,不仅理论上没有必要,而且逻辑上也难以成立。

我国《民法典》中的"民事法律行为"不同于先前《民法通则》中的"民事法律行为"。《民法通则》中的民事法律行为以合法性为要件,而《民法典》中的民事法律行为不以合法性为要件。《民法典》中的民事法律行为摒弃了《民法通则》中的"合法性"要素,增加了"意思表示",含义等同于传统民法中的法律行为,回归了大陆法系民法本原。因此,《民法典》中的民事法律行为仅有先前立法之名却无其实。

(二)民事法律行为与民事行为

民事行为,是指权利主体设立、变更、终止民事权利和民事义务的行为。民

---

[①] 在《民法通则》中有大量重复上位概念,如民事权利、民事义务、民事责任等。实际上,无须重复上位概念,可以直接表述为权利、义务、责任等。权利有公法上的权利与私法上的权利,私法上的权利即为民法上的权利,而这些权利又是宪法中规定的权利。民事上的责任是指损害赔偿责任,另一种损害赔偿责任是国家赔偿。从法律的习惯表述,没有特指的损害赔偿责任即为民法上的损害赔偿责任。

事行为,既有合法行为,又有瑕疵行为或者非法行为。合法的民事行为即为民事法律行为,有瑕疵民事行为即为可撤销、可变更的民事法律行为,非法民事行为即为无效民事法律行为。

在民事法律行为之外,《民法通则》又创设了民事行为概念。民事法律行为与民事行为之间的逻辑关系应当是非常清楚明确的,但是《民法通则》规定的民事法律行为与民事行为之间的逻辑关系较为混乱,主要表现在如下两个方面:

(1) 民事行为是民事法律行为的上位概念。根据《民法通则》第 58 条和第 59 条的规定,民事行为包括有效的民事行为、无效的民事行为以及可变更、可撤销的民事行为,其中有效民事行为即为民事法律行为。《民法通则》前述条款的规定体现了两者之间的正常逻辑关系,即民事行为是一个上位概念,而民事法律行为是下位概念。这种关系是民事法律行为与民事行为应有的法律逻辑关系。

(2) 民事行为成为民事法律行为的下位概念。从《民法通则》的体例看,在《民法通则》第四章第一节"民事法律行为"中规定"民事行为",从形式逻辑的概括规则看,颠倒了两者之间的逻辑关系,使民事法律行为成为民事行为的上位概念;再者,从本节具体条文的表述看,有些条文是以民事法律行为要件来要求一般民事行为,使民事法律行为成为民事行为的上位概念。例如,《民法通则》第 56 条和第 57 条的规定既适用于民事法律行为,又适用于民事行为。

在逻辑关系上,民事行为应当是上位概念,而民事法律行为应当是下位概念,只有这种关系才合乎法律逻辑。在 20 世纪 80 年代我国起草民法典时,为避免无效法律行为和可撤销、可变更法律行为这些称谓的内在矛盾性,即法律行为是合法的、有效的,无法接受在合法、有效的法律行为之前冠以"无效""可撤销"或者"可变更",于是创设了"民事法律行为"来替代"法律行为"以表示合法行为;在"民事行为"前面冠以无效、可撤销或者可变更来表示无效、可撤销或者可变更的法律行为。其实,无效法律行为和可撤销、可变更法律行为等类似的表述在人类的语言中司空见惯、比比皆是,如未婚妻、未婚夫等,人们并未对此提出任何异议而是习以为常。此外,即使《民法通则》采用"民事法律行为"和"民事行为"概念可以避免出现上述种种问题,而事实上合同法仍然不可避免地出现了"无效合同""效力待定合同"等概念。因此,"民事法律行为"和"民事行为"的创设是徒劳无益的。

鉴于前述情形,《民法典》摈弃了《民法通则》中的民事行为,仅保留了民事法律行为。

## 四、法律行为与私法自治

私法自治,是指权利主体根据自己的意思表示形成的私法上的权利义务关系。换言之，法律规定人们在一定范围内有权自由地创设法律关系。① 私法自治是"各个主体根据他的意志自主形成法律关系的原则"，或者是"对通过表达意思产生或消灭法律后果这种可能性的法律承认"。②

（一）私法自治适用的领域

私法自治适用于私法关系，但主要表现在财产交易领域，如在郑州国华投资有限公司股权确认纠纷案中，最高人民法院判决认为，各个股东的实际出资数额和持有股权比例，属于公司股东意思自治的范畴。有限责任公司的全体股东内部不按实际出资比例持有股权的约定，是全体股东的真实意思表示，应属有效的约定，股东按照约定持有的股权受到法律的保护。又如，在苏州工业园区海富投资有限公司增资纠纷案中，最高人民法院判决对私法关系适用私法自治，认为投资者、目标公司及目标公司股东之间签订的目标公司《增资协议》中有关的目标公司业绩对赌补偿条款是当事人真实意思的体现，符合私法自治原则，增资协议的约定合法有效，当事人应按照约定履行各自的义务。

私法自治旨在促进经济活动的顺畅进行，反对公权的不当干涉。自由竞争体现个人自由与意志，是调整经济活动的最为有效的手段。在市场经济条件下，权利主体的自主决定能够使劳动和资本得到优化的配置，而公权的干预与调整通常程序复杂、时间缓慢、成本昂贵且效益低下。③ 计划经济体制下的国家分配制度通常造成资源的低效率分配和利用，严重地损害了人的尊严和自由发展人格的权利。私法自治的意义在于法律赋予个人一种法律上的权力，通过这种法律上的权力实现个人意思。换言之，私法自治为个人提供了一种享有法律保护的自由，使个人获得了自决权的可能性，这是私法自治的优越性所在。但是，私法自治作为一种形式上人人平等的自由，却未顾及实际上人人并非平等的事实。人与人之间在财产、体能和精神能力，在市场地位和信息的获取等方面均存在不同程度的差异。这种差异就产生了私法自治能否具有社会公正性的问题。因此，法律试图在私法自治与对私法自治的限制之间找到一种平衡。

（二）法律行为是实现私法自治的手段

关于私法自治与法律行为之间的关系，德国民法理论作出了较好的诠释。拉伦茨指出："每个人都通过法律行为的手段，来构成他同其他人之间的法律关系；法律行为是实现《德国民法典》的基本原则——'私法自治'的工具。"④ 梅迪

---

① 法律制度赋予并确保每个权利主体在一定范围内，通过法律行为来调整相互之间关系的可能性，这种可能性就是私法自治。参见〔德〕卡尔·拉伦茨：《德国民法通论》（上册），王晓晔等译，法律出版社2003年版，第54页。
② 〔德〕迪特尔·梅迪库斯：《德国民法总论》，邵建东译，法律出版社2000年版，第142页。
③ 同上书，第143页。
④ 〔德〕卡尔·拉伦茨：《德国民法通论》（下册），王晓晔等译，法律出版社2003年版，第426页。

库斯进一步指出了意思表示、法律行为和私法自治三者之间的关系:"意思表示是法律行为的工具,而法律行为又是私法自治的工具。"[1]可见,法律行为是实现私法自治的主要手段,而私法自治的精神在于个人自主,即个人能够自主决定、自我负责。

私法自治并非适用于全部私法领域,而是直接适用于法律行为领域。权利主体可通过法律行为构建与他人之间的法律关系。法律行为的目的在于引起一定法律关系的变动,而法律行为之所以能够引起法律关系的变动,不仅仅是因为法律的规定,更为重要的是实施法律行为的权利主体希望自己的行为能够引起法律关系的变动。法律无法确认权利主体的内在意思,只有当这种内在意思以某种方式表现出来时才能产生法律关系的变动。因此,意思表示是法律行为的工具,法律行为又是私法自治的工具。

法律行为作为实现私法自治的手段,在司法审判实践中体现得更为充分。例如,在广州国际华侨投资公司影片发行权许可合同纠纷案[2]中,最高人民法院判决认为影片发行权许可合同充分体现了私法自治。当事人通过电影著作权许可使用合同中关于收入按比例分成和违约赔偿责任的约定,形成了各自的权利义务,充分体现了当事人的意思,符合私法自治原则。国际华侨公司与长江公司签订的《影片票房分账发行放映合同》是影片发行许可合同,双方当事人签订合同及在合同中的意思表示真实,合同内容不违反国家法律或者社会公共利益,应当依法认定为有效合同。从电影行业及电影作品发行的特点看,投资公司的分账发行许可也是电影作品著作权人行使著作权、获得投资回报的主要方式,与法律保护权利主体依法行使权利的宗旨不相违背,不为我国法律、行政法规的强制性规定所禁止,符合私法自治。又如,在张建中股权确认纠纷案[3]中,上海市静安区人民法院判决认为,当事人之间的合作出资协议、补充协议、确认书、承诺书是当事人真实意思表示,符合私法自治原则。法院判决确认了实际出资人的股东资格,并要求将涉诉股权变更到实际出资人名下。

---

[1] 〔德〕迪特尔·梅迪库斯:《德国民法总论》,邵建东译,法律出版社 2000 年版,第 143 页。
[2] 在广州国际华侨投资公司诉江苏长江影业有限责任公司影片发行权许可合同纠纷案(〔1999〕苏知初字第 4 号、〔2001〕民三终字第 3 号)中,法院裁判摘要认为,电影著作权人可以依照《著作权法》的规定,自己行使或者许可他人行使其著作权。在电影著作权许可使用合同中,著作权人与他人关于收入按比例分成和违约赔偿责任的约定,如不违反《民法通则》等法律或有关行政法规的禁止性规定,应认定有效(2004 年最高人民法院公报案例)。
[3] 在张建中诉杨照春股权确认纠纷案(〔2009〕静民二(商)初字第 585 号)中,法院裁判摘要认为,有限责任公司的实际出资人与名义出资人订立合同约定,由实际出资人出资并享有投资权益,以名义出资人为名义股东,该合同如无《合同法》第 52 条规定的情形的,应当认定为有效。实际出资人有权依约主张确认投资权益归属。如实际出资人要求变更股东登记名册,须符合《公司法》第 72 条的有关规定(2011 年最高人民法院公报案例)。

### 五、法律行为与意思表示

法律行为以意思表示为基础,意思表示是法律行为的核心要素。法律行为与意思表示是两个关系密切又相区别的法律概念。

(一) 法律行为与意思表示的联系

法律行为与意思表示,是德意志法系民法所确立的两个基本概念。意思表示作为一个法律术语,是18世纪沃尔夫(Christian Wolff)在《自然法论》(Jus Naturae)一书中首次提出的。① 在《当代罗马法的体系》(第三卷)中,萨维尼首次在法律行为中论述意思要素,所谓的"意思理论"从而与萨维尼的名字联系在一起。萨维尼将"法律行为"和"意思表示"视为同义语。②

《德国民法典》采纳了萨维尼的观点,其第三章的标题为"法律行为",但在该章的法律条文中不断地混用"法律行为"与"意思自治"两个概念。例如,《德国民法典》第111条、第125条、第134条、第135条、第137条及以下条款使用的是"法律行为",而《德国民法典》第105条、第107条、第116条至第124条、第127条以及第129条至第133条使用的是"意思表示"。对此,德国学者指出:"民法典如此跳跃式地混用这两个概念,说明法律行为和意思表示这两个概念之间的区别微乎其微。"③

《德国民法典》的《立法理由书》对民法典所使用的"法律行为"与"意思表示"之间的关系作出了明确的说明:"就常规而言,意思表示与法律行为为同义之表达方式。使用意思表示者,乃侧重于意思表达之本身过程,或者乃由于某项意思表示仅是某项法律行为事实构成之组成部分而已。"④因此,有学者认为法律行为与意思表示密不可分,意思表示就是法律行为的本身。

(二) 法律行为与意思表示的区别

除《德国民法典》之外,凡是采纳法律行为概念的国家均将意思表示作为法律行为的核心要素,意思表示的本质是行为人设立法律关系意图的外在表现。法律行为是以意思表示为核心的行为,没有意思表示就没有法律行为。意思表示虽然是法律行为所不可或缺的构成要素,但也仅仅是法律行为的组成部分,并非法律行为本身。尽管法律行为与意思表示之间关系密切,两者之间仍然存在四个方面的区别:

(1) 法律行为涵盖了意思表示。法律行为以一个或者数个意思表示为不可或缺的要素。法律行为既有单方意思表示,又有多方意思表示;意思表示只能是

---

① 参见沈达明、梁仁洁:《德意志法上的法律行为》,对外贸易教育出版社1992年版,第58页。
② 参见王利明:《民法总则研究》,中国人民大学出版社2003年版,第534页。
③ 〔德〕迪特尔·梅迪库斯:《德国民法总论》,邵建东译,法律出版社2000年版,第190页。
④ 同上。

单方的。法律行为与意思表示之间有三种关系：一是由单方意思表示构成的法律行为，如代理权的授予、撤销权的行使、解除权的行使、所有权的抛弃、遗嘱的设立等；二是由双方意思表示构成的法律行为，是典型的法律行为，如合同行为是由要约和承诺构成①；三是由多方意思表示构成的法律行为，如公司董事会或者股东会的决议行为。

（2）法律行为与意思表示的成立时间不同。法律行为成立是以意思表示成立为前提条件；意思表示成立在先，法律行为成立在后。意思表示一般在意思表示发出之时即告成立，而法律行为的成立则可分为三种情形：一是无相对人的单方法律行为，在意思表示发出之时法律行为成立；二是有相对人的单方法律行为，在意思表示到达相对人时法律行为成立；三是双方或多方法律行为，在行为人之间的意思表示合致时法律行为成立。此外，当事人可以自由约定法律行为的成立条件。一些特殊法律行为，在行为人意思表示合致之外，还需要交付标的物才能成立，如要物法律行为。

（3）法律行为与意思表示的生效时间不同。根据大陆法系国家民法，意思表示生效通常有两种情形：一是有相对人的意思表示，在意思表示到达相对人或者为相对人所知晓时生效，如我国《民法典》第137条之规定。二是没有相对人的意思表示，意思表示一经作出即可生效，如我国《民法典》第138条之规定。但是，即使意思表示生效也并不一定能够使法律行为生效。法律行为是否能够生效，取决于行为人的意思表示是否符合法律行为的生效要件。例如，要约的意思表示与承诺的意思表示能否构成一个有效的法律行为，即要约与承诺是否能够形成一个合同，关键在于要约和承诺所包含的意思表示是否符合法律的规定——主体适格、意思表示真实、不违反法律及公序良俗原则。

（4）法律行为的解释与意思表示的解释不同。意思表示的解释有狭义和广义之分。广义的意思表示解释包含了法律行为的解释，法律行为的解释是意思表示的解释的主要形态。狭义的意思表示的解释是指除法律行为之外的各种意思表示的解释。对意思表示的解释是为探求当事人的真实意思②，关注当事人

---

① "我们所称的'法律行为'并不是指单个的意思表示本身，如买受人和出卖人的意思表示，而是指合同双方当事人之间根据两个意思表示所实施的相互行为。只有通过合同这种一致的行为，才能产生法律后果。合同也不仅仅是两个意思表示的相加之和。由于两个意思表示在内容上相互关联，因此合同是一个有意义的二重行为。"〔德〕卡尔·拉伦茨：《德国民法通论》（下册），王晓晔等译，法律出版社2003年版，第427页。

② 《德国民法典》第133条规定："解释意思表示，应探求当事人的真实意思，而不得拘泥于所用的词句。"

意思的真实性①,如《民法典》第 142 条规定的意思表示解释规则。但是,法律行为的解释规则和目的不同于意思表示的解释,对法律行为的解释要求客观化,并非强调当事人意思的真实性。法律行为的解释规则比意思表示更为宽泛,且诚实信用之类原则的适用导致法律行为解释的进一步客观化,如《民法典》第 466 条之规定。现代社会中,民法加强了对相对人信赖利益和交易安全的保护,使法律行为的解释更加注重表示主义,而不是探究当事人的真实意思。例如,在安徽省经工建设集团有限公司建设工程施工合同纠纷案②中,安徽省高级人民法院判决认为,法律行为的解释应当立足于当事人的真实意思表示,双务法律行为的解释应立足于客观主义,从第三人角度考虑当事人的真实意图,而赠与、让利等单务法律行为应着重寻求表意人的真实客观意图,对表意人的义务界定应当清楚、明确。该案判决较好地诠释了两种解释的不同。

### 六、法律行为与准法律行为及事实行为

法律行为与准法律行为及事实行为之间关系密切,既有联系又有区别。法律行为、准法律行为和事实行为均能引起一定的法律关系的产生,但法律行为和准法律行为包含意思表示,而事实行为不包含意思表示;法律行为的意思表示能够直接引起法律关系的产生,而准法律行为中的意思表示却不能;准法律行为和事实行为能够引起法律关系的产生是基于法律的规定。

（一）准法律行为

准法律行为,是指当事人的意思表示并不能直接引起法律关系的产生、变更和消灭的法律效果,当事人的意思表示之所以产生一定的法律效果是基于法律的直接规定。换言之,准法律行为产生法律效果是基于法律规定,而并非基于当事人的表意行为。

准法律行为所产生的法律后果与行为人的意思没有关系,准法律行为中的表示行为并不能产生一种行为人所希望产生的法律后果。例如,我国《民法典》第 145 条规定的催告权,在相对人催告法定代理人作出追认表示的行为中,相对人(催告权人)有要求法定代理人承认法律行为效力的意思表示,但相对人催告

---

① 在德国帝国法院裁判的一个案件中,原告向被告购买了"Haakjöringsköd"。"Haakjöringsköd"在挪威语中是鲨鱼肉的意思。但双方当事人之间的买卖合同标的实际上是鲸鱼肉,他们都对所使用的词语的意义发生了理解错误。帝国法院在判决中指出,虽然当事人所使用的标的的称谓发生错误,但是他们买卖的标的仍然是鲸鱼肉。参见〔德〕卡尔·拉伦茨:《德国民法通论》(下册),王晓晔等译,法律出版社 2003 年版,第 459 页。

② 在安徽省经工建设集团有限公司诉安徽奔盛置业有限公司建设工程施工合同纠纷案(〔2018〕皖 15 民初 17 号、〔2019〕皖民终 1139 号)中,法院裁判摘要认为,合同是双方真实意思表示,内容不违反法律强制性规定的,应属有效,对双方具有约束力。法律行为的解释应立足于客观主义,从第三人角度考虑当事人的真实意图,对合同条款作出合理的解释。

的法律后果仅表现为一个为期一个月除斥期间的开始。该除斥期间届满,法定代理人仍然未作出追认法律行为意思表示的,则视为拒绝追认法律行为的效力。这种法律后果的产生与相对人所作出的催告法定代理人追认法律行为效力的意思表示没有关系。在通常情况下,相对人更希望法定代理人作出追认法律行为效力的意思表示。

法律行为与准法律行为既有联系又有区别。法律行为与准法律行为的联系表现为,均以行为人的意思表示为构成要素。法律行为与准法律行为的区别表现为,法律行为所产生的法律效果是基于行为人的意思表示,且该法律效果是行为人所预期的。例如,在买卖合同中,出让人所承担交付货物的义务是基于出让人自己承担交付义务的意思;买受人支付货款的义务同样也是买受人自己表达出来的意思。

准法律行为所产生的法律后果则是基于法律规定产生的其他法律后果,而不是行为人意思表示所追求的法律后果。换言之,准法律行为所产生的法律效果并不是意思表示的内容所确定的法律效果,而是根据法律规定所引起的与意思表示相关的法律后果。例如,债务人对债务承认的意思表示可以根据法律规定引起消灭时效中断的法律效果,要约的拒绝可以引起要约失效的法律后果等。在法律实务中,准法律行为原则上仍然类推适用法律行为的相关规定,法律行为通常也包括准法律行为在内。准法律行为有意思通知、观念通知和情感表示三种形式:

(1)意思通知。意思通知,是指行为人将自己某种单纯的意思或者态度表示出来的行为,法律因行为人的表示行为而赋予一定的法律效果。意思通知的意思并不能直接落实所产生的法律效果,意思之所以产生一定的法律效果,不是根据当事人的意思而是根据法律的规定,如要约的拒绝、履行催告、选择权行使催告等。要约的拒绝导致要约的失效,履行催告导致催告人产生合同解除权。

(2)观念通知。观念通知(又称事实通知),是指行为人对于事情的观念加以表示而法律对此直接赋予一定法律效果的行为,即行为人认知某种事实的存在并告知相关当事人所产生法律规定效果的行为。例如,召开股东大会的通知、授予代理权的表示等。观念通知的形式主要有表示纯粹观念、事实存在的主张和通知事实三种:

一是表示纯粹观念。属于表示纯粹观念的,如承认他人权利的存在。他人权利存在的承认,导致消灭时效的中断,消灭时效重新开始计算。

二是事实存在的主张。属于某种事实存在的主张,如代理人主张代理权的存在。代理人主张代理权的存在产生代理的法律后果,即由被代理人承担代理所产生的法律后果。

三是通知事实。属于通知事实的,有承诺迟到通知、债权让与通知和提存通知等。承诺迟到通知表明承诺并未生效,合同也未成立,而是构成一个新的要约。债权让与通知使债权让与生效。提存通知则产生债务清偿的法律效力。

(3) 情感表示。情感表示,是指行为人表示情感的行为被法律赋予一定的效力。情感表示能够发生法律效力的情形非常少,仅限于婚姻家庭和继承领域内,主要有对配偶通奸的宥恕和对继承人的宽恕两种情形:

一是对配偶通奸的宥恕。配偶一方对另一方通奸行为表示宥恕的,则不能以通奸为由提出离婚之诉。

二是对被继承人的宽恕。根据我国《民法典》第1125条的规定,继承人有虐待或者遗弃被继承人等行为的,丧失继承权。但被继承人生前对继承人的行为表示宽恕或者事后在遗嘱中将其列为继承人的,继承人仍然享有继承权。

## (二) 事实行为

事实行为,是指权利主体主观上并没有产生、变更或者消灭法律关系的意思,而是依照法律规定引起法律关系后果的行为。事实行为之所以能够产生一定的法律关系,完全是基于法律的直接规定。我国《民法典》第129条规定事实行为可以设立权利,《民法典》第231条规定合法房屋建造的事实行为可以设立房屋所有权。例如,在陕西崇立实业发展有限公司案外人执行异议之诉案[①]中,法院一审、二审判决均确认了依法建造房屋属于取得权利的事实行为,房屋建成后即在事实上产生了房屋的所有权,建造人取得该房屋的所有权,该种取得属于《物权法》第30条规定的原始取得方式,不以登记作为取得房屋所有权的要件。

事实行为有先占、加工、不当得利、无因管理、正当防卫、紧急避险、侵权、拾得遗失物、发现埋藏物等。法律行为与事实行为的区别主要表现在三个方面:

(1) 意思表示。法律行为以意思表示为要素,意思表示是法律行为的核心,且意思表示包含了权利主体所追求的法律后果;事实行为无须意思表示,权利主体实施行为的目的并不在于追求一定的法律后果。

(2) 法律效力。法律行为是根据权利主体的意思表示内容产生法律效力的,体现了意思自治原则;事实行为是根据法律的规定产生法律效力的,与权利主体的意思无关。

---

① 在陕西崇立实业发展有限公司诉中国信达资产管理股份有限公司陕西省分公司、西安佳佳房地产综合开发有限责任公司案外人执行异议之诉案〔(2015)陕民一初字第00037号、(2016)最高法民终763号〕中,法院裁判摘要认为,案外人提起执行异议之诉的,应当就其对执行标的享有足以排除强制执行的民事权益承担举证证明责任,且需达到享有权益排除执行的高度盖然性证明标准。执行异议之诉中,利益和主张相对的双方首先是案外人和申请执行人,被执行人对案件事实的承认可以作为认定案件事实的证据,但不能据此当然免除案外人的举证证明责任(2018年最高人民法院公报案例)。

（3）权利主体的资格。法律行为的权利主体应当具有相应的行为能力，否则，权利主体的行为不能产生预期的法律后果；事实行为的权利主体却无须具备行为能力，只要权利主体的行为符合法律的相关规定即可产生法律后果。

准法律行为与事实行为，既有联系又有区别，两者的联系表现为法律后果的产生均基于法律的规定；两者的区别表现为准法律行为有意思表示，而事实行为则没有意思表示。

## 第二节　法律行为的分类

为便于理解和掌握法律行为理论，学理上按照不同的标准将法律行为分为不同的种类。不同种类的法律行为，在法律上有不同的功能和作用；不同种类法律行为行使的方式不同，产生的法律后果也不同。

### 一、单方行为与多方行为

以意思表示当事人是一方还是多方为标准，法律行为可以分为单方行为和多方行为，而多方行为又分为双方行为和共同行为。我国《民法典》第134条规定了单方与多方法律行为的分类。

（一）单方行为

单方行为，是指由当事人一方意思表示即可设立的法律行为。换言之，单一的意思表示即可成立的法律行为，如遗嘱、形成权的行使等。当事人一方意思表示即可成立的法律行为，即使该当事人为数人也是如此。例如，承租人为数人，因出租人违约而向出租人发出的终止合同通知的行为，属于单方行为。又如，财产共有人共同抛弃共有财产，也是数个人的行为，但也属于单方行为。单方行为是非典型法律行为，可以产生四种法律关系：

（1）债权债务关系。单方行为可以形成、变更或者消灭一定的债权债务关系，如财团法人的设立行为、形成权的行使行为、债务的免除行为、无权代理的追认行为以及委托代理的撤销行为等。例如，在深圳富山宝实业有限公司合作开发房地产合同纠纷案中，最高人民法院判决认为，合同解除权（形成权）的行使是一种单方法律行为。一方当事人行使解除权的单方行为导致双方当事人之间合同关系的消灭。

（2）物权关系。单方行为可以形成、变更或者消灭一定的物权关系，如房屋的建造行为、所有权的抛弃行为、无主物的占有行为以及采矿权、渔业权和水权的设立行为等。房屋的建造行为创设房屋的所有权，所有权的抛弃行为消灭所有权，对无主物的占有行为取得所有权。

（3）亲属关系。单方行为可以形成、变更或者消灭一定的亲属关系，如非婚生子女的认领行为、离婚权的行使以及死亡宣告的申请行为等。

(4)继承关系。单方行为可以形成、变更或者消灭一定的继承关系,如遗赠行为①、遗嘱行为、继承权的接受与抛弃行为等。

当事人的单方行为以是否有相对人为标准,可以分为有相对人的单方行为与无相对人的单方行为:

(1)有相对人的单方行为。有相对人的单方行为有承认权、撤销权、解除权等形成权的行使行为以及债务的免除等,在当事人的意思表示到达相对人时,单方行为立即发生法律效力。例如,在深圳富山宝实业有限公司合作开发房地产合同纠纷案中,最高人民法院判决认为,在解除通知送达违约方时即发生合同解除的法律效力。

(2)无相对人的单方行为。无相对人的单方行为有所有权的抛弃行为、遗嘱、捐助行为等,在当事人作出意思表示时,单方行为即发生法律效力。

由于部分单方行为涉及相对人的利益,在有相对人的单方行为中,如合同的终止、解除和撤销等,这种单方行为有可能损害相对人的利益。因此,权利人行使权利,要么基于法律的直接规定,要么基于合同的约定。

## (二)双方行为

双方行为(又称契约行为),是指双方意思表示一致所设立的法律行为。② 契约行为是由两个相互一致的意思表示构成,且这两个意思表示时间有先后,在先的意思表示称为要约,在后的意思表示称为承诺。契约行为的实施采取要约与承诺的方式,当事人通过要约和承诺所表现出来的意思表示,内容必须客观上一致,至于主观上是否一致则不是契约成立的要件。契约是最为重要的法律行为,有债权契约、物权契约和身份契约等,但我国现行法律仅承认债权契约和物权契约。根据《民法典》第646条的规定,身份契约可以参照适用买卖合同的规定。债权契约又有单务契约与双务契约、有名契约与无名契约、有偿契约与无偿契约等分类。例如,在鲁瑞庚悬赏广告纠纷案③中,辽宁省高级人民法院判决认为,悬赏广告的成立应有要约与承诺。发布悬赏广告是一种法律行为,即广告人以广告的方式发布声明,承诺对任何按照声明的条件完成指定事项的人给予约定的报酬。任何人按照广告公布的条件,完成了广告所指定的行为,即对广告人

---

① 遗赠是单方行为,而赠与行为则是双方行为。
② 实际上,契约行为是"双方意思表示一致"的表述并不准确,准确的表述应当是"由双方内容互异而相对应之意思表示之合致(错综的合致)而成立之法律行为也"。郑玉波:《民法总则》,中国政法大学出版社2003年版,第299页。
③ 在鲁瑞庚诉东港市公安局悬赏广告纠纷案([2001]丹民初字第15号、[2002]辽民一终字第38号)中,法院裁判要旨认为,发布悬赏广告是一种法律行为,即广告人以广告的方式发布声明,承诺对任何按照声明的条件完成指定事项的人给予约定的报酬。任何人按照广告公布的条件,完成了广告所指定的行为的,即对广告人享有报酬请求权。发出悬赏广告的人,则应该按照所发出广告的约定,向完成广告指定行为的人支付承诺的报酬(2003年最高人民法院公报案例)。

享有报酬请求权。悬赏广告的发布人,则应该按照所发布广告的约定,向完成广告指定行为的人支付承诺的报酬。

(三)共同行为

共同行为(又称合同行为),是指由同一内容的数个意思表示的合致(平行的合致)所设立的法律行为。在共同行为中,当事人为多数,且当事人的意思表示并非对立而是并立平行的,如社团法人的设立行为、法人的合并行为、董事会决议、股东会决议和合伙人决议等,如在许明宏与公司有关的纠纷案中,最高人民法院判决指出,根据《公司法》的规定,董事会作为公司经营决策机构,可以根据法律或者公司章程规定的权限和表决程序,就审议事项经表决后形成董事会决议,但该决议应当反映董事会的商业判断和独立意志。涉案董事会决议中虽然包含了许明宏不再担任董事职务的内容,但依据是股东香港南明公司关于免除许明宏董事职务的通知,所体现的只是合营企业股东的意志,并非泉州南明公司董事会的意志。涉及许明宏不再担任泉州南明公司董事职务的部分,虽然有董事会决议之名,但并不能构成公司法意义上的董事会决议。

共同行为主要表现为决议行为,决议行为被广泛运用于各种商事活动。决议行为是指依据法人章程或者法律规定的程序和规则作出的由多个意思表示所设立的法律行为。我国《民法典》第134条规定了决议行为及决议行为的效力,即按照法律规定或者章程约定的议事方式和表决程序作出决议的,该决议行为成立。例如,在吴国璋决议效力确认纠纷案[①]中,厦门市中级人民法院判决认为,公司股东会决议行为不是股东单方法律行为,而是依据多数决原则形成的多数个体股东独立意思的偶然结合,仅在达到或者超过规定的表决权比例通过时,股东会决议成立。

单方行为与多方行为的区分,有利于识别法律行为成立时间上的差异。在多方行为中,只有在各方意思表示趋于一致时法律行为才告成立;在单方行为中,不存在意思表示一致的问题,行为人作出意思表示之时法律行为即告成立。

**二、财产行为与身份行为**

以意思表示的效果涉及财产领域还是身份领域为标准,法律行为可以分为财产行为和身份行为。

(一)财产行为

财产行为,是指以发生财产关系变动为内容的法律行为。法律行为大多属

---

① 在吴国璋诉厦门市同安区捷强市政工程有限公司决议效力确认纠纷案(〔2012〕同民初字第2324号、〔2013〕厦民终字第668号)中,法院判决要旨认为,有限责任公司的股东会决议具有约束公司及其常设机关的效力,其内容和程序必须要符合法律和公司章程的规定。公司股东会议案未能达到公司章程规定的表决权比例的,均不能成立,不产生股东会决议应有的法律效力。

于财产行为。财产行为又分为处分行为与负担行为。

（1）处分行为。处分行为，是指直接使权利发生变动的法律行为，即使权利变动直接产生转移、限制或者消灭等法律效果的法律行为。处分行为具有直接性和绝对性，直接性表现为处分权人实施处分行为时不必请求他人为一定的行为，而绝对性表现为权利变动的效果对任何人均有效。

处分行为可以分为物权行为和准物权行为。物权行为是指直接以物权的设立、变更或者消灭为内容的法律行为。准物权行为是指以物权之外的权利的设立、变更或者消灭为内容的法律行为。

处分行为有权利转让、权利变更、权利撤销和设定负担四种形式。权利转让是指将权利转让给他人，即权利主体发生变更。权利变更是指权利内容的变化，如将用益权变更为役权。权利撤销是指某些行为导致权利的消灭，如所有权的抛弃、债务的免除。设定负担是指在一个权利上为另一个权利设定负担，如抵押权、质权的设定。

（2）负担行为。负担行为，是指双方当事人约定为一定给付的法律行为。负担行为是以发生债权债务为内容的法律行为，即确立某种给付义务，在当事人之间产生债权债务关系，债务人应向债权人履行自己所承担的债务。

负担行为有单方行为与双方行为之分，前者有捐助行为、遗赠行为等；后者有买卖行为、租赁行为、借贷行为等。双方负担行为是典型的法律行为，在民法中具有重要的意义。但是，并非所有的债权债务行为均为负担行为，如债务免除和债权转让属于处分行为。①

处分行为与负担行为之间的关系，基本上表现为物权与债权的关系。处分行为与负担行为的区分，最重要的意义在于处分行为是转让权利的行为，处分行为具有某种财产分配的属性，其法律后果是导致了有关权利归属的变更，改变了财产的归属，而这种归属的变化，任何人均必须给予尊重。② 负担行为仅仅使特定人承担义务，具有相对性，即仅在特定的权利主体之间发生权利义务关系。例如，在成都讯捷通讯连锁有限公司房屋买卖合同纠纷案中，最高人民法院判决认为，处分行为有别于负担行为，解除合同并非对物进行处分的方式，合同的解除与否不涉及物之所有权的变动，而只与当事人是否继续承担合同所约定的义务有关。涉案蜀都实业公司仍然对该房屋享有所有权，但这并不意味着在不符合当事人约定或者法律规定的情形下可随意解除双方之间的合同关系。在双方房屋买卖法律关系成立并生效后，蜀都实业公司虽是该房屋的所有权人，但应当依约全面、实际履行在房屋买卖法律关系项下的义务。再审判决诠释了处分行为

---

① 参见〔德〕迪特尔·梅迪库斯：《德国民法总论》，邵建东译，法律出版社 2000 年版，第 168 页。
② 参见〔德〕卡尔·拉伦茨：《德国民法通论》（下册），王晓晔等译，法律出版社 2003 年版，第 439 页。

与负担行为之间的区别,纠正了二审判决中的错误。

**(二) 身份行为**

身份行为,是指以发生身份关系变动为内容的法律行为。身份行为有狭义和广义之分。狭义的身份行为是指直接以发生或者丧失身份关系为目的的法律行为,如婚姻、收养、离婚、终止收养等。广义的身份行为包括亲属行为与继承行为。

(1) 亲属行为。亲属行为是指发生亲属法上效果的身份法律行为。亲属行为有单方行为与双方行为之分,前者有非婚生子女的认领、宣告死亡的申请等;后者有结婚、离婚、收养等。

(2) 继承行为。继承行为是指发生继承效果的身份法律行为。继承行为有单方行为与双方行为之分,前者有遗嘱、继承权的接受与抛弃等;后者有遗赠抚养协议等。

财产行为与身份行为的区分,有两个方面的意义:

(1) 适用的法律规范不同。财产行为适用财产法的规范,身份行为适用身份法的规范。

(2) 法律效果的性质不同。财产行为的目的是设立、变更或者消灭财产权,可适用代理制度;身份行为的目的是取得或者丧失身份关系,身份行为通常不得适用代理制度,应由本人自己实施,且不得附条件。

**三、诺成行为与实践行为**

以法律行为的成立是否需要交付标的物为标准,法律行为可以分为诺成行为和实践行为。

**(一) 诺成行为**

诺成行为(又称不要物行为),是指仅以双方当事人的意思表示合致为成立要件的法律行为。换言之,当事人意思表示合致的,法律行为即告成立。诺成行为是典型的法律行为,大多数法律行为均属于诺成法律行为,如买卖行为、租赁行为、赠与行为、承揽行为、委托行为、居间行为等。

**(二) 实践行为**

实践行为(又称要物行为),是指除了当事人意思表示合致之外,还必须交付标的物作为成立要件的法律行为。法律行为的成立不但要求当事人意思表示合致,还要求交付实物。否则,即使双方意思表示合致也不能产生权利义务关系。例如,在小件物品寄存合同中,即使双方当事人对寄存合同的内容达成了合意,在交付所要寄存的物品之前,寄存合同仍然没有成立。只有寄存人将所要寄存的物品交付给保管人,即寄存物的占有转移到保管人,寄存合同才告成立。此外,自然人之间的借贷合同、借用合同均为实践行为。实践行为仅限于法律规定,我国《民法典》第 679 条和第 890 条分别规定了自然人之间的借款合同和保管合同。例如,在李杏英存包损害赔偿案①中,上海市第二中级人民法院判决认为,李杏英仅借助使用自助寄存柜继续实现对自己物品的控制和占有,而大润发超市由于没有收到交付的物品,也无法履行保管职责。保管合同的成立,须有当事人双方对保管寄存物品达成的一致意思表示,且还需寄存人向保管人移转寄存物的占有。当事人之间不存在保管合同成立的必备要件——保管物转移占有的事实。因此,双方当事人就使用自助寄存柜形成的不是保管合同关系,而是借用合同关系。

诺成行为与实践行为的区分,有助于认识法律行为成立的要件与时间。诺成行为仅依当事人的意思表示一致而成立;实践行为除意思表示一致外,还需交付标的物才能成立。诺成行为与实践行为的确定,通常应根据法律的规定以及交易惯例。诺成合同是典型的合同,实践合同仅限于法律的直接规定,只要法律没有明文规定的,均属于诺成合同。

**四、要式行为与不要式行为**

以法律行为的成立是否以某种特定的形式为标准,法律行为可以分为要式行为和不要式行为。

**(一)要式行为**

要式行为,是指构成法律行为的意思表示必须满足一定的形式,即履行一定的方式的法律行为。换言之,在意思表示之外,法律行为还必须履行一定的形式。要式通常是指书面形式,即合同书、信件和数据电文(如电报、电传、传真、电子数据交换和电子邮件等)。古代的法律行为以要式为原则,而近代以来的法律行为则以不要式为原则,但现代的法律行为又部分要求要式行为。例如,不动产物权的设定或者转移、票据行为②、遗嘱行为、婚姻行为等为要式行为,如果这些行为不符合法律规定的形式,则无效。

要式行为有法定要式行为与约定要式行为之分,法定要式行为是基于法律规定,如我国《民法典》第33条、第165条、第348条、第354条、第367条、第373条、第400条、第427条、第668条、第685条、第707条等规定;约定要式行为是基于当事人的约定。法定要式行为通常是法律行为的生效要件,而约定要式行

---

① 在李杏英诉上海大润发超市存包损害赔偿案(〔2002〕沪二中民一初字第60号)中,法院裁判摘要认为,根据《合同法》第365条和第367条的规定保管合同是实践合同,即保管合同的成立,不仅需有当事人双方对保管寄存物品达成的一致意思表示,还需寄存人向保管人移转寄存物的占有。李杏英不用人工寄存而选用责任自负的自助寄存,说明李杏英不愿将自己的物品交付给大润发超市保管,而只愿使用该超市的自助寄存柜暂时存放。因此,双方当事人没有达成保管合同的意思表示(2002年最高人民法院公报案例)。

② 票据行为的要式性表现为签章、书面、记载和格式。票据的出票、背书、承兑或者保证均须签章;各种票据行为均须以书面方式为之;票据上的各种记载均须符合《票据法》的规定;票据行为须遵循一定的格式。

为则是法律行为的成立要件。法定要式行为作为法律行为的生效要件，大陆法系民法有明确的规定。例如，《德国民法典》第125条、《瑞士民法典》第11条、《意大利民法典》第1325条均规定，缺少法定形式的法律行为无效。

古代法强调法律行为的形式主义，重形式、轻意思。近代法律逐渐抛弃了法律行为的形式主义，以不要式行为为原则，以要式行为为例外。现代法律在肯定不要式行为的同时，从交易安全的角度考虑，又规定了要式行为。

（二）不要式行为

不要式行为，是指构成法律行为的意思表示不需要满足任何形式要件，即无须履行一定的方式即可实施的法律行为。凡是法律没有明文规定或者当事人没有约定必须具备口头方式以外的其他方式的，即为不要式行为。

要式行为与不要式行为的区分，在于实施法律行为是否需要满足一定的形式要件。不要式行为的实施没有任何形式要件的要求，仅需当事人的意思表示一致；要式行为的实施除了当事人意思表示一致之外，还需满足一定的形式要件。我国学界对法定形式要件属于成立要件还是生效要件，存在成立要件说、生效要件说和证据效力说三种不同的观点：成立要件说认为，法定形式要件是法律行为的成立要件[1]；生效要件说认为，法定形式要件是法律行为的生效要件[2]；证据效力说则认为，法定形式要件是法律行为存在和内容的证据而已[3]。

生效要件说可能更符合大陆法系民法理论和实践，主要有以下两个方面的理由：一是在立法上，大陆法系民法典均规定法定形式为法律行为的生效要件；二是在理论上，大陆法系民法理论认为合意是法律行为成立的一般要件，要物行为是法律行为成立的特别要件，而要式行为并非法律行为成立的特别要件。

**五、有偿行为与无偿行为**

以给付有无对价为标准，法律行为可以分为有偿行为与无偿行为。

（一）有偿行为

有偿行为，是指当事人一方为财产上的给付而获得另一方对待给付的法律行为。在特定的法律关系中，双方当事人均为一定的给付，这种给付是一种财产利益的交换。一方当事人为一定给付之后，有权要求另一方当事人进行对待给付。财产利益上的交换以有偿为原则，有偿行为反映了交易关系，适用范围广泛，是典型的法律行为，如买卖行为、租赁行为、承揽行为等。

（二）无偿行为

无偿行为，是指当事人一方为财产上的给付而另一方无须对待给付的法律

---

[1] 参见王伯琦：《民法总则》（第8版），台湾编译馆1979年版，第129页。
[2] 参见沈德咏主编：《最高人民法院关于合同法司法解释（二）理解与适用》，人民法院出版社2009年版，第21页。
[3] 参见王利民：《民法总则研究》，中国人民大学出版社2003年版，第518页。

行为。一方当事人获得对方的利益而无须支付任何代价,如赠与行为、借用行为等。无偿行为不反映交易关系,适用的范围非常有限,是非典型法律行为。

有偿行为与无偿行为的区分,有三个方面的意义:

(1) 责任不同。有偿行为债务人的责任比无偿行为债务人的责任更重。无偿行为债务人仅在故意或者重大过失情形下,才承担损害赔偿责任。

(2) 效力不同。限制民事行为能力人实施的有偿行为,属于效力待定法律行为,须经法定代理人同意或者追认;限制民事行为能力人实施的纯获利的无偿行为,则属于有效法律行为。

(3) 性质不同。对于某些法律行为,法律规定既可以是有偿的,也可以是无偿的。但是,有些法律行为必须是有偿的,如保险合同。

### 六、有因行为与无因行为

以是否与原因行为相分离为标准[1],法律行为可以分为有因行为与无因行为。

(一) 有因行为

有因行为,是指法律行为与原因行为不能相分离并以原因行为为要件的行为,即以原因的存在或者合法为有效要件的法律行为。换言之,法律行为因原因的欠缺、不能、违法等而不能生效。在债权行为中,原因是指债权的标的及其目的;在物权行为中,原因是指物权给付的依据,即债权行为。债权行为必定有标的和目的。债权行为原则上为有因行为,但票据行为例外。例如,买卖行为、赠与行为均为有因法律行为。在有因行为中,如果原因不存在,该法律行为则不成立。

(二) 无因行为

无因行为,是指法律行为与原因相分离且不以原因为要件的法律行为,即不以原因的存在或者合法为有效要件的法律行为。票据行为属于无因行为。无因行为并不是指没有原因,而是指原因无效并不影响法律行为的效力。票据的无因性有助于促进票据的流通以及维护交易安全。例如,在中信银行股份有限公司天津分行借款担保合同纠纷案[2]中,最高人民法院判决认为,票据行为应有真实的票据原因关系(即真实的交易关系)的规定属于管理性规范,基础关系的欠缺并不当然导致票据行为无效。涉案 3000 万元数额的银行承兑汇票项下即便

---

[1] "法律行为的原因指法律行为的构成部分。原因(法律原因,罗马法上称为 Causa),乃当事人为财产上给予(Zuwendung)之目的。例如甲赠与某车给乙,其给予目的在于使乙无偿获得利益,至于其所以为此赠与的缘由(如感恩、施惠)则属动机。"王泽鉴:《民法总则》,中国政法大学出版社 2001 年版,第 267 页。

[2] 在中信银行股份有限公司天津分行诉风神轮胎股份有限公司、河北宝硕股份有限公司借款担保合同纠纷案(〔2006〕津高民二初字第 0045 号、〔2007〕民二终字第 36 号)中,法院裁判摘要认为,根据票据无因性理论,票据基础关系(包括票据原因关系)独立于票据关系,票据基础关系(包括票据原因关系)的效力不影响票据关系的效力(2008 年最高人民法院公报案例)。

不存在真实交易背景,票据基础关系无效,该汇票仍因符合《票据法》的相关规定而为有效。该案例判决直接肯定了票据的无因性。

有因行为与无因行为的区分,有利于保护交易安全。对有因行为来说,一旦原因不存在,法律行为即无效;但对无因行为来说,即使原因不存在,法律行为也仍然有效。

### 七、主行为与从行为

以是否具有主从关系为标准,法律行为可以分为主行为与从行为。

主行为,是不以其他行为存在为条件的法律行为,即能够独立存在且发生法律效力的法律行为。例如,在抵押行为与贷款行为关系中,贷款行为是主行为;在夫妻约定财产行为和婚姻行为关系中,婚姻行为是主行为。

从行为,是指以其他行为存在为前提的法律行为。从行为不能独立存在,其存在的前提是主行为,一旦主行为不存在,从行为就失去了存在的依据。例如,抵押行为相对于贷款行为而言,是从行为;夫妻约定财产行为相对于婚姻行为而言,是从行为。

主行为与从行为区分的意义是从行为的效力从属于主行为,即主行为无效或者被撤销的,从行为也随之无效或者消灭。

### 八、基本行为与辅助行为

以有无独立的实质性内容为标准,法律行为可以分为基本行为与辅助行为。

基本行为,是指在相互关联的行为中具有独立的实质性内容但以相关行为为要件的法律行为。限制民事行为能力人依法不能独立实施的法律行为属于基本行为,超越代理权的代理行为也属于基本行为。基本行为需有辅助行为的辅助,方能生效。

辅助行为,是指不具有独立的实质性内容而仅能使其他法律行为发生效力的法律行为。[①] 法定代理人或者监护人对限制民事行为能力人依法不能独立实施法律行为所作的同意行为,被代理人对代理人超越代理权行为的追认行为等,均属于辅助行为。

### 九、生存行为与死因行为

以效力是在行为人的生前还是死后发生为标准,法律行为可以分为生存行为与死因行为。

生存行为,是指效力发生在行为人生前的法律行为。法律行为大多属于生

---

① "法定代理人对于限制民事行为能力人之行为之同意,为补偿行为,限制民事行为能力人之行为,为基本行为。"史尚宽:《民法总论》,中国政法大学出版社 2000 年版,第 314 页。

存行为,如前述法律行为分类中的多方行为、财产行为、诺成行为、有偿行为等。因此,生存行为是典型的法律行为。

死因行为,是指以行为人的死亡为生效要件的法律行为。遗嘱、遗赠、财团法人的设立,属于死因行为。但财团法人的设立不限于死因行为,如老牛基金会、腾讯公益慈善基金会、万通公益基金会等,均为生存行为。

生存行为与死因行为的区分,有利于确认法律行为生效的时间。死因行为只有在行为人死亡时,才能生效。

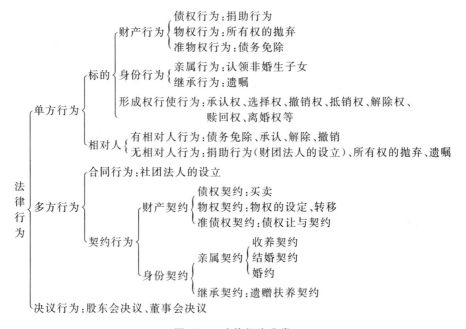

图 10-1 法律行为分类

## 第三节 意思表示

法律行为以意思表示为基础,意思表示是法律行为的核心要素。意思表示是否有瑕疵,涉及法律行为的效力。意思表示与法律行为之间的关系非常密切,意思表示不仅是表意人希望设立法律行为意思的外在行为,而且其成立和生效还是法律行为成立和生效的前提和基础。

### 一、意思表示的概念

意思表示,是指行为人对外表示实施一定法律行为意思的行为。我国《民法典》并未规定意思表示的概念,仅规定了意思表示的类型、生效和解释问题。意思表示是行为人将实施一定法律行为的内在意思以某种方式表现出来,使外界能够了解行为人内在意思的行为。① 例如,在中国建设银行上海市浦东分行借款合同纠纷案②中,最高人民法院判决认为,伪造签字或者变造签章的合同不能认定为体现当事人的内在意思。当事人的签字包括自然人的签字和企业法定代表人的签字,企业法定代表人签字的合同代表了企业意思表示,可以产生合同成立的法律效果。合同书上盖章的意义在于证明该合同书的内容是当事人的意思表示,合同书上的印模具有证据的作用。加盖真实印章的合同,权利义务由加盖公章当事人承受。涉案《不可撤销担保书》加盖的是以中基公司贸发部的印章变造后的中基公司印章,不是中基公司的正式印章,《不可撤销担保书》并不当然代表中基公司的意思。建行浦东分行作为专业性的金融机构,在从事金融业务时,本应尽到谨慎的注意义务,但经办人员疏于履行职责,接受加盖变造印章的担保,中基公司对此并无过错,不应承担《不可撤销担保书》项下的义务。

(一)意思表示的意义

意思表示是能够产生法律后果的内在意思表现在外的行为,意思表示能够产生法律后果是基于法律制度的规定,且意思表示所包含的法律后果也是表意人意思表示本身所希望追求的法律后果。意思表示是德国法律行为理论中最为基础的法律概念和制度构造,也是法律行为制度的精华所在。

意思表示是以一种可受行为人意志控制的作为或者不作为为前提。在无意识或者精神错乱等其他类似情形无法对行为进行有意识控制的,行为人作出的表示不是法律行为意义上的意思表示。例如,在拍卖会现场某人向朋友招手,拍卖师误以为举牌,行为人虽有行为但没有(举牌)意思,不能产生相应的法律后果;邀请朋友聚餐,虽然有意思表示,但行为人(邀请人)并不希望产生私法效果的意思表示,从而被邀请人不能获得法律上的请求权。

意思表示是表意人希望设立法律行为的意思行为。③ 表示行为是表意人将内在的心理状态以某种方式表现出来的行为,因表意人的心理状态不同而产生不同的法律效果,有合同行为之类的适法行为,也有侵权行为之类的违法行为。

---

① 参见胡长清:《中国民法总论》,中国政法大学出版社1997年版,第223页。
② 在中国建设银行上海市浦东分行诉中国出口商品基地建设总公司、上海中益国际贸易发展有限公司借款合同纠纷案([2001]沪高经重字第2号、[2001]民二终字第155号)中,法院裁判摘要认为,有争议的合同文本经司法鉴定认定是一方当事人伪造签名、变造印章,且经当事人举证和法院查证,均不能证明变造的印章为该当事人自己加盖或者授意他人加盖,也不能证明该当事人有明知争议合同文本的存在而不予否认,或者在其他业务活动中使用过变造印章,或者明知他人使用变造印章而不予否认等情形。因此,不能认定或者推定争议合同文本为该当事人真实意思的表示(2004年最高人民法院公报案例)。
③ 在德国民法理论中,意思表示具有某种特定的陈述价值。德国学者认为,意思是独立于表示的一种内心事实,意思表示的陈述价值就在其表达了行为人希望产生法律后果的意思,意思表示就是对这种意思的宣示。参见[德]卡尔·拉伦茨:《德国民法通论》(下册),王晓晔等译,法律出版社2003年版,第451—452页。

在适法行为的表示行为中,有希望设立法律行为的意思表示;有不希望设立法律行为的意思通知(催告、要约拒绝等)、观念通知(他人权利存在的承认、承诺迟到的通知、债权让与通知等)以及情感表示(宥恕)。在意思通知、观念通知和情感表示中,不管当事人的意思如何,法律直接赋予这些表示行为一定的效力,与法律行为是基于当事人的意思表示产生法律效力不同。例如,在大连俸旗投资管理有限公司借款合同纠纷案[1]中,最高人民法院判决认为,当事人之间签订的《欠款确认及债权转让协议书》《协议书》《最高额动产质押合同》《动产质押监管协议》是各方的真实意思表示,内容不违反法律、行政法规的强制性规定,为有效合同。

(二) 意思表示的分类

根据不同的标准,意思表示有以下四种不同的分类方式:

(1) 明示的意思表示与默示的意思表示。根据意思表示方法的不同,意思表示可以分为明示的意思表示与默示的意思表示两种。明示的意思表示,是指以语言文字或者其他习惯的表达方式直接表示行为人的意思;默示的意思表示,是指通过推定的方法间接表示行为人的意思。

明示的意思表示与默示的意思表示区分的意义在于连带债务必须基于行为人明示的意思表示才能成立[2];默示的意思表示只有在法律有明文规定、当事人有约定或者符合当事人之间的交易惯例的情况下才能发生法律效力。例如,在温州银行股份有限公司宁波分行金融借款合同纠纷案[3]中,宁波市中级人民法院判决认为,权利的放弃必须采取明示的意思表示才能发生法律效力,默示的意思表示仅在法律有明确规定及当事人有特别约定的情况下才能发生法律效力,不宜在无明确约定或者法律无特别规定的情况下,推定当事人对权利进行放弃。涉案温州银行与创菱电器公司签订的借款合同虽未将婷微电子公司签订的最高额保证合同列入,但温州银行未以明示方式放弃婷微电子公司提供的最高额保证,故婷微电子公司仍是该诉争借款合同的最高额保证人。

---

[1] 在大连俸旗投资管理有限公司诉中国外运辽宁储运公司、大连港湾谷物有限公司借款合同纠纷案([2016]辽民初1号、[2016]最高法民终650号、[2017]最高法民申3926号)中,法院裁判摘要认为,质物是否真实移交监管或是否足额移交监管的基本事实是质权是否已经设立的认定标准。在动产质押监管合同纠纷中,如果债权人、作为出质人的债务人、质物监管人三方对质物没有真实移交监管或者没有足额移交监管均存在过错,则三方对相应质权没有设立给债权人造成的损失均应承担责任(2017年最高人民法院公报案例)。

[2] 参见郑玉波:《民法总则》,中国政法大学出版社2003年版,第334页。

[3] 在温州银行股份有限公司宁波分行诉浙江创菱电器有限公司、岑建锋、宁波三好塑模制造有限公司金融借款合同纠纷案([2013]甬东商初字第1261号、[2014]浙甬商终字第369号)中,法院裁判要点认为,在有数份最高额担保合同情形下,具体贷款合同中选择性列明部分最高额担保合同,如债务发生在最高额担保合同约定的决算期内,且债权人未明示放弃担保权利,未列明的最高额担保合同的担保人也应当在最高债权限额内承担担保责任(指导案例57号)。

（2）有相对人的意思表示与无相对人的意思表示。根据意思表示是否有相对人，意思表示可以分为有相对人的意思表示与无相对人的意思表示。有相对人的意思表示，是指行为人的意思表示是针对相对人作出的，如合同的订立、债务的免除。无相对人的意思表示，是指行为人的意思表示不需要相对人，如所有权的抛弃、董事会的决议。

在有相对人的意思表示中，相对人有特定的，也有不特定的，因而有相对人的意思表示又有对特定人的意思表示与对不特定人的意思表示之分，对特定人的意思表示有撤销、解除等；对不特定人的意思表示有悬赏广告等。

有相对人的意思表示与无相对人的意思表示区分的意义在于有相对人的意思表示只有向相对人作出才能生效；其中对特定人的意思表示必须对该特定人作出，对不特定人作出的则不生效；对不特定人的意思表示，则只需向不特定人发出即可生效，如我国《民法典》第139条规定以公告方式作出的意思表示，公告发布时生效。无相对人的意思表示，则在意思表示完成时即告生效，如我国《民法典》第138条之规定。

（3）对话的意思表示与非对话的意思表示。根据意思表示是否进行直接交换，意思表示可以分为对话的意思表示与非对话的意思表示，这是对有相对人的意思表示所进行的进一步分类。对话的意思表示，是指意思表示能够直接为当事人所了解，即以口头、电话等方式进行意思表示。非对话的意思表示，是指意思表示以间接方式为当事人所了解，即以微信、电子邮件、电报、传真、书信等方式进行意思表示。

对话的意思表示与非对话的意思表示的区分意义在于生效的时间不同。对话的意思表示在相对人了解之时生效，而非对话的意思表示则在通知到达相对人时生效。

（4）健全的意思表示与有瑕疵的意思表示。以意思表示是否具有瑕疵为标准，意思表示可以分为健全的意思表示与有瑕疵的意思表示。健全的意思表示，是指表意人的真实意思表示。有瑕疵的意思表示，是指表意人的意思与表示不一致。这是意思表示最重要、也是最有意义的分类，是判断法律行为生效的依据。

健全的意思表示与有瑕疵的意思表示的区分意义在于构成法律行为生效要件的意思表示必须是健全的意思表示，有瑕疵的意思表示则影响法律行为的效力。

## 二、意思表示的构成要素

意思表示的构成要素在理论上有两种不同的学说：一是静态说，即意思表示构成要素说，强调意思表示的静态；二是动态说，即意思表示过程说，强调意思表示的动态。实际上,意思表示构成要素说与意思表示过程说两者之间并无实质上的差异,仅仅是从不同的角度观察而已。意思表示的构成要素最终可以划分为主观要素与客观要素。

(一) 意思表示的主观要素

意思表示的主观要素是指内心的意思构成的要素。在通常情况下,行为人外在的表示与内在的意思是一致的,但是意思与表示也常常可能不一致,从而产生了一个问题,即在具备何种主观要素的情况下,法律才可以认定外部的表示是行为人真实的"意思表示",从而赋予该意思表示一定的法律效果。

为处理内在意思与外部表示不一致的各种情形,传统民法理论将意思表示的主观要素分为目的意思与效果意思[①]:

(1) 目的意思。目的意思是指明法律行为具体内容的意思要素,即法律行为的内容。目的意思是意思表示或者法律行为成立的基础,如果没有目的意思或者目的意思不明确、不完整,就不能构成意思表示或者法律行为。对目的意思的规制是意思表示的核心内容,传统民法理论按目的意思法律性质的不同,将目的意思的内容分为要素、常素和偶素三种:

一是要素。要素是指构成意思表示或者法律行为所必备的意思内容。任何意思表示或者法律行为一旦缺少要素,该意思表示或者法律行为就不能成立。

二是常素。常素是指行为人进行某种意思表示或者法律行为通常应具备的意思内容。常素与行为人的意思没有关系,而是由法律直接规定的,如买卖合同中的瑕疵担保责任。

三是偶素。偶素是指根据法律行为的性质并非必须具备的,而是由行为人自己特别约定的意思内容。偶素是相对于要素和常素而存在的,偶素的欠缺并不影响法律行为的成立,如特约条款、附加条款、买回条款。

意思表示三要素在意思表示和法律行为中的地位与作用不同,要素在意思表示中居于核心地位。对于目的意思中的要素,当事人必须意思表示一致;对目的意思中的常素和偶素,未经当事人表示意思的,推定法律行为成立。关于常素和偶素,在当事人意思表示不一致的情况下,法院应当根据事件的性质来确定。

(2) 效果意思。效果意思是指使目的意思产生法律效力的意思,即行为人希望使表示行为的内容产生法律上效力的内在意思要素。例如,在沈某某房屋

---

[①] 有些学者认为意思表示的主观要素还应包括表示意思。表示意思是指行为人将目的意思和效果意思表现于外部的意思,即行为人在进行意思表示时,使内在的目的意思与外在的行为相联系的意思。表示意思的意义在于行为人认识到行为所具有的某种法律上的意义,例如,通过传真或者电子邮件订货;反之,行为人在拍卖会场中举手向朋友致意,因不知行为在法律上的意义,即不具有表示意思。

买卖合同纠纷案①中,杭州市拱墅区人民法院判决认为,双方当事人因缺乏效果意思而导致法律行为无效。在通谋订立虚假房屋买卖合同的情形下,双方均不具有使该合同发生房屋买卖合同效力的效果意思,从而该意思表示不是当事人所要发生法律效果的真实意思表示。双方当事人(公公婆婆与儿子儿媳)签订房屋买卖合同仅为孙子女(子女)获得入学资格,而没有发生任何法律关系的效果意思,从而该行为应被认定为无效。

目的意思与效果意思之间的顺序,是先有目的意思,后有效果意思。效果意思使目的意思产生法律上的效果,是法律行为成立的要件。例如,在枣庄矿业(集团)有限公司柴里煤矿联营合同纠纷案②中,最高人民法院再审认为,仅有柴里煤矿一方的效果意思,无法推定合同成立。法律行为上的意思表示之所以区别于非法律行为,关键在于效果意思。涉案的柴里煤矿确曾对出资的安全存有隐忧,专门与华东公司、华夏银行订立相关合同条款。但在三方对柴里煤矿出资何时监管、如何监管已有明确约定和安排的情况下,仅根据柴里煤矿一方的效果意思和缔约目的,即推定合同相对人华夏银行和华东公司应另行承担约定义务之外的义务,则难谓符合当事人共同的合同目的。最高人民法院再审判决撤销了山东省高级人民法院和枣庄市中级人民法院判决,维持了滕州市人民法院一审的主要判决。

(二)意思表示的客观要素

意思表示的客观要素是指外部的表示行为。表示行为是指行为人将内在的意思对外以一定的方式表现出来,外界通过外在的行为了解行为人内在的目的意思。例如,在绵阳市红日实业有限公司、蒋洋股东会决议效力及公司增资纠纷案③中,最高人民法院判决认为,即使公司内部意思形成过程存在瑕疵(股东会决议部分无效),但只要对外的表示行为有效,公司即受到该表示行为的制约。

---

① 在沈某某等诉丁乙房屋买卖合同纠纷案(〔2012〕拱民初字第599号)中,法院裁判要旨认为,为获得入学资格而订立虚假的学区房买卖合同属于通谋虚伪意思表示的范畴。通谋虚伪意思表示可分为伪装行为和隐藏行为两种形态。对伪装行为和隐藏行为中的表面行为,适用《民法通则》第55条否定其效力;对被隐藏的行为的效力,适用《合同法》第52条的规定判断之。

② 在枣庄矿业(集团)有限公司柴里煤矿诉华夏银行股份有限公司青岛分行、青岛保税区华东国际贸易有限公司联营合同纠纷案(〔2005〕滕民初字第2716号、〔2006〕枣民四终字第105号、〔2006〕鲁民再字第123号、〔2009〕民提字第137号)中,法院裁判摘要认为,对合同约定不明而当事人有争议的合同条款,可以根据订立合同的目的等多种解释方法,综合探究当事人的缔约真意。按照与合同无利害关系的理性第三人通常理解的当事人共同的合同目的进行解释,且目的解释不应导致对他人合法权益的侵犯或与法律法规相冲突(2010年最高人民法院公报案例)。

③ 在绵阳市红日实业有限公司、蒋洋诉绵阳高新区科创实业有限公司股东会决议效力及公司增资纠纷案(〔2006〕绵民初字第2号、〔2006〕川民终字第515号、〔2010〕民提字第48号)中,法院裁判摘要认为,在民商事法律关系中,公司作为行为主体实施法律行为的过程可以划分为两个层次:一是公司内部的意思形成阶段,即股东会或董事会决议;二是公司对外作出意思表示的阶段,即公司对外签订的合同。为保护善意第三人和维护交易安全,在公司内部意思形成过程存在瑕疵的情况下,只要对外的表示行为不存在无效的情形,公司就应受表示行为的制约(2011年最高人民法院公报案例)。

涉案合同相对方的陈木高没有审查科创公司意思形成过程的义务,科创公司对外达成协议应受表示行为的制约。《入股协议书》是科创公司与陈木高作出的一致意思表示,不违反国家禁止性法律规范,且陈木高按照协议约定支付了相应对价,没有证据证明双方恶意串通损害他人利益,应属有效。

表示行为必须具备两个方面的内容:一是表示行为必须是行为人有意识的行为。行为人在无意识或者精神错乱情形下所实施的行为,不得认定为表示行为。[①] 二是表示行为必须能够为外界所认识和了解,即"谓将效力意思使外部认识之行为"[②]。外界不能通过行为人的表示行为理解行为人内在的目的意思的,不能认为是表示行为。

意思表示的主观要素与客观要素相辅相成、互为表里、缺一不可。在内心意思方面,目的意思是意思表示必备的构成要件,缺乏目的意思时意思表示不成立。例如,在梦游、麻醉状态下的签字或者在拍卖会上被强制举手等行为,意思表示不成立。在外部表示行为缺乏时,意思表示也不成立。例如,某人内心打算设立遗赠,捐助财产设立财团法人,但还没有将捐助财产的意思表现于外部即死亡的,则不存在意思表示。

### 三、意思表示的发出与到达

意思表示从内在的意思到外在的表现,需要有一个时间过程。意思表示的发出与意思表示的到达的意义,是确认意思表示是否生效以及生效的时间。《民法典》是以意思表示的发出和到达,作为意思表示生效的判断标准。

(一)意思表示的发出

意思表示的发出,是指表意人向相对人作出意思表示并完成了一切使意思表示生效所必需的行为。意思表示的发出可能标志着意思表示的生效。在意思表示发出之时,表意人是否具有权利能力和行为能力,是判断表意人意思表示有效性的前提条件。如果在意思表示发出之后,表意人死亡或者丧失行为能力的,对意思表示的效力不发生影响。

以意思表示是否存在特定的相对人为标准,意思表示的发出可以分为需要受领的意思表示与无须受领的意思表示两种,两种意思表示的区别是生效时间不同。需要受领的意思表示是意思表示的主要形态,通常有两种情形:

(1)以直接对话方式作出意思表示。如果意思表示是以直接对话方式作出的,表意人只要向受领意思表示的相对人作出意思表示且相对人(受领人)能够

---

[①] "表示行为须本于意思作用,故在无意识(梦话)或精神错乱(重病中之谵语)中之动作,不能认为表示行为。"郑玉波:《民法总则》,中国政法大学出版社2003年版,第333页。

[②] 史尚宽:《民法总论》,中国政法大学出版社2000年版,第350页。

听见的,意思表示即告发出。以对话方式作出的意思表示包括当事人面对面和电话两种方式。通过传达人发出意思表示的,则不属于对话方式作出的意思表示。

(2) 以非对话的间接方式作出意思表示。以非对话方式作出的意思表示方式较多,通常有微信、电子邮件、电报、传真、书面文件以及报纸、电视、网络等。如果是通过电报传递意思表示的,则在表意人将电报交付电报局之时,意思表示即告发出。如果是通过书面方式进行意思表示的,则在表意人将书面文件交付受领人之时意思表示即告发出。如果意思表示是向公众发出的,表意人完成使公众知晓表示的行为之后,意思表示即告发出。例如,表意人将报纸广告交给报社或者邮寄给报社之后,意思表示即告发出,而并非在广告刊出之时。但是,在刊登广告的报纸向社会公众发行之后,意思表示才生效。①

无须受领的意思表示并非意思表示的常态。表意人发出意思表示不需要相对人受领的,一旦表意人完成意思表示行为,意思表示即告发出并生效。表意人所发出的意思表示必须符合意思表示的生效要件,即表意人具有权利能力和行为能力,意思表示的内容清楚明确真实、标的确定、可能、合法、妥当。

书面遗嘱并非对特定的受领人发出的,遗嘱的设立人一旦签署遗嘱,遗嘱即告完成。但遗嘱设立人死亡是遗嘱的生效条件,且设立人在死亡之前可以随时变更或者撤回遗嘱。

(二) 意思表示的到达

意思表示的到达,是指表意人所发出的意思表示到达意思表示的受领人。意思表示到达的意义是意思表示到达受领人之时,意思表示即告生效。意思表示到达受领人通常有以下两种情形:

(1) 以对话方式发出的意思表示的到达。表意人与受领人当面或者以电话方式发出意思表示的,双方当事人之间存在直接的接触,意思表示的发出与到达是同时发生的,表意人发出意思表示时即到达受领人,受领人立即知晓意思表示内容,意思表示生效,如我国《民法典》第137条之规定。

(2) 以非对话方式发出的意思表示的到达。以非对话方式所发出的意思表示,表意人与受领人之间不存在直接的接触,表意人发出意思表示与受领人知晓意思表示的内容之间存在一定的时间差,从而产生了意思表示何时生效的问题。立法通常以意思表示到达受领人时为生效时间。我国《民法典》第137条采纳了受领说,以到达受领人的时间为意思表示生效的时间。

以对话方式发出的意思表示,受领人立即知晓表意人意思表示的内容,对意

---

① 参见〔德〕卡尔·拉伦茨:《德国民法通论》(下册),王晓晔等译,法律出版社2003年版,第570—571页。

思表示是否生效不会发生纠纷。以非对话方式发生的意思表示,受领人何时知晓表意人意思表示的内容存在疑问,意思表示的生效问题通常极易产生纠纷。为平衡表意人和受领人之间的利益,合理地分配风险,关于表意人对特定相对人发出的意思表示的生效,法律采取了到达主义原则,即意思表示到达受领人时生效。意思表示的到达是指根据一般交易观念,意思表示已经进入受领人的控制范围,但受领人是否知晓则无关紧要。意思表示的到达并非意味着受领人实际控制,而是指意思表示已经进入受领人能够控制的范围,即所谓的"空间上的支配范围"。[①] 例如,信件已经投入到受领人的信箱之内,不管受领人是否看到信件,均视为意思表示到达。

我国《民法典》对意思表示的生效采取到达主义,即要约与承诺的意思表示到达受领人之时即告生效。以数据电文形式作出意思表示的,受领人指定特定系统接收数据电文的,该数据电文进入指定特定系统的时间,视为意思表示的到达时间;未指定特定系统的,该数据电文进入受领人的任何系统的首次时间,视为到达时间。

综上所述,书面意思表示的到达,以相对人根据交易惯例可以知晓意思表示之时为准;口头意思表示的到达,则以相对人通过听觉器官知晓意思表示为准。但是,相对人是否正确理解意思表示的意义,则无关紧要。无须受领的意思表示一经发出立即生效,无须到达,但法律规定了其他生效要件的除外。

(三) 意思表示的撤回与撤销

意思表示的撤回与意思表示的撤销,是两个不同的法律概念。撤回的意思表示只能是一个没有生效的意思表示(即意思表示已成立但未生效),而撤销的意思表示是一个已经生效的意思表示。法律对意思表示撤回和撤销的限制条件不同。

意思表示的撤回,是指在意思表示发出之后、到达受领人之前,表意人取消意思表示的行为。意思表示撤回的通知在意思表示到达受领人之前或者与意思表示同时到达受领人的,意思表示撤回的行为有效。我国《民法典》第141条对意思表示的撤回作出了规定。

意思表示的撤销,是指表意人在意思表示生效之后取消意思表示的行为。基于对信赖利益的保护,民法通常禁止撤销意思表示。在特定条件下,法律允许意思表示的撤销。但是,我国《民法典》并未规定意思表示的撤销。

**四、意思表示的不一致**

意思表示的不一致,是指表意人的内在意思与外在的表示出现差异,即意思

---

[①] 〔德〕卡尔·拉伦茨:《德国民法通论》(下册),王晓晔等译,法律出版社2003年版,第575页。

表示具有瑕疵。有瑕疵的意思表示主要有两种情形：一是故意的意思表示不一致，即表意人故意使意思与表示不一致，如真意保留、虚假意思表示；二是无意的意思表示不一致，即表意人不知意思与表示不一致，如错误、误传。

（一）故意的意思表示不一致

表意人明知真意与表示不一致所作出的意思表示，即表意人的真实意思欠缺是故意造成的。例如，在扬州东方集团有限公司借款合同纠纷案①中，江苏省高级人民法院判决认为，当事人之间签订的《借款合同》和《还款合同》并非双方真实意思表示，是虚假意思表示，而两份补充协议才是双方之间的真实意思表示，双方当事人之间并不存在 5000 万元的真实借款关系。

故意的意思表示不一致有真意保留和虚假意思表示两种情形。

（1）真意保留。真意保留，是指表意人故意隐匿心中的真实意思，作出了与内在意思不同的意思表示，从而又称为"单独虚伪表示"。在真意保留中，表意人故意使外在表示与内在意思不一致，且并不希望意思表示产生法律约束力。《德国民法典》第 116 条和《日本民法典》第 93 条规定了真意保留，相对人知道表意人为真意保留的，意思表示无效。

我国《民法典》并未规定真意保留，而我国民商事审判实践却承认真实保留。例如，在刘引孝民间借贷纠纷案②中，陕西省高级人民法院判决认为，债权人的行为构成真意保留。涉案双方之间的借款担保合同未约定履行期限，在债务人欠息已达 10 个月时，债权人要求还款，但债务人提出还本不付息，债权人仅要求债务人先打款，表明债权人意思表示模糊不清，从而双方的口头约定并未形成明确的变更借款合同的一致意思表示。债权人变造借据"退还"给了债务人。退还借据是民间借贷的交易习惯，即债权人将借款合同或借据、收条等凭证返还给债务人，视为债权人已经收到了债务人返还的借款本金及利息，意味着双方的借款合同已经履行完毕。涉案债权人退还假借据的行为，表面上同意债务人还本不付息的条件，但由于债务人收回的假借据并不能产生债务履行完毕的法律效力，实际上也表明债权人意思有保留，即不放弃利息，只接受还款——债权人的行为构成真意保留。债权人作出的免息意思表示无效，债务人仍然承担支付利息的

---

① 在扬州东方集团有限公司诉新疆炼化建设集团有限公司借款合同纠纷案（〔2008〕扬民二初字第 0063 号、〔2009〕苏民二终字第 0098 号、〔2012〕民申字第 996 号）中，法院裁判要旨认为，对当事人之间虚假表示、真意保留的行为进行判断，需要将该行为拆分为两个法律行为，即表面行为和隐藏行为。除需分析研究表面行为的虚假性以外，还应深入分析隐藏行为的真实性，并应对当事人之间虚假表示、真意保留行为的效力根据一定的原则进行判断。

② 在刘引孝诉王爱云、王增、张文浩、田和禾、李平民间借贷纠纷案（〔2014〕榆中民三初字第 00300 号、〔2015〕陕民一终字第 00052 号）中，法院裁判要旨认为，债权人要求债务人还款，债务人以只还本不还息为条件，债权人为讨要借款变造假借据退给债务人，债权人的行为构成真意保留，一般情况下保留的真意不受保护，但债务人随即知道债权人真意保留的，则保留的真意有效，债权人的利息请求应予支持。

义务。在意思表示有瑕疵的情况下,债权人退还假借据并不产生债务人所期望的合同已履行完毕的法律效力。法院从意思表示解释,对真意保留的效力作出了判断。

真意保留的构成,必须具备以下三个条件:

一是有表意人意思表示的存在。意思表示以表示的内容具有法律价值为前提,由表意人以一定的方式表示于外部,但如果表意人的行为不能产生法律效力的,则意思表示不成立,从而不会产生真意保留问题。

二是表意人的表示与真意不一致。表意人内在的意思与外在所作出的表示不一致,且表意人没有受意思表示约束的意思,即表意人并不希望外部表示行为发生法律效力。表示与真意不一致主要有两种情形:表意人完全没有内在的目的意思;表意人有其他的内在的目的意思。

三是表意人明知意思表示瑕疵的存在。即表意人故意作出内在意思与外在表示不一致的意思表示。真意保留的意思表示原则上仍然有效,动机错误原则上不影响意思表示的效力。真意保留的意思表示之所以有效,是为保护相对人的利益和交易安全。但是,如果相对人明知表意人为真意保留的意思表示,则该意思表示无效。

我国《民法典》虽然没有规定真意保留,但司法审判实践根据意思表示的解释规则,推导出真意保留的法律效力。例如,在邬斌买卖合同纠纷案①中,宿迁市中级人民法院判决认为,从意思表示解释的法律规则,可以推导出真意保留的规范。根据《民法总则》第142条的规定,有相对人的意思表示解释是以表示主义为原则,以意思主义为例外,相对人不知悉或者不应当知悉表意人真意的,应当按照表示主义解释意思表示,以保护相对人的合理信赖,维护交易安全。在真意保留情形下,相对人不知悉或者不应当知悉表意人真实意思的,表意人意思表示不因真意保留而不生效力;但在相对人知悉或者应当知悉表意人内心保留情况下,应按照表意人真意解释意思表示,由于表意人真意是不想发生表示出的法律效果,对此表示的解释结果便应是意思表示不存在。从利益衡量出发,因相对人没有需要保护的合理信赖,认定意思表示不存在也不会损害相对人利益以及交易安全。在涉案的聚阳公司单方从事刷单行为的背景下,应分析双方是否真正形成了以一元单价订立合同的一致意思表示。聚阳公司作为表意人,作出"一元交易"的意思表示应认定为真意保留。聚阳公司将空气能热水器标价为一元的确存在不合理之处,但并不能够当然确定在发起首笔交易时,邬斌明知聚阳公

---

① 在邬斌诉佛山聚阳新能源有限公司、杭州阿里巴巴广告有限公司买卖合同纠纷案(〔2016〕苏1322民初19065号、〔2018〕苏13民终2202号)中,法院裁判摘要认为,真意保留情形下的法律适用规则如下:一是相对人不知悉或者不应当知悉表意人内心保留的,应当以表示意思解释表意人的意思表示;二是相对人知悉或应当知悉表示人内心保留的,应当按照表意人真意解释意思表示。

司的一元标价是虚伪表示。在双方首次交易中,邬斌对于聚阳公司订立合同的意思存在合理信赖,应以聚阳公司的意思表示为准,认定双方订立的买卖合同成立并生效。这种处理有利于规制网络刷单行为,引导网络商户诚信经营,净化网络购物环境,维护网络交易安全和网络交易秩序。在后三笔交易中,邬斌主观上明知或应知聚阳公司以一元销售空气能热水器的意思表示并非该公司真实意愿,即聚阳公司保留了真意,应当以聚阳公司的真实意思解释意思表示,聚阳公司的真实意思是"刷单"而非订立合同,因而应认定双方之间未形成订立合同的一致意思表示,买卖合同不成立。从意思表示解释和利益衡量角度,法院对真意保留的效力作出了合理的判断,即第一次合同成立并生效,其后三次合同不成立。

(2)虚假意思表示。虚假意思表示,是指表意人与相对人通谋所进行的虚假表示,又称为"虚伪表示"或者"双方通谋虚伪表示"。表意人与相对人均知晓自己所表示的意思并非自己的真实意思,且双方均不希望该法律行为真正发生法律效力。例如,在沈某某房屋买卖合同纠纷案中,杭州市拱墅区人民法院判决当事人之间的房屋买卖合同无效。涉案房屋买卖合同属于虚假意思表示,房屋属于丁甲(公公)、沈某某(婆婆)共有,丁乙(儿子)、徐某(儿媳)协助丁甲、沈某某办理涉案房屋产权过户登记手续。该案判决表明涉诉案件虽然具有形式上真实的书面房屋买卖合同,但双方当事人并不存在产生房屋买卖效果的真实意思表示,属于通谋虚伪意思表示的范畴。

在虚假意思表示中,表意人与相对人双方当事人均明知真实意思与表示不一致,法律行为本身欠缺效果意思,当事人均不希望这种法律行为能够真正发生法律效力。例如,债务人为避免财产被扣押,与相对人通谋假装出售财产。《德国民法典》第117条和《日本民法典》第94条规定,虚假意思表示行为无效,但不得对抗善意第三人。我国《民法典》和司法审判实践,均认定虚假意思表示无效,如在河南长葛农村商业银行股份有限公司金融借款合同纠纷案[①]中,最高人民法院判决虚假意思表示无效,认为涉案长葛农商行与枞阳农商行之间的同业存款合同、长葛联合社与闽发证券公司之间的理财合同均是双方以虚假意思表示实施的法律行为,各方真实的意思表示为以长葛联合社的名义将枞阳联合社的资金出借给闽发证券公司,各方均由此获得不正当利益。因此,各方实施的是通谋虚伪意思表示的法律行为,涉案的同业存款合同

---

① 在河南长葛农村商业银行股份有限公司诉安徽枞阳农村商业银行股份有限公司金融借款合同纠纷案(〔2009〕豫法民二初字第8号、〔2018〕最高法民终1265号)中,法院裁判摘要认为,当事人之间存在同业存款合同关系、委托理财合同关系以及借贷合同关系。当事人以同业存款合同关系和委托理财合同关系掩盖借贷合同关系,同业存款合同、委托理财合同属于虚假意思表示,借贷合同关系是当事人之间的真实法律关系。

和委托理财合同均属无效。

虚假意思表示的构成,应具备以下两个条件:

一是与真意保留成立相同的构成条件。即:表意人有意思表示的存在;表意人的内在意思与外在的表示不一致,即表示与真意不符;表意人知道表示与真意不一致。

二是虚假意思表示是表意人与相对人通谋的结果。表意人与相对人均明知表示与真意不一致,主要有以下两个方面的含义:其一,有通谋行为。双方均必须知晓双方的表示并非真意。其二,通谋是一种双方行为。虚假意思表示的成立不仅应具有两个虚假意思表示,而且还必须存在通谋的故意;否则,即使存在两个虚假意思表示,也可能仍然不能构成虚假意思表示。例如,甲、乙均为真意保留订立买卖合同,但彼此不知对方意思表示的真意保留,双方虽然均为虚假意思表示,却没有构成虚假意思表示。

虚假意思表示无效,但不得对抗善意第三人。[①] 虚假意思表示无效主要有以下两种情形:

一是绝对无效。绝对无效的原因有两个方面:其一,法律行为生效的条件是当事人的真实意思表示,从而虚假意见表示无效;其二,当事人的同谋行为违反诚实信用原则而无效。

二是相对无效。虚假意思表示对第三人原则上无效,但善意第三人既可以主张行为无效,也可主张行为有效。如果第三人主张该行为有效的,为保护交易安全,表意人不得以无效对抗第三人。但如果第三人的行为是恶意的,则不适用该规则。例如,在汇丰银行(中国)有限公司武汉分行债权转让合同纠纷案[②]中,双方当事人通谋所为的虚假意思表示,在当事人之间发生绝对无效的法律后果,但在虚假表示的当事人与第三人之间并不当然无效。当第三人知道该当事人之间的虚假意思表示时,虚假表示的无效可以对抗该第三人;当第三人不知道当事人之间的虚假意思表示时,该虚假意思表示的无效不得对抗善意第三人。华中铜业公司没有证据证明汇丰银行武汉分行知道或者应当知道2014年长单合同系变造以及华中铜业公司出具《承诺函》中承诺支付的款项已经支付给鑫鹏公司。因此,华中铜业公司不能免除所承诺的付款责任。

我国《民法通则》和《合同法》没有虚假意思表示的规定,仅有"恶意串通"和"以合法形式掩盖非法的目的"的规定。"恶意串通"实质上就是通谋,主要有以下两种情形:一是双方当事人通谋之后,既可以真实意思表示,也可以虚假意

---

① 参见王泽鉴:《民法总则》,中国政法大学出版社2001年版,第355页。
② 汇丰银行(中国)有限公司武汉分行诉中铝华中铜业有限公司债权转让合同纠纷案〔(2016)鄂民初5号、(2017)最高法民终332号〕。

表示;二是一方当事人与另一方当事人的代理人或者代表人的通谋。例如,在苏州工业园区广程通信技术有限公司股权转让纠纷案①中,最高人民法院判决认为,国有资产转让不仅应当由国有资产监督管理部门审批,而且应当由有国有资产评估资格的评估机构进行评估。涉案的评估价格属于明显不合理的低价,且广程公司明知价格明显低于市场价格仍与之交易,谋取不当利益的,即可认定为恶意串通。"恶意串通"和"以合法形式掩盖非法的目的"两者一方面有可能存在虚伪表示,另一方面也可能存在目的的违法性。

我国《民法典》第146条规定行为人与相对人以虚假意思表示所实施的法律行为无效。法律否定虚假意思表示所实施法律行为的效力,当事人的"意思表示"所指向的法律效果并非双方当事人的内在真意,如果认定有效,则有悖于意思自治原则。例如,在日照港集团有限公司煤炭运销部企业借贷纠纷案②中,最高人民法院判决认为,多个企业间进行封闭式循环买卖,实为以买卖形式掩盖借贷法律关系,当事人共同实施虚伪意思表示,应当认定合同无效。日照港运销部、山西焦煤公司、肇庆公司之间并非真实的煤炭买卖关系,而是以煤炭买卖形式进行融资借贷,肇庆公司作为实际借款人,每吨支付的23元买卖价差实为利息。涉案法律关系的性质应为以买卖形式掩盖的企业间借贷,案由应为企业间的借款合同纠纷。因日照港运销部、山西焦煤公司、肇庆公司之间所签订的《煤炭购销合同》均欠缺真实的买卖意思表示,属于当事人共同而为的虚伪意思表示,故均应认定为无效。

在民商事交易中,虚假意思表示大量存在,如买卖合同、赠与合同、房地产开发合同、建设工程施工合同等。在房屋买卖合同中,买卖合同当事人通过虚假意思表示达到规避高额税收的目的。在我国建设工程领域,特别是强制招投标领域,长期以来一直存在虚假意思表示,即建设工程发包人与建设工程承包人签订两份施工合同的情况非常普遍:一份是招标人与中标人根据中标文件签订的中标合同(俗称"阳合同");另一份是招标人和投标人为规避招投标和监管,实际履

---

① 在苏州工业园区广程通信技术有限公司诉中国北方工业公司股权转让纠纷案(〔2005〕苏民二初字第0034号、〔2009〕民二终字第15号)中,法院裁判摘要认为,国有资产转让不仅应由国有资产监督管理部门审批,而且应当由有国有资产评估资格的评估机构进行评估。当事人明知所涉股权未经过评估而签订国有股权转让协议的,可以认定当事人明知或应知其行为将造成国家的损失而故意为之,说明当事人并非善意。如果签订转让协议后评估价格属于明显合理的低价,且受让方明知价格明显低于市场价格仍与之交易,谋取不当利益的,即可认定为恶意串通。

② 在日照港集团有限公司煤炭运销部诉山西焦煤集团国际发展股份有限公司企业借贷纠纷案(〔2012〕并商初字第119号、〔2014〕晋商终字第7号、〔2015〕民提字第74号)中,法院裁判摘要认为,在多个企业间进行的封闭式循环买卖中,一方在同一时期先าม后买同一标的物,低价卖出高价买入的,明显违背营利法人的经营目的与商业常理,这种异常的买卖实为企业间以买卖形式掩盖的借贷法律关系。企业间为此签订的买卖合同,属于当事人共同实施的虚假意思表示,应当认定为无效。在企业间实际的借贷法律关系中,作为中间方的托盘企业并非出于生产、经营需要而借款,而是为了转贷牟利,故借贷合同亦应认定为无效(2017年最高人民法院公报案例)。

行的与中标合同不一致的合同(俗称"阴合同")。但我国法院审判实践明确肯定了备案合同的效力,如在浙江圣华建设集团有限公司施工合同纠纷案①中,最高人民法院判决认为,以备案的中标合同作为结算依据,主要是为防止当事人破坏招投标制度,损害其他投标人的利益。②

(二) 无意的意思表示不一致

表意人不知真意与表示不一致而作出的意思表示,即表意人的意思欠缺是过失造成的。无意的意思表示不一致,有错误和误传两种情形:

(1) 错误。错误是指表意人不知真意与表示不一致所作出的意思表示,即表意人的意思表示欠缺为表意人所不知晓。《德国民法典》第 119 条和《日本民法典》第 95 条规定了错误,但对错误有不同的态度。我国立法从《民法通则》《合同法》《民法总则》到《民法典》并未采纳大陆法系民法典中的"错误"概念,而是使用了"重大误解"概念。错误是指表意人因误认或者不知所导致的意思与表示的不一致,是法律行为中最常见的意思表示瑕疵。如果每个错误都影响法律行为的效力,交易安全必然受到影响。错误有意思形成上的错误和意思表示上的错误两种情形。

意思形成上的错误是指意思与事实的不一致。萨维尼称之为真正的错误,也就是通常所称的动机错误。意思形成上的错误形式多种多样,主要有四个表现形式:

一是动机错误。在意思形成阶段最容易发生的错误是动机错误,动机是表意人内在的意思,无法为相对人所知晓,动机是法律行为的间接原因,动机错误不影响法律行为的效力。

二是相对人的认识错误。法律行为通常是有相对人的双方行为。在某些情况下,相对人对行为人能否实现法律行为的目的至关重要。在普通的买卖中,表意人即使有错误,也不影响法律行为的效力;但是,在赠与、委任、雇佣等无偿法律行为或者基于信任关系所实施的法律行为中,错误则影响法律行为的效力。

三是标的物的认识错误。标的物是法律行为一个非常重要的要素,涉及法

---

① 在浙江圣华建设集团有限公司诉安徽环球房地产股份有限公司、浙江环球房地产集团有限公司施工合同纠纷案([2011]皖民四初字第 6 号、[2013]民一终字第 117 号、[2015]民申字第 338 号)中,法院裁判摘要认为,发包人选择招投标并签订《施工合同》,应当维护招投标的公开性、公平性和公正性,不允许在招投标之外另行签订与中标合同存在实质性变更的合同。否则,无异于放任招标人和中标人通过另行签订施工合同损害其他投标人的利益。

② 同类案例有浙江宝业建设集团有限公司诉天津老板娘水产食品物流有限公司、浙江老板娘食品集团有限公司建设工程施工合同纠纷案([2013]民一终字第 67 号)、新疆安广厦房地产开发有限公司阿克苏分公司诉新疆阿拉尔新城建筑有限责任公司建设工程施工合同纠纷案([2013]民申字第 5 号)、南京市第六建筑安装工程有限公司诉江苏汇远房地产发展有限公司建设工程施工合同纠纷案([2013]宁民终字第 1447 号)等。

律行为的目的能否实现。

四是法律行为性质的认识错误。法律行为的性质属于根本性问题,法律行为性质的认识错误属于重大错误。

意思表示上的错误是指意思与表示的不一致。萨维尼称之为非真正的错误,即通常所称法律行为的错误,包括误说、误写、误取等表示行为本身有错误的情形。换言之,表意人如果知道事情的真相根本不会作出这种内容的意思表示。

错误在法律上的效力,各国立法存在差异,主要有三种不同的立法例:

一是意思主义。意思主义认为表意人的真实意思与表示不一致时,应以真实意思为准以保护表意人的利益。古代罗马法有"错误者无意思"(errantis nulla voluntas est)的法谚。在该法谚的影响下,《日本民法典》采纳了意思主义,规定该意思表示无效。

二是表示主义。表示主义认为表意人的真实意思与表示不一致时,应以外部的表示行为为准以保护相对人的利益。《德国民法典》和《奥地利民法典》采纳了表示主义,规定该意思表示为可撤销。

三是折中主义。折中主义认为法律应当平衡表意人和相对人的利益,既要保护表意人的利益,又要保护交易安全。《法国民法典》采纳了折中主义,规定该意思表示为无效或者可撤销。

我国立法对错误的效力采纳了表示主义的立法例,强调对交易安全的保护。《民法典》第152条规定因重大误解实施的法律行为,当事人应在知道或者应当知道撤销事由之日起90日内行使撤销权。

(2)误传。误传是指意思表示的内容因传达人或者传达机构传达而导致的错误。表意人通过传达人或者传达机构(如邮政局)传达意思表示的,传达人或者传达机构未必能够准确无误地传达表意人的意思表示,有时出现误传的现象。误传有形式的误传与实质的误传之分,前者是指对于已经成立的意思表示予以误传。例如,甲派人将两封不同的信分别送给乙和丙,结果送信人将乙的信送给了丙,而把丙的又给了乙,这种误传应适用意思表示没有到达的规则。后者是指传达表意人的意思表示发生错误。

误传是因传达人或者传达机构传达错误所造成的,与表意人自己所造成的错误似乎有点不同,但结果仍然由表意人承担。误传在法律上的效力与错误相同,误传的意思表示可以撤销。在使用传达人时,表意人就产生了误传的风险。因此,误传的风险应当由表意人承担。

在意思与表示不一致的情形下,意思表示效力的确定主要有以下三种学说:

一是意思主义。意思主义认为意思表示应当以表意人的内在意思为准,如果没有内在的目的意思,则表示行为失去了依据,应当使表示行为无效以保护表意人的利益。换言之，如果表意人所为的表示与真实意思不一致时，以真实意思为准。意思主义着眼于保护表意人的利益。

二是表示主义。表示主义认为意思表示应以外部的表示行为为准。相对人无法了解表意人的内在意思，表意人应当遵守对外所表示的意思。否则，如果允许表意人以外在的表示并非真实意思为由而随时撤回表示，必然严重影响交易安全，甚至排除了每个意思表示的约束力。表示主义着眼于保护相对人的利益。

三是折中主义。折中主义认为意思与表示不一致时，既不能采取极端的意思主义，也不能采取极端的表示主义，而是应当考虑表意人和相对人的双方利益和交易安全，要么以意思主义为原则以表示主义为例外，要么以表示主义为原则以意思主义为例外。折中主义是当今各国民法所采用的确立意思表示有效性的原则。

**五、意思表示的不自由**

意思表示的不自由，是指他人不当干涉使表意人的内在意思与外在表示出现差异，即意思表示具有瑕疵。私法自治原则旨在使权利主体能够按照自己的意思构建法律关系，如果权利主体实施的法律行为是具有某种瑕疵的意思表示，即权利主体在作出意思表示时受到不当干涉的，意思表示不应完全发生效力。意思表示的不自由有欺诈与胁迫两种情形。在欺诈和胁迫的情形下，表意人意思表示本身是相对人实施非法行为的产物，表意人通常可以撤销意思表示。

（一）欺诈

欺诈，是指故意编造虚假情况或者隐瞒真实情况使表意人陷入错误判断。在通常情形下，行为人故意作出的虚假陈述即构成欺诈。例如，在钦州锐丰钒钛铁科技有限公司技术合同纠纷案[①]中，最高人民法院判决认为，涉案合同不构成一方以欺诈的手段使对方在违背真实意思的情况下订立的合同。判断涉案合同是否构成一方当事人以欺诈手段，使对方当事人在违背真实意思的情况下订立合同，应当从两个方面予以分析：一是北京航空航天大学是否实施了欺诈行为；二是钦州锐丰公司是否因受欺诈而陷于错误判断，并在此基础上作出了违背真意的意思表示。北京航空航天大学向钦州锐丰公司完整告知了钒钛磁铁砂矿综合利用技术规模化工业试验阶段的真实规划，未对涉案技术在这一阶段的研发

---

① 在钦州锐丰钒钛铁科技有限公司诉北京航空航天大学技术合同纠纷案（〔2014〕高民知初字第3421号、〔2015〕民三终字第8号）中，法院裁判摘要认为，对于技术委托开发合同中受托方欺诈行为的认定，必须尊重技术开发活动本身的特点和规律，区分技术开发的不同阶段，以合同签订之时的已知事实和受托方当时可以合理预知的情况作为判断其是否虚报情况或者隐瞒真实情况的标准（2018年最高人民法院公报案例）。

计划实施欺诈。因受欺诈违背自己真实意思订立的合同之所以可被撤销,是因为这类合同的订立有违意思自治原则。意思自治意味着权利主体有权在法律规定的范围内,依个人意思自由创设、变更、终止法律关系,并为自己创设、变更、终止法律关系的行为承担责任。但权利主体不应为并非自己真意,或者超出自己真意范围的意思表示承担责任。

欺诈的成立必须具备三个构成要件:

(1) 欺诈人应有欺诈故意并实施了欺诈行为。欺诈人实施欺诈的行为是故意的,即有欺诈的意思,希望表意人陷入错误的判断而作出意思表示。欺诈故意的构成,应具备两个方面的意思:一是有使被欺诈人陷入错误判断的意思,二是有使被欺诈人因该错误判断而作出意思表示的意思。以上两方面的意思缺一不可,仅有其中一个意思不能构成欺诈的故意。

欺诈人仅有欺诈的故意还不够,还须有欺诈的行为。欺诈行为是指将不真实的事实表示为真实,使表意人陷入错误、加深错误。欺诈必须是积极的作为,即积极地虚构事实、变更事实或者隐匿事实的行为,而不是消极的不作为。消极的隐藏事实原则上不构成欺诈。① 例如,在张莉买卖合同纠纷案②中,北京市第二中级人民法院判决认为,汽车销售商的销售行为构成欺诈。案件争议焦点为合力华通公司在销售涉诉车辆时是否将车辆曾进行维修的事实告知张莉。根据双方签订的《汽车销售合同》第 7 条的约定,合力华通公司保证张莉所购车辆为新车,该合同中并未对车辆曾经的维修有过任何约定。合力华通公司无其他证据证明张莉知道该车存在的瑕疵。车辆销售价格和赠送的车辆装饰是双方当事人协商的结果,不能证明张莉对车辆存在的瑕疵有所了解,从而认定合力华通公司在销售车辆时隐瞒了车辆存在的瑕疵,已构成对张莉的欺诈。

(2) 表意人因错误作出意思表示。错误与意思表示之间有因果关系,包含两种情形:一是没有这种错误,不会作出意思表示;二是没有这种错误,不会以这种条件作出意思表示。表意人的意思表示并非因错误产生的,则不构成欺诈。

(3) 欺诈行为与表意人的意思表示具有因果关系。欺诈行为导致表意人陷入错误判断而作出意思表示,即表意人所作出的错误意思表示是欺诈行为的结果,欺诈行为与意思表示之间有因果关系。欺诈人虽然有欺诈的故意和行为,但是表意人没有陷入错误的判断,或者虽然陷入错误的判断,但错误并非因欺诈所

---

① "至于沉默,非于法律上、契约上或交易习惯上有告知事实之义务,而故为沉默时,则不当然称为诈欺。"郑玉波《民法总则》,中国政法大学出版社 2003 年版,第 355 页。
② 在张莉诉北京合力华通汽车服务有限公司买卖合同纠纷案(〔2007〕朝民初字第 18230 号、〔2008〕二中民终字第 00453 号)中,法院裁判要点认为,为家庭生活消费需要购买汽车,发生欺诈纠纷的,可以按照《消费者权益保护法》处理。汽车销售者承诺向消费者出售没有使用或者维修过的新车,消费者购买后发现是使用或者维修过的汽车,销售者不能证明已履行告知义务且得到消费者认可的,即构成销售欺诈。消费者要求销售者按照消费者权益保护法赔偿损失的,法院应予支持(指导案例 17 号)。

导致的,欺诈行为与意思表示之间没有因果关系,欺诈就不成立。

欺诈的效力是指表意人被欺诈所作出的意思表示的效力。这种意思表示的效力表现在以下两个方面:

(1) 意思表示对当事人的效力。意思表示能否撤销应视情况而定:一是欺诈人是法律关系的一方当事人时,表意人可以撤销意思表示。例如,在邓美华买卖合同纠纷案[①]中,上海市第一中级人民法院判决撤销了汽车买卖合同,认为消费者对汽车领域的专业知识和信息知悉有限,在经营者和消费者之间存在严重的信息不对称。在判断需要主动告知消费者知情内容的范围时,应基于消费者在交易信息不对称中的弱势地位,给予特别保护,经营者不能以行业认知、行业惯例来对抗消费者所享有的知情权。经营者就车辆瑕疵及维修事实应负有告知义务,但并未履行告知义务,侵犯了消费者的选择权,使其陷入错误认识,属于故意隐瞒真实情况,构成欺诈。二是欺诈人是法律关系当事人之外的第三人时,表意人是否具有撤销权,应视情况而定。如果相对人明知或者应当知道事实的,则表意人可以撤销意思表示,如我国《民法典》第 149 条之规定;否则,表意人不能撤销意思表示。如果是没有相对人的意思表示,表意人可撤销意思表示。

(2) 意思表示对第三人的效力。表意人因被欺诈作出意思表示的,撤销权能否对抗第三人取决于第三人是否具有善意。例如,甲受乙欺诈将汽车转让给乙,乙受让之后又将汽车转让给第三人丙,而丙并不知道乙的欺诈行为,乙即为善意第三人。甲可以行使撤销权撤销与乙之间的汽车买卖合同,合同归于无效,但甲不得以与乙之间的买卖合同无效,对抗乙与丙之间的买卖合同。

### (二) 胁迫

胁迫,是指以不法加害相威胁迫使表意人在恐惧的情况下作出违背真实意思的表示行为。胁迫人向被胁迫人预示某种对其不利的情况,且在被胁迫人看来,如果他不作出胁迫人所希望作出的意思表示,胁迫人一定会使这种不利情况变为现实。被胁迫人作出的意思表示不仅事实上是因胁迫产生的,而且胁迫的目的也是为使被胁迫人作出该意思表示。胁迫主要有三种情形:

(1) 胁迫的手段和目的具违法性。如果用以胁迫的手段是法律所禁止的,即用以胁迫的手段是非法的,则属于手段违法。如果胁迫所追求的目的是法律所禁止的,即胁迫的目的是非法的,则属于目的违法。

---

① 在邓美华诉上海永达鑫悦汽车销售服务有限公司买卖合同纠纷案(〔2016〕沪 0115 民初 81221 号、〔2017〕沪 01 民终 7144 号)中,法院裁判摘要认为,汽车经销商对于车辆后保险杠外观瑕疵予以"拆装后保、后保整喷"的维修,超出了车辆售前正常维护和 PDI 质量检测的范围,经销商对此未履行告知义务,侵犯了消费者的知情权、选择权,使其陷入错误认识,属于故意隐瞒真实情况,构成消费欺诈(2018 年最高人民法院公报案例)。

（2）胁迫的目的合法而手段违法。在佘明华不履行法定职责案中，债权人要求债务人偿还债务是合法的，但擅自扣押债务人的财产则是手段违法。

（3）胁迫的手段合法而目的违法。如甲向乙表示，如果乙不给钱甲就告发乙所犯的罪行。甲举报乙刑事犯罪的最初目的并非实现民法上的请求权，而是要启动法律程序追究犯罪行为。但是，如果债权人以提出给付之诉相威胁要求债务人履行债务，则不构成胁迫。债权人起诉和强制执行是法律制度为实现债权所提供的保证，不具有违法性。

胁迫的成立必须有三个方面的构成要件：

（1）胁迫人有胁迫故意并妨碍了表意人的自由意思。胁迫故意是指胁迫人有使表意人发生恐怖而为一定意思表示的意思。胁迫的故意有两个方面的含义：一是有使表意人陷入恐怖的意思，二是有使表意人因恐怖而为一定意思表示的意思。以上这两种意思共同构成胁迫的故意。此外，胁迫人的胁迫行为还须妨碍了表意人的自由意思，因而胁迫行为具有违法性。

（2）胁迫人有胁迫的行为且表意人因胁迫陷入恐惧状态。胁迫行为是指对表意人告知将来发生的危害行为。受到危害的主体既可是表意人，也可是其近亲属；受到危害的客体，既可是生命、身体、健康和自由，也可是人的名誉、隐私和财产。胁迫的构成应有胁迫人的胁迫行为、胁迫的故意以及胁迫行为的违法性。如果表意人并未受到胁迫的影响而陷入恐惧状态，则不构成胁迫。胁迫与恐惧状态之间应具有因果关系。

（3）表意人受到胁迫而作出意思表示。表意人陷入恐惧或者无法反抗的境地，胁迫与意思表示之间具有因果关系。如果表意人虽然因胁迫陷入恐惧状态，但没有因之而为意思表示，或者虽然有意思表示，但与恐惧状态没有因果关系，则胁迫也不能成立。

因被胁迫作出的意思表示，表意人可以撤销意思表示，如我国《民法典》第150条之规定。该撤销行为与因被欺诈而撤销的意思表示不同。因被胁迫作出的任何意思表示均可撤销，被欺诈作出的意思表示仅部分可以撤销。撤销因被胁迫作出的意思表示可以对抗善意第三人，而撤销被欺诈作出的意思表示则不能对抗善意第三人。

综上所述，受到欺诈或者胁迫作出的意思表示，表意人享有撤销权。一经撤销，意思表示自始无效。[①] 在法律实务中，以欺诈或者胁迫为由请求撤销法律行为的案例非常多，但由于举证困难大多未获得法院支持。

---

[①] 参见王泽鉴：《民法总则》，中国政法大学出版社2001年版，第356页。

### 六、意思表示的成立与生效

意思表示的成立与生效可能同时发生,也可能有先后。我国《民法典》没有规定意思表示的成立,仅规定了意思表示的生效。无相对人的意思表示和对话的意思表示在发出时成立,意思表示成立的同时即告生效;非对话的意思表示在发出时成立,到达相对人时生效。意思表示的方式不同,成立与生效时间也存在差异。

(一)意思表示的成立

意思表示的成立,是指意思表示的主观要件与客观要件的统一,即意思表示的成立应当具备目的意思、效果意思以及表示行为三个要素。[①] 意思表示的成立是意思表示生效的前提。

在不同的历史时期,意思表示三要素在意思表示成立中的地位和作用不同。在权利本位时代,法律强调私法自治,意思自治原则在法律中具有至高无上的地位。意思表示的成立取决于意思表示的主观要件,即目的意思和效果意思。此二者是意思表示的本体,决定意思表示的成立与否。进入社会本位时代,法律强调对社会利益与交易安全的保护,限制了意思自治原则的适用,强调意思表示的客观要件,即表示行为,它是意思表示的本体,决定意思表示成立与否。例如,在绵阳市红日实业有限公司、蒋洋股东会决议效力及公司增资纠纷案中,最高人民法院判决强调表示行为的重要性,认为表示行为标志着决议行为的意思表示成立,即使公司内部意思形成过程存在瑕疵,但只要对外的表示行为有效,公司即受到该表示行为制约。案件的判决强调了意思表示的客观要件——表示行为,体现了保护相对人的利益、保障交易安全的法律理念。

(二)意思表示的生效

意思表示的生效是指当事人开始受到意思表示的约束。世界各国对意思表示的生效规定了不同的规则,表明了各国的立法政策是强调对表意人的保护,还是强调对交易安全和相对人利益的保护。意思表示的生效因有无相对人而有所不同,主要有两种不同的情形:

(1)无相对人的意思表示。无相对人的意思表示的生效较为简单,在成立的同时即告生效,但有两种例外情形:一是意思表示的生效溯及于意思表示成立之前的,如继承权的抛弃;二是意思表示在成立之后生效的,如遗嘱。[②]《民法

---

[①] "意思表示之成立,可分为两大阶段,一为意思(内部的、主观的),一为表示(外部的、客观的)……至于'表示',乃意思表示之最后阶段,与意思相配合始能成立意思表示。"郑玉波:《民法总则》,中国政法大学出版社 2003 年版,第 331 页。

[②] 遗嘱(意思表示)是在遗嘱完成时即告成立,立遗嘱人死亡时遗嘱(意思表示)方告生效。

典》第 138 条规定，无相对人的意思表示，表示完成时生效。

（2）有相对人的意思表示。我国《民法典》第 137 条规定了有相对人的意思表示的生效时间，有相对人的意思表示有对话的意思表示与非对话的意思表示两种情形。对话的意思表示在相对人客观上能够了解意思表示时生效。相对人是否真正了解意思表示的内容，则根据一般情形来确定，相对人故意掩耳不闻的，并不能阻止意思表示发生效力。[①] 非对话的意思表示的生效时间，世界各国有表示主义、发信主义、到达主义和了解主义四种立法例，但较多采用发信主义和到达主义。大陆法系国家大多采用到达主义的立法例，英美法系国家则多采用发信主义的立法例。我国《民法典》第 137 条的规定采用了到达主义，以意思表示到达相对人时生效。根据到达主义，意思表示一经到达即告生效，表意人立即受到意思表示的约束。意思表示不得撤回，但撤回的通知先于意思表示或者与意思表示同时到达的除外。

此外，根据我国《民法典》第 139 条的规定，以公告方式作出的意见表示，公告发布时生效。

### 七、意思表示的解释

意思表示解释既是一个民法理论问题，也是法律适用的技术问题。意思表示解释不同于法律行为解释，有特殊的法律构造，解释对象是表示行为和效果意思，而不仅仅是目的意思。我国《民法典》规定了意思表示的解释规则。

#### （一）意思表示解释的意义

意思表示的解释，是指阐明意思表示的内在含义，即在意思表示不清楚或者不明确产生争议时，由审判机关或者仲裁机构对意思表示作出的释义。语言是意思表示的重要载体，而语言本身是一种富有变化性的表达工具，作为表达工具语言的本质属性，语言可能因所处的不同上下文、所指的不同情况以及表意人所属的阶层独有的表达特点而具有不同的含义。在民法理论中，对意思表示的解释通常视为对法律行为的解释。[②]

对法律行为的解释，必须探究法律行为当事人内在的、真实的意思表示，而判断当事人真实意思表示的首要方法，是判断法律行为条文的字面意思表示，即文义解释的方法，只有在文义解释不能确定合同条文的准确含义时，才能运用其

---

[①] 参见郑玉波：《民法总则》，中国政法大学出版社 2003 年版，第 365 页。
[②] "意思表示之解释者，确定意思表示之意义也。法律行为之解释云者，明确法律行为之意义也……法律行为之内容，依构成法律行为之意思表示之内容而定。明确法律行为之意义，结局为明确所构成法律行为之意思表示之意义，故法律行为之解释，不妨谓为意思表示之解释。"史尚宽：《民法总论》，中国政法大学出版社 2000 年版，第 459 页。

他解释方法。如在中国银行股份有限公司淄博博山支行借款担保合同纠纷管辖权异议案[①]中,最高人民法院认为,涉案当事人之间所签订的九份外币借款合同,除第一份借款合同之外,其余借款合同条款中均明确写明:当发生纠纷时,交由当地法院审理,应该认定该约定即为当事人真实意思。

意思表示是根据表示行为之客观的合理意义产生效力的。意思表示解释的目的是为了明确表意人表示行为所应包含的合理意思,并使其内容符合法律规定。

意思表示解释的对象是表示,即当事人已经表示出来的、确定的意思,而不是所谓的内在意思。[②] 表示是一种行为,而这种行为具有某种告示的意义;其他一切应当加以考虑的要素并非解释的对象,而仅为解释的辅助手段而已。[③]

意思表示解释的主体是审判机关或者仲裁机构,只有审判机关或者仲裁机构对意思表示的解释对当事人具有法律约束力,且审判机关或者仲裁机构对意思表示的解释应遵循一定的规则,这些规则构成意思表示解释的方法。

(二) 意思表示解释的原则

现代民法中的意思表示的解释规则,有原则规则与方法规则之分。意思表示解释的原则,是指贯彻意思表示解释活动始终的基本规则。例如,大陆法系国家民法意思表示解释的原则,是探求真意而不拘泥于词语。意思表示解释的方法,是指意思表示解释应遵循的具体规则。例如,文义解释、目的解释、习惯解释、任意性规范的解释和诚信解释等为意思表示解释的具体规则,如在厦门东方设计装修工程有限公司商品房包销合同纠纷案[④]中,最高人民法院判决认为,对合同条款的解释应适用诚实信用原则。对涉案的《房产包销合同》第 4 条关于"《商品房预售许可证》颁发之日"的约定应当结合该合同的全文、尊重当事人在订立合同时的意思表示以及诚实信用的原则予以解释。

大陆法系民法典对意思表示的解释,大多采取原则性规则与具体性规则相

---

[①] 在中国银行股份有限公司淄博博山支行诉淄博万杰医院、淄博博易纤维有限公司、万杰集团有限责任公司借款担保合同纠纷管辖权异议案([2007]鲁民二初字第 17 号、[2007]民二终字第 99 号)中,法院裁判摘要认为,对合同条文的解释,必须探究合同当事人内在的、真实的意思表示,而判断合同当事人真实意思表示的首要方法,是判断合同条文的字面意思表示,即文义解释的方法。只有在文义解释不能确定合同条文的准确含义时,才能运用其他解释方法(2007 年最高人民法院公报案例)。

[②] 参见〔德〕卡尔·拉伦茨:《德国民法通论》(下册),邵建东译,法律出版社 2000 年版,第 463 页。

[③] 同上书,第 464 页。

[④] 在厦门东方设计装修工程有限公司诉福建省实华房地产开发有限公司商品房包销合同纠纷案([2004]闽民初字第 59 号、[2005]民一终字第 51 号)中,法院裁判要旨认为,根据《合同法》第 152 条的规定,当事人应当按照合同所使用的词句、合同的有关条款、合同的目的、交易习惯以及诚实信用原则,确定该条款的真实意思。当合同中对同一事项先后使用不同表述,双方当事人对此理解产生分歧时,应结合合同的全文、双方交易往来的习惯以及双方订立合同时的真实意思表示,根据诚实信用原则对前后表述不同的合同内容加以解释,而不能片面强调词句本身在文义上的差别(2006 年最高人民法院公报案例)。

结合的方式,如《法国民法典》第 1156 条至第 1164 条详细规定了解释问题,涉及真意解释、目的解释、习惯解释等。《德国民法典》有两个条款规定了一般的解释规则,即第 133 条和第 157 条。在解释意思表示时,根据《德国民法典》第 133 条的规定,应当探求表意人的真实意思,而不是拘泥于意思表示的字面含义;根据《德国民法典》第 157 条的规定,解释合同应遵循诚实信用原则并考虑交易习俗。

从法律规定本身看,似乎意思表示的解释与合同的解释之间存在重大差异,即意思表示的解释比合同的解释更强调表意人的真实意思。实际上,德国学者认为意思表示的解释与合同的解释之间并不存在这种差异。① 德国通说并不遵循《德国民法典》对意思表示的解释与合同的解释之间的区分,而是以待解释的意思表示是否需要受领作为意思表示的解释标准。《德国民法典》第 133 条规定适合于解释无须受领的意思表示,但通常并非适用于法律行为的解释。② 在长期的历史发展过程中,大陆法系各国形成了各自对意思解释的原则和方法。

我国《民法典》第 142 条规定了意思表示的解释原则和规则,有相对人的意思表示的解释,应当按照所使用的词句,结合相关条款、行为的性质和目的、习惯以及诚信原则,确定意思表示的含义。无相对人的意思表示的解释,不能完全拘泥于所使用的词句,而应当结合相关条款、行为的性质和目的、习惯以及诚信原则,确定行为人的真实意思。例如,在邬斌买卖合同纠纷案中,宿迁市中级人民法院认为,根据《民法总则》第 142 条的规定,相较于无相对人的意思表示解释,有相对人的意思表示解释是以表示主义为原则,意思主义为例外,相对人不知悉或者不应当知悉表意人真意的,应当按照表示主义解释意思表示,以此保护相对人的合理信赖,维护交易安全。

探求意思表示的真意而不拘泥于词语,是解释意思表示的原则。意思表示的解释原则具有积极与消极两个方面的含义。从积极方面看,意思表示的解释应探求表意人的真意。真意是指表意人表示所包含的真正意思而不是表意人内在的真意,即探求意思表示应当适用客观主义的解释方法。如果表意人内在的真意与所表示的不相符的,则构成了意思与表示的不一致问题,而不是意思表示的解释问题。探求真意注重探求表意人所为意思表示本身的真意,至于表意人内部所保留的真意如何,则并非解释的对象。从消极方面看,意思表示的解释不应拘泥于表示所用的词语。探求真意应注重意思表示的内容而不可拘泥于形式,如杨伟鹏商品房买卖合同纠纷案和朱俊芳商品房买卖合同纠纷案。在词语模糊或者模棱两可时,意思表示的解释应考虑意思作出的情形、交易习

---

① 参见〔德〕迪特尔·梅迪库斯:《德国民法总论》,邵建东译,法律出版社 2000 年版,第 236 页。
② 同上书,第 238 页。

惯以及诚实信用原则等。

（三）意思表示解释的方法

意思表示解释的方法是指在解释意思表示时应遵循的具体规则，如文义解释、目的解释、习惯解释、推定解释和诚信解释等规则。根据表意人所要达到的目的、习惯以及推定，决定表示内容的标准，这有助于私法自治原则在民法领域的实施。根据我国《民法典》第142条的规定，意思表示的解释分为有相对人的意思表示的解释（如要约与承诺、合同解除、代理权的授予等）和无相对人的意思表示（如遗嘱、所有权的抛弃等）的解释两种情形，各自解释方法也不同。有相对人的意思表示的解释，适用主客观相结合的解释方法；无相对人的意思表示的解释，则适用主观解释方法。

有相对人的意思表示的解释，是最为典型的意思表示的解释，而对合同的解释又是其中最为典型的解释，如对要约或者承诺的解释。由于涉及交易安全，对有相对人意思表示的解释应当平衡相对人的信赖利益与表意人的内在真实意思之间的关系。对有相对人的意思表示的解释在实践中表现为对合同的解释，《民法典》第142条确立的有相对人的意思表示解释遵循的方法为：

（1）文义解释。对有相对人的意思表示的解释首先应当适用文义解释方法，即按照意思表示所使用语言的含义进行解释。意思表示是由语言文字构成的，应从语言文字的含义解释意思表示。对意思表示的解释应当按照一个普通人的理解为解释标准，即审判机关或者仲裁机构应将普通人对争议的意思表示用语所能理解的含义作为解释标准，而不是考虑法官或者仲裁员对意思表示用语的理解。在民事交易中，意思表示的解释应当按照普通自然人的理解标准进行；在商事交易中，意思表示的解释则应当按照特定商事领域内的商事主体的理解标准进行。例如，以自然人与4S店买卖汽车合同、4S店与汽车厂商买卖汽车合同为例，对意思表示的解释，前者适用自然人理解标准，后者则适用商事标准。

（2）综合解释。按照文义解释较为困难或者不合理的，则应当结合相关条款、行为的性质和目的、习惯以及诚信原则，确定意思表示的含义。意思表示与其他条款关系密切，相关条款也是意思表示的构成部分，从而应综合其他条款对意思表示进行分析判断。在文义解释不能奏效的情况下，决定表示内容的方法以目的解释为先，其次是习惯解释，再次是推定解释，最后是诚信解释[①]：

一是目的解释，即根据表意人的目的解释表意人的意思表示。表意人的目的是意思表示行为所要实现的基本意图，是意思表示构成要素——目的意思的核心。表意人所要达到的目的是确定意思表示内容的指南。

二是习惯解释，即根据交易惯例解释表意人的意思表示。交易惯例是指某

---

[①] 参见史尚宽：《民法总论》，中国政法大学出版社2000年版，第469页。

种存在于交易中的行为习惯或者语言习俗。① 交易习惯通常出现在某个特定的交易参与人阶层,该交易阶层的成员通常遵循这些惯例,原则上可以认为成员均了解与熟悉这些惯例。②

三是推定解释,即根据任意性法律规范解释表意人的意思表示。根据私法自治原则,表意人的意思表示可以排除任意性法律规范的适用。但是,如果表意人没有排除任意性规范的适用,则该任意性规范对表意人的法律行为适用,法律行为的内容由任意性规范决定。任意性规范决定表示内容的方法有两种:在意思表示内容欠缺时,以任意性规范来补充意思表示的不足;在意思表示不明确时,以任意性规范说明意思表示。

四是诚信解释,即根据诚信原则解释表意人的意思表示。诚信原则是现代民法核心的基本原则,是一切法律行为的基本准则,法律行为内容必须符合诚信原则。私法自治原则必须符合诚信原则的要求,违背诚信原则的意思表示,应根据诚信原则进行修正。

对无相对人的意思表示的解释,既不涉及对交易安全的保护,也不存在对相对人的信赖利益的保护,则无须完全拘泥于意思表示所用的语言文字,主要是探究表意人的内在真实意思,即综合运用意思表示所用的语言文字、相关条款、行为的性质和目的、习惯以及诚信原则,但是对无相对人的意思表示也不能完全抛弃意思表示所用的语言文字,以防止审判机关和仲裁机构对意思表示的肆意解释,侵害当事人的正当权益。

## 第四节 法律行为的形式

法律行为的形式是指行为人意思表示的形式,是法律行为内容的外在表现方式,也是法律行为内容的载体。在不同的历史时期,法律行为的形式在法律行为生效要件中的地位和作用极不相同。

### 一、法律行为形式的历史沿革

法律行为的形式历经了古代的形式主义到近代的自由主义,再到现代的以自由主义为主、形式主义为辅的发展历程。法律行为形式的发展变化,反映了社会经济发展状况以及法律理念的变化。

在习惯法时期,人们之间的交易行为必须有向神宣誓的严格程序和固定套语。这种对形式的特别追求与古代的法律所包含的宗教因素有关。只有符合这

---

① 参见〔德〕卡尔·拉伦茨:《德国民法通论》(下册),王晓晔等译,法律出版社2003年版,第467页。
② 同上书,第468页。

些形式要件,交易行为才能发生法律效力。早期人类社会的法律行为均采取严格的形式主义,重形式轻意思是罗马法的一般原则。任何法律行为均需履行一定的程序,才能发生法律效力,合同行为规定了繁琐的套语和行为程序。① 如果行为人没有履行规定的程序或者错念了套语,则合同行为无效;如果套语和行为程序符合规定,即使合同行为是基于胁迫或者欺诈实施的,合同行为仍然有效,受到法律的保护。

在罗马法之后相当长的历史时期内,西欧各国仍然奉行法律形式主义,意思表示居于次要地位。《法国民法典》抛弃了中世纪的法律形式主义,奉行意思自治原则,采取了不要式主义,确立了法律形式自由原则。但是,《法国民法典》第1341条关于书面证据的限制性的规定,在一定程度上限制了法律行为形式的自由主义。

《德国民法典》彻底贯彻法律行为形式的自由主义原则,但是法典并未进一步规定法律行为必须具有某种法定形式。根据一般原则,法律对法律行为的形式有规定的,从其规定;没有特别规定的,则当事人的意思表示合致的,法律行为成立。② 无论何种方式,只要将当事人的内在意思表示于外,意思表示即可成立。意思表示既可是口头的,也可是书面的,还可以是其他形式。③

近代各国民法均主张法律行为的意思主义,这是私法自治原则在法律行为制度上的体现。从法律行为的形式发展来看,各国民法经历了从重形式到重意思的发展变化过程。20世纪之后的法律行为的形式又发生了变化,法律行为的意思主义受到了挑战,越来越多的法律行为要求具备形式要件。法律行为的形式主义有利于维护当事人、第三人和社会公共利益。

我国民法顺应了现代民法发展的趋势,对法律行为的形式以自由主义为原则,以形式主义为例外。在法律没有规定的情况下,法律行为可以采取任何形式,但法律仅对某些法律行为强制要求采取书面形式,特别是涉及不动产交易的法律行为通常要求采取书面形式,此外,某些债权行为也要求采取书面形式。

## 二、法律行为形式的类型

我国《民法典》第135条规定法律行为可以采用书面形式、口头形式或者其他形式;法律、行政法规规定或者当事人约定采用特定形式的,应当采用特定形式。法律行为的形式有书面形式与口头形式、法定形式与约定形式之分。

---

① 在早期罗马法中,除产生私犯(ex delicto)的债以外,设立其他债必须采用要式程序。
② "私法中适用形式自由的规则。"〔德〕迪特尔·梅迪库斯:《德国民法总论》,邵建东译,法律出版社2000年版,第459页。
③ "由于民法典对法定形式要求的规定很有节制,特别是在债法中更是采取了形式自由的原则……"〔英〕亨利·梅因:《古代法》,沈景一译,商务印书馆1959年版,第476页。

## (一) 口头形式与书面形式

以法律行为的形式是否具有特定形式为标准,法律行为有口头形式与书面形式之分。口头形式,是指行为人仅用语言表现意思表示所实施的法律行为。法律没有明确规定或者当事人没有相反约定的,法律行为均可采取口头形式。口头形式的法律行为特点是简便易行,便利交易,但缺点是不易举证,不利于保护交易安全。

书面形式,是指行为人以书面形式表现意思表示所实施的法律行为。书面形式的法律行为的特点是当事人之间的权利义务关系清楚明了,一旦发生纠纷,易于举证,便于分清责任。我国《民法典》第 469 条规定书面形式是合同书、信件、电报、电传、传真等可以有形地表现所载内容的形式。电子数据交换是指按照同一规定的一套通用标准格式,将标准的经济信息通过通信网络传输,在贸易伙伴的电子计算机系统之间进行数据交换和自动处理。电子邮件是一种用电子手段提供信息交换的通信方式,可以是文字、图像、声音等各种方式。电子数据交换和电子邮件是现代信息社会无纸办公的典型表现,具有方便、快捷、经济、高效等特点,广泛应用于商务活动中。

我国法律并未对书面形式进行进一步分类,德国民法将书面形式分为普通书面形式与公证证书,如《德国民法典》第 126 条之规定。普通书面形式是法律效力最低的法定形式,只需行为人亲笔签署姓名即可。[①] 公证证书是特殊的书面形式。在《德国民法典》规定的各类形式的法律行为中,公证证书是法律效力最高的法定形式。公证人不仅应当审核签名,而且还应当审核文件的内容。[②]

## (二) 法定形式与约定形式

以法律行为的形式是否具有法律依据为标准,法律行为有法定形式与约定形式之分。法定形式是指法律直接规定的法律行为形式。约定形式是指行为人自己规定的法律行为形式。我国法律没有直接规定法律行为的形式是法律行为的成立要件还是生效要件,但从法律规定的内容看,无论是法定形式还是约定形式,均为法律行为的成立要件而不是生效要件。从《民法通则》第 56 条和《合同法》第 10 条到《民法总则》第 135 条的规定看,既不能说明是成立要件,也不能说明是生效要件。但是《合同法》第 10 条出现在"第二章合同的订立"中,说明了《合同法》第 10 条的规定属于合同的成立问题而不是合同的生效问题。此外,从《合同法》第二章第 32 条、第 33 条、第 35 条、第 36 条以及第 37 条的规定看,合同形式是合同的成立要件而不是合同的生效要件,而且合同形式包括法定形式

---

① 在法律规定或者当事人约定书面形式的情形,签署的姓名必须处于文件的下方,且覆盖整个文件。参见〔德〕迪特尔·梅迪库斯:《德国民法总论》,邵建东译,法律出版社 2000 年版,第 463 页。
② 参见同上书,第 465—466 页。

和约定形式两种情形。《民法典》沿袭了前述立法规定。

我国理论和实践对法律行为形式的价值和作用的认识存在偏差。实际上,法律行为的形式应当是法律行为的生效要件而不是成立要件,特别是法律行为的法定形式。法律行为成立的唯一要件是当事人的意思表示合致,这是意思自治原则在法律行为中的充分体现。法律行为形式要件的规定体现了国家对法律行为的要求和态度,属于法律行为的生效要件而不是成立要件。① 当然,当事人也可约定法律行为的形式,即以法律行为的约定形式作为法律行为的成立要件,这也是意思自治原则的体现。法律行为的法定形式与约定形式的区别有两个方面的意义:

(1) 性质不同。约定形式只能由行为人采用,根据意思自治原则可以由行为人自行决定;法定形式则是基于法律的直接规定,不能由行为人加以选择适用。

(2) 效力不同。约定形式的法律效力可以由行为人自由设定,不具有对抗第三人的效力;法定形式的法律效力则直接来源于法律的规定,具有对抗第三人的效力。此外,约定形式可以由行为人协议变更或者废除,法定形式则不能由行为人变更或者废除。

### 三、法律行为形式瑕疵的法律后果

世界各国和地区的法律与实践,对法律行为的形式瑕疵的法律后果有着不同的规定。法定形式瑕疵与约定形式瑕疵的法律后果存在差异。大陆法系国家和地区大多数将法定形式瑕疵的法律行为规定为无效法律行为,如德国、瑞士、意大利。德国的立法、司法判例和民法理论对法定形式的瑕疵有不同的态度。《德国民法典》第125条规定不符合法定形式的法律行为无效,德国司法判例与理论修正了《德国民法典》的不合理规定。司法判例认为在一定条件下即使不遵守法定形式要件的规定,法律行为仍然生效。② 但是,德国学界对司法判例的论证方法提出了批评。③ 德国学者认为,对形式瑕疵的法律评价应当考虑形式瑕疵产生的条件,主要有以下三种情形④:

(1) 形式瑕疵的恶意欺诈。一方当事人就法律行为的形式要件对另一方当事人实施了恶意的欺诈,借以达到不承担有效义务的目的。形式瑕疵应当适用《德国民法典》第242条规定以修正其所产生的法律后果。虽然合同并不当然有效,但是受欺诈方有权在合同有效与无效之间进行选择。如果受欺诈方选择合

---

① 《德国民法典》和司法判例均认为法律行为的形式要件是生效要件而不是成立要件。
② 参见〔德〕迪特尔·梅迪库斯:《德国民法总论》,邵建东译,法律出版社2000年版,第469—470页。
③ 同上书,第470页。
④ 同上书,第471—474页。

同有效,实施欺诈方应当履行双方约定的义务;如果受欺诈方选择合同无效,则仅享有赔偿消极利益的请求权。

(2) 形式瑕疵的双方过失。双方当事人均知道法律行为法定形式要件的存在。基于当事人之间的相互信赖,或者一方当事人未能够说服另一方当事人遵守法律行为形式的规定,而未能遵从法律行为形式要件。双方当事人对法律行为形式瑕疵存在过错的,法律行为一律无效。

(3) 形式瑕疵的单方过失。一方当事人对法律行为的形式瑕疵有过失,是介于第一种情形与第二种情形之间的中间状态。双方当事人约定遵守法律行为的形式要件,但由于疏忽大意而未能遵守形式要件的规定。在通常情况下,由出卖人承担做成公证证书的义务,如果出卖人没有及时地做成公证证书,由他承担缔约过失责任,买受人因此享有损害赔偿请求权。但是买受人因合同无效不享有合同履行请求权,而仅享有信赖损害赔偿请求权。

约定形式瑕疵与法定形式瑕疵的法律后果存在重大差异,约定的形式要件体现了行为人的意思自治。行为人决定约定形式瑕疵的法律后果。[①] 总之,德国的民法典、司法判例以及民法理论均认为法律行为的形式要件是生效要件而不是成立要件。

我国学界对法定形式瑕疵的法律后果存在肯定说、否定说和折中说三种学说。我国《民法典》规定了合同形式瑕疵的法律后果问题。根据《民法典》第490条的规定,法律、行政法规规定或者当事人约定采用书面形式订立合同,当事人未采用书面形式但一方已经履行主要义务,对方接受的,该合同成立。可见,即使法律行为存在形式上的瑕疵,法律行为仍然生效。虽然《民法典》第490条使用了"合同成立",但实质上是指合同的生效而不是合同的成立。一方当事人已经履行合同的主要义务而相对方又接受义务的履行,表明已经不是合同的成立问题而是合同的生效问题。一方履行合同主要义务而另一方又接受该履行行为的,表明合同已经生效。否则,逻辑上就不通。

## 第五节　法律行为的成立与生效

法律行为的成立与法律行为的生效是两个既有区别又有密切联系的行为。法律行为的成立是一个事实问题,法律行为的生效则是一个法律问题。法律行为的成立是法律行为生效的前提和基础,而法律行为的生效是法律行为成立的必然后果,但并非所有已经成立的法律行为均会生效。

---

① 参见〔德〕迪特尔·梅迪库斯:《德国民法总论》,邵建东译,法律出版社2000年版,第477页。

### 一、法律行为的成立

法律行为的成立必须具备成立要件,而法律行为的成立要件是指按照法律规定设立法律行为所不可缺少的事实要素。当行为人的某种特定表示行为符合特定的法律行为成立要件时,这种行为就构成了特定法律行为。法律行为成立要件有一般成立要件与特别成立要件之分。①

(一)法律行为的一般成立要件

法律行为的一般成立要件,是指所有法律行为成立所应具备的共同条件。法律行为的一般成立要件有一要件说、二要件说和三要件说等三种学说,其中三要件说是通说。

按照三要件说,法律行为的成立应包括行为主体、意思表示和行为标的三个要件,三者缺一不可。任何一个法律行为的核心均是意思表示,而意思表示依附于一定行为主体,且具有一定的内容,从而行为主体和标的应包含在意思表示之内。根据我国《民法典》第134条的规定,当事人意思表示一致的,法律行为即告成立。

(1)行为主体。行为主体是通过意思表示实施法律行为并承担法律行为后果的权利主体。不同的法律行为对行为主体的要求不同。有些法律行为只要有一方的意思表示即可成立,如遗赠行为、捐助行为等;有些法律行为则需要双方的意思表示一致才能成立,如买卖行为。行为主体既可为自己创设法律关系,也可为第三人创设法律关系。前者属于一般情形,是典型的法律行为;后者属于特殊情形,是代理行为。

(2)意思表示。意思表示是法律行为的核心要素。法律行为的成立必须具备有效的意思表示。在单方行为中,只需一方的意思表示;在双方行为中,需要双方意思表示一致;在决议行为中,出席会议的人数或者出席会议成员所持的表决权符合章程规定,且决议通过比例符合法律和章程的规定,为有效的意思表示。② 意思表示应包含设立、变更或者终止法律关系的意思。这种意思表示的内容完整、全面,并以某种方式表现出来,而内在的意思状态和设立法律关系的意图不能构成法律行为。

(3)行为标的。法律行为是通过意思表示设立、变更或者消灭一定法律关系的行为,该意思表示必须具有设立、变更或者消灭一定法律关系的内容。法律

---

① 参见郑玉波:《民法总则》,中国政法大学出版社2003年版,第306页。
② "法律行为以一个或数个意思表示不可缺之要素,为法律行为之成立,须有意思表示之成立。构成法律行为之意思表示不成立,则其法律行为不成立。例如仅有要约而无其承诺之意思表示之成立,则成立契约。然为意思表示之成立,须有为其外部容态之表示行为,以及为内部容态之行为意思及表示意思……"史尚宽:《民法总论》,中国政法大学出版社2000年版,第324页。

关系的内容不仅包括物,而且还包括各种权利、利益以及作为和不作为。

法律行为一般成立要件中的三种学说的实质是相同的,均包含行为主体、意思表示和行为标的,但法律行为成立的核心要素是意思表示一致,各种学说只是表述的方式和强调的重点不同而已。

法律行为的不成立是与法律行为成立相对的概念,但我国民事立法中并未有法律行为不成立的概念,《民法典》第 134 条仅规定了法律行为的成立,即当事人意思表示一致。《公司法司法解释(四)》确立了法律行为不成立的概念,其中第 1 条、第 3 条、第 5 条的规定涉及不成立决议行为(董事会决议和股东会决议),第 5 条规定的不成立决议行为(即不成立法律行为)的情形有:虚假的决议行为、未表决的决议行为、出席会议人数或者股东所持表决权不符合法律或者章程规定、会议表决结果未达到法律或者章程规定的通过比例。例如,在吴国璋决议效力确认纠纷案中,厦门市中级人民法院判决认为法律行为不成立,即公司股东会决议不成立。涉及增加公司注册资本、变更公司章程事宜的股东会决议,未经代表公司 2/3 以上表决权股东通过,应认定不具备法律效力。公司股东会决议行为非股东单方法律行为,而是根据多数决原则形成的多数个体股东独立意思的偶然结合。公司股东会议案只有达到或者超过法律规定或者公司章程规定的表决权比例,才能形成有效的股东会议决议。公司股东会意思表示并未形成所谓的合意(即 2/3 以上股东的同意),股东会决议不成立。

(二)法律行为的特别成立要件

法律行为的特别成立要件,是指法律行为成立所应具备的特别条件。换言之,个别特定法律行为的成立除了必须具备法律行为成立的一般要件之外,根据法律规定还须具备其他特别的要件。学界对法律行为的特别成立要件存在两种观点:一是认为有实践行为和要式行为两种情形,二是认为仅有实践行为。第二种观点较第一种观点更为合理,前文在法律行为的分类和法律行为的形式中对要式行为作为法律行为的生效要件已有充分的说明。因此,法律行为的特别成立要件仅限于实践行为。

实践行为成立的特别要件是标的物的交付。法律行为有诺成行为和实践行为之分,实践行为是以交付标的物为成立要件的法律行为,即除了当事人意思表示合致外,还需一方当事人交付标的物,法律行为才宣告成立。意思表示与标的物的交付行为在时间上是可以分离的。① 从世界各国立法看,实践行为适用的范围非常小,主要有借贷、借用、保管等少数几种情形。《民法典》仅规定了自然

---

① "……标的物的所有权或占有之转移,无须与意思之一致同时存在的,得于其以前或以后为之。然必须两者完成,契约始生效力。立法上承认要物契约是否必要,甚有争论。"史尚宽:《债法总论》,中国政法大学出版社 2000 年版,第 9 页。

人之间的借款和寄存两种情形。

## 二、法律行为的生效

法律行为的生效,是指已经成立的法律行为符合法律规定的生效要件而发生法律效力。法律行为的生效是以法律行为的成立为前提,普通法律行为成立即告生效。法律行为的成立是一个事实判断问题,而法律行为生效则是一个法律判断问题,是法律对已经成立的法律行为所作出的肯定性评价。法律行为生效即对当事人产生法律约束力,在当事人之间形成一定的权利义务关系。我国《民法典》第143条规定了法律行为的生效要件,即当事人具有相应的行为能力、意思表示真实、不违反法律与行政法规的强制性规定及公序良俗原则。例如,在四川金核矿业有限公司特殊区域合作勘查合同纠纷案[1]中,新疆维吾尔自治区高级人民法院一审判决认为,《合作勘查开发协议》是双方当事人的真实意思表示,且内容不违反《矿产资源法》等法律法规的强制性、禁止性规定,当属合法有效。最高人民法院二审判决则认为,涉案的《合作勘探开发协议》违反了《中华人民共和国自然保护区条例》的禁止性规定,如果认定该协议有效并继续履行,将对自然环境和生态造成严重破坏,损害环境公共利益。根据《合同法》第52条第4项、第5项之规定,认定《合作勘查开发协议》无效。

（一）主体要素的生效要件

行为主体适格,是主体要素的生效要件。行为主体适格是指行为主体在资格上不存在任何瑕疵,即行为主体应具有相应的行为能力。行为主体具有行为能力是法律行为完全有效的条件,但行为主体不具有完全民事行为能力并非意味着法律行为绝对无效。无民事行为能力人实施的法律行为当然无效。限制民事行为能力人仅具有部分民事行为能力,其实施的法律行为的效力有法律行为有效和效力待定两种情形。

（二）意思表示要素的生效要件

意思表示真实,是意思表示要素的生效要件。意思表示真实是指行为人的内在意思与外在表示一致。意思表示既是法律行为的成立要件,也是法律行为的生效要件。作为法律行为的成立要件,意思表示仅着眼于外部特征,而对内部特征不作任何判断。作为法律行为的生效要件,意思表示着眼于内部

---

[1] 在四川金核矿业有限公司诉新疆临钢资源投资股份有限公司特殊区域合作勘查合同纠纷案（〔2014〕新民二初字第13号、〔2015〕民二终字第167号）中,法院裁判摘要认为,当事人关于在自然保护区、风景名胜区、重点生态功能区、生态环境敏感区和脆弱区等区域内勘查开采矿产资源的合同约定,不得违反法律、行政法规的强制性规定或者损害环境公共利益,否则应依法认定无效。环境资源法律法规中的禁止性规定,即便未明确违反相关规定将导致合同无效,但若认定合同有效并继续履行将损害环境公共利益的,应当认定合同无效(2017年最高人民法院公报案例)。

特征,即对意思表示的性质和内容作出实质性判断。法律行为在本质上体现了行为人意志,这种意志一旦符合法律规定立即产生法律约束力。行为人的意思表示能否产生法律约束力,关键在于行为人的外在表示是否与内在的意思相一致,即意思表示是否真实,从而意思表示真实是构成法律行为的生效要件。

意思表示真实则法律行为生效,意思表示不真实则影响法律行为的效力。意思表示不真实有两种情形:一是意思表示故意的不真实,包括真意保留与虚假意思表示;二是意思表示无意的不真实,包括错误与误传。当事人无意的不真实意见表示所实施的法律行为属于可撤销法律行为,只有当事人故意的不真实意思表示所实施的法律行为才为无效法律行为。例如,在刘引孝民间借贷纠纷案和邬斌买卖合同纠纷案中,法院判决确认了真意保留所实施的法律行为无效。

(三)客体要素的生效要件

不违反法律、行政法规的强制性规定和公序良俗,是客体要素的生效要件。法律行为的客体要素是指法律行为的标的,是权利主体所希望实现的效果,也是法律行为的内容。法律行为制度的目的是在当事人表示希望发生某种法律效果时,法律承认权利主体的意思并促成法律效果的发生。法律并不会承认一切法律行为的效力,只有符合法律规定和公序良俗的法律行为才能产生法律效力。

(1)不得违反法律、行政法规的强制性规定。违反法律、行政法规的禁止性规定或者强制性规定的法律行为无效。民法规范分为任意性规范和强制性规范两大类。我国《民法典》合同编多数规范属于任意性规范,《民法典》总则编、物权编、婚姻家庭编和继承编等多数规范属于强制性规范。对于任意性规范,当事人既可以选择适用,也可以排除适用。任意性规范属于补充性规定和解释性规定,当事人没有特别约定的情况下,则适用法律的任意性规范补充当事人意思表示。对于强制性规范,当事人不得排除适用,当事人的意思表示必须符合强制性规范的规定。否则,法律行为无效。

(2)不得违反公序良俗。法律行为不得违反公序良俗。违反公序良俗的法律行为,虽然没有直接违反法律规定,也没有被法律明文禁止,但因危害社会公共利益或者违反道德观念而归于无效。公序良俗观念原本是为限制和补充意思自治原则所确立的,目的在于消极地对法律行为的自由进行限制,但现代社会中公序良俗观念已经成为民法基本原则,其目的在于防止法律上有约束力的合意违反法律所维护的社会价值理念。法律要禁止违背社会基本价值理念行为的发生,但从立法上又不可能详细列举禁止行为的具体类型,所以采用弹性条款使法律条款具有更大的包容性。公序良俗是法院处理有关涉及宗族和家庭生活领域内纠纷时适用的道德规范①,意味着对法律行为的一种要求,这些对法律行为的要求来源于法律伦理标准的具体化②。

综上所述,我国《民法典》第 134 条规定了法律行为的成立要件——当事人意思表示一致,而《民法典》第 143 条规定了法律行为的生效要件——主体适格、意思表示真实、不违反法律和公序良俗。《民法典》的前述规定是司法审判实践判断法律行为成立和生效的依据和准则。

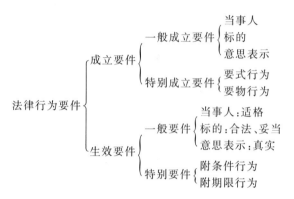

图 10-2　法律行为构成要件

## 第六节　条件与期限

法律行为的附款是指当事人对法律行为效果的发生或者消灭所加的限制。根据私法自治原则,行为人可以使法律行为产生所要达到的法律效果,因而行为人对法律行为的产生或者消灭可以规定各种限制性措施。在传统民法上,法律行为的附款有附条件与附期限两种。附款法律行为的意义是分配交易风险以及引导当事人行为。③

### 一、附条件法律行为

附条件法律行为是为适应民商事交易特殊需要所设立的一种特殊的法律行为。条件是由当事人所约定的,具有产生或者终止法律行为效力的客观情况。

---

① 参见〔德〕卡尔·拉伦茨:《德国民法通论》(下册),王晓晔等译,法律出版社 2003 年版,第 598 页。
② 同上书,第 601 页。
③ "为顺应当事人需要,法律乃本乎私法自治原则,创设二种制度,俾供利用,一为条件,一为期限。条件及期限除分配交易上危险外,亦具有引导相对人为特定行为的功能……"王泽鉴:《民法总则》,中国政法大学出版社 2001 年版,第 419—420 页。

## (一)附条件法律行为的概念

附条件法律行为,是指行为人以将来客观上不确定事实的成就与否作为法律行为的附款,决定表意行为效力的发生或者消灭的法律行为。附条件法律行为的最重要特征是形成一种状态,在这种状态下作为条件的情况是否出现,法律后果是否有效(附延缓条件),或者法律行为的效力是否终止(附解除条件),在客观上处于不确定状态。只要这种客观上不确定的状态存在,这种法律行为的效力就处于不确定状态。①

我国《民法典》第158条和第159条规定了附条件法律行为。法律行为可以附条件,附条件法律行为在所附条件成就时生效或者消灭。

附条件法律行为适用的范围极为广泛,除了为法律所明文禁止的行为之外,可适用于各类法律行为。② 但是,法律行为禁止附条件的有以下三种情形:

(1) 基于公共利益禁止附条件的。为维护公序良俗,法律禁止婚姻、收养、收养关系的终止、离婚、认领、继承的承认与抛弃、非婚生子女的否认等身份行为附条件。③ 如果前述法律行为附条件,则违反了公序良俗,且还违反了基于上述关系所形成的共同关系的本质。

(2) 基于法律秩序禁止附条件的。单方意思表示形成的法律行为,如抵销行为、撤销行为、解除行为和撤回行为等禁止附条件。一旦这些行为附条件就会造成法律行为的不确定性,影响正常的法律秩序,使相对人必须容忍这种权利义务不确定的法律状态。为维护正常的法律秩序,使当事人之间的法律关系处于确定状态,法律禁止形成权的行使附条件。

(3) 基于交易安全禁止附条件的。即根据法律行为的性质,不得附条件;否则,交易安全无法保障。例如,票据行为重在票据的流通,因而票据不得附条件。如果票据行为附条件,一旦票据所附条件不能满足,票据就不能承兑,票据流通性就会受到质疑,票据就失去了应有的价值。

禁止附条件法律行为,如果附条件,则不能一概认定为无效法律行为,而应根据法律行为的性质,来确定法律行为是否有效。④ 例如,汇票的签发应当是无条件的,如果附条件,则汇票无效;但是附条件背书的,条件视为没有记载,即所记载的条件无效,背书行为仍然有效。

---

① 参见[德]卡尔·拉伦茨:《德国民法通论》(下册),王晓晔等译,法律出版社2003年版,第483页。
② "法律行为以得附条件为原则,不许附条件为例外,此不许附条件之法律行为,学者称为忌避条件之法律行为,或不亲条件之法律行为。"郑玉波:《民法总则》,中国政法大学出版社2003年版,第389页。
③ 例如,德国《婚姻法》第13条第2款规定的结婚,第1752条第2款规定的向监护法院提出收养子女的申请以及第1750条第2款规定的法律对收养子女要求的同意。
④ 参见郑玉波:《民法总则》,中国政法大学出版社2003年版,第390页。

虽然附条件法律行为的效力在条件成就之前处于不确定状态,但是法律行为对双方当事人均具有法律约束力,当事人均承担相应的义务,即任何一方当事人不得撤回意思表示。实际上,在法律状态不确定的期间内,双方当事人的行为已经受到某些特定法律要求的约束,一旦法律行为所附的条件成就,法律行为生效,法律行为所要达到的法律效果就能够实现。[1]

(二) 附条件法律行为的条件

条件是指行为人以将来客观上不确定的事实是否成就,决定法律行为效力的一种法律行为的附款。但是,如果当事人将法定审批权或者批准权作为合同生效条件的,视为没有附条件。例如,在青岛南太置业有限公司国有土地使用权出让合同纠纷案[2]中,最高人民法院认为,当事人将法律和行政法规规定的政府机关对有关事项或者合同的审批权或者批准权约定为附条件的合同中的条件,不符合《合同法》有关附条件的合同的规定。所附的"条件"不产生限制合同效力的法律效果。

附条件法律行为的条件,主要有以下三个方面的内容:

(1) 条件是法律行为的附款。附款是指附加条款,本身并不是独立的意思表示,而是法律行为的意思表示的一个组成部分。条件是行为人对法律行为效力的一种任意限制,但这种任意限制不同于法律规定的限制,法律规定的限制属于法定条件,行为人的意思表示不能排除其适用。

(2) 条件是决定法律行为效力的附款。条件决定了法律行为的生效或者终止。条件可以决定法律行为生效,在当事人之间产生权利义务关系。条件也可以决定法律行为消灭,导致当事人之间的权利义务消灭。

(3) 条件是客观上不确定的事实。条件必须是以一定的事实为内容,既可以是天时,也可以是人事,但必须是将来的而不是过去已经发生的事实。作为条件的事实在客观上必须是可能发生的,但是否会发生则具有不确定性。[3]

(三) 附条件法律行为的分类

按照不同的标准,附条件法律行为有多种不同的分类。这些附条件法律行

---

[1] 参见〔德〕卡尔·拉伦茨:《德国民法通论》(下册),王晓晔等译,法律出版社2003年版,第494页。

[2] 在青岛南太置业有限公司诉青岛市崂山区国土资源局国有土地使用权出让合同纠纷案(〔2004〕鲁民一初字第9号、〔2004〕民一终字第106号)中,法院裁判摘要认为,政府机关对有关事项或者合同审批或者批准的权限和职责,源于法律和行政法规的规定,而不属于当事人约定的范围。当事人将法律和行政法规规定的政府机关对有关事项或者合同的审批权或者批准权约定为附条件的合同中的条件,不符合《合同法》有关附条件的合同的规定。根据《合同法》规定的精神,当事人将法定的审批权或者批准权作为合同生效条件的,视为没有附条件,所附的"条件"不产生限制合同效力的法律效果(2007年最高人民法院公报案例)。

[3] "条件者,指法律行为效力的发生或消灭,系于将来成否客观上不确定的事实。"王泽鉴:《民法总则》,中国政法大学出版社2001年版,第420页。

为,在法律上具有不同的意义。

(1) 延缓条件与解除条件。以条件的作用是限制法律行为效力的发生还是消灭为标准,附条件法律行为可以分为延缓条件法律行为与解除条件法律行为,这是法律实务中最为主要的附条件法律行为。

延缓条件,是指法律行为中所确定的权利义务要在所附条件成就时才能发生法律效力。附延缓条件的法律行为,在条件成就之前法律行为已经成立但未生效,法律行为的效力处于停止状态。

解除条件,是指法律行为中所确定的权利与义务在所附条件成就时即失去法律效力。附解除条件的法律行为,在所附条件成就之前已经发生法律效力,当事人已经开始享有权利并承担义务,当条件成就时权利义务则失去法律效力。例如,在朱俊芳商品房买卖合同纠纷案中,太原市小店区人民法院一审和最高人民法院再审均认为,《商品房买卖合同》附加了解除条件,即到期还款的,买卖合同解除,到期不能还款的,买卖合同继续履行。

区分附延缓条件法律行为与附解除条件法律行为的意义是两者的效力不同。

(2) 肯定条件与否定条件。以条件的事实发生或者不发生为法律行为生效的标准,附条件法律行为可分为肯定条件法律行为与否定条件法律行为。

肯定条件,是指以某种客观事实的发生为条件的内容。肯定条件又分为肯定的延缓条件与肯定的解除条件。

否定条件,是指以某种事实的不发生为条件的内容。否定条件与肯定条件相反,以一定的事实不发生为条件的成就,而以一定的事实发生为条件的不成就。否定条件可以分为否定的延缓条件与否定的解除条件。

区分肯定条件法律行为与否定条件法律行为的意义是条件成就与不成就的条件不同。肯定条件是以事实以发生为成就条件,不发生则不成就;反之,否定条件是以事实以不发生为成就条件,发生为不成就。

(3) 随意条件、偶成条件与混合条件。以条件的成就是否取决于当事人意思为标准,附条件法律行为可分为随意条件法律行为、偶成条件法律行为与混合条件法律行为。

随意条件是指当事人一方的意思决定法律行为所附的条件是否成就的条件,即法律行为的条件成就与否完全取决于一方当事人的意思。偶成条件是指以偶然的事实来决定法律行为所附条件是否成就的条件,该条件是否成就与当事人的意思无关,而是取决于第三人的意思或者自然事实。混合条件是指法律行为所附的条件是否成就取决于当事人意思以及第三人的意思。

### (四) 附条件法律行为的效力

附条件法律行为的效力，主要有两种情形：一是条件成就与不成就时，法律行为的效力，前文已有论述；二是条件成就与不成就的拟制时，法律行为的效力。条件成就或者不成就的拟制时，法律行为的效力有以下两种情形：

(1) 阻止条件的成就。一方当事人为自己的利益不正当地阻止条件成就的，视为条件已成就，法律行为生效。例如，在太平洋机电（集团）有限公司股权转让纠纷案[①]中，最高人民法院判决认为，南大公司未能履行承诺，且还拒绝太平洋公司为实现解除查封标的股权所提出的代为偿还债务的方案，直接导致标的股权被冻结，证监会受理的要约豁免申请审查程序被迫中止。基于前述事实，南大公司为自己的利益设置障碍。根据《合同法》第45条第2款的规定，南大公司为自己的利益不正当地阻止协议生效的条件成就的，应视为条件已成就。

(2) 一方当事人不正当地促成条件成就的，视为条件不成就，法律行为无效。例如，在上海杰思工程实业有限公司建设工程施工合同纠纷案[②]中，最高人民法院再审认为，涉案南通二建公司拖延结算致使《分包合同》付款无法实现，不正当地阻止条件成就，视为付款条件已成就。

## 二、附期限法律行为

附期限法律行为是为适应民商事交易特殊需要设立的一种特殊的法律行为。期限构成法律行为意思表示的组成部分，决定法律行为效力发生或者存续的时间。

### (一) 附期限法律行为的概念

附期限法律行为，是指当事人以将来确定要发生的事实——期限作为决定法律行为效力发生或者消灭的依据。我国《民法典》第160条规定了附期限法律行为。

期限与条件不同，期限是确定要到来的事实，而条件的成就与否是不确定的。将来的事实是必然的还是或然的，是附期限还是附条件的区别标准。

---

① 太平洋机电（集团）有限公司诉江苏南大高科技风险投资有限公司股权转让纠纷案（〔2007〕沪高民二（商）终字第150号、〔2009〕民提字第51号）。

② 在上海杰思工程实业有限公司诉江苏南通二建集团有限公司、大庆石油管理局建设工程施工合同纠纷案（〔2015〕庆民一民初字第35号、〔2017〕黑民终119号、〔2017〕最高法民申4163号）中，法院裁判摘要认为，当事人之间签订的《分包合同》主体资格，意思表示真实，不违反法律、行政法规的强制性规定，应认定合法有效。分包的承包人已按合同约定履行了施工义务，案涉工程已投入使用，分包的发包人应积极履行付款义务。

## (二) 附期限法律行为的分类

按照不同的标准,附期限法律行为有多种不同的分类。这些附期限法律行为,在法律上具有不同的意义。

(1) 延缓期限与解除期限。附延缓期限法律行为,是指虽然已经成立但在所附期限到来之前不发生效力,在期限到来时才开始发生效力的法律行为。延缓期限又称"始期"。

附解除期限法律行为,是指在约定期限到来时法律行为所确定的权利义务归于消灭的法律行为。解除期限又称终期。例如,甲乙签订为期1年的房屋租赁合同,在合同租赁期满之间,承租人有权使用房屋,租赁期满后,承租人将房屋交还给出租人。

(2) 确定期限与不确定期限。附确定期限法律行为,是指作为期限内容的事实的具体发生时间确定的法律行为。例如,约定某年某月如何如何,或者半年、一年后如何如何。附不确定期限法律行为是指作为期限内容的事实的具体发生时间不确定的法律行为。

# 第七节　法律行为的效力

法律行为具备成立要件与生效要件的,即实现行为人所要达到的法律效果,则为有效法律行为,学说上称为完全法律行为。法律行为不具备成立要件的,则不能成立,即该法律行为不存在;法律行为成立但不具备生效要件的,法律行为的效力则有无效与效力待定两种情形。不完全法律行为包括无效法律行为、可撤销法律行为及效力待定法律行为三种情形。不完全法律行为的效力应根据法律行为欠缺生效要件的性质及其严重性的程度来决定。法律行为生效欠缺的要件涉及公共利益,如违反法律强制性规定或者公序良俗的,则该法律行为无效;法律行为生效所欠缺的要件涉及私人利益的,如错误、误传、被欺诈或者胁迫等,则该法律行为为可撤销行为;法律行为所欠缺的要件涉及程序性的规定的,如限制民事行为能力人未经允许所实施的法律行为,则该法律行为效力待定,应由法定代理人或者监护人补正。

## 一、无效法律行为

无效法律行为是与生效法律行为相对的法律概念。在实务中,通常将不成立的法律行为误认为无效法律行为。我国《民法典》第155条规定,无效法律行为自始没有法律约束力。

### (一) 无效法律行为的概念

无效法律行为,是指已经成立但因欠缺生效要件而当然、自始、确定不发生法律效力的法律行为。换言之，无效法律行为是指法律行为当然、完全、自始不发生法律效力。在法律实务中，法律行为主要因违反法律的强制性规定或者公序良俗原则而归于无效。例如，在四川金核矿业有限公司特殊区域合作勘查合同纠纷案中，最高人民法院认为，当事人约定在自然保护区、风景名胜区、重点生态功能区等区域内勘查开采矿产资源的合同，违反了法律、行政法规的强制性规定，应依法认定无效。

无效法律行为主要有如下四个方面的内容：

（1）完全不发生法律效力。法律行为的不成立与法律行为的无效存在本质区别，法律行为的不成立意味着法律行为的不存在；法律行为的无效是指已经成立的法律行为因欠缺生效要件而没有发生应有的法律效力。法律行为的成立是法律行为无效的前提，如果法律行为不成立，就不存在法律行为无效问题。法律行为无效，虽然不能产生行为人所要发生的法律效果，但是能够产生其他法律后果。

（2）当然不能发生法律效力。无效法律行为当然不能发生效力，既不需要行为人主张，也不需要经过任何法律程序。当事人对法律行为的效力有争议时，所提起的法律行为无效诉讼，法院所作出的判决仅具有宣示性质。[①]可撤销法律行为，须由撤销权人行使撤销权而导致法律行为自始无效。

（3）自始不发生法律效力。我国《民法典》第 155 条规定，无效法律行为自始不发生法律效力。不同于可撤销法律行为，可撤销法律行为在法律行为成立时已经生效，但因撤销权的行使导致法律行为效力的丧失。无效合同则自始不具有法律约束力。

（4）确定不发生法律效力。无效法律行为在成立时不发生法律效力，且此后也没有任何可能发生法律效力。这不同于效力待定法律行为，效力待定法律行为可以通过辅助行为的补正而生效。例如，限制民事行为能力人未经法定代理人的同意实施的法律行为，经法定代理人的事后承认，法律行为即有效。

（二）无效法律行为的分类

根据不同的标准，无效法律行为有以下三种不同的分类：

（1）全部无效与部分无效。以法律行为的内容是否全部无效为标准，无效法律行为可以分为全部无效与部分无效。前者是指法律行为的内容全部无效，后者是指法律行为的内容部分无效。全部无效时，法律行为当然不发生法律效

---

[①] "完全无效法律行为无须任何特别的行为比如对行为进行某种意思表示，或向法院起诉及法院的判决等来宣布行为的无效。任何人都可以提出法律行为的无效性。"〔德〕卡尔·拉伦茨：《德国民法通论》（下册），王晓晔等译，法律出版社 2003 年版，第 628 页。

力。例如,在中国光大银行长沙新华支行借款合同代位权纠纷案①中,最高人民法院判决认为,合同保底条款因违反《证券法》的禁止性规定而归于无效。我国《民法典》第156条规定,法律行为部分无效的,不影响其他部分的效力,如在青岛乾坤木业有限公司土地使用权出让合同纠纷案②中,最高人民法院判决认为,根据双方当事人在土地出让合同中的约定,涉案合同经过政府批准的部分有效、未经政府批准的部分无效。对于合同的有效部分,双方当事人均有义务履行。乾坤公司未在合同约定的期限内履行合同有效部分的交纳土地出让金的义务,解除合同的条件已经成就,崂山国土资源分局解除合同的行为有效。合同解除后,崂山国土资源分局不再履行向乾坤公司出让84亩土地使用权的义务。

(2)自始无效与嗣后无效。以法律行为无效的时间为标准,无效法律行为可以分为自始无效与嗣后无效。前者是指法律行为成立之时即存在无效的原因;后者是指法律行为的成立与生效并非同时,但在法律行为成立之后效力发生之前,因欠缺生效要件而导致法律行为无效。例如,在附停止条件的买卖合同中,标的物是流通物,而在条件成就之前国家通过新的立法规定标的物为非流通物,则该合同属于嗣后无效。

(3)绝对无效与相对无效。以法律行为无效的效果范围为标准,无效法律行为可以分为绝对无效与相对无效。前者是指无论任何人或者对于任何人均可以主张无效的法律行为,即不以当事人为限;后者则是指特定的人或者对于特定的人不得主张无效的法律行为,即不得对抗善意的第三人。法律行为的无效以绝对无效为原则,绝对无效是典型的无效法律行为。

(三)无效法律行为的转换

无效法律行为的转换,是指将一个无效法律行为转换为一个有效法律行为。根据私法自治原则,除了违反法律强制性规定或者公序良俗原则之外,应当尽可

---

① 在中国光大银行长沙新华支行诉湘财证券有限责任公司借款合同代位权纠纷案(〔2005〕湘高法民二初字第14号、〔2006〕民二终字第90号)中,法院裁判要旨认为,委托理财合同是指单位或者个人将其自有资金委托给金融、非金融投资机构或者专业投资人员,委托其投资于证券、期货市场,所获收益按双方约定进行分配的一种合同。在委托理财合同中,如委托方为减弱合同风险,与受托方订立保证本息固定回报的保底条款,因该条款是严重违背市场经济规律和资本市场规则的,且违反《证券法》第143条的禁止性规定,即证券公司不得以任何方式对客户证券买卖的收益或者赔偿证券买卖的损失作出承诺,应属无效条款,因保底条款是委托理财合同的目的条款或核心条款,保底条款无效则委托理财合同整体无效(2007年最高人民法院公报案例)。

② 在青岛乾坤木业有限公司诉青岛市国土资源和房屋管理局崂山国土资源分局土地使用权出让合同纠纷案(〔2006〕鲁民一初字第8号、〔2007〕民一终字第84号)中,法院裁判摘要认为,对双方当事人意思表示真实,约定内容不损害国家、集体和第三人的合法权益且已经过公证的合同,应认定已经成立。根据《合同法》的相关规定,依法成立的合同,自成立时生效。法律、行政法规规定应当办理批准、登记等手续生效的,依照其规定。合同部分内容无效,但不影响其他部分效力的,应当认定合同其他部分内容有效(2008年最高人民法院公报案例)。

能减少无效法律行为。对无效法律行为转换为有效法律行为,域外立法有明文规定。但是,我国《民法典》没有直接规定无效法律行为的转换,仅在第486条和第707条规定了无效法律行为转换的两种具体情形。并非所有的无效法律行为均可以转换为有效法律行为,无效法律行为必须具备一定的要件,才可以转换为有效法律行为。无效法律行为的转换应具备如下三个要件:

(1) 具备其他法律行为的生效要件。法律行为的生效要件各不相同,原本无效的法律行为如果具备其他法律行为的生效要件,可以发生转换效果。

(2) 行为人有为其他法律行为的意思。在知晓法律行为无效时,行为人应有为其他法律行为的意思。如果行为人没有为其他法律行为的意思,则不能产生无效法律行为的转换。有为其他法律行为的意思是一种推定意思,即根据法律行为的实际情形,可以推定行为人如果知晓原来的法律行为无效,即希望为其他有效法律行为。

(3) 法律行为的内容不违法。行为人所实施的法律行为本身的目的并不违法或者违反公序良俗。否则,无效法律行为不可能有转换的问题。

无效法律行为的转换,有解释上的转换和法律上的转换两种方式①:

(1) 解释上的转换。无效法律行为的转换多数属于解释上的转换,如我国《民法典》第707条规定,当事人对租赁合同期限没有约定或者约定不明确的,可以视为不定期租赁合同。在侯向阳民间借贷纠纷案②中,最高人民法院判决认为,虽然抵押权未有效设立,但抵押合同有效,通过转换制度,要求抵押人在抵押物价值的范围内对债务承担连带清偿责任。

(2) 法律上的转换。根据法律特别规定所实施的转换则是法律上的转换,如我国《民法典》第486条规定,迟到的承诺视为新的要约。

法律行为无效时,不发生当事人所要达到的法律效果。但是,为贯彻私法自治原则,应当在一定条件下使该法律行为转换为其他法律行为。③ 法律行为的转换不应违反私法自治原则,即无视当事人的意思。④ 在司法实践中,法官不得用自己的价值观代替当事人的价值观,法官应当从其知道的当事人主观上的价值基础出发,尊重当事人的意思。

---

① 参见郑玉波:《民法总则》,中国政法大学出版社2003年版,第448页。
② 在侯向阳诉商都县众邦亿兴能源材料有限责任公司、韩福全、李丽华民间借贷纠纷案(〔2015〕冀民一终字第260号、〔2015〕民申字第3299号)中,法院裁判要旨认为,不动产抵押合同成立,抵押权因未办理抵押登记而未设立,债权人可以主张抵押人在抵押物价值的范围内对债务承担连带清偿责任,但债权人不能就抵押物主张优先受偿。
③ 参见王泽鉴:《民法总则》,中国政法大学出版社2001年版,第490页。
④ 参见〔德〕卡尔·拉伦茨:《德国民法通论》(下册),王晓晔等译,法律出版社2003年版,第647页。

(四) 法律规定的无效法律行为

我国法律关于无效法律行为的规定主要体现在《民法典》第144条、第146条、第153条、第154条。从前述法律规定看,法律行为欠缺生效要件主要有行为能力瑕疵、意思表示瑕疵和标的瑕疵三种类型:

(1) 行为能力瑕疵。行为能力瑕疵是指行为人为无民事行为能力人。根据《民法典》第144条的规定,无民事行为能力人实施的法律行为为无效法律行为。无民事行为能力人应由法定代理人或者监护人实施法律行为。不满八周岁的未成年人和八周岁以上不能辨认自己行为的未成年人和成年人为无民事行为能力人。

(2) 意思表示瑕疵。意思表示瑕疵是指行为人明知真意与表示不一致所作出的意思表示,即意思表示不真实。真意保留、虚假意思表示和恶意串通等瑕疵意思表示所实施的法律行为无效。《民法典》第146条规定,行为人与相对人以虚假意思表示实施的民事法律行为无效。《民法典》第154条规定,行为人与相对人恶意串通损害他人合法权益的民事法律行为无效。例如,在沈某某房屋买卖合同纠纷案中,杭州市拱墅区人民法院认为当事人之间的房屋买卖合同是虚假意思表示,房屋买卖合同无效。

(3) 标的瑕疵。标的瑕疵主要有违反法律、行政法规的强制性规定的行为、违反公序良俗的行为。《民法典》第153条规定,违反法律、行政法规的强制性规定以及违背公序良俗的民事法律行为无效。例如,在香港上海汇丰银行有限公司上海分行金融借款合同纠纷案①中,最高人民法院判决认为,法律行为因违反法律的强制性规定而归于无效。根据担保法司法解释的相关规定,未经国家有关主管部门批准或者登记对外担保的,对外担保合同无效。

无效法律行为虽然不发生法律行为所应产生的效力,但是可能产生其他效力。例如,在瑞士嘉吉国际公司确认合同无效纠纷案②中,最高人民法院判决确认了无效合同的财产返还。受让人明知债务人欠巨额债务,仍以不合理低价受

---

① 在香港上海汇丰银行有限公司上海分行诉景轩大酒店(深圳)有限公司、万轩置业有限公司金融借款合同纠纷案(〔2009〕沪高民四(商)初字第2号、〔2010〕民四终字第12号)中,法院裁判摘要认为,《担保法司法解释》第6条规定,未经国家有关主管部门批准或者登记对外担保的,对外担保合同无效。根据《境内机构对外担保管理办法》的有关规定,外商独资企业提供的对外担保虽然不需要逐笔审批,但仍然需要进行登记,在审理涉及外商独资企业作为担保人提供的对外担保合同纠纷时,仍应对其提供的对外担保是否在外汇管理机关登记进行审查,未登记的应认定无效(2014年最高人民法院公报案例)。

② 在瑞士嘉吉国际公司诉福建金石制油有限公司、中纺粮油(福建)有限公司确认合同无效纠纷案(〔2007〕闽民初字第37号、〔2012〕民四终字第1号)中,法院裁判摘要认为,债务人将主要财产以明显不合理低价转让给关联公司,关联公司在明知债务人欠债的情况下未实际支付对价的,可以认定债务人与其关联公司恶意串通、损害债权人利益,与此相关的财产转让合同应当认定为无效。《合同法》第59条规定适用于第三人为财产所有权人的情形,在债权人对债务人享有普通债权的情况下,应当根据《合同法》第58条的规定,判令因无效合同取得的财产返还给原财产所有人,而不能根据第59条规定直接判令债务人的关联公司因为"恶意串通,损害第三人利益"的合同而取得的债务人的财产返还给债权人(指导案例33号)。

让主要资产,属恶意串通,合同应无效,财产应返还债务人。

## 二、可撤销法律行为

可撤销法律行为,是指因意思表示具有法定瑕疵,行为人可以请求撤销的法律行为。我国《民法典》第85条、第147条、第148条、第149条、第150条、第151条规定了可撤销法律行为。

### (一) 可撤销法律行为的意义

可撤销法律行为的行为人的意思表示已经成立并生效,但附有一项法定解除条件。一旦该解除条件成就,已经生效的法律行为即被宣告解除。解除条件就是行为人的撤销行为,享有撤销权的行为人是利益受到损害的当事人。该行为人根据单方意思表示可以消灭法律行为,行使撤销权的人可以是行为人本人、代理人以及继承人。[①] 根据法律规定,撤销具有溯及的效力,法律行为一经撤销,溯及既往,自始无效。

### (二) 可撤销法律行为的撤销权的行使方式

关于撤销权的行使方式,大陆法系国家和地区主要有三种不同的立法例:

(1) 以意思表示方式行使。法律规定以意思表示方式行使撤销权,即撤销权人将撤销法律行为的意思表示告知相对人即可产生撤销的法律效果,如《德国民法典》第143条和《日本民法典》第123条之规定。

(2) 以诉讼或者仲裁方式行使。法律规定以诉讼或者仲裁方式行使撤销权,即撤销权人应当向法院或者仲裁机构提起诉讼或者仲裁,由法院或者仲裁机构作出相应的裁决之后才发生法律行为撤销的效果,如《法国民法典》第117条之规定以及我国《民法典》之规定。

(3) 以意思表示行使,或者以诉讼、仲裁方式行使。根据撤销原因的不同,法律分别规定以意思表示方式或者诉讼、仲裁方式行使撤销权。

大陆法系传统民法规定,撤销权人仅以意思表示的方式向相对人行使撤销权的,即可产生撤销法律行为的效力。撤销权是一种形成权,撤销权的行使属于撤销权人的单方行为,无须相对人的同意,即可产生相应的法律效力。我国《民法典》规定的法律行为可撤销理由——重大误解、欺诈、胁迫和显失公平——的内涵具有极大的不确定性,极易发生纠纷,由法院或者仲裁机构作出裁决具有一定的合理性。实际上,如果撤销权人向对方作出撤销法律行为的意思表示,而对方未表示异议的,则可导致法律行为的解除效力。双方当事人的合意行为导致法律行为的消灭,体现了当事人意思自治,并不违反法律的强制性规定。

---

[①] 参见郑玉波:《民法总则》,中国政法大学出版社2003年版,第453页。

### （三）可撤销法律行为的种类及撤销权的行使期限

《民法典》规定的可撤销法律行为有法人决议行为、重大误解的法律行为、显失公平的法律行为、受欺诈的法律行为、受胁迫的法律行为等。《公司法》规定的可撤销法律行为有公司决议行为即公司董事会决议和股东会决议。

为保护相对人的利益，法律限制了撤销权行使的期间——除斥期间。我国《民法典》第152条规定了各种可撤销法律行为的撤销权的行使期限，即当事人应当在知道或者应当知道撤销事由之日起1年内行使撤销权；重大误解的当事人应在知道或者应当知道撤销事由之日起90日内行使撤销权；受胁迫的当事人应在胁迫行为终止之日起1年内行使撤销权。但是，当事人在法律行为发生之日起5年内没有行使撤销权的，撤销权消灭。《公司法》第22条规定了决议行为撤销权的行使期间为60日。

### 三、效力待定法律行为

效力待定法律行为，是指法律行为的效力有待于第三人确认的法律行为。效力待定法律行为已经成立，但法律行为是否生效则应由第三人确定，其效力处于未决状态。法律行为一旦被第三人所承认，法律行为的效力自始发生；如被第三人所拒绝，则法律行为确定地自始无效。

#### （一）效力待定法律行为与相关法律行为的区别

无效法律行为、可撤销法律行为和效力待定法律，均属于不完全法律行为。效力待定法律行为的效力处于不确定状态，无效法律行为的效力处于确定无效状态，而可撤销法律行为的效力则介于以上两者之间。效力待定法律行为与无效法律行为之间，主要有三个方面的区别：第一，在有同意权的第三人同意或者拒绝之前，效力待定法律行为的效力处于不确定状态；无效法律行为确定地自始无效。第二，效力待定法律行为的效力处于不确定状态，可因有同意权的第三人的承认而生效；无效法律行为确定无效，不因第三人的同意或者承认而生效。第三，效力待定法律行为是否有效处于不确定状态，要确定该法律行为无效应有有同意权的第三人拒绝同意的意思表示；无效法律行为自始当然无效，无须第三人的意思表示确认无效。

效力待定法律行为与可撤销法律行为之间，主要有四个方面的区别：第一，在有同意权的第三人同意或者拒绝之前，效力待定法律行为的效力处于不确定状态；可撤销法律行为则是已经生效的法律行为。第二，对效力待定法律行为的同意使该法律行为确定地发生法律效力；对可撤销法律行为的承认则使已经发生的效力得以继续。第三，对效力待定法律行为有同意权的人应是行为人之外的第三人；可撤销法律行为的撤销权人则是行为人本人、代理人或者继承人。第四，对效力待定法律行为的承认行为属于辅助行为，可撤销法律行为的撤销行为则属于独立行为。

在效力待定法律行为中，同意具有重要意义，是同意权人使他人所实施的法律行为发生法律效力的辅助法律行为。同意是单方法律行为，使无权代理等基本法律行为发生法律效力。同意的表示无须任何形式，属于不要式法律行为。效力待定法律行为属于基本法律行为，而同意行为属于辅助法律行为。

从各国的立法看，不仅有"同意"的立法表述，还有"允许"与"承认"等立法表述。"允许"是指事先的同意，而"承认"是事后的同意。① "同意"则是"允许"与"承认"的概括名称。我国《民法典》第145条则使用了"同意"和"追认"。

（二）效力待定法律行为的类型

效力待定法律行为主要有无权代理行为、债务承担行为和限制民事行为能力人依法不能独立实施的法律行为三种情形：

（1）无权代理行为。无权代理行为，是指行为人欠缺代理权所实施的代理行为。无权代理的行为对被代理人不发生法律效力，但为维护正常的交易秩序、保护交易安全，无权代理行为并非当然无效，而是属于效力待定法律行为。在经被代理人追认的情况下，无权代理行为仍然对被代理人发生效力。如果被代理人拒绝承认，则无权代理行为无效，如我国《民法典》第171条之规定。《民法典》第503条规定了被代理人对无权代理的追认。

（2）债务转移行为。未经债权人同意，债务人把自己的债务转让给第三人的行为对债权人不发生法律效力。债权的实现关键在于债务人的履约能力，债务人的变更导致履约能力的变化，关系到债权人的债权能否实现。债务人与第三人虽然可以直接订立承担债务合同，但该合同在获得债权人的同意之前，对债权人不产生法律效力。第三人与债务人之间所订立的承担合同，经债权人的承认才对债权人生效。在债权人承认之前，实际上债务承担合同的效力处于待定状态。我国《民法典》第551条规定了债务转移。

（3）限制民事行为能力人依法不能独立实施的法律行为。自然人实施法律行为必须具备相应的行为能力，如果自然人实施法律行为时缺乏相应的行为能力，法律行为不能产生法律效力。根据法律规定，限制民事行为能力人超越行为能力范围所实施的法律行为，其效力处于不确定状态，取决于法定代理人的意思。法定代理人追认的，法律行为生效；法定代理人未追认或者拒绝追认的，则法律行为无效。

法定代理人的追认权属于形成权，即根据法定代理人单方意思表示即可使限制民事行为能力人所实施的法律行为生效。限制民事行为能力人所实施的法律行为是基本行为，而法定代理人的行为属于辅助行为。

---

① 〔德〕卡尔·拉伦茨：《德国民法通论》（下册），王晓晔等译，法律出版社2003年版，第673页。

为保护效力待定法律行为的善意相对人的利益,法律规定了善意相对人也具有相应的权利,即催告权与撤回权。相对人向限制民事行为能力人的法定代理人催告在一定期间内实施补助行为的权利,即为催告权。相对人在享有催告权的同时,还享有撤回权,即撤回与限制民事行为能力人之间所实施的法律行为。我国《民法典》第 145 条规定了效力待定法律行为、催告权和撤回权及其行使期限和方式。

**附:典型案例解读**

在张艳娟股东权纠纷案①中,南京市玄武区人民法院判决股东会决议不成立。该案判决表明公司股东实际参与公司股东会并作出真实意思表示,是股东会决议成立的必要条件。公司控股股东享有绝对多数的表决权,并不意味着控股股东利用控制公司的便利作出的单个股东决策行为,等同于公司股东会决议行为。公司实际控制股东虚构的股东会决议不成立。案例判决为决议行为的不成立纠纷案提供了非常好的判决指引和充分的判决理由。虽为最高人民法院公报案例,但该案判决在公布后的十年里并未形成有效的影响力,指导此后法院类似案件的判决,绝大部分决议行为不成立纠纷案仍然被认定为决议行为无效。仅有少数案件被认定为决议不成立,如在吴国璋决议效力确认纠纷案中,厦门市中级人民法院审理认为仅在达到或者超过规定的表决权比例时,股东会决议才能成立,从而判决涉案的股东会决议不成立。

张艳娟股东权纠纷案对司法审判实务中同类案件的影响力,说明最高人民法院公报案例的影响力非常有限,与最高人民法院公布公报案例的目的相差甚远。《公司法司法解释(四)》确立决议行为不成立之后,决议行为效力纠纷案的判决才改变了风向标。

在《民法总则》颁布之前的审判实务中,我国法院严格区分了合同的成立与生效问题,但并未区分决议行为的成立与生效问题,将不成立的决议行为视为无效,混淆了法律行为不成立与无效之间的区别。例如,在招商银行股份有限公司无锡分行委托合同纠纷管辖权异议案②中,最高人民法院指出,合同效力是对已

---

① 在张艳娟诉江苏万华工贸发展有限公司、万华、吴亮亮、毛建伟股东权纠纷案(〔2006〕玄民二初第字 1050 号)中,法院裁判摘要认为:未经依法召开股东会议并作出会议决议,而是由实际控制公司的股东虚构公司股东会及其会议决议的,即使该股东实际享有公司绝大多数的股份及相应的表决权,也不能产生股东会决议的效力。虚构的股东会议及其决议,只要其他股东在知道或者应当知道自己的股东权利被侵犯后,在法律规定的诉讼时效内提起诉讼,法院即应依法受理,不受修订后《公司法》第 22 条关于股东申请撤销股东会决议的 60 日期限的规定限制(2007 年最高人民法院公报案例)。

② 在招商银行股份有限公司无锡分行诉中国光大银行股份有限公司长春分行委托合同纠纷管辖权异议案(〔2015〕苏商初字第 00031 号、〔2015〕民二终字第 428 号)中,法院裁判摘要认为,合同效力是对已经成立的合同是否具有合法性的评价,依法成立的合同,始对当事人具有法律约束力。《合同法》第 57 条关于"合同无效、被撤销或者终止的,不影响合同中独立存在的有关解决争议方法的条款的效力"的规定适用于已经成立的合同,"有关解决争议方法的条款"应当符合法定的成立条件(2016 年最高人民法院公报案例)。

经成立的合同是否具有合法性的评价,依法成立的合同,始对当事人具有法律约束力。合同成立之前不存在合同效力的问题。又如,在大连俸旗投资管理有限公司借款合同纠纷案中,最高人民法院也对合同成立与生效进行了区分。但是,在公司股东会决议效力纠纷的审判实践中,大量不成立的公司股东会决议均被认定为无效。

  北京地区的谷成满公司决议效力确认纠纷案、马青公司股东权纠纷案、北京万泉投资有限公司公司决议效力确认纠纷案[①]等案件中,公司股东会决议均被确认为无效股东会决议。在谷成满公司决议效力确认纠纷案中,北京怀柔法院审理认为,因康弘公司无证据证明谷成满同意该会议记录所记载事项或者授权他人代为签字,该股东会决议实为冒用谷成满名义所形成,从而判决确认康弘公司股东会决议无效。北京市第二中级人民法院审理认为,虽在股东会会议记录上谷成满签名非本人所签,但股东会决议内容并未违反法律、行政法规的规定,从而判决撤销一审法院判决,改判驳回谷成满的诉讼请求。根据《公司法》第22条的规定,康弘公司的股东会决议并不违法,法院找不到宣告股东会决议无效的法律依据,秉承依法裁判的原则,只能机械地适用《公司法》的规定,以程序瑕疵为由主张撤销股东会决议,但又因超过60日的期限而拒绝提供法律救济,使谷成满的权利得不到保护。

  在马青公司股东权纠纷案中,北京市海淀区人民法院审理认为,伪造马青签字行为剥夺了马青在鼎诚会计公司的股东身份和相关职务,干涉了马青依照自己的真实意思对其他表决事项发表意见的权利,侵害了马青的股东权益,属于违反法律规定的侵权行为,从而认定股东会决议无效。北京市第一中级人民法院审理认为,股东会决议侵害了马青的财产权和股东权益,属于违反法律规定的侵权行为,故股东会决议无效。法院对伪造签名所形成的股东会决议宣告无效,实际上使判决背离了基本的逻辑和法理。

  在北京万泉投资有限公司公司决议效力确认纠纷案中,北京市东城区人民法院审理认为,意思表示是法律行为成立的前提要件,而涉案股东会决议并非万泉投资公司的意思表示,从而认定股东会决议不具备成立要件。但该院却判决股东会决议无效,而不是股东会决议不成立。北京市第二中级人民法院维持了一审法院判决。该案判决虽然也宣告股东会决议无效,但与之前的案例相比,法院在案件审理过程中确认了股东会决议的不成立,是一个巨大的进步。

  上海地区的一些案例也确立了股东会决议的无效,如在陈木楠股东会决议

---

[①] 谷成满诉康弘公司公司决议效力确认纠纷案(〔2012〕怀民初字第00184号、〔2013〕二中民终字第05629号)、马青诉北京鼎诚会计师事务所有限责任公司股东权纠纷案(〔2009〕海民初字第693号、〔2010〕一中民申字第17779号)、北京万泉投资有限公司诉北京大万房地产开发有限责任公司公司决议效力确认纠纷案(〔2016〕京0101民初3743号、〔2017〕京02民终1451号)。

效力确认纠纷案①中,上海市松江区人民法院审理认为,股东会召集程序、表决方式违法所形成的股东会决议,属于可撤销的股东会决议,因股东未在决议作出之日起 60 日内请求撤销,故丧失撤销权,判决驳回诉讼请求。上海市第一中级人民法院审理认为,在未通知股东参加股东会的情况下,影响的不仅仅是股东表决权的行使,而是从根本上剥夺了股东行使表决权的机会和可能,同时也使受侵害股东因不知晓股东会决议的存在而无法及时主张权利救济,是对股东基本权利的严重侵害,从而认定股东会决议无效。

陈木楠股东会决议效力确认纠纷案在上海市第一中级人民法院系统形成了统一的裁判标准,即公司股东会决议无效,如洪某、董某公司决议效力确认纠纷案,上海会波房地产发展有限公司公司决议纠纷案,李丽公司决议效力确认纠纷案②等。

在章吉波公司决议纠纷案③中,温州市龙湾区人民法院审理认为,未履行通知义务剥夺了股东表决权,并使股东无法及时行使救济权,是对股东基本权利的侵害,应当认定为股东会决议违法,从而判决股东会决议无效。温州市中级人民法院维持了一审判决,认定股东会决议无效。在公司股东会决议中,股东未签字或缺乏合意的,表明当事人意思表示欠缺,应当认定为决议不成立而不是无效。

在商事审判实践中,大量被伪造签名的股东会决议均为在股东未参会的情况下形成的,这种情况通常被认定为股东会的召集程序不符合法律规定,即我国《公司法》第 41 条第 1 款的规定。同时,《公司法》第 22 条第 2 款中又规定了法律后果。根据《公司法》第 22 条的规定,法院判决通常把瑕疵股东会决议区分为无效和可撤销两种情形,且伪造股东签字情形并非均导致公司决议无效,仅在被伪造的决议内容违反法律、行政法规时才被认定为无效。

可见,法院对股东会决议无效的判决,源于《公司法》第 22 条的规定,即前述立法并未规定决议行为的不成立。合同和决议同为法律行为,司法审判实践却有截然不同的做法,其实《合同法》也并未规定合同不成立,法院却未将不成立合同判定为无效合同,说明了我国法院、法官对法律行为制度的认识有待深入。

---

① 陈木楠诉上海锦麒机电设备安装工程有限公司股东会决议效力确认纠纷案(〔2009〕松民二(商)初字第 1417 号、〔2009〕沪一中民三(商)终字第 954 号)。

② 洪某、董某诉上海葛迪立机电有限公司公司决议效力确认纠纷案(〔2012〕沪一中民四(商)终字第 S485 号),上海会波房地产发展有限公司诉上海富淘房地产有限公司公司决议纠纷案(〔2013〕松民二(商)初字第 340 号、〔2014〕沪一中民四(商)终字第 351 号),李丽诉上海民众广告制作有限公司公司决议效力确认纠纷(〔2014〕松民二(商)初字第 980 号)。

③ 章吉波诉浙江建昊建筑工程有限公司公司决议纠纷案(〔2016〕浙 0303 民初 1380 号、〔2016〕浙 03 民终 4223 号)。

我国《民法典》第134条规定了民事法律行为的成立及成立要件,《公司法司法解释(四)》规定了决议行为的不成立。决议行为的不成立与决议行为的无效区别表现在决议行为的不成立是意思表示形式瑕疵,而决议行为的无效则是意思表示内容瑕疵。公司决议行为不成立的情形有:虚构的股东会或者董事会;股东会或者董事会的参会人数不符合规定;股东会或者董事会的表决权比例不符合规定。

决议行为无效的前提条件是决议行为已经成立,决议行为不成立就不可能涉及决议行为的效力问题。例如,在夏雯婷公司决议效力确认纠纷案[①]中,上海市第一中级人民法院判决确认了股东会决议不成立。公司及四名股东均无证据证明涉案股东会决议经过提议、召集、通知、主持等程序,同时确认该股东会决议相关事项及决议上夏雯婷的签字均系中介机构代办、代签。

---

① 在夏雯婷诉上海筱颢酒店管理有限公司公司决议效力确认纠纷案〔2019〕沪0120民初12702号、〔2020〕沪01民终345号)中,法院裁判摘要认为,当事人通过虚构召开股东会所形成的股东会决议不成立。

# 第十一章 代 理

代理是代理人在代理权限范围内以被代理人名义与第三人所实施的,确立被代理人和第三人之间的法律关系的法律行为。代理是代理人独立的意思表示,代理人在代理权限范围内以被代理人的名义实施法律行为,且法律行为所产生的法律后果直接由被代理人承担。

## 第一节 代理的概念

代理是一种法律行为,可以扩展私法自治的范围并填补私法自治的不足,拓展权利主体的行为能力、时间和空间,扩大商事交易的范围,促进社会经济的发展。

### 一、代理制度的历史沿革

代理制度起源于中世纪,形成于近代自由资本主义时期。大陆法系代理制度的区别论,将委任关系和代理关系区分开来,发展和完善了现代民法的代理制度。

(一)代理制度的起源

代理是代理人独立的意思表示,却对被代理人产生法律效果。民法制度大多起源于罗马法,但古代罗马法却没有形成代理观念。罗马法没有产生代理制度,主要有权利主体和法律行为两个方面的原因:

(1)权利主体的唯一性。在古代罗马社会中,只有家长具有权利能力,是法律关系的主体,家长对家子和奴隶具有绝对的支配权,家子和奴隶并不具有独立实施法律行为的能力,而仅被认为是家长手足的延伸,法律行为的效果归属于家长。[①] 因此,罗马法没有设立代理制度的必要。

(2)法律行为的形式主义。罗马法实行法律行为的形式主义,法律行为的形式必须符合规定的要求。法律行为的当事人必须亲自到场,做规定的动作,说固定的套语;否则,法律行为不会产生法律效力。因此,罗马法没有设立代理制度的可能。

代理制度产生于欧洲中世纪。在欧洲中世纪早期,国王或者教皇授权他人

---

① 参见郑玉波:《民法总则》,中国政法大学出版社2003年版,第396页。

以国王或者教皇名义举债之类的行为,产生了委托代理的雏形。从12世纪到13世纪,地中海沿岸城市商业的发展,逐渐扩展到欧洲其他内陆城市。伴随着经营的扩大,商人已经不可能完全自己经营,需要通过某种方式扩大经营活动,从而代理制度应运而生。特别是在海上贸易中,商人不可能亲自漂洋过海,只能将货物交付给代表或者代理人经营,有关代理特别是商事代理制度逐渐形成。这些代理习惯为西欧各国商人所采用,且也为商事法院所认可。注释法学派和教会法在这个基础上发展了代理制度,但是由于欧洲中世纪的经济发展仍然处于初级阶段,与此相适应的有关代理制度还处于萌芽阶段,并未形成近代意义上的代理制度。

(二) 代理制度的形成

17世纪开始,代理逐渐成为一种独立的法律制度。[①] 17、18世纪的自然法学家形成了现代代理制度,认为代理人的权利直接来源于被代理人的授权。[②] 在19世纪西欧大陆国家的法典编纂运动中,代理制度成为民法典的重要制度。近代代理制度的产生是私法自治扩张的产物。根据私法自治原则,个人根据自己的自由意思,处理各种社会关系。但个人受到时间、空间和能力的限制,不可能事必躬亲,而借助他人的行为实施各种法律行为,由自己承担法律行为的后果,极大地拓展了个人的活动时间、空间和能力。因此,代理制度拓展了私法自治的范围。

《法国民法典》并未建立完善的代理制度,仅承认直接代理制度,却未将委任与代理的概念区分开来,认为代理是委任合同的结果,即将实施代理行为视为受托人对委托人的义务,把接受代理行为后果视为委托人对受托人的义务,没有区分代理行为与基础法律关系之间的关系。《普鲁士普邦法》《奥地利民法典》以及美国《路易斯安那州民法典》等均未对委任(mandate)与授权(authority)进行区分。

在德国普通法时期,对代理本质的解释和说明遇到了逻辑上的难题。根据意思自治原则,意思表示仅对表意人发生法律效力;在代理制度中,意思表示不对表意人发生法律效力,却对表意人之外的第三人发生法律效力。由此形成了种种学说,以解释、说明代理的本质。关于代理制度的本质主要有被代理人行为说、共同行为说、代理人行为说、统一要件说四种学说,其中统一要件说认为,代理是由授权行为与代理行为共同构成的。这种说法既说明了被代理人在代理行为中的作用,也说明了代理人在代理行为中的作用,充分说明了代理的本质

---

[①] 参见郑玉波:《民法总则》,中国政法大学出版社2003年版,第397页。
[②] 参见〔英〕施米托夫:《国际贸易法文选》,赵秀文选译,中国大百科全书出版社1993年版,第370页。

属性。

### （三）代理制度的发展

《德国民法典》对大陆法系代理制度的发展作出了创造性的贡献。《德国民法典》将委任与代理的概念严格区分开来。委任是指被代理人与代理人之间的内部关系，即代理权授予的原因，也称为基础关系；代理则是指交易外部的关系，即被代理人与代理人同第三人之间的关系。在《德国民法典》中，"代理"作为一种法律行为规定在总则编的"法律行为"之中，而"委任"规定在债法编的"各种债的关系"之中，从而使代理制度成为一种完善的法律制度。

英美法系国家代理制度的理论基础是等同论，即把被代理人与代理人等同起来，"通过他人去做的行为视同自己亲自做的一样"[①]。等同论把代理人行为视为被代理人行为。英美法不强调区分被代理人与代理人之间的内部关系，以及代理人与第三人之间的外部关系，只是简单地把代理人与被代理人等同起来。即使是代理人的行为产生的结果，也和被代理人亲自为之完全一样。因此，在代理人和被代理人之间，与第三人进行交易的主体并不重要。

大陆法系国家代理制度的理论基础是区别论，即区分委任关系和代理关系。区别论反映了代理理论的重要特征。[②] 区别论的核心是委任合同规定的代理人的权限，原则上对第三人没有约束力。[③] 换言之，区别论将作为委任的内部关系与作为代理的外部关系区别开来，不得以内部关系来对抗外部关系，即被代理人不得以代理人的权限为由拒绝承担代理责任，从而保护了交易安全，维护了正常的交易秩序。

区别论是由德国学者保罗·拉班德（Paul Laband）在1866年提出的，拉班德从法学理论角度对委任与代理的区分进行了系统的论述。[④] 这种对委任与代理所作的抽象区分，被誉为法律上的重大发现之一。[⑤] 区别论渐次为许多大陆法系国家的民法典所接受。如《瑞士民法典》。

区别论与等同论之间的区别表现为，区别论强调代理三方关系中的两个不同侧面，即被代理人与代理人之间的内部关系，被代理人和代理人与第三人之间的外部关系；代理权限的授予可以被视为一种由被代理人向第三人所做的单方法律行为，对内部关系的限制并不必然地限制外部关系。大陆法系更加强调代理关系对外的一面，从而第三人有权信赖代理的表象，被代理人也不得通过对代

---

[①] 参见〔英〕施米托夫：《国际贸易法文选》，赵秀文选译，中国大百科全书出版社1993年版，第381页。
[②] 同上书，第371页。
[③] 同上书，第372页。
[④] 参见〔德〕卡尔·拉伦茨：《德国民法通论》（下册），王晓晔等译，法律出版社2003年版，第855页。
[⑤] 参见〔英〕施米托夫：《国际贸易法文选》，赵秀文选译，中国大百科全书出版社1993年版，第373页。

理人授权的限制来减轻自己责任。可见,大陆法系更强调对第三人和交易安全的保护。

$$
\text{大陆法系代理权} \begin{cases} \text{内部关系} \begin{cases} \text{委任——委托、雇佣、承揽、合伙等(双方法律行为)} \\ \text{代理权的授予(单方法律行为)} \end{cases} \\ \text{外部关系——代理:被代理人、代理人与第三人之间的交易关系} \end{cases}
$$

图 11-1　大陆法系的代理权

## 二、代理的概念及代理制度的价值

代理是权利主体实现意思自治的手段。代理制度是调整被代理人、代理人和第三人之间关系的法律制度。代理制度使权利主体能够通过代理人的行为实施法律行为,扩大了权利主体的意思自治的范围,鼓励了民商事交易,促进了社会经济的发展。

(一) 代理的概念

代理,是指在代理权限范围内,代理人以被代理人的名义,向第三人为意思表示或者受领意思表示,而直接对被代理人产生法律效力的法律行为。代理法律意义的实质是,代理人处于被代理人的地位并为被代理人实施法律行为,法律行为的后果被视为与被代理人所实施的法律行为相同。尽管由代理人实施法律行为,但该法律行为的当事人并非代理人,而是被代理人。代理的目的是通过代理人实施各种法律行为,实现被代理人的利益。法定代理使无民事行为能力人或者限制民事行为能力人通过法定代理人的活动,实现自己的利益;意定代理使被代理人通过代理人的代理活动,扩大了在法律交往中自己的利益范围。

代理行为是一种特殊的法律行为,与普通法律行为存在两个方面的差异:

(1) 实施的方式不同。普通法律行为是行为人以自己的名义实施并由自己承担法律后果的法律行为;代理行为是行为人(代理人)以他人(被代理人)的名义实施的法律行为,行为的法律后果由他人(被代理人)承担,而不是由行为人(代理人)承担。

(2) 涉及的关系不同。普通法律行为仅涉及行为人与相对人之间的关系;代理行为则涉及三个方面的关系:一是代理人与被代理人之间的内部关系;二是代理人与相对人之间的外部关系;三是被代理人与相对人之间的外部关系。

代理是一种特殊的法律行为,主要有以下三个方面的内容:

(1) 代为意思表示或者代为受领意思表示的行为。代理是一种法律行为,仅以代为意思表示或者代为受领意思表示为限,只有法律行为才能进行代理,事实行为与侵权行为不得代理。但是,并非所有法律行为均可代理,代理一般限于财产法律行为,身份法律行为通常不适用代理。

(2) 代理人在代理权限范围内的法律行为。代理是在代理权限范围内代理人的独立意思表示。独立意思表示是指代理人所实施的法律行为,是代理人自己的意思表示,而不是被代理人的意思表示。代理人独立的意思表示是由被代理人对代理制度的需要决定的,被代理人需要代理人代为法律行为,可能是因客观原因不能实施法律行为。因此,代理人应当独立地实施法律行为。

(3) 代理人以被代理人名义所实施的法律行为直接对被代理人发生效力。代理人无论是代为一定的意思表示,还是代为受领一定的意思表示,均须以被代理人名义进行。如果代理人不以被代理人名义实施法律行为,即使法律行为对被代理人发生法律效力,也不构成代理。

(二) 代理制度的价值

代理制度的价值主要表现在,扩展了私法自治的范围以及补充了私法自治的不足。[①] 根据私法自治原则,当事人根据意思表示设立权利承担义务,目的在于鼓励当事人参与,而不是束缚当事人的行为。被代理人授予代理人以代理权,并没有限制被代理人自己实施法律行为,而且代理人行使代理权也是以被代理人的意思为基础的。一个人的时间与精力都非常有限,代理制度能使人们超越时间和空间的限制,突破本身的知识、能力、经验以及体力与脑力的有限性。因此,代理制度扩展了私法自治的可能性。[②]

虽然自然人的权利能力平等,但行为能力却存在差异。无民事行为能力人没有意思能力,限制民事行为能力人仅具有部分意思能力,实施法律行为受到限制。私法自治原则并非要拒绝或者限制他们的法律行为,而是要设法补充他们行为能力的不足,促成他们参与各种法律行为。代理制度补充了无民事行为能力人和限制民事行为能力人的行为能力的不足,使其借助于他人的行为能力实施法律行为,实现自己的利益。因此,代理制度补充了私法自治的不足。[③]

代理制度虽然扩展了意思自治的空间、补充了意思自治的不足,但并非所有的法律行为均可以适用代理制度。代理制度通常仅限于财产行为,身份行为不适用代理制度。根据我国《民法典》第 161 条的规定,不得适用代理制度的法律行为有以下两种情形:

(1) 身份行为。具有人身性质的身份行为,不得适用代理制度,应当由行为人本人亲自实施,如结婚、离婚、收养、遗赠、遗嘱等。例如,我国《民法典》第 1049 条、第 1076 条、第 1077 条等关于结婚和离婚的规定。

---

① 参见郑玉波:《民法总则》,中国政法大学出版社 2003 年版,第 397 页。
② 参见〔德〕卡尔·拉伦茨:《德国民法通论》(下册),王晓晔等译,法律出版社 2003 年版,第 817 页。
③ 同上书,第 818 页。

(2) 约定行为。根据当事人双方约定应当由行为人本人实施的法律行为，不得适用代理制度。如特定演员的演出合同（音乐、舞蹈表演）、特定承揽人的承揽合同（书画、工艺品的制作）。

### 三、代理的分类

我国《民法典》第 163 条仅规定了委托代理与法定代理。民法理论上的代理主要有以下八种分类：

(1) 有权代理与无权代理。根据代理人是否具有代理权，代理可以分为有权代理与无权代理。有权代理是指有代理权的代理。真正的代理以有权代理为限，因而称为"代理"。在有权代理中，代理人的意思表示直接对被代理人产生法律效力。有权代理是典型的代理。无权代理是指代理人没有代理权实施的代理行为。无权代理通常分为表见代理与狭义的无权代理，表见代理既不同于狭义的无权代理，也不同于有权代理。表见代理虽为无权代理，却对被代理人产生有权代理的法律后果。

(2) 法定代理与意定代理。根据代理权的发生是基于法律的规定还是当事人的授权，代理可以分为法定代理与意定代理。法定代理是指代理权是基于法律规定产生的代理。法定代理是基于法律规定的身份或者资格取得代理权的一种代理。法定代理的作用在于补充无民事行为能力人和限制民事行为能力人的不足。法定代理人是无民事行为能力人和限制民事行为能力人的法定监护人。意定代理是指代理权是基于被代理人授权产生的代理。在我国《民法典》中，意定代理被称为"委托代理"，而"委托代理"有"基于委托合同产生的代理"的含义，因而"意定代理"的表述更为准确，不会产生歧义。职务代理是意定代理的一种，是因劳动关系或者雇佣关系中的职务取得代理权所产生的代理。例如，公共汽车售票员的售票、商店售货员的售货等行为均是职务代理。

(3) 直接代理与间接代理。根据代理人是否以自己的名义为意思表示、代理行为是否直接对被代理人发生效力，代理可以分为直接代理与间接代理。直接代理是指在代理权限范围内代理人以被代理人名义为意思表示或者受领意思表示，而直接对被代理人发生法律效力的代理。间接代理是指代理人以自己的名义，为被代理人的利益为意思表示或者代为受领意思表示，而将法律效果转移给被代理人的代理。[①] 间接代理的发展早于直接代理，间接代理是一种类似于代理的制度，在大陆法系国家中称为行纪，并非真正的代理，不可能在被代理人

---

① "在间接代理（indirekte Stellvertretung）中，法律后果首先是在行为人那里产生，然后必须通过其他行为（如债权让与、债务承担或者免除）将法律后果转移给另外一个人。"〔德〕迪特尔·梅迪库斯：《德国民法总论》，邵建东译，法律出版社 2000 年版，第 672 页。

与相对人之间产生权利义务关系。仅在特别情形下,基于法律的特别规定,间接代理才会产生代理的部分效力,我国《民法典》第 925 条和第 926 条规定了间接代理。例如,在上海闽路润贸易有限公司买卖合同纠纷案[①]中,最高人民法院判决认为,《购销合同》是闽路润公司基于兴盟公司的委托与钢翼公司订立,现无证据证明钢翼公司在与闽路润公司订立合同时明知闽路润公司是基于兴盟公司的委托,从而不能依据《合同法》第 402 条认定该合同直接约束兴盟公司。根据《合同法》第 403 条第 1 款的规定,隐名代理的受托人向委托人披露第三人后,委托人可以行使介入权直接向第三人主张权利。委托人行使介入权的,则合同直接约束委托人与第三人,委托人代替受托人成为合同主体,受托人不能行使合同权利;委托人不行使介入权的,则合同仍约束受托人,受托人可以行使合同权利。在闽路润公司向钢翼公司主张权利之前,兴盟公司并未向钢翼公司主张权利,故不能认为兴盟公司已经行使介入权。既然兴盟公司没有行使介入权,则不是《购销合同》的主体,不享有《购销合同》项下的权利。闽路润公司仍是《购销合同》的主体,有权行使《购销合同》项下的权利。因此,在符合法定解除条件的情况下,闽路润公司有权解除《购销合同》,并要求钢翼公司返还货款。

(4) 积极代理与消极代理。根据代理人的行为是积极的还是消极的,代理可以分为积极代理与消极代理。积极代理(又称主动代理)是指代理人为意思表示的代理,如代为发出要约或者承诺。消极代理(又称被动代理)是指代理人受领意思表示的代理,如代为受领要约或者承诺。

(5) 一般代理与特别代理。根据代理权的范围是否有限制,代理可以分为一般代理与特别代理。一般代理(又称概括代理或者全权代理)是指代理权没有特定限制的代理。特别代理(又称部分代理)是指代理权有特定限制的代理。在实践中,没有指明为特别代理的,则为一般代理。但是,诉讼代理与普通的代理不同,在诉讼代理中,一般代理的权限小,而特别代理的权限大。例如,根据我国《民事诉讼法》第 59 条的规定,诉讼代理人代为承认、放弃、变更诉讼请求,进行和解,提起反诉或者上诉,必须有委托人的特别授权。

(6) 单独代理与共同代理。根据代理权属于一人还是数人,代理可以分为单独代理与共同代理。单独代理是指代理权属于一个人的代理。共同代理是指代理权属于二个以上的代理人的代理。在共同代理中,代理权的行使必须由数

---

① 在上海闽路润贸易有限公司诉上海钢翼贸易有限公司买卖合同纠纷案(〔2012〕闽民终字第 647 号、〔2015〕民申字第 956 号)中,法院裁判摘要认为,受托人以自己的名义与第三人订立合同时,第三人不知道受托人与委托人之间的代理关系的,合同约束受托人与第三人。受托人因第三人的原因对委托人不履行义务,受托人向委托人披露第三人后,委托人可以选择是否行使介入权:委托人行使介入权的,则合同直接约束委托人与第三人,委托人可以要求第三人向其承担违约责任;委托人不行使介入权的,根据合同的相对性原则,合同仍约束受托人与第三人,受托人可以向第三人主张违约责任,受托人与委托人之间的纠纷根据委托合同的约定另行解决(2016 年最高人民法院公报案例)。

个具有代理权的人共同行使。否则,代理因代理人越权而无效。我国《民法典》第166条规定了共同代理。

(7) 本代理与复代理。根据代理人的选任和产生方式不同,代理可以分为本代理与复代理。本代理是指由被代理人选任或者根据法律规定产生代理人的代理。复代理是指在代理权限范围内,代理人为完成代理行为以自己的名义为被代理人选任代理人的代理。如果原代理人以被代理人名义选任另一个代理人,则不属于复代理,而是在被代理人与新代理人之间直接产生一个新的代理关系。一般代理均为本代理,复代理是相对于本代理而言的。代理是基于被代理人对代理人的信任产生的,复代理有严格的限制条件。大陆法系国家大多数原则上禁止复代理,我国《民法典》第169条也是如此规定,仅在两种情形下的复代理有效:一是经被代理人的同意。被代理人同意包括事先同意和事后追认两种情形,被代理人基于自己利益的考虑同意复代理的,法律没有禁止的必要。二是紧急情况的出现。一旦出现紧急情况,基于被代理人利益保护的需要,法律允许复代理的存在。

(8) 显名代理与隐名代理。根据代理人在实施代理行为时是否以被代理人的名义为标准,代理可分为显名代理与隐名代理。显名代理是指代理人以被代理人名义实施法律行为的代理。隐名代理是指代理人以自己的名义实施法律行为的代理,但相对人知道代理人的身份。显名代理和隐名代理所实施法律行为的法律效力均直接归属于被代理人,所以都属于直接代理。

显名代理是大陆法系国家和地区的普遍做法,如《德国民法典》第164条、《法国民法典》第1984条、《意大利民法典》第1338条、《日本民法典》第99条等,均要求代理人以被代理人名义实施法律行为。但《德国民法典》《日本民法典》也规定了隐名代理。我国《民法典》既规定了显名代理,也规定了隐名代理,如《民法典》第925条为隐名代理。在苏金水商品房买卖合同纠纷案[①]中,最高人民法院判决认为,隐名代理构成的必要前提是受托人以自己的名义与第三人订立合同。涉案代理人(皓羽公司)基于有效的委托代理关系所实施的代理行为不违反法律法规的禁止性规定,代理行为的法律后果应直接约束被代理人(金华公司),所产生的民事责任直接由被代理人承担。代理人签订的06号、07号合同应直接约束被代理人,代理人收取款项的法律后果也应归属于被代理人,代理人行为

---

[①] 在苏金水诉湖北金华实业有限公司、武汉皓羽地产顾问有限公司商品房买卖合同纠纷案(〔2008〕武民初字第56号、〔2009〕鄂民一终字第28号、〔2012〕民抗字第24号)中,法院裁判摘要认为,在房地产开发企业委托代理机构销售房屋的情况下,房地产开发企业因委托代理机构未告知特定房屋已经售出而导致"一房二卖",属于选择和监督委托代理人的经营风险,不得转嫁于购房者,房地产开发企业以此为由主张《关于审理商品房买卖合同纠纷案件适用法律若干问题的解释》第8条规定的惩罚性赔偿应予免除的请求,法院不予支持(2014年最高人民法院公报案例)。

产生的相应民事责任应由被代理人承担。代理人向第三人(苏金水)销售案涉商铺是以被代理人名义而并非以自身名义进行,而成立隐名代理的必要前提之一是受托人以自己名义与第三人订立合同,从而湖北省高级人民法院二审判决适用《合同法》第402条,认为代理人销售07号商铺的行为构成隐名代理,属于适用法律不当。

**四、代理关系**

代理关系是在被代理人、代理人和相对人之间产生的一种特殊法律关系,涉及被代理人、代理人和相对人三个法律关系主体。被代理人是指授权他人以自己名义实施特定法律行为并由自己直接承担该法律行为后果的法律关系主体。代理人是指经被代理人授权以被代理人名义在代理权限范围内实施法律行为的法律关系主体。相对人(第三人)是指在代理关系中因代理人的代理行为,而与被代理人产生权利义务关系的法律关系主体。代理关系由以下三个方面的法律关系构成:

(1) 被代理人与代理人之间的法律关系。即被代理人与代理人之间基于委托授权或者法律规定所形成的代理权关系。被代理人与代理人之间的法律关系是基础法律关系,是代理权产生的依据,属于被代理人与代理人之间的内部关系,不能对抗第三人(相对人)。代理授权具有无因性,基础关系与代理权授予之间相互独立,基础关系的无效不影响代理权授予的效力。基础关系的类型很多,在意定代理中,较为常见的有委托、雇佣、承揽、合伙等;在法定代理中,有监护、亲属关系等。

(2) 被代理人与相对人之间的法律关系。被代理人与相对人之间的法律关系是代理行为所追求的法律后果而产生的法律关系,即代理人以被代理人名义所实施的法律行为,在被代理人与相对人之间所产生的法律关系,是代理制度的目的所在。被代理人与相对人之间的法律关系是代理人实施代理行为的产物,是代理行为的外部关系。在代理的三种法律关系中,被代理人与相对人之间的法律关系是主要法律关系,其他两种法律关系是围绕这种法律关系展开的。

(3) 代理人与相对人之间的法律关系。在正常代理关系中,代理人与相对人之间不会产生任何法律关系。只有在正常代理关系遭到破坏时,代理人与相对人之间才会产生一定的法律关系,代理人作为法律关系的一方当事人对相对人承担一定的法律责任,如代理人超越代理权限或者没有代理权以被代理人名义所实施的法律行为,在被代理人不予追认的情况下,对被代理人不发生效力而应由代理人作为法律行为的一方当事人对相对人承担相应的法律责任。

在法律实务中,代理关系当事人之间的纠纷主要是围绕代理权限和代理权的实施而展开的。

## 第二节 代 理 权

代理权是代理制度的基础,是代理人行使代理权的依据。代理权的合法行使与滥用、代理权的有无决定了不同的法律责任。

### 一、代理权的概念与性质

代理权,是指代理人能够以被代理人名义为意思表示或者受领意思表示,而效力直接归属于被代理人的法律资格。[①] 代理权是代理制度的核心内容,是代理关系的基础。关于"代理"的规定,立法通常是围绕"代理权"展开的,包括代理权的产生、行使、消灭,代理权的超越以及无权代理等。代理权是决定代理行为有效的依据,代理人通过两种方式获得代理权:一是通过被代理人授权[②],二是通过法律规定。

关于代理权的性质,主要有否认说、权利说、权力说、资格说四种学说:否认说认为代理仅为被代理人与代理人之间的委任关系或者其他法律关系,否认存在独立的代理权;权利说认为代理权是代理人依法所享有的实体权利;权力说认为代理权是一种法律上的力;资格说认为代理权是一种法律上的能力或者资格。

在以上四种学说中,资格说较好地说明了代理权的性质,代理权是代理人从事代理行为的资格,这种资格使代理人能够以被代理人名义,向相对人为意思表示或者受领意思表示,从而使法律行为的效力归属于被代理人。代理权从本质上仅为一种资格,这种资格来源于被代理人的授权行为(委托代理)、法律的直接规定(法定代理)或者有权机关的指定(指定代理)。资格说准确地反映了代理权的本质及代理人与被代理人之间的关系,符合代理制度设计的目的。法定代理、指定代理及委托代理的目的均为通过赋予代理人资格,使代理人可以代表被代理人进行交易以促进被代理人利益的实现。

---

① "就特定的法律行为代理他人作出一些或一切法律行为的法律权限(Rechtsmacht),我们称为代理权(Vertretungsmacht)。"〔德〕卡尔·拉伦茨:《德国民法通论》(下册),王晓晔等译,法律出版社2003年版,第817页。

② "通过这种授权而获得的代理权是一种特定的法律上的'能力'(Können),即'法律权能'(Rechtsmacht),而它依我的理解既不是一种权利,也不是像行为能力和侵权能力那样的个人能力。它之所以不是权利,是因为它的赋予并不是为了代理人,而是为了被代理人,代理人只起着辅助作用。它之所以不是个人能力,是因为它并不是据之可以进行法律行为的一般能力中的一种,而是被代理人的法律能力在一特定的交易或交易范围内的延伸。"同上书,第827—828页。

## 二、代理权的产生

代理权因具备法律规定的法律事实或被代理人的授权行为产生。委托合同是双方法律行为,而代理权的授予则是单方法律行为。

（一）代理权产生的方式

代理权的产生有法定代理与意定代理两种方式,代理权也有法定代理权与意定代理权(即委托代理权)之分。我国《民法典》则将代理分为法定代理和委托代理两类：

（1）法定代理权。法定代理权是基于法律的规定产生,主要涉及亲权和监护权等人身权领域,不涉及交易关系。法定代理是按照法律规定行使代理权的代理,法定代理人的代理权来源于法律的直接规定,无须被代理人授权。法定代理权主要有以下三种情形：

其一,监护人。根据《民法典》第 23 条的规定,无民事行为能力人、限制民事行为能力人的监护人为法定代理人。

其二,管理人。根据《民法典》第 42 条的规定,失踪人的财产管理人是其法定代理人。

其三,清算人。根据《民法典》第 70 条、《公司法》第 183 条的规定,清算义务人是公司清算财产的法定代理人。

（2）意定代理权。意定代理权(即委托代理权)是指经被代理人授权行为所产生的代理权。意定代理权是基于被代理人单方意思表示产生的[1],相对人没有必要承诺,且也不会因被代理人的授权行为承担义务。[2] 意定代理权主要涉及财产权领域,反映了交易关系,是代理制度的主要研究对象。在意定代理中,享有意定代理权的人称为意定代理人,授予代理权的行为则称为授权行为。授权行为的性质,在意定代理制度的发展过程中具有非常重要的意义。在 19 世纪之后的德国普通法中,代理制度虽然已经被习惯法承认,但是当时的学说认为代理是基础法律关系的外部表现,并受基础关系的支配。代理权的授予与内部执行职务权限的范围、期限均相同,且意定代理通常被视为委任关系的外部行为。代理、代理权授予以及委任合同具有同样的含义,认为代理权的授予是以委任合同为基础且同时成立或者消灭。[3]《法国民法典》第 1984 条、《奥地利民法典》第 1002 条和《普鲁士邦法》第 113 条均采纳了这种观点。

---

[1] "委托代理权的授予人通过通常需要有相对人的意思表示而授予委托代理权。它是一种单方面形成的法律行为,而且是一种权力的授予行为。"〔德〕卡尔·拉伦茨:《德国民法通论》(下册),王晓晔等译,法律出版社 2003 年版,第 860 页。

[2] 参见魏振瀛主编:《民法》(第 4 版),北京大学出版社、高等教育出版社 2010 年版,第 179 页。

[3] 参见王泽鉴:《民法学说与判例研究》(第四册),中国政法大学出版社 1998 年版,第 5 页。

## （二）代理权产生的理论基础

德国的耶林对代理权的授予问题进行了深入的思考，发现了委任与代理之间存在差异，强调委任与代理的并存在本质上纯属偶然。但耶林仍然认为委任是意定代理的唯一发生原因，未能摆脱代理权的授予与委任是一物两面的传统观念。在《德国商法典》制定之后，德国学者开始认识到传统的代理理论不尽合理，应当放弃将代理权与基础关系视为一体的理论。1866年，保罗·拉班德提出了代理权授予与作为基础关系的委任之间的区分①，认为代理权的授予不是单独行为，而是基于一个与基础关系相区别的代理权授予的合同。在拉班德理论的基础上，德国学者进一步提出代理权的授予并非合同行为（即双方法律行为），而是属于有相对人的意思表示的单方法律行为。代理权的取得与委任是两个法律行为，彼此相互独立，《德国民法典》第167条采纳了德国学者的理论研究成果。

德国学者提出的代理权授予理论，不仅影响《德国民法典》的代理制度，而且还影响了《瑞士民法典》《日本民法典》《意大利民法典》以及中华民国时期的民法典和我国现行立法。根据我国《民法典》第165条的规定，委托代理授权采用书面形式的，授权委托书应当载明代理人的姓名或者名称、代理事项、权限和期间，并由被代理人签名或者盖章。从法律规定看，代理权授予行为是被代理人以授权意思表示的单方法律行为，并不要求代理人的同意，从而与委任合同区别开来。按照单方法律行为生效的规则，代理权授予行为一经成立即告生效，即对被代理人产生约束力。但对代理人而言，代理人是否同意接受被代理人授权的意思表示，并不影响代理权授予行为的生效。

代理权的授予行为是有相对人的单方法律行为，授予代理权的意思表示应当在到达相对人时（以非对话方式）或者为相对人所了解时（以对话方式）成立并生效。换言之，代理权的授予行为取决于授权人的意思表示，代理人的同意与否不影响代理权的授予。② 授予代理权的相对人可以是代理人本人，也可以是代理人为代理行为的对方当事人（即代理行为的相对人）。当相对人是代理人时，被代理人的授权行为属于"内部授予代理权"，代理人即为被授权人；当相对人是代理行为的相对人时，被代理人的授权行为属于"外部授予代理权"。在通常情况下，只要有一种授权行为即可。在有两种授权的情况下，如果两者授权范围不一致，从保护交易安全的角度出发应以外部授权的范围为准。

---

① 参见王泽鉴：《民法学说与判例研究》（第四册），中国政法大学出版社1998年版，第4页。
② "……只要有委托代理权的授予人的意思表示就够了，因而代理权限的产生并不取决于委托代理人的同意。"〔德〕卡尔·拉伦茨：《德国民法通论》（下册），王晓晔等译，法律出版社2003年版，第860—861页。

### （三）代理权产生的基础法律关系

代理权的授予通常伴有一定的基础法律关系，如委托、雇佣、承揽、合伙等，代理权授予行为与上述基础法律关系是相分离的，但很容易混淆，特别是在委托合同中。我国《民法典》第 919 条对委托合同的界定，严格区分了委托合同与代理权授予行为之间的界限。在代理权授予行为与基础法律关系之间的效力关系上，存在有因说与无因说两种学说：

（1）有因说。有因说认为，代理权授予行为与基础法律关系是不能分离的。基础法律关系一旦无效或者被撤销，则代理权的授予行为也归于消灭。

（2）无因说。无因说认为，代理权的授予行为与基础法律关系是可以分离的。基础法律关系无效或者被撤销的，代理权授予行为仍然不受影响。

德国的民法理论和判例认为，《德国民法典》第 168 条规定的代理权采纳了无因性理论。[1] 在代理权授权行为独立性基础上，德国民法理论强调代理权授予行为与基础法律关系的无因性，在存在以委任、劳动合同等基础法律关系的代理权授予行为中，基于保护交易安全的需要，代理权的授予行为不会受到基础法律关系的影响，即基础法律关系无效的，代理权的授予行为仍然有效。我国《民法典》对代理权授予行为与基础法律关系的问题并未规定是有因还是无因，但从保护被代理人的利益以及简化法律关系的角度考虑，我国立法应采纳有因说。

### （四）代理权授予的方式

代理权的授予是有相对人的单方法律行为，代理权的授予应向相对人（包括代理人和法律行为的相对人）为意思表示。代理权授予的方式有明示方式与默示方式两种：

（1）明示方式。明示授予代理权是代理权授予的主要方式。为明确被代理人与代理人之间的权利义务关系，避免产生不必要的纠纷，代理权的授予通常为明示方式。明示授予代理权的方式具体有三种：一是内部授予方式。由被代理人通过向授权人（代理人）发出意思表示授予代理权。二是外部授予方式。由被代理人通过向代理行为的当事人（法律行为的相对人）为意思表示授予代理权。例如，在甲委托乙代理购买丙的房屋的行为中，甲直接告诉丙授权乙代理购买丙的房屋。三是向外部告知内部代理权。在内部授予代理权之后，被代理人应当将授权事实对外公布。

以明示方式授予代理权的表现形式，既可以是书面的，也可是口头的。法律规定应采取书面形式的，应依照法律的规定。我国《民法典》第 135 条和第 165 条规定，委托代理授权可以采用书面形式、口头形式或者其他形式。在代理实务

---

[1] "如第 168 条第 1 款所示……相对于基础行为而言，代理权是无因的。"〔德〕迪特尔·梅迪库斯：《德国民法总论》，邵建东译，法律出版社 2000 年版，第 719 页。

中,书面形式的授权是最为主要的一种授权形式,表现为授权委托书,是证明代理人的代理权以及代理权限的书面文件。授权委托书应当载明代理人的姓名或者名称、代理事项、权限和期间,并由委托人签名或盖章。授权委托书是代理权授予这种单方法律行为的表现形式,只需授权人(被代理人)签章即可生效。

法律对代理权的授予没有强制规定必须采取书面形式,但是为最大限度地避免代理权限的纠纷,代理权的授予应尽量采取书面授权方式。口头授权的代理权限容易产生纠纷,由于没有其他证据证明代理人的代理权限,被代理人应承担由此产生的风险,即因授权不明对第三人承担连带责任。在书面授权方式中,委托书授权不明的,被代理人应当向第三人承担责任,代理人负连带责任。

(2)默示方式。在某些情形下,代理权的授予可以采取默示方式。① 根据被代理人行为推定被代理人具有授权意思,即为默示授权行为。换言之,被代理人知道他人以自己的名义实施法律行为而不反对的,视为同意授权。

无论是明示授权方式还是默示授权方式,均可能产生授权不明的情形。授权不明是指代理权限和代理期限等内容不具体、不明确。授权行为是一种单方法律行为,被代理人应对单方意思表示承担法律后果。一旦发生授权不明的情形,表明被代理人授权行为有过错,应承担相应的责任。

代理人在授权不明的情形下仍然实施代理行为的,代理人本身也存在过错,也应承担相应的责任。代理人从事代理活动,首先应明确自己的代理权限,在授权不明时,代理人应主动向被代理人了解授权内容,而不能任意从事代理活动。否则,代理人需因自身有过错而承担相应的责任。但是,代理人对授权不明所承担的连带责任应当是补充责任,即先由被代理人承担责任,在被代理人不能承担全部责任的情况下,才由代理人承担补充责任。②

### 三、代理权的行使与滥用的禁止

诚实信用和禁止权利滥用,是代理权的行使应遵循的基本原则。此外,代理权的行使和滥用的禁止还有一些特殊的规则。

(一)代理权的行使

代理权的行使,是指在代理权限范围内,代理人以被代理人名义独立实施法律行为,实现代理目的,完成代理使命。为保护被代理人和相对人利益,保护交易安全,维护正常的交易秩序,我国《民法典》第 162 条、第 164 条、第 169 条规定了代理权的行使规则。代理人行使代理权,应遵循以下三个方面的

---

① 这种默示代理权,德国学者称为容忍代理权。"在容忍代理权中,被代理人知道另外一个人为他的利益并作为他的代理人出现,而被代理人对此听之任之。"〔德〕迪特尔·梅迪库斯:《德国民法总论》,邵建东译,法律出版社 2000 年版,第 732 页。

② 参见魏振瀛主编:《民法》(第 4 版),北京大学出版社、高等教育出版社 2010 年版,第 180 页。

规则：

(1) 不得超越代理权限。代理人应在代理权限范围内行使代理权，不得超越代理权限。代理人只有在代理权限范围内实施代理行为，才能视为被代理人行为，由被代理人承担代理行为的法律后果。法定代理人的权限范围由法律规定，意定代理人的权限范围由被代理人意思表示确定。在授权范围不明时，代理权通常应包括如下三种行为：一是保存行为，即维持财产现状的行为；二是利用行为，即对财产的收益行为；三是改良行为，即增加物或者权利的使用价值或者交换价值的行为。①

在未得到被代理人同意的情况下，代理人不得扩大代理权限。代理人超越代理权限的行为，如果被代理人拒绝追认的，对被代理人不发生法律效力，代理人应承担赔偿责任。

(2) 不得任意转代理。代理人应自己实施代理行为，不得任意转代理。代理关系的形成大多是基于被代理人与代理人的人身信赖关系，代理人应按照授权委托书的规定自己实施代理行为，未经被代理人同意不得任意转托第三人实施代理行为。只有在情况危急、为维护被代理人利益的情形下，才可以转托第三人实施代理行为，但嗣后应立即通知被代理人。

(3) 不得损害被代理人的利益。在行使代理权时，代理人应尽善良管理人的合理注意义务，实现和维护被代理人的利益。未尽善良管理人的合理注意义务给被代理人造成损害的，代理人应承担损害赔偿责任。

(二) 代理权的滥用

代理权的滥用，是指代理人在行使代理权时，违反代理权设定的目的以及代理制度的基本规则，损害被代理人利益的行为。代理权的滥用违反诚实信用原则，世界各国均禁止代理权的滥用行为。我国《民法典》第164条和第168条规定了禁止代理权的滥用，代理权的滥用主要有以下三种表现方式：

(1) 自己代理。自己代理，是指代理人以被代理人的名义与自己实施法律行为。在自己代理中，代理人既是代理关系中的代理人，也是代理关系中的相对人，即代理人是交易双方的当事人②，主要有两种情形：一是代理人以自己名义向被代理人发出要约，且代理人又以被代理人名义予以承诺；二是代理人以被代理人名义向自己发出要约，且代理人又以自己名义予以承诺。

交易双方当事人均追求自我利益的最大化，代理人自己的利益可能会与被代理人的利益发生冲突，代理人为自己的利益很可能滥用代理权损害被代理人

---

① 参见郑玉波：《民法总则》，中国政法大学出版社2003年版，第402页。
② "行为双方当事人只是理念上，即在代理人的大脑中相互接触。"〔德〕迪特尔·梅迪库斯：《德国民法总论》，邵建东译，法律出版社2000年版，第723页。

的利益。世界其他国家和地区在立法原则上禁止自己代理行为。我国《民法典》第168条原则上也禁止自己代理行为,但被代理人同意或者追认的除外。法律禁止自己代理的目的在于保护被代理人利益,但如果被代理人认为利益没有受到损害或者愿意承受这种不利益,则法律没有干预的必要。

(2) 双方代理。双方代理,是指代理人同时代理两个被代理人为同一法律行为。双方代理的构成应同时具备两个条件:一是代理人既获得被代理人的委托代理授权,又获得相对人的委托代理授权。二是代理人同时代理双方当事人,实施同一法律行为。① 例如,甲公司委托丙出售A地块的土地,而乙公司委托丙购买A地块的土地,丙以甲公司与乙公司的名义订立A地块的土地买卖合同,即为双方代理。

在通常情形下,双方代理由于没有第三人的参加,交易由代理人一人办理,而一个人难以同时代表双方当事人的利益,使双方当事人的利益最大化,有可能损害其中一方当事人的利益,从而为法律所明文禁止。但是,在某些情形下,双方代理行为,也可能满足两个被代理人的利益,甚至使他们的利益最大化。《民法典》第168条原则上禁止双方代理行为,但被代理的双方当事人同意或者追认的除外。法律禁止双方代理的理由,有当然说与便宜说两种学说。②

(3) 恶意串通。代理人是为被代理人的利益而实施法律行为,维护代理人的利益是代理的目的所在。代理人与第三人恶意串通损害被代理人利益的行为违反了代理的目的,属于代理人滥用代理权的极端情形。代理人恶意串通损害被代理人利益的,应向被代理人承担损害赔偿责任,第三人承担连带责任。例如,在东宁县华埠经济贸易公司船舶进口代理合同、废钢船买卖合同纠纷案③中,最高人民法院判决认为,代理人与第三人恶意串通,损害了委托人的利益。涉案的委托人与俄罗斯、东欧各国开展易货贸易,签订了《进口废钢船》和《出口

---

① 例如,在四川峨眉山进出口公司诉新湖商社、韩国农业协同组合中央会、中国农业银行成都市总府支行国际货物买卖信用证付款纠纷案([1999]川经初字第07号、[2001]民四终字第28号)和天圣制药集团股份有限公司诉海南国栋药物研究所有限公司、海南欣安生物制药有限公司技术转让合同纠纷案([2012]琼民三终字第21号、[2012]民申字第1542号)中,法院判决均禁止双方代理。

② 当然说认为,合同是双方行为,而双方代理则是一方行为,即由一人兼任双方当事人的资格,与合同的性质不符。便宜说认为,双方代理在理论上虽然不是不可能,但合同当事人双方的利益不同,存在利益冲突,代理人难以避免双方当事人的利益不发生冲突,也难以保证不损害一方当事人的利益。因此,法律为保护被代理人利益,禁止双方代理行为。便宜说是通说。参见郑玉波:《民法总则》,中国政法大学出版社2003年版,第418页。

③ 在东宁县华埠经济贸易公司诉中国外运山东威海公司、威海市经济技术开发区腾达工业有限公司船舶进口代理合同、废钢船买卖合同纠纷案([1995]青海法海事重字第1号、[1997]鲁经终字第236号、[1997]鲁经再字第167号、[2000]交提字第3号)中,法院裁判要旨认为,代理指以他人名义在授权范围内进行对被代理人直接发生法律效力的法律行为。代理行为的法律后果由被代理人承担,代理人负有在代理权限内根据被代理人的意思,为被代理人的利益实施代理行为的义务。根据《民法通则》第66条的规定,代理人不履行职责而给被代理人造成损害的,应当承担损害赔偿责任。代理人和第三人串通,损害被代理人的利益的,由代理人和第三人负连带责任(2002年最高人民法院公报案例)。

牛肉罐头》两份合同,并委托代理人(威海外运)作为船舶代理和货物代理。代理人与第三人恶意串通,擅自和第三人(原木材公司)一起与俄方办理船舶交接手续,将船舶交由第三人实际控制,损害了委托人的合法权益,给委托人造成了损失。

### 四、代理权的消灭

代理权的消灭,是指代理人与被代理人之间的代理关系消灭,代理人不再具有以被代理人名义实施法律行为的资格。代理权的消灭有全部消灭与部分消灭两种情形。

#### (一) 代理权的全部消灭

根据我国《民法典》第173条、第174条和第175条的规定,代理权全部消灭主要有以下四种情形:

(1) 代理期间届满或者代理事务完成。即代理证书规定的代理期限届满或者代理事务完成,如果代理证书规定不明确的,则根据委托合同的规定。以上两者均不明确的,则被代理人有权随时以单方的意思表示终止代理权。

(2) 代理人辞去委托或者被代理人撤销委托。代理关系存在的基础是代理人与被代理人之间的信赖关系,一旦失去这个基础或者客观上不再需要委托的,当事人可以解除委托关系,辞去委托或者撤销委托均属于单方法律行为,一方当事人作出这种意思表示并通知对方或者第三人的,双方之间的代理关系终止,代理权消灭。

(3) 代理人死亡。代理关系具有严格的人身属性,代理人死亡导致代理关系中失去一个主体,且代理权不能通过继承的方式转移给继承人或者通过其他方式转移给第三人。所以,一旦代理人死亡的,代理权即终止。但是,我国《民法典》第174条规定以下情形的代理行为仍然有效:代理人不知道且不应当知道被代理人死亡;被代理人的继承人予以承认;授权中明确代理权在代理事务完成时终止;被代理人死亡前已经实施,为了被代理人的继承人的利益继续代理。

(4) 代理人丧失行为能力。代理人获得代理权的前提是具有完全民事行为能力,一旦代理人丧失行为能力的,则丧失代理资格。因此,代理权终止,代理关系消灭。

#### (二) 代理权的部分消灭

代理权的限缩或者代理权的部分撤回导致代理权的部分消灭。代理权的限缩或者代理权的部分撤回①,是指对已有代理权的内容或者范围的限制与收缩。

在代理权消灭之后,代理人不能留置授权书,应将授权文件交还给被代理人,被代理人也应及时向代理人收回授权书。

## 第三节 代理行为

代理行为是代理人行使代理权的活动,即代理人以被代理人名义为被代理人利益所实施的法律行为。代理行为涉及被代理人、代理人和第三人之间的三方法律关系。

### 一、代理行为的概念

代理行为,是指代理人以被代理人名义在代理权限范围内,为被代理人利益所实施的法律行为。代理行为是代理人所实施的法律行为,但法律行为的后果却由被代理人承担。代理行为的成立要件与生效要件,不同于法律行为的成立要件与生效要件。

(一) 代理行为的成立要件

代理行为的成立要件,有一般成立要件与特别成立要件之分。一般成立要件是指代理行为作为一种普通法律行为所应具备的成立要件,特别成立要件是指代理行为作为一种特别法律行为所应具备的成立要件。代理行为的成立除了应具备法律行为成立的一般要件之外,还应满足以下两个特别要件:

(1) 以被代理人的名义进行。代理人应以被代理人名义实施法律行为,是代理行为成立的首要条件。我国《民法典》第162条明确规定,代理人应以被代理人名义实施代理行为。大陆法系国家和地区民法代理制度要求,代理人实施代理行为时必须以被代理人名义进行,即所谓的"显名主义"原则。根据显名主义规则,凡是不以被代理人名义实施的行为,法律效果即由行为人(代理人)承担,而没有理由归于被代理人。但是,现在大陆法系国家和地区的判例与学说,已经出现了否定显名主义的趋势,我国《民法典》第925条采纳了隐名主义。例如,在上海闽路润贸易有限公司买卖合同纠纷案中,最高人民法院判决认为,涉案《购销合同》是受托人(闽路润公司)基于委托人(兴盟公司)的委托与第三人(钢翼公司)订立的,无证据证明第三人(钢翼公司)在与受托人(闽路润公司)订立合同时明知闽路润公司是基于兴盟公司的委托订立的合同,从而不能依据《合

---

① "根据法律规定,原则上可以撤回委托代理权。这种撤回也是单方面形成的表示,正如委托代理权的授予行为那样,通过向代理人或者与其进行委托代理行为的第三人作出书面的意思表示而进行……所以委托代理权应该是随时都可以撤回的。"〔德〕卡尔·拉伦茨:《德国民法通论》(下册),王晓晔等译,法律出版社2003年版,第866—867页。

同法》第 402 条认定该合同直接约束兴盟公司。

(2) 代理人向第三人为意思表示或者受领意思表示的行为。代理行为属于法律行为,代理人所实施的法律行为是代理人的行为,而并非被代理人的行为。换言之,在代理权限范围内,代理人作出的是自己的意思表示,而不是被代理人的意思表示。对代理行为的这一成立要件,各国和地区立法有明文规定。

(二) 代理行为的生效要件

代理行为具备成立要件的,即告成立,但是已经成立的代理行为是否有效,则取决于代理行为是否具备生效要件。代理行为的生效要件,有一般生效要件和特别生效要件之分。一般生效要件是指代理行为作为普通法律行为的生效要件,特别生效要件是指代理行为作为一种特别法律行为的生效要件。除了满足一般生效要件之外,代理行为的生效还须满足特别生效要件,包括:

(1) 代理行为是财产法律行为。代理行为仅限于法律行为,事实行为不能适用代理。但是,并非所有法律行为均可适用代理,根据法律规定或者双方约定,必须由本人亲自实施的法律行为,均不能适用代理,如结婚、离婚、收养以及认领非婚生子女等。代理行为一般为财产法律行为。

(2) 代理人获得被代理人的授权。代理权是代理人代理被代理人实施法律行为的前提。代理权的存在与行使,是代理行为法律后果归属于被代理人的关键所在。代理人实施代理行为必须在代理权限范围内,超越代理权限范围的代理行为,构成代理瑕疵,代理行为无效。

(3) 代理人具有相应的行为能力。代理行为是代理人的行为,我国法律要求代理人应具备相应的行为能力。但《德国民法典》第 165 条和《日本民法典》第 102 条却作出了相反的规定,认为代理行为的法律后果归属于被代理人而不是代理人自己,无须要求代理人具有相应的行为能力。换言之,未成年人或者精神病人只要有相应的代理权,就可以有效地作为代理人实施代理行为。这种法律行为对未成年人或者精神病人既没有法律上的利益,也没有法律上的不利益,代理人本身不是需要保护的对象。① 一个有行为能力的人因委托一个未成年人或者精神病人进行代理活动而遭受损害的,则属于咎由自取,法律无须给予特别的保护。②

**二、代理行为的法律后果**

代理行为的法律后果,是指在代理权限范围内,代理人以被代理人名义实施

---

① 参见〔德〕卡尔·拉伦茨:《德国民法通论》(上册),王晓晔等译,法律出版社 2003 年版,第 147 页。
② 法律规定无民事行为能力人、限制民事行为能力人所实施的法律行为无效、效力待定,旨在保护无民事行为能力人、限制民事行为能力人的利益,使他们在交易中不会因意思能力的欠缺而遭受损害

法律行为所产生的法律后果。换言之,合法有效的代理行为所产生的法律效果,应由被代理人还是代理人承担的问题。根据代理制度的规定,代理行为的法律后果应由被代理人承担,代理人无须承担代理行为的法律后果。被代理人承担代理行为法律后果的条件是:

(1) 代理人必须获得被代理人授权即具有代理权。代理人具有代理权是实施代理行为的条件,也是代理行为生效的条件。代理人没有代理权而从事代理活动的,应由代理人承担法律后果,被代理人无须承担任何责任。

(2) 代理人应在代理权限范围内从事代理活动。代理人应当在被代理人授权范围内从事代理活动,超越代理权限的代理行为应由代理人自己承担责任。但代理人因授权不明实施代理行为的,被代理人应当承担法律行为的法律后果,而代理人则承担连带责任。

满足上述条件的代理行为,代理人退出被代理人与代理行为相对人之间的法律关系,对代理行为的法律后果无须承担任何责任,由被代理人与代理行为的相对人享有权利承担义务。但是,如果在代理行为过程中因代理人自身的过错造成被代理人或者第三人的损害的,代理人应承担相应的法律后果。在知道代理事项违法的情况下,代理人仍然实施代理事务的,代理人应向第三人承担责任。

## 第四节 无权代理

无权代理,是指行为人没有代理权却以被代理人名义实施代理行为。行为人没有代理权有自始没有代理权、曾经有代理权而嗣后代理权消灭以及超越代理权限三种情形。无权代理有广义与狭义之分,广义的无权代理包括表见代理和狭义的无权代理。无权代理具备了有权代理的其他要件,而只是代理人缺乏代理权。无权代理有两个特征:一是以被代理人名义实施的法律行为已经成立;二是行为人所实施的行为具备法律行为的生效要件。

### 一、狭义的无权代理

狭义的无权代理,是指行为人没有代理权却以被代理人名义实施法律行为。狭义的无权代理是真正的无权代理,仅有代理的表象却因欠缺代理权,而不产生代理效力的行为。

(一) 狭义的无权代理的构成要件

我国《民法典》第 171 条规定的狭义的无权代理主要有以下三种情形:

(1) 代理人根本没有代理权的代理。即在未获得被代理人任何授权的情况下,代理人擅自以被代理人名义实施法律行为。这种无权代理属于通常意义上的无权代理,如通过伪造他人印章、授权委托书等,假冒他人名义所实施的法律行为。

(2) 超越代理权的无权代理。代理人享有代理权,但代理行为却超越了代理权限范围而构成了无权代理。换言之,代理人有代理权,但实施的代理行为却是无权代理,如在西安西北实业(集团)有限公司返还股权转让款债务纠纷案[①]中,最高人民法院判决认为,双方当事人所确认协议的效力及股权转让价格,均涉及山东长江公司的权益,而山东长江公司对此并未授权给凡森公司。凡森公司在山东长江公司的授权范围之外的行为,特别是处分委托人权利的行为,不能在山东长江公司没有参与的情况下径行认定效力,且该行为并没有得到山东长江公司的事后追认。

(3) 代理权终止之后的无权代理。代理人本来具有代理权,但因被代理人撤回代理权,或者代理期限届满导致代理权的终止。在代理权终止之后,代理人仍然以被代理人名义实施法律行为而构成无权代理。例如,在北京公达房地产有限责任公司房地产开发合同纠纷案中,北京市第一中级人民法院一审判决认为,三峡公司原法定代表人刘玉章在明知已被停止职务后,仍以该公司法定代表人的身份与公达公司签订转让项目协议,属于无权代理行为。但最高人民法院再审认为,在工商登记变更之前,法定代表人仍代表公司对外签订合同并加盖公司公章的,该对外代表行为有效。

狭义的无权代理的构成需具备如下三个要件:

(1) 行为人应实施一定的法律行为。代理属于法律行为,如果行为人所实施的行为不构成法律行为,则不构成无权代理,从而法律行为是构成无权代理的前提条件。

(2) 行为人须以被代理人名义实施法律行为。行为人不是以被代理人名义实施法律行为的,不存在代理外观,从而不构成无权代理,以被代理人名义实施法律行为是构成无权代理的另一个前提条件。

(3) 行为人既无被代理人授权也无获得授权表象。行为人没有代理权是构成无权代理的基本要件,没有代理权的表现形式多种多样。行为人没有获得授权的表象是狭义的无权代理与表见代理的区别所在。

(二) 狭义的无权代理的救济措施

尽管狭义的无权代理从根本上违背了被代理人的意志,违反了法律行为构成的基本要件,但为保护交易安全、维护交易秩序,狭义的无权代理行为并非当然无效。狭义的无权代理行为是否有效取决于被代理人和相对人的态度,我国《民法典》第171条规定了被代理人的追认权和相对人的催告权与撤回权。

---

① 在西安西北实业(集团)有限公司诉陕西经典投资有限公司返还股权转让款债务纠纷案(〔2005〕陕民二初字第10号、〔2006〕民二终字第121号)中,法院裁判摘要认为,第三人明知代理人的代理行为已经超越了代理权限,仍与其订立合同,损害了被代理人的利益,被代理人对此合同拒绝予以追认的,根据《合同法》第51条的规定,该合同无效。

(1) 被代理人的追认权。被代理人的追认权是指被代理人承认狭义的无权代理,使无权代理成为有权代理,并由被代理人承担法律后果的权利。狭义的无权代理是一种效力待定的法律行为,其效力取决于被代理人的态度。如果被代理人追认,则狭义的无权代理变为有权代理,代理行为自始有效,其法律后果由被代理人承担责任;如果被代理人不予追认,则狭义的无权代理自始无效,应由无权代理人承担责任。追认权是法律赋予狭义的无权代理中的被代理人的一项权利。被代理人的追认权属于形成权,追认行为是一种单方法律行为,且追认权的行使应当采取明示方式。

(2) 相对人的催告权。相对人的催告权即相对人在一定期限内催告被代理人对无权代理行为予以追认的权利。催告权是一种形成权,能够使原有的法律关系产生或者消灭。催告权行使的目的在于得到被代理人的追认或者拒绝追认。无论催告权行使的结果如何,均宣告狭义的无权代理的法律后果不确定状态的结束,从而避免了因被代理人的无期限拖延追认,而造成相对人的损失。催告权的行使应当具备以下三个方面的条件:

其一,狭义的无权代理的效力还未确定。相对人应在被代理人对狭义的无权代理作出追认之前予以催告。一旦被代理人作出追认或者拒绝追认的意思表示,狭义的无权代理的效力即告确定,相对人则没有行使催告权的必要。

其二,向被代理人直接行使催告权。相对人应向被代理人直接行使催告权;如果被代理人无受领能力,则应向其法定代理人行使催告权。

其三,相对人应当给被代理人合理的答复期限。当相对人向被代理人进行催告时,被代理人应当在收到催告通知之日起一个月内作出追认。被代理人在催告期间内没有作出答复的,视为拒绝追认。

(3) 相对人的撤回权。在被代理人没有承认之前,相对人享有撤回权。撤回权是指相对人可以撤回与狭义无权代理人所实施的法律行为的权利。撤回权是一种形成权,撤回行为是一种单方法律行为。从法律后果上说,撤回权的行使将导致相对人与狭义无权代理人所为的法律行为确定地不发生效力。只有在相对人没有行使撤回权的情况下,狭义无权代理人才可能承担无权代理的责任。相对人行使撤回权,应具备如下三个方面的条件:

其一,相对人应为善意。相对人为善意不仅是狭义无权代理人承担责任的条件,也是相对人行使撤回权的条件。至于相对人有无过失,则在所不同。

其二,相对人应在被代理人作出追认之前行使撤回权。在被代理人作出追认之后,无权代理行为即转变为有权代理行为,法律行为生效,相对人不能撤回。

其三,撤回权应向被代理人或狭义无权代理人行使。撤回权的行使仅限于明示方式,撤回权行使的方式应与所实施的法律行为方式相一致。

大陆法系国家民法典规定了撤回权制度①，我国立法也有明确规定。我国《民法典》第 171 条所称的"撤销"，从法律逻辑上讲应当是"撤回"②，撤销的对象应当是一个已经生效的法律行为，而撤回的对象则是一个未生效的法律行为。无权代理法律行为属于效力待定法律行为，并非是已经生效的法律行为，应当使用"撤回"而不是"撤销"。

法律赋予相对人催告权与撤回权的意义，是为通过催告权与撤回权的行使，及时解决狭义无权代理行为法律后果的不确定状态。

被代理人拒绝追认狭义无权代理行为或者相对人行使撤回权的，就产生了狭义无权代理人的法律责任问题。狭义无权代理人的法律责任表现为两个方面：

（1）对被代理人的责任。如果狭义无权代理人的行为对被代理人的利益构成侵犯，即构成侵权行为，狭义无权代理人应对被代理人承担侵权损害赔偿责任。

（2）对相对人的责任。相对人可以请求狭义无权代理人履行义务或者进行损害赔偿。

## 二、表见代理

表见代理，是指行为人未经被代理人授权以被代理人名义实施法律行为，但有使第三人相信有代理权的表象，从而使被代理人对相对人承担授权责任的无权代理。我国《民法典》第 172 条规定了表见代理制度。

表见代理制度设立的目的在于对善意第三人进行保护，并维护交易安全和交易秩序。例如，在招商银行股份有限公司借款合同纠纷案③中，最高人民法院判决认为公司法定代表人的越权行为构成表见代理。涉案的振邦股份公司向招行东港支行提供担保时使用的公司印章真实，有法人代表真实签名。招行东港支行在接受担保人担保行为过程中的审查义务已经完成，有理由相信作为担保公司法定代表人的周建良本人代表行为的真实性。《股东会担保决议》中存在的相关瑕疵必须经过鉴定机关的鉴定方能识别，同时必须经过查询公司工商登记

---

① 《德国民法典》第 178 条规定："相对人在被代理人追认契约前，得撤回之。"《日本民法典》第 115 条规定："无权代理人缔结的契约，于本人未追认期间，相对人可以撤销。"

② 郑冲、贾红梅译的《德国民法典》（法律出版社 1999 年版）第 178 条将"撤回"误译为"撤销"，但陈卫佐译注的《德国民法典》（第 3 版）（法律出版社 2010 年版）第 178 条准确地译为"撤回"。

③ 在招商银行股份有限公司大连东港支行诉大连振邦氟涂料股份有限公司、大连振邦集团有限公司借款合同纠纷案（〔2009〕大民三初字第 36 号、〔2010〕辽民二终字第 15 号、〔2012〕民提字第 156 号）中，法院裁判摘要认为，《公司法》第 16 条规定，公司为公司股东或者实际控制人提供担保的，必须经股东会或者股东大会决议。担保人抗辩认为法定代表人订立抵押合同的行为超越代表权，债权人以对相关股东会决议履行了形式审查义务为由，主张担保人的法定代表人构成表见代表的，法院应予支持（2015 年最高人民法院公报案例）。

才能知晓,如若将此全部归属于担保债权人的审查义务范围,未免过于严苛,有违合同法、担保法等保护交易安全的立法初衷。招行东港支行在接受作为非上市公司的振邦股份公司为股东提供担保过程中,已尽到合理的审查义务,主观上构成善意。涉案周建良的行为构成表见代理,振邦股份公司对涉案保证合同应承担担保责任。

(一) 表见代理的性质

表见代理制度旨在保护善意相对人的合法权益、促进市场交易的安全。大陆法系国家和地区民事法律,如《日本民法典》第109条、第110条、第112条及《德国民法典》第170条、第171条,均规定了表见代理制度。关于表见代理的性质,学界存在有权代理说、无权代理说和独立代理形态说三种观点。

表见代理实质上属于广义的无权代理。原则上,无权代理不对被代理人产生法律效力,这是代理制度的一项基本原则,目的在于充分尊重当事人的意志,维护私法自治原则,使当事人免于承担意志之外的第三人行为所产生的法律后果。但是,无权代理涉及代理行为相对人的利益,如果无一例外地否认无权代理对被代理人的效力,有可能损害相对人利益,违反法律的公平原则,破坏交易秩序和交易安全。此外,表见代理虽为无权代理,但有足以使第三人相信行为人有代理权的表象,所以法律规定由被代理人承担有权代理的法律后果,即表见代理的法律后果归属于被代理人。被代理人承担表见代理行为的法律后果,是因被代理人在表见代理中存在过错。根据过错责任原则,被代理人应对自己的过错行为承担相应的责任。表见代理制度价值的意义在于保护善意第三人的利益,维护正常的交易秩序。

(二) 表见代理的起源及发展

表见代理制度起源于《德国民法典》。在代理关系中,代理权的存在是被代理人承受代理行为后果的基本原因,也是代理关系成立的要件。然而,在交易过程中,第三人对于代理人有无代理权及代理权限范围的判断,却不能不受客观情事的制约,如果将一切无权代理行为均宣告无效,则在第三人确信无权代理人享有代理权且无任何过失时,其利益将受到损害;同时,也使第三人与代理人所实施的法律行为处于不安全状态。故法律以牺牲被代理人利益为代价以保护交易安全。《德国民法典》第170条至第173条规定的表见代理可以归纳为三种情形:

(1) 被代理人未直接告知相对人代理权的撤销。被代理人向第三人直接表示代理人有代理权的,在代理权取消后如果被代理人未将代理权取消的事实通知第三人,则代理人的代理权仍然有效。

(2) 被代理人未以授权的同一方式撤销代理权。被代理人以特别通知或者公告方式向第三人表示授予代理人代理权的,如果被代理人没有采取同一种方式撤销代理权,第三人可以认为代理人的代理权仍然存在。

(3) 被代理人未及时收回委托书。在委托书交给代理人后,被代理人撤销代理人的代理权却未收回委托代理书,代理人持委托书与第三人实施法律行为的,第三人仍然可以认为代理人享有代理权。

《德国民法典》规定的表见代理制度,逐渐为大陆法系国家或者地区的立法所采纳,也成为英美法系国家重要的司法原则。

我国的表见代理制度体现在《民法典》第172条的规定之中,即行为人没有代理权、超越代理权或者代理权终止后仍然实施代理行为,相对人有理由相信行为人有代理权的,则该代理行为有效。例如,在田文栋股权转让纠纷案[1]中,最高人民法院判决认为股权转让行为构成表见代理。涉案的李江海两次授权中并未明确是否包括股权处分,但田文栋有足够理由相信李渝生有权代理李江海处分恒通公司的股权,李渝生转让李江海股权的行为应构成表见代理。但在兴业银行广州分行借款合同纠纷案[2]中,最高人民法院判决认为行为人的违法行为不构成表见代理。在相对方有过错的场合,不论该种过错是故意还是过失,均无表见代理适用之余地。涉案的基本授信合同及相关贷款合同,均为以合法形式掩盖非法目的的无效合同,且兴业银行广州分行在案件所涉贷款过程中具有过错,从而不适用合同法关于表见代理的规定,深圳机场公司和兴业银行广州分行应根据各自的过错程度承担相应的民事责任。

(三) 表见代理的构成要件

表见代理的构成要件是表见代理制度的核心问题,主要包括以下三个方面:

(1) 被代理人的可归责性。被代理人的可归责性表现为表见代理人有被授予代理权的表象。在客观上,被代理人的行为使相对人有理由相信表见代理人享有代理权,这是构成表见代理的客观要件。客观要件是以表见代理人与被代理人之间具有某种事实上或者法律上的联系为基础的。在通常情况下,表见代理人持有被代理人签发的证明文件、表见代理人与被代理人之间的亲属关系或者劳动雇佣关系等,均可构成认定表见代理的客观依据。例如,在王见刚侵犯出

---

[1] 在田文栋诉李江海、雷世明股权转让纠纷案([2008]恩中民初字第34号、[2010]鄂民二终字第00087号、[2013]民提字第85号)中,法院裁判摘要认为,股东代理人依授权不明的委托协议与受让人签订出资转让协议,受让人有足够理由相信代理人有权代理的,构成表见代理,表见代理人所作的意思表示效力及于被代理人。

[2] 在兴业银行广州分行诉深圳市机场股份有限公司借款合同纠纷案([2005]粤高法民二初字第1号、[2008]民二终字第124号)中,法院裁判摘要认为,表见代理是指行为人没有代理权、超越代理权或者代理权终止后仍以代理人名义订立合同,而善意相对人客观上有充分的理由相信行为人具有代理权的,该代理行为有效,被代理人应按照合同约定承担其与相对人之间的民事责任。但如果合同是以合法形式掩盖非法目的,合同依法为无效合同,则不应适用《合同法》关于表见代理的规定(2009年最高人民法院公报案例)。

资人权益纠纷案①中,最高人民法院判决认为,夫妻一方转让股权行为构成表见代理。在《采矿厂转让协议》之前,袁永乐一直实际控制和经营管理大源采矿厂,当地村民只知道该矿矿主为袁八则(即袁永乐),并不知道陈国平其人,且袁永乐与陈国平为夫妻关系,王见刚有理由相信袁永乐有权处分大源采矿厂,袁永乐的转让行为构成表见代理,王见刚与袁永乐签订的《采矿厂转让协议》依法应认定为有效。

(2) 相对人是善意的且无过失。相对人是善意的第三人,不知表见代理人没有代理权,这是构成表见代理的主观要件。如果相对人是恶意的,即明知表见代理人没有代理权或者应当知道表见代理人没有代理权但因过失而不知,仍然与表见代理人实施法律行为的,则失去了受法律保护的必要,不能构成表见代理。

(3) 表见代理行为的有效性。表见代理人与相对人所实施的法律行为必须有效。即使相对人有充分的理由相信表见代理人的行为是有权代理,但如果相对人与表见代理人实施的法律行为并未生效,就不会发生表见代理问题。只有在相对人基于对表见代理人代理权信赖的基础上,与表见代理人实施了有效的法律行为,才能产生表见代理问题。

无权代理行为仅在符合前述三个条件时,方可构成表见代理。例如,在兴业银行广州分行借款合同纠纷案中,最高人民法院判决认为,合同有效是表见代理构成的前提条件。表见代理是行为人没有代理权以代理人名义订立合同,而善意相对人有充分的理由相信行为人具有代理权,故该代理行为有效。但是,在相对方有过错的场合,不论该种过错是故意还是过失,均不可能适用表见代理。涉案的基本授信合同及相关贷款合同,均为以合法形式掩盖非法目的的无效合同,且兴业银行广州分行在案件所涉贷款过程中具有过错,从而不构成表见代理。

(四) 表见代理的类型

以表见代理产生的原因为依据,表见代理可以分为授权行为表象型表见代理、越权行为型表见代理和授权行为延续型表见代理三种类型:

(1) 授权行为表象型表见代理。授权行为表象型表见代理,是指因被代理人自己的行为给相对人造成了对表见代理人授权表象的表见代理。授权行为表象型表见代理主要有两种情形:其一,被代理人对授权行为表象有积极的作为行为。被代理人以书面或者口头形式直接或者间接向特定的或者不特定的第三人

---

① 在王见刚诉王永安侵犯出资人权益纠纷案(〔2008〕晋民初字第7号、〔2012〕民一终字第65号)中,法院裁判摘要认为,夫妻一方转让个人独资企业,即使未经另一方同意,相对人有理由相信行为人有代理权的,也构成表见代理,该代理行为有效。个人独资企业的投资人发生变更的,应向工商登记机关申请办理变更登记,但该变更登记不属于转让行为有效的前提条件,未办理变更登记的,依照法律规定应当受到相应的行政处罚,但并不影响转让的效力(2013年最高人民法院公报案例)。

表示以表见代理人为代理人,但是事实上被代理人并未实际对表见代理人进行授权。其二,被代理人对授权行为表象有消极的不作为行为。表见代理人的行为涉及被代理人的利益时,被代理人没有积极地表示反对,客观上导致相对人误以为表见代理人有代理权,因而被代理人应承担消极的不作为所产生的法律后果。

(2) 越权行为型表见代理。越权行为型表见代理,是指表见代理人具有被代理人的一定授权,但是超越代理权限实施代理行为的表见代理。代理权的范围是被代理人与代理人之间的内部关系,相对人难以知晓,如果代理人具有代理权,只要相对人是善意的,代理人超越代理权限范围实施的代理行为即可构成表见代理。越权行为型表见代理主要有两种情形:一是被代理人授权不明。授权不明导致代理人无法知晓代理权限,相对人更是无法知晓代理人的确切权限,因而代理人超越被代理人实际授权与相对人实施法律行为的,即构成表见代理。二是有限的代理权。指被代理人对代理人原有或者应有的代理权进行限制,这种限制主要发生在商业领域内的职务授权,如董事长对总经理的法定商业代理权进行限制。但是这种限制不得对抗善意第三人,因而超越这种代理权的行为构成表见代理。

(3) 授权行为延续型表见代理。授权行为延续型表见代理,是指代理权因被撤回或者其他原因而消灭,但被代理人的行为有使相对人相信代理权仍然存在的外观,从而构成表见代理。授权行为延续型表见代理主要有三种情形:其一,代理权撤回之后,被代理人并未收回授权书或者没有通知第三人。其二,被代理人直接向相对人表示授权,代理权的撤回并未通知第三人。其三,以公告方式授权但未以同样的方式撤回代理权。

(五) 表见代理的法律后果

表见代理虽然属于无权代理,但是法律后果却相当于有权代理,即由被代理人承担表见代理行为所产生的法律后果,也即在被代理人与相对人之间产生法律关系,被代理人不得以表见代理人的行为违背自己真实意思为由拒绝承担责任。在实践中,表见代理行为主要表现为合同行为,被代理人所承担的法律后果是履行合同义务。如果被代理人没有履行合同的能力或者强制履行合同将导致不良后果,被代理人应承担违约责任,对相对人进行损害赔偿。如在招商银行股份有限公司借款合同纠纷案中,最高人民法院判决认为,招商银行东港支行在接受作为非上市公司的振邦股份公司为股东提供担保过程中,已尽到合理的审查义务,主观上构成善意。公司法定代表人周建良的行为构成表见代表,振邦股份公司对案涉保证合同应承担担保责任。

对第三人承担合同义务之后,被代理人可以向表见代理人进行追偿,要求表见代理人进行损害赔偿。如果被代理人有过错的,根据过错的程度承担相应的责任;被代理人没有过错的,则由表见代理人承担全部责任。

# 第十二章　民法上的时间

时间是一种非常重要的法律事实,在民法上意义重大。时间不仅涉及权利主体的资格,即权利主体的法律地位,更为重要的是还涉及权利本身的变动,即法律关系的产生、变更和消灭。

## 第一节　期日与期间

期日与期间作为时间,能够直接引起法律关系的产生、变更和消灭,导致权利的变动,是一种重要的法律事实。

**一、期日、期间的意义与作用**

法律关系是社会关系的一部分,而法律关系离不开时间。时间作为一种法律事实,对权利的产生、变更以及消灭均具有重大影响。时间在法律上有期日与期间之分。期日与期间能够直接引起法律关系的变动,导致权利的产生、变更和消灭。我国《民法典》第一编第十章专章规定了期间。

(一)期日与期间的意义

期日,是指法律上有确定意义的特定时间,如某日、某月、某年。期日的特征在于表示时间长度中的某一点,在时间上不可分或者被视为不可分。所谓不可分是根据社会生活观念来确定的,可以有一定的长度,但不能简单地理解为几何学上关于点的概念。

《德国民法典》有明确的期日规定,其第一编总则第四章为"期间、期日",其中涉及期日的规定有两条:一是期日的含义。根据《德国民法典》第192条的规定,期日表述为月初、月中以及月终的,应分别理解为每个月的第一日、第十五日和最后一日。二是期日的确定。根据《德国民法典》第193条的规定,期日为星期六、星期天和节假日的,以下一个工作日代替。

期间,是指从起点到终点所经过的时间跨度,如从某年某月某日到某年某月某日,或者几天、几个星期、几个月、几年等。我国《民法典》第200条规定的期间计算单位分别是年、月、日和小时四种,其中年和月采用公历的历法规则,日和小时则采用自然计算法,一日为24小时。期间有一定的时间长度,而期日是某个特定的时间点。期间与期日之间关系密切,期间的计算离不开期日,期间的开始与终止是两个期日。①

（二）期日与期间的作用

法律关系的产生、变更和消灭均离不开时间。权利义务的产生、变更和消灭均依赖于一定的期日和期间的发生、存续或者变更、消灭。在法律关系中，期日与期间的作用主要表现在如下三个方面：

（1）权利主体的法律地位。自然人的权利能力始于出生，终于死亡；8周岁以上的未成年人是限制民事行为能力人；年满18周岁的自然人为完全民事行为能力人。

（2）权利的取得与消灭。权利的取得、存续、变更或者丧失均有期限的规定。例如，取得时效期间的经过导致权利的取得，而消灭时效期间的经过则导致权利的消灭。

（3）法律行为的有效性。因受欺诈、胁迫等实施法律行为的，受欺诈或者胁迫方享有撤销权，从意思表示之后1年不行使的，撤销权消灭，如我国《民法典》第152条之规定。法律规定或者当事人约定解除权行使期限，当事人逾期不行使的，解除权消灭。

## 二、期日与期间的计算

《民法典》第一编第十章共五个条文规定了期间，主要涉及期间的计算单位、期间的起算与结束、期间结束日的顺延以及法定期间与约定期间等。

（一）计算方法的种类

期日与期间的计算方法，有自然计算法和历法计算法两种。

（1）自然计算法。自然计算法，是指以实际时间的经过精确计算的方法。按照自然计算法，一日为24小时，一个星期为7天，一个月为30日，一年为365天，如《德国民法典》第191条之规定。自然计算法非常精确，但不宜用来计算较长的期间。

（2）历法计算法。历法计算法，是指以日历的年、月、日为计算的方法。自然计算法中的年、月、日与历法计算法中的年、月、日所表示的意思存在差异。在历法计算法中，一日是从午前0时到午后12时②，一个星期是从星期日到星期六，一个月是从1日到月末，一年是从1月1日到12月31日。

世界各国立法对于以星期、月以及年为单位且连续进行的期间，通常采取历法计算法。我国《民法典》第200条规定，期间按照公历年、月、日、小时计算。

---

① "期间者乃期日与期日之间之谓……"郑玉波：《民法总则》，中国政法大学出版社2003年版，第474页。

② "例如约定一日者，即系自午前零时迄于午后十二时之谓……"同上书，第478页。

## (二) 期间的起算点

期间的起算点因时、日、星期、月以及年而有所不同,《民法典》第 201 条确立了不同的规则。先分述如下：

(1) 以时为期间的起算点。按照小时计算期间的,从法律规定或者当事人约定的时间开始计算:一是从法律规定的时间开始计算。例如,上午 8 时购买东西,约定 3 小时交货,则应从 8 时开始计算到 11 时期间届满。二是从当事人约定的时间开始计算。即当事人根据商事交易习惯或者双方均认可的方式,约定期限的起算方式。这是为了最大限度地尊重当事人的意思自治,尊重不同地区、不同行业的商事交易习惯,便利民事主体的生活,促进商事主体的交易。

(2) 以年、月或者日为期间的起算点。按照年、月、日计算期间的,开始的当日不计算在内,自下一日开始计算。例如,买卖双方在 8 月 1 日订立合同,约定 10 日后交货的,则应从 8 月 2 日开始计算,到 8 月 11 日期满。又如买卖双方在 8 月 1 日订立合同,约定 3 个月之后交货的,则期间应从 8 月 2 日开始计算 3 个月,即到 11 月 1 日为交货日。

## (三) 期间的终止点

期间有始,必有终。大陆法系民法规定了期间终止点的计算方法,即期间最后一日的截止时间为 24 时,如《德国民法典》第 188 条。根据我国《民法典》第 202 条的规定,按照年、月计算期间的,到期月的对应日为期间的最后一日;没有对应日的,月末日为期间的最后一日。

关于期间的延长,期间的最后一日是星期日或者其他法定休假日,而星期日或者其他法定休假日有变通的,以实际休假日的次日为期间的最后一日。

关于期间的缩短,期间的最后一日的截止时间为 24 时;有营业(业务)时间的,到停止营业(业务)活动的时间截止。

## (四) 年龄的计算

年龄的计算方法有历年计算法和周年计算法两种。

(1) 历年计算法。历年计算法,即出生年为 1 岁,即使 1 天,也是 1 岁。次年的元旦为 2 岁。例如,某人 2001 年 12 月 30 日出生,到 2002 年 1 月 1 日为 2 岁。我国民间是以农历年来计算年龄的。

(2) 周年计算法。周年计算法,即从出生之日起满 1 年的为 1 岁。我国《民法典》采纳周年计算法,如《民法典》第 17 条、第 18 条、第 19 条、第 20 条和第 21 条之规定。

年龄的计算应从出生当日开始,如《德国民法典》第 187 条之规定。

## 第二节 取 得 时 效

时效制度有取得时效与消灭时效之分,取得时效与消灭时效是两种不同性质的时效制度。取得时效制度起源于罗马法,是物权法中的重要制度。

**一、时效制度**

时效,是指一定的事实状态持续一定的期间,从而发生一定法律效果的制度。一定的事实状态是指占有或者权利的不行使等情形;持续一定的期间是指不间断地经过若干时间;发生一定法律效果是指权利的取得或者丧失。

(一)时效制度的意义

时效引起权利的变动,是一种法律事实。时效制度旨在维护社会秩序,非所有人占有他人财产或者权利人不行使权利的事实状态,持续经过长久的期间后,即形成相对确定的新社会秩序。法律应当维护新的社会秩序,否则,势必影响社会的安定。时效制度是对两种相互对立的秩序和相互冲突的利益的一种立法选择。时效制度之所以偏好于新的社会秩序,原因在于保护新的社会秩序符合社会发展的要求。占有人长时间占有他人财物构成一种秩序时,使占有人根据时效取得占有物的所有权,符合物尽其用的社会发展要求。在债权人长时间不行使权利的情形下,债务人得以时效为由拒绝履行义务,可以起到敦促权利人行使权利、加快物的流转、促进交易发展的作用。法律对于新旧两种秩序的选择并非无原则,而是建立在一种利益平衡的基础上,世界各国立法为时效的适用确立了一系列条件。

时效制度是各国立法对两种对立的秩序和冲突的利益作出的法律价值判断,具有三个特点:

(1)强制性规范。时效制度是法律规定而不是当事人对秩序作出的选择,这决定了法律关于时效的规定属于强行性规范而不是任意性规范。如果法律关于时效的规定是任意性规范,必然导致立法对新旧秩序作出的判断变得不可捉摸,最终导致判断标准的丧失,从而使时效制度失去存在的意义。

(2)私法自治的体现。时效制度虽然体现了对两种相互冲突的利益的立法选择,但利益归属于当事人。根据私法自治原则,法律并不能强制当事人接受利益,时效制度的强行性并不排斥当事人对时效利益的处分,权利人可以放弃时效利益。

(3)法院不得主动适用。时效制度涉及两种对立利益的平衡,从而决定了时效制度的适用仅限于当事人的主张。大陆法系大多数民法典规定,法院不得依职权适用时效制度。我国《民法典》第193条规定,人民法院不得主动适用诉讼时效的规定。

(二)时效的种类及立法例

以一定事实状态的经过是导致权利的取得还是丧失为依据,时效可以分为取得时效和消灭时效两种类型:

(1)消灭时效。消灭时效(又称为诉讼时效),是指一定的事实状态经过一定的期间之后,将导致请求权消灭的法律后果。

(2)取得时效。取得时效(又称为占有时效),是指占有他人的财产或其他财产权的事实状态经过一定的期间之后,将导致占有人取得该财产所有权或其他财产权的法律后果。

无论是消灭时效还是取得时效,均须有一定的事实状态以及经过一定的期间,这个期间就是时效期间。虽然时效与期日、期间均为权利变动的原因,但期日与期间仅为时间问题,而时效除了时间之外,还必须有一定的事实状态与之相匹配。

大陆法系的时效制度有两种不同的立法例,即《法国民法典》的统一时效立法例和《德国民法典》的分立时效立法例。

(1)统一时效立法例。统一时效立法例,是指在民法典总则中同时规定取得时效制度和消灭时效制度。时效制度起源于罗马法。罗马法包含取得时效和消灭时效两种时效制度。取得时效产生于《十二表法》[①],而消灭时效产生于裁判官法。此外,取得时效和消灭时效两种时效制度的历史沿革不同,观念也存在差异,但是中世纪的注释法学派将两者混合为一种统一的制度。[②] 近代以来,法国、奥地利以及日本民法典均采用注释法学派所确定的立法例。

(2)分立时效立法例。分立时效立法例,是指在民法典总则中规定消灭时效制度,而在民法典物权编中规定取得时效制度。《德国民法典》重新恢复了古代罗马法所确立的两种时效制度分立的立法例,在总则中规定消灭时效,而在物权篇中规定取得时效。《德国民法典》有关时效制度的立法例,符合时效制度的内在逻辑,体现了德国民法理论发展的成果。

我国《民法典》仅规定了消灭时效制度,没有规定取得时效制度。

## 二、取得时效

取得时效,是指权利人之外的第三人以行使某种权利的意思持续地行使这种权利,经过一定期间,该第三人取得这种权利的制度。取得时效主要适用于物权领域,适用的对象是所有权和其他财产权。我国《民法典》没有规定取得时效

---

[①] 参见〔意〕彼德罗·彭梵得:《罗马法教科书》,黄风译,中国政法大学出版社1992年版,第218页。
[②] 参见郑玉波:《民法总则》,中国政法大学出版社2003年版,第492页。

制度。

（一）取得时效的立法例

大陆法系国家的取得时效制度有不同的适用范围。从取得时效的立法看，各国在取得时效的适用范围上存在差异，主要有三种不同的立法例：

(1) 法国式立法例。法国式立法例将取得时效仅限于所有权的取得，所有权之外的其他财产权排除在外，如《法国民法典》第2265条之规定。

(2) 德国式立法例。德国式立法例不仅将取得时效适用于所有权，还适用于动产的用益权，如《德国民法典》第927条、第937条和第1033条之规定。

(3) 日本式立法例。日本式立法例扩展了取得时效的适用范围，将取得时效适用于所有权以及所有权之外的其他财产权，如《日本民法典》第162条之规定。

（二）取得时效的意义

取得时效以善意为基础，是物权取得的原因之一。法律确认取得时效制度的目的在于保护长期所形成的法律关系，维护社会秩序的安定。法律本来的目的在于保护真正的权利关系，没有理由保护违反真正权利关系的事实状态。然而，一方面一定的事实状态经过长期的存在，导致社会误认为这种事实状态是真实权利义务关系，又在这种事实状态上建立了各种法律关系，如果要保护真正权利人的权利，势必推翻已经建立的各种法律关系，造成社会的不安与混乱，损害第三人的利益，破坏交易安全，影响社会的和谐与稳定。另一方面权利人长期消极地不行使权利，而权利人之外的第三人却积极地行使权利，法律保护后者的利益更符合公平，有利于发挥物的最大效用。

## 第三节 消灭时效

消灭时效是大陆法系国家民法总则的主要制度，是非常重要的法律事实，涉及法律关系的产生、变更和消灭。在我国《民法通则》《民法总则》和司法解释中，"消灭时效"被称为"诉讼时效"。《民法典》沿袭了先前的用法。

### 一、消灭时效的概念

消灭时效制度旨在促使权利人及时行使权利，稳定交易秩序和生活秩序，促进社会经济的发展。我国立法对消灭时效期间届满的法律效果采抗辩权发生主义，如果债务人不以消灭时效抗辩，法院不得主动审查时效问题，对时效进行释明，更不得主动援引时效驳回债权人的诉讼请求。此外，当事人不得预先放弃消灭时效利益。

(一) 消灭时效的概念

消灭时效，是指一定的事实状态经过一定期间之后，将导致请求权消灭的法律后果。换言之，请求权人怠于行使请求权，经过法定期间导致该请求权的消灭。请求权的保护必须通过法院或者仲裁机构，即与诉讼密切相关，因而苏联立法称之为"诉讼时效"。我国民事立法受到苏联立法的影响，没有采纳大陆法系消灭时效的术语而采纳了诉讼时效一词。

我国《民法典》第一编第九章共十二个条文，其中十一个条文规定了诉讼时效制度，一个条文规定了除斥期间制度，主要有普通诉讼时效期间及其起算规则，最长权利保护期限，分期履行债务诉讼时效的起算，诉讼时效届满的法律效果，诉讼时效的援用，诉讼时效的中止、中断及其效力，不适用诉讼时效的情形，消灭时效的法定性，时效利益不得放弃等。

(二) 消灭时效的特征

权利应当予以尊重，法律应当对权利给予保护。但权利人是否行使权利及如何行使权利，则属于意思自治范畴。权利行使与否、行使的方式与消灭时效制度密切相关，消灭时效制度主要有如下三个方面的特征：

(1) 必须经过一定的期间。一定期间的经过是消灭时效成立的要素，这是各国法律所规定的必备要素，但是各国所规定的期间的长短不一。消灭时效有普通消灭时效期间和特别消灭时效期间之分。

(2) 必须有持续不行使权利的状态。一定期间的经过是消灭时效成立的必要条件，但并非充分条件，还必须有在该期间内持续不行使权利的状态，这也是各国法律所共同规定的要素。持续不行使权利的状态，是指在没有行使权利的法律障碍的情况下，权利人在一定期间内不行使权利。

(3) 消灭时效的对象是请求权。取得时效适用于物权，而消灭时效适用于请求权。请求权是一个庞大复杂的体系，并非所有的请求权均适用消灭时效，消灭时效适用于所有债权救济权及部分物权请求权。

(三) 消灭时效的意义

消灭时效制度，并非否定权利的合法存在和行使，而是禁止权利的滥用，督促权利人及时行使权利，借以维护社会交易秩序的稳定，进而保护社会公共利益。维护社会正常的交易秩序，保护社会公共利益，是消灭时效制度的根本立法目的，从而消灭时效制度对权利人的权利进行了限制，这是为保护社会公共利益而使权利人所作出的利益让渡；但以限制权利人权利的方式，对社会公共利益的保护应有合理的限度，这种限度就是在保护社会公共利益的基础上对各方利益进行衡量，不能滥用消灭时效制度，使消灭时效制度成为义务人逃避债务的工具，违反依法依约履行义务的诚实信用原则。例如，在中国东方资产管理公司大连办事处借款担保纠纷案中，最高人民法院判决认为主债务人放弃时效届满抗辩权对担保人不生效力。主债务人(借款人)畜产公司在催收通知书上加盖印章的行为应视为对原债务的重新确认,即对原债务已过诉讼时效期间带来的抗辩权的放弃。但对主债务人放弃的抗辩权,担保人仍然可以行使,主债务人放弃时效届满抗辩权的行为,对担保人不发生法律效力。

在权利人积极主张权利或者因客观障碍无法主张权利的情形下,法律规定了消灭时效中断、中止等消灭时效障碍制度以合法阻却诉讼期间的继续计算。

**二、消灭时效的客体**

消灭时效的客体,是指消灭时效适用的范围,即消灭时效是仅适用于债权请求权,还是同时适用于物权请求权和债权请求权。我国消灭时效经历了从仅适用于债权请求权到同时适用于债权请求权与物权请求权的发展历程。

关于消灭时效的客体,大陆法系各国立法不一,主要有两种不同的立法例:

(1) 请求权模式的立法例。请求权模式的立法例以《德国民法典》为代表,消灭时效适用于请求权,即债权请求权和物权请求权。

(2) 债权模式的立法例。债权模式的立法例以《日本民法典》和《瑞士民法典》为代表,消灭时效仅适用于债权请求权,物权请求权不适用消灭时效。

我国《民法通则》采取了债权模式的立法例,消灭时效仅适用于债权请求权。《民法典》采取了请求权模式的立法例,肯定了部分物权请求权可以适用消灭时效。《民法典》第196条列举了两种物权请求权、一种亲属法上的请求权及部分债权请求权排除适用消灭时效:

(1) 停止侵害、排除妨碍、消除危险请求权。物权请求权是指物权人在物被侵害或者有遭受侵害危险时,有权请求侵害人返还原物、恢复原状、停止侵害、排除妨碍、消除危险。停止侵害、排除妨碍、消除危险是物权请求权的基本内容,从而停止侵害请求权、排除妨碍请求权、消除危险请求权不适用消灭时效。

(2) 不动产物权和登记的动产物权的财产返还请求权。财产返还请求权是物权请求权的重要内容。基于登记物权的公信力,《民法典》仅规定不动产物权和登记的动产物权的财产返还请求权不适用消灭时效。普通动产以占有和交付为所有权确认和变动的公示方式,基于对交易安全的保护,普通动产物权的财产返还请求权可以适用消灭时效。

(3) 抚养费、赡养费或者扶养费支付请求权。抚养费、赡养费或者扶养费支付请求权属于亲属法上的请求权,亲属法上的请求权不适用消灭时效。抚养费、赡养费或者扶养费涉及基本生活来源,支付对象均为弱势群体,这些费用的缺失将严重影响正常生活,所以不适用消灭时效。

(4) 部分债权请求权。我国司法审判实践确定的债权请求权,如支付存款本息请求权、兑付国债及金融债券和向不特定对象发行的企业债券本息请求权以及基于投资关系产生的缴付出资请求权等不适用消灭时效。

除前述列举的部分债权请求权不适用消灭时效外,合同无效请求权也不适用消灭时效。例如,在北海市威豪房地产开发公司、广西壮族自治区畜产进出口北海公司土地使用权转让合同纠纷案[①]中,最高人民法院判决认为,当事人请求确认合同无效的,不应受消灭时效期间的限制,而合同经确认无效后,当事人关于返还财产及赔偿损失的请求,应当适用法律关于消灭时效的规定。

### 三、消灭时效的类型

根据消灭时效的适用范围和期间的长短,消灭时效可以分为普通消灭时效、特别消灭时效和最长消灭时效。

#### (一)普通消灭时效

普通消灭时效(又称一般消灭时效),是指在通常情况下应适用的诉讼时效。普通消灭时效具有广泛的适用性,凡是法律没有特别规定的,均适用普通消灭时效。按照普通消灭时效的规定,权利人应在知道或者应当知道自己的权利被侵害之日起 3 年内,向法院提起诉讼或者向仲裁机构提交仲裁申请。否则,权利人的权利将因消灭时效的经过而消灭。

普通消灭时效制度的期间经历了从长到短的发展过程,从古代罗马法到近代《法国民法典》及《德国民法典》,普通消灭时效为 30 年,其后的《日本民法典》《瑞士民法典》《泰国民法典》将普通诉讼时效规定为 10 年,极大地缩短了普通消灭时效的期间。[②] 从有关国际公约的规定看,4 年期限的普通消灭时效可能更有利于保护权利人的权利,也能较好地适应现代社会的发展。我国《民法通则》规定的普通消灭时效为 2 年,《民法典》延长了普通消灭时效的期间,规定消灭时效期间为 3 年。

#### (二)特别消灭时效

特别消灭时效,是指法律规定仅适用于特定类型法律关系的消灭时效,一般是由特别法规定的消灭时效。

我国《保险法》《海商法》等规定了特别消灭时效。根据特别法优于普通法的原则,属于特别法调整的法律行为应适用特别法所规定的消灭时效。这些消灭时效的期间有长有短,如《保险法》第 26 条规定,人寿保险的保险金给付请求权

---

[①] 在北海市威豪房地产开发公司、广西壮族自治区畜产进出口北海公司诉广西北生集团有限责任公司土地使用权转让合同纠纷案([2005]桂民一初字第 3 号、[2005]民一终字第 104 号)中,法院裁判摘要认为,只有法院和仲裁机构有权确认合同是否有效,合同当事人不享有确认合同效力的权利。合同无效系自始无效,当事人请求确认合同无效的,不应受诉讼时效期间的限制,而合同经确认无效后,当事人请求返还财产及赔偿损失的,应当适用法律关于诉讼时效的规定(2006 年最高人民法院公报案例)。

[②] "现代立法趋势,消灭时效颇有缩短之倾向……"胡长清:《中国民法总论》,中国政法大学出版社 1997 年版,第 356 页。

的消灭时效期间为5年,人寿保险以外的其他保险金给付请求权的消灭时效期间为2年。

（三）最长消灭时效

最长消灭时效,是指不适用消灭时效中止、中断规定的时效,即时效期间为20年的消灭时效。我国《民法典》第188条规定了最长消灭时效为20年,但从权利受到损害之日起算。最长消灭时效通常出现在普通消灭时效期间较短、且以主观主义起算规则为起算点的消灭时效制度中。在某些情形下,从权利被侵害的事实出现到权利人知道侵权的事实,可能已经超过普通消灭时效期间。这种最长权利保护期间并不是一种独立的期间类型,而是消灭时效制度设计上的一种弥补,属于不变期间。最长消灭时效期间采用了客观主义的起算标准。最长消灭时效与其他消灭时效的区别主要体现在以下两个方面：

(1) 消灭时效的起算点不同。最长消灭时效从权利遭受侵害之时起开始计算时效期间,而普通消灭时效则从知道或者应当知道权利遭受侵害之时起计算时效期间。最长消灭时效期间采用客观主义的计算标准,而普通消灭时效期间采用主观主义的计算标准。

(2) 消灭时效中止和中断的适用不同。最长消灭时效不能适用消灭时效中止、中断的规定,而普通消灭时效可以适用消灭时效中止、中断的规定。

**四、消灭时效的起算**

消灭时效的起算,直接影响到时效期间的届满,涉及各方权利主体的利益。消灭时效起算涉及消灭时效制度的立法目的、各方利益关系的平衡以及诉讼上的可操作性等因素。消灭时效的起算规则,有两种不同的立法例：一是客观主义的起算规则,即从请求权可以行使时,消灭时效开始起算,如《意大利民法典》第2935条。二是主观主义的起算规则,即从权利人知道或者应当知道权利受到侵害时,消灭时效开始起算,如《德国民法典》第199条。

消灭时效的基础是请求权不行使的状态,只有存在权利人享有请求权而怠于行使的事实,才能适用消灭时效。权利人怠于行使请求权的事实状态,表现为以下两个方面内容：

(1) 请求权的存在。消灭时效的对象是请求权,如果没有请求权的存在,则没有适用消灭时效的必要和可能。请求权的存在是适用消灭时效的前提和基础。

(2) 权利人可以行使请求权却又怠于行使请求权。只有在权利人可以行使请求权的情形下,法律才使权利人承担怠于行使权利的不利法律后果；如果权利人在客观上不能行使请求权,法律不能使权利人承担对其不利的法律后果。

大陆法系国家民法典对消灭时效期间的起算,均有明确规定,我国也不例外。根据我国《民法典》第 188 条的规定,消灭时效应从权利人知道或者应当知道权利被侵害时起计算。《民法典》延续了《民法通则》主观主义的起算模式。消灭时效适用的请求权类型多样,各种不同类型的请求权的时效期间起算,也各有不同。

请求相对人为一定行为的请求权时效,应从请求权可行使时起计算;请求相对人不得为一定行为(不作为)的请求权,则应以义务人为该行为之时起计算。合同之债请求权,有约定履行期限的,时效期间应从债务到期时起计算。损害赔偿请求权的时效期间,应从权利人知道损害发生及赔偿义务人之时起计算。不当得利之债请求权和无因管理之债请求权的时效期间,应从不当得利之债或者无因管理之债成立时起计算。返还原物请求权和恢复原状请求权的时效期间,应从财物被不法占有或损坏之时起计算。以财产利益为内容的身份上请求权的时效期间,应从请求权成立之时起计算。

### 五、消灭时效的中止

消灭时效的中止,是指在消灭时效进行过程中发生法定的事由,而导致权利人无法行使请求权,法律为保护权利人的利益暂时停止时效期间的计算,待导致中止的事由消灭之后,继续计算时效期间的制度。在消灭时效进行中的某个时间内,出现了妨碍权利人行使权利的客观事由,导致权利人在消灭时效期间内无法行使权利,可能产生不公平的结果。为此,我国《民法典》第 194 条规定了消灭时效的中止。

(一)消灭时效中止的立法例

消灭时效中止的立法例,包括消灭时效中止的时间和消灭时效中止的效力两个方面的内容。消灭时效制度的目的是督促权利人行使权利,但如果权利人主观上没有懈怠于权利的行使,只是受制于客观因素而无法及时行使权利,如果法律规定消灭时效期间仍然继续,则权利人的权利会因时效期间的经过受到损害。

(1)消灭时效中止时间的立法例。关于消灭时效中止的时间,世界各国有两种不同的立法例:一是法国式立法例,即消灭时效经过过程中的任何时候发生法定事由,均可导致时效的中止。二是俄罗斯式立法例,即消灭时效仅在最后的一定期限内发生法定事由,才可发生时效的中止。

我国采纳了俄罗斯式立法例,根据我国《民法典》的规定,消灭时效在最后 6 个月内才可能发生中止。

(2)消灭时效中止效力的立法例。关于消灭时效中止的效力,世界各国有两种不同的立法例:一是时效特别计算立法例,即在中止事由消除之后,再经过法定的特别期限计算消灭时效。二是时效继续计算立法例,即在消灭时效中止事由消除之后,继续计算消灭时效期间。

我国采纳了时效特别计算立法例,《民法典》第 194 条规定从中止时效的原因消除之日起满 6 个月,消灭时效期间届满,从而较好地保护了权利人的权利。

我国《民法典》关于时效继续计算的立法例对权利人权利的保护不够周全。从中止时效事由消灭之日起,消灭时效期间继续计算,可能面临剩余消灭时效期间不足以充分保证权利人行使权利的情况。

(二) 消灭时效中止的事由

关于消灭时效中止的事由,世界各国有概括式与列举式两种立法例。我国关于消灭时效中止事由的立法属于概括式的立法例。由于涉及权利行使障碍的事由难以通过立法一一罗列,概括式的立法例可以通过法院的解释确定中止的事由。我国《民法典》第 194 条继受了先前立法和司法解释,主要规定了五种情形:

(1) 不可抗力。不可抗力,是指不能预见、不能避免并不能克服的客观情况,如战争、地震、疫情、意外事故等。不可抗力的发生导致消灭时效的中止,是《民法典》明确规定的情形。不可抗力的发生应当导致权利人客观上不能行使权利,才能引起消灭时效的中止。如果不可抗力的发生并不足以影响权利人行使权利的,则消灭时效不发生中止。

(2) 无民事行为能力人或者限制民事行为能力人没有法定代理人的。即权利人是无民事行为能力人或者限制民事行为能力人,但又没有法定代理人或者法定代理人死亡、丧失民事行为能力、丧失代理权的。此时权利人无法行使权利,消灭时效中止,有利于保护无民事行为能力人或者限制民事行为能力人的权利。从无民事行为能力人或者限制民事行为能力人成为民事行为能力人或者被指定法定代理人之日起,消灭时效继续计算。

(3) 继承开始后未确定继承人或者遗产管理人的。此种情况下,继承财产的权利主体还未确定,无法有效地对被继承人的债务人行使权利,被继承人的债权人也不知道向谁主张权利,因而消灭时效中止。在权利人死亡之后,遗产管理人确定之前,被继承人的权利同样无法行使,从而导致消灭时效的中止。

(4) 权利人被义务人或者其他人控制的。主要有以下情形:一是因无民事行为能力人或者限制民事行为能力人与法定代理人之间的关系而被控制。在监护关系存续期间,无民事行为能力人或者限制民事行为能力人不能行使自己的权利,而在监护关系消灭之后,其虽然成为行为能力人,能够行使权利,但是因对法定代理人情感方面的因素而不能及时行使权利,从而导致消灭时效的中止。二是因权利人与义务人之间存在代理与被代理关系而被控制,如义务人为权利人的法定代表人。三是因义务人与权利人之间存在控制和被控制关系,如权利人是义务人的控股子公司,或者权利人被义务人以非法拘禁等方式限制人身自由,导致权利人不能行使权利。

(5) 其他妨碍权利人行使权利的事由。其他妨碍权利人行使权利的事由,属于兜底性条款,如婚姻关系的存续。在婚姻存续期间,夫妻相互间权利的行使并不困难,但基于伦理方面的因素以及当事人之间的相互信赖,婚姻关系的存续为时效中止的事由。

### 六、消灭时效的中断

消灭时效的中断,是指在消灭时效进行过程中,因法定事由的发生导致已经经过的时效期间全部归于无效,待中断事由结束后重新开始时效期间的计算。我国《民法典》第195条规定了消灭时效的中断。

(一) 消灭时效中断的事由

消灭时效中断的事由必须基于法律的直接规定,法律规定中断事由的价值在于鼓励权利人积极地行使自己的权利,而不是使自己的权利处于睡眠状态。根据《民法典》第195条的规定,消灭时效中断的法定事由有权利人向义务人提出履行请求、义务人同意履行义务、权利人提起诉讼或者申请仲裁、与提起诉讼或者申请仲裁具有同等效力的其他情形等四种情形:

(1) 权利人向义务人提出履行请求。权利人向义务人提出履行请求,即权利人向义务人主张权利,表现为催促义务人履行义务,是诉讼外的行使权利的方式。权利人明确向义务人提出履行义务的主张,改变了权利的不行使状态,从而导致消灭时效的中断。权利人向义务人的代理人、保证人、财产的代管人等主张权利,要求义务人履行义务的,导致消灭时效的中断。权利人直接向义务人送达权利主张文书,或者以信件、数据电文方式主张权利,或者商业银行直接从义务人账户扣收欠款本息,或者在有关媒体上公告权利主张内容等情形,也导致消灭时效的中断。

向义务人主张权利时,权利人应当采取书面形式或者其他有证明力的方式进行,以避免因举证不能而使时效中断不被认可的情况产生。此外,在当事人之间存在长期购销关系时,当事人之间的对账行为可中断时效。例如,在青岛盛橡汇贸易有限公司买卖合同纠纷案[①]中,最高人民法院判决认为,轮胎公司与化工公司之间存在长期的货物买卖关系,双方在2005年8月通过对账确定了双方的

---

① 在青岛盛橡汇贸易有限公司诉中国石油化工股份有限公司齐鲁分公司买卖合同纠纷案(〔2009〕鲁商终字第264号、〔2012〕民提字第180号)中,法院裁判要点认为,存在长期购销关系的双方当事人,从对账之日起2年内,一方主张对账确认的债权的,应当认定未超过诉讼时效期间。

权利义务,诉讼时效期间应从 2005 年 8 月起算,到轮胎公司起诉时,诉讼时效期间并未经过。

(2) 义务人同意履行义务。义务人以某种方式向权利人承认权利的存在,并表示同意履行义务的,是诉讼外的行使权利的方式。义务人同意履行义务,通常表现为权利人向义务人主张权利时,义务人所作出的一种承诺。义务人对权利人权利存在的承认,表明义务人知道权利人权利的存在。承认在性质上属于一种观念通知,而不是意思表示。承认仅确认请求权人权利的存在,并非设立新的债务,也不必有抛弃时效利益的意思,而承认所产生的时效中断效力是基于法律的规定,与义务人的意思无关。义务人作出分期履行、部分履行、提供担保、请求延期履行、制定清偿债务计划等承诺或者行为的,均属于义务人同意履行义务的表现方式。

义务人对权利人的承认,既可以采取口头方式,也可以采取书面方式。只要发生在消灭时效期间内,债务人的承认行为就能产生时效中断的法律效力。例如,在克拉玛依市银祥棉麻有限责任公司买卖合同纠纷案[①]中,最高人民法院判决认为,当事人通过签订借款合同的方式约定偿还欠款构成诉讼时效的中断。涉案的银力公司通过签订借款合同的方式向银祥公司主张 6000 万元的购棉款,银祥公司通过签订借款合同的方式表明同意偿还所欠款项,从而双方当事人签订借款合同的行为构成法定的时效中断事由,诉讼时效期间应重新起算。

(3) 权利人提起诉讼或者申请仲裁。权利人向法院提起诉讼是权利人寻求国家公权力的保护,请求司法机关强制义务人履行义务。

对提起诉讼应当作扩张解释,既有权利人向法院起诉的行为,又有权利人实施具有同样性质的其他行为,如申请仲裁、申请调解、申请支付令、申请破产与申报破产债权、为主张权利申请宣告义务人失踪或者死亡、申请诉前财产保全与诉前临时禁令等诉前措施、申请强制执行、申请追加当事人或者被通知参加诉讼、在诉讼中主张抵销,以及其他与提起诉讼具有同等诉讼时效中断效力的事项。

仲裁是民商事主体之间请求仲裁机构裁决合同纠纷或者其他财产权益纠纷。提起诉讼和申请仲裁是权利人行使权利的最为有效的方法,是权利人积极行使权利的表现。

(4) 与提起诉讼或者申请仲裁具有同等效力的其他情形。调解是与提起诉

---

① 克拉玛依市银祥棉麻有限责任公司诉新疆西部银力棉业(集团)有限责任公司买卖合同纠纷案(〔2013〕新兵民二初字第 00001 号、〔2013〕民二终字第 122 号)。

讼或者申请仲裁具有同等效力的其他行为,表明权利人积极行使权利而不是怠于行使权利。

## (二) 消灭时效中断的效力

消灭时效中断的效力,是指消灭时效中断所产生的法律效果。消灭时效中断导致先前经过的时效期间归于消灭,消灭时效期间重新计算。例如,在新疆维吾尔自治区墨玉县玉河建材厂借款合同纠纷案[①]中,最高人民法院认为,农业银行墨玉县支行主张历次催收均遭到玉河建材厂的拒绝签收,而提交的催款通知书上并没有墨玉县人民银行有关工作人员就当时送达情况的签注。农业银行墨玉县支行没有通过公证等具有法律效力的方式向玉河建材厂送达催款通知书,不合常理。农业银行墨玉县支行提供的证据不足以证明有造成诉讼时效中断的事由发生。

消灭时效中断所产生的法律效果,主要表现在以下两个方面:

(1) 重新计算消灭时效期间。消灭时效中断之后,原来经过的时效期间全部归于消灭,时效期间重新开始计算。消灭时效的重新计算有以下三种情形:一是因起诉中断消灭时效的,通常在诉讼终结时,即为中断事由之终止,消灭时效重新计算;二是因权利人的主张中断消灭时效的,则在权利人的主张通知到达债务人时,即为中断事由之终止,消灭时效重新计算;三是因义务人的承认中断消灭时效的,则以义务人的承认的表示为权利人所了解或者到达权利人时,为中断事由之终止,消灭时效重新计算。

(2) 消灭时效中断的次数没有限制。消灭时效可以中断若干次,而不仅仅是一次。我国司法审判实践确认,诉讼时效因权利人主张权利或者义务人同意履行义务而中断后,权利人在新的诉讼时效期间内,再次主张权利或者义务人再次同意履行义务的,可以认定为诉讼时效再次中断。

## 七、消灭时效的效力

消灭时效的效力,是指消灭时效期间届满之后对权利所产生的法律后果。消灭时效完成之后,是实体权利消灭,还是诉权消灭,还是产生抗辩权,理论和实践有不同的观点和做法。

### (一) 消灭时效效力的立法例

关于消灭时效的效力,大陆法系各国主要有以下三种立法例:

(1) 实体权消灭主义。实体权消灭主义为德国学者温赛德所倡导,认为消

---

[①] 在新疆维吾尔自治区墨玉县玉河建材厂诉中国农业银行墨玉县支行借款合同纠纷案([2004]民二终字第228号)中,法院裁判摘要认为,银行以其在诉讼时效期间发出的催款通知书主张其向借款人催收逾期贷款的,如该催款通知书未经借款人签收,也未通过公证等其他具有法律效力的方式向借款人送达的,不能认定诉讼时效中断,不能产生诉讼时效中断的法律效果。

灭时效的效力是实体权的消灭,即实体权利义务直接消灭。消灭时效届满后,权利人的权利强制性地归于消灭,如果债务人因不知消灭时效届满清偿债务而债权人又受领的,债务人可以不当得利为由请求债权人返还。《日本民法典》属于这种立法例。

(2) 诉权消灭主义。诉权消灭主义为德国学者萨维尼所倡导,认为消灭时效的效力是使诉权归于消灭,而实体权利的本身仍然存在,即实体权利转为自然权利。消灭时效届满后的权利,因诉权消灭不能请求法院强制执行,债由原来的法定之债变成自然之债。债务人在消灭时效届满之后清偿债务的,不得要求债权人返还。《法国民法典》属于这种立法例。

(3) 抗辩权发生主义。抗辩权发生主义为德国学者欧特曼所倡导,认为消灭时效的效力是使义务人获得了拒绝履行义务的抗辩权,而实体权利和诉权仍然存在。但是,如果义务人自动履行义务的,则视为对抗辩权的抛弃,履行行为仍然有效。义务人不得以消灭时效届满为由,请求权利人返还。《德国民法典》属于这种立法例。

我国《民法典》第192条采纳了抗辩权发生主义的立法模式,规定消灭时效期限届满的,债务人取得抗辩权,可以提出不履行债务的抗辩。抗辩权发生主义符合消灭时效制度的价值目标,消灭时效制度并非限制或者消灭权利人的权利,而是敦促权利人及时行使权利以维护正常的社会秩序。在消灭时效完成后,是否援引时效进行抗辩取决于债务人,这符合意思自治原则,也平衡了债权人与债务人的利益。

(二) 消灭时效效力的意义

消灭时效届满,债务人的债务从可强制执行的债务转变成为自然债务,债务人仍然可以履行债务。但是,一旦债务履行完毕,债务人不得以不知消灭时效届满为由要求权利人返还。消灭时效期间届满,债务人同意履行债务之后,又以消灭时效期间届满为由进行抗辩的,违反了诚实信用原则,为法律所禁止。我国《民法典》第192条第2款规定:"诉讼时效期间届满后,义务人同意履行的,不得以诉讼时效期间届满为由抗辩;义务人已经自愿履行的,不得请求返还。"

时效利益体现为义务人的利益、私法上的利益,义务人可以自由处分,既可以行使,也可以放弃。在消灭时效届满之后,义务人对时效利益的放弃除了有实际履行债务、提供履行债务的担保等方式外,还有以下两种特殊情形:

(1) 双方意思表示。即义务人与权利人达成协议,同意履行原债务。例如,在消灭时效届满后,债务人向债权人出具还款计划,载明具体的还款期限。债权人接受该还款计划,视为双方对原债务的偿还达成了协议。既然是一种新的协议,根据意思自治原则,应按协议约定的期限履行。例如,在四川华丰企业集团有限公司购销合同纠纷案①中,绵阳市涪城区人民法院判决认为债务人在挂号信的回执单上签字,是挂号信接收中的程序性行为,仅表示收到债权人的欠款催收函,并无其他法律意义,双方并未就债权债务达成一致意见,对原债务并未重新确认。超过诉讼时效的债权已经沦为自然债权,如果要赋予其法律强制力,应重新经过债权债务要约与承诺的合同订立程序。对超过诉讼时效期间的原债务的履行进行重新确认,需要催款通知单上载有明确催收到期欠款的内容,如数目、还款期限等,还需要债务人在催款通知单而非挂号信的回执单上签字,且债务人有继续履行债务的主观意愿或者客观行为。

(2)单方意思表示。即义务人单方面向权利人表示,放弃时效抗辩权或者愿意继续履行债务的。超过消灭时效期间,债权人催款的,债务人本有权予以拒绝,但债务人没有作出拒绝履行的表示,反而在催款通知上加盖公章,这是债务人放弃时效利益的表示。例如,在新疆维吾尔自治区墨玉县玉河建材厂借款合同纠纷案中,债务人没有在催款通知单上签字或者盖章,是对债务履行的拒绝,债务人仍然享有时效利益。

### 八、消灭时效的适用

我国司法实践对消灭时效的适用前后态度不一,在《诉讼时效司法解释》之前,法律和相关司法解释肯定了我国法院可依职权援引消灭时效制度,《诉讼时效司法解释》则明确禁止法院依职权援引消灭时效制度,从而恢复了大陆法系民法消灭时效制度的原本。我国《民法典》第193条明文禁止法院主动援引消灭时效。

消灭时效抗辩权是义务人的私权,义务人是否行使,属于意思自治的范畴,司法不应过多干预。在义务人不提出消灭时效抗辩时,法院不应主动援引消灭时效进行裁判,这符合法院居中裁判的法律定位。

(一)消灭时效适用的立法

消灭时效的适用问题,主要是指在义务人未能主动提出以消灭时效进行抗辩的情形下,法院能否依职权主动援引消灭时效裁判案件。法院不能主动援用消灭时效是绝大多数国家的通例。早在罗马法上就有一项重要原则,即时效只能由当事人主张而不能由法院主动援用。大陆法系多数国家继承了这一原则,禁止法院主动适用消灭时效,如《法国民法典》第2223条、《日本民法典》第145条和《瑞士债法》第142条。德国虽未明文规定,但学说与判例一致认为,法官不得依职权主动援用消灭时效。

---

① 四川华丰企业集团有限公司诉绵阳市恒虹丰工贸有限责任公司购销合同纠纷案(〔2010〕涪民初字第1172号)。

对法院能否依职权主动援用消灭时效,我国立法和司法解释经历了从允许援引到禁止援引的发展过程:

(1) 法院可依职权主动援引消灭时效。从《民法通则》第135条的规定尚无法判断法院是否能够依职权援引消灭时效,但司法审判实践倾向于肯定。1992年施行的《民事诉讼法司法解释》第153条则明确规定[①],法院可以依职权主动援引消灭时效。

(2) 法院不得依职权主动援引消灭时效。《诉讼时效司法解释》是法院是否可以主动援引消灭时效的分水岭,该解释第3条明确否定了法院依职权主动援引消灭时效。[②] 2015年施行的《民事诉讼法解释》废除了先前《民事诉讼法司法解释》第153条的规定。[③] 我国《民法典》确认了司法解释禁止法院主动援引消灭时效的规定。

(二) 法院不得依职权主动援引消灭时效

在计划经济和单一的公有制体制下,国家干预各种经济活动,司法实践长期以来主张法院应依职权主动援引消灭时效进行裁判,这是我国在民事诉讼领域采取职权主义的表现,有其存在的社会经济基础,具有一定的合理性。《民法通则》和《民事诉讼法司法解释》的规定恰好是那个时代的产物。伴随市场经济体制的深入发展,自由、平等观念的确立以及私法自治理念在立法、司法等环节的深化,我国的立法和司法理念也发生了变化,对权利主体自由意思的尊重贯彻到司法实践中,《诉讼时效司法解释》《民事诉讼法解释》《民法总则》充分体现了这种理念,《民法典》对此加以确认。法院不得依职权主动援引消灭时效裁判案件,主要有以下三个方面的理由:

(1) 大陆法系国家否定法院依职权主动援引消灭时效。法院不主动审查消灭时效而只能由当事人自己主张,是罗马法时效制度的重要原则。大陆法系国家的民法典大多否定了法院依职权主动援引消灭时效进行裁判。

(2) 消灭时效制度的性质。消灭时效制度是民法的一项基本制度,具有私法属性,应遵循私法自治的理念。消灭时效完成,使义务人获得了拒绝履行义务的抗辩权,但请求权人仍可以起诉,如果义务人以消灭时效进行抗辩,请求权人的权利不受法律保护;如果义务人没有以消灭时效进行抗辩,则权利人的权利受到法律保护。因此,法院不应依职权主动援引消灭时效裁判案件。

---

① "当事人超过诉讼时效期间起诉的,人民法院应予受理。受理后查明无中止、中断、延长事由的,判决驳回其诉讼请求。"

② "当事人未提出诉讼时效抗辩,人民法院不应对诉讼时效问题进行释明及主动适用诉讼时效的规定进行裁判。"

③ 2015年施行的《民事诉讼法解释》第219条规定:"当事人超过诉讼时效期间起诉的,人民法院应予受理。受理后对方当事人提出诉讼时效抗辩,人民法院经审理认为抗辩事由成立的,判决驳回原告的诉讼请求。"

（3）私权处分的尊重。消灭时效抗辩权是义务人的权利，根据私法自治的原则，义务人有自行处分的权利，法院依职权主动援引消灭时效代替了义务人行使抗辩权，干预了义务人权利的行使，违反了私法自治原则。此外，我国民事诉讼模式由职权主义转变为当事人主义，法官在诉讼中处于中立地位，法院不能主动审理当事人之间的纠纷，审理和判决不得超越当事人请求的范围。因此，法院不应代当事人提出抗辩而介入到当事人的纠纷中。

## 第四节　除斥期间

除斥期间是民法对形成权行使的限制，而消灭时效是民法对请求权行使的限制。除斥期间与消灭时效，两者既有联系，又有区别。我国《民法典》确立了除斥期间的一般规则。

### 一、除斥期间的概念

除斥期间，是指法律规定某种权利的存续期间，权利人在该期间内不行使权利的，一旦存续期间届满后权利消灭的制度。除斥期间最早起源于德国民法，一般适用于形成权。除斥期间届满的，形成权消灭。《德国民法典》第121条、第124条、第510条第2款、第626条第2款等规定了除斥期间。[①] 我国《民法典》第152条、第199条、第541条、第564条和第663条的规定涉及除斥期间制度。例如，在锦州蒙古贞热电有限公司供用热力合同纠纷案[②]中，最高人民法院认为，《协议书》是双方当事人的真实意思表示，内容不违反法律、法规的禁止性规定，依法有效。开发区管委会在协议签订之后至案件诉前超过一年的时间里，既未对协议确定的债务数额提出异议，也没有向法院申请撤销或变更。根据《合同法》第55条的规定，具有撤销权的当事人自知道或者应当知道撤销事由之日起1年内没有行使撤销权的，撤销权消灭。

除斥期间又称为预定期间，为不变期间，最长期间通常为1年，不适用中断、中止或者延长的规定。例如，在梁清泉委托合同及撤销权纠纷案[③]中，最高人民

---

[①] 〔德〕迪特尔·梅迪库斯：《德国民法总论》，邵建东译，法律出版社2000年版，第89—90页。

[②] 在锦州蒙古贞热电有限公司诉锦州经济技术开发区管理委员会供用热力合同纠纷案（〔2012〕辽民二初字第20号、〔2013〕民二终字第56号）中，法院裁判摘要认为，供用热力合同是双方当事人真实意思表示，内容不违反我国法律、法规的禁止性规定，依法有效。开发区管委会在前述协议签订后至案件诉前超过1年时间里，既未对上述协议确定的债务数额提出异议，也未向法院申请撤销或者变更，根据《合同法》第55条的规定，应认定其撤销权已消灭。

[③] 在梁清泉诉襄樊豪迪房地产开发有限公司、雷鸣委托合同及撤销权纠纷案（〔2008〕鄂民二初字第9号、〔2009〕民二终字第97号）中，法院裁判摘要认为，因债务人放弃到期债权或者无偿转让财产，对债权人造成损害的，债权人可以请求法院撤销债务人的行为。撤销权自债权人知道或者应当知道撤销事由之日起1年内行使。自债务人的行为发生之日起5年内没有行使撤销权的，该撤销权消灭。

法院认为,雷鸣向豪迪公司无偿转让三块土地的土地使用权,已经对梁清泉的债权造成损害,依据《合同法》第74条的规定,梁清泉可以向雷鸣和豪迪公司行使该无偿转让行为的撤销权。但梁清泉在2005年12月即知道雷鸣已将三块土地的使用权登记到豪迪公司名下,直到2008年11月12日才向法院申请在诉讼中行使撤销权,依据《合同法》第75条的规定,梁清泉的该项撤销权已消灭。

除斥期间制度旨在维护继续存在的原秩序,因除斥期间经过消灭的权利,以该权利的行使为改变原秩序的条件,以该权利的不行使为维持原秩序的条件;消灭时效制度则在于维持新建立的秩序,因消灭时效完成消灭的权利,以该权利的行使为维持原秩序的条件,以该权利的不行使为改变原秩序的条件。除斥期间的客体为形成权,如追认权、同意权、撤销权、解除权、终止权等。形成权的行使有时间上的限制,期间届满的,形成权即消灭。权利人在除斥期间届满之后行使权利的,其行为当然不发生法律效力,义务人不需要提出任何抗辩。消灭时效必须由义务人提出抗辩,法院不能依职权主动援用;而除斥期间即使当事人没有援用,法院也可依职权主动援用。虽然形成权是除斥期间的客体,但是并非所有的形成权均有除斥期间的规定。法律对形成权是否设置除斥期间,通常视情况而定;消灭时效却适用于几乎所有的请求权。[1]

除斥期间有法定除斥期间与约定除斥期间之分。前者是基于法律的直接规定,后者是基于当事人的约定。我国《民法典》第564条和第621条肯定了法定除斥期间和约定除斥期间。例如,在天津市滨海商贸大世界有限公司财产权属纠纷案[2]中,最高人民法院判决认为解除权应当在合理期限内行使。解除权的行使期限属于除斥期间,超过权利行使期限的,解除权消灭,该期限的确定对当事人的权利义务具有重大影响。根据《合同法》第95条的规定,法律没有规定或者当事人没有约定解除权行使期限,经对方催告后在合理期限内不行使的,该权利消灭。涉案的天益公司在发出《通报函》后至滨海公司起诉前,既未履行《补充协议》项下的付款义务,也未表达过继续履行合同的意愿,违约行为始终处于延续状态。滨海公司收到《通报函》后,于2006年6月28日提起诉讼,并未超出合理期限。

除斥期间既然是形成权的存续期间,除斥期间的届满意味着形成权的当然消灭,即使当事人不援用,法院也应依职权加以调查。

---

[1] 参见〔德〕迪特尔·梅迪库斯:《德国民法总论》,邵建东译,法律出版社2000年版,第90页。
[2] 在天津市滨海商贸大世界有限公司诉天津市天益工贸有限公司财产权属纠纷案(〔2009〕津高民再字第0010号、〔2012〕民再申字第310号)中,法院裁判要旨认为,合同解除权是法律赋予当事人保护自己合法权益的手段,但是行使合同解除权会引起合同关系的重大变化。如果享有解除权的当事人长期不履行解除权,就会使合同关系长期处于不稳定状态,影响双方权利义务的履行。在房屋买卖合同中,当事人未约定合同解除权的行使期限的,应在合理期限内行使,合理期限的范围,应当由法院结合具体案情予以认定(2013年最高人民法院公报案例)。

## 二、除斥期间与消灭时效

除斥期间与消灭时效,均以一定事实状态的存在和一定期间的经过为条件,并都导致一定法律后果的产生,目的均为督促权利人及时行使权利、维护法律秩序,但二者又有以下四个方面的不同:

(1) 适用对象不同。消灭时效适用于请求权,除斥期间适用于形成权。消灭时效的适用对象是因基础权利产生的请求权,行使权利的行为通常是双方行为,有请求权行使的相对人;除斥期间适用的对象是形成权,并非因基础权利产生,行使权利的行为通常是单方行为。消灭时效是请求权的行使期限,而不是实体权利消灭的期间;除斥期间则是一个实体权利的存续期间,一旦除斥期间届满,实体权利随即消灭。换言之,消灭时效届满的,原有的权利失去公力的救济,原有的法律关系消灭;除斥期间届满的,法律规定的权利消灭,原来的法律关系得以持续。[1]

(2) 期间性质不同。消灭时效期间是可变期间,可以适用中断、中止和延长的规定;除斥期间是不变期间,不得适用中断、中止和延长的规定。中断、中止和延长使消灭时效的期限具有很大的弹性;除斥期间则不会发生变化。

(3) 法律效力不同。消灭时效的完成导致诉权的消灭,而实体权利并不消灭,非经当事人援用,法院不得依职权主动援引消灭时效作为裁判依据;除斥期间的经过则导致形成权的消灭,即使当事人不主动援用,法院也应当依职权调查作为裁判的依据。

(4) 利益性质不同。消灭时效的利益,当事人可以抛弃,使完成的时效归于无效;除斥期间届满的,当事人的权利消灭,没有利益可以抛弃。[2]

---

[1] 除斥期间届满,形成权消灭,从而使有瑕疵的法律行为确定有效。
[2] 参见姚瑞光:《民法总则论》,中国政法大学出版社2011年版,第330页。

# 案例索引表

1. 安徽省经工建设集团有限公司建设工程施工合同纠纷案(〔2019〕皖民终1139号) ……………………………………………………………………(228)
2. 北京博创英诺威科技有限公司合同纠纷案(〔2013〕民提字第73号) ………(109)
3. 北京长富投资基金(有限合伙)委托贷款合同纠纷案(〔2016〕最高法民终124号) ……………………………………………………………………(106)
4. 北京公达房地产有限责任公司房地产开发合同纠纷案(〔2009〕民提字第76号) …………………………………………………………………(232、371)
5. 北海市威豪房地产开发公司、广西壮族自治区畜产进出口北海公司土地使用权转让合同纠纷案(〔2005〕民一终字第104号) ……………………(386)
6. "北雁云依"户口行政登记案(〔2010〕历行初字第4号) ……………(60、191)
7. 常淑清、刘建新机动车交通事故责任纠纷案(〔2016〕吉民申2044号) ……(103)
8. 长三角商品交易所有限公司返还原物纠纷案(〔2014〕锡民终字第1724号) …(147)
9. 陈帮容、陈国荣、陈曦生命权纠纷案(〔2018〕渝01民终2518号) …………(151)
10. 陈某某侵犯健康权、名誉权纠纷案(〔2013〕北民一终字第14号) …(100、193)
11. 成都鹏伟实业有限公司采矿权纠纷案(〔2011〕民再字第2号) ……………(47)
12. 成都讯捷通讯连锁有限公司房屋买卖合同纠纷案(〔2013〕民提字第90号) ………………………………………………………(29、91、93、132、294)
13. DAC中国特别机遇(巴巴多斯)有限公司债权纠纷案(〔2012〕民提字第25号) ……………………………………………………………………(229)
14. 大连渤海建筑工程总公司建设工程施工合同纠纷案(〔2007〕民一终字第39号) …………………………………………………………(119、120)
15. 大连俸旗投资管理有限公司借款合同纠纷案(〔2017〕最高法民申3926号) …………………………………………………………………(302、348)
16. 大庆凯明风电塔筒制造有限公司买卖合同纠纷案(〔2013〕民一终字第181号) ……………………………………………………………………(46)
17. 大庆市振富房地产开发有限公司债务纠纷案(〔2006〕民一终字第47号) ……(31、91)
18. 大宗集团有限公司、宗锡晋股权转让纠纷案(〔2015〕民二终字第236号) …(48)
19. 东宁县华埠经济贸易公司船舶进口代理合同、废钢船买卖合同纠纷案(〔2000〕交提字第3号) ……………………………………………(366)
20. 方是民名誉权纠纷案(〔2015〕一中民终字第07485号) ……………………(193)
21. 福建佳盛投资发展有限公司借款纠纷案(〔2005〕民二终字第147号) ……(273)
22. 高子玉健康权纠纷案(〔2012〕玄民初字第1817号) ………………………(189)
23. 葛长生名誉权、荣誉权纠纷案(〔2016〕京02民终6272号) …………(164、195)

24. 广东雪莱特光电科技股份有限公司股东滥用股东权利损害赔偿纠纷案
（〔2008〕佛中法民二终字第960号） …………………………………… (143)
25. 广西桂冠电力股份有限公司房屋买卖合同纠纷案（〔2009〕民一终字第23号） … (105)
26. 广州珠江铜厂有限公司加工合同纠纷案（〔2012〕民提字第153号）………… (46、143)
27. 广州国际华侨投资公司影片发行权许可合同纠纷案（〔2001〕民三终字第3号）
  …………………………………………………………………………… (285)
28. 贵州捷安投资有限公司股权确权及公司增资扩股出资份额优先认购权纠纷案
（〔2010〕民申字第1275号）………………………………………………… (56)
29. 海南海联工贸有限公司合作开发房地产合同纠纷案（〔2015〕民提字第64号）
  …………………………………………………………………………… (227)
30. 河南长葛农村商业银行股份有限公司金融借款合同纠纷案（〔2018〕最高法
  民终1265号）…………………………………………………………… (311)
31. 河南省正龙食品有限公司外观设计专利权无效行政纠纷案（〔2014〕知行字第4号）
  …………………………………………………………………………… (121)
32. 汇丰银行（中国）有限公司武汉分行债权转让合同纠纷案（〔2017〕最高法民终332号）
  …………………………………………………………………………… (312)
33. 洪秀凤房屋买卖合同纠纷案（〔2015〕民一终字第78号）………………… (91)
34. 湖南王跃文侵犯著作权、不正当竞争纠纷案（〔2004〕长中民三初字第221号）
  …………………………………………………………………………… (191)
35. 黄艺明、苏月弟合同纠纷案（〔2015〕民四终字第9号）………………… (65)
36. 侯向阳民间借贷纠纷案（〔2015〕民申字第3299号）……………………… (342)
37. 吉林荟冠投资有限公司公司解散纠纷案（〔2017〕最高法民申2148号）
  …………………………………………………………………… (130、131)
38. 吉林省东润房地产开发有限公司合资、合作开发房地产合同纠纷案
（〔2010〕民一终字第109号）………………………………………… (45、143)
39. 蒋海燕、曾英生命权纠纷案（〔2015〕佛中法民一终字第1211号）……… (188)
40. 锦州蒙古贞热电有限公司供用热力合同纠纷案（〔2013〕民二终字第56号）… (396)
41. 九江市粮油贸易公司劳动争议案（〔2004〕九中民一终字第230号）……… (172)
42. 克拉玛依市银祥棉麻有限责任公司买卖合同纠纷案（〔2013〕民二终字第122号）
  …………………………………………………………………………… (391)
43. 兰州滩尖子永昶商贸有限责任公司、甘肃省农垦机电总公司合作开发房地产
  合同纠纷案（〔2012〕民一终字第126号）………………………………… (129)
44. 雷远城财产权属纠纷案（〔2006〕民一终字第29号）…………………… (240)
45. 李安平机动车交通事故责任纠纷案（〔2013〕渝北法民初字第16407号）… (103)
46. 李海峰、高平、刘磊、孙俊、陈光贵、张力保侵犯名誉权、肖像权纠纷案
（〔2005〕包民一初字495号）………………………………………… (192、200)
47. 李建军公司决议撤销纠纷案（〔2010〕沪二中民四（商）终字第436号）… (233)
48. 李金华典当纠纷案（〔2005〕沪二中民一（民）终字第707号）…………… (129)

49. 李杏英存包损害赔偿案（〔2002〕沪二中民一（民）初字第 60 号） ……………（296）
50. 连成贤排除妨害纠纷案（〔2014〕沪一中民二（民）终字第 433 号） …………（125）
51. 梁清泉委托合同及撤销权纠纷案（〔2009〕民二终字第 97 号） ………………（396）
52. 辽宁金利房屋实业公司等国有土地使用权转让合同纠纷案
    （〔2005〕民一终字第 95 号） ……………………………………………………（105）
53. 林方清公司解散纠纷案（〔2010〕苏商终字第 0043 号） ………………………（239）
54. 林卓荣买卖合同纠纷案（〔2015〕汕海法民二初字第 18 号） …………………（60）
55. 刘自荣工伤认定案（〔2011〕行提字第 15 号） …………………………………（63）
56. 刘引孝民间借贷纠纷案（〔2015〕陕民一终字第 00052 号） ……………（309、333）
57. 罗某离婚后财产纠纷案（〔2005〕浙民一终字第 393 号） ………………………（121）
58. 罗荣耕、谢娟如监护权纠纷案（〔2015〕沪一中少民终字第 56 号） ……（20、180、266）
59. 鲁瑞庚悬赏广告纠纷案（〔2002〕辽民一终字第 38 号） ………………………（292）
60. 马青公司股东权纠纷案（〔2010〕一中民申字第 17779 号） …………………（348）
61. 绵阳市红日实业有限公司、蒋洋股东会决议效力及公司增资纠纷案
    （〔2010〕民提字第 48 号） ………………………………（128、133、141、305、320）
62. 明哲荣誉权纠纷案（〔2002〕深中法民终字第 3753 号） ………………………（198）
63. 南京天睿影视文化传播有限公司著作权许可使用合同纠纷案
    （〔2018〕粤民终 665 号） …………………………………………………………（147）
64. 南通双盈贸易有限公司买卖合同纠纷案（〔2009〕苏民二终字第 0130 号） …（247）
65. 齐玉苓公民受教育基本权利纠纷案（〔1999〕鲁民终字第 258 号） ……………（74）
66. 青岛南太置业有限公司国有土地使用权出让合同纠纷案
    （〔2004〕民一终字第 106 号） …………………………………（39、129、130、336）
67. 青岛乾坤木业有限公司土地使用权出让合同纠纷案（〔2007〕民一终字第 84 号）
    …………………………………………………………………………………………（341）
68. 青岛盛橡汇贸易有限公司买卖合同纠纷案（〔2012〕民提字第 180 号） ………（390）
69. 钦州锐丰钒钛铁科技有限公司技术合同纠纷案（〔2015〕民三终字第 8 号） …（316）
70. 瑞士嘉吉国际公司确认合同无效纠纷案（〔2012〕民四终字第 1 号） …………（343）
71. 日照港集团有限公司煤炭运销部企业借贷纠纷案（〔2015〕民提字第 74 号） …（313）
72. 陕西崇立实业发展有限公司案外人执行异议之诉案（〔2016〕最高法民终 763 号）
    …………………………………………………………………………………………（290）
73. 山东海汇生物工程股份有限公司股权转让合同纠纷案（〔2010〕青民二商
    终字第 562 号） ……………………………………………………………………（50）
74. 上海建设路桥机械设备有限公司侵害商标纠纷及不正当竞争纠纷案（〔2015〕
    沪知民终字第 754 号） ……………………………………………………………（152）
75. 上海闽路润贸易有限公司买卖合同纠纷案（〔2015〕民申字第 956 号） …（357、368）
76. 上海普鑫投资管理咨询有限公司财产损害赔偿纠纷案（〔2013〕沪一中民六（商）
    再终字第 1 号） ……………………………………………………………………（119）
77. 上海申花足球俱乐部侵害名称权纠纷案（〔2000〕沪二中民终字第 2162 号） …（208）

78. 上海杰思工程实业有限公司建设工程施工合同纠纷案(〔2017〕最高法民申 4163 号)
　　…………………………………………………………………………………(338)
79. 邵萍民间借贷纠纷案(〔2015〕民一终字第 260 号) ………………………(226)
80. 佘明华不履行法定职责案(〔2016〕苏 06 行终 90 号) ……………(142、319)
81. 深圳富山宝实业有限公司合作开发房地产合同纠纷案(〔2010〕民一终字第 45 号)
　　……………………………………………(127、129、133、134、151、291、292)
82. 郑州国华投资有限公司股权确认纠纷案(〔2011〕民提字第 6 号) ………(54、91、284)
83. 沈新南、邵玉妹监管权和处置权纠纷案(〔2014〕锡民终字第 1235 号) …(268)
84. 沈某某房屋买卖合同纠纷案(〔2012〕拱民初字第 599 号) ……(304、311、343)
85. 申翠华网络侵权责任纠纷案(〔2015〕沪二中民一(民)终字第 1854 号) …(194)
86. 世欣荣和投资管理股份有限公司信托合同纠纷案(〔2016〕最高法民终 19 号)
　　………………………………………………………………………(258、262、272)
87. 仕丰科技有限公司公司解散纠纷案(〔2011〕民四终字第 29 号) …………(238)
88. 史万民、史万超所有权确认纠纷案(〔2012〕乌中民再字第 144 号) ……(163)
89. 四川金核矿业有限公司特殊区域合作勘查合同纠纷案(〔2015〕民二终字第 167 号)
　　………………………………………………………………………………(332、340)
90. 四川华丰企业集团有限公司购销合同纠纷案(〔2010〕涪民初字第 1172 号) …(393)
91. 四川省安泰建设有限责任公司损害公司利益责任纠纷案(〔2014〕绵终字第 371 号)
　　……………………………………………………………………………………(234)
92. 宋修林海上养殖损害责任纠纷案(〔2001〕青海法海事初字第 23 号)……(144、150)
93. 宋文军股东资格确认纠纷案(〔2014〕陕民二申字第 00215 号) ……………(57)
94. 苏州周原九鼎投资中心(有限合伙)其他合同纠纷案(〔2014〕民二终字第 111 号)
　　……………………………………………………………………………………(257)
95. 苏州工业园区海富投资有限公司增资纠纷案(〔2012〕民提字第 11 号)……(43、91、284)
96. 苏州工业园区广程通信技术有限公司股权转让纠纷案(〔2009〕民二终字第 15 号)
　　……………………………………………………………………………………(313)
97. 苏金水商品房买卖合同纠纷案(〔2012〕民抗字第 24 号) …………………(358)
98. 太平洋机电(集团)有限公司股权转让纠纷案(〔2009〕民提字第 51 号) …(338)
99. 唐凌法定继承纠纷案(〔2014〕三中民终字第 09467 号) ……………(55、70)
100. 汤龙、刘新龙、马忠太、王洪刚商品房买卖合同纠纷案(〔2015〕民一终字第 180 号)
　　 ……………………………………………………………………………(93、96)
101. 陶新国机动车交通事故责任纠纷(〔2015〕沪一中民一(民)终字第 1373 号) …(104)
102. 天津市滨海商贸大世界有限公司财产权属纠纷案(〔2012〕民再申字第 310 号)
　　 ……………………………………………………………………………………(397)
103. 田捷不当得利纠纷案(〔2015〕桂市民一终字第 528 号) …………………(126)
104. 田文栋股权转让纠纷案(〔2013〕民提字第 85 号) …………………………(375)
105. 通辽市科尔沁区国有资产经营管理公司资产转让合同纠纷案(〔2007〕民二
　　 终字第 95 号) ……………………………………………………………………(109)

106. 汪秉诚等返还祖宅的埋藏文物纠纷案(〔2011〕淮中民终字第 1287 号) ……(274、276)
107. 王春生侵权纠纷案((2008)江宁民一初字第 252 号) ……………(191、197)
108. 王德钦道路交通事故损害赔偿纠纷案(〔2003〕江阳民初字第 356 号)…(165)
109. 王军抵押合同纠纷案(〔2016〕京 03 民终 8680 号)………(78、99、100、101、122)
110. 王某某人格权纠纷案(〔2006〕东法民一初字第 10746 号) …………(198)
111. 王见刚侵犯出资人权益纠纷案(〔2012〕民一终字第 65 号) …………(375)
112. 温州银行股份有限公司宁波分行金融借款合同纠纷案(〔2014〕浙甬商终字
    第 369 号) ………………………………………………………………(302)
113. 吴国军民间借贷、担保合同纠纷案(〔2009〕浙湖商终字第 276 号)………(42)
114. 吴国璋决议效力确认纠纷案(〔2013〕厦民终字第 668) ……(293、331、347)
115. 邬斌买卖合同纠纷案(〔2018〕苏 13 民终 2202 号) …………(310、323、333)
116. 武汉市煤气公司煤气表装配线技术转让合同、煤气表散件购销合同纠纷案
    (〔1992〕武民商(经)初字第 00048 号) ……………………………(49、50)
117. 芜湖瑞业股权投资基金(有限合伙)增资协议纠纷仲裁案(〔2014〕中国贸仲
    京字第 0423 号) ……………………………………………………(43、54)
118. 西安西北实业(集团)有限公司返还股权转让款债务纠纷案(〔2006〕民二终字
    第 121 号) ………………………………………………………………(371)
119. 夏雯婷公司决议效力确认纠纷案(〔2020〕沪 01 民终 345 号) …………(350)
120. 夏英监护权纠纷案(〔2006〕锡民一终字第 0859 号) …………………(177)
121. 厦门东方设计装修工程有限公司商品房包销合同纠纷案(〔2005〕民一终字
    第 51 号) ………………………………………………………………(322)
122. 香港上海汇丰银行有限公司上海分行金融借款合同纠纷案(〔2010〕民四
    终字第 12 号) …………………………………………………………(343)
123. 肖忠好机动车交通事故责任纠纷(〔2015〕榕民终字第 826 号)…………(102)
124. 新疆维吾尔自治区墨玉县玉河建材厂借款合同纠纷案(〔2004〕民二终字
    第 228 号) ……………………………………………………………(392、394)
125. 兴业银行广州分行借款合同纠纷案(〔2008〕民二终字第 124 号) …(375、376)
126. 徐赤卫、冯学礼人寿保险合同纠纷案(〔2008〕西民四终字第 029 号) …(173)
127. 徐工集团工程机械股份有限公司买卖合同纠纷案(〔2011〕苏商终字 0107 号)
    ……………………………………………………………………………(229)
128. 徐州市铜山区民政局申请撤销未成年人父母监护权资格案(〔2015〕铜民特字
    第 0001 号) ……………………………………………………………(178、181)
129. 许明宏与公司有关的纠纷案(〔2017〕最高法民终 18 号) ……………(66、293)
130. 许建枫人身保险合同纠纷案(〔2003〕苏中民二终字第 202 号) ………(163)
131. 许景敏、周兴礼、吴艾群、周某某人身损害赔偿纠纷案(〔2011〕徐民终字
    第 1523 号) ……………………………………………………………(34、101)
132. 许尚龙、吴娟玲股权转让纠纷案(〔2013〕民二终字第 52 号) ………(106)
133. 杨本波、侯章素铁路运输人身损害责任纠纷案(〔2017〕苏 8602 民初 349 号) …(116)

134. 杨季康侵害著作权及隐私权纠纷案（〔2014〕高民终字第1152号）……………（196）
135. 杨伟鹏商品房买卖合同纠纷案（〔2013〕民提字第135号）………（91、92、110、323）
136. 扬州东方集团有限公司借款合同纠纷案（〔2012〕民申字第996号）……………（309）
137. 殷虹名誉权纠纷案（〔2010〕沪二中民一终字第1593号）………………………（193）
138. 余燕宾、顾云福、朱日凤、翟步芳保险合同纠纷案（〔2013〕宁商终字第167号）…（163）
139. 俞财新商品房买卖（预约）合同纠纷案（〔2010〕民一终字第13号）……………（136）
140. 曾意龙拍卖纠纷案（〔2005〕民一终字第43号）………………………………（77）
141. 张莉买卖合同纠纷案（〔2008〕二中民终字第00453号）………………………（317）
142. 张建中股权确认纠纷案（〔2009〕静民二（商）初字第585号）…………………（285）
143. 张贤隐私权纠纷案（〔2011〕沪一中民一（民）终字第288号）…………………（196）
144. 张某某申请撤销宣告失踪案（〔2008〕浦民一（民）特字第63号）………………（171）
145. 张琴撤销监护人资格纠纷案（〔2014〕镇经民特字第0002号）…………（178、179）
146. 张群人身自由权纠纷案（〔2004〕佛中法民一终字第307号）……………………（196）
147. 张学英遗产继承案（〔2001〕泸民一终字第621号）………………………………（59）
148. 张艳娟股东权纠纷案（〔2006〕玄民二初第字1050号）…………………………（347）
149. 招商银行股份有限公司借款合同纠纷案（〔2012〕民提字第156号）………（373、377）
150. 招商银行股份有限公司无锡分行委托合同纠纷管辖权异议案
（〔2015〕民二终字第428号）………………………………………………………（347）
151. 赵宝华生命权、健康权、身体权纠纷案（〔2010〕闸民一（民）初字第4399号）
……………………………………………………………………………………（187）
152. 枣庄矿业（集团）有限公司柴里煤矿联营合同纠纷案（〔2009〕民提字第137号）
……………………………………………………………………………………（305）
153. 浙江隆达不锈钢有限公司海上货物运输合同纠纷案（〔2017〕最高法民再412号）
………………………………………………………………………………（82、138）
154. 浙江圣华建设集团有限公司施工合同纠纷案（〔2015〕民申字第338号）………（314）
155. 中国长城资产管理股份有限公司吉林省分公司侵权责任纠纷案（〔2018〕最高法
民申1952号）………………………………………………………………………（35）
156. 中国长城资产管理公司南京办事处借款合同纠纷案（〔2011〕宁商终字第674号）
……………………………………………………………………………………（31）
157. 中国东方资产管理公司大连办事处借款担保纠纷案（〔2003〕民二终字第93号）
………………………………………………………………………（135、136、384）
158. 中国光大银行长沙新华支行借款合同代位权纠纷案（〔2006〕民二终字第90号）
……………………………………………………………………………………（341）
159. 中国建设银行上海市浦东分行借款合同纠纷案（〔2001〕民二终字第155号）
……………………………………………………………………………………（301）
160. 中国进出口银行借款担保合同纠纷案（〔2006〕民二终字第49号）……………（116）
161. 中国农业银行股份有限公司陕县支行保证合同纠纷案（〔2012〕民二终字第35号）
……………………………………………………………………………………（69）

162. 中国平安财产保险股份有限公司北京分公司、南京金水环境技术有限公司保险人代位求偿权纠纷案（〔2016〕苏民申 2070 号）……………………（138）
163. 中国人寿保险（集团）公司商品房预售合同纠纷案（〔2005〕民一终字第 85 号）
　　……………………………………………………………………（57、69）
164. 中国信达资产管理公司贵阳办事处借款合同纠纷案（〔2008〕民二终字第 106 号）
　　……………………………………………………………………（137）
165. 中国银行股份有限公司淄博博山支行借款担保合同纠纷管辖权异议案（〔2007〕民二终字第 99 号）……………………………………………（322）
166. 中国银行成都高新技术产业开发区支行信用卡纠纷案（〔2015〕高新民初字第 6730 号）……………………………………………………（75）
167. 中国银行（香港）有限公司担保合同纠纷案（〔2002〕民四终字第 6 号）………（60、69）
168. 中华环保联合会环境污染责任纠纷案（〔2015〕德中环公民初字第 1 号）………（224）
169. 中化国际（新加坡）有限公司国际货物买卖合同纠纷案（〔2013〕民四终字第 35 号）
　　……………………………………………………………………（76）
170. 中铁十八局集团第二工程有限公司建设工程施工合同纠纷案（〔2007〕民一终字第 81 号）……………………………………………………（48）
171. 中土工程（香港）有限公司房屋买卖纠纷案（〔2000〕民终字第 129 号）………（49、69）
172. 中信银行股份有限公司天津分行借款担保合同纠纷案（〔2007〕民二终字第 36 号）……………………………………………………………（298）
173. 中冶全泰（北京）工程科技有限公司损害公司利益纠纷案（〔2010〕一中民终字第 10249 号）……………………………………………………（235）
174. 中誉电子（上海）有限公司侵犯实用新型专利权纠纷案（〔2011〕民提字第 306 号）……………………………………………………………（79）
175. 周茂政、袁国凤生命权纠纷案（〔2013〕鄂宜昌中民一终字第 00646 号）………（195）
176. 周某某一般人格权纠纷案（〔2009〕沪二中民一（民）终字第 4468 号）………（187）
177. 朱俊芳商品房买卖合同纠纷案（〔2011〕民提字第 344 号）
　　………………………………………（91、92、98、99、101、110、323、337）